国家社科基金重点项目:"生态文明建设和绿色发展理念背景下我国气候传播的战略定位与行动策略"资助成果(批准号:19AXW006)

广西大学国家社科基金重点项目成果

为气候行动鼓与呼

中国气候传播案例集萃

郑保卫 主编

徐红 苏武江 覃哲 副主编

中国社会科学出版社

图书在版编目(CIP)数据

为气候行动鼓与呼：中国气候传播案例集萃/郑保卫主编．—北京：中国社会科学出版社，2023.4
ISBN 978－7－5227－1449－3

Ⅰ.①为… Ⅱ.①郑… Ⅲ.①气候变化—传播学—案例—中国 Ⅳ.①G206

中国国家版本馆 CIP 数据核字(2023)第 029421 号

出 版 人	赵剑英
责任编辑	陈肖静
责任校对	闫 萃
责任印制	戴 宽

出　　版	中国社会科学出版社
社　　址	北京鼓楼西大街甲 158 号
邮　　编	100720
网　　址	http://www.csspw.cn
发 行 部	010－84083685
门 市 部	010－84029450
经　　销	新华书店及其他书店

印刷装订	北京君升印刷有限公司
版　　次	2023 年 4 月第 1 版
印　　次	2023 年 4 月第 1 次印刷

开　　本	787×1092　1/16
印　　张	34.75
字　　数	620 千字
定　　价	258.00 元

凡购买中国社会科学出版社图书，如有质量问题请与本社营销中心联系调换
电话：010－84083683
版权所有　侵权必究

编委会

编委会主任： 郑保卫

编委会成员：（以姓氏笔画为序）

王彬彬　祁晓霞　吴海荣　苏武江

郑保卫　张志强　徐　红　覃　哲

鞠立新

目 录

序 让气候传播形成大气候……………………………………………（1）

第一编 中国气候传播项目中心案例

中国气候传播项目中心:十年求索路,再续新篇章…………………（3）
赵启正:中国气候传播项目中心的"首席顾问"…………………（19）
杜祥琬:中国气候传播项目中心的"首席专家"…………………（27）
郑保卫:中国气候传播项目中心的擎旗者………………………（38）
宋英杰:中国气候传播项目中心形象大使………………………（52）
坚强团队:中国气候传播项目中心的骨干成员…………………（61）

第二编 政府气候传播案例

联合国气候大会中国角:表达中国态度,展示中国行动,增进国际了解 ………（73）
全国低碳日:宣传普及低碳知识,动员公众低碳行为……………（80）
武汉城市地铁:绿色交通,低碳出行…………………………………（89）
珠海:坚守低碳发展的生态定力 ……………………………………（96）
深圳:碳交易试点建设引领绿色发展………………………………（101）
鹤壁:海绵城市建设推动高质量发展………………………………（105）
湖北谷城:生态立县走可持续发展之路……………………………（108）
"碳惠天府":碳普惠的成都路径……………………………………（113）

上海闵行:生活垃圾分类的"花样经" …………………………………… (117)
嘉兴模式:公众参与环境治理的制度创新 ………………………………… (121)
矿山修复:绘就高质量发展生态底色 ……………………………………… (127)

第三编　媒体气候传播案例

人民网:传播国家战略,讲好中国故事 …………………………………… (137)
中新社气候大会报道:"跳出气候看气候" ………………………………… (144)
中国天气网:气象数据可视化传播 ………………………………………… (150)
《中国环境报》:专业化视角报道气候变化 ………………………………… (156)
《今日中国》:中国绿色可持续发展的国际化叙事与表达 ………………… (163)
《人民画报》:气候变化报道新"图"境 ……………………………………… (174)
《气候大会之旅:源起》:记录并展示中国民间机构气候行动 …………… (181)
《低碳军运》小程序:打造首个碳中和大型国际体育赛事 ……………… (186)
《碳碳岛》公益小游戏:一个小岛模拟实操碳中和实现路径 …………… (193)

第四编　企业气候传播案例

湖北碳市场:低碳传播为试点建设赋能 …………………………………… (205)
中国建设银行:绿色金融,破解环保难题 ………………………………… (211)
国家电网:优化能源结构推动能源清洁转型 ……………………………… (217)
宝钢集团:高能耗企业低碳转型为"城市钢厂" …………………………… (223)
广汽丰田:打造绿色产品全生命全周期绿色链条 ………………………… (229)
比亚迪:推广新能源汽车引领绿色出行 …………………………………… (235)
万科:打造绿色地产提升绿色住宅附加值 ………………………………… (241)
华侨城:打造绿色地产,建设低碳家园 …………………………………… (247)
格力:低碳到零碳　智造绿家电 …………………………………………… (252)
蒙牛集团:绿色生态牧场新布局 …………………………………………… (258)
叫板比萨:一个 B 型企业的垃圾减量故事 ………………………………… (264)
蚂蚁森林:公众减排积分联动企业,让绿色覆盖沙漠 …………………… (268)
绿色工厂:践行绿色低碳发展的企业责任 ………………………………… (274)

苏州工业园区:绿色低碳发展园区的先行者 …………………………………… (288)

北京经济技术开发区:国家生态工业示范园区 …………………………………… (292)

第五编　社会公益组织气候传播案例

中国民促会:面向未来的气候变化教育 …………………………………… (297)

中国绿发会:从分散到聚合,多维度应对气候变化 …………………………………… (303)

中国(深圳)国际气候影视大会:以影视力量传播气候故事 …………………………… (310)

能源基金会:策略传播项目推进中国可持续能源发展 ………………………………… (319)

乐施会:减缓与适应气候变化下的绿色低碳村庄建设
　　——以陕西柳沟村项目为例 …………………………………………………… (326)

创绿研究院:探索气候传播新路径 ……………………………………………………… (333)

绿色和平:"气候紧急"状态下中国气候影响故事的构建
　　——以绿色和平2018年中国西部冰川项目为例 ………………………………… (338)

世界大学气候变化联盟:团结六大洲一流高校　携手助力全球气候治理 ……… (347)

青年应对气候变化行动网络:绿色先锋青年训练营 ……………………………………… (352)

绿色光年:低碳社区创建中的参与式体验式科普教育 ………………………………… (361)

自然之友:让低碳理念走进千家万户 ………………………………………………… (374)

根与芽:让厨余堆肥技术落地开花 …………………………………………………… (381)

蓝丝带:民间力量的专业化海洋保护行动 …………………………………………… (386)

新世纪限塑同盟:坐而论道更要起而行之 …………………………………………… (395)

第六编　社会公众气候传播案例

黄浩明:中国民间组织气候传播的领军者 …………………………………………… (405)

田桂荣:享誉国际的中国民间环保大使 ……………………………………………… (414)

黎子琳:在国际舞台上传播中国环保理念的中国女孩 ………………………………… (419)

骑行贾峰:新浪微博上的低碳行为传播实验 ………………………………………… (424)

天师—卡赞:网络社区中的气候科普意见领袖 ……………………………………… (436)

"冰川哥"王相军:短视频平台上的民间气候传播者 ………………………………… (440)

跨国情侣余元与男友Joe的"零浪费"生活 ………………………………………… (446)

IN-33:中国"光盘行动"的发起者 …………………………………………… (456)
气象山歌 全民欢唱:气候传播与民族文化巧妙融合 ……………………… (462)
气候变化教育:张力和罗海燕老师的故事 …………………………………… (470)
碳足迹计算器:给每个人的低碳行为记账 …………………………………… (474)
适应、减缓与发展:云南大理农村的应对气候变化实践 …………………… (477)
青海玉树:青藏高原牧民的气候变化适应行动 ……………………………… (481)
云南高黎贡山:生态村建设与应对气候变化的双重意义 …………………… (485)

第七编 智库气候传播案例

国家应对气候变化战略研究和国际合作中心:加强战略研究,
　　扩大国际合作 …………………………………………………………… (491)
生态环境部宣传教育中心:普及环境知识,推进环境教育 ………………… (501)
广西大学气候与健康传播研究中心:融通气候与健康传播研究 …………… (508)
清华大学气候变化与可持续发展研究院:聚智合作、共创未来 …………… (517)
武汉大学气候变化与能源经济研究中心:服务国家战略,助力碳市场建设 ……… (521)
中国观察智库:搭建媒体平台,汇聚海内外气候声音 ……………………… (529)
低碳智库伙伴:用整合传播策略推进低碳发展 ……………………………… (534)

后　记 …………………………………………………………………………… (540)

序　让气候传播形成大气候

一

气候变化关系人类的生存生活，也关系人类社会的永续发展。无数事实说明，气候变化对人类造成的负面影响是巨大的、全球性的，没有一个国家可以置身事外，因此需要世界各国的齐心应对和共同治理，需要全社会的积极参与和自觉奉献。2020年9月22日，我国国家主席习近平在第75届联合国大会上正式提出2030年前实现碳达峰、2060年前实现碳中和的目标。按此目标，作为世界上最大的发展中国家，我国将完成全球最高碳排放强度降幅，用全球历史上最短的时间实现从碳达峰到碳中和。这一战略决策不仅体现了我国立足国内、胸怀世界，以中国智慧和中国方案积极应对全球气候变化的决心和努力，也彰显了我国在全球气候治理上的责任和担当，助力我国由全球气候治理的"参与者""贡献者"向"引领者"的转变。

在推动全社会积极应对气候变化的过程中，气候传播是一个不可或缺的链条。为了推动气候传播工作，我于2010年在中国人民大学成立了国内第一家，同时也是发展中国家第一家旨在研究气候变化和气候传播理论与实践的研究机构和智库平台——中国气候传播项目中心。十几年来，项目中心秉持国际国内"两路并进，双向使力"的理念，提出并积极推广建构政府、媒体、NGO、企业、公众和智库"5+1"的气候传播行为主体行动框架，系统开展气候传播理论研究，初步建立起了气候传播学的理论框架，为深入研究气候传播，建构科学的气候传播学理论体系和知识体系奠定了基础。我们的研究成果与行动实践受到专家的肯定和社会的认可，在国内外均产生了积极影响。2019年，由笔者牵头，以项目中心和广西大学新闻与传播学院的名义，成功申报了国家社科基金重点项目"生态文明建设和绿色发展理念背景下我国气候传播的战略定位与行动策略",提升了气候传播研究在国家社科领域的关注度和影响力。

为展现近年来我国在应对气候变化、实现绿色低碳发展方面取得的成果,推动"5+1"六个行为主体相互配合、支撑和联动的科学、高效的气候传播行动实践,项目中心和国家社科基金重大项目组组织全国数十位气候传播理论研究和行动实践领域的专家学者与社团机构,历时三年,完成了《为气候行动鼓与呼——中国气候传播案例集萃》一书的撰写工作。

二

此书按照"5+1"气候传播行为主体行动框架,收集整理了近些年来我国政府、媒体、企业、NGO、公众和智库的一些机构和个人,在践行生态文明和低碳发展理念,开展气候传播方面的典型案例。

政府作为气候传播的主导者,承担着思想引领和政策指导作用。自2011年南非德班气候大会开始,中国代表团在每年的联合国气候大会上均设立中国角,向国际社会明确传递中国政府在气候变化领域的措施和成效,向国际社会展示了中国在气候变化领域的开放度,赢得了国际社会的广泛赞誉。案例《联合国气候变化大会中国角:表达中国态度,展示中国行动,增进国际了解》,首次向社会详细讲述了联合国气候变化大会中国角的气候传播活动,字里行间让我们感受到了传播对于推动国际气候合作和建构中国国际形象的巨大作用。全国低碳日是面向公众普及气候变化知识,宣传低碳发展理念和政策,鼓励公众参与节能减排行动的宣传活动。自2013年开展以来,增强了公众应对气候变化的积极意识,增进了公众节能减碳行为。在这两篇案例之后,深圳、珠海、鹤壁、谷城、嘉兴、闵行等不同规模城市促进绿色低碳发展的经验一一展现。这些案例都在表明,在中国,绿色低碳转型发展已经成为大大小小的城市的共同选择;不同层级的政府,都在各自的管辖范围内承担着气候传播的主导者角色。

媒体作为气候传播的引导者,承担着信息传播和舆论引导作用。在本书中,我们精选了人民网、中新社、中国天气网、《中国环境报》《今日中国》《人民画报》等媒体的气候传播叙事策略。阅读这些案例,能够为不同形态媒体如何扮演好气候变化议题设置者、气候变化知识解释者、应对气候变化行动沟通者和气候变化舆论引导者的角色,起到借鉴的作用,例如人民网,在内容上以宣传国家应对气候变化的大政方针、我国绿色低碳循环发展过程中取得的成就、各地绿色低碳发展推进状态以及倡导并推进公众参与低碳行动为特点,在策略上则具有全媒体内容矩阵、多媒体表现形态、多点位双向互动、国际国内双视角、贴近公众动员等特色,因而在提升国家形象、增进公众了解等方面取得良好效果。一些创新型互联网应用,如微信小程序、手游等也被作为新媒体形态应用于气候传播中,例如2019年10月18日至27日,在武汉举办的2019中国·武汉第七届世界军人运动会,是中国首次承办国际最高级别的综合性军事体育赛事,《"低碳军运"小程序:打造首个碳中和大型国际体育赛事》向人们讲述了赛事背后不为人知的碳中和故事。

在中国,各类行业组织与社会组织近年来发展迅速,成为气候传播领域的一支重要力量。它们承担着推助者角色,发挥着民意表达和社会沟通作用,在引导公众实现绿色低碳生活方式方面功不可没。我们收集和整理的案例有:民促会、绿发会、标新科普研究院、能源基金会、乐施会、创绿研究院、绿色和平、世界大学气候变化联盟、绿色光年、根与芽、蓝丝带海洋保护协会、新世纪限塑同盟等,这些案例,既是各组织推助绿色低碳转型发展的写照,也是我国社会公益组织不断发展壮大的见证。

企业作为气候变化的担责者,承担着节能减排、绿色生产的责任,应该借助气候传播推进企业低碳经济转型,建构低碳绿色企业文化,做好企业社会责任传播,展示勇于担责的企业形象,向消费者传播低碳绿色的生活理念和生活模式。基于上述理念,我们收集整理了湖北碳市场建设、中国建设银行的绿色金融、国家电网的清洁能源转型、宝钢的低碳转型、蒙牛的绿色生态牧场、格力的"从低碳到零碳"战略、比亚迪的绿色出行方案以及万科、华侨城、蚂蚁森林、叫板比萨等不同地域、行业和规模的企业的绿色转型发展经验。同时,通过苏州工业园区创建绿色低碳发展园区、北京经济技术开发区创建国家生态工业示范园区两个案例,我们管中窥豹,可以获知我国在推进工业绿色转型方面所做的种种努力。阅读本部分案例,可以明显地感受到,绿色低碳发展正成为越来越多企业主动加入的新赛道。

公众作为绿色低碳生活的主体,是气候传播的重要参与者,应该从身边点滴小事做起,积极践行绿色低碳简约的生活方式,为实现"双碳"目标贡献力量。在该部分,我们收集整理了生态环境部宣传教育中心主任贾峰、中国气象局高级工程师卞赟等积极从事气候传播的精彩故事,他们不仅在自己的工作岗位上做出了杰出成就,还以个人身份积极践行绿色低碳生活方式,是各自领域气候传播活动的翘楚。当然，我们也观照到了普通人应对气候变化行为，如中国民间环保大使田桂荣、9岁成都女孩黎子琳、跨国情侣余元与男友Joe、快手主播"冰川哥"王相军、广西的气象山歌、西安的张力和罗海燕老师以及云南大理农村的村民、青藏高原的牧民的故事，等等。从个体到群像，可以感受到，绿色低碳生活方式与我们每一个人都有着非常密切的关系。在中国，绿色低碳正成为文明新风尚。

智库作为气候传播的六大行动主体之一，在气候传播认知调查、传播策略、传播效果研究等方面发挥着独特的作用。近年来，我国气候传播领域的智库有了长足的发展，尤其是国家气候变化战略研究与国际合作中心、国家生态环境部宣传教育中心、广西大学气候与健康传播研究中心、清华大学气候变化与可持续发展研究院、中国观察智库、武汉大学气候变化与能源经济研究中心、绿色低碳发展智库伙伴等，在气候传播领域均作出了突出贡献。阅读这些案例，可以帮助我们更清晰地了解智库组织在气候传播中所发挥的决策咨询作用。

除了上述以六大行为主体作为不同类型展现典型案例，我们还特设了一组"综合案例"，介绍了中国气候传播项目中心和5位气候变化与气候传播领域优秀个人，即项目中心顾问委员会主任赵启正、项目中心专家委员会主任杜祥琬、项目中心主任郑保卫、项目中心形象大使宋英杰、项目中心顾问黄浩明，以及6位项目中心团队的骨干成员：付敬、王彬彬、李玉洁、张志强、徐红、杨柳。阅读这些案例，可以帮助读者了解这些机构和个人为应对气候变化，做好气候传播所做的贡献和所取得的成果，获知他们的一些生动事例和感人事迹。

三

纵览全书案例，有以下几个显著特点：

一是站位较高。我们提出中国的气候传播应该遵循"两路并进，双向使力"的传播策略，即在国际层面要通过气候传播促进气候变化全球治理目标的落实，在国内层面要通过气候传播动员全社会力量形成应对气候变化共识，采取节能减排、绿色发展和环境保护的一致行动。本书在案例征集过程中，特别注意从气候变化全球治理的大视野和大格局出发，从"内促高质量发展、外树负责任形象"的战略高度，突出以中国理念和中国实践引领全球气候治理新格局，通过一个个鲜活的案例展现我国负责任大国的国际形象。

二是内容全面。应对气候变化是人类社会面临的共同挑战，"5+1"气候传播行为主体行动框架，基本上涵盖了气候传播的所有传播主体。我从2009年的哥本哈根会议开始,关注中国和国际社会的气候治理问题,连续多年参加联合国气候变化大会,其中一个深刻的感悟就是,我们在应对气候变化方面做了很多的努力,但由于不善传播,常常被西方社会忽视,甚至被误解。本书将十多年来发生在中国的低碳发展精彩故事一一再现,内容全方位地覆盖了政府、媒体、NGO 组织、企业、公众以及智库等行动主体应对气候变化的行动,以不可辩驳的事实告诉全世界,中国在应对气候变化方面,不仅是务实的,更是负责任的!尤其是本书中首次披露了赵启正主任、杜祥琬院士以及宋英杰、黄浩明等社会知名人士低调务实从事气候传播的案例,用中国传统文化中"天人合一"的价值观有力回应了西方社会对中国别有用心的误解。

三是启示性强。在自媒体时代,人人都可以成为优秀的传播者。为了动员更多组织和公众加入到应对气候变化的行动中来,成为低碳达人,我们不仅要践行绿色发展理念,更要推广"传播+"行动。本书作者多为新闻与传播领域的学者或业界专家,在进行案例研究的过程中,特别关注案例的传播策略、传播效果以及相应的经验启示。因此,不论是政府,还是媒体、NGO、智库等组织,抑或每个普通人,都可以从这些案例中得到如何进行气候传播的启示,提高气候传播水平,让绿色低碳发展理念走进千家万户。

四

徜徉在 70 多个案例之中,我们可以强烈地感受到,气候传播从最初的一个窄小领域,经过十多年的发展壮大,在我国已经渐成"气候"!我们更可以感受到,作为世界上最大的发展中国家,我国克服自身经济、社会等方面的困难,实施一系列应对气候变化的战略、措施和行动,参与全球气候治理,应对气候变化取得了积极成效,为国际社会做出了榜样。

当然,在"实现碳达峰碳中和"的新征程中,还需要政府、企业、媒体、各类组织以及社会公众继续加力。借由本书的问世,我们希望政府作为主导者,能够发挥出更高水平的思想引领和政策指导作用;媒体作为引导者,能够发挥出更高水平的信息传播和舆论引导作用;行业组织与社会组织作为推助者,能够发挥出更高水平的社会推助和民间聚合作用;企业作为担责者,能够继续承担起节能减排、绿色生产,为实现"碳达峰碳中和"多作贡献的责任;社会公众作为参与者,能够更加积极践行绿色、低碳、简约的生活方式,从身边点滴小事做起,为实现"双碳"目标贡献力量;智库作为决策咨询者,能够为政府决策及其他行为主体更好地发挥作用,提供科学引领和专业指南。

总之,希望各位朋友能够不忘初心、牢记使命,共同努力、协同发力,一起推进"碳达峰和碳中和"进程,为实现生态文明和绿色发展,建设美丽中国和美好世界作出新的更大的贡献!

本书是国家社科基金重点项目"生态文明建设和绿色发展理念背景下我国气候传播的战略定位与行动策略"(19AXW006)的研究成果之一。众多专家学者以及气候传播实践者为本书的问世作出了积极贡献。特别要感谢在案例征集过程中徐红、苏武江、覃哲、王彬彬四位老师所做的大量沟通联络工作;感谢崔磊磊、张志强、李玉洁、徐红、苏武江、覃哲、赵新宁、王青、王阳、王春晖、鞠佳、栾彩霞、刘佳、罗桂湘、李兴齐、刘逸灵、雷笑、张永宁、李晓喻、周琳等撰稿人的辛劳付出。

全书由徐红老师和苏武江老师负责统稿工作,他们对所有案例进行了逐篇逐句的修改,为确保全书案例的体例一致和写作规范付出了艰辛的劳动。同时,也感谢编委会成员为本书的编著所作的贡献。最后,感谢中国社会科学出版社的编辑为本书的出版给予的支持和帮助。

中国气候传播项目中心主任
中国人民大学新闻学院教授
广西大学气候与健康传播研究中心名誉主任
国家社科基金重点项目首席专家
教育部社会科学委员会委员兼新闻传播学科召集人
郑保卫
2022 年 3 月 30 日

第一编

中国气候传播项目中心案例

中国气候传播项目中心：十年求索路，再续新篇章

清华大学气候变化与可持续发展研究院　王彬彬

气候变化是人类面临的全球性问题。近几十年来，受温室效应的影响，极端天气现象日益困扰着生存在地球上的人们。2021年的气候异常再次给国人留下深刻印象：北方持续降水，阴雨不断；南方连续高温，热浪袭人，人们切实感受到：气候真的是变了！

大量事实告诉我们，气候变化同人类的生存与生活，同经济社会的存续与发展联系越来越紧密，同时与人类所经受的社会风险也越来越难脱干系。气候变化对人类造成的负面影响是巨大的，而且是全球性的，没有一个国家可以置身事外，因此需要世界各国共同参与应对，并作出自己相应的贡献。

正是鉴于近几十年来主要由人类因素所造成的气候灾害，给世界和人类带来了日益严重的灾难性后果，自1979年第一次世界气候大会提出"气候变化"议题以来，气候变化与气候治理问题逐渐成为世界范围内人们所共同关注的热点问题和焦点话题。也正是在这样的背景下，中国的气候传播研究和"中国气候传播项目中心"应时而生，顺势而行。

一　应时而生，顺势而行

中国的气候传播研究缘起于2009年哥本哈根联合国气候大会。那次大会被视为国际社会共同遏制全球变暖行动的一次重要会议，全球媒体高度关注，中国媒体也第一次较为集中地出现在联合国气候大会的舞台上，采访气候谈判、报道会议消息、传递中国声音。时任国务院总理温家宝亲赴哥本哈根参加大会，作了大量的沟通协调工作，希望通过努力能够促成这次大会通过一个全球共同应对气候

变化的具有法律约束力的文件。可以说这是我国政府代表团、新闻媒体和NGO组织首次在联合国气候大会上整体性"登场亮相",也是我国气候传播的一次"集中演练"和国际"大练兵"。

令人遗憾的是,这次大会的结果却与预先期待相去甚远,会议最终没能达成令各方满意、具有法律约束力的文件,这一结果让国际社会普遍感到失望。然而令人匪夷所思的是,西方媒体把责任推到了中国头上,一家英国媒体的报道公开指责是中国"劫持"了哥本哈根会议。面对无端指责,我国政府和媒体也作了一些回应,阐释了立场和态度,但效果不明显。西方媒体的负面舆论迅速扩散、蔓延,我国政府面临着巨大的国际舆论压力。

此时,中国人民大学新闻与社会发展研究中心主任郑保卫教授出于新闻职业敏感一直在关注着大会进程,大会发生的戏剧性变化触发了他的思考:到底该如何评价我国政府、媒体和NGO在这次大会上的表现?到底该怎样总结其中的经验与教训?我们该从哪些方面改进工作,提升政府谈判技巧以及政府、媒体和NGO应对国际谈判、处理气候传播领域各种问题的能力?

作为教育部人文社会科学重点研究基地中国人民大学新闻与社会发展研究中心的主任,郑保卫认为从中心的工作定位看,有必要开展这方面的专业研究。非常巧合的是,2010年春节后不久,郑保卫教授当年在新华社中国新闻学院时的学生、刚从哥本哈根气候大会采访归来的《中国日报》记者付敬与国际NGO组织乐施会的传播官员王彬彬一起来到人民大学,提出希望与郑保卫教授合作开展气候变化传播研究。出于共同的认识和责任担当,三人迅速达成共识,决定以研究哥本哈根会议期间中国政府、媒体和NGO的角色及影响力为起点设立一个研究项目,总结经验教训,开展理论研究,指导气候传播。

就这样,以《后哥本哈根时代政府、媒体、NGO的角色及影响力研究》为题的研究项目很快便正式启动。与此同时,中国人民大学新闻与社会发展研究中心与乐施会经过协商,共同组建了我国第一个气候传播研究机构和智库平台——中国气候传播项目中心(以下简称"项目中心")。

自此,项目中心从总结哥本哈根气候大会上我国政府、媒体和NGO气候变化信息传播的经验与教训入手,开启了我国气候传播研究的进程。这是国内第一家,也是发展中国家第一家旨在研究气候变化和气候传播理论与实践的研究机构和智库平台。项目中心以寻求气候变化问题的解决为行动目标,致力于气候传播理论与实践的战略研究。在国际层面,从传播的视角,为中国政府、媒体和NGO搭建交流与合作平台，打造中国政府积极、正面的国际形象，同时为政府决策提供学术支撑和理论依据；在国内层面，从传播的角度向公众普及气候变化知识，推动公众参与适应、减缓和应对气候变化的行动，促进相关气候变化与气候传播政策的落实。

图1　2012年中国气候传播项目中心顾问委员会举行第一次会议

通过多年的努力，项目中心不断丰富研究内容，拓展研究方法，扩大研究成果，赢得了国内外学界及相关部门的关注和认可，吸引了大量媒体的报道，产生了广泛的社会影响。

二　两路并进、双向使力

自2010年成立至今，项目中心按照国际国内"两路并进，双向使力"的思路，完成了一系列项目研究和社会推广工作。

1. 参加联合国气候大会并主办气候传播国际边会

自2010年以来，项目中心成员先后参加了哥本哈根、坎昆、德班、多哈、华沙、利马、巴黎、马拉喀什、波恩、卡托维兹、马德里共12届联合国气候变化大会，2012年还参加了里约+20联合国可持续发展大会，较为完整地经历了中国参与全球气候变化与气候治理的关键阶段和重要过程。

同时，自中国政府在联合国气候大会设立"中国角"以来，项目中心连续举办了十多场气候传播国际边会，搭建学术平台，让国内外学者、官员、媒体机构和民间组织人士交流研究心得，展示研究成果，表达立场观点，在国内外形成了一定的影响力，受到了国内外气候变化与传播领域许多朋友的认可和肯定。

图 2　郑保卫主任（左 2）2010 年首次出席坎昆联合国
气候大会，并主办气候传播边会

图 3　2014 年谢振华等出席中国气候传播项目中心在利马联合国
气候大会中国角举办的气候传播边会（图中左 2 为解振华，
左 3 为国家气候战略中心原主任李俊峰，左 5 为国家发展
改革委员会新闻中心原主任文步高，左 1 为郑保卫）

2019年12月9日，中国人民大学中国气候传播项目中心与中国新闻社、国家气候战略中心共同主办的气候传播国际边会，在马德里第25届联合国气候变化大会中国角举行。这次边会是项目中心自2010年坎昆第16届联合国气候大会起，参与主办的第11场气候传播国际边会。

图4 2019年中国气候传播项目中心在马德里联合国气候大会新闻发布厅举行"中国气候传播十年新闻发布会"（发布台左起为吴海荣、王彬彬、郑保卫、张志强、陈素平、王香奕）

中国代表团副秘书长、中华人民共和国生态环境部应对气候变化司副司长孙桢应邀出席边会。他在致辞中表示，做好气候传播必须认清气候传播本身的特点，其大环境与其他传播不同，要在让公众真正理解上多下功夫，不能仅仅强调低碳消费。气候传播的国际合作也存在困难，各方在传播时难免带有自己的利益，这其中的传播就变得不那么容易把握。孙桢表示，我们要进一步做好气候传播，气候传播过程中必须意识到多边主义的重要性；要讲清楚适应气候变化的故事、讲清楚气候变化带来的灾害，加强采取行动的紧迫性；要把做气候传播的身段放下来，回答好老百姓关心的问题。

项目中心主任郑保卫教授在会上作了题为《做好气候传播 应对气候变化 建设美丽中国——中国气候传播十年历程与思考》的主题发言。他回顾了自2009年跟踪哥本哈根第15届联合国气候大会起，十年来中国气候传播研究由小到大、逐渐成长的过程。他表示，这些年项目中心通过各种形式，为政府、媒体、NGO在国际气候谈判舞台上开展有效的气候传播提供策略建议和理论支持，受到政府部门、新闻媒体和NGO组织的肯定与好评。他表示，回顾中国气候传播走过的十年路程，我们对未来充满信心。

2. 举办气候传播国内和国际学术会议

2010年以来，项目中心举办了多次气候传播学术会议和国际会议。例如2010年5月举办的"气候·传播·互动·共赢——后哥本哈根时代政府、媒体、NGO的角色及影响力研讨会"是中心成立后组织的首次学术研讨会，会议邀请国内外学者、媒体、NGO人士以及政府机构代表，共同总结2009年哥本哈根联合国气候大会期间，政府、媒体和NGO组织在运用传播方面的经验和问题，从学术研究的角度提出建议和意见。正是在这次会议上，中心主任郑保卫教授提出了"气候传播"的概念，并以"气候、传播、互动、共赢"作为主题，探讨政府、媒体和NGO组织如何在国际平台做好气候传播，通过互动实现共赢目标，开启了我国气候传播理论研究的进程。

图5 2010年5月，中国人民大学新闻与社会发展研究中心、中国人民大学新闻学院和中国气候传播项目中心共同举办首次国际研讨会："气候·传播·互动·共赢——后哥本哈根时代政府、媒体、NGO的角色及影响力研讨会"（图为与会嘉宾合影，前排左5为赵启正、左3为马胜荣、左4为何建坤、左6为苏伟、左7为费乐歌、左1为蒋晓丽、左2为涂光晋，后排左1为倪宁、左3为郑保卫）

2013年10月，项目中心与耶鲁大学气候传播项目中心合作，在中国人民大学共同主办了"2013气候传播国际会议"，这是迄今为止世界上首次规模最大，也是最具影响力的气候传播国际会议。百余名国内外专家、学者在如何应对气候变化、如何做好气候传播方面达成了许多共识，为进一步推动气候传播理论研究和社会推广起到了一定的引领作用。郑保卫主任在大会开幕式致辞中提出的"要让气候传播在全世界真正形成气候"的倡议,得到了与会国内外学者的一致认同。

图6 2013年10月中国气候传播项目中心与耶鲁大学气候传播项目中心共同主办的"2013气候传播国际会议"(图为与会嘉宾合影,前排左6为项目中心顾问马胜荣、左7为耶鲁大学气候传播项目主任安东尼教授、左8为郑保卫教授)

2016年12月18—19日,项目中心在中国人民大学举办了"绿色发展与气候传播研讨会",与会者共同探讨了在党中央提出包括"绿色发展"在内的"五大发展理念",并将其上升到国家发展战略高度之后,如何传播绿色发展理念,推广绿色发展行动,促进绿色发展与绿色生活。

图7 2016年12月中国气候传播项目中心在中国人民大学举办"绿色发展与气候传播研讨会"(图为与会嘉宾合影,左起为潘进军、丁俊杰、马胜荣、郑保卫、杜祥琬、詹安玲、陈素平)

2018年10月20—21日，项目中心与广西大学新闻传播学院、广西大学气候与健康传播研究中心共同主办的"2018年气候与健康传播学术研讨会"在广西大学新闻传播学院举行。来自全国高等院校、科研机构、政府部门、社会组织和企业与医疗单位的代表110余人出席了研讨会。这是由国内第一家将气候与健康融通起来进行综合研究的学术机构——广西大学气候与健康传播研究中心主办的首个气候与健康传播研讨会。研讨会邀请来一批来自气候变化、生态环境、公共卫生、医疗健康领域的国内外专家共同探讨气候与健康传播的功能定位和策略方法，开启了我国从气候变化与气候传播角度关注疾病健康与公共卫生传播的新领域。

图8　2018年10月中国气候传播项目中心与广西大学新闻传播学院、广西大学气候与健康传播研究中心共同主办的"2018年气候与健康传播学术研讨会"（图为与会嘉宾合影）

此后，2019年11月2—3日，由中国气候传播项目中心、中南民族大学文学与新闻传播学院、广西大学气候与健康传播研究中心共同主办的第二届气候与健康传播学术研讨会在中南民族大学举行。来自海内外高校、政府、媒体、企业、社会组织与智库机构的百余名学者专家和研究生出席。研讨会主题为"美丽、健康、行动、共享，新时代新环境下的气候与健康传播"，参会的专家学者来自传播学、低碳经济、公共卫生、国际关系、语言文学等多个领域，会议集中围绕气候传播理论热点与路径策略、气候与健康传播的融通与共进等方面问题展开深入讨论。

2020年12月12日，中国气候传播项目中心、广西大学气候与健康传播研究中心与中国传媒大学广告学院、中南民族大学文学与新闻传播学院共同主办的第三届气候与健康传播研讨会在中国传媒大学举行。此次研讨会正值项目中心成立十周年，因此以"中国气候传播研究十年暨2020年气候与健康传播研讨会"为

图9 2019年11月中国气候传播项目中心、中南民族大学文学
与新闻传播学院、广西大学气候与健康传播研究中心共同主办
2019气候与健康传播学术研讨会（图为与会嘉宾合影）

题。这次研讨会是一次总结会、表彰会，也是一次联谊会，共同走过十年气候传播路程的80余名专家、学者和朋友们齐聚一堂，其乐融融。项目中心专家委员会主任杜祥琬院士，顾问马胜荣教授、黄浩明教授，形象大使宋英杰先生，专家贾峰、潘进军、李鹏先生和詹安玲女士，以及项目中心骨干成员张志强、王彬彬、李玉洁、钟新，和徐红、祁晓霞、鞠立新、吴海荣、覃哲、杨柳、姜昕，还有与项目中心长期合作的同行朋友王香奕、宋扬、蓝澜、陈素平、刘晓婷、张硕、荆卉、刘毅、汪燕辉、贾鹤鹏、贾广惠、苏武江等悉数到会，大家共同回顾项目中心十年走过的路程，付出的汗水，留下的念想，心中无限感慨，同时也对未来充满自信。

项目中心顾问委员会主任、国务院新闻办原主任、中国人民大学新闻学院院长赵启正教授发来贺信。他充分肯定了十年来中国气候传播项目中心所做的工作和所付出的努力，强调为有效应对气候变化，国际社会需要凝聚共识、携手合作、扩大交流，帮助全社会和公众更好地科学认识气候变化，共同参与气候治理。他希望项目中心在做好气候传播的同时能够关心疫情传播，祝愿中国气候传播项目中心十年后再创佳绩，再续辉煌。

项目中心主任郑保卫教授作了题为《回看十年　展望未来　不忘初心　再做贡献》的致辞。他回顾了中国气候传播项目中心十年来所做的工作及取得的成绩，感谢各位领导和专家的支持帮助，指出当今世界正经历百年未有之大变局，尤其是2020年年初突如其来的新冠疫情，对全世界、全人类都是一次严峻的考验和深

图 10　2020 年 12 月 "中国气候传播研究十年暨 2020 年气候与健康传播研讨会" 在中国传媒大学举行（图为参加大会的项目中心团队成员及合作伙伴一起合影）

刻的警示，气候传播依然任重而道远，希望未来气候传播能够花开遍地，在中国乃至世界上真正形成大气候。

在此次研讨会上，还举行了隆重的颁奖仪式，长期指导和支持项目中心工作的赵启正、解振华、杜祥琬、马胜荣等顾问和专家被授予"特别贡献奖"，还有一些单位被授予"优秀组织奖"，一些个人被授予"突出贡献奖"等奖项，以表彰他们为气候传播所作出的重要贡献。

2021 年 12 月 17—18 日，由中国气候传播项目中心、广西大学新闻与传播学院、广东外语外贸大学新闻与传播学院、广西大学气候与健康传播研究中心、中南民族大学文学与新闻传播学院、中国传媒大学绿色低碳发展与品牌传播研究中心和新乡学院中原气候传播研究所共同主办，广东外语外贸大学广州城市舆情治理与国际形象传播研究中心承办的"气候传播、健康传播与城市可持续发展国际学术研讨会"（2021 气候与健康传播研讨会）在广东外语外贸大学以视频会议形式成功举行。研讨会主题为"气候、健康、协同、共治"。在格拉斯哥第 26 届气候变化大会落幕不久，德尔塔、奥密克戎病毒引发的新一轮疫情依然在全球蔓延之际，近百位中外专家学者围绕气候传播、健康传播与城市的可持续发展等相关议题，从多学科交叉视角深入探讨如何在当前疫情仍在蔓延以及应对气候变化的多重压力下，通过有针对性的政策协调治理模式创新，进一步提升城市发展韧性与可持续性。

图11　2021年12月17—18日，"气候传播、健康传播与城市可持续发展国际学术研讨会"（2021气候与健康传播研讨会）在广东外语外贸大学以视频会议形式成功举行（图为与会嘉宾视频连线与合影）

三　面向公众，服务社会

所谓"气候传播"，指的是将气候变化信息及其相关科学知识为社会与公众所理解和掌握，并通过公众态度与行为的改变，以寻求气候变化问题解决为目标的社会传播活动。简言之，气候传播是一种有关气候变化信息与知识的社会传播活动，它以寻求气候变化问题的解决为行动目标。

根据这一定义，气候传播的最终目标是动员和组织起全社会的力量一起关注气候变化，参与适应、减缓和应对气候变化的行动，共同为促进节能环保、绿色发展、生态文明，建设美丽中国和美好世界贡献力量。因此，面向公众、服务社会是项目中心的主要工作方向和重要社会使命。十年来，项目中心通过公众调查、社会推广、壮大团队等方式，吸引越来越多的群众加入到气候变化与气候传播的队伍中来。

1. 开展中国公众气候变化与气候传播认知状况调查

公众是气候传播的信息接受者，也是气候传播的关键主体，因此，吸引他们关注和参与气候变化与气候传播是项目中心服务社会的一项基础性工作。为了弄清楚公众对气候变化与气候传播的认知与意愿，项目中心于2012年开展了首次"中国公众气候变化与气候传播认知状况调查"。调查结果显示，在受调查的公众中，表示了解气候变化者所占比例是93%，而有关此项内容的同样调查，英国是72%，美国是64%。这一调查被收入《中国国家应对气候变化的政策和行动》白皮书，联合国气候变化框架公约秘书处时任执行秘书Christiana Figueres引用此项调查的数据，肯定了中国为应对气候变化所作的贡献。当年年底在多哈联合国气候大会上，项目中心与耶鲁大学气候传播项目中心安东尼教授率领的团队一起，共同举办了中美印三国公众气候变化认知状况比较研究国际边会，展示了此项调查的研究成果。

五年后的2017年，项目中心进行了第二次"中国公众气候变化与气候传播认知状况调查"，这次调研的结果再次被收入《国家应对气候变化的政策和行动》白皮书。项目中心团队在北京和波恩联合国气候大会现场分别举行了中英文发布会，并与耶鲁大学气候传播项目中心联合发布了中美公众气候认知对比研究成果。研究结果显示，中美公众高度支持两国政府继续落实《巴黎协定》。联合国气候变化框架公约秘书处执行秘书长Patricia Espinosa高度评价此项研究，并派新闻发言人Nick Nuttall先生参加发布会。联合国秘书长南南合作特使Jorge Chediek先生现场点评说："你们的研究为世界带来了好消息。"

2. 开展应对气候变化社会推广活动

2012年，项目中心按照将气候传播研究"内在化"的思路，将工作的重点转向社会发动与推广领域。2012年6月，由项目中心和中国人民大学新闻与社会发展研究中心、乐施会、中国人民大学新闻学院共同主办的"气候传播与气候变化进社区，进校园，进农村，进企业"活动启动仪式在中国人民大学举行。来自政府部门、新闻媒体、高等院校、研究机构、NGO组织，以及中国人民大学新闻学院、环境学院、农业与农村发展学院、公共管理学院、统计学院的师生代表共300余人参加了启动仪式，为气候传播的社会推广和公众参与吹响了进军号。

此后，项目中心相关人员陆续开展了与社区、乡镇农村和企业的合作，让气候变化和气候传播深入城乡和企业，吸引那里的相关机构和公众关注并参与气候变化和气候传播，共同应对气候变化，参与气候治理。

3. 壮大气候传播研究团队

为壮大理论研究和社会推广专业队伍，项目中心近些年积极与兄弟高校和研究机构合作，推动气候变化和气候传播理论研究和社会推广工作。迄今为止，河南新乡学院、中国传媒大学、广西大学、中南民族大学、广东外语外贸大学、青岛大学等高校相继组建气候传播研究机构，或以各种形式组织开展气候传播研究

图12 2012年气候变化与气候传播"进社区、进校园、进农村、进企业"
活动启动仪式暨中国气候传播项目中心顾问委员会成立会议

和社会推广工作,使得全国气候传播研究团队逐渐壮大,花开四野。

四 深入研究,扩大成果

随着气候变化和气候治理问题的逐步升温,人们对以传播气候变化信息,服务应对气候变化行动为主旨的气候传播也越来越关注,这使得气候传播成了继科学传播、健康传播、风险传播之后兴起的又一应用性公共传播领域。

气候传播不仅吸引了新闻学、传播学、社会学、心理学等社会科学研究者的目光,也吸引了大量气象学、环境学、生态学、地质学、森林学等自然科学者的注意,从而促使气候传播逐渐成为学术界,乃至全社会关注的一个热门话题。

在这一背景下,项目中心作为一个研究机构和智库平台,在做好行动推广和社会实践的同时,始终坚持开展理论研究,不断扩大学术成果。这些年来,项目中心通过申报项目、组织科研,发表论文、出版著作,举办会议、开展研讨等方式,在气候变化与气候传播领域发挥了学术引领和理论指导作用

1. 发表论文和出版专著

十年来,项目中心系统开展气候传播理论研究,先后发表气候变化与气候传播方面的研究论文百余篇,出版了7部相关研究著作。

2011年,出版了由郑保卫教授主编的《气候传播理论与实践研究》一书,这是中国第一部,也是发展中国家第一部研究气候传播的专著,此书的中英文对照

版在当年的德班联合国气候大会首发式上受到与会国内外专家的好评。

2015年，项目中心出版了由郑保卫教授主编的《论气候变化与气候传播》一书，并且翻译出版了哥伦比亚大学学者编著的《气候传播心理学》。

2016年，项目中心成员张志强、徐庭娅等出版了《气候传播战略研究》一书，介绍了中国气候传播的政策与行动，并提出了未来开展气候传播工作的战略框架。

2017年，项目中心出版了《绿色发展与气候传播》一书，介绍国内外学者在气候传播研究方面的最新进展。

2018年，项目中心成员王彬彬出版了《中国路径——双层博弈视角下的气候传播与治理》，该书入选国家社科基金中华学术外译项目，于2021年由施普林格·自然集团出版英文版，向国际社会介绍中国参与气候治理和气候传播的经验。

2020年，项目中心成员王彬彬出版了《气候中国——全球气候治理与中国公众认知研究》一书，综合展现中国公众对气候变化的认知程度、看法和意见，时任生态环境部气候变化事务特别顾问解振华推荐此书为"对各方了解民意具有重要参考价值"。

2020年，项目中心出版了由郑保卫教授主编的《从哥本哈根到马德里——中国气候传播研究十年》一书，全面、系统地总结了十年气候传播研究的理论与实践成果，展示了中国气候传播研究的学术贡献及实践效果。

2. 获得国家社科基金项目立项

2016年，项目中心成员徐红教授申报的"基于公众态度与行为的政府气候传播机制研究"获得国家社科基金一般项目立项，成为国家社科基金中第一个关于气候传播研究的立项项目。

2019年，项目中心主任郑保卫教授在广西大学申报的"生态文明建设和绿色发展理念背景下我国气候传播的战略定位与行动策略"项目，获得国家社科基金重点项目立项，成为国家社科基金中第一个气候传播研究的重点项目立项。这个项目立足中国，放眼世界，把气候传播放在习近平生态文明思想的框架下，放在低碳节能、环境保护、绿色发展和气候治理的背景下，探讨气候传播的战略定位与行动策略，站位高、视野宽、思路新，受到了以清华大学新闻与传播学院李希光教授为首席专家的课题组专家的一致肯定和积极评价。

3. 主持起草《中欧社会应对气候变化共识文本》

2014年，受"中欧论坛"的委托，项目中心主任郑保卫教授作为首席专家带领团队成员主持起草了《中欧社会应对气候变化共识文本》。此文件当年递交给了秘鲁联合国气候大会,2015年在巴黎联合国气候大会发布,传递了来自中欧民间的声音。

总之,十年来项目中心始终在努力凝聚各方力量,力图形成研究合力,而且通过人才培养、队伍建设等方式不断壮大队伍,提高研究水平,扩大学术和社会影响。项目中心成员欣喜地看到,经过十年的努力,气候传播在中国已经形成了气候。

五 回望过去,面向未来

从2010年到2020年的十年中,项目中心团队在实践中成长,在奋斗中前行,为应对气候变化,为实现气候变化全球治理作出了自己的贡献。这其中,特别要提及的是2010年5月16日,项目中心举办的"气候·传播·互动·共赢——后哥本哈根时代政府、媒体、NGO的角色及影响力研讨会"。在这次会上,项目中心首次公开使用了由郑保卫教授提出的"气候传播"的概念,打出"气候传播"的旗帜,由此成为中国气候传播史上的一个标志性事件。

另外,2013年10月,项目中心同耶鲁大学共同在北京举办的首届"气候传播国际会议",有30多名国外专家学者应邀出席研讨会,与近百名中国专家学者共同探讨如何推进气候传播,如何为实现气候变化全球共治提供思想智慧和学术支持,把气候传播推上了国际学术前沿,引起了国际社会的关注,形成了很好的国际影响。项目中心主任郑保卫教授在会上提出的"要让气候传播在全世界真正形成气候",受到了全体与会者的认可,在气候传播领域起到了引领作用。

十年中,项目中心通过提交调研报告和咨询报告,以及举办各种研讨会、工作坊、主题边会和媒体记者培训班等形式,为政府、媒体、NGO、企业在国际气候谈判舞台上开展有效的气候传播提供策略建议和理论支持,受到政府部门、新闻媒体、NGO和一些企业的肯定与好评。通过这一系列学术活动和理论探讨,项目中心初步建立起了气候传播学的理论框架,为深入研究气候传播,建构科学的气候传播学理论和知识体系奠定了基础。

此外,项目中心主任郑保卫教授还率先在国内将气候变化与疾病健康相联系、"气候传播"与"健康传播"相融通、美丽中国建设与健康中国建设相统一,指导广西大学组建了气候与健康传播研究机构,不仅拓展了气候变化与气候传播的研究领域,而且从公共卫生和民众健康的角度,吸引更多公众关注并参与到应对气候变化的行动中来。

这些年,项目中心主任郑保卫教授一直在倡导构建政府、媒体、NGO、企业、公众"五位一体"应对气候变化行为主体的行动框架,并努力推动"五位一体"(后来又加上"智库",成为"5+1")行动框架更好地发挥作用,要使在气候变化和气候传播中作为"主导者"的政府更加主动,作为"引导者"的媒体更加尽心,作为"推助者"的NGO更加积极,作为"担责者"的企业更加尽力,作为"参与者"的公众更加自觉。总之,要让气候传播真正成为社会共识和全民行动,在实现"碳达峰"与"碳中和"的"双碳目标"和全球气候治理的宏伟事业中发挥更大的作用。

回望过去,我们问心无愧,展望未来,我们信心百倍。正如项目中心主任郑保卫教授在2019年马德里联合国气候大会气候传播边会上作的题为《做好气候传播 应对气候变化 建设美丽中国——中国气候传播十年历程与思考》的主题发言中所提,项目中心"今后将继续坚持以习近平生态文明思想为指导,把气候传播的旗帜举得更高,工作做得更好,队伍练得更强,声音传得更响,让气候传播之花遍地开放,在中国乃至在世界真正形成大气候,为促进美丽中国和健康中国建设,为实现气候变化全球共治的美好愿景,为保护我们共同的地球家园作出更大贡献"。

(此文参考郑保卫教授主编《从哥本哈根到马德里——中国气候传播研究十年》写成)

赵启正：中国气候传播项目中心的"首席顾问"

中国社会科学院西亚非洲研究所　李玉洁

图1　2010年赵启正教授在中国气候传播项目中心举办的
"气候·传播·互动·共赢——后哥本哈根时代政府、
媒体、NGO的角色及影响力"研讨会上致辞

赵启正先生知名度很高。他有很多职务和身份：中央外宣办原主任、国务院新闻办公室原主任、第十一届全国政协外事委员会主任、中国人民大学新闻学院院长。他被誉为"中国国家形象大使""中国政府公关总管""中国发言人制度化建设的引领者和示范者"，他在我国对外传播和公共外交领域有着丰富实践和独到见解，他是最会向世界讲述中国故事、传播中国声音、沟通中外关系的"使者"之一。

2010年4月，中国气候传播项目中心（以下简称"项目中心"）在创办之际，便近水楼台先得月，聘请刚卸任国务院新闻办公室主任的赵启正教授为项目中心最初的两个顾问之一（另外一个是新华社副社长兼常务副总编辑马胜荣）。后来，2013年项目中心组建顾问委员会，他又与时任国家发展和改革委员会副主任、联合国气候大会中国政府代表团团长解振华和中国人民大学校长陈雨露，一起被聘为项目中心顾问委员会3位主任委员之一，他排在第一位。所以，赵启正教授称得上是名副其实，也是实至名归的中国气候传播"首席顾问"。

2020年，中国气候传播项目中心在北京举行成立十周年庆祝和表彰大会，赵启正教授与解振华，以及项目中心专家委员会主任杜祥琬院士获得最高奖——"特别贡献奖"，这是对他们十年来指导和支持项目中心所作贡献的最大肯定和奖励。

一　为中国气候传播把舵定向

"我今天要讲的是如何以公共外交的方式来加强中国的话语权问题。"这是赵启正教授2010年5月16日，在刚成立不久的中国气候传播项目中心举办的"气候·传播·互动·共赢——后哥本哈根时代政府、媒体、NGO的角色及影响力"研讨会上开场发言的第一句话。紧接着，他略显激动地说："哥本哈根会议对我来说是个刺激。"这番话可谓直入主题，点破了项目中心举办此次研讨会的缘由和目的。

2009年12月7—18日在丹麦首都哥本哈根召开的第15届联合国气候大会，是世界各国为解决人类面临的共同问题而召开的一次重要会议。时任中国国务院总理温家宝亲赴哥本哈根参加大会，作了大量沟通协调工作，希望通过工作能够促成这次大会通过一个全球共同应对气候变化的具有法律约束力的文件。可以说这是中国政府代表团、新闻媒体和NGO组织首次在联合国气候大会上整体性"登场亮相"，也是中国气候传播的一次"集中演练"和国际"大练兵"。

可是令人遗憾的是，这次大会的结果却与人们的预先期待相距甚远，会议最终没能达成令各方满意、具有法律约束力的文件，这一结果让国际社会普遍感到失望。

然而令人匪夷所思的是，英国《卫报》发表了一篇题为《中国"劫持"了哥本哈根气候变化大会》的文章，公开指责中国"劫持"了哥本哈根气候大会，把出现问题的责任推到了中国头上。西方媒体所鼓噪的负面舆论迅速扩散、蔓延，中国政府被推到了西方媒体掀起的舆论浪尖上，面临着巨大的国际舆论压力。

中国气候传播项目中心举办此次研讨会的目的，正是要分析这次会议期间中国政府、媒体和NGO的传播表现，探讨如何通过传播，加强气候谈判参与各方的交流与合作，以期实现合力应对气候变化的共赢目标。

这次研讨会是项目中心成立后举办的第一次重大会议，也是国内第一次从气候传播的独特视角来反思哥本哈根会议，赵启正教授作为重量级嘉宾出席会议并作主旨发言。他一开场便讲了个故事："在哥本哈根会议之后不久，我便带领一个由官员、企业家和教授组成的中国政协代表团，访问日本，与日本在野党和执政党两方面的主要领导人会面。时任日本首相的第一句话就说'中国强大了！中国了不起了！中国傲慢了！'何以为证呢？他说'你们在哥本哈根会议上表现得很傲慢，不虚心'，当时日本政要中有两三位都是这样说的，这种面对面的谈话对我震动很大。我也知道国际媒体的报道有类似的声音，特别是英国《卫报》表现积极，设计了埋伏圈对付中国，自始至终对中国采取攻击态度，但是听到这些从日本政要人士口中说出来的话，还是有些吃惊。"

讲完这个故事，赵启正教授有些激动。他分析了哥本哈根会议中国之所以被国际社会关注的原因，谈到自他任职全国政协外事委员会主任以来，多次感到中国的外交理念没有很好地被普及，政府往往孤军作战，就连一些民间琐事也需要外交部发言人去说话。他在讲话中问道："我们那么多优秀的民间组织、专家、学者都到哪里去了？为什么不说话？"他认为中国需要有民间团体、NGO，需要有专门研究气候变化的机构，来帮助世界了解中国在气候问题上的正确认识，来表达中国所倡导的"承担共同但有区别的责任"的科学内涵。他认为由于中国缺少这类机构及人员，所以政府代表团只能"孤军奋战"。为此，赵启正教授提出，要加强民间公共外交工作，促进国内外民间组织在气候传播领域的交往与互动，提升中国的国际话语权，他认为这也是中国气候传播项目中心的责任所在。

可以说从中国气候传播项目中心建立起，赵启正教授就为项目中心把舵定向，给予了许多具体指导。当中国人民大学新闻与社会发展研究中心主任郑保卫教授去向他汇报关于组建中国气候传播项目中心的计划，并请他担任顾问时，他当即明确表示坚决支持。他说你们从新闻与传播的角度关注和介入国家，乃至全世界都在关注的气候变化问题，研究气候变化传播的理论与实践，很有意义。他建议要将中国气候传播项目中心的工作置于中国公共外交的大格局之中，要加强同国内外政府机构、新闻媒体、NGO组织等各方的交流、沟通与合作，在国际舞台上努力提升中国的话语权，担负起中国气候传播的重要使命。

郑保卫教授在谈到与赵启正院长的此次谈话时说，赵院长从国家发展战略和公共外交策略的高度来引导我们开展气候传播理论研究和行动实践，可谓"站位高,视野宽,思路广,思想深",使得项目中心的工作一起步就能够做到"方向明确,定位准确,行动正确",从而为以后的发展打下了良好的思想基础和理论基础。

正是在他的指导和带动下,项目中心主任郑保卫教授带领团队成员这些年始终站在国家发展战略高度,秉持公共外交行动理念,通过连续十年参加联合国气候大会,以及举办气候传播论坛和国际边会等形式广交朋友,加强与国际气候组织、科研机构、民间团体,以及同行专家学者和业内人士的交流、沟通与合作,逐渐提升了项目中心的国际话语权,扩大了项目中心在国内外的影响力,成为国际气候变化与气候传播领域的一支重要力量,受到了国内外同行的认可与肯定。

赵启正教授很忙,但却一直在关注着项目中心的工作,当他看到项目中心成员积极活跃在联合国气候大会舞台上,在国际气候传播领域取得顺利进展时非常高兴,他对郑保卫主任说,你都成了"公共外交家"了。他还给郑保卫教授布置了一项任务:以《我的公共外交实践》为题给《公共外交季刊》写篇文章。

郑保卫教授后来按照赵启正院长的要求,为《公共外交季刊》写了一篇题为《学者也是公共外交人》的文章,用他2010年出席墨西哥坎昆联合国气候大会期间举办气候传播国际边会的经历,说明了秉持公共外交理念、运用公共外交手段、广交朋友开展气候传播的重要性和有效性。

项目中心2010年年底在坎昆联合国气候大会期间主办的气候传播边会,是郑保卫教授作为中国高校研究机构负责人,在国外主持的首次气候传播边会,也是中国科研机构第一次在国际舞台上启动气候传播议题研究,同时也是他首次运用赵启正教授的公共外交理念与策略展开气候外交的一次尝试。

在坎昆举办气候传播边会期间,由于没有官方背景,项目中心的活动主要靠民间组织和志愿者个人帮助。墨西哥乐施会负责安排会议活动的戴丽安娜女士,热情帮助项目中心解决了会场及会议举办的许多相关问题。墨西哥女大学生格里西亚受邀担任志愿者,她与中心团队成员共同完成了组织边会的所有工作。会议结束后,她和她的父母受郑保卫教授之邀共进晚餐,席间大家亲切交谈,成了好朋友。餐后,她的父亲执意要开车送团队成员回宾馆,就像是多年不见的老朋友。这次经历让郑保卫教授真正尝到了公共外交的甜头,同时也深切体会到了赵启正教授反复强调的开展民间对外交往的重要意义。

项目中心运用赵启正院长提出的公共外交理念与策略还有一个成功案例,那就是与耶鲁大学气候传播项目中心的友好合作。2010年5月,在项目中心举办第一次研讨会,亮出"气候传播"的旗帜之后,郑保卫教授让团队成员了解国外有没有类似机构，后来获悉美国、英国和德国都有类似机构，并且了解到美国做得最好的是耶鲁大学，而且他们有个研究团队就叫"气候传播项目中心"。郑保卫教授立即让学生与耶鲁大学联系，并诚挚地邀请该项目负责人安东尼教授2011年访问中国。

2011年9月，安东尼教授应邀来到中国人民大学，参加项目中心举办的"气候传播战略国际研讨会"，郑保卫教授跟他如朋友相见，倾心交谈。安东尼教授介绍了他们团队坚持开展公众气候变化认知状况调查的情况，并建议中国朋友也做类似的调查，还说以后可以合作开展比较研究。项目中心当即聘请安东尼教授为顾问，指导开展公众调查。第二年郑保卫教授率团回访耶鲁大学，进一步加强了双方的交流与合作。

此后，郑保卫教授把2012年项目中心所做的首次全国性抽样调查"中国公众气候变化与气候传播认知状况调查"的数据及相关材料，无偿地提供给耶鲁大学，双方据此合作开展比较研究，并于2012年12月在多哈联合国气候大会上联合举办了"中美印三国公众气候变化认知比较研讨会"。

2013年，安东尼教授又接受郑保卫教授的邀请，同意两校合作共同在北京举办"首届气候传播国际会议"，并主动联系了20多位欧美国家一流气候变化与气候传播学者到北京参加10月举行的研讨会。让郑保卫教授没有想到的是，耶鲁大学安东尼教授竟然又主动承担了所有20多位专家来华参加研讨会的往返机票。

作为这段颇有情节，让人感动的故事的主人公之一的郑保卫教授说，虽然我和安东尼教授语言不通，难以深入交流，但因为同是研究气候传播的学者，我们有很多共同语言，完全可以真诚相处，坦诚交流，建立起深厚友谊，这不正是赵启正教授倡导的公共外交吗？！

郑保卫教授坦诚地说，中美两国学者在气候传播领域成功的交往与合作说明，民间交往一是要有善意，只有善意才能换来对方的接纳与认可；二是要有真诚态度，只有真诚才能赢得对方的信任与尊重；三是要有执着追求，只有执着才能有坚持与成功。可以说正是在赵启正教授公共外交理念和策略的指导下，项目中心才逐渐打开了对外交往的局面，结识了一批国际气候传播领域的朋友，共同为气候传播和气候变化全球治理贡献智慧和力量。

二 地球上没有旁观者

为了提升中国气候传播项目中心理论研究的专业性水平，同时也为扩大项目中心的社会影响力，2013年6月项目中心聘请相关领域领导和专家组建了顾问委员会，赵启正教授受聘为顾问委员会主任。在同年 10 月 12 日由项目中心举办的"首届气候传播国际会议"上，赵启正教授在大会演讲中以"中国人已无处可逃"作为开场语，谈了自己遭遇极端天气的经历：今年在上海消夏的他本以为可以避开北京的雾霾，不想却遭遇上海前所未有的超高热浪，而刚刚过了炎热天气，恰恰又遇到了两次台风，暴风雨淹没了上海的一些街道，连同济大学校园里的马路都淹了。由此他感慨地说："中国人已无处可逃。"他指出，气候变化关乎国计民生，关乎人民健康，关乎地球家园，关乎人类发展，是当前中国和全球需要共同面对的重大议题。他指出："在气候变化问题上，地球上没有旁观者！"

他认为，在中国，公众的"高风险、低认知"状态会长期存在。因此，帮助公众认识气候变化的严峻现实和潜在危害，从而改变他们的生活方式、消费方式，促进政府提出改善气候环境的政策和措施，实现低碳生活是气候传播学者的一个长期的义不容辞的责任。

在这次由中国人民大学、中国气候传播项目中心和美国耶鲁大学气候传播项目中心共同主办的气候传播国际会议上，来自联合国相关机构以及国内外数十所高等院校、研究机构和新闻媒体的 100 多名代表出席大会，赵启正教授站在全球应对气候变化的更高层面，再次强调了气候传播的重要性。他认为，改善气候环境需要世界各国携手，而其基础就是公众的参与。他提出，各国公众应当积极关注气候变化，也包括关注国际社会在气候变化领域的协同行动，支持本国政府积极参加国际气候治理，积极承担应当承担的国际义务。

他指出，增强本国公众的气候变化意识或告知国际社会本国政府应对国际气候变化正在采取的措施，在这其中充分和及时的传播是绝对需要的。因为任何一项气候变化国际规范和协作计划的实施，首先都需要取得全球共识，只有经过全球的传播，才能提醒政府、媒体、非政府组织、企业和公众。他郑重指出："你们都是气候变化的利益攸关者，在气候变化问题上，地球上没有旁观者。"此外，他还强调，各国应当扩大交流，积极分享彼此在应对气候变化过程中的经验教训，因为应对气候变化是全世界的事，一个国家在应对气候变化中的经验和教训应该主动传播给世界，这有利于加深国外对本国的理解，从而促进友好关系。

赵启正教授的发言紧紧扣住了此次气候传播国际会议的宗旨和主题，为项目中心进一步实施国内国际"两路并进、双向使力"的行动目标，以及推行政府、媒体、NGO、企业、公众"五位一体"的行动策略作了最好的理论阐释和思想动员，为项目中心的工作引领了方向，提供了动力。作为"首席顾问"，他尽职尽责，作出了重大贡献。

当时项目中心成立刚 3 年，通过大家的努力，项目中心不断丰富研究内容，拓展研究方法，扩大研究成果，在国内赢得了广泛关注和认可，在国际上也已产生了积极影响。此后，项目中心将继续坚持"两路并进、双向使力"的目标定位，在世界更大范围内加强与各国气候传播同行的合作，以更好地应对气候变化这一全球挑战，参与气候变化全球治理的国际行动。

三 十年发展再创佳绩

2020 年 12 月 12 日，"中国气候传播研究十年暨 2020 年气候与健康传播研讨会"在北京举行，这次研讨会对项目中心十年来的工作作了回顾与总结。中心主任郑保卫教授在致辞中感谢赵启正教授等领导、专家对项目中心的支持和帮助，他称这些领导、专家都是项目中心的"贵人"。有"贵人相帮"，才使中心的工作能够一步一个台阶不断发展提升，取得一些成绩和影响。

因疫情无法出席会议的赵启正教授专门发来贺信表示祝贺。他在贺信中充分肯定了十年来中国气候传播项目中心所做的工作和所付出的努力，强调为有效应对气候变化，"国际社会需要凝聚共识、携手合作、扩大交流，帮助全社会和公众更好地科学认识气候变化，共同参与气候治理"。他希望项目中心在做好气候传播的同时能够"扩大研究领域，关注新冠疫情传播"，并祝愿中国气候传播项目中心"十年后再创佳绩，再续辉煌"。

赵启正教授提出项目中心既要关心气候传播，又要关心新冠疫情传播的要求，与这一时期项目中心的工作转型再一次不谋而合。2017 年，郑保卫教授受聘广西大学新闻与传播学院院长后，整合自身积累的气候传播资源与广西大学长年开展健康传播研究的吴海荣教授的资源，指导创办了"广西大学气候与健康传播研究中心"，率先在国内将气候变化与疾病健康相联系，融通"气候传播"与"健康传播"，从而推动了气候传播研究向着更广的领域拓展。

让郑保卫院长未曾想到的是，赵启正教授从现实需要和理论研究的角度，提出要关注新冠疫情传播的建议，再次引领项目中心关注社会民生，关注人民健康，拓展研究领域，把气候传播与健康传播结合起来，再次体现出已年过八旬的赵启正教授的敏锐思想和高超智慧。

自项目中心成立以来，赵启正教授一直对中心的建设与发展寄予厚望，总是及时给予悉心指导和大力帮助。从项目中心成立之初帮助明确工作定位，到后来发展过程中帮助拓展国际视野，再到收获总结之季提出今后发展要求，十年来他从未中断过对项目中心的关心和支持，无愧于"中国气候传播首席顾问"的称号。

可以说，项目中心十年来的每一点成长与进步都离不开"首席顾问"赵启正教授的关心、指导和帮助。在2011年项目中心出版首部研究著作《气候传播理论与实践——气候传播战略研究》一书之际，他慷慨作序写道："20世纪以来人类向大自然高强度的、无止境的索取导致了地球气候变化加剧，人类对生存环境的忧虑再也不是杞人忧天了。正当人类总人口到达70亿之际，此书作为中国第一部气候传播研究的专著出版了，它将推动有关气候变化信息与知识的社会传播活动，从而促进公众支持本国政府和国际社会寻求解决气候变化问题的行动。"他的题词，给刚刚起步开始气候传播理论研究的团队成员以很大鼓舞。

赵启正教授对项目中心的贡献，还在于他从自身常年指导我国对外宣传和国际传播实践的角度出发，对气候传播提供了许多专业指导。他不仅从理论高度将气候传播纳入了公共外交范畴之中，提出项目中心的对外气候传播交流和分享是"有效的公共外交行动"，还阐释了气候传播与中国国际话语权提升的内在关联，尤其是他以自己多年来"讲好中国故事"的亲身经历和经验出发，以生动的案例阐述了讲好中国气候故事应有的立场、态度、方法及策略，为中国气候传播的内容与效果研究提供了可资借鉴和可供操作的方案和方法。

赵启正教授讲故事的技巧，及其驾驭话题、回答提问的智慧与能力特别让人叹服！例如他在担任第十一届全国政协发言人期间机智应对国外记者提问的场面让许多人久久难忘；他在巴黎参加纪念世界妇女运动100周年大会发言中用两张图片诠释了中国妇女百年中的进步：一张是一位缠足老太太在故宫，另一张是中国女足赢得世界杯亚军，看了照片，不言自喻，一目了然，中国妇女百年来的变化太大了；在2010年5月项目中心举办的第一次气候传播研讨会上，针对英国《卫报》记者在哥本哈根联合国气候大会期间发表题为《我在现场》的文章指责中国"破坏会议"，他反问道："为什么我们中国的记者不能也写一篇'我也在现场'的文章来驳斥《卫报》记者？"观点鲜明，一语中的！

赵启正教授的这些经历和经验，不仅为项目中心做好气候传播提供了学习借鉴的典型案例，更是给项目中心团队成员带来思想和精神上的激励，使大家能够始终精神饱满，信心百倍，充满自信地驰骋在国际国内气候传播的舞台之上，勇敢发声，果敢行动，悉心讲述中国故事，高调传播中国声音，实现了从"参与者"到"贡献者"再到"引领者"的跨越。而这一切都要特别感谢项目中心"首席顾问"赵启正教授！

杜祥琬：中国气候传播项目中心的"首席专家"

中国工程物理研究院　崔磊磊

图 1　杜祥琬院士在 2015 年巴黎联合国气候大会气候传播边会上演讲

宇宙之大、历史之长皆可包容在人的心田和脑海之中，最辽阔的还是人类的思维和胸怀！

思想家和科学家的思维可超越已知的时空，幻想宏观世界和微观世界的未知，怀着对真理的执着追求，进行不倦的探索。

辽阔源于超脱自我。辽阔是至高的享受。

这是一位科学家有感而发的箴言妙语。"不懈奋斗、不倦探索、执着追求、超脱自我"，是他人生的真实写照。为国家需要，他曾三次转换研究领域；为一线科研，他曾两次婉拒官衔职务。他淡泊名利，温文尔雅的品格与精神，感染和感动了跟他接触过的所有人！他就是中国工程院院士杜祥琬。

孩童时代的杜祥琬就痴迷于天文，高中毕业时，报考了全国唯一的天文学系——南京大学天文学系。恰逢国家为核工业发展战略挑选留苏预备生，他以优异的成绩入选，被派往苏联莫斯科工程物理学院攻读原子能专业。1964年，他学成回国，被分配到中国工程物理研究院，投入到突破氢弹原理的研究工作。后主持了我国核试验诊断理论和核武器中子学的精确化研究，为我国核试验的成功和核武器发展作出了重要贡献。

1986年，"国家863计划"应运而生。杜祥琬开始领衔我国新型强激光研究开创工作，为推动我国新型高能激光技术跨入世界先进行列作出了贡献。1997年，他当选中国工程院院士，2002年当选中国工程院副院长，分管能源学部。他先后主持了"中国可再生能源发展战略研究""中国能源中长期（2030、2050）发展战略研究"和"我国核能发展的再研究"等国家能源发展战略重大咨询研究项目。工作领域的大幅度"跨界"，不仅是一次全新挑战和学习机会，同时也为他日后的气候变化与气候传播工作埋下了伏笔、奠定了基础。

一 "能源惹祸"：结缘气候变化为国家气候战略决策服务

2009年前，杜祥琬一直在工程院牵头做我国能源发展战略咨询工作，对我国能源发展战略、结构优化、能效提升、节能减排等进行系统创新研究，并担任国家能源专家咨询委员会副主任。

为应对气候变化，自1995年起每年在世界不同地区和国家轮换举办联合国气候变化大会。2009年的联合国气候变化大会定于12月在丹麦首都哥本哈根召开。此次大会的任务是各国要对到2020年在应对气候变化方面要做哪些工作、实现什么目标、采取什么政策做出承诺。党中央、国务院高度重视此次大会，委托国家发改委来负责作相关论证。当时我国气候变化工作的负责人是国家发改委副主任解振华，他此前就注意到了工程院在做相关能源研究工作，于是便找到院长徐匡迪和副院长杜祥琬，向两人说明缘由，希望工程院能参与论证。不久，国家发改委在工程院组织了一次初步论证会，会上杜祥琬介绍了工程院的相关研究结论及自己的想法与建议，国家气候变化专家委员会（以下简称气专委）副主任何建坤也作了汇报。听完发言后，双方一拍即合，都觉得基本观点较为一致，工程院提供的大量数据可以作为论证报告的支撑。解振华在现场当即邀约，请杜祥琬带队参加完善论证。

2009年8、9月份，时任国务院总理温家宝主持召开关于2020年减排目标的会议，实际上是为哥本哈根气候大会做准备，杜祥琬应邀参加了这次会议。在会上，解振华对各部门、气专委以及工程院的意见作了汇报，此次汇报集中了那次在工程院论证的一些结果。当时的论证是，2020年中国的单位GDP的碳排放强度要比2005年下降45%—50%，温家宝总理考虑对外要留有余地，最后确定为40%—45%。2009年11月26日，中国政府对外宣布了控制温室气体排放的行动目标，受到了国际舆论的广泛好评。

通过参加这次论证活动，杜祥琬认识到"气候变化是能源惹的祸"，自己的战略咨询研究应该服务于国家应对气候变化的战略决策，从此他开始介入到气候变化相关工作之中。

二 老骥伏枥：主持国家气候变化专家委员会工作

2010年6月，72岁的杜祥琬刚卸任工程院副院长，解振华瞄准时机找到了他，点名让他做第二届气专委的主任。开始杜祥琬觉得自己年岁已高而推辞，但解振华不由分说地就把名单报给了温家宝总理，9月份召开了气专委换届大会，杜祥琬被任命担任主任。气专委的主要任务是负责指导全国应对气候变化工作，尤其是在气候变化科学研究、应对气候变化重大战略和政策制定、地方应对气候变化和推动低碳发展等方面，要发挥参谋和智囊作用。通过科学认识和研究气候变化，在做好国内应对气候变化相关工作的同时，也为国际谈判提供全方位支撑。

第二届气专委成员共31人组成，包括气候变化方面科学、经济、生态、林业、农业、能源、地质、交通、建筑以及国际关系等诸多领域的院士和高级专家。要把大家团结起来，把大家意见协调起来，殊非易事。解振华曾回忆这段往事，评价杜祥琬是一位"好合作、很忠厚、很智慧的长者"。他说"其实当时不管他卸任不卸任，都会让他干。因为确实是看到了这位科学家既了解国情，水平很高，又很务实。而且他是特别好合作的人，可以把大家团结起来"。

杜祥琬上任以后，按照专业领域理出思路，将气专委分成了三个组，围绕科学认识气候变化、国内应对战略和国际应对策略等三个专题开展工作。委员们根据个人长处选择参加某一个或几个组来做日常工作。气专委不定期地就国际国内气候变化的热点问题进行研讨，鼓励不同思想和意见的交流碰撞。先后就气候变化科学问题、适应行动、"十二五"目标以及排放峰值和长期目标等问题，形成了十余份决策咨询报告，得到了中央领导小组的高度重视，对国家应对气候变化的国内外两个大局给予了强力支撑。

2014年11月，国家主席习近平和时任美国总统奥巴马在北京联合发表了中美气候变化联合声明。其中涉及中国气候部分是这样规划的："中国到2030年单位国内生产总值二氧化碳排放将比2005年下降60%—65%，非化石能源在一次能源中的占比达到20%。中国二氧化碳排放总量在2030年前后达到峰值，并争取提前，森林蓄积量比2005年增加45亿立方米左右。"这些承诺的背后，有气专委专家的重要参与和贡献。

与此同时，杜祥琬还带队积极开展有关国家智库多层面的交流，展示了我国应对气候变化的积极务实姿态。增信释疑，推进合作，维护了我国作为一个负责任大国的形象。他还特别强调气候变化传播和科普工作的重要性，指导了国家低碳城市试点和碳市场建设，并多次带队到地方考察调研交流，指导绿色低碳发展。

按照气专委的章程，四年换一届，到2014年正好换届。杜祥琬向解振华提出了换届事宜，谁想这时又碰到2015年即将召开巴黎会议，解振华担心临阵换帅影响工作，便提出等巴黎会议之后再换。直到2016年9月第三届气专委换届，杜祥琬正式卸职，但依然被推举为名誉主任。2021年9月第四届气专委换届，他又被聘为顾问。

在国家气候变化专家委员会的岗位上，杜祥琬一干就是11年。"国家利益至上，胸怀全局大局，勇当开路先锋，以德以理服人，倡导科学民主，善用哲学思维，善处逆境争议，行事沉稳坚定，敬业严谨认真，想大家之所想，充分调动大家积极性，集思广益，凝聚共识"，这些话都是大家对他这些年工作的评价。他在气专委这一岗位上起到了"定海神针"的作用，他所展现出的独特人格魅力和领导艺术，受到大家的认可夸赞和钦佩尊敬。纵使这中间几次职务角色发生转变，但他始终积极参加气专委的各种会议和活动，努力贡献自己的智慧和力量。

三 气候大会：宣讲中国应对气候变化非凡努力

2009年哥本哈根气候大会，杜祥琬作为中国代表团顾问第一次参加气候变化大会，在中国代表团新闻中心作了题为《主动承诺降低碳排放强度 中国须作出非凡努力》的报告，受到媒体关注。同时，在会议期间，他还参加了企业家聚会，并且发表了致辞，呼吁企业家在低碳绿色方面作出贡献。

回国后，他在《人民日报》上发表了署名文章《练好内功是根本——哥本哈根只是一个逗号》。他在文章中写道:"我国在维护发展权的同时,主动作出降低碳排放强度的承诺,不仅是展现负责任大国态度,更是我国转变发展方式,真正走科学发展之路的内在需求。其中,核心的内涵就是:科学、低碳、绿色的中国能源发展战略,这既是经济—环境双赢的战略,也是应对气候变化国家战略的重要组成部分。低碳、绿色是人类可持续发展的共同出路。"同时,他还联合丁一汇等几位院士专家开展了"应对气候变化的科学技术问题"战略研究,内容包括对气候变化的科学认识、我国应对气候变化的战略研究、我国参与国际气候谈判的战略思考,并提出了若干战略建议。

2010 年,联合国气候变化框架公约第 16 次缔约方大会和第 6 次《京都协定书》成员国大会在墨西哥坎昆召开,杜祥琬作为中国代表团高级顾问参加了会议,他再次指出中国在应对气候变化、发展低碳绿色经济等方面作出了诚心诚意的努力,中国的能源转型前景并不悲观。

此次会议也让他对国际气候谈判有了更深刻的认识,他将此行的诸多感受记录下来,以《坎昆笔记》为名发表在《光明日报》上,写道"气候谈判就是这样:既有共识,又有差异;既有矛盾,还得合作。会上大声讲,会下细细聊。少不了吵架,也必须握手。应对气候变化这个大课题,考验着共生在同一个星球上的人类的智慧,并影响着人类长远的共同未来"。在他看来,全球的事大家当然要共同努力,而强调"有区别"则是尊重历史尊重事实的必然结论。他呼吁我国科学家要在认识气候变化方面进一步加强基础研究,以增强我国在国际上的话语权。

2011 年,杜祥琬再次作为中国代表团高级顾问参加了以"绿色气候基金"为核心主题的南非德班气候大会,参加了以中国政府代表团名义举办的"中国角边会"系列活动。他随团全方位、多角度、多层次地开展与国际社会的沟通与交流,向国际社会全面展示中国应对气候变化政策、行动与进展,促进国际社会更加全面、客观地了解和评价中国在气候变化领域取得的各项成就。闭会前夕,杜祥琬撰写了《德班笔记》一文,发表在《科技日报》上。他写道"德班会议是困难的,但也是有希望的。应对气候变化的主旋律是绿色、低碳发展"。

2012 年,杜祥琬参加了多哈联合国气候大会,并参加了在"中国角"举行的多场主题边会,作了题为《中国能源战略的三大支柱》的报告,提出中国需要绿色、低碳的能源战略,其三大支柱是节能优先、煤炭和石油的高效与洁净化利用、发展非化石能源(可再生能源与核能),改善能源结构。在借鉴国际经验,发展国际合作的同时,创新一条发展道路,将是中国对全人类的责任和贡献。回国后,他撰写了《气候的深度——多哈归来的思考》一文,强调对气候变化的认知已获得广泛共识,应对气候变化正对国际关系产生深刻影响,应对气候变化呼唤着人类发展方式的深刻变革,中国正处在转变发展方式的重要历史关口,调整产业结构、推动能源革命是当务之急。

2013年,杜祥琬在华沙联合国气候大会又作了题为《应对气候变化:增进共识、加强行动》的报告,讲到尽管人们普遍感受到了气候变化,气候变化的严峻性也有许多科学论证,但是共识不足、行动不力,仍是一个现实,解决这个迫切问题需要全球一致努力。他还指出人们不要只关注争议、收获的大小,而是应该更加深刻认识到气候变化谈判的实质与初衷,要认识到应对气候变化的实质是推动全球发展方式的转变,这是全世界都必须深刻认识和探索的重要方向。他在中国角"气候传播战略研究"主题边会的讲演中希望新闻媒体在气候传播方面发挥更大作用,并提出要对气候变化的科学问题作通俗化表达、要将气候传播与公众关心的民生问题相结合、要认识气候变化问题的深刻性、要进行从内到外和从外到内的传播等具体的气候传播策略,以更好地实现气候传播的效果,讲述好中国应对气候变化的故事。

2015年巴黎大会是杜祥琬最后一次参加联合国气候大会,出发前他精心准备了关于中国低碳发展、能源低碳转型、低碳城镇化、应对气候变化建设命运共同体等的5份中英文报告,大会期间接连出席了多场边会和活动,接受了国内外多家媒体的采访。他说这次巴黎会议成果卓著,按照媒体的说法,"注定将载入史册",全球195个国家通过了具有历史意义的《巴黎协定》,里程碑来之不易。他特别回忆道:"在这之前,德班、多哈、华沙这些会议,不止一个记者采访我,媒体喜欢猎奇,很多记者都喜欢报道怎么吵架、怎么争论,我每一次都要说八个字,就是'吵而不崩,斗而不破',要注意这一点,没有谁说过要退出这个国际气候谈判。因为大家都有一个制约或者是紧箍咒,那就是全球的气候正义,这是一个道义制高点,大家生活在一个地球上,气候变化是需要共同应对的事,谁退出就要受到谴责。"回国之后,在中国工程院的一次会议上,杜祥琬说,《巴黎协定》开启了全球绿色低碳发展的新阶段。

在多年的国际气候谈判中,杜祥琬始终遵循国家权益至上,坚持气候正义,认识到尽管国际气候谈判充满矛盾,但本质上它是一种认真而责任重大的全球性努力,其目标在于建立合理的国际气候制度,其最终出路在于合作共赢。中国积极而务实地参与国际气候谈判的深刻原因,首先源于自身科学发展和可持续发展的内在需求。正如习近平主席指出的"应对气候变化是我们自己要做，不是谁要我们做"，这是一个负责任的发展中大国对国际责任的担当。

解振华曾说过这么一段话，回忆和杜祥琬在气候大会共事和合作，"从 2009 年一直到巴黎大会，乃至巴黎大会之后，每年的大会杜院长都去。从预备会到会议结束基本上都要 20 天左右，杜院长这么大年纪，年年在那呆着，跟年轻人一块，每天早晨开团会，住的地方跟会场都是很远，一个来小时，要很早就起来，他都参加。谈判时，各个谈判代表、各个领域的都要汇报，专家们代表们谈、部长们谈，几条线回来商量着怎么办。在这个过程当中我们配合得非常默契，只要对他有要求，都会认真去办。当时我是代表团的团长，就觉得离不开他们了，特别是杜院长，总希望他能跟着我，有事我就想跟他商量商量，他也给出很多很好的主意"。

四 传道授业： 奋斗在气候变化与气候传播一线

2010 年，杜祥琬受邀给浙江省余姚市中心组处级以上干部做了一次有关能源问题的演讲。在那次演讲中，他注意到有一个听众一直非常认真地聆听做笔记。演讲结束，还留下来问了很多问题。通过进一步交谈他才知道，这是一位小学女校长。随后校长邀请他去学校看看，说自己学校自第一个联合国环境日已经做了 18 年的低碳环保教育。杜祥琬一听很受触动，欣然受邀前往。

在这所小学，校长向他展示了学校的第一份教材，当时用纸和印刷都很粗糙，但内容很生动，后来一版比一版好，如今的最新教材，已经是精致的彩色印刷，设计得非常漂亮，这些都是学校自发来做的。校长还带他参观了学校的一个展室，展示了孩子们节能低碳环保的一些做法，有照片，有实物。一位小学生担任解说员，带着稚气的解说讲得绘声绘色，令人喜爱。参观完毕，校长找杜祥琬给学校题词留念，就这样，杜祥琬和东风小学结成了朋友。

回到北京以后，杜祥琬在不同场合宣传东风小学的事迹。2012 年，东风小学的环保低碳教育已经进行了 20 年。这一年，联合国环境日也有了 20 年的历史，准备举行一次大会，联合国联系到余姚市政府，邀请东风小学的小学生做一个 20 分钟的演讲，去讲学校的做法和小朋友们的行动。学校派了一个名叫方涵的五年级学生，准备了英文 PPT，由校长陪同去了一趟联合国，演讲过后，在全世界都产生了很大反响。后来杜祥琬又多次专程回到东风小学，看望孩子们，作科普报告，送相关资料以及自己的专著，鼓励学校的低碳环保教育工作。

2012 年，杜祥琬携气专委一行人调研青海瓦里关大气本底观测站。海拔 3816

米的瓦里关是世界上为数不多的、世界气象组织全球大气观测网的全球大气本底基准观测站之一。这里有全套大气测量仪器设备，日复一日、年复一年地进行观测积累，不断产生出批量的数据，为科学分析提供宝贵的第一手资料，使人们对大气和气候变化得出规律性的认识。

这个站的测量结果，显示着亚洲大陆腹地的大气本底状况。后来，他撰写《拜访瓦里关山》一文，将坚守在瓦里关山的气象工作者称作"可敬的人"，写道"这里有十六个人，可敬的人。他们终年坚守在这山巅之上，耐得住艰辛和孤寂。他们进行科学观测，一丝不苟，使中国对世界大气科学研究的贡献享誉全球。海拔虽高，气象工作者的追求更高，缺氧不缺精神。一位曾经上千次往返于山巅和平原之间的司机，因长期在这里工作患上了呼吸道疾病而早逝，被人们铭记在心"。

观测站站长和一批年轻人，热衷于这项事业，还在筹划着更美好的明天。他们的底气来自这"顶天立地的事业和超凡脱俗的辽阔空间的陶冶"。他在很多场合宣讲了瓦里关本底站的感人事迹和重大贡献，经他推荐，气象专家德力格尔（本底站站长）及他率领的科研团队荣获2015年度周光召基金气象科学奖。2019年是青海瓦里关大气本底基准观象台建台25周年，他特意向该站发贺信表示祝贺，高度评价他们为大气科学作出的基础性贡献，盛赞"瓦里关享誉全球""瓦里关站是我国科学界的一个楷模"，在瓦里关本底站回他的感谢信中写道"您的鼓励极大地提振了全省气象干部职工的信心，鼓舞了大家的士气"。

2013年10月，中国气候传播项目中心专家委员会成立仪式在中国人民大学举行，杜祥琬受聘担任项目中心专家委员会主任。他从中国人民大学陈雨露校长手中接过了聘书，并在由中国人民大学和耶鲁大学联合举办的"2013气候传播国际会议"上作了大会主旨发言。他从对于气候变化本身的认知、气候变化的原因以及气候变化的后果三个方面提出了关于气候变化研究与传播的认知，阐述了国家层面和国际层面应对气候变化应当采取的策略。

他表示，对气候变化的研究和传播，将会加深人类共同面对气候问题的认识，加强应对气候变化的共识和共同行动，提高我国的科技水平和国际话语权，力行国际责任，推动新型国际秩序的建立。在次日由中国人民大学和耶鲁大学联合举办的"2013气候传播国际会议"上，他又应邀作主旨发言。他指出，要做好应对气候变化国际合作的传播工作，既要让人们了解中国为应对气候变化所采取的务实的行动和负责任的态度，也要传播各国应对气候变化的先进理念和经验，传播建立合理的国际气候制度的正确原则，传播合作共赢的思想理念，这样才能为气候风险的全球应对作出贡献。

2016年12月，中国气候传播项目中心在中国人民大学举办"绿色发展与气候传播研讨会"，他以《特朗普先生"过奖"了——气候变化科学传播需不吝口舌》为题报告，指出气候变化是科学，应对气候变化事关全人类的共同利益。应对气候变化引导全球绿色、低碳发展，这个大趋势是改变不了的。然而，阴谋论也在提醒着我们，"气候变化科学需要传播，需要多费口舌，不仅对公众，也包括大人物"。中国将继续与世界各国（包括美国）一道，高举"气候正义""合作共赢"的大旗，积极务实应对气候变化，为全球命运共同体的可持续发展作出不懈的努力。

2016年，杜祥琬随"气候变化·记录中国"科普宣传活动走进新疆。他爬上天山一号冰川，看到严重萎缩和不断消融的冰舌，心中万分感慨。在随后与冰川研究所专家的交流中，他特意求证了气候变化对冰川影响的客观事实；在达坂城，他望着一眼无际不停转动的风机，感叹大自然的美妙，心中念想着我国可再生能源如何高比例发展；在吐鲁番，他切身感受了"中国热极"的威力，走进当地一个新能源小区，发现分布式能源网做得相当不错，电靠自己发，热靠自己供。他称赞说道，"我以前都是纸上谈兵，现在这里都变成了现实，这就是集中式的大电网和分布式微网互动的模式。如果中国有千千万万个这种小微网能够星罗棋布，会节约多少大能源？对应对气候变化带来多大影响？"在匆忙劳累的路途中，他还专门挤出时间接受媒体采访，给大家普及气候变化的知识，第一时间与大家分享自己的所见所闻和感受思考。

2017年工程院向国务院上报了开展"无废城市"试点的建议。2018年12月29日，国务院引发了《"无废城市"建设试点工作方案》，2019年4月30日，生态环境部公布了11个"无废城市"建设试点。杜祥琬作为"无废城市"理念的首倡者起到了重要的引领作用。

面对现实社会中的"垃圾围城""垃圾困村"乱象，他忧心如焚，及时领导工程院团队开展了几个重要咨询项目的研究。他提出固体废弃物的减量和资源化利用不仅有巨大的经济价值、社会价值，也有利于美化环境和气候变化。他建议把建设"无废城市"提升到国家战略高度，从坚守"以人民为中心"和"以人为本"初心，将其作为全面奔小康补短板的内容之一，作为实施乡村振兴战略和应对气候变化工作的重要抓手之一予以高度重视。

2020年9月22日，中国政府代表团在第七十五届联合国大会上提出："中国将提高国家自主贡献力度,采取更加有力的政策和措施,二氧化碳排放力争于2030年前达到峰值,努力争取2060年前实现碳中和。"

"双碳目标"国家战略的提出,使得82岁高龄的杜祥琬院士要干的事不由得又多了起来。他第一时间建言工程院要主动作为,与李晓红院长一起领衔开展了"我国碳达峰、碳中和战略及路径研究"重大项目,组织众多院士专家分领域开展系统研究,向国家提交了几份重要的建议。在自己亲力亲为、潜心研究的同时,还受邀担任多家单位双碳工作的顾问和专家。他克服新冠疫情的重重困难,积极参加各种会议出谋划策,在央视等媒体、各大报纸期刊发表真知灼见,奔赴各种论坛线上线下讲述自己的思考和认识,受邀为全国人大环资委、河南省人民政府、浙江省发改系统、各学会和协会、学校、企业等作专题讲座。

自2009年初次"结缘"气候变化,杜祥琬对应对气候变化的实质和科学性、国际气候谈判的本质和出路、应对气候变化的国内外两个大局的关系、低碳发展的理论意义和实践意义等进行了深入的研究和阐述,提出了一系列创新思想,发表了数十篇文章,做了数百场报告;参加了我国2020年和2030年低碳发展国家战略目标的科学论证,主持了第二届国家气候变化专家委员会工作,作为中国代表团智囊数次在联合国气候大会发声,为地方绿色低碳发展出谋划策,为国家应对气候变化的国内外两个大局作出了重要贡献。

杜祥琬领衔主编了《中国低碳发展丛书》,其中他主笔的《低碳发展总论》一书获第四届中国出版政府奖,并被斯普林格出版社英译出版,是中国绿色低碳发展领域的国际传播和版权输出领域的重要成果。他将自己在能源和气候变化领域发表的论文和科普文章汇成《中国能源战略研究》一书,于2016年出版,徐匡迪院长为该书认真作序。因在推动国家绿色低碳发展和应对气候变化方面的突出贡献,2019年8月,杜祥琬荣获全球绿色低碳领域卓越人物蓝天奖(联合国工发组织指导)。2020年11月,荣获2018—2019年度绿色中国年度人物。

从"高、精、尖"国防领域到"上接天气"的能源、气候变化,再到"下接地气"的固废,为了科技强国、美丽中国和生态文明建设,为了国家的绿色低碳发展和气候变化与气候传播事业,为了老百姓最根本的诉求,杜祥琬身体力行,筑基引路,传道授业,虽已逾杖朝之年,依然奋斗在气候变化事业的第一线,依然贡献着自己的光和热。

五 结语

2020年12月,杜祥琬院士受邀参加"中国气候传播研究十年暨2020年气候与健康传播研讨会"并作主旨报告。在会上他与赵启正（国务院新闻办原主任、中国人民大学新闻学院院长）、解振华（中国气候变化事务特使、国家发展改革委员会原副主任、中国气候变化代表团原团长）一起荣获中国气候传播项目中心颁发的最高奖——"特别贡献奖"。

颁奖词写道"他是我国科技工作者的楷模和榜样，是气候变化与气候传播的首席专家"。这是学界对杜祥琬院士20多年致力于气候变化与气候传播事业的高度评价，也是大家对他发自心底的真诚赞誉！

郑保卫：中国气候传播项目中心的擎旗者

中国人民大学新闻学院　王　青

图 1　郑保卫主任在 2016 年马拉喀什联合国气候大会气候传播边会上发言

"我们要把气候传播的旗帜举得更高，工作做得更好，队伍练得更强，声音传得更响，要让气候传播之花遍地开放，在中国，乃至在世界真正形成大气候，为促进美丽中国和健康中国建设，为实现气候变化全球共治、公共卫生和健康生活人人共享的美好愿景做出更大贡献！"

这是中国气候传播项目中心主任郑保卫教授在"中国气候传播十年暨 2020 气候与健康传播研讨会"上发出的肺腑之言，许下的美好意愿。

近几十年来，人类活动对气候变化的影响程度不断加剧，洪水、飓风、暴雪、冰冻和热带气旋等极端天气事件频频发生，给人类的生产生活和生命财产安全带来严重威胁，为人类拉响了红色警报。气候问题已成为当下国际社会不可回避而又最受关注的热点话题。

要使气候变化问题在全社会引起重视、达成共识，并引导公众自觉投入应对行动，离不开"传播"这个至关重要且行之有效的手段和途径。而在中国率先关注气候传播问题，高举"气候传播"旗帜的便是郑保卫。可以说近十几年来，中国气候传播从扬帆起步砥砺前行，到茁壮成长渐成气候，其间一系列不菲成绩的取得，离不开郑保卫的谋划决策、辛勤付出和不懈努力。

一 勇于开拓：引领气候传播进入大众视野

郑保卫教授是我国著名新闻学者，在学界有很高知名度和影响力。他1981年研究生毕业后长期从事新闻教育工作，2002年离开工作了16年的新华社，作为引进人才回到母校，受聘担任中国人民大学新闻与社会发展研究中心主任。这个中心是教育部所属4家新闻学与传播学重点研究基地之一，担负着组织协调全国新闻学与传播学科研攻关的任务，而研究如何通过新闻传播来促进国家的经济社会发展是中心的要旨所在。

郑保卫关注气候变化及其传播问题始于2009年，正是一个偶然的机会，引发了他对气候变化及其传播研究的兴趣，并促使他将气候传播带入了大众视野。

2009年，第15届联合国气候大会在丹麦哥本哈根召开，这次大会被视为国际社会共同遏制全球变暖行动的一次重要会议。时任国务院总理温家宝亲自率团参会，会上会下奔波忙碌，做了大量工作。然而，令人遗憾的是，这次大会的结果却与人们的预期相去甚远，会议最终没能通过一个令人满意的、具有法律约束力的文件，会前人们关注的五大关键性问题[①]也都没有解决。更令人匪夷所思的是，一些西方政治人物和新闻媒体无视事实，采取"污名化"和"甩锅"手段，把会议未能取得积极成果的责任推到了中国头上，有家西方媒体竟然以《中国"劫持"了哥本哈根会议》为题作了报道，矛头直指中国。

这一结果引起了当时正在关注此次大会进展情况的郑保卫的思考——到底该如何看待我国政府、媒体和NGO在这次大会上的表现？怎样总结其中的经验和教训？从哪些方面改进我们的传播工作，提升政府的谈判技巧以及政府、媒体和

---

① 即谈判的基础文件、减排目标、"三可"（可测量、可报告、可核实）问题、长期目标、资金问题。

NGO应对国际谈判、处理气候变化及其传播领域各种问题的能力？他认为，作为教育部所属人文社会科学重点研究基地中国人民大学新闻与社会发展研究中心的负责人，有必要从新闻与传播的角度介入气候变化及其传播问题的研究。

恰在此时，时任《中国日报》负责环境报道的付敬（郑保卫教授在中国新闻学院任教时的学生）和香港乐施会传播官员王彬彬来到中国人民大学拜访郑保卫老师。他们向郑老师介绍了哥本哈根会议的见闻和体会，表达了对西方媒体借机攻击我国的不满，并且建议将气候变化传播问题作为课题进行研究，以提升我国政府、媒体和NGO气候变化传播能力和水平。出于共同的认识和责任担当，三人一拍即合，顺利达成合作协议，并决定立即组建团队着手研究气候变化及其传播问题。

2010年4月，正值万物生长、春意盎然之际，"中国气候传播项目中心"（以下简称"项目中心"）应运而生。作为中国乃至发展中国家第一个专门从事气候传播理论与实践研究的智库机构，项目中心的建立寄托着郑保卫对中国气候传播美好未来的憧憬和希望。为了尽快启动研究工作，郑保卫聘请时任中国人民大学新闻学院院长，曾任国务院新闻办主任，被称为"中国政府形象大使"的对外宣传和公共关系领域的著名专家赵启正教授，和国际传播专家、新华社原副社长兼常务副总编辑马胜荣担任项目中心顾问。中国气候传播研究自此起航。

项目中心成立以后立即启动了"后哥本哈根时代政府、媒体、NGO角色及影响力研究"项目。郑保卫为该项目设计了"七步战略安排"，带领团队分别对参与哥本哈根气候大会的中国政府、媒体、NGO及其他相关机构进行访谈，收集资料，开展研究。5月16日，项目中心举办了第一次国际学术会议："气候·传播·互动·共赢——后哥本哈根时代政府、媒体、NGO的角色及影响力研讨会"。郑保卫在会上详细阐释了作为会议主题的四个关键词——"气候、传播、互动、共赢"的内涵，初步提出了气候传播需要政府、媒体、NGO和公众共同参与的"四位一体"行动框架。

由此，郑保卫进入一个全新的研究领域，成为国内第一个专门致力于气候变化与气候传播研究机构的负责人、第一个启动气候传播项目的学者、第一个在国外举办气候传播国际论坛的高校科研机构负责人、第一个出版气候传播研究专著的作者……是他，将气候传播带入大众视野，为中国气候传播开掘出一片广阔天地，可以说郑保卫是名副其实的中国气候传播开拓者和领路人。

二 长于行动：推进气候传播走向民间社会

郑保卫深知，应对气候变化是一种社会行动，需要全社会的共同关注与广泛参与。自 2010 年开始气候传播研究以来，他一直活跃在气候传播实践推广的前沿，以自身实际行动践行和传播气候传播理念，为中国气候变化与气候传播投入了大量精力。

1. 搭建交流平台，举办气候传播研讨会

十余年来，郑保卫以项目中心主任身份应邀出席或主持举办了数十场气候传播学术会议。2011 年 9 月，项目中心在中国人民大学举办了"气候传播战略研讨会"。郑保卫在大会致辞中提出，要构建起政府、媒体、NGO、企业和公众"五位一体"的气候传播行为主体行动框架，即"政府是主导者、媒体是引导者、NGO是推助者、企业是担责者、公众是参与者"①，通过有效的传播策略，增进五个行为主体之间的良性互动，逐渐形成全民应对气候变化的体制和机制，增强全社会应对气候变化的意识，促进"低碳"和"绿色"生活方式的形成，并且共同用行动去促进这一目标的实现。

2013 年 10 月，郑保卫带领项目中心团队联合耶鲁大学气候传播团队共同在北京举办了"2013 气候传播国际会议"，这是世界上迄今为止规模最大、层次最高的一次气候传播国际会议。郑保卫教授以会议主席、中国气候传播项目中心主任、中国人民大学新闻与社会发展研究中心主任的身份作大会致辞。他指出此次会议一是要为各国专家学者提供学术交流平台，打造气候传播研究的学术共同体和人际网络；二是要厘清气候传播的基本理论，探讨气候传播理论与知识体系的建构思路；三是要研究政府、媒体、NGO、企业和公众等传播主体的角色定位及其传播战略、策略和方法。

2016 年 12 月，项目中心联合中国传媒大学共同举办"绿色发展与气候传播研讨会"，这是党中央提出包括"绿色发展"在内的"五大发展理念"并将其上升到国家发展战略高度后，项目中心举办的第一次专题研讨会。会上，郑保卫指出："如今积极应对气候变化，树立绿色低碳发展理念，已成为'十三五'时期我国社会经济发展的重要指引。因此，解读绿色发展的内涵，传播绿色发展的理念，推广绿色发展的行动，应该是当前气候传播的一项重要任务。"

除亲力亲为主持举办学术会议以外，据不完全统计，郑保卫这些年还应邀参加了 10 余场气候传播高层会议，如 2011 年由国家发改委应对气候变化司和联合国开发计划署、联合国环境规划署、联合国工业发展组织共同主办的"应对气候

---

① 《走向南非：气候变化与气候传播国际研讨会在中国人民大学召开》，《国际新闻界》2011 年第 33 卷第 10 期。

变化与绿色低碳发展高级别国际研讨会"、2014年由国家气候战略中心主办的"2014中国低碳发展战略高级别研讨会"等。

通过搭建学术交流平台，举办学术会议，郑保卫带领项目中心团队同来自国内外的专家学者、政府官员、媒体机构和民间组织人士等交流研究心得，展示研究成果，表达立场观点，以自身实际行动不断为中国气候传播鼓与呼，为推进项目中心工作不懈努力，从而扩大了中国气候传播在国内外的知名度和影响力。

2. 组织研究队伍，壮大研究团队

在项目中心成立之初，郑保卫就组建起了一个三人核心团队，项目中心执行主任王彬彬和副主任李玉洁成为郑保卫主任的左膀右臂。之后，郑保卫教授门下的多位学生李鹏、李文竹、宫兆轩、李刚存、任媛媛、杨柳、李晓喻等，相继加入研究队伍成为主要成员。另外，从2012年起郑保卫教授又开始在中国人民大学新闻学院定向招收气候传播方向博士生，王彬彬、张志强、杨柳先后师从他攻读气候传播方向博士学位，成为研究团队学术骨干。

为了借助各领域专家的智力支持，提升气候传播理论研究和实践推广的质量与水平，郑保卫积极筹划和联络，先后组建了中国气候传播项目中心顾问委员会和专家委员会。中国人民大学新闻学院院长、国务院新闻办公室原主任赵启正，时任国家发改委副主任、中国气候谈判代表团团长解振华，以及时任中国人民大学校长陈雨露受聘担任了顾问委员会主任委员。中国工程院原副院长、时任国家应对气候变化专家委员会主任杜祥琬院士和中国水科院水资源研究所所长王浩院士受聘担任了专家委员会主任委员。这些被郑保卫称为"贵人"的领导和专家，在项目中心的理论研究和实践推广工作中给予了及时有效的指导，使得项目中心的工作一步一个台阶不断发展提升。

"我们希望越来越多的人能够投入到气候变化和气候传播理论研究与行动推广之中。……我们希望通过此次研讨会，能够为全国气候传播研究学者提供学术交流的平台，同时打造气候传播研究学术共同体和人际网络，起到凝聚共识，壮大队伍的效果"，这是郑保卫教授在2016年的"绿色发展与气候传播研讨会"开幕式上所表达的殷切期望。

2020年，在"中国气候传播十年暨2020气候与健康传播研讨会"上，了解到此次参会人员中有很多在校研究生，他格外高兴并再次呼吁："我们特别希望能有更多的青年人自觉加入到气候与健康传播理论研究和行动推广的队伍中来，与我们一道携手并进、奋勇前行，去为适应、减缓和应对气候变化，推动生态文明、绿色发展，促进公共卫生和健康生活，建设美丽中国和健康中国贡献自己的智慧和力量！"

在郑保卫的组织联络和指导帮助下，2016年中国传媒大学组建了"绿色低碳发展与品牌传播研究中心"，2017年河南新乡学院组建了"中原气候传播研究所"，2018年广西大学组建了"气候与健康传播研究中心"，青岛大学、中南民族大学也在筹划组建相应机构。如今全国气候传播研究人员已建起数百人的联系网络，气候传播之花正在祖国大地四野绽开，我国气候传播团队越来越壮大。

3. 开展调研活动，呼吁社会公众积极参与

为进一步推进气候传播落到民间、走进人心，郑保卫带领项目中心团队坚持开展调研和推广活动，在社会上产生了积极影响。

2012年6月，为落实项目中心提出的"两路并进、双向使力"的行动策略，切实推动气候传播的社会推广与公众动员工作，项目中心启动了"气候变化和气候传播进社区、进校园、进农村、进企业"活动，迈出了向公众普及气候变化知识的第一步。在启动仪式致辞中，郑保卫呼吁："应对气候变化问题，要靠社会的关注和公众的投入，……希望大家能够真正行动起来，做到从我做起，从现在做起，从身边小事做起，为应对气候变化、为建设绿色家园贡献一分力量。"

这一年，郑保卫还组织项目中心团队开展了首次"中国公众气候变化与气候传播认知状况调查"，这是世界范围内第一份样本量较为齐全的中国气候变化公众调查。郑保卫指出，"开展这次调查是为了更好地了解和掌握中国公众对气候变化及相关议题的认知状况，……我们的最终目的是唤起公众的气候变化意识、提升公众对气候变化的适应能力、促使公众参与应对气候变化的行动"。2017年，项目中心开展了新一轮中国公众气候变化认知状况调查，并发布了调研报告，进一步更新和完善了相关数据。

2013年，项目中心配合国家设立的第一个"低碳日"，组织开展了"中国城市公众低碳意识及行为调查"，并发布了《四类低碳人：中国城市公众低碳意识及行为调查报告》。在报告发布会上，郑保卫指出，"'低碳日'的设立让低碳意识真正落到民间，深入人心……我们选在第一低碳日前开展这次调研，希望通过我们的调查来掌握普通老百姓对低碳的了解程度"。

总之，在项目中心成立以来的十余年里，郑保卫以其特有的感召力和丰富的人脉资源，吸引越来越多的人加入到气候传播实践推广和理论研究的行列之中，逐渐凝聚起一支有理想、有热情、有能力的气候传播研究队伍。郑保卫组织的这

一系列活动引起了国内外公众和社会各界的广泛关注，推进了我国气候变化与气候传播走向社会，深入民间，可以说郑保卫是推动中国气候传播真正形成"气候"的积极行动者。

三 精于传播：推动气候传播迈向世界舞台

十余年来，郑保卫以其开阔的视野和宽广的胸怀，孜孜不倦地推动中国气候传播迈向世界舞台，为促进气候变化全球治理作出了巨大努力，使中国气候传播在国内外产生了积极影响。

1. 加强国际交流，扩大中国气候传播国际影响力

自2010年至2019年，郑保卫率领团队核心成员，连续10年先后参加了坎昆、德班、多哈、华沙、利马、巴黎、马拉喀什、波恩、卡托维兹、马德里历届联合国气候大会，并连续在大会举办地主办了10场气候传播国际边会。在这些边会上，郑保卫不遗余力地阐述中国立场，传播中国声音，对推动中国气候传播走向世界作出了重要贡献。

事实上早在2011年，郑保卫就为项目中心确立了"两路并进、双向使力"的行动策略，此后，他一直带领团队成员有意识地与国际社会接轨，积极活跃在国际舞台上，除了参加联合国气候大会、举办气候传播国际边会、参加国际研讨会等外，还与国外高等院校和科研机构建立联系，开展合作。

2012年4月，郑保卫率领项目中心成员应邀访问美国耶鲁大学，与安东尼教授领导的该校气候传播项目团队建立正式科研合作关系。当年，双方便在联合国气候大会举办地共同主办了"中美印三国公众气候变化认知状况与气候传播"边会，开启了项目中心国际科研合作的进程。2013年双方又共同在北京举办了"2013气候传播国际会议"，为中外气候传播学者加强联系、开展合作搭建起一座友谊之桥，为中国气候传播走向世界奠定了良好基础。

2012年12月，在《中国公众气候变化认知状况调查报告2012》正式发布不久，郑保卫带领团队将该报告的主要结论在多哈气候传播国际边会上发布，受到了媒体、官员和学者广泛关注。《联合国气候变化框架公约》秘书处执行秘书克里斯蒂娜·菲格雷斯在会上引用项目中心的调查数据肯定中国的气候变化工作，扩大了中国的影响力。

"应对气候变化已经成为全球治理的热点问题之一，因此气候传播战略研究也不应该仅限于一个国家的研究，而应该寻求国际合作与经验分享，以提升各国气

候传播的能力,增强气候传播的效果,真正让气候变化信息能为各国公众所接收,从而促使他们积极地参与应对气候变化的行动。"这是郑保卫在2013年华沙联合国气候大会"气候传播战略研究"边会上发表的真知灼见,也是这些年来他在国际上积极行动、加强气候传播国际交流的真实写照。

2014年4月,郑保卫应邀到欧洲学院访问,并出席欧洲学院举办的"中国改革对欧洲和世界的影响"研讨会,就生态文明建设和绿色低碳发展问题发表了题为"全面深化改革背景下的中国生态文明建设"的演讲,提出了树立"五位一体"(即经济、政治、文化、社会和生态)的大生态文明建设观,以及全社会生态文明建设观和生态文明建设传播观等重要观点。

同年,受中欧社会论坛的委托,郑保卫教授与中山大学周永章教授共同作为《中欧民间社会应对气候变化共识文本》起草委员会的总指导,率领团队起草了该文本。12月,郑保卫应邀出席在巴黎举行的第四届中欧社会论坛气候变化大会,在大会发言中代表中国学者介绍了该文本的起草过程及主要内容,强调了中欧民间社会协作合力应对气候变化的重要性。

2015年,在巴黎举行的第21届联合国气候大会是备受瞩目的一次会议,国际社会期盼它能够通过一个具有法律效应的文件,推进气候变化全球治理工作。怀着同样的期盼,郑保卫率领团队出席了这次会议,并在中国角主办了"气候传播与公众参与"气候传播国际边会。郑保卫在大会发言中指出,从哥本哈根到巴黎,中国已经成为全球应对气候变化的中坚力量,要有效应对气候变化,必须秉持"气候正义"理念,要营造一个公平公正、合理有序的全球气候治理环境。

2019年12月,项目中心在马德里联合国气候大会新闻发布厅举行了"中国气候传播十年新闻发布会",郑保卫教授作为新闻发言人介绍了中国气候传播十年来的工作以及取得的成果。在最后,他不无感慨地说:"目睹了中国政府在国际社会应对气候变化领域从'参与者'到'贡献者',再到'引领者'的过程,以及中国媒体、NGO、企业参与气候变化全球共治所做的努力和所取得的成效,这使我们感到无比幸运和自豪。"

2. 重视媒体引导,提高媒体气候变化议题传播力

作为在新闻与传播领域深耕多年的学者,郑保卫教授十分了解新闻传播对于人类社会发展的重要意义,格外重视发挥媒体在气候传播中的重要功能和作用。他将新闻媒体定位为"气候变化议题的设置者、气候变化知识的解释者、气候变化谈判的助推者、应对气候变化行动的沟通者"。他尤其强调发挥媒体在气候传播

中的引导作用，在他提出的"五位一体"的行动框架中，便将媒体定位为"引导者"的角色。他认为媒体不仅要引导好公众，同时应该在各行为主体之间起到沟通作用，使其形成合力来共同应对气候变化。

为提高媒体气候变化议题在国内外的传播力，郑保卫带领团队一方面通过组织记者培训，提高媒体对气候变化议题的设置能力、传播技巧等，从而掌握话语权；另一方面不断接受媒体专访，参加或举办媒体活动，通过各种媒体渠道传播来自中国学者的声音，扩大中国气候传播的影响力。

2010年11月，为了帮助即将参加坎昆联合国气候大会的记者更好地认识自身的角色定位，掌握科学的气候传播技巧与方法，从而为推动国际气候谈判发挥更大的作用，郑保卫联合相关机构为将要出行的记者举办了"通往坎昆气候传播高级研修班"。来自中国新闻社、《南方周末》《新世纪周刊》《第一财经日报》《南方都市报》、新浪网、腾讯网、网易等媒体机构的30余位记者参加了研修班，受到了一次专门训练。

2014年3月，受中国气象局邀请，郑保卫作为访谈嘉宾参加了中国气象局气象宣传与科普中心和公共气象服务中心等单位共同组织的《直击天气：与科学家聊"天"》电视节目录制。郑保卫和几位访谈嘉宾与主持人宋英杰就青年人如何认识天气和气候，如何增强气候变化意识，如何参与减缓、适应和应对气候变化的行动等问题展开了讨论，受到了与会青年代表的好评。

同年8月，郑保卫应邀做客人民网强国论坛，就"中国气候变化传播与公众参与"问题接受访谈。在访谈中，他围绕我国公众气候变化认知状况、加强公众气候变化教育与传播、我国气候传播理论研究与社会实践现状、中国气候传播项目中心今后努力方向及目标、提升民众应对气候变化参与度，以及国外应对气候变化做法与经验等问题发表了看法。

2015年4月，项目中心联合国家气候战略中心等多家单位，共同举办了2015年度"应对气候变化媒体课堂"，组织媒体记者参加集训和研讨。郑保卫在致辞中希望新闻工作者提升水平和能力做好气候传播工作，更好地为实现气候变化全球共治的目标贡献力量。他强调，气候传播需要充分发挥政府、企业、NGO、媒体和公众的各自功能，新闻媒体作为其中的重要组成部分，对于传播气候变化科学知识和政府政策措施，推动企业、NGO和公众积极参与等可以发挥重要的桥梁作用。

自2011年以来，郑保卫教授先后接受中国新闻网、人民网、《中国青年报》和《中国经济导报》等多家媒体专访。在受访时他多次呼吁：增强媒体气候变化报道的意识和能力；增强公众在应对气候变化、加强气候传播方面的参与度；让中国气候传播研究走向世界、落到民间；让气候传播真正"形成气候"，等等。通过媒体报道，他的这些声音得以广泛传播，从而引起社会各界对气候变化和气候传播的关注、响应和支持，对促进社会共识的形成、推动公众的积极参与产生了重要影响。

四 苦于求索：助力气候传播跻身科学之林

作为一个学者，郑保卫教授一直在思考如何使气候传播在理论上更具学理性和科学性。这些年他带领团队成员对气候传播相关问题展开了系统的理论研究，发表了数十篇学术论文，出版了多部学术著作，并且申报了气候传播领域第一个国家社科基金重点项目，在国内外学术界产生了一定影响，为气候传播跻身科学之林奠定了基础。

1. 从第一部学术著作到第一个国家社科基金重点项目

2010年4月，项目中心一成立便启动了第一个气候传播研究项目"后哥本哈根时代政府、媒体、NGO角色及影响力研究"。项目组成员在郑保卫指导下对参与哥本哈根气候大会的中国政府官员、媒体记者和NGO人士进行访谈，最终整理形成了四份分报告和一份总报告，分别提交给了国家发改委、外交部、商务部、国务院新闻办公室等政府部门，以及新华社等媒体及NGO机构，供其作为改进气候传播工作的参考。

2011年，郑保卫教授组织李玉洁、王彬彬等团队成员对气候传播理论及知识体系展开探讨和研究，并赶在年底德班联合国气候大会前出版了《气候传播理论与实践——气候传播战略研究》（中英文对照本）一书。该书作为我国第一部研究气候传播的理论著作，对气候传播的产生与发展、内涵与类别、原则与理念、受众与效果、技巧与方法等一系列基本问题进行了全面系统的论述，建构了气候传播学基本理论框架和知识体系，为深入开展气候传播理论研究奠定了基础。此书在当年联合国气候大会期间举行了首发式，受到了中外学者的好评。

2014年11月底，为迎接翌年第21届巴黎联合国气候变化大会的召开，项目中心与中欧社会论坛联合举办了"展望巴黎气候变化与气候传播研究成果发布会"。会上发布了《气候变化与绿色转型》《论气候变化与气候传播》《气候传播心理学》（中译本）和《中国中小学生气候变化及环境意识调查报告》等新书及报告。

其中，郑保卫主编的《论气候变化与气候传播》一书，不仅从气候传播战略与策略研究、气候传播主体及效果研究、气候传播公众研究、气候传播文本研究四个方面展现了项目中心成立五年来所取得的学术成果，并且收录整理了《中国公众气候变化认知度调查报告》和《四类低碳人报告》，以及人民网、中国新闻社、《瞭望》《中国青年报》等主流媒体的访谈文章和新闻报道等，客观反映了我国气候传播理论研究五年来所走过的路程和所取得的成绩。项目中心团队翻译的，由哥伦比亚环境决策研究中心编著的《气候传播心理学》（中译本）一书，将国外的研究成果介绍到中国，为我国科学家、记者、教育工作者和感兴趣的公众积极应对气候变化、有效开展气候传播提供了实用指南。

2017年，郑保卫主编的《绿色发展与气候传播》一书由人民出版社出版，该书选录了2016年12月举办的"绿色发展与气候传播"研讨会上的部分论文及相关文章，汇集了众多专家学者的学术思考和研究成果。内容涉及气候变化与气候传播领域一系列理论与实践问题，包括如何界定气候传播与环境传播、生态传播、低碳传播、绿色传播等相关概念的关系；如何建构我国气候传播理论体系与知识体系；如何创新气候传播合作模式、完善气候传播策略方法、建立有效气候传播机制；如何推动低碳转型与绿色发展、提升扶贫减贫可持续性与有效性，以及如何维护气候正义等。该书多视角、全方位地展示了国内气候传播研究领域的最新学术成果，进一步厘清了气候传播的一些基本理论问题，力图为建构我国气候传播理论体系，推动气候传播社会实践良性发展，为减缓、适应和应对气候变化，促进气候变化的社会共治与全球治理提供理论思考和策略建议。

2019年7月，由郑保卫在广西大学主持申报的"生态文明建设和绿色发展理念背景下我国气候传播的战略定位与行动策略"，获得国家社会科学基金重点项目立项，这是全国气候传播研究获得的第一个国家社科基金重点项目。这一项目的成功申报，使得气候传播研究在国家社会科学领域提高了研究层次，扩大了学术影响，走上了更高平台。9月，该项目开题论证会在广西大学举行，郑保卫邀请了清华大学国际传播研究中心李希光教授、中国气象局公共气象服务中心副主任潘进军、国务院新闻办公室对外宣传处原处长詹安玲等担任开题专家。专家们对该项目的高站位、宽视野，扎扎实实的研究内容和严谨有效的研究方法，以及项目组成员在开拓气候传播研究，服务国家生态文明、绿色发展和美丽中国建设宏大战略方面所做的努力和所取得的成果，给予了充分肯定。

2020年5月，正值中国气候传播项目中心成立十周年，在此期间，由郑保卫主编的《从哥本哈根到马德里：中国气候传播研究十年》一书出版。该书以时间为序，以项目中心核心成员参与和经历的从丹麦哥本哈根到西班牙马德里11届联合国气候大会为主线，回顾了项目中心组建十年来所经历的重大事件，展现了项目中心在不同阶段的经历与成绩。正如此书第七章所列举的那样，项目中心十余年来在学术领域的贡献主要体现在："科学界定气候变化及气候传播的内涵；准确阐释气候传播的研究定位；积极推动气候传播成为社会共识与全民行动。"在这些贡献中，郑保卫教授功不可没，所发挥的引领、推动作用人所共见。

2. 从"气候传播"到"气候与健康传播"

2010年5月，在项目中心举办的首届气候传播研讨会上，郑保卫正式提出了"气候传播"这一概念。当时有人提出，用"环境传播"就可以涵盖"气候传播"了。郑教授则认为，"气候传播"的概念要比"环境传播"的内涵丰富得多。他引用胡锦涛"气候问题是环境问题，也是发展问题，但归根到底是发展问题"的论断，认为气候问题与国家经济社会发展紧密联系，由此推论气候传播所涉及的不仅仅是环境传播问题，而是范围更大的发展传播问题。

他解释道："所谓'气候传播'，我们理解，它作为一种传播现象，是将气候变化信息及其相关科学知识为社会与公众所理解和掌握，并通过公众态度和行为的改变，以寻求气候变化问题解决为目标的社会传播活动。简言之，气候传播是一种有关气候变化信息与知识的社会传播活动，它以寻求气候变化问题的解决为行动目标。"这应当是中国学术界首次采用并正式阐释这一概念，也是首次将"气候传播"纳入学术研究的范畴。

为解决在全球应对气候变化问题中的公平与公正问题，2015年12月，郑保卫在巴黎联合国气候变化大会的气候传播边会上，专门就"气候正义"问题作了阐述。他明确提出，所谓"气候正义"，是指因气候所带来的利益和福祉应公平地分配给全体社会成员；全体社会成员无论种族、肤色、性别、国籍，均享有平等参与气候变化事物的权利；气候变化所带来的不利后果应由全体社会成员公平承担。这是项目中心第一次在联合国气候大会上提出并阐释"气候正义"的概念。

2017年4月，郑保卫教授在《采写编》杂志"气候传播"专栏连发两篇文章，专门对"气候变化""气候传播"和"气候正义"等概念及其相互间关系进行解读，产生一定学术影响，尤其是《"气候变化"和"气候传播"相关概念解读》一文获得了较高下载量和引用量。

打通"气候变化"与"疾病健康"的关系，也是郑保卫一直在思考的问题。

早在 2015 年，他就在考虑如何把气候传播与健康传播融通起来，把"美丽中国"与"健康中国"建设联系起来，并在 2016 年年底的摩洛哥马拉喀什联合国气候大会气候传播边会上明确表述了这一想法。在他看来，气候变化所涉及的"美丽中国"建设，与疾病健康所涉及的"健康中国"建设都是国家发展战略布局中的重要目标，如何找到两者的契合点，将其联系和融通起来，引领公众通过关注疾病健康来关注气候变化，是一个值得重视的理论与实践问题。

2017 年 12 月，郑保卫教授受聘广西大学新闻与传播学院院长，在作学科布局和科研规划时，他了解到学院的吴海荣教授一直在做健康传播研究，并且取得了不少成果，拥有很多学术资源。郑保卫想，如果把自己的气候传播研究资源与吴海荣教授的健康传播研究资源整合在一起，成立一个联合研究机构，一定会在打通两个领域的研究方面获得突破，取得成果。正是在这一背景下，郑保卫指导倡建的"广西大学气候与健康传播研究中心"于 2018 年 3 月正式成立。气候传播之花终于香飘桂苑，在广西大学生根发芽，由此开辟了气候传播与健康传播融合研究的新领域。

在同年 10 月举办的首届气候与健康传播研讨会开幕式致辞中，郑保卫将"气候与健康传播"定义为：将气候变化影响人类健康的信息及相关科学知识向社会与公众传播并使其理解和掌握，并通过公众态度和行为的改变，以寻求气候变化问题的解决，维护人类健康福祉的社会传播活动。

另外，郑保卫认为，只有培养中国自己的气候传播专业人才，才能在学术方面有所建树，才能与国际同行更好地开展全方位对话与合作。因此，他从 2012 年开始在中国人民大学新闻学院增加了"气候传播"专业方向，定向招收博士生。这些年王彬彬、张志强和杨柳三人先后考入人大新闻学院，师从郑保卫教授攻读博士学位。他们都来自气候变化与气候传播一线，并且分别来自社会组织、政府部门和新闻媒体，正好代表了作为气候变化与气候传播行为主体的最关键的三方。他们分别从气候传播与气候变化全球治理、政府气候传播角色定位及其传播方略、媒体气候传播角色定位及其传播策略等角度设计各自的博士学位研究方向，并完成了博士学位论文写作，不但丰富了项目中心的研究成果，也使自己成长为该研究领域的专家。

总之，与"气候传播"相关联的一系列概念不断演变和拓展的背后，是中国气候传播学学科体系、学术体系和话语体系不断充实和完善的过程。十余年来，郑保卫教授为中国气候传播不断求索、辛勤耕耘、摇旗呐喊，对中国气候传播的形成发展、理论创新和实践推广产生了重大影响,作出了重要贡献。

从第一部学术著作到第一个国家社科基金重点项目,从"气候传播"到"气候与健康传播",项目中心团队在郑保卫指导下苦心求索,潜心研究,使得气候传播的学术影响不断扩大、研究层次不断提高,从一片未开垦的处女地到一步步跻身于科学之林,为气候传播理论和知识体系构建付出了不懈努力,使气候传播逐渐成为一门显学,真正形成了"大气候"。

宋英杰：中国气候传播项目中心形象大使

农民日报社　赵新宁

广西财经学院新闻与文化传播学院　覃　哲

图1　项目中心气候传播形象大使宋英杰在 2018 年气候与健康传播研讨会上发言

宋英杰不仅是一位家喻户晓的 CCTV 天气预报主持人，还是一个学术造诣深厚的气象学专家。他身兼中国气象局首席专家、教授级高级工程师、南京信息工程大学客座教授和台湾"中国文化大学"大气科学系客座教授等多项学术职务。

近些年来，宋英杰积极投身气候变化与气候传播科普及研究工作，特别是在二十四节气研究领域取得突出成就。他是"中国天气·二十四节气研究院"副院长，也是中国二十四节气保护传承联盟学术委员会成员。他将现代科学和传统二十四节气文化融合，推动人们对自然现象的观察、思考和生活应用，帮助大家从中国人的角度看待时间、认识世界。他还长期潜心开展二十四节气、天气谚语等传统文化与现代气象科学的融合性研究，并进行系统性解读传播，展现了气象传统文化的巨大魅力。

宋英杰作为中国气候传播项目中心聘请的"中国气候传播形象大使"，这些年以其独有的身份、经历、气质和良好形象为宣传普及气候变化知识，传播低碳绿色发展理念，讲述中国气候变化故事，做了许多卓有成效的工作。2020年，在中国气候传播项目中心举行的成立十周年庆祝和表彰大会上，宋英杰被授予"重大贡献奖"，这是对他为气候传播理论研究和行动推广作出突出贡献的最好的褒奖。

一　气象科学科班出身的气候传播者

1993年3月1日19时31分，《天气预报》如常开播，却让等候在电视机前的观众突然眼前一亮：从前"只闻其声"的天气预报播报员第一次出现在了电视荧屏上！一位先生从中央电视台变幻不定的云图后走了出来，机械枯燥的天气预报节目有了生气——这位"气象先生"正是宋英杰。此后，宋英杰成为家喻户晓的CCTV天气预报节目主持人。

20多年来，他不断优化节目内容，确保公众对天气预报"看得清、听得懂、记得住、用得着"，以专业的背景、知性的形象和自然诙谐的语言风格赢得了广大观众喜爱，创立了风格化的气象电视节目主持方式。

在宋英杰主持的气象电视节目中，他将气候变化作为解读极端天气气候事件及其延伸影响的逻辑基础。例如在节目中解读"又是一年春来早"、解读花粉浓度和花粉过敏症峰值期的提前到来、解读夏季的"加长版"、解读气候变化背景下的"三伏天"，等等。特别是他推出的"小寒大寒谁更寒"话题，既以气温衡量区域气候的时段特征，又以年代际对比进行气候变化的延伸。该节目2016年年初推出，得到了国务院领导同志的高度重视并给予充分肯定。

宋英杰从播报天气主持人是怎样进入气候传播领域的呢？这其中有两个转折点。第一个转折点是在2008年年底。宋英杰发现原来的小概率事件越来越多，原来的"百年不遇"经常不期而遇了。他认为应该从气候变化的角度重新去审视天气：在我们的日常生活当中，不同概率的天气，不同影响程度的天气，是不是发生了很大变化？于是，他慢慢开始着手关注并思考气候变化等一系列问题。同时，他对气候变化的关注也是其作为气象节目主持人开展科普工作的必然要求，因为他经常被公众问到一些气候变化方面的问题。行动问题不只是纯正的科学问题，或者是纯正的天气影响问题，而是一些关系气候变化方面的宏观问题。这也促使宋英杰及其团队，在做科普的过程中开始融入气候变化问题。

第二个转折点是在 2014 年。那年，在国际天气传播论坛上，WMO（世界气象组织）和 IPCC（政府间气候变化专门委员会）向各国气象传播者提出建议，希望他们站在气候变化的视角上去解读天气，并且传播天气的影响，同时探索使用契合本国文化的方式，用本国公众熟悉和亲近的语言来讲述，让大家秒懂气候变化。

宋英杰说："实话实说，我从事这个职业不是纯正研究气候变化的，它是与气候变化关联的一个学科。从一开始，我确实没有意识到，应该自己从事这个，后来慢慢被推动着，或者说被要求着，就进入到这个领域。有时候公众强烈的需求反而是一种反馈，会引导我们介入到气候传播的领域来。在 WMO 和 IPCC 看来，这是有影响的，我们是有报道机会的传播者，更应该有历史的责任、使命和担当，做好这件事。"这正是宋英杰进入气候传播领域的心路历程。

2014 年 3 月，在中国气象局气象宣传与科普中心和公共气象服务中心等单位共同组织录制的《直击天气：与科学家聊"天"》的电视节目中，中国气候传播项目中心主任郑保卫教授应邀作为访谈嘉宾参加录制，节目由宋英杰主持。这是宋英杰和郑老师第一次接触。之后，在《气候变化·记录中国》节目中，郑老师又受邀参加，再之后的一次气候传播论坛，两人又一次碰面，一来二去，逐渐熟悉起来。就这样，郑老师邀请宋英杰担任中国气候传播项目中心形象大使。宋英杰表示："我不是研究气候变化传播策略的，但不能说不是研究气候变化的，我只是依托二十四节气研究气候变化的表达的。与研究策略不同的是，我可能更注重实操层面，从相对比较技术的层面实践对策略的规划。"

担任中国气候传播项目中心形象大使以来，宋英杰一直持续开展气候传播研究，并将这一议题穿插安排在各个课题项目中。同时，一有机会他就开展二十四节气视角下的气候变化传播活动。例如在每年参加的中国国际全球气候影视大会上，他用影像视觉表达方式呈现气候变化，给公众最直观、最醒目、最鲜活的体验。

宋英杰表示，他每年都会表达自己新的观点和感触，借用二十四节气的"降维表达"，实现"破圈传播"。他提到，气候传播工作给自己带来很多启迪，二十四节气之所以能够飞入寻常百姓家，不仅仅因为它实用，更重要的是它采用降维表达的方式。比如原来一些精确的天文刻度，老百姓是不容易懂的，采用"降维方式"表达之后，就让天上的时间变成了地下的时间，小暑大暑，小寒大寒，小雪大雪，这样的气候对老百姓来说是特别熟悉的。再比如，对老百姓来说，什么是夏天，在北京夏天就是见到西瓜的时候，盛夏就是西瓜卖不到一块钱一斤的时候；在台湾，夏天就是可以见到杧果的时候，盛夏就是杧果由论斤卖到论堆卖的时候，这种"降维表达"方式特别鲜活。

而"破圈传播"，就是使用歌谣、谚语、顺口溜等方式。比如，"清明断雪""谷雨断霜""小寒大寒冻成冰团""小暑大暑上蒸下煮"，以及"立秋忙打甸""处暑动刀镰""白露忙割地"和"秋分无生天"等，都属于"破圈传播"的典型方式。

在做气候变化传播的过程中，宋英杰特别注意采用民间视角，学习民间表达方式。他说："我们不光是做传播，我们不急于做传播。在传播气候变化中，不着痕迹地跟人聊一聊对气候变化的感受，我觉得很有意思。但更多的时候，多积淀，多留出时间，让自己和民间的观察者或感知者多一些互动和学习，这样就特别好。"

二 积极投身实践的气候变化科普工作者

宋英杰这些年做了大量气候变化科普工作。做科普要兼顾严谨性和趣味性，这已是绝大部分科普人的共识。但如何才能做到二者兼具，却是件难度颇大的事情。在20多年的实践基础上，宋英杰总结出了一套自己独特的科普方法理论。

自2009年起，宋英杰策划、组织系列科普活动《应对气候变化，中国在行动》，参与系列报道《应对气候变化·记录中国》、上海世博会、全国科普日（科普周）、首席专家进校园、"与科学家对话"系列直播、"中国天然氧吧"等相关活动。他在中国科技馆，在众多书城，在湖南卫视《天天向上》节目的现场，回答网友提出的有关气候变化的各种问题，参加气候变化相关论坛等，总之他利用一切机会去做气候变化科普工作。他的努力受到了社会与公众的认可与肯定，2009年他被人民网等媒体评为"绿色中国年度人物"，2010年被评为"低碳中国领军人物"，2012年被互动百科评为"知识中国年度人物"。

作为《应对气候变化，中国在行动》的主讲人，这些年宋英杰的足迹遍及陕西、湖北、重庆、广西、云南、江西、内蒙古、浙江、贵州等多个省市区。他辗转万里，走进高校、社区、科研机构、企事业单位、乡村，以气候变化趋势解读、影响案例分析以及围绕公众切身体验互动等方式，宣讲气候变化，使现场听众能够参与其中，让他们以自己身边的小事为线索，对气候变化产生共鸣，畅谈自身的真切感受。他说,"虽然这样有点累,但是面对面跟大家互动讲述气候变化,还是挺有意思的,它有话题性,能够与公众之间形成密切的关联。"

2010年,宋英杰在上海世博会上同国外一些气象主持人一起,用唱歌、跳舞、讲快板等各种艺术方式,做了一场专场秀,讲述气候变化,产生了极大影响。

在《应对气候变化·记录中国》系列报道中,宋英杰担任主持人,每次组织数十家央媒,每次设定一个与气候变化相关的主题,立体式地挖掘和呈现气候变化的延伸影响。例如在新疆,围绕气候变化对旅游适宜期的影响;在福建,围绕气候变化对茶叶品质、对近海养殖的影响,以及在重庆,围绕气候变化与人们避暑需求关系等,这些主题联系实际,很接地气,受到当地相关机构和公众的认可与欢迎。

在做气象科普工作过程中,宋英杰十分注重科普新方式新方法的探讨。他归纳说,在网上进行的即兴科普可以分为三种,即"问不倒、随时在、特别逗"。

"问不倒",就是让问题有一个归宿,能够解惑。在这方面,气象学科的知识要足够丰富,足够渊博,网友问任何关于这个学科的相关问题,都能回答,并且是高质量的回答。宋英杰认为,这是将自己推到悬崖边,做出了这样的承诺之后就要大量地被动学习。他给自己的要求是能用学识答的,一定用学识答;不能用学识答的,用口才和智慧答。回答网友提问如同直播一样,每个问题都可能来得措手不及,直播的次数多了,自己也有了大量的积累。

"随时在",就是科普有及时解惑的功效。大家在谈到有关"天气""气候""气候变化"这些问题时,第一时间就会想到宋英杰,因为他随时在,能够不太慢地回复大家的信息。他说,现在是一个移动互联的时代,如果公众问"明天下雨吗?"三天之后才作出回答,那就没有意义了。

"特别逗",是指做科普工作一定带着一颗善意的心,跟大家聊天,高高兴兴地聊天,不撑不杠,让人接收知识的过程很愉悦。现在大家特别不喜欢那种板起面孔的科普,做科普不要有知识霸权主义,不要有知识优越感,有了点某个学科的知识,就对别人产生一种下意识的排斥。

从宋英杰在社交媒体上的发言以及在各种场合与观众的互动,不难发现他是一位学识渊博且"萌萌哒",文采斐然的科普专家。以对"大雪"当天并无雪花这件事情的解读为例,他写道:"降雪,是冷暖空气的约会:如果只有冷空气孤独地来,只是风一阵……只有暖空气寂寞地等,只是雾一场……"将雪花解读成冷暖空气的约会,无比浪漫;隐形中又解释了为何"大雪无雪"。

在宋英杰看来，账号是作者的分身，科普要个性化。可以"萌"，可以"高冷"，重要的是应该成为本人真实个性中的一部分，而不是去做"人设"。"在业内我倡导每个人都可以依照自己的性情进行个性化科普，不是抄词典、背教材、上课程。"

"原来的传播是大众化的，现在是分众化的。分众化要求你必须为每个人、每个区域、每个群体量身定做，而不是放之四海而皆准。"网络提供了双向了解的可能，在回答问题之前，宋英杰会去了解一下将面对的网友的基本特征，是什么立场、有什么喜好，与自己是什么关系，从而定制化地作出回答。"技术赋予了网友提问的权利，也赋予了你观看的权利，那为什么还要用传统的方式去做科普呢？"

得益于技术进步，使得原来的单向线性传播可以进行双向、多向，甚至 N 次化的传播。"因为技术赋权，每个人都有评论的能力、转播的权利，也使得这个传播过程有了更多的可能性。好的科普要有能力激发接力再传播，它是流水而不是湖泊。不是水到这了就不动了，而是继续在流动。不仅要传播得更远，也要产生更多新的支流，引发新问题。"

三 致力于二十四节气研究的气象专家

作为公众最熟悉的"气象先生"，宋英杰表示，播报《天气预报》只是自己不太占用精力的兼职工作。相较于气象主播的身份，他更认同自己是专职研究二十四节气的。他的二十四节气研究及其传播活动也让更多人了解到系统、科学的二十四节气理论体系，解开了过去节气研究残存的谜团，纠正人们心中对于气候、物候的错误的刻板印象。宋英杰结合自己的专业，将现代气候大数据对每一个节气的规律和特点进行分析和诠释，他所总结的二十四节气知识体系逻辑清晰、内容翔实，为现代农事农业活动提供了重要的理论基础，推动了我国传统二十四节气文化研究向专业化、科学化、系统化的方向快速发展。

"二十四节气"，是中国古人通过观察太阳运动，总结和把握一年当中气候、时令和物候变化规律所形成的知识体系，是中国传统智慧的结晶，是中国民俗文化的特殊载体。中国各地区的传统民俗与二十四节气息息相关，比如闽南地区有谷雨摘茶，两广地区有"夏至吃狗肉"，北方地区有冬至吃饺子的习俗。在国际气象界，中国的"二十四节气"有"中国的第五大发明"的美誉。二十四节气知识及由此衍生的各种智识和习俗，早已嵌入中国人的基因之中，文化传承润泽着万千气象的体验。

如何将我国的二十四节气文化与包括气候变化的现代科学相结合，并且用通俗易懂的方式来开展科学传播工作呢？宋英杰不仅仅从国学文化的角度向普通公众介绍有关中国二十四节气的知识，更重要的是，他还首次结合气候大数据等现代科学手段，文理并蓄、古今通达地给广大公众提供了一个系统完整的中国节气知识图谱。在保证学术品质的前提下，他使研究成果的视角和要义能够"破圈儿"，能够形成传播上的穿透力和共鸣感，使公众在"秒懂"的基础上，使气候变化话题变成公众谈资，使公众成为气候变化话题的接力式再传播者，进而更广泛地凝聚共识，形成合力。

"看得清、听得懂、记得住、用得着"是宋英杰常和学生说的一句话。针对印刷媒介、音频媒介、新媒体平台等媒介的性质差异与受众的偏好不同，宋英杰在不同媒介上所采取的传播策略的侧重点也不同。在印刷媒介上，他更加注重传播内容的完整性，概念阐释得更加详细、精准，而在音频媒介与新媒体平台上，他传播"效率"的比重增大，传播内容更加讲究以充满趣味性的信息在短时间内引起受众的关注。宋英杰以全方位、多元化的方式，传播二十四节气知识，使抽象内容概念化，零散知识系统化。

宋英杰是中国较早系统研究节气知识的学者，他在该领域的著作颇多，著有《二十四节气志》《故宫知时节：二十四节气·七十二候》《中国天气谚语志》等一系列气象专业书籍。这些书籍多以普通公众为对象，向他们系统讲述节气、气象、物候方面的知识。在书中，他从科学和文化的两个维度出发，抽丝剥茧，环环相扣，对节气的气候、物候以及其衍生的风俗——进行细致讲解。通过图表、古文字释义等方式，对每一种节气气候现象的机理、规律和利弊进行归纳总结。宋英杰对二十四节气的气候特点、发展脉络，以及古代人民对它的体悟进行梳理，结合现代勘研技术与互联网大数据等科技，以现代的角度描绘气候特征，让读者学习到传统节气知识，了解节气的时代演变与发展。穿插在书中的图片、数据图等有的看起来简单，却是宋英杰对大量的气候气象数据进行分析整理的成果。这种引用科学数据与古文字释义的行文方式，在为结论提供科学支撑的同时，增强了书籍的可读性，适合不同年龄、不同文化层次的人浏览阅读。

从 2018 年 4 月起，宋英杰先生在喜马拉雅知识平台上，开设《宋英杰讲二十四节气》电台节目，解锁气象万物运转的秘密，从天文气候、地理历史、动植物、农事习俗等角度，为观众带来一场听觉版的"节气简史"。到目前为止，《宋英杰讲二十四节气》已更新 128 集，喜马拉雅播放量高达 218 万，订阅量近 5 万。宋英杰以二十四节气气象起承转合的气候节律为逻辑，以二十四节气为行文大纲，每一节气下设置四集以上内容，阐释每一节气中的气候、物候，以及其衍生的各种智识和习俗，纠正常见的错误，点评中国传统节气文化的智慧。

相比于书籍杂志上的节气知识，音频更加适合大众在碎片化的时间里获取信息。因此，音频需要短小精练，让大众在有限的时间内获取有意义的信息，同时又要符合大众对音频信息的接受规律，只有能快速"抓住"人们的耳朵，才能让他们喜欢听、乐意听。宋英杰在音频节目里，以专业的研究数据作为科学支撑，同时引用诗文谚语、俗语等接地气的语言来解释。例如在解释春雨舒缓而缠绵的特点时，他形容说"这种雨相当于慢条斯理地薅老天身上的羊毛"，但是又指出这样的雨如果下一整天，"累计雨量也可能达到暴雨的量级（24小时累积降水量50—100毫米）"。可以说宋英杰将原本枯燥严肃的科学知识，变成了现代人碎片时间中的精神小点，在增长气象气候知识的同时又放松了心情。

宋英杰认为，要想人们深入了解气候气象知识，需要一个多元系统的传播体系。互联网时代的到来让微博、微信、短视频等社交平台成了人们获取信息、增长知识的重要渠道，宋英杰及时开通了微博、抖音等个人社交媒体账号，在个人社交平台上通过发表博文、视频以及与网友互动等方式向公众普及气候与二十四节气知识，让专业的科普工作变得更为活泼有趣味。

宋英杰的微博粉丝量超过百万，微博内容日阅读人数超10万。在持续输出原创知识的同时积极与其他微博大V保持互动，成为传播网络中的"中枢神经"。他不断对气象科普话题进行延展和丰富，为彼此带来更多的流量与关注。宋英杰在微博的活跃度很高，例如在每一节气当天，他都会在微博上"打卡"，结合当天的天气预报示意图或者其他数据，发表当天节气的科普内容。即使身在外地出差调研，碰到与二十四节气相关的物候、民俗现象时，他也会及时发微博向网友展示，以丰富讲解的案例。另外，他也会对其他科普类微博内容进行转发并评论，形成传播链，扩大气象知识的受众群体。

短视频兴起后，宋英杰在2020年入驻抖音短视频平台，持续发布气候科普短视频，视频内容也以二十四节气为主。较为热门的作品有《秋裤赋：露里走　霜里逃　感冒咳嗽自家熬》《春捂秋冻怎么捂》《雨水翻译成 Rain Water 太 low?》等。针对短视频用户注意力持续时间很短的特点，宋英杰在短视频里常常通过一句话一针见血地指出节气特点。如在短视频里讲解寒露是气温下降的最快的秋季节气时，他就讲到"最近（寒露）天气 chill，经常冻得 thrill，赶紧秋裤 fill，否则容易ill"一句半中半西的顺口溜就将寒露的节气特点展现得趣味盎然。因为拥有专业学科背景，宋英杰的短视频内容硬核又风趣，因此播放完成率极高。另外，在视频标题上，宋英杰一般会带上#知识创作人、#传统文化和#二十四节气等话题，在形成话题聚合的同时与其他相关视频相链接，提高视频的浏览量。

宋英杰还积极到全国各地学校、书城开展有关气候变化与二十四节气主题相关的学术讲座，接受《人民文娱》《重庆专访》《超级访问》等媒体的采访，利用学校的学术平台与其他媒体节目，让气象科普"走出去"。他认为，二十四节气的研究与传播，要特别注意两个"跨"字：一是跨国界，二是跨学科。跨国界意味着，二十四节气是源于中国的人类非物质文化遗产，很多国家都在和我们一起传承，我们需要有跨出国界的视野和襟怀；跨学科意味着二十四节气是"知识和实践类"人类非物质文化遗产，我们要将其知识体系导入到实践应用之中。二十四节气最好的传承，就是要找到与现代人之间刚性的关联方式。

宋英杰作为一名气象主持人，同时又是气象与二十四节气研究的专家，他向公众普及气候变化、二十四节气知识，让二十四节气这一传统概念焕发新的生命，促进更多的人了解并运用节气知识，增强公众对于气候、物候的关心，体现了一位气象专家的社会责任与担当。

宋英杰一直倡导，二十四节气研究一定要让科学与文化形成交集。有文化加持的科学，有科学加持的文化，都会变得更加圆融和生动。正如他常挂在嘴边的那段话"二十四节气，充盈着科学的雨露，洋溢着文化的馨香；既在我们的居家日常，也是我们的诗和远方"。他补充说道，"我就是研究二十四节气的，我会沿着以本国文化的方式，大家更容易亲近和信服的方式，去解析气候变化，这个工作会一直做下去"。

坚强团队：中国气候传播项目中心的骨干成员

中国人民大学新闻学院　王　青
农民日报社　赵新宁

成立于 2010 年春天的中国气候传播项目中心，已经走过 12 年的风雨历程。一路走来虽筚路蓝缕，却经历丰富，使大家有幸见证了中国在此领域从参与者到贡献者，再到引领者的全过程。

项目中心之所以能够坚持走到今天，并且在国内外气候传播领域产生积极影响，离不开许许多多真诚友好的专家朋友们的热情关心和鼎力支持。特别是离不开赵启正、解振华、杜祥琬、陈雨露、马胜荣、苏伟、何建坤、文步高、孙桢、李俊峰、邹骥、李希光、黄浩明、潘进军、贾峰、齐绍洲等顾问专家，项目中心形象大使宋英杰教授，以及外籍顾问耶鲁大学气候传播项目中心安东尼教授、联合国环境记者培训首席专家、英国广播公司资深环境记者柯比、瑞典环保机构高级顾问丹尼斯等人的悉心指导和真诚帮助，还有一开始乐施会团队成员宋扬、吕美，以及气候变化形象大使海清等人的参与和支持。

另外，我们还得到了很多志同道合的同行朋友的关心和支持，如中国人民大学新闻学院的钟新和黄河、国务院新闻办的詹安玲、中国国际民促会的王香奕、中国工程院的崔磊磊、深圳标新科普研究院的陈素平和刘晓婷、中国气象网的张硕、中国日报社的刘毅、世青创新中心的王则开、美国能源基金会的荆卉、绿色创新发展中心的汪燕辉、苏州大学的贾鹤鹏、江苏师范大学的贾广惠、广西气象局的罗桂香、广州外语外贸大学的刘超等。正是他们的支持，使我们的工作更有底气，更有力量，也更有效果。

项目中心这些年的发展，尤其离不开团队内部一批批充满智慧与活力的成员长期来的艰苦努力和不懈奋斗。当初,正是愿作"抢跑者"的付敬提出倡议,甘作"毅行者"的王彬彬表态支持,愿意携手同行的郑保卫教授拍板立项,才使得"气候传播"的旗帜得以顺利在中国大地矗立起来。

以后随着李玉洁、李鹏、李文竹、张志强、杨柳、宫兆轩、李刚存、任媛媛、李晓喻、杨欣、陈玉、姜昕、赵星耀、赵新宁、王青、尹延永等郑保卫教授的学生们的相继加入,项目中心的人员在不断会聚,队伍在不断扩大,力量在不断增强,终于形成了一个坚强的团队。正是靠着这个团队,使得气候传播在中国终于"形成气候",并在国际舞台上产生积极影响。

由于篇幅原因,本案例主要介绍付敬、王彬彬、李玉洁、张志强、徐红、杨柳等人。另外,还有几位需要特别提及的团队成员,需要作些简单介绍:

2010年12月指挥中新社记者报道郑保卫教授首次赴坎昆参加联合国气候大会并将主持气候传播边会活动的,时任中新社国际部主任李鹏,当时的报道介绍说"这是中国高校科研机构首次在联合国气候大会舞台上举办此类边会",对项目中心在联合国气候大会的"首秀"作出很高定位,为项目中心后来的发展开了个好头;当年担任中国人民大学新闻与社会发展研究中心学术秘书,长期关注气候传播,参与组织项目中心多项学术活动,后来到美国学习和研究环境传播的李文竹;多次报道项目中心举办的国际国内重要学术会议,并把"要让气候传播真正在中国形成气候"作为会议新闻标题,因而引起社会关注的中新社记者李晓喻等。

还有在河南创建"新乡学院中原气候传播研究所"的祁晓霞教授和他的助手苏武江;在北京创建中国传媒大学低碳绿色发展与品牌传播研究中心的鞠立新教授;在广西创建广西大学气候与健康传播研究中心的吴海荣教授和覃哲老师等,都成为项目中心团队的重要成员。

中国气候传播项目中心团队可谓人才济济,是他们共同推动和发展了项目中心的事业,使得气候传播能够渐成气候,并且花开四野,名播海内外。

一 付敬:要做中国气候传播的"抢跑者"

付敬庆幸自己能作为中国气候传播项目中心的一员,连续十余年跟随郑保卫教授参与各种学术研究与实践推广工作,为国家话语权和软实力建设贡献自己的绵薄之力。

2009年,时任《中国日报》时政报道记者的付敬,作为温家宝总理的随团采访记者,亲历了哥本哈根气候谈判,目睹了中国代表团在这次国际谈判中所做的努力。然而让付敬愤愤不平的是，西方媒体在会上指责、攻击和甩锅中国的做法，让他认识到我国需要在气候变化议题上尽快弥合与西方的认知鸿沟，以消除对方偏见。2010年3月，他与同样参加了哥本哈根气候大会的乐施会气候变化传播官员王彬彬一起，找到自己在新华社中国新闻学院读书时的老师，时任中国人民大学新闻与社会发展研究中心主任的郑保卫教授，希望他能组建一个研究机构，从学术上探讨气候传播策略与方法。正在关注此事的郑保卫教授爽快应允，三人一拍即合，建立起我国第一个气候传播科研机构——中国气候传播项目中心，共同开启了中国气候传播研究之路。

如今，每当忆及当年"游说"郑保卫老师启动"中国气候传播项目"之事时，付敬依然激动不已，对自己在职业生涯精力最充沛之时提出的创意，能得到恩师认同，并有机会伴随左右，同行至今，深感荣幸。

付敬自2010年开始担任常驻欧盟记者，他常常主动地帮助项目中心谋划议程，拓展人脉，共享全球朋友圈资源，并尽可能参与理论研讨，分享学术观点。他领衔翻译了BBC知名记者亚历克斯·柯比的著作《低碳与我们：公民知识读本》；作为执行主编推动新世界出版社出版了《绿动中国》中英文版；出版了个人中英文版专著《中国经济绿色恢复》和《梦想与挑战：低碳发展在中国》等。他还多次参加国际论坛，就中国宏观经济、气候变化和国际传播等话题发表演讲。

2014年，在巴黎联合国气候大会倒计时一周年之际，他作为执行主编，参与策划《中国日报》在巴黎出版该报气候观察（Climate Watch）周刊，向国际社会传播中国绿色低碳故事，推助国际气候治理秩序。郑保卫教授等近百位中外官员、专家、学者应邀参加启动仪式，法国前总理罗卡尔也到会祝贺。付敬还作为协调员，代表《中国日报》参与《卫报》等全球三十多家媒体共同建立的气候变化编辑网络，分享各自撰写的气候绿色故事，以"影响最有影响力的人"。

布什总统环境政策顾问杜丹德曾评价说，"付敬敏锐而深刻……他的努力、专注和敬业精神得到了广泛的认同。"在长期的国际传播实践中，付敬体会到只有影响到如杜丹德这样的关键人，同时又能被关键人所认同，才能汇聚起更多力量，共同推进气候变化全球治理。

离开《中国日报》后，无论在欧盟中国商会担任秘书长，还是在厦门火炬大学堂任执行副校长，当年在气候传播道路上率先起跑的付敬初心依旧，与优秀企业家同行，续写更多气候故事，延续更多绿色缘分。

二 王彬彬： 甘做中国气候传播的 "毅行者"

2021年11月，联合国格拉斯哥气候大会成功落幕，中国在其间发挥了"中流砥柱"[①]的作用。从2009年的被动跟随，到2015年的中美发挥联合领导力，促成签署"巴黎协定"，再到2021年引领全球碳中和，中国在十几年间走过了不寻常的气候征程，通过扎实的行动塑造出负责任大国的形象。能够参与和见证这一历史过程，王彬彬更加坚定了借助气候传播推进全球气候治理的决心。

王彬彬与气候传播结缘于2009年的哥本哈根联合国气候大会，作为国际发展机构乐施会从中国内地直派的第一位代表，她在会上目睹了国际组织强大的动员能力和外国媒体的快速反应能力，也看到了中国为此所做的各种努力。但让她不解的是，后来西方媒体竟然把没有达成期待中的协议的责任推给了中国。王彬彬与前来采访大会的《中国日报》记者付敬都感到非常憋屈。回国后，付敬邀请王彬彬到中国人民大学会见他的恩师郑保卫教授，三人当场达成共识：建立研究机构，开展专题研究，帮助中国更好地参与全球气候治理。2014年4月，中国气候传播项目中心成立。因共同使命而聚，一段毅行之旅由此启程。

那次见面，不但使三人成为事业上的"战友"，更成全了一份师生情谊。2012年王彬彬考取了郑保卫教授的博士生，3年后在郑老师指导下完成了博士学位论文，成为我国第一位自主培养的气候传播方向博士。随后她又到北京大学国际关系学院跨学科研究全球气候治理。其间，她正式出版了以其博士学位论文为基础写成的第一本学术专著《中国路径——双层博弈视角下的气候治理与传播》，此书后来入选了国家社科基金中华学术外译项目，成为第一位在斯普林格·自然集团出版全球气候治理领域英文专著的中国作者。"向世界讲述中国"，王彬彬说这本书圆了她的一个梦想。

2018年年底，王彬彬入选全球最有影响力的女性科学家培训项目"家园归航"，与28个国家的90多位女性科学家一起赴南极考察。此次南极之行，她想解开一个心结：中国气候传播项目中心开展过两次全国范围公众气候认知调查，数据被收入国家气候变化白皮书，也被联合国官方收录。但数据显示，中国公众对

[①] 清华大学气候变化与可持续发展研究院：《李政：中国是COP26的中流砥柱》，清华大学气候变化微信公众号，2021年11月25日，https://mp.weixin.qq.com/s?__biz=MzU5MzY5ODIwNQ==&mid=2247499941&idx=1&sn=c63d8c253850a08bdd27a9634e5ad53a&chksm=fe0e0c5c97985414378a62f16fce898693207ff4c79783646de5526716a28cb9534e74fd244&token=1510289276&lang=zh_CN#rd。

气候变化的认知度较高，行动落实却差强人意。只有实现从高认知向高行动的跨越，气候变化事业才能真正有突破，为此，王彬彬一直在寻找行为改变的钥匙。在南极，她把问题抛出来，发现行为改变是全世界的难题。

理论来自实践，还需要再回到实践中去检验。现在，作为世界大学气候变化联盟执行秘书长，王彬彬与分布在6大洲9个国家15所盟校的同事们一起探索青年示范行为改变的各种可能。面对碳达峰和碳中和的未来，如何做好气候传播，王彬彬对此执着而乐观："如果注定是一场毅行，我很幸运能够一直与比我优秀的人同行。打开跨越之门的钥匙，就在我们自己手里！"

三 李玉洁：愿为中国气候传播理论研究添砖加瓦

2010年，李玉洁在《对外传播》上发表了第一篇与气候传播项目中心团队合作撰写的气候传播论文，2021年她又在这本刊物上发表了相关主题的封面文章。11年过去了，她很庆幸自己还在这个领域探索，跟随郑保卫教授为中国气候传播理论研究添砖加瓦，同时也甘愿为使气候传播在中国真正形成更大气候贡献自己更多的力量。

初涉气候传播。2010年4月，郑保卫教授创建了中国气候传播项目中心，当时正在中国人民大学师从郑教授攻读博士学位的李玉洁，与气候传播相遇并由此开启了理论探索之旅。她参与筹备了2010年5月项目中心举办的第一次气候传播研讨会。在会上，她受到中国人民大学新闻学院院长赵启正教授提出的要"将气候传播纳入公共外交工作、以提升中国国际话语权"等观点的启发，深感气候传播研究意义之重大。

这年12月，她陪同郑保卫教授前往墨西哥坎昆参加联合国气候大会，在十分困难的情况下，成功举办了第一次气候传播边会。她被郑老师事事亲为并积极发出中国声音的举动所感动，也为国际传播舞台各方的博弈而震惊。这样的第一次还有很多，李玉洁都铭记于心，她感恩与气候传播研究的相遇，丰富了自己理论研究与实践行动的经历。

倾心理论研究。自2010年以来，李玉洁一直倾心于气候传播理论研究。为了提升自身能力，在博士生学习期间她受到政府资助前往耶鲁大学气候传播项目中心访学，向该中心的领衔教授安东尼先生学习求教；博士生毕业后，她又进入人大统计学院师从赵彦云教授从事博士后研究，以提高统计调查和研究能力，为更好地开展相关研究做好方法论准备。

2011 年，她和郑保卫教授共同设计了我国第一本气候传播研究著作《气候传播理论与实践——气候传播战略研究》的理论框架，并完成了多个章节写作任务，后来又出版了专著《气候变化公众调查与传播研究》，同时在 The Energy Journal、《国际新闻界》等国内外权威期刊上发表学术论文 20 篇，其中有的还获得了国际会议最佳论文奖，还有多篇被人大报刊复印资料转载。此外，她还主持了相关部委多个气候传播、低碳意识调查项目，在气候传播理论研究领域形成了一定影响。

拓展研究平台。如今，李玉洁在中国社会科学院西亚非洲研究所（中国非洲研究院）工作，虽然工作单位变换，但她对气候传播研究的热情没有减退。气候变化是中非合作的重要内容，2021 年 12 月中非合作论坛达喀尔会议通过的《中非应对气候变化合作宣言》为她的研究提供了新的研究方向。利用以往所学知识和方法，去观测受气候变化影响最为严重的非洲大陆，去推动中非在气候传播领域的联合研究，成为她孜孜以求的新目标。

2021 年底，李玉洁受邀为浙江外国语学院开设"生态文明议题的国际传播"讲座，当学生问及这些年的研究感想时，她说："感恩郑保卫老师将我领进气候传播研究大门。我热爱这项研究，我会始终牢记导师教导：'气候传播研究是真正为国家、为人民、为子孙后代做学问，是值得为之付出的事业。'"

四 张志强：致力于为气候传播拓展平台扩大影响

2014 年，张志强考取了中国人民大学新闻学院博士生，师从郑保卫教授开始从事气候传播理论与实践研究，并协助郑老师负责中国气候传播项目中心组织工作，包括在联合国气候大会中国角组织气候传播边会，邀请解振华等领导和专家出席边会并发言等。

张志强与气候变化和气候传播结缘，始于 2012 年。那年，他调入国家应对气候变化战略研究和国际合作中心（以下简称"国家气候战略中心"），担负气候变化宣传工作。从 2013 年开始，他连续多年组织全国低碳日活动，促使社会与公众了解气候变化知识，参与气候变化行动。同时，他还受命协助国家发改委气候变化司担负联合国气候大会中国角的组织工作。主要任务是组织政府部门、高等院校、科研机构、新闻媒体、社会组织、厂矿企业和国际相关机构等举办气候边会，并通过气候变化展览、向与会代表赠书、播放主题宣传片等形式，向世界展示中国应对气候变化的行动及成果。同时，协调国内外机构参与气候变化国际合作，对外展示中国应对气候变化的成就和开展国际合作的成果等。

正是通过这些活动，张志强开始思考气候传播中的一些理论与实践问题。比如政府在气候传播中扮演什么角色，如何发挥指导和引领作用，将政府的政策理念、决策部署传播给社会与公众？企业在低碳发展过程中如何借助传播实现绿色低碳发展？科学家如何借助传播来传播并普及气候变化理念和知识？面对社会与公众的质疑，新闻媒体如何用简洁明了的语言传播气候变化科学问题等。

也正是通过这些实践，特别是通过与郑保卫教授的接触，他产生了继续学习，提升自己理论水平的愿望。2014年，他如愿考取了郑保卫教授的博士生，在从事气候变化宣传工作的同时，开始从理论上思考气候传播的内在机理，深化对气候传播的认识。

首先，他认识到气候传播是一个综合性很强的领域，涉及政府、媒体、企业、公众、社会组织等多个利益相关方，在气候传播过程中，既需要传播渠道的畅通，更需要针对不同受众采取不同传播策略。其次，气候传播要考虑社会总体价值构成，特别是气候变化作为社会政策的重要组成部分，要引导社会与公众适应气候变化，并调整自身思维方式和行为模式。在这种情况下，需要充分发挥政府的引领作用，为社会弱势群体创造更加公平的条件，尽可能减少气候变化对这些群体的负面影响，保障公民享有平等权利，积极倡导全社会探索绿色低碳生产和生活方式。

张志强一方面继续探索气候传播理论，另一方面则不断拓展气候传播实践范围。在能源基金会中国区总裁邹骥教授的支持下，他将气候传播的研究领域拓展到了公众消费领域，相关研究成果已纳入中国气象局和中国科学院第四次资源环境评估报告之中，实现了科研项目向消费领域的转化。

五 徐红：气候传播理论研究者和实践倡行者

2020年12月12日，在中国传媒大学举行的"中国气候传播研究十年暨2020气候与健康传播学术研讨会"上，徐红教授荣获"中国气候传播研究十年重大贡献奖"。她说："这个奖项对于我，是一种激励，更是一份责任。希望气候传播这一学术蓝海，能够薪火相传，感召更多的年轻学者和更多的机构加入。"

偶然的选择与必然的坚守。2014年，徐红教授当时正在为申报国家社科基金项目而苦思冥想。此时，身为武汉大学经济学教授，长期从事中国碳市场学术研究的自己的先生齐绍洲，深感在中国碳市场试点工作中传播的重要性，便对她说："你可以考虑气候变化+传播呀！"可谓"一语点醒梦中人"，徐红教授茅塞顿开，于是便决定从传播的角度来研究低碳问题。后来在文献阅读和搜集过程中，徐红发现中国人民大学新闻学院郑保卫教授带领的中国气候传播项目中心一直在从事这方面研究，于是便与郑保卫教授联系，得到了他的热情鼓励。

从此，在郑教授引领下，徐红开始致力于气候传播研究。2016年，徐红教授申报的"基于公众低碳态度与行为的政府气候传播机制研究"获得国家社科基金项目立项，这是我国气候传播领域第一个获得立项的国家社科基金项目。

这些年，徐红带领她的研究生团队在气候传播学术蓝海中探索，开展了一系列研究。如《政府对低碳理念的传播研究》《新能源汽车企业低碳理念传播过程模式研究》《气候变化报道的框架建构：中美英报媒比较研究》《南南气候合作中的中国国家形象建构研究》《中国环保非政府组织品牌形象研究》《企业形象塑造视角下的企业绿色低碳社会责任传播研究》《公众低碳消费生活模式培育视角下的企业绿色低碳营销传播研究》等。她还作为骨干成员参与了郑保卫教授主持的国家社科基金重点项目"生态文明建设和绿色低碳理念下的我国气候传播战略定位与行动策略"研究。总之，她始终在关注气候传播理论与实践研究，为讲好"中国气候故事"，建设"绿色低碳中国"默默耕耘，作了许多实实在在的工作。

理论的自觉与实践的倡行。为了带动和影响身边更多的师生认识和了解气候变化，徐红在中南民族大学发起了"气候传播进校园"系列讲座活动，邀请郑保卫教授，武汉市交通发展战略研究院轨道交通所孙小丽所长和气候传播形象大使宋英杰等举办讲座，引导学生们成为应对气候变化积极行动者。

徐红说"作为传播学者，步入气候传播研究领域，是偶然的选择也是必然的坚守，作为社会公民，既要做气候传播的理论研究者，也要做气候行动的倡行者"。她不仅要求学生树立低碳生活理念，养成低碳生活习惯，而且自己带头践行低碳生活理念。平时，她特别注意从身边点滴小事做起：吃光盘里最后一粒米；跑步上三楼办公室；离开教室提醒关灯关空调等。她用行动为学生树立了榜样，影响更多的人践行低碳生活。

六　杨柳：积极为新闻媒体气候传播支招献策

2009年，杨柳在中国人民大学新闻学院读新闻学硕士学位期间，在导师郑保卫教授引领下开始关注气候传播研究。2010年4月，中国人民大学新闻与社会发展研究中心与乐施会共同组建了发展中国家第一个专门从事气候传播研究的机构——中国气候传播项目中心，杨柳当时参与了项目中心课题"后哥本哈根时代政府、媒体、NGO 的角色和影响力"的调研工作，并发表了多篇论文。

郑老师在古稀之年依然奔走在气候传播理论研究和行动推广一线，并取得一系列成果，在学界和业界都产生很大影响，这让杨柳由衷钦佩，由此产生了继续学习的想法。2014 年，已是《人民日报》记者的她如愿考回母校，开始师从郑保卫教授攻读气候传播博士学位。

这十余年，杨柳见证了项目中心在郑老师带领下取得的一系列成果：在国内率先提出"气候传播"概念并对其做出理论界定；将政府、媒体、NGO、公众、企业和智库作为考察气候传播活动的六大行为主体，分析其气候传播的战略和策略；研究我国及其他发展中国家气候传播的状况及经验；对参与国际气候谈判的政府机构人员、媒体记者、NGO 及其他相关人员的气候传播实践开展调研，等等。

党的十八大以来，生态文明建设在我国被提升至前所未有的高度，"十四五"规划纲提出要力争 2030 年前实现碳达峰，2060 年前实现碳中和，这是我国向国际社会作出的一项庄严承诺。

气候变化从科学家们的专业研究进入到公众视野，演化为社会议题，其实是社会各个主体参与建构的过程。这当中，政府机构、新闻媒体、社会组织、企业等都发挥着重要作用。新闻媒体在气候传播中担负着气候变化议题设置者、气候变化知识解释者、应对气候变化行动沟通者和气候变化舆论引导者的角色，对推动气候变化社会治理和全球治理负有重要责任。

杨柳作为媒体工作者，根据郑老师的建议，选择以气候传播中媒体的传播功能与策略作为博士学位论文选题，希望能够探讨和解决以下问题：我国媒体气候传播的现状如何？如何让气候变化议题获得公众更多关注？新闻媒体如何倡导和鼓励公众为减缓气候变化采取行动？她希望通过自己的研究能为新闻媒体的气候传播支招献策，为应对气候变化贡献力量。

杨柳提出我国媒体可强化和优化议题，将气候传播与最新科学发现、焦点事件、相关政策和国内国际政治联系在一起，提供解决方案、做深会议新闻、加强背景支撑，以构建人类命运共同体的理念为指引，围绕世界范围内发生的有关气候变化的重大事件深入报道。解决气候变化问题具有相当的复杂性，只有通过全球媒体的广泛关注，建立更加有效的信息传播与沟通协商渠道和机制，以及制定相应政策，采有效取行动，才能凝聚起应对气候变化的合力。

第二编

政府气候传播案例

联合国气候大会中国角：表达中国态度，展示中国行动，增进国际了解

国家应对气候变化战略研究和国际合作中心　张志强
中国传媒大学绿色低碳发展与品牌传播研究中心　鞠立新

为配合中国政府代表团参加联合国气候变化谈判工作，自 2011 年南非德班气候大会开始，中国代表团在每年的联合国气候大会上设立中国角，到 2019 年西班牙马德里气候大会已经设立 9 届（2020 年和 2021 年因新冠疫情原因没有举办联合国气候大会）。通过 9 年的联合国气候变化大会中国角工作，中国代表团中国角举办多场边会活动，组织邀请了有关国家、国内政府部门、高校科研机构、国际组织、企业和媒体代表近千人次参加中国角边会活动，针对中国在减缓和适应气候变化领域所开展的工作，向国际社会明确传递了中国政府在气候变化领域的措施和成效，加强了与国际合作机构的沟通。通过中国角活动，进一步显示了中国在积极应对气候变化领域的政策与措施，向国际社会展示了中国在气候变化领域的开放度，赢得了国际社会的广泛赞誉。

一　联合国气候变化大会中国角传播内容

联合国气候变化大会中国角设立的初衷是增进国际社会对于中国应对气候变化工作的了解，展示中国积极应对气候变化政策、行动及成效，随着中国气候变化国际合作的增加，中国气候变化国际合作的成果也亮相中国角。

1. 积极宣传中国生态文明思想

积极应对气候变化是中国生态文明建设的重要组成部分，联合国气候大会中国角是全方位介绍中国气候变化工作的对外宣传平台。在气候大会期间，原国家

发改委副主任、中国代表团团长解振华先生多次出席了"中国角"系列边会,在发言中通过向国际社会讲解中国的生态文明理念、"美丽中国"的奋斗目标以及应对气候变化的工作目标和制度创新举措,引发了国内外与会代表和媒体的广泛关注。UNFCCC 原秘书处执行秘书菲格雷斯女士在"中国角"活动上高度赞扬了中国的减排努力,并看好中国在开发利用新能源中的引领作用。孟加拉等国环境部门负责人也希望加强与中国的合作,通过在环境保护领域的技术合作,实现更好的绿色发展。全球环境基金代表表示,将在低碳发展领域进一步加强与中国的务实合作。中国工程院原院长杜祥琬院士、科学部原部长、国务院参事刘燕华、国家发改委能源所周大地研究员等专家则客观分析了中国在经济转型期,社会经济发展面临的资源瓶颈与环境约束问题,提出推进绿色发展的相关政策建议,积极宣传我国低碳发展的立场主张。

2. 向国际社会展示中国应对气候变化工作的主要措施和成就

中国角边会选择我国应对气候变化的主要工作领域,针对当前应对气候变化国内外关注的热点问题,确立绿色发展、低碳转型、碳市场、南南合作、气候传播、低碳城镇园区、国际智库、竹产业和企业日、青少年应对气候变化等议题,重点展示中国政府在应对气候变化领域的措施和成就。

图1 2011年德班联合国气候大会中国角边会

各个边会承办单位精心组织,积极发声,展示中国在气候变化领域的政策和未来的走向。中国应对气候变化事务特别代表解振华多次到会致辞,阐述中国政府在应对气候变化领域的立场和措施，呼吁各国的落实行动，开展广泛的国际合作和经验交流。碳市场主题边会全面总结了国家碳市场建设已经取得的进展、主要思路、框架以及下一步工作展望；中国低碳发展战略边会介绍中国低碳发展宏观战略项目的总体安排及项目对中国应对气候变化工作的贡献；投融资边会提出了"协同、创新、有效、合作"的中国气候投融资发展路径；企业日边会与会代表展示了中国企业在减少碳排方面取得的初步成果；青少年边会会集了来自中国、欧洲、美国和非洲的青年机构代表，分享在应对气候变化领域青年人的行动。

3. 向国际社会展示中国气候变化国际合作的成果

气候变化领域的国际合作由来已久，在中国角举办之前，大多各自为政。在中国角的平台上，许多应对气候变化的国际合作项目通过在边会的形式亮相国际舞台，并且吸引了更多的国际合作，形成了明显的正向效应。通过近几年中国角中外合作的边会的情况来看，中外合作项目成果越来越趋向多元化，合作方覆盖联合国多边机构、欧盟、美国以及广大的发展中国家，领域涉及资金、技术和产业合作等多个领域，通过中国角的相关活动，不仅展示了相关的合作成果，而且通过媒体的宣传，进一步扩大了国际影响力。

二 联合国气候变化大会中国角传播策略

联合国气候变化大会中国角是一个舞台，唱戏的是国内各单位、机构和国际社会友人，整合各种传播手段开展多平台宣传，还要配合软性传播，将中国传统文化嵌入到气候传播中增加传播魅力。抓住国际气候大会这一焦点时刻，广泛吸引媒体关注会实现更大的传播效果。

1. 大力组织国内各单位和机构积极承办中国角不同主题边会

中国角边会得到了国内各部门、地方政府、高校和科研院所、NGO组织、企业以及媒体等几十家单位和机构大力支持。参会单位涵盖国务院参事室、国家发展改革委、财政部、科技部、国家林草局、气象局、中国人民银行、银监会等部门，上海、山东、河南、广东等各级地方政府，清华大学、中国人民大学、中科院、环保部宣教中心、国家气候战略中心等高校和科研机构，国家开发银行、中国工商银行、上海浦东发展银行等金融机构，中国国际民间组织合作促进会、北京绿色金融协会、阿拉善、中国低碳联盟、国际竹藤组织、乐施会、WWF、能源基金会等NGO组织，北京环境交易所、中创碳投、万科集团、深圳航都文化等企业积极展示各自在应对气候变化低碳发展方面的做法和成效。

2. 广泛邀请国际社会参与中国角边会活动

联合国气候变化大会中国角秉承开门办公的原则，积极邀请国际社会参与。联合国机构、各国政府、国际组织和大学、研究机构和企业的代表都会参加中国角活动。联合国副秘书长兼联合国亚太经济社会委员沙姆沙德·阿赫塔尔女士、联合国主管经济和社会事务的原副秘书长吴红波先生、气候变化框架公约执行秘书帕特里夏·埃斯皮诺萨女士等多次到场致辞。同时，来自摩洛哥、美国、英国、法国、德国、俄罗斯、挪威、马拉维、哥伦比亚、韩国、日本、阿拉伯联合酋长国、埃及、马尔代夫、毛里塔尼亚和巴基斯坦、巴西、泰国、尼泊尔、塞舌尔，以及蒙古等国近百位不同国家的部长和代表与会。此外，全球环境基金、世界银行、亚洲开发银行、国际排放贸易协会、南方中心和世界自然基金会等国际机构和组织的负责人、高级代表到会演讲。

3. 整合利用多样化的传播手段开展多平台宣传

各个边会主办机构通过多样化传播手段，提高边会的组织效果。精心组织边会材料，制作易拉宝、宣传手册和影视宣传片等资料，全方位介绍各自领域的措施和成就，并在边会组织过程中，尽量使用英文交流，加强与听众的互动，通过这些措施，提高了边会的举办效果。

联合国气候大会中国角除了举办边会，还会举办主题展览，影片展映、图书展赠等系列活动，以此来加强与世界各国参会人员的交流和沟通，通过以上这些活动，多方位、多角度展示了中国的生态文明建设、环境保护和气候变化等领域的工作成效。

4. 将中国传统文化元素嵌入到气候传播中

联合国气候变化大会中国角不仅是低碳发展的国际展示平台，同时也是文化走出去的国际化舞台。如在华沙联合国气候大会中国角举办期间，曾将中国天人合一的思想和文房四宝等传统文化的元素嵌入气候变化的展示中，并与他国的参会代表进行互动。同时，在边会期间，也会有中国的传统服饰表演等形式的活动，并将国内的文创类产品赠送给参会代表，取得了良好的反响。

5. 充分发挥国内外媒体对中国角边会宣传的重要作用

人民日报社、新华社、中国国际广播电台、中央电视台、中国日报社、中国新闻社、中国改革报社等新闻媒体机构每年都会派出记者参会。中国角边会邀请国外媒体参加中国角边会。通过国内外媒体对中国角和重要场次的边会进行多方位的采访报道，例如介绍中国角的场馆低碳设计理念、中国文化元素，多语种、全方位、多角度展示中国在应对气候变化领域的成效。在边会开始之前，将边会的各项议程上传到 UNFCCC 网站，并通过手机微信及时向各参会单位告知最新的活动议程。

三 联合国气候变化大会中国角传播效果

联合国气候变化大会中国角展示的时间虽不长，但这一时间段是世界关注的焦点。通过这一高光时刻的传播展示，能够让国际社会全面了解中国气候故事，也让国内公众了解国际社会应对气候变化的世界气候故事。

1. 以应对气候变化为主线的中国故事取得了良好的效果

气候大会中国角边会从开始方案设计，到参会单位组织协调，通过专家研讨，取消一些主题不鲜明、内容不充实和国际合作不明确的边会。并对每场边会的参会情况进行统计和现场打分，并以此作为下年设计边会的依据。根据现场评估统计，目前各场边会的整体效果良好，大多数参会人员对于中国角边会活动具有较高满意度。

2. 积极配合谈判进展，树立了负责任大国形象

在联合国气候变化大会中国角期间，与会专家结合发达国家和发展中国家对气候变化和 CO_2 减排的历史责任，多角度地综述了发达国家和发展中国家的历史归因问题；清华大学等组织了"气候变化公平性问题"主题边会，深入探讨德班平台谈判中涉及的公平及共区原则的可操作性问题；为进一步加强与发展中国家的团结和协调，中国社科院还专门组织了"基础四国"主题边会，基础四国专家们介绍了综合涵盖公平、效率和可持续发展要求的碳预算方案，为谈判提供了技术支撑。

3. 对中国角边会的国内外传播和宣传有声有色

新华社、中国新闻社和《人民日报》《中国日报》等积极报道中国角进展，通过采访报道中国政府代表团成员和中国角与会代表等方式，反映中国应对气候变化的政策和行动。《人民日报》通过视频、新闻采访等方式，对中国角边会现场、南南合作高级别论坛进行了深度报道，中国新闻社通过随身跟拍、综述等形式进行全方位报道中国角进展。新华社通过中文、英语、法语和阿拉伯语等多国文字对外报道中国联合国气候变化大会相关活动。中央电视台财经频道和新闻频道派出多名记者，并在朝闻天下、第一时间和新闻直播间等栏目中通过现场记录、采访等方式多角度、多层次报道中国角相关活动。同时，路透社、法新社、斐济

太平洋通讯社和《联合早报》等国外媒体也对中国南南合作基金、碳排放和中美气候变化前景给予极大的关注。

4. 广泛沟通交流，推动气候变化南南国际合作

为加强与非洲国家、最不发达国家和小岛国的沟通协调，求同存异，争取更多发展中国家对我国的理解和支持，维护和巩固"77国集团+中国"政治上的团结，我国积极开展应对气候变化南南合作，与外交部、商务部等部门建立援外渠道，联系驻外使馆，最终与格林纳达、埃塞俄比亚等十个国家签署了物资赠送谅解备忘录。为加强南南合作工作宣传力度，"中国角"活动期间，代表团邀请了联合国开发计划署署长、孟加拉国环境和森林部部长、格林纳达环境部部长、埃塞俄比亚环保署署长参加了应对气候变化南南合作高峰论坛。埃塞俄比亚代表团团长对中国在应对气候变化方面的援助表示了感谢；格林纳达应对气候变化首席谈判代表乔治普莱还转交了致李克强副总理的感谢信。会后，非洲国家、小岛屿国家主动与我们联系合作事宜，希望加入中国的南南合作框架；联合国开发计划署也表示愿与我国加强南南合作，共同扩展合作领域、创新合作模式；世界银行国际金融公司愿为国内低碳园区发展提供融资支持，共同推动中国的低碳发展转型；瑞士发展合作署愿继续与中方加强适应气候变化领域的研究；全球环境基金新任总裁也表示愿支持中国城镇化相关研究。

四 联合国气候变化大会中国角传播经验

伴随着中国在应对气候变化行动中起着越来越重要的作用，联合国气候变化大会中国角也发挥着越来越大的传播影响力，已经成为中国国际传播的一个重要窗口，为中国赢得了一定的国际气候话语权。

1. 中国角是中国对外气候传播的重要平台

气候变化是全球性问题，发达国家在全球变暖的问题上具有先天的话语权。自2007年开始，中国超过美国成为全球最大的碳排放国，承受着非常大的国际压力。在国内，中国还面临的经济发展和民生等多重压力。因此，我国要做好应对气候变化工作，并且将中国在低碳方面的做法作为中国方案贡献给其他国家以资借鉴。通过联合国气候大会中国角，将中国应对气候变化的工作措施与效果通过专家研讨、展览、新闻和影像书籍等多种形式传播出去，在国际形成了良好的反响，经过多年的宣传，国际社会对于中国的应对气候变化工作有了一个全新的认识。

2. 中国角开拓了国际气候传播的新形式

联合国气候大会中国角是一个动态的传播平台，不仅边会的内容会根据当时中国气候变化工作的重心进行调整，而且参会的单位也不是固定的，这种动态的办会模式，最大限度地展示了中国政府在应对气候变化工作上的最新进展和成效。作为一个平台化的气候传播平台，不仅仅只是传播国家层面的气候变化政策与行动，包括科研院所、企业、媒体、社会团体、国际 NGO 以及多双边机构都可以在中国角的舞台上展示自己的工作成果。这种多元化的动态的传播机制保障了国际传播的效果能够实现最大化。

3. 中国角是联结中国和世界绿色发展的纽带和桥梁

中国角设立的初衷就是加强气候变化领域的国际交流与合作，通过中国故事和中国方案为全球实现巴黎协定的目标贡献一份力量。通过多年的中国角，增进了中国与发达国家还有广大的发展中国家的沟通和理解，同时，也将自己的国情和面临的形势与挑战摆在世界各国的面前。通过专家研讨等多种形式的沟通与交流，不仅赢得了国际社会的理解与尊重，而且还代表广大的发展中国家捍卫了自身的发展权。在共同但有区别的责任原则下，与 77 国集团一起集体发声，在金砖四国机制下，中国、印度、巴西和南非在应对气候变化问题上共同协调。同时，与欧美等发达国家在气候变化各个议题保持密切的沟通和联系，为共同实现巴黎协定目标发挥作用。

全国低碳日：宣传普及低碳知识，动员公众低碳行为

中南民族大学文学与新闻传播学院　李兴齐
中国地质大学公安管理学院　徐泽夏

为普及气候变化知识，宣传低碳发展理念和政策，鼓励公众参与，推动落实控制温室气体排放任务，2010年1月，在"低碳中国论坛"年会上有关学者首次提出了建设"全国低碳日"的倡议。2012年9月19日，国务院总理温家宝主持召开国务院常务会议，会议决定自2013年起，将全国节能宣传周的第三天设立为"全国低碳日"。2013年6月6日，国家应对气候变化战略研究和国际合作中心召开媒体通气会，确定2013年6月17日为首个"全国低碳日"，至2021年，已经开展9次低碳日活动。低碳日设立的初衷是"动员社会各界广泛开展主题宣传活动，普及应对气候变化知识，增强公众应对气候变化的低碳意识，在低碳日掀起节能减碳活动高潮"。自全国低碳日设立以来，一直秉持开发与节约并重，着重落实到基层，加强人们的节能意识，对绿色消费、低碳生活起到了积极的引导作用，同时也对我国的能源利用、能源节约，起到了非常好的效果。开展全国低碳日活动，再次表明了中国应对气候变化的坚定决心。从气候传播角度分析，这是一个里程碑的事件，也是一个重要转折点。

一　全国低碳日传播内容

全国低碳日活动突出应对气候变化、低碳发展问题与公众的关联，每年围绕一个主题向公众普及气候变化知识，宣传应对气候变化的政策、行动和成效，提升公众低碳意识，倡导公众选择简约适度、绿色低碳的生活方式，营造推动绿色低碳发展的良好社会氛围。每年的活动主题各有侧重，分别为：2013年"践行节

能低碳，建设美丽家园"、2014 年"携手节能低碳，共建碧水蓝天"、2015 年"低碳城市，宜居可持续"、2016 年"绿色发展，低碳创新"、2017 年"工业低碳发展"、2018 年"提升气候变化意识，强化低碳行动力度"、2019 年"低碳行动，保卫蓝天"、2020 年"绿色低碳，全面小康"、2021 年"低碳生活，绿建未来"。

1. 普及应对气候变化相关知识

气候变化问题非常复杂，不但涉及自然科学和社会科学中的许多领域，而且作为新兴学术领域，气候变化科学问题尚未完全得到解决。如何将气候变化科学信息客观地展现在公众面前，是气候传播面临的困难之一。为使公众更全面地理解气候变化知识，践行低碳发展理念，全国低碳日每年制定了不同的主题。2013 年全国低碳日的主题为"践行节能低碳，建设美丽家园"，向公众全方位普及和宣传节能知识以及如何通过身边一点一滴的小事共同建设美丽家园；2015 年，随着中国城镇化进程的加速推进，低碳日主题为"低碳城市，宜居可持续"，活动走进每个居民的家中，从低碳办公、节约用电、绿色出行等方面进行宣传，倡导自然健康的生活方式，宣传举手投足间实现低碳生活，共同建设宜居可持续的低碳城市；2021 年为实现全面绿色转型，助力实现碳达峰、碳中和，开展主题为"低碳生活，绿建未来"的全国低碳日活动，重点开展应对气候变化特别是碳达峰、碳中和的科普，气候变化的影响和风险，我国应对气候变化进展和成效，碳达峰、碳中和相关政策措施，绿色低碳发展和适应气候变化的先进经验，公众践行绿色低碳理念的具体行动等方面的宣传。

2. 宣传应对气候变化的政策、行动及成效

每年的全国低碳日活动会围绕最新的气候变化相关政策及国家低碳经济发展任务开展，2014 年全国低碳日的主题为"携手节能低碳，共建碧水蓝天"，重点对《2014—2015 年节能减排低碳发展行动方案》和《关于厉行节约反对食品浪费的意见》进行宣传，以建设生态文化为主线，以动员社会各界参与节能减排降碳为重点，普及生态文明理念和知识，推动全民在衣食住行游等方面加快向简约适度、绿色低碳、文明健康的方式转变，反对各种形式的奢侈浪费、讲排场、摆阔气等行为，形成崇尚节约、绿色低碳的社会风尚。2016 年是走进"十三五"的第一年，全国低碳日的主题为"绿色发展，低碳创新"，创新是推动形成绿色低碳发展的重要内驱因素，创新减排模式，扎实推进碳市场建设是活动宣传的重点。2017 年低碳日主题为"工业低碳发展"，着重强调大力发展绿色产业，构建科技含量高、资源消耗低、环境污染少的产业结构和生产方式，推动产业生态化、生

态产业化。2020年是全面建成小康社会决胜年，低碳日主题为"绿色低碳，全面小康"，活动主要从坚持节能降碳、倡导绿色出行、做好垃圾分类、践行低碳消费四个方面开展。低碳日根据不同主题进行有针对性的宣传并及时汇报所取得的低碳成效，以鼓励更多的社会成员加入进来共创低碳社会。

3. 倡导公众践行低碳行为

除了普及气候变化知识，宣传应对气候变化政策外，全国低碳日的传播内容还包括引导公众践行低碳行为，让公众在生活中真正学会如何去做。

图1 2019—2021年全国低碳日活动海报

如图所示，2019年的主题为"低碳行动，保卫蓝天"，宣传重点内容是节约用电、单车出行、自带购物袋、无纸化办公等低成本、低代价、更环保的生活方式；2020年的主题为"绿色低碳，全面小康"，宣传重点内容是低碳生产、垃圾分类、绿色出行、低碳消费；2021年的主题是"低碳生活，绿建未来"，宣传重点内容是低碳建筑、绿色能源、低碳出行、垃圾分类。

9年来，低碳日活动内容逐渐开始全覆盖、全方位的实行全民低碳。重点强化节约能源资源和生态环境保护意识，倡导绿色低碳生产、生活方式，促进绿色低碳循环发展，打好蓝天、碧水、净土保卫战，为建设全面体现新发展理念的城市和美丽宜居公园城市贡献力量。全国低碳日从"衣食住行购"各个方面详细地宣传各种低碳做法，全面地教会公众如何在举手投足间实现低碳绿色。

二 全国低碳日传播策略

有效的传播策略才能达到良好的传播效果，全国低碳日分别从国家和地方两个路径进行传播，对社会公众进行分类分层宣传与互动，开展具有针对性、多样性、新颖性的活动，充分发挥媒体在活动宣传中的重要性并创新传播形式，进一步增强公众节约资源、保护环境的意识，践行简约适度、绿色低碳的生活方式，共同为地球"减负"。

1. 政府联合职能各部门实现分层分级传播

全国低碳日，是由国家发改委、生态环境部、教育部、科技部、工业和信息化部、住房城乡建设部、交通运输部、农业农村部、商务部、国资委、广电总局、国管局、全国总工会、共青团中央联办，国家发改委环资司和生态环境部（气候司）负责实施。各联合主办部门、各地区根据低碳日主题进行宣传，在具体的宣传活动中，分别从各级节能主管部门、各级生态环境主管部门、各级教育部门和各级各类学校、各级科技主管部门、各级工业和信息化主管部门、各级住房城乡建设主管部门、各级交通运输主管部门、各级农业农村部门、各级商务主管部门、各中央企业、各级广播电视媒体、中直机关、各级公共机构节能主管部门、各级工会、各级共青团组织、各级妇联组织、军队各级以上17个部门及组织进行传播。政府通过对公众进行分层分类，再联合其对应的职能部门进行不同侧重点的宣传，有针对性地面向社会全体以取得良好的传播效果。

2. "国家行动+地方特色"联动传播

为配合国家行动，各地区按照全国活动方案，根据年度主题和重点活动设计，组织开展各具特色的"低碳日"活动，动员全社会广泛参与低碳行动，培育引领低碳新风尚。以2013年的首个全国低碳日为例，"低碳生活进社区"活动上午在首都博物馆东广场宣告启动。低碳进社区活动是此次低碳日的系列活动之一，此外首都博物馆还陆续展开两周的低碳展览。除北京外，新疆要求各部门以绿色低碳的办公模式以及出行方式来支持这一次的活动。兰州的活动是6月15日开始，以停开空调、关闭公共区域照明方式来进行紧缺能源体验等。活动期间向公共机构工作人员发放节能环保购物袋，提倡限塑令，同时绿色回收进机关，减少一次性纸杯的使用量等节能活动。海南是从 6 月 15 日开始，主题是"践行节能低碳，建设美丽家园"。当天，全省各个公共机构也采取一系列的措施，比如停开七层以下办公楼电梯、关闭空调、关闭公共区域照明到底等方式，同时提倡骑自行车、乘坐公共交通工具、步行上下班的形式。各地区通过围绕每年的主题进行分形式的活动，均取得了良好的社会动员效果。

3. 树立榜样企业，助力低碳宣传

企业助力全国低碳日的开展和传播中，通常分为对企业内传播与对公众树立低碳榜样。企业内部的传播策略是开展节能减排进企业活动。一般由政府对应部门牵头组织，与辖区企业的负责人座谈，要求企业结合实际进行低碳环保的教育活动。采用对辖区企业讲解、发放宣传手册、宣传单、利用企业广播、板报、横幅、标语等多种形式，加大宣传力度，营造氛围，引导辖内企业职工从日常生活中的节电、节水、节碳、节油、节气等小事做起，使企业职工树立绿色生活的观念。为配合全国低碳日的开展，各大企业纷纷投入活动中，积极参与和配合活动的开展，借助企业的力量进行传播。在这方面，蚂蚁集团一直发挥着积极力量。2021"全国低碳日"当天，"蚂蚁森林"正式启动了"绿色能量行动"，海尔、一汽大众、无印良品、饿了么等首批 100 多家企业参与其中，共同以蚂蚁森林"绿色能量"作为积分式奖励，推动消费者更多地选择节能降耗、低碳减排的产品服务，以促进全社会形成节约适度、绿色低碳的生活方式和环保风尚。

4. 充分发挥媒体对全国低碳日活动宣传的重要作用

充分发挥广播、电视、报纸等传统媒体的优势。各级新闻出版广电部门组织电视台、广播电台等媒体，以新闻、专题、访谈等形式广泛深入地宣传节能低碳理念和知识，发挥传统新闻媒体的作用。开设专栏宣传接地气、贴近性强的节能低碳技术。开展全国低碳日期间组织中央和地方电视台，在重要时段循环播放一定数量的节能公益广告，在全国范围内营造良好的社会氛围。

运用微博、微信和短视频、动漫等新媒体手段，增强节能环保意识，倡导低碳生活理念。利用新媒体宣传与举办现场活动相结合的方式，推出小程序、直播等活动新形式，激发公众的积极性，引发全民参与。

5. "线上+线下"创新传播形式，拓宽传播渠道

由于新媒体技术的迅速发展，加之新冠疫情反复无常，各地根据实际情况采取"线上+线下"的方式进行宣传活动。在线下，通过在活动会场利用视频宣传

气候变化知识、低碳生活和低碳技术展示、有奖问答、发送主题短信、能源紧缺体验、文艺会演、展览展示等方式，全方位多形式的传播低碳理念，旨在以各种浅显易懂、互动体验的方式，普及应对气候变化知识和低碳生活知识，促进市民关注气候变化，培育市民的低碳意识，倡导市民践行低碳生活行为。在线上，通过多种渠道宣传全国低碳日招贴画、播放全国低碳日宣传片、开展线上活动等动员全社会广泛参与低碳行动，提升全社会应对气候变化意识。创新型的云宣传与形式多样的线下活动相结合将成为全国低碳日开展的一大趋势。

三 全国低碳日传播效果

全国低碳日通过丰富全面的传播内容与有效新颖的传播策略，得到了全国上下较为积极的反响，政府职能部门、企业、媒体及公众纷纷采取行动响应传播效果。

1. 政府：各大职能部门带头参与低碳活动

政府职能部门作为领头人，在全国低碳日活动的影响下，积极践行低碳办公，推进节能减排，倡导公众绿色生活。在2021年全国低碳日当天，外交部蓝厅门口的电子显示屏播放了有关节约用水、珍爱地球的宣传视频和电子海报，整场会议没有使用空调，外交部发言人汪文斌没有打领带，这些都是外交部为响应全国低碳日的具体举措（图2）。外交部例行记者会的所有人员表示，8月25日是全国低碳日，也是中国第31个节能减排倡议宣传周。外交部全体愿意与诸位一道，从身

图2 外交部例行记者会现场

边一点一滴的小事做起，共同为节能减排做出自己的努力。除外交部外，政府各大职能部门也逐步在用一些新颖的、直观的方式行低碳传播，来响应全国低碳日活动的效果。

2. 媒体：多题材、多形式、多角度的积极响应

2021 年全国低碳日当天，CCTV 纪录官方微博账号发布纪录片，为公众更全面的阐释能源如何代替化石燃料。活动日开展期间，还通过新媒体投放来积极响应低碳日活动，发起"和王一博一起，做个自带派"活动，在北京、深圳、青岛等地的商场、机场、地铁等公共场所进行投放 LED 显示屏，大批粉丝纷纷追随偶像，积极做个"自带派"（见图 3）。"我们接受一次性塑料带来的便利，同时也应当思考它们对环境造成的影响"，野生救援公益大使王一博说："'自带派'不仅是一个身份标签，也表达了一种态度：行动不分大小，每一份努力都值得鼓励。"

图 3　某商场 LED 显示屏上"和王一博一起，做个自带派"活动广告

连续九年全国低碳日的开展，从传统媒体到新媒体，都在从多题材、多形式、多角度的方面积极响应全国低碳日活动。

3. 企业：从"看得见的绿色"到"看不见的绿色"

随着低碳活动日的开展，许多企业在生产中认真履行承诺，加强节能管理，开展节能改造，树立典型、总结经验、加强宣传，发挥示范带动作用，取得了良好的低碳效果。

据生态环境部 2021 年全国低碳日主场活动公布的数据：蚂蚁森林从 2016 年上线至今，已累计带动超过 6.13 亿人参与低碳生活，产生"绿色能量"2000 多

万吨（见图4）。依托支付宝所形成的"数字化生活平台"，预计未来参与"绿色能量行动"的企业将覆盖日常生活衣、食、住、行、用等多个方面，将影响到数亿消费者。首批100多家企业的积极响应和参与，意味着更多有社会责任感的企业加入了蚂蚁森林旨在链接人与自然的"公益激励机制"：以企业捐资支持"看得见的绿色"，激励社会公众更多选择绿色低碳的生活方式，用实际行动创造"看不见的绿色"，重塑经济社会数字化转型下的低碳环保和绿色消费行为。

图4 蚂蚁集团2021年全国低碳日主场宣传活动直播

3. 公众：全社会共同参与实现蓝天和低碳共赢

通过低碳日的开展，公众低碳认知普遍提高，积极采取低碳行动。公众主要在低碳消费、低碳生活、低碳出行三个方面践行低碳行为。在低碳消费方面，公众会随着低碳意识自觉购买低碳办公用品、低碳生活用品、节能家电；在低碳生活方面，主要分为节气、节电、回收、随手关灯、自觉垃圾分类、空调调高一度、电视屏幕再暗一点、用完电器拔插头、科学用电脑、煮饭提前淘米、节约用水、无纸化办公、节约粮食、少量的衣服用手洗、减少一次性塑料袋使用、饮水机不用时断电、纸张双面打印复印等生活习惯逐渐养成。低碳出行是一种降"碳"的出行方式，越来越多的公众主动购买新能源汽车或自觉选择单车、地铁等公共交通工具出行，并在出行中选择携带环保行李，入住环保宾馆。

四 全国低碳日传播经验

伴随着实现"双碳"目标的紧迫性，全国低碳日活动在应对气候变化方面起着越来越重要的作用,已经成为我国对内气候传播中不可缺少的一部分。

1. 低碳日是应对气候变化公众动员大平台

全国低碳日逐渐成为国内重要的低碳宣传平台,在未来,更要成为中国应对气候变化的新平台。全国低碳日活动除了与地方政府开展独具特色的联动传播,根据每年的主题,确定与联合的部门和省份共同举办全国低碳日,还需要与各级媒体进行合作,通过提前选题,在电视台、广播电台和报纸进行提前预热和宣传。通过低碳日表彰先进典型、发布研究成果、推广低碳技术、宣传先进个人和开展重大项目等活动,加强全社会对于气候变化问题的关注,使公众对于低碳发展的理念产生认同,并且用实际行动参与到低碳发展的行动中来。

2. 低碳日形成政府与其他传播主体的共振

政府是气候传播的主导者,在气候传播中要发挥主导作用。媒体是气候传播的主力,引导公众如何看待气候变化,如何积极投身气候变化行动。企业展示勇于担责的企业形象,通过营销向消费者传播低碳绿色的生活理念和生活模式。公众在气候传播中居于中心地位,最终的传播效果也落实在公众的行动层面。低碳日活动由政府主导发起,通过媒体进行报道传播,企业进行低碳示范,最终传达及作用在公众身上。低碳日将政府、媒体及公众巧妙地联结在一起,整合了三个主体传播网络。在未来,全国低碳日活动还需要发挥政府与 NGO、智库等不同气候传播行为主体的优势,考虑他们所针对的受众人群、所拥有的传播手段、传播渠道和所擅长的传播方法,有针对性地进行气候传播话语体系构建,构建多主体、多功能、立体化的气候变化传播网络。

3. 低碳日推进公众低碳行为实现二次传播

落实到个体的行动层面是气候传播最终的目的,而不是仅仅停留在"传播气候"。全国低碳日从向公众普及应对气候变化知识开始,到使用各种各样的形式与公众积极互动,最终落实到个体的态度及行为上,形成了一个完整的气候传播链。通过低碳日的开展,更多公众坚定绿色低碳的理念,从自身做起、从小事做起,随手关灯、自觉垃圾分类、购买新能源出行工具、光盘行动等行为都是落实到个体行动层面的最好证明。在未来活动的开展中,还需及时地将传播效果进行展示宣传,形成二次传播。总的来说,低碳活动日这一气候传播形式落实到了个体的态度上,切实改变了公众的行为方式,是中国对内气候传播中不可缺少的重要方式,也是实现"人人都是气候传播者"的坚实基础。

武汉城市地铁：绿色交通，低碳出行

中南民族大学文学与新闻传播学院　徐　红　雷　笑

为了加快经济转型和建设生态文明，确保中国控制温室气体排放量的目标得以实现，国家发改委 2012 年 12 月选中包括武汉市在内的多个省市进行低碳试点

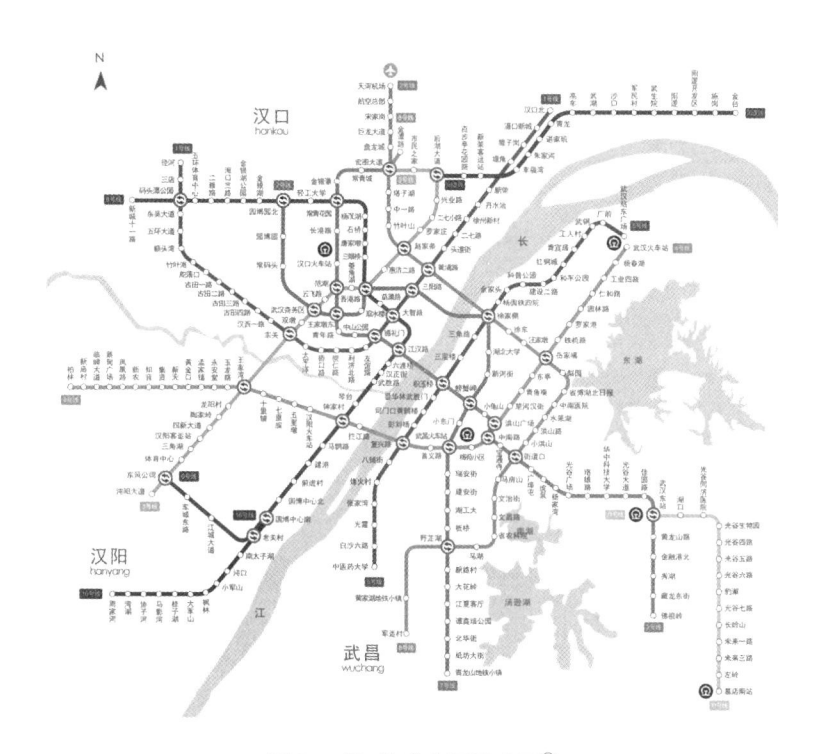

图 1　武汉轨道交通线路图[①]

---

①　武汉地铁集团：《武汉轨道交通线路图》，https://www.wuhanrt.com/public_forward.aspx。

城市工作。设立低碳试点城市的目的是建立以低碳为核心的城市交通体系、环保能源、绿色建筑，倡导绿色低碳的消费生活模式，进一步促进中国低碳事业的发展。自从被选中成为低碳试点城市，武汉市为了落实相关工作，以打造发达便捷的轨道交通为突破口，规划和建设轨道交通网。明确"发展绿色交通，建设低碳智慧交通体系"，形成覆盖三镇的轨道交通格局。大力发展绿色交通，方便市民出行，减少日常出行中的碳排放，努力实现建成生态化武汉的目标，以世界一流的超大城市定位为标准，把武汉建设成为全球知名的绿色低碳城市。

从2000年武汉第一条轨道交通线路开建以来，到目前，武汉轨道交通已实现"从无到有、从单条线到网络化"的历史转变。现已建成运营轨道交通1号线、2号线一期、机场线、2号线南延线、4号线、3号线、5号线、6号线一期、6号线二期、7号线、8号线一期、8号线二期、8号线三期、阳逻线、11号线东段（光谷火车站—左岭）、11号线三期葛店段、16号线、纸坊线、蔡甸线，总运营里程达435千米，车站总数达282座。武汉市的规划目标是到2024年，基本建成14条地铁线路，通车里程达606千米的轨道交通网，全面实现"主城成网、新城通线"。

一 武汉地铁打造绿色交通的举措

武汉地铁积极响应国家发展的新要求，引入绿色金融推动轨道交通的建设，在经营过程中注重绿色运营，在设计过程中注重打造与自然元素相结合的特色站点，在方便市民出行的同时也传播保护自然环境的理念，从而影响公众的日常生活。

1. 绿色金融推动轨道交通建设

近来国务院提出要大力发展绿色金融，开展绿色信贷和绿色直接融资工作，有序推动绿色金融市场的开放，发挥绿色金融对气候变化工作的推动作用。中国对绿色债券的定义是，募集资金主要投向对环境保护有积极作用的绿色项目。绿色债券的发行可以为公共基础设施建设筹集大量资金，降低环境风险和财政成本，促进公共交通的发展，具有很高的社会效应。重视大型公共基础设施的环保节能功能，也将为公众带来环境效益，提高人们的生活质量。

武汉地铁作为大型公共基础设施，通过大力发展绿色金融，多渠道募集资金投向城市轨道交通建设。武汉地铁集团募集绿色债券发展轨道交通，一是能够减少能源的消耗，二是能够方便市民的出行，既确保了民生也保护了环境，既推动了绿色项目的实施，也加快了相关绿色产业的发展。建设城市地铁轨道交通，不仅能够节约大量的油气资源，还能够降低空气污染物和温室气体的排放。武汉市发展地铁轨道交通，符合公众绿色低碳出行和绿色消费的需求。

2. 绿色运营引导低碳出行

绿色运营是指在地铁运营的过程中坚持科学的管理，使用最少的资源，对环境的影响降到最低，最大限度地减少碳排放。在为旅客提供安全舒适的出行环境的同时，引导公众绿色出行，选择乘坐公共交通工具，建立绿色低碳的消费生活方式。武汉地铁的绿色运营主要体现在通过科学的设计，利用绿色技术，实现二氧化碳减排和资源节约。例如，在地铁站内应用新技术，打造节能的通风系统，在地铁站台和站厅内依据空气流通的特点，充分利用从地铁入口流入的自然风，通过合理的设计地铁站内的风管，实现自然补风，降低依靠资源消耗而实现的人工补风，从而实现节能减排的作用，营造自然舒适的乘车环境。武汉地铁通过优化设计，将绿色理念和绿色技术融入绿色运营中，让绿色低碳的出行方式深入人心，为公众的生活提供便利。

3. 绿色设计融入自然元素

武汉地铁的绿色设计主要体现在将自然元素与站点建设结合起来，使绿色自然元素进入人造空间，打造出身处大自然的体验感，让冰冷的钢筋混凝土空间焕发自然生机。2021年年初开通的8号线二期中的洪山路站，因其靠近武汉大学，在地铁站建设中，选取樱花作为创作元素，让乘客从进站开始就仿佛能够感受到落樱飞舞的自然温馨气息，营造出人文环境和自然环境深度融合的意境。在省农科院站建设中（见图2），以树荫成蹊为设计主题，选取科技与植物两个元素，以植物链的形态进行穿插与科技进行融合，打造出现代感与自然元素紧密结合的特色站点，给人不一样的视觉效果。在总体室内空间上，根据色彩、灯光效果、线条的转变给乘客带来文化艺术与造型艺术相互依存的站内自然环境，营造现代都市中山林葱翠、拥抱蓝天、绿水青山的自然气氛。这种将自然元素与地铁站点建设融合的方式，将"坚持人与自然和谐共生"的绿色发展理念渗透到市民的出行之中，也是一种绿色低碳文化的传播。

二 武汉地铁绿色交通的传播策略

武汉地铁凭借着丰富的媒介资源，除了履行交通出行的功能，还使地铁空间成为文化传播的载体，成为向广大乘客传播绿色低碳理念的媒介，在推动地铁快速发展的同时，也培养了公众绿色低碳出行的习惯。

图 2　武汉地铁 8 号线省农科院站[①]

1. 赋予地铁空间文化传播的新功能

地铁作为一个空间传播载体,承担起了绿色低碳文化传播的责任。地铁空间作为一种宣传的媒介,不仅可以广泛地传播绿色低碳文化,而且能进一步提高公众对绿色低碳文化的了解与认同。武汉地铁依托电视、广播、平面、实物等多种媒体形式,调动受众的视觉、听觉、触觉等感官,能够全方位提高传播效果,倡导公众多使用公共交通工具,做到节约资源,低碳出行,共同保护生活环境。武汉地铁在承担公共交通功能的同时,地铁空间作为传播媒介的价值也被逐渐挖掘,能够传播绿色低碳文化。通过地铁空间的流动性和传播性,以公益广告的方式形成绿色低碳理念的空间传播,影响公众低碳出行消费选择。

2. 结合"大型赛事"传播绿色低碳理念

为了更好宣传绿色低碳理念,实现打造"低碳军运"的目标,武汉地铁利用武汉市举办世界军人运动会大型赛事与"低碳军运"小程序合作,推出了"低碳军运专列",将地铁六号线与七号线打造成低碳专线,使数百万的乘客在地铁这个空间中,接受绿色低碳理念的传播。同时,公众被"低碳军运专列"这种新奇的设计所吸引,他们通过微信、微博等新媒体进行人际传播,吸引越来越多人的目光。通过地铁向公众传播,再由公众向他人传播的多次传播,实现群体传播,使

---

① 湖北省人民政府:《五年实现"主城成网、新城通线"武汉地铁超额完成"十三五"任务》,http://www.hubei.gov.cn/hbfb/rdgz/202101/t20210103_3196325.shtml。

绿色低碳理念的传播人群不断扩大，在广大公众的意识里种下了绿色低碳文化的种子，进一步巩固了公众低碳消费的生活方式。

图3 武汉地铁与"低碳军运"小程序的联名活动①

3. 营造绿色低碳传播场景，培育低碳出行习惯

根据武汉市城市轨道交通第三期建设规划（2015—2021年），到2020年，武汉市区公共交通出行量占机动化出行量比例达到62.5%，轨道交通占公共交通的比例达到53%②。武汉地铁打造便捷的地铁网络系统，吸引更多的市民乘坐。在地铁客运站中，武汉地铁通过在地铁站内设置宣传海报和播放公益广告等形式，打造绿色低碳的传播场景，倡导市民选择地铁出行，进一步增强了市民绿色低碳出行的意识，鼓励市民以乘坐地铁的形式践行绿色低碳出行。这对实现低碳城市建设、降低碳排放量和促进公众绿色消费行为具有重要意义。通过轨道交通的建设和发展，不仅可以方便人们的出行、改善城市交通环境、传播绿色低碳文化和鼓励人们绿色低碳出行，也为加快建设现代化、国际化、生态化的武汉和国家中心城市作出贡献。

---

① 湖北碳排放权交易中心：《全球首个"低碳军运"小程序立奇功军运会期间武汉二氧化碳减排量达100余吨》，https://mp.weixin.qq.com/s/X9MxyEJtR-AX-RboaeoKDg。

② 武汉市人民政府：《武汉市城市轨道交通第三期建设规划》，https://www.sogou.com/link?url=hedJjaC291Mcm75PqA5gGC4XnQijKV7svw-7kbreAmhE6vZxDHR0EyfCwgZ9r-sQe88WS4CRm8I。

三 武汉地铁绿色交通的传播效果

对于公众低碳消费生活方式的培育，首先要在意识层面进行改变。武汉地铁的快速发展，培育了市民绿色低碳出行的新习惯，乘坐公共交通成为市民出行的首要选择，为减少碳排放贡献了武汉地铁集团和市民的双重力量。武汉地铁通过传播绿色低碳文化改变了市民的出行意识和出行选择，通过绿色发展树立了正面的绿色低碳企业形象。

1. 重塑市民的出行意识和出行选择

武汉地铁作为武汉城市建筑的地下延伸，是一个传递、汇聚信息的平台，通过地铁空间传播绿色低碳文化，宣扬绿色低碳的理念与生活模式。武汉地铁利用多种类型的媒介通过多种渠道，将有关绿色低碳的信息扩散到尽可能大的范围和尽可能多的人群。无论是哪种方式，都在地铁这个地下空间中有效地宣传与扩散了绿色低碳的环保理念，在公众的意识层面种下了绿色低碳的种子。据统计，截至2019年，武汉市轨道交通客运运输量已经达到12.29亿人次，增长17.7%，十年年均增长57.6%[1]。这表明武汉地铁凭借着丰富的媒介资源积极传播绿色低碳文化，深刻改变了市民的出行选择，使乘坐公共交通成为公众的一种习惯，减少了城市中二氧化碳的排放。

2. 树立武汉地铁绿色低碳的企业形象

武汉地铁通过绿色债券发展轨道交通，传播绿色低碳文化，对环境保护作出了应有的贡献，树立了绿色企业形象。绿色企业形象是企业对外宣传的重要形象之一。在环境污染严重、生态文明建设重要性凸显的背景下，武汉地铁集团注重环保，引导公众自觉践行绿色出行理念，积极塑造绿色企业形象，承担应有的社会责任。武汉市地铁集团创新地引进绿色债券，将融资的方式贴上了绿色标签，具备绿色企业特性，同时通过对外传播让更多人了解绿色企业，进一步促进投资，促进公共轨道交通事业的发展，树立了正面的绿色低碳企业形象。

四 对公众低碳消费生活模式培育的价值

武汉地铁既作为绿色低碳文化的传播者，又作为公众生活不可缺少的出行工具，通过绿色交通的传播活动，实现了对公众意识和行为的改变，其绿色运营模

---

[1] 武汉市交通发展战略研究院：《2020武汉市交通发展年度报告》，https：//baijiahao.baidu.com/s？id=1678619356324817481&wfr=spider&for=pc。

式和绿色债券融资方式也为其他城市轨道交通的绿色发展提供了企业范本。

1. 地铁成为低碳文化传播的重要场景

武汉地铁作为城市公共交通工具，具有绿色低碳环保的特征，本身就是低碳出行文化传播的重要场景载体，它告诉这座城市的生活者：武汉地铁不仅具有连通两江三镇、便捷出行的功能价值，还具有传播绿色低碳文化、帮助公众树立绿色低碳出行理念、建构低碳消费生活模式的社会价值。同时，在武汉地铁空间中，随处可见的"低碳交通，绿色出行"海报、"美丽中国，我是行动者"宣传册和"低碳生活，绿色出行"的共享雨伞等，积极借助多种媒介渠道，向广大市民传播绿色低碳文化，倡导低碳出行生活方式，进而推动市民全面树立低碳消费、低碳排放的意识，选择更多的绿色低碳消费与生活方式，为实现全社会生态文明、绿色发展、环境友好的武汉低碳城市目标而努力。

2. 轨道交通的快速发展助力特大城市公众低碳出行

第七次全国人口普查数据显示：截止到 2020 年 11 月，我国城区常住人口 1000 万以上的超大城市 7 个，500 万以上 1000 万以下的特大城市 14 个，占全国人口的 20.72%。[1] 超大城市和特大城市市民的交通出行，地铁是最快捷、便利、准时、低碳的交通工具。武汉地铁通过创新绿色金融，融入绿色债券和降低融资成本等方式，快速促进了城市轨道交通的发展，截至 2020 年 11 月，武汉地铁运营线路共 9 条，总运营里程 360 千米，日均客运量超过 300 万乘次，这对于培养公众低碳出行的习惯具有重要意义。武汉城市轨道交通的蓬勃发展不仅满足了公众绿色低碳出行的意愿，培养了公众低碳出行的习惯，推进了武汉低碳城市建设，还对其他超大、特大城市的发展，推动全社会形成低碳出行的意识和习惯，也具有借鉴意义。

---

[1] 国家统计局：《经济社会发展统计图表：第七次全国人口普查超大、特大城市人口基本情况》，《求是》2021 年第 18 期。

珠海：坚守低碳发展的生态定力

新乡学院新闻传播学院　苏武江

我国的低碳城市建设始于 2010 年国家发改委颁布的《关于开展低碳省区和低碳城市试点工作的通知》(〔2010〕1587 号)，提出试点城市建设要以低碳经济为发展模式及方向、市民以低碳生活为理念和行为特征、政府公务管理层以低碳社会为建设标本和蓝图的城市，组织开展低碳省区和低碳城市试点建设工作。到 2020 年，全国已有试点城市 80 多个。珠海市作为我国最早实施对外开放政策的四个经济特区之一，是广东省首批开展低碳试点的重要城市。依托经济特区"先行先试"的政策环境，珠海市在低碳发展制度建设上开展了一系列工作，积累了一定经验。本文站在地方政府的视角审视珠海低碳试点工作，从三个方面总结珠海的低碳城市建设经验，剖析地方政府在低碳发展中的角色及行为，为形成"可复制、可推广"的制度创新经验，推进全国低碳城市发展提供借鉴和参考。

一　坚守生态定力

城市已经成为能源消耗和温室气体排放的主要驱动因素。提高低碳生态城市建设水平，有助于减少气候变化的不利影响。"低碳生态城市"是以低能耗、低污染、低排放为标志的节能、环保型城市，是一种强调生态环境综合平衡的全新城市发展模式，是建立在人类对人与自然关系更深刻认识基础上，以降低温室气体排放为主要目的而建立起的高效、和谐、健康、可持续发展的人类聚居环境。德国、英国、丹麦、瑞典、美国、日本、新加坡等国家均已开展低碳生态城市规划和建设。《哥本哈根 2025 气候规划》提出将哥本哈根打造成世界上第一个碳中和的首都城市的目标，在 2025 年前实现碳中和。《斯德哥尔摩 2030 规划》提出将斯德哥尔摩建设成为环境保护和可持续发展的国际典范城市。《伦敦规划2036》提出将伦敦建成全球最佳城市，达到最高的环境标准和最好的生活质量，在应对气候变化、减少环境污染、发展低碳经济方面领先，并在节能提效方面居于前列。《创造未来：东京都长期展望》提出将东京发展为智慧能源城市，实现与自然和谐相处，增强城市基础设施的安全性与可靠性。

珠海经济特区自成立以来就树立了生态优先的发展理念并坚守至今。1980年，珠海在全国四个最早实行对外开放的经济特区城市中，率先完成城市总体规划，明确了要建成"南海海滨花园城市"的总目标，并首次着重提出"把生态环境保护放在第一位"。整个20世纪八九十年代，当珠三角走上"村村点火、户户冒烟"的传统工业化道路时，作为改革开放的"窗口"和"试验田"，珠海独辟蹊径，把产业发展方向聚焦到高附加值的高科技产业，一批污染企业被清理关停。1992年，珠海在全国率先提出环境保护"八个不准"，其中一条就是"不准建设有大烟囱或有严重污染的项目"，这为珠海环境保护划定了不可逾越的政策底线，成为珠海生态文明建设不断进步的重要支点。珠海不仅将生态文明建设纳入国民经济与社会发展规划中，而且编制了《控制温室气体排放工作实施方案》《珠海城市低碳技术规划研究》《珠海绿色城市规划研究》《珠海低碳城市建设实施方案》等具体可行的专项规划方案，以推进低碳城市建设。

以生态文明建设为核心，珠海发挥特区立法权的优势，以改革创新的精神，编织了一张由17件地方性法规和12件政府规章有机构成的"绿色法网"，涵盖规划布局、产业发展、土地开发、执法查处、污染治理五大领域，努力破解生态文明建设的体制机制障碍，让生态保护在法治轨道上行稳致远，营造青山常在、清水长流、空气常新的发展环境。特别是2014年出台的《珠海市经济特区生态文明建设促进条例》，不仅是为全省首个生态文明建设条例，而且首次提出了探索自然资源资产离任审计制度、明确主体功能区管理、探索生态文明考核制度等创新做法。

坚守生态定力，以规划、制度、法律"三位一体"建设，形成珠海经济特区稳固的生态文明建设的三角保障结构，将生态文明建设规划要求体现在国民经济和社会发展、城市总体、土地利用总体、主体功能区规划等之中，让众多规划"形散而神不散"，从源头上解决彼此"打架"的问题，实现"多规合一"，以"一张蓝图"管到底，这是珠海生态文明建设的首要经验。正因如此，早在1998年，珠海就在全世界450多个城市中脱颖而出，荣获联合国颁发的"国际改善居住环境最佳范例奖",之后又先后被评为全国第一批国家旅游模范城市、全国第一批环保模范城。

二 多层分解目标

在推进低碳城市建设过程中,珠海充分发挥我国行政管理体系的特点,通过设立目标、任务分解方式,充分发挥行政结构"条条"与"块块"功能互补的作用,将低碳试点工作打造成一项立体化的有机整体。

在领导体系建设上,珠海市成立了以市长、常务副市长为主要领导的应对气候变化及节能减排工作领导小组,进行了较为弹性的组织机构设计,根据政府换届及市直部门领导变动情况,完善应对气候变化及节能减排工作领导小组机构设置,增加各区成员;领导小组下设低碳试点城市工作领导小组办公室,设在市发改局。其主要的职责是制定珠海市低碳城市发展规划,细化建设低碳城市的工作目标、任务分解和工作重点,督促有关部门根据规划任务分解,制定低碳专项发展规划。在领导小组的推动下,按照以下模式进行多层目标分解:

一是总体目标的结构化分解。按照建成"低污染、低排放、低投入和人居高品质、运营高效率、经济高产出"低碳发展示范城市要求,珠海市对低碳发展的总体目标从三方面进行了分解:经济层面,优化产业结构和能源结构,突出低碳产业优势;宣传层面,将低碳理念灌输到社会各个群体;社会层面,帮助养成健康、节约、低碳的生活方式和消费模式,提升居民生活质量,最终实现单位生产总值二氧化碳排放量和全社会能源消费总量控制的具体目标。

二是职能部门层面"条条"分解。对低碳工作进行了九个方面(包括八项重点工作和一项评价考核)的分解,涉及二十多个职能部门,基本涵盖了所有政府"条条"。采取按具体事项任务分解,对应找到负责职能部门,再各负其责的模式。调研发现,尽管这种职能分解模式仍是粗线条的,但能够在低碳发展的职能部门任务分解上达成初步共识,一方面起到督促各部门开展低碳工作的作用,另一方面,也在一定程度上规避了职能部门间推诿扯皮现象。在此基础上,珠海市进一步细化提出全面推进产业低碳化、交通低碳化、能源低碳化、建筑低碳化、生活低碳化和增加森林碳汇的主要任务,列出打造"低碳示范区""低碳示范社区""低碳示范企业"和"低碳示范公共机构"等重点工程,在每年的工作计划中对低碳试点工作在职能部门间做更详细的分解。

三是行政辖区层面"块块"分解。遵循"块块分解、逐级分包"的模式,珠海市按照单位生产总值二氧化碳排放的考核任务，制订了各区分解方案。为保证目标可及性，在分配任务前进行了科学的设计，既考虑了碳减排总量的要求，也综合了各区能源消费总量及结构状况、节能低碳技术应用、清洁生产、新能源和可再生能源开发利用潜力、碳汇能力以及低碳生活氛围等因素。这一模式较好地调动了地方行政长官的积极性，以督促落实本地区职能部门的低碳工作。

三 积极动员社会

低碳城市建设既要发挥政府的主导作用，也要动员社会广泛参与，引领全社会形成低碳思维及行为方式。珠海在动员社会方面，也有较为成功的经验做法，概括起来有以下几点：

一是积极发挥政府示范作用。在实施《公共机构节能条例》过程中，珠海市在全市公共机构选取部分单位，探索创新公共服务平台的低碳办公和低碳服务模式，对机关、事业单位办公和社会服务公共建筑、照明和空调系统，严格执行新建项目节能标准，落实优先采购节能产品制度，加强能耗水平统计监测，开展能源审计和节能技术改造；完善《珠海市公共机构合同能源管理暂行办法》，制定合同能源管理实施细则。此外，利用电子政务减少资源消耗、以办公物品回收利用控制办公经费开支、开展市政府部门公务员每月一天"无车日"活动等，都起到了很好的以身作则的效果。

二是推进低碳社区建设。低碳社区是指将社区内所有活动产生的碳排放降到最低，并通过生态绿化等措施，以达到"低碳或零碳、低废弃或零废弃物、水低耗、快乐健康生活方式"的目标。珠海市创建"绿色社区"已持续多年，随着低碳概念的融入，其内涵得以不断延伸和充实。被评为低碳社区的小区，每栋住宅楼都安装节能灯具，设置了若干环保型分类回收垃圾箱，在小区大门处安装电子显示屏发布环保宣传信息和环保知识。居民普遍反映，"每天看见这些环保设施，自然就接受了垃圾分类、二次回收的环保理念"，建设生态家园，推行低碳生活成为自觉行为。可见，绿色社区的打造与低碳示范社区建设在很多方面是共性的，这种与居民生活距离最近的低碳示范模式，成为宣传低碳理念，推进低碳试点的重要方式。

三是开展低碳宣传教育。珠海市充分利用校园平台，从小灌输环保理念、绿色憧憬，并通过学生影响家庭，影响社区，构建学校、家庭、社会"三位一体"的环境教育框架。已创建各级"绿色学校"100多所，中小学校环境教育普及率达到100%，掌握一定的环保知识、树立正确的环保意识成为珠海青少年必备素质。这一平台甚至成为向未成年人进行环境教育的有力载体和抓手。在环保和教育部门的共同推动下，从2008年起，珠海市中小学校每学年开展不少于12课时的环境教育课，同时给全市中小学生免费发放近30万册环境教育教材循环使用。结合低碳城市试点的推进，珠海市又适时将宣扬低碳教育、传播低碳文化作为"绿色学校"建设的重要环节，在潜移默化感染学生心灵的同时，逐渐形成了"一个学生影响一个家庭，一所学校影响一个社区，一个社区辐射全社会"的局面。

珠海市通过打造低碳社区、开展丰富多彩的低碳宣传活动等，让更多的老百姓切身参与到低碳中来，潜移默化地增强了公众的低碳参与意识。利用居民对环保问题的高关注度，主动听取老百姓意见，发挥微博、电话、投诉信件等沟通交流渠道，提升了公众对低碳发展的认识和参与程度。

四 小结

低碳城市建设实质上是对城市要素的综合整治，是对城市建设目标、程序、内容、方法、成果和实施对策全过程规划建设，以实现城市生态系统动态平衡、调控人与环境关系的一种有效手段。珠海经济特区成立以来始终坚持生态优先的战略定力，生态文明建设取得了丰硕成果。在中国可持续发展城市综合排名中居首位，先后获得"全国生态文明建设示范市""国家生态市""国家生态园林城市""国家森林城市"等众多荣誉称号，是住建部中欧低碳生态城市合作项目全国两个综合试点城市之一。珠海的低碳城市建设经验，也为我国城市推进生态文明发展提供了借鉴和启发。

深圳：碳交易试点建设引领绿色发展

新乡学院新闻传播学院　苏武江

我国参与碳排放交易历程可划分为三个阶段：第一阶段（2005年至2012年），主要参与国际CDM项目；第二阶段（2013年至2020年），在北京、上海、天津、重庆、湖北、广东、深圳、福建八省市开展碳排放权交易试点；第三阶段（从2021年开始），建立了全国碳交易市场，首先纳入电力行业。自2013年开始，各试点碳市场陆续开始运营，尽管中国在试点阶段试点数量较少，但覆盖的碳排放量仅小于欧盟碳交易体系。跨越了中国东、中、西部地区的各试点，本身具备的经济结构特征、资源禀赋大不相同，为全国统一碳市场的建立提供了多层次参照和丰富经验。本文主要观照深圳的碳排放权交易试点经验。

一　深圳市的碳排放权交易体系

深圳碳排放权交易市场于2011年开始筹备，2013年6月18日正式启动运营。在启动运营之前，深圳市已经完成城市碳排放清单测算，确定了管控单位碳排放总量，并分配了试点期间连续三年（2013—2015年）的配额。首轮碳交易共纳入635家工业企业和197栋大型公共建筑，采用基于碳排放控制目标的、碳排放总量可调控的碳交易机制。到2014年年底，经过2个完整的履约期，取得了一定的减排效果。碳排放权交易体系对于企业的碳资产管理、政府和其他有关方的碳信息管理以及碳市场运作具有较好的推动作用。主要做法经验如下：

1. 法律法规建设先行

深圳市碳排放权交易试点工作有坚实的法律基础。在碳交易试点筹备阶段，缺乏国家层面的上位法，深圳市率先以地方人大立法形式在2012年10月通过

《深圳经济特区碳排放管理若干规定》，成为我国第一部确立碳交易制度的法律。在当年被全球立法者联盟评为全球应对气候变化立法亮点。相比而言，除深圳、北京外，其他试点城市均以政府令的形式发布管理办法，约束力较弱。2014年3月，深圳市通过《深圳市碳排放权交易管理暂行办法》，率先在国内形成较为完整的碳交易法律法规体系。其中的"配额市场平均价格三倍罚款"的处罚条款堪称国内最为严格的处罚措施。

2. 机构设置

深圳市碳排放权交易体系的主管机构包括深圳市发改委、市场监督管理局、住房与建设局等。发改委负责交易体系和规则的建立，并负责第三方核查机构的监督管理，以及管理温室气体排放信息管理系统，检查管控单位的排放和核查报告等。市场监督管理局负责制定工业行业温室气体排放量化、报告和核查标准，对纳管单位进行核查，同时也是第三方核查机构和人员的认证管理机构。住房与建设局负责相应的建筑行业的核查。

深圳市碳排放权交易所是唯一的交易平台，碳排放核查机构作为独立的审核机构（第三方）为企业提供碳盘查等服务。深圳市在2015年共有28家第三方核查机构。与其他试点城市不同的是，深圳市在核查机构选择方面在全国率先实行企业出资自主选择核查机构的方式。这种方式有助于核查机构的良性竞争，是碳排放权交易向市场化迈进的重要一步。

3. 交易要素

纳入管控门槛与交易参与者。深圳市碳交易试点设计了"四种类型、三个板块"的碳交易体系，即管控工业直接碳排放、工业间接碳排放、建筑碳排放和交通碳排放四种排放类型，形成工业、建筑和交通三个板块。首轮纳入范围的是本市年排放量超出3000吨二氧化碳的企业、大型公共建筑以及10000平方米以上的国家机关办公建筑以及其他大型碳排放单位。2014年共计635家工业企业和197栋建筑参与，这些单位的温室气体排放总量约占全市总量的40%。635家工业企业包括627家制造业企业和8家大型电厂，工业总产值占到全市的59%，温室气体排放占全市的38%。

配额总量和结构。总量设置方法上，深圳市采用"自上而下"和"自下而上"结合的方法。首先根据国家下达的碳强度下降目标以及区域减排目标、行业减排潜力等，为电力、水务和制造业分别设置了相应的碳强度下降目标。考虑到政府和企业对于行业分布和行业碳强度分布形式都不够了解，深圳市尝试应用基于价值量碳强度指标的多轮博弈分配办法,对电力、供水和燃气之外的五大制造业进行碳配额分配。该分配模式包含五个重要机制,即集体约束、个体约束、团体约束、奖惩和信号传递机制,其核心在于充分允许、鼓励并引导企业参与配额分配的讨论,在政府与企业、企业与企业之间的反复博弈中,通过有效信息传递、共享和交换,实现相对有效合理的配额分配。

配额结构。为了既控制现有设施的排放,又充分考虑经济增长对新增排放的需求,为政府调节市场预留空间,深圳碳交易配额由三个部分组成:初始分配配额、新增预留配额和政府预留配额。初始分配配额控制既有排放设施,新增预留配额为企业预留发展空间,政府预留配额用于市场调控和价格发现。特点是新增预留配额比例较大,以适应高经济增长的特征。

配额分配方式。配额分配方式一般有三种:拍卖、免费分配和混合方式。碳市场设计的初衷就是将温室气体排放的外部性内部化,而配额只有100%拍卖才能完全实现内部化。采用拍卖的形式进行配额分配,政府就不需要事前规划复杂的测算公式,而由企业通过市场决定各自所需的配额量,可以有效避免企业的寻租行为。但由于拍卖会导致企业负担过重,从而对碳市场产生抵触情绪,深圳规定配额总量的3%用于拍卖,并在履约前实施,目的是满足配额有缺口的控排主体的市场需求,用于促进控排主体履约。拍卖收入列入专项资金管理,用于支持企业碳减排、碳市场调控、碳交易市场建设等。

市场调控机制。在借鉴美国加州碳市场的配额价格控制储备机制(APCR)基础上,深圳市碳市场也设置了市场调控机制,包括配额储备和配额回购机制。配额储备机制包括纳管单位储备配额和价格平抑储备配额库。纳管单位储备配额即本年度结余的配额可以跨期使用和交易;价格平抑储备配额库的作用是在市场价格偏高时抛出以稳定市场价格。纳管单位购买价格平抑储备只能用于履约,不能用于市场交易。配额回购机制是当价格跌至一定下限,主管部门每年度可按一定规模从市场回购配额,以稳定市场价格。

二 深圳碳交易成效

1. 减排成效显著

2013年深圳碳交易体系预签发给635家管控单位约3300万吨配额,实际碳排放量约2900万吨。大部分行业均实现了绝对下降。同时深圳工业增加值碳强度较2010年下降33.2%,超额完成深圳规划目标。同时,管控单位工业增加值比2010

年上升42.5%,说明碳交易在实现碳强度控制的同时,对纳管企业和纳管行业的经营状况并未造成损害,实现了经济增长和碳排放的脱钩。结合分析可以看出,深圳碳排放交易的结构性减排成效显著。

2. 碳市场运行顺畅

碳市场运行超出预期,主要表现在:交易市场严格执法,保证顺利履约,是国内仅有的两个没有推迟履约的试点城市之一。管控单位履约率接近100%,达到国际成熟碳市场的履约率。碳交易体系的市场功能初步发挥,市场流动性在全国领先。

3. 促进企业减碳积极性

大部分纳管企业在交易之初缺乏碳资产管理意识和行动,只感受到参与碳市场增加了成本。因此缺乏参与积极性,甚至表示更愿意参与传统的考核制度。第一个履约期结束后,企业意识到碳交易增加企业成本的同时也提高了企业在业界的声望和社会声誉,加之对碳市场有了更多了解,积极性也大不一样,相应的碳资产管理方式和对市场机制的接受程度也有所提升,不少企业开始建立专门的碳资产管理部门,高层管理人员也愿意更多了解碳市场和碳资产,并在企业发展战略中更多考虑到碳资产的重要性。

三 小结

深圳碳交易试点对企业和城市的减排有着直接的促进作用,为全国的碳市场建设提供了宝贵的经验。首先是立法先行。深圳市通过法治建设为碳排放权交易建立了良好的法制环境,确保了交易试点的成功运行。二是因地制宜。深圳的碳交易机制立足于当地总体碳排放量不大、大型排放源较少的特点,这是碳交易机制运行成功的基础。三是严谨的MRV(核查报告)体系。基于深圳的经验,国家发改委在2014年下发通知,启动了全国重点排放单位开展温室气体排放报告工作,以此为基础建立全国范围的MRV体系,为全国碳交易市场提供支撑。

鹤壁：海绵城市建设推动高质量发展

新乡学院新闻传播学院　苏武江

"海绵城市"是指城市能够像海绵一样，通过建设绿色屋顶、可渗透路面、下凹式绿地、城区河湖水域和污水处理设施等，使城市在适应环境变化和应对自然灾害等方面具有良好的"弹性"，下雨时吸水、蓄水、渗水、净水，需要时则能够将蓄存的水"释放"出来加以利用。河南省鹤壁市位于地下水位多年持续下降的华北平原，且是华北平原南部最大的漏斗区。2015年，鹤壁市成功申报成为我国第一批16个"海绵城市"建设试点城市之一。

一　鹤壁市海绵城市建设主要经验

海绵城市建设项目规模大、任务重、工期紧。为构建"水润鹤城，绿色项链"的生态空间，实现"水系相通、步道相连、水质清澈、功能完善、景观宜人"，在3年多时间，鹤壁市按要求如期完成试点建设，达到海绵城市建设总体目标，取得了良好的经济社会效益，并总结出雨污分流、内涝治理、跨地块雨水协调控制等经验与做法。

1. 雨污分流改造模式

雨污分流是一个全国性难题，鹤壁市以海绵城市建设为契机，对试点区内的雨污合流管网进行了全面改造。从源头进行控制，通过采用"雨水地上流、污水地下走"的改造方式，在地表用线型排水沟代替传统雨水管线，将现存合流制管线保留为污水管，并结合雨水源头控制新建线型排水沟作为地表雨水转输和排放管线，既保证了效果又节约了成本。在改造的过程中，遇到居民"泔水乱倒"以及阳台洗衣排水进入市政雨水管网问题，经过研究，设计团队通过设置截污纳管和防倒流装置加以解决。最终形成雨污分流模式：源头优先采用雨水走地表、污水走地下的方式；小区将合流管作为污水管，新建雨水收集系统；道路将合流管作为雨水管，新建污水收集系统；末端通过截污纳管控泔水，并设置防倒流装置；接口位置由主管部门审批，防止产生新的混接。这种改造模式已在全市得到推广应用。

2. 平原地区内涝防治

虽然造成城市内涝的客观原因是降雨强度大、范围集中，但是排水设施不健全、不完善则是根本原因。因此，在城市建设中排涝空间的保留和保护是保障城市排水安全的根本方法，也是海绵城市改造的一项重要内容。经过实地调查和实验研究，建设团队认为内涝与否和雨水排放口的汇水面积、收水范围以及路面出现积水后不能顺利排放至水系（或绿地）有直接关系。据此，他们采取排涝空间有预留、排口密度有约束、超标径流有通道、风险应对有预案等措施，显著提高了试点区排涝能力。例如，在华北地区的降雨特征下，平原城市的雨水排放口收水范围原则上不宜超过 2 平方千米，鹤壁市将此条纳入设计强制性条款；在道路低洼点设置超标径流入河或入绿地通道，人行道开槽引流，有效避免了城市道路积水。

3. 跨地块协调控制雨水

在海绵城市建设中，鹤壁市发现试点区域还有一部分新建项目，如商场和住宅小区，因其绿地率低、地下空间开发比例较高等原因，致使海绵化改造难度增加。针对此种现象，通过建立跨地块雨水协调控制机制，利用周边公园绿地实现雨水控制，降低改造成本。如利用桃园公园、淇河调蓄塘、福田游园景观水池、护城河调蓄塘等区域，收集周边小区和道路汇集的雨水，从而减少了建设带来的扰动等影响。海绵办发布的《关于区域雨水排放管理制度》中还提出，对于上位规划确定的雨水排放协调控制类项目，公园绿地的建设单位为责任单位，建筑小区应主动配合，提供项目的雨水管渠布置等信息，并逐步建立雨水排放协调控制的付费制度。

二　鹤壁市海绵城市建设主要成就

自成为全国海绵城市建设试点市以来，鹤壁成为省内外诸多城市考察学习的对象。海绵城市建设提升了鹤壁市的知名度和美誉度，已成为鹤壁市又一张城市名片，不仅刷新了城市"颜值"、展示了城市形象，还为鹤壁市转型发展提供了强劲动力。

首先，海绵城市建设推动了城市创新发展。在市委、市政府的鼓励和主导下，一些机构通过技术创新，探索出了具有鹤壁特色的海绵城市建设模式。试点初期，鹤壁市便出台创新激励机制，明确奖励政策。推进过程中，市海绵办和鹤壁海绵城市建设管理有限公司的工作人员成为创新主体，结合鹤壁市实际情况，共申请专利12项，并通过与企业建立长期稳定的合作，实现专利产品的应用推广。

其次，推动相关产业转型发展。在试点建设的三年内，鹤壁市共实施了273项工程建设项目和3项配套能力建设项目，实际总投资33.42亿元。其中，利用国家资金12亿元、地方配套资金8.87亿元、PPP投资10.2亿元，其他形式社会投资2.35亿元。共孵化相关企业10家，带来就业岗位约1.3万个，实现财政税收约2.8亿元。为充分激发市场参与活力，鼓励发展"海绵"经济，鹤壁市出台了《关于支持海绵产业发展的实施意见》等相关优惠政策，从而推动了相关产业转型升级。如市内多家商砼公司已实现量产透水砖、透水混凝土等海绵城市建筑材料，促进了海绵城市建设企业的培育和发展，形成具有可复制可推广的低成本海绵城市建设模式。此外，海绵城市建设和投资，还有效拉动了鹤壁市第三产业的发展。第三产业比重从2014年的18%提高至2019年的近30%。

三 小结

以海绵城市建设为抓手，鹤壁市在生态文明方面先后获得了国家卫生城市、全国"海绵城市"建设试点城市、国家节能减排财政政策综合示范城市、全国循环经济示范市、清洁取暖试点市等13个国家级试点市示范市称号，一批高新技术企业落地生根，百花齐放。中国高性能计算领军企业中科曙光投资建设的河南第一个云计算中心、聆海装饰集团着力打造的"美巢互联网+"、智慧农业的先行者农业硅谷产业园、国内汽车电子行业领军企业天海集团、无线电龙头企业海能达先后落户鹤壁。截至2019年，鹤壁拥有的国家级高新技术企业已由2012年的不到10家增至27家，规模以上高新技术企业达220家，占规模以上工业企业的37.7%，科技进步贡献率达55%。作为全国首批海绵城市建设试点城市，鹤壁不仅实现绿色生态理念推进城市转型，还为全省乃至华北地区探索出一系列可复制、可推广的经验和模式。

湖北谷城：生态立县走可持续发展之路

新乡学院新闻传播学院　苏武江

湖北省谷城县坚持把"生态立县"作为发展战略，秉承"绿水青山就是金山银山"的理念，结合谷城县资源禀赋和产业结构特点以及产业基础，加强生态建设，突出发展循环经济，构建了以循环经济为主导的生态工业体系、以绿色循环为目标的生态农业体系、以生态品牌为特色的旅游产业体系、以生态和谐为重点的社会发展体系"四大生态体系"，初步形成以"金洋模式"为代表的循环型工业模式、绿色回收模式，以"五山模式"为代表的循环型农业模式，有效缓解了资源紧缺状况，极大促进了节能减排工作，为我国县域经济社会建设探索出一条具有启发意义的可持续发展之路。

一　谷城县概况

谷城县位于湖北省西北部，东以汉江为界与老河口市相望，北与丹江口市接壤，西与房县毗邻，南与南漳县和保康县相连。县域版图面积2553平方米，总人口59.9万人（2019年年末），辖10个乡镇。谷城县地理位置优越，地处武当山脉东南麓，汉水中游西南岸，是"南水北调"源头——丹江口坝下第一大县，是湖北省千里汽车走廊的重要节点，也是湖北高速"七纵五横三环"的重要节点。县域地理概况为"八山半水分半田"，山清水秀，生态宜人，森林覆盖率71.3%，拥有汉水、南河、北河等大小河流107条，是中国114个水资源富集县之一，被誉为"绿色生态之乡、避暑度假天堂"。

党的十八大以来，谷城县为应对越来越严峻的气候变化形势，主动作为，坚持把调整优化产业结构、转变经济增长方式作为加强生态环境建设、促进可持续发展的强大动力，大力推进生态农业、生态工业、生态旅游的发展，努力实现从高耗能、高成本、高污染、低效益的传统发展模式向低耗能、低成本、低污染、高效益的现代发展模式转变。2019年，入选中国创新百强县；2020年，被命名为第二批湖北省食品安全示范县；2020年，入选中国工业百强县。

二 生态体系建设主要做法与成效

1. 走新型工业化道路，建设生态工业体系

工业是谷城县的经济主导，谷城县通过积极推进新型工业化，发展生态工业。第一，重视示范引导。依托国家城市矿产示范基地、国家节能与环保产业基地等国家级示范试点地区建设，抓住建设国家可持续发展试验区机遇，结合谷城资源禀赋和产业化结构特点以及现有工作基础，突出发展循环经济，关停污染企业，淘汰落后产能，用高新技术、生态技术改造提升传统产业。第二，确保重点项目。围绕做大做强汽车零部件、再生能源、轻工食品饮料、纺织服装、新型建材"一大龙头、五大支柱"，扎实推进试验区总体规划中确定的四大类30个重点工程建设项目。第三，打造产业集群。着重打造汽车零部件、再生资源两个500亿规模的产业集群。其中，汽车零部件产业已连续14年（到2020年）成为全省重点成长型产业集群。第四，培育骨干企业。全县规上企业总数连年上升，骆驼集团进入全国民企500强，是国内卓越的蓄电池制造公司之一，已形成以骆驼集团股份有限公司为核心，形成铅酸电池、新能源、再生铅三大板块协同发展，控（参）股达到30多家公司的集团化经营模式，公司"骆驼"商标被国家工商总局认定为中国驰名商标。

2. 强化现代农业理念，壮大生态农业体系

谷城县强化现代农业理念，科学利用自然资源，壮大生态农业体系。一是发展特色产业。围绕优质粮油、制种、茶叶、蔬菜、油茶、水产养殖、生物质能源等特色产业，优化农业种植结构，农产品加工转化率。全县农产品加工企业数量超过300余家，产值超200亿元。二是增强农民科技致富能力。按照"生产有规模、质量有标准、市场有监管"的要求，大力推广农业实用技术、新技术，大力发展畜牧养殖业，鼓励规模养殖，统一疫病防控，统一粪便处理使用。三是加强农产品品牌建设。设立农产品质量检测站，完善农产品安全体系，保障食品安全。汉家刘氏茶、玉皇剑茶、荆山源牧业、城关花菜、茨河朝贡御米、冷集山药等一批农产品被认证为国家、省无公害产品和绿色食品。

3. 规划指引，大力发展生态旅游体系

谷城县邀请专家广泛调研，精心组织编制《谷城县旅游发展总体规划》，厘清发展思路，明确形象定位，建设方向和开发重点。按照把谷城建设成为鄂西北生态旅游圈的黄金节点和度假胜地、打造国家4A级旅游景区、襄阳最有影响力的核心景区的目标定位，依托良好的自然生态环境和独特的人文生态系统，注重自然景观的保护，加强生态景观和自然景观的协调，强化宣传推介，规范经营管理，生态旅游占全县的经济总量不断提升。成为全省首批集"湖北旅游强县""湖北旅游名镇""湖北旅游名村"于一体的生态旅游大县，走出了一条以生态旅游业大发展推进经济社会跨越发展的特色之路。

4. 改善生态环境，建设生态社会体系

谷城县坚持把改善生态环境放在首位，建设生态社会体系。一是做好全域绿化。扎实开展造林绿化和封山育林。巩固天然林保护和退耕还林工程成果。坚持全民义务造林，2012—2015年三年时间新增绿化面积17万亩，全县沟渠、道路两旁、房前屋后、荒山荒坡披绿树成荫，森林覆盖率达71.3%。严格森林资源、矿产资源、野生动植物资源管理，严禁乱采滥伐乱捕行为。二是扎实推进生态乡村建设。以新农村建设为契机，因地制宜，突出特色编制全县213个行政村、社区建设发展规划。组织126家县直机关、企事业单位与村、社区结对帮扶，共同推进新农村建设，改善农村人居环境。深入开展"一建（建沼气池）、二分（垃圾分类、居住集中分片）、三改（改厕、改灶、改圈）、四通（通水、通电、通气、通讯）、五化（绿化、美化、硬化、净化、亮化）"活动，农村生产生活环境明显改善。三是推广生态循环农业模式。推广以沼气为纽带的"猪—沼—菜""猪—沼—茶""猪—沼—虾"等生态循环农业模式，全县已建成沼气池3.2万口，日均处理粪便3360吨。四是建设创新示范基地。谷城县五山镇率先在农村开展垃圾分类，集中处理，利用中水回流系统处理生活污水。五山镇成为全国文明镇、国家级生态村、湖北省新农村建设示范基地。

三 生态体系建设的保障措施

为坚持推进生态文明建设，谷城县有以下几点经验值得推广：

1. 观念先导

谷城县长期坚持开展"推进节能环保、共建生态家园"主题宣传活动，广泛宣传节能环保和循环经济的意义、政策、法规和典型案例。积极开展生态乡镇、

循环经济示范企业、绿色学校、绿色庭院以及绿色家园示范镇和示范村创建活动。大力开展绿色照明、全民节水和建筑节能示范小区创建活动。推行绿色消费方式，建立绿色采购制度，优先采购节能、节水产品。在电视台、电台、报纸、新媒体等开辟生态环保专栏，大力宣传生态农业、绿色消费、生态人居环境等生态知识和理念。通过大力宣传，终于在全社会形成"保护生态环境就是保护生产力、改善生态环境就是发展生产力"的观念。

2. 标本兼治推进节能减排

在治理生态环境污染方面坚持标本兼治。首先抓集中整治，长期坚持组织环保、公安、电力、林业等部门联合执法，对全县污染企业断水断电、拆除生产设备的关停行动，对破坏森林资源、滥伐树木、捕杀贩卖国家保护野生动物的犯罪分子进行公开惩处，确保水、气质量优于省市考核标准。其次是坚持动态监管。对重点流域、重点行业、重点企业紧盯不放，实行挂牌督查、限期整改，不断加大污染防治力度。最后是抓制度建设。研究出台鼓励发展生态经济的优惠政策，对严格遵守生态保护政策的企业在资金上予以支持，在工商登记、税费减免等方面给予优惠。在全县引导使用清洁能源，推广农户用沼气、新型墙体材料，推进太阳能光热利用，优化能源结构。通过多管齐下，做到标本兼治，最终推动全县走上生态振兴之路。

3. 坚持科技创新发展

创新是发展的根本出路，谷城县深刻认识到科技创新的重要性，并较早开始了战略布局。一是加大研发投入，提高企业自主创新能力。实施国家、省市科技计划项目，金洋、车桥等公司参与国家、省标准制定，众多公司被认定为高新技术企业。二是鼓励和支持科技合作。支持建立共享技术、信息服务平台，先后引进建立11家院士专家工作站、18家国家级省级技术中心和博士后创新实践基地等平台作用，推动科技、人才、产业、资本、政策等创新要素高效配置，实现产学研用深度融合。广泛开展产学研活动，与全国78所高等院校、科研院所建立稳固的合作关系。三是鼓励企业引进国际高精尖装备和技术，加速信息化与工业化融合，改造提升传统产业，提高资源综合利用效能，提升企业核心竞争力。在科技创新战略支持下，骆驼集团、三环车桥、三环锻造、金洋冶金4家企业已连续多年稳居全国同行业第一，美亚达等2家企业在2020年入围全省民企百强。

四 小结

谷城县坚持生态立县,因地制宜走出了一条工业、农业、旅游、环境协调发展之路,四大生态体系建设成效显著,人民群众获得感幸福感不断提升,成为我国县域经济社会高质量发展的范例。

"碳惠天府":碳普惠的成都路径

新乡学院新闻传播学院 苏武江

碳普惠制是对小微企业、社区家庭和个人的节能减碳行为进行具体量化和赋予一定价值,并建立起以商业激励、政策鼓励和核证减排量交易相结合的正向引导机制,旨在普及低碳知识,推行低碳生活和低碳消费,推广使用低碳产品、技术。碳普惠制的推广及运营将惠及公众、企业及环境,体现低碳权益、人人共享,推动建立低碳消费拉动低碳生产的经济发展新模式,从需求侧促进供给侧产品技术创新升级,实现低碳的价值传递,延伸碳交易市场,形成政府、企业、公众"共同建设低碳社会,发展低碳经济"的新局面。国内有不少地区已经或正在开展碳普惠的试点和创新,如广东的碳普惠试点、深圳的全民碳路、北京的自愿少开一天车、武汉的碳宝包等,本文则对四川省成都市的"碳惠天府"机制的主要特点和传播方式做出引介。

一 "碳惠天府"的主要特点

成都素有"天府之国""休闲之都"的美誉,当前正强力推进城市绿色低碳转型,加快建设美丽宜居公园城市。为主动对接应对气候变化国家战略,顺应超大城市治理规律,调动全社会践行绿色低碳行为的积极性,集多年绿色低碳发展经验,2020年3月,成都市印发了《关于构建"碳惠天府"机制的实施意见》,创新性提出建立以"碳惠天府"为品牌的碳普惠机制。从半年多的实践来看,"碳惠天府"机制的主要亮点体现在以下方面:

1. 国内首创"双路径"

"碳惠天府"的建设思路是以"政府引导、市场运作、公开公正、广泛惠民"

为基本原则,以"一年出亮点、两年显特色、三年成品牌"为目标,以公众碳减排积分奖励、项目碳减排量开发运营为路径,着力拓展公众低碳场景、构建碳减排量消纳机制、创新运营管理模式,加快构建自生长、可持续的碳普惠生态圈,将"碳惠天府"打造为成都践行生态优先、绿色发展的新名片,成为国内碳普惠机制建设的新样板。从基本思路看,"碳惠天府"在国内首创提出构建公众碳减排积分奖励、项目碳减排量开发运营的双路径模式,这是成都低碳城市建设的标志性工程。所谓双路径模式,即一方面通过碳积分兑换的方式,对个人节能减碳以及相关环保行为予以奖励;另一方面是运用相关方法学开发项目碳减排量,并通过碳中和的方式进行消纳,使碳减排项目产生的环境效应呈现经济价值。这种双路径模式的设计最显著的特色是对用户的驱动力较大,有助于全面激发公众、小微企业节能减排积极性,有持续推进的内在动力。

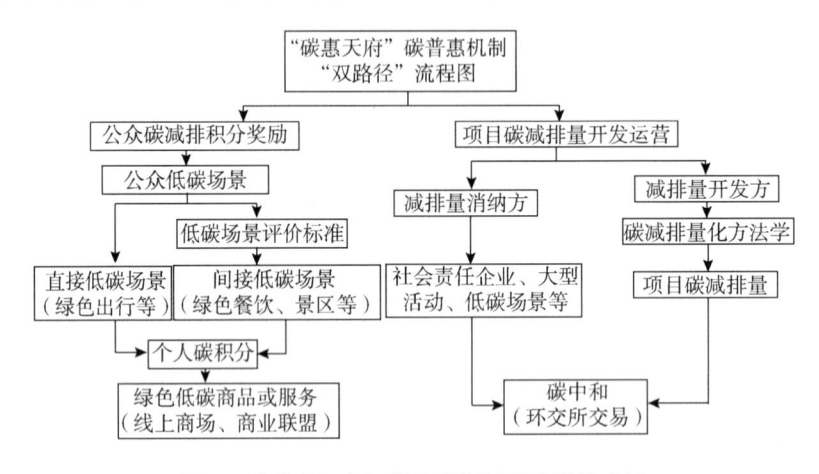

图1 "碳惠天府"碳普惠机制双路径模式图

2. 集成成都经验

"碳惠天府"机制集成了成都市多年来低碳发展的经验,也具有浓郁的成都地方特色,主要体现在:

一是开发公众低碳场景。结合"三城三都"城市品牌塑造,创新制定餐饮、商超、A级旅游景区、星级旅游酒店、绿色旅游饭店、展会等场景低碳评价标准,植入碳足迹核算、碳中和理念,赋予相关场景消费行为的低碳属性,鼓励低碳办会和大型活动碳中和。具体场景包括:燃油机动车停驶场景(对非限行日内自愿停驶行为实施积分奖励)、新能源汽车使用场景(实施新能源车使用行为积分奖励)、公共交通领域低碳场景(鼓励共享单车运营商、公交集团、地铁公司完善用户激励措施，对活跃度排名高的用户实施积分奖励），消费领域低碳场景（以评价标准引导餐饮、商超、A级旅游景区、星级旅游酒店、绿色旅游饭店、展会实施节能低碳管理，构建低碳消费场景，对场景内的行为实施积分奖励），社区低碳场景（推广"互联网+"垃圾分类，实施分类投放积分奖励；探索居民节能节水、利用新能源等行为积分奖励机制）等。

二是丰富的价值转换项目。"碳惠天府"机制突出成都作为公园城市的价值转换，以碳的属性推动重大生态环境工程项目的碳汇向资产转变。具体包括：能源替代类项目（因地制宜开发浅层地温能、生物质能、太阳能等可再生能源利用减排项目），资源节约类项目（节能类、无纸化办公类减排项目，废弃物源头减量和资源化利用类减排项目等），生态保护类项目（龙泉山城市森林公园、龙门山生态保护带、天府绿道、川西林盘、湖泊湿地等重点生态工程，以及农业生产投入品减量化、测土配方减碳项目等），大型活动碳中和（引导主办单位绿色办会、按相关标准开展碳中和，鼓励活动参与者自愿中和个人碳排放），拓展碳减排量消纳方式（鼓励政府机关、企事业单位、社会团体及个人认购碳减排量，积极参与碳中和公益行动）等。

三是注重自生长可持续运营。"碳惠天府"机制注重推进市场化运营，依托专业运营实体开展低碳场景建设、碳减排项目申报、碳减排量消纳。加大力度建设公益性运营平台，开发个人移动端应用程序，动态采集行为数据，换算生成积分。建设积分兑换网上商城，实现低碳行为价值转换。强化平台数据的挖掘分析，精准贴近用户需求。对接公益性运营平台，实现碳减排项目在线审核和登记，植入碳减排量智能核算功能。对接交易平台，实现碳减排量登记和交易数据双向链接、同步交互。引导商业机构成立普惠商业联盟，为公众积分兑换提供丰富的商品和服务。鼓励商业联盟依托各类低碳场景，周期性开展趣味性、参与性强的公众体验活动。

二 "碳惠天府"的传播方式

"碳惠天府"通过多种传播方式在尽可能短的时间让尽可能多的公众知晓、参与到活动中来，让这项创新性机制的推广取得了良好效果。其中的一些亮点包括：

1. 打造特色IP

"碳惠天府"设计有自己的IP——熊猫碳碳和神鸟金叫唤，他俩将以IP条漫互动的形式给公众普及生态多样性、减排常识等环保知识。"碳惠天府"线上商场推出印有 IP 形象的环保袋、抱枕等丰富的绿色商城品类。这种形象塑造和传播较快地打开了"碳惠天府"的传播通路。

2. 制作公益宣传短视频

宣传片中，选择八位成都知名女性企业家发起"绿色促发展，低碳惠天府"的公益倡导，她们以自己的实际行动为表率，呼吁全市市民一起践行低碳生活，助力绿色经济，共建成都绿色低碳生活圈。公益宣传短视频自 2019 年 12 月 7 日开始在成都地铁一号线滚动播出，触达量 300 万人次/天。同步推出"我的城市低碳公约"创意灯箱海报及线上 H5 页面，邀请广大市民接力签署低碳公约，活动期间达 100 万曝光率。

3. 构建线上平台

上线"碳惠天府"微信公众号，公众号拥有内容丰富的科普推文以及"碳寻蓉城"美景专栏，截至 2020 年 4 月，用户已有近四万人，发布气候变化及绿色低碳推文 160 余篇，文章阅读量累计超十万人次。同时，"碳惠天府"微信小程序也上线试运行，绿色出行、参与知识问答等都可以获得相应的碳积分，用于助力碳惠天府林或在线上商场兑换绿色商品和服务。

4. 丰富的线下活动

"碳惠天府"平台联合学校、本地知名企业举办了丰富多彩的绿色低碳主题公益活动，宣传推广绿色生活方式。志愿者走上街头，向市民和游客普及绿色环保理念，引导践行低碳生活方式；"碳惠天府"主题文旅公交践行低碳环保生活，绿色文明出行。呈现"碳惠天府"全民总动员的态势。此外，据悉，"碳惠天府"平台还将在环境日、地球日、低碳日等，开展城市低碳马拉松、"践行低碳生活·共建美好家园——碳惠天府示范项目进学校、进楼宇、进餐饮"等丰富多彩的系列主题活动，普及绿色低碳发展理念。

三 小结

"碳惠天府"是成都市立足生态环保、广泛惠民、市场运作的一次有益探索，富有成效的各类传播活动，极大提高了公众绿色低碳意识，并在全省引起较大反响。2020 年 7 月，四川省首次发布《四川省低碳发展 25 个优良实践案例》，将"碳惠天府"公益宣传品牌作为气候变化传播优良实践案例收入文中。

上海闵行：生活垃圾分类的"花样经"

新乡学院新闻传播学院 苏武江

早在 2004 年中国就已经超越美国，成为世界第一垃圾制造大国。目前全国生活垃圾年产量为 4 亿吨左右，并以大约每年 8% 的速度递增。垃圾围城，让我们付出了沉重的环境、健康代价。垃圾分类的这场战争，已经是迫在眉睫！2018 年，上海成为中国内地第一个实施垃圾强制分类的试点城市。2019 年 7 月 1 日，《上海市生活垃圾管理条例》正式实施。2020 年，全国 46 个城市开始推行强制垃圾分类，"垃圾分类就是新时尚"在中国已成流行语。本文基于对上海市闵行区垃圾分类管理的实地考察，总结闵行区在探索垃圾分类投放方面的成功经验，为全国的垃圾分类处理提供参考启发。

一 闵行区概况

闵行区位于上海市中部，黄浦江贯穿闵行区，吴淞江、淀浦河、大治河等骨干水系与区内 200 多条河道组成河网。闵行区是上海重要的装备制造业、信息产品制造业基地，拥有较为健全的行业门类，二、三产业均较发达，主要经济指标在上海下辖区县中名列前茅，2019 年全区生产总值完成 2520.82 亿元。闵行区下辖 9 个镇、4 个街道，1 个市级工业区，共有 128 个村民委员会和 445 个居民委员会。2019 年年末，全区常住人口为 254.93 万人，其中外来常住人口为 125.14 万人。

2018 年实施垃圾强制分类以来，闵行区以创建"上海市生活垃圾分类示范区"为抓手，全面营造生活垃圾分类法治社会氛围，落实分类设施配套，推进分类体系建设，形成生活垃圾分类全区覆盖格局，使垃圾分类实效全面达标。到 2019 年 3 月，全区生活垃圾分类工作已覆盖 895 个居住小区近 71 万户家庭，实现全区单位生活垃圾分类全覆盖,并在垃圾分类宣传力度、优化垃圾分类处理流程等工作中成效显著,形成了撤桶并点、"八分类"智能垃圾箱房、建立"两网融合"回收服务网点等成功经验。特别是他们本着因地制宜的原则,根据小区的实际情况和群众的不同诉求,探索各色各样的垃圾投放模式,为建立垃圾投放长效机制提供了重要经验。

二 闵行区的垃圾投放模式

垃圾细分后,"定时定点投放"是关键点,也是养成习惯的难点。如何既遵守强制性的规定,又给人方便?闵行区充分发挥群众的主动性和创造性,因地制宜,贴近群众,对不同类型居住区采用不同投放模式,从而有效避免了"一刀切"垃圾投放管理的弊端。总结他们的经验,共形成了以下几种模式:

第一种模式:定时上门收集。针对农村家庭居住比较分散但家庭生活相对有规律的特点,他们探索总结出定时上门收集生活垃圾的模式。比如在马桥镇同心村,每天早晚固定时间,早上6:30—8:30、晚上6:00—8:00,由收运人员驾着垃圾短驳车,挨家挨户收垃圾,再运到村头的中转站。村民听到喇叭声,把干垃圾、湿垃圾分别投入车上的桶里。每个收运人员都是一个"监督员",上门收垃圾时,会扫一下每户人家门牌号旁的二维码,还给居民投放的垃圾拍照取证,并根据垃圾分类情况打分,所有这些信息上传到网格站,建立起源头分类可追溯体系。同时,同心村还建立网格化管理体系,推行"五长制":片区长、宅基长、户长、网格长、"桶长"(收运员),层层落实监督管理责任。同心村每月根据垃圾分类具体工作要求对村民、租户进行评分考核,评分考核的结果在网格站进行"红黑榜"张榜公示。由于符合村民生活习惯并且监督考核到位,这种模式很快就帮助村民养成了按时投放垃圾的好习惯。

第二种模式:定时定点投放。这种模式适合一般商品房住宅小区。以马桥镇夏朵园小区为例,这个小区共有38栋高层,48栋多层,174个楼道,总户数3308户,常住人口约11385人,户籍人口与外来人口大致各占一半。小区内共设置了12个生活垃圾投放点。居民们扔完垃圾后要拿出自家的门禁卡在记录仪上刷卡"留痕"并积分。在小区的环保小屋内,一台大屏幕上时刻记录着各家各户投放垃圾的情况。如果后台显示有居民一直无记录,就会有人上门送二次告知书,如果继续乱扔,三次以上,就会留下记录作为执法依据。小区还安排环境卫生巡查队伍,防止有人乱扔垃圾。这种智能留痕监督方式不仅起到了应有的监督效用,还大大降低了管理成本。实践证明，这是一种行之有效的垃圾投放模式。

第三种模式：定时定点倒垃圾。针对老旧小区基础设施较差、老年人口多、流动人口多的特点，闵行区经过改造设施推行定时定点倒垃圾的模式。以景谷小区为例，他们经过研究，把原来分散放置的垃圾桶全撤了，选址建了垃圾箱房，设5个集中投放点。刚开始，居民们还不习惯，抱怨的、反对的都有，甚至有一位阿姨扬言垃圾箱房建在她楼下就跳楼。"把老百姓的气理顺，赶上垃圾分类新时尚，可不容易啊！"居委干部介绍说，诀窍就是做到"五个发挥"：发挥居民区党组织作用，遇到大事、难事，党组织一班人都挺在最前面，碰到闹着要跳楼的居民，几十次上门耐心细致做沟通，最终才赢得了居民的理解，还动员她一起加入了志愿者队伍；发挥居委、物业、业委会作用，大家有劲一起使，"红色物业"更是一呼百应；发挥党员作用，工作越难做，党员更要先行，志愿者团队中社区党员就有近40人；发挥志愿者作用，穿着统一的"绿马甲"，分为五组管理单元，每组分别管理一个垃圾投放点；发挥楼组长作用，由楼组长负责管理自己楼道，对年老体弱的、行动不便的、残疾的，居民确有困难，楼组长主动上门代扔垃圾，还召开了优秀楼组长经验分享会。不到两个月，居民们就慢慢养成了每天早晚两次，定点定时"倒垃圾"的好习惯。

第四种模式："五定"投放。如果小区住户不多，素质较高，可以采用移动定时定点收集的模式。以涵云雅庭小区为例，该小区共有118套公寓和334套别墅，总户数452户，是一个高档商品房住宅小区。经过居民代表的商议和实行，他们最终形成了"五定"投放模式。即"定点"，小区合理布置4个点位，即垃圾回收车经过的4个停靠站，每次停靠15分钟；"定时"，根据居民日常的生活规律把回收时间确定为4个时间段：早上7：00—8：00、9：00—10：00，下午12：30—13：30，晚上7：00—8：00；"定区域"，根据小区门牌及户数分布，将452户划分为四个区域，到指定的站点投放垃圾；"定志愿者"，由21名志愿者分布在每个站点；"定岗"，志愿者做好现场垃圾分类指导，监督居民分类实效，教会居民如何分类等。采用这种模式的好处是小区内看不到垃圾桶、闻不到垃圾味。而居民在养成规定时间、规定地点有序投放垃圾的好习惯后，已经不需要志愿者的协助和监督了。

第五种模式：上门收取+自行投放。如果一种模式不能通行，则灵活采取两种模式。以古美路街道万源城逸郡小区为例，就采取了保洁员上门收取和居民自行投放相结合的模式。逸郡小区以小高层和高层为主，是一个物业服务标准较高的小区。为提高垃圾收集效率，小区开展了撤桶、并桶行动，撤除楼道内湿垃圾桶共365个，撤除地下车库所有干湿垃圾桶共46个，撤桶后新设垃圾集中投放点。走进楼道，看到每层有两户人家，门口各放着一个小的垃圾桶。小区给每户居民配备了干、湿垃圾桶，居民的生活垃圾由保洁员上门收取，上午6:00—7:30、下午1:30—2:30，一天两次收取。可回收垃圾，居民可通过保洁员或联系小区物业，实现有偿回收。有害垃圾，家具和电器等大件垃圾，建筑垃圾，由居民自行投放到指定的垃圾箱、垃圾房。保洁员和志愿者根据每户居民垃圾分类的情况，给出绿点、黄点、红点标志（绿点表示分类到位，黄点表示分类不彻底，红点表示未分类），在楼道及小区公告栏、"爱家田螺"信息平台上公示。

第六种模式：自行分类投放+集中收运。针对大学校园，他们探索形成了这种"学生自行分类投放，服务企业集中收运"的模式。以上海交通大学为例，学校给每间学生宿舍都配备了干湿双分类的垃圾桶，由学生自行投放到每个宿舍楼大门外的分类垃圾桶。各个公共教学楼、行政楼和留学生楼也都设置了分类垃圾桶。快递收发是垃圾产生的重要源头，学校为此引进了"菜鸟驿站"来管理学生的快递收发，现场有专人负责回收快递包装，从源头上减少相关垃圾的产生。校园里所有的生活垃圾，都由专业的城市环卫服务企业集中收运，再由政府指定的环卫企业统一外运处置。学校制作了垃圾分类指导手册，在新生入学时发放，作为入学"第一课"。

三 小结

根据数据统计，2019年上海日均可回收物回收量比2018年增加了4倍多，有害垃圾分出量也增加了5倍之多。即便在疫情期间，上海的垃圾分类工作也没有懈怠。垃圾分类从政策出台，到摸索着实施，再到培养成日常习惯，过程中固然会出现各种各样的问题，但最终的效果证明了上海实施垃圾分类一年以来取得的成效。闵行区的垃圾分类回收"多样经"，就是上海垃圾分类实践的缩影，也为全国其他即将实行垃圾分类的城市提供了启示。

嘉兴模式：公众参与环境治理的制度创新

新乡学院新闻传播学院　苏武江

应对气候变化是一场持久战，只有广泛吸纳公众参与、实行社会监督，才能形成全社会共同保护生态环境的合力，实现绿色发展。这就需要不断凝聚社会共识，培育民间环保力量，吸引更多人参与到环境监督和环境管理中来。早在2007年，浙江省嘉兴市就探索建立了公众参与环境治理的"嘉兴模式"，在2016年这一经验做法写入了联合国报告《绿水青山就是金山银山：中国生态文明战略与行动》。到2020年，"嘉兴模式"已在浙江省10多个城市得以推广。本文通过梳理"嘉兴模式"的内涵和特点，探讨"嘉兴模式"的推广价值，以期为改进公众参与应对气候变化的路径提供引玉之言。

一　何为"嘉兴模式"

加强环境污染治理、推进绿色低碳发展是减缓和适应气候变化的重要方式。面对严峻的环境治理压力，嘉兴市政府基于"环境民主"理念，积极探索环境公共治理的方法，引导公众参与环境保护工作，开创了被誉为"嘉兴模式"的环境治理公众参与模式。其主要内容可概括为治理结构上的"一会三团一中心"制和运行机制上的"六大参与平台"制。

1. 治理结构

自2007年开始，嘉兴市为动员社会力量参与治理环境污染，发起嘉兴市环保志愿者协会创建活动，成员分布在全市县（市）区和市直机关单位、绿色学校、绿色社区和大专院校。经多年发展，到2020年，志愿者注册总人数已超过3万名，志愿者服务队已成为嘉兴公众参与环保行动的主力军。并以志愿者服务队为基础，逐渐形成了"一会三团一中心"的环保治理结构。

"一会"是指嘉兴市环保联合会。该会成立于 2010 年 12 月，是由嘉兴各界热心环境保护事业的人士、企业事业单位和其他社会组织自愿结成的、非营利性的、区域性的社会组织。其职责是协调各方社会资源，加强社会监督，跟进服务指导，广泛开展宣讲，维护公众权益，联合社会各界共同参与环境保护事业。

"三团"分别指市民环保检查团、环保专家服务团、生态文明暨环境保护宣讲团。市民检查团主要参与环境执法行动，参与听、论证会及污染整治监督等，对环保信用不良企业是否"摘帽"拥有发言权。环保专家服务团由嘉兴市高端环保专业技术专家组成，主动开展"进园区下企业"指导服务，为企业污染治理和绿色发展提供技术支撑。生态文明暨环境保护宣讲团由大学教授、企事业单位退休人员等环保志愿者组成，职责是深入农村、企业、学校、街道社区和机关事业单位开展生态环保主题宣讲，每年计划开展 100 场宣讲活动。

"一中心"是指嘉兴市环境权益维护中心。环境权益维护中心聘请若干律师事务所承担环境权益维护志愿律师事务。其职责是开通咨询热线电话，接受公众环保法律法规的咨询。运用法律手段，为环境权益受到侵害的公民、法人及其他组织，尤其是弱势群体提供法律援助。

2. 运行机制

"一会三团一中心"的运行机制可以概括为"大环保、圆桌会、陪审员、点单式、道歉书、联动化"。

"大环保"，由于环保涉及很多方面，只有通过开放式的平台，才能动员社会各界参加环保活动，参与到环保工作中来。基于"大环保"理念，嘉兴市引入环保社会组织参与环境治理，公众通过"一会三团一中心"共同参与环境治理，借此构建起"政府—企业—公众"三方治理平台。

"圆桌会"是邀请利益相关方进行开放式讨论，通过沟通交流达成共识。圆桌会遵循民主、平等、对话、协商的基本原则，参加对象包括政府、市民、社区、专家、企业、NGO 等，涉及污染减排、环境教育、政策制定等主要领域，此外还可以通过新闻发布会、规划评审会、项目论证会、治理方案恳谈会保障公众环境参与。

"陪审员"是向社会公开招募的公众代表，其主要特点是公众充当"环境法官"，拥有话语权。陪审员产生程序分为：机构推荐、媒体公开招聘、集中培训。陪审员在法律适用、处罚额度、整改要求等方面有建议权。以独立身份参与环境行政处罚行政案件评议，考察违法事实是否清楚、证据是否确凿、程序是否合法、使用法律是否正确等，行使案件表决权，其意见作为最终行政处罚决定的重要参考。

"点单式"是公众参与环境执法的一种形式，公众代表随机抽查执法检查对象，公众代表可面对面提出质询、督办等要求。这种"执法"形式主要有"飞行监测"执法行动、信访案件巡访、跨界污染巡防、限期治理"摘帽"验收等。

"道歉书"，即要求不良信用企业如不能完成"摘帽"限期整改，就要签署《致全市人民道歉信》，通过媒体向社会发布。

"联动化"是保持公众与政府部门、环保社会组织之间，在区域污染防治监督上积极互动，有效沟通，保持行动协调。

表1　"嘉兴模式"的运行机制

机制	流程与目的
大环保	构建"政府—企业—公众"三方治理平台，公众通过"一会三团一中心"共同参与环境治理
圆桌会	政府以圆桌会议的形式邀请利益相关方进行面对面的沟通交流与协商讨论，就环境项目的污染控制、环境宣教和环境政策制定达成共识
陪审员	通过选拔"公众代表"（包含专家和律师），根据他们自身能力对环境项目、环境行政处罚案例与环境政策进行评估、论证，为最终决策提供基础
点单式	公众代表抽查企业的环境保护措施与污染物排放等情况，根据检查出的问题同企业进行面对面质询和讨论，提出整改意见
道歉书	如果污染企业未能在规定时间内完成整改，那么企业将会降低其环境信用评分，并需要在报纸上针对污染向社会公开致歉
联动化	政府部门之间、政府与社会组织和公众建立协同合作机制，对环境问题进行多方监督，共同讨论治理手段与对策

二　"嘉兴模式"的特点

"嘉兴模式"经多年实践，逐渐形成了一些显著特点，概括起来有以下三点：

1. 政府主导

环境利益的普惠性和环境问题的整体性要求国家对环境进行统一调控。这意味着除政府之外，任何规模的公众参与都无法获得环境管理权的绝对正当性。政府享有所有共有人的授权，被委托其管理作为公共财产的环境资源。公众实际上很难影响政府做出符合自己利益的决策。而"嘉兴模式"中的"一会三团一中心"则较好地发挥了政府的主导作用。以嘉兴市环保联合会为例，该组织主席、副主席、秘书长等重要职位均是由嘉兴市环保局或政府其他部门工作人员担任，并在其章程中明确规定了嘉兴市环境保护局为业务主管单位，同时受市环保局和民政局的业务指导和监督管理。这种政府主导作用的发挥使公众基于自益或公益动机的参与行动以一种有序、理性、规范、公益的状态输出，有望打破"邻避"效应，预防群体事件的发生。

2. 赋予公众话语权

"嘉兴模式"最大的亮点是赋予公众环境领域的话语权。市民代表对污染企业"摘帽"和建设项目审批有"否决权"，对排污企业抽查有"点名权"，对环境行政处罚结果有"表决权"。例如，民主协商、集思广益的"圆桌会"，环保案件处罚监督的"陪审员"，"点单式"环保督查，增强主体环境责任意识的"道歉书"，等等，都成为嘉兴公众参与环境保护的方式。如2008年，通过市民代表论证会完成了"老娘舅"餐饮业等一批疑难项目的评审，2010年组织环保联合会和市民专家代表走近工业园区，使投资近1500万的"韩泰轮胎"等一批重点治理工程项目得到落实，促使重点区域污染防治工作稳步推进。公众参与还成功地阻止了一些重污染的大项目在嘉兴落地。2010年4月，《嘉兴日报》上刊登了某大型企业要在嘉兴所属的一个县级市上马一个橡胶项目。得知此事，嘉兴市市民环保检查团和专家服务团成员联合到现场调研，并结合嘉兴市同类企业的治污难度向嘉兴市政府提交报告，认为选址的地域面积窄小、环境容量有限，不适宜引进此类污染量大的大型项目。当地政府最终因环保问题否决了这个计划投资100亿元的项目。2018年1月，有网民反映某县河道里垃圾成堆，河面上漂满了饮料瓶、泡沫塑料、烂菜叶等各类生活垃圾，还配发了多张照片。嘉兴环保社会组织立即联系了县环保联合会及治水办。次日，当地政府便进行彻底清理，从接到网民举报到打捞漂浮物，不超过24小时，就将整治情况反馈给网民，组织得力，行动迅速，整治到位。

公众掌握环境信息的多寡直接影响到公众参与能力的大小。没有知情权这一基本权利，就没有实质性的政治民主权利。环境知情权的实现，必须依赖其义务主体履行其相应的法定义务才能得以实现。因此，环境信息公开方式也应迭代更新。嘉兴市生态文明暨环境保护宣讲团、环境权益维护中心等组织配合环保局，积极主动进行常态化的生态环保宣传教育，推进公众环境信息知情权及监督权建设，保护公众的环境权益，同时也吸纳更多的公众参与环境保护当中。从2018年上半年开始，针对嘉兴市500多家重点排污企业的环境信息公开情况，嘉兴环保社会组织特邀请相关专家，对所有企业负责人或分管环保的责任人进行培训和考试，并将考试成绩公布于众。2018年11月，有网友发帖，反映某厂把建筑垃圾直接倒进河里，引起网民点击量数万次。嘉兴环保社会组织发现后，马上实地察看，了解到是企业旁边的河堤塌陷，企业迅速进行了修复。之后，嘉兴环保社会组织在网站澄清事实，维护了政府和企业的形象，也得到广大网友好评。

3. 制度保障

在"嘉兴模式"中，其环境治理的重点在于大中型污染企业以及居民生活垃圾，因而其合作的前提在于政府与企业、公众之间达成"共识"。对此，政府主动回应公众的诉求，力图通过"一会三团一中心"平台的搭建开展多元主体之间的协商和对话，并通过公众参与的组织化以及广泛的动员机制，尽可能扩大公众参与的范围，构建"共识"的民主化基础。与此同时，嘉兴市为了确保主体合作的有效进行，不断强化法律的保障机制与完善的监督约束机制。在嘉兴市，这种制度化建构具体体现在两个方面。一是主体自身的组织保障。通过《嘉兴市环保志愿者服务队工作章程》《市民环保检查团组织管理办法》《"四定"制度》等法规制度，对公众参与的组织化程序、组织构成以及具体的行动方式等相继进行规范，确保了公众参与的组织性。二是主体行动保障。在环境信息公开、环境保护公众参与办法等法律法规的基础上，在"四项联动执法机制"、污染企业"摘帽"和部门建设项目审批等程序中引导公众参与，给予公众点名抽查、案件适度裁量和处罚审查的"否决权"以及环境行政处罚结果"票决权"。2020年4月，制定出台《嘉兴市"民间河长""民间闻臭师"管理办法（试行）》，在全市推广嘉兴港区的"民间闻臭师"做法。到6月5日，经过公开招募和专业培训，全市1366名"民间河长""民间闻臭师"正式上岗，进一步完善了生态环境公众监督机制。这些制度化的方式有利于"共识"的建构，减少了环境治理中的人为倾向、政企合谋行为的发生。

三 小结

"嘉兴模式"较好发挥了公众参与环境治理的重要作用。在公众积极参与下，嘉兴市生态文明建设取得显著成效，已建成一批省级生态县（区）、国家级生态镇、省级生态镇（街道）、市级生态村、国家级绿色学校、省级绿色学校、国家级绿色社区、省级绿色社区等，形成了遍布全市的生态文明建设网络，提升了广大市民的生态文明理念，为生态嘉兴建设打下了良好的基础。鉴于"嘉兴模式"的成功经验，浙江省已在全省范围内进行推广，并成立了省级层面的浙江环保联合会，以搭建全省公众参与平台。

　　"嘉兴模式"作为公众参与环境保护的地区性实践成果，对我国推动应对气候变化的工作具有丰富的经验启示。随着"嘉兴模式"运行机制的不断完善和推广，必将唤起更多地方更多公众参与生态环境保护的磅礴力量，为建设美丽中国和推动构建人类命运共同体作出新的贡献。

矿山修复：绘就高质量发展生态底色

新乡学院新闻传播学院　苏武江

我国是世界上为数不多、矿产资源种类较齐全的国家之一。随着经济、社会的发展，我国已成为矿产品生产和消费大国，煤炭、钢铁、有色金属、水泥等产量和消费量均居世界第一。在促进经济发展的同时，矿产资源的开发利用也造成了严重的生态破坏和环境污染，成为制约我国经济、社会长远发展的重要因素。矿山修复即对矿业废弃地污染进行修复，实现对土地资源的再次利用。近年来，我国政府高度重视矿山生态修复，全国各地也涌现一些生态修复典型案例。本文采撷三个城市的矿山修复经验，以供有关城市参考借鉴。

一　奉节："煤城"变"诗城"

1. 以煤为生的文化名城

地处三峡库区腹地、扼守瞿塘峡口的奉节县，古称夔州，既是一座风光壮美的山水之城，也是一座积淀深厚的文化名城。三国等历史时期的战争烽火曾在这里燃烧，李白、杜甫、刘禹锡等一批伟大诗人曾在此浅吟低唱。奉节也由此成为中国诗歌文化的一座历史地标。

虽然坐拥自然人文"宝库"，奉节却长期以"煤"为生。2016年以前，奉节是全国产煤百强县之一，也是重庆市第一产煤大县。全县30个乡镇中，涉煤乡镇达23个，拥有产能9万吨以下的煤矿39个，煤炭及涉煤行业从业人员近30万人，煤炭产业一度贡献了五分之三的财政收入。挖煤带来了短期利益，却毁坏了绿水青山。汾河镇新桥煤厂开采长达22年，矿渣对石贝河造成严重破坏，几公里长的河床被抬高数米。一到汛期，附近大片农田被冲毁、污染。由于山体被掏空，矿区附近 200 余户房屋出现不同程度的墙体开裂。

2016 年以来，奉节县痛定思痛，下定决心按照"生态优先、绿色发展"的要求，将全县 39 个产能 9 万吨以下的煤矿全部关闭，去产能 187 万吨，从此走上了转型发展之路。

2. 激活"宝藏"，挖掘"文矿"

立足于独特的自然生态和人文资源，奉节一方面对一江碧水两岸青山展开保护和修复，另一方面开掘奉节独有的"文矿"，激活沉睡的历史文化资源，尤其是最闪亮的"宝贝"——诗词文化，全力打造诗意天地、诗歌高地、诗人圣地的"三地诗城"。

为了摸清家底，2016 年来，奉节组织各方专家对本县的诗词文化"宝藏"进行全方位"探测"。截至 2020 年 9 月，已收集到在奉节写就和写到奉节的历朝历代 1000 多名诗人的 10000 余首作品，并正在进一步整理出版《夔州诗词全集》。

为推动诗词文化传承，奉节自 2017 年起举办国际诗歌节、"才子佳人"诗词挑战赛，在全县培育读诗、悟诗、写诗、唱诗的浓厚氛围。2017 年 10 月，奉节县被中华诗词学会授予"中华诗城"称号。2018 年年底，由张艺谋导演的大型诗词文化实景演艺《归来三峡》在奉节开演。所展现的中华诗词文化和"诗城"自然人文魅力，让观众流连。除了诗歌，巴山文化、战争文化乃至工业遗产，也都成为奉节积极开掘的人文"矿藏"。青龙镇大窝社区过去是一个硫黄矿区，一度寸草不生。通过矿区改造、植树造林，如今的大窝社区摇身一变，成为工业遗址景区和艰苦创业历史教育基地。

厚重的历史文化资源，是前人留下的巨大精神财富。绿水青山能变金山银山，文化资源也要变成金山银山。随着文化资源的深入开掘、转化，奉节旅游市场日渐火热。2017 年，全县旅游综合收入 62 亿元，2019 年突破 80 亿元。奉节围绕山水人文打造全域旅游，文旅融合的效果已日益显现。

二 "贾汪模式"：资源枯竭城市的高质量发展典范

1. "百年煤城"贾汪

贾汪区，别称泉城区，隶属于江苏省徐州市。由于地下蕴藏丰富的煤炭资源，这里的煤炭开采史有 134 年之久，最鼎盛时共有大小煤矿近 300 座。作为江苏最重要煤炭基地的贾汪区也因此赢得了"百年煤城"的辉煌名号。然而，随着长期高强度、大规模开采，贾汪煤尽城衰，留下了 13.23 万亩的采煤塌陷地，荒山秃岭随处可见，产业更替面临重重困境，600万平方米工矿棚户区亟待改造，基础设施与公共服务功能缺失，诸多问题让曾有"泉城"之称的贾汪"山穷水尽"。2011年，徐州被国家正式列为全国第三批资源枯竭型城市之一。作为徐州老工业基地和煤炭工业的发源地，贾汪区从此开始了资源枯竭型城市如何转型的艰难探索。

经过近十年努力，贾汪区初步走出了一条以生态转型为先导，带动产业转型、城市转型、社会转型的"贾汪模式"，实现了从"一城煤灰半城土"到"一城青山半城湖"的华丽转身，也成为"只有恢复绿水青山，才能使绿水青山变成金山银山"理念的有力印证。2017年12月12日，经习近平总书记来到贾汪区的潘安湖和马庄村视察调研"点赞"后，贾汪区声名鹊起，其转型和发展经验也在业内被概括为"贾汪模式"。

2. 转型与转型发展的贾汪经验

贾汪区紧紧抓住被列为国家第三批资源枯竭城市重大机遇，以创建全国资源枯竭城市可持续发展示范区为目标，坚持生态优先、绿色发展，千方百计做好资源枯竭城市转型大文章，成为转型和发展的典范：

一是下大力气实施生态修复再造，实现灰色印象到绿色主题的生态转型。贾汪区把生态修复再造摆到压倒性位置，实现了从"一城煤灰半城土"到"一城青山半城湖"的华丽转身。加大投入治理地球伤疤，先后实施潘安湖、小南湖、商湖、月亮湖等塌陷地治理工程，治理面积7.57万亩，通过采煤塌陷地治理变包袱为资源。打好污染防治攻坚战，坚决淘汰落后产能，消减焦炭产能，关闭高能耗企业。提高环保门槛，坚决不要黑色的GDP，近五年否决了亿元以上不符合环保的项目20余个。实施"引运润城"工程，开挖疏通河道，全面打通城市水循环，彻底改变了长期煤炭开采导致的水位下降、缺水少水、水质恶化的状况，曾经枯竭的上百个泉眼恢复水位，重现了贾汪绿水绕城、人水相亲的"泉城"风采。荒山造林为煤城披上绿装，全区森林覆盖率在2019年达到32.3%，比2011年提高近20个百分点。

二是积极推进供给侧结构性改革，实现"一煤独大"到绿色多元的产业转型。彻底摒弃跟随发展理念，坚持走"生态+"的路子，推动产业生态化，生态产业化，实现了新的起点上的弯道超越发展，基本摆脱了资源依赖型传统发展路径，先进制造业、现代服务业、现代农业、文化生态旅游业深度融合发展。推动"生态+农业"，依托京杭大运河沿线规划建设农谷大道现代农业产业园区，全面发展都市农业和休闲观光农业，合理布局农家乐和精品民宿，推进农村一、二、三产业融合发展，实现了农民从种粮食到"种风景"、从单纯务农到多业经营的转变，农民增收的渠道更加宽广，农业成为有奔头的产业。获评全国休闲农业和乡村旅游示范区。推动生态+旅游业，推动旅游产业从无到有、由弱到强，五年来成功创建潘安湖、大洞山、督公湖、凤鸣海4个4A级景区和卧龙泉1个3A级景区，成为淮海经济区旅游业新热点，旅游人数连年增长30%以上。2017年来贾旅游人数达870万人次，被誉为"挖煤贾汪，旅游真旺"。推动生态+服务业，坚持生产性服务业与生活性服务业并举，吸引一批领军企业来贾合作，发展养生地产、旅游地产，建设高端养老养生基地。推动双楼保税物流园区上升为市级重大战略，开通至上海洋山港班轮航线，贾汪迈进"通江达海"的新时代。

三是高起点规划高标准完善城镇功能，实现陈旧矿区到现代新城的城市转型。面对以矿为城、区为城郊、城乡分割的尴尬局面，贾汪区冲破体制樊篱，实行自主式开发突破，实施融入徐州主城区战略，城市改造开发进入了快速发展时期。改造人民公园，整治凤凰泉湿地公园、五号井矿工广场等生态工程，彻底改变了老城脏乱差面貌，百年矿区旧貌换新颜。实施城市东进战略，把好山好水好风光融入城市，城区景区一体化发展，建成四通八达的路网体系和一批城市综合体，大力开展百村整治、十村示范活动，乡村环境发生根本性改观，涌现马庄村、磨石塘等一批特色田园美丽乡村。

四是切实保障和改善民生，实现"矿竭人去"到"贾汪真旺"的社会转型。民生和社会保障水平走在徐州市前列。高质量促进就业保障民生，安置失业矿工，再就业矿工"换个活法儿"迎来了崭新的美好生活。社会保障水平全面提高，在全省率先推行失地农民保障机制，创新实施"社会主义大家庭"集中托养农村弱势群体模式，矿区居民享受到了和主城区一样的同城待遇。高标准推进基本公共服务均等化，积极实施垃圾分类收集处理、农村污水处理、公共厕所建设、新时代文明实践中心等十大工程，全面实现城乡市场化保洁、供水管网、道路亮化全覆盖，一个个乡村变成美丽风景线。

五是激发发展内在动能，实现"低效僵化"到"活力迸发"的机制转型。资源枯竭，精神不能枯竭，贾汪区坚持刀刃向内、自我革命，冲破旧体制、旧机制、老观念的束缚，以机制创新激发贾汪转型发展新活力。打造一流营商环境，深化"放管服"改革，转变政府职能，推进"互联网+政务服务"，实行"不见面审批"，建设三级联动为民政务服务体系，打通服务群众"最后一千米"，持续推动流程再造，提高群众办事效率，努力践行"最多跑一次"承诺。推行企业投资项目一窗办理并联审批模式，改革走在全市前列。创新项目推进机制，健全区四套班子领导包挂重点企业、重大项目制度，完善招商引资奖惩机制和项目建设保障机制，全区上下形成了你追我赶、争先进位的生动局面。

以创新发展增强内生动力，以协调发展提升城市品质，以绿色发展厚植生态优势，以开放发展激发区域活力，以共享发展增进民生福祉。在新发展理念指引下，贾汪区终从昔日的"百年煤城"发展为今日的"城市后花园"，开创了资源枯竭城市经济高质量转型发展的新局面。

三 平顶山：矿山修复的模范之城

1. "中原煤仓"平顶山

平顶山，别名鹰城，河南省地级市，下辖2市4县4区，人口520万（2018年），是一座典型的资源型城市。新中国成立后，1952年国家在平顶山勘探发现了大煤田，探明煤炭储量109亿吨，于是拉开了平顶山矿区开发建设的序幕，平顶山也因此被誉为"中原煤仓"。截至2018年年底，平顶山市共有持证矿山136座，其中露天矿山77座，地下开采矿山59座。这些矿山为国民经济发展贡献了大量资源，据统计，煤炭、电力、化工等能源原材料产业占平顶山市工业经济的比重曾一度高达80%以上。但同时也导致较重的大气污染和生态恶化，投资环境、百姓生活受到不同程度的影响，被称为"灰色煤城"。地貌景观遭破坏，大量土地被压占，地下水层受侵蚀，地面塌陷、地裂缝、滑坡、崩塌等伴生灾害，随时可能威胁群众的财产和生命安全。

资源如同一把双刃剑，既成就了平顶山昔日的辉煌，也造成了沉重的生态包袱，导致了长远的转型之痛。党的十八大以来，平顶山弃旧择新、向绿而行，精细治污补短板，实现绿色生产；进行国土绿化和生态修复，补上历史欠账；调整产业结构，进行新旧动能转换。通过补短板、还欠账、育动能，黑色煤城实现"绿色转身"，转向"蓝色鹰城"，高质量绿色发展趋势发力、迈上新台阶。

2. 平顶山的矿山修复经验

随着国家生态文明建设持续深入开展，矿山生态修复也成为全国范围生态环境整治和修复、相关企业业务布局的重要内容。平顶山把推动矿山生态修复作为一项重要工作，通过矿山布局优化调整、资源高效利用和矿山地质环境治理恢复等措施，逐步改善全市矿区生态环境，恢复生态系统，产生了明显的环境效益、社会效益和经济效益，成为矿山修复的典范。其具体做法有：

第一，全面摸排，查清家底。为全面掌握全市矿山总体情况和绿色矿山建设情况，该市组织精干力量，认真摸底排查，基本摸清了全市矿山类型、地质环境、绿色矿山创建进展等情况。调查结果显示，平顶山市现有（2019年）采矿权134个，其中，露天矿山75座，地下开采矿山59座。矿山主要开采方式包括地下开采、露天开采、地下和露天联合开采，主要矿山地质环境问题类型有地面塌陷、地裂缝、崩塌、滑坡、泥石流、含水层破坏、土地资源破坏、地形地貌景观破坏等。目前，"天安煤业股份公司一矿"已建成国家级绿色矿山。

第二，健全机制，压实责任。该市将发展绿色矿业、建设绿色矿山作为转变发展方式、促进可持续发展、提升矿业整体形象的重要平台和抓手，2018年出台《平顶山市（煤炭）绿色矿业发展示范区建设方案》《露天矿山综合整治三年行动计划》，严格落实督查制度，由8个市直部门组成4个督察组，实行驻地督导、跟踪问效、捆绑问责。全面落实"三级"包矿、"两级"包片责任制，编制完成绿色矿山建设方案和矿山地质环境恢复与综合治理规划，加快矿山企业改造升级，不符合标准的坚决予以清退。2019年，平顶山将矿山修复和综合治理列为全市43项重点工作之一，全面落实"三级"包矿和"两级"包片责任制、无死角管控，科学编制绿色矿山建设方案和矿山地质环境恢复与综合治理规划，责令企业按照绿色矿山建设标准加快改造升级，限期达到绿色矿山建设标准，不符合绿色矿山标准的矿山企业逐步退出市场。

第三，因矿施策，疏堵结合。组织市直有关部门，对全市露天矿山地质环境现状进行了全面调查，并编制完成了全市露天矿山综合整治规划报告，为整治工作提供了有力的技术支撑。按照"取缔关闭一批、停产整治一批、修复绿化一批"思路，实行露天矿山"一矿一策"，分类治理。强化重点，综合整治。按照"规划布局合理、生态环境保护优先、开发利用节约集约、安全生产责任落实、保障发展有效供给、结构调整切实优化"的原则，以"停产整治、取缔关闭、优化重组、生态修复、统一标准、督查验收"为主要手段，对全市范围内所有露天矿山和采矿沉陷区开展综合整治工作。

第四，注重创新，探索模式。经过2018年半年多努力，各县（市、区）在实践中大胆创新，积累了很好的工作经验。郏县实施"区内修复、区外补偿"双轨制，要求所有持证生产矿山矿区内无条件修复，矿区外延500米无条件补偿。同时，常绿树种必须在80%以上，成活率必须在70%以上。一年间已累计完成恢复治理 2.16 万亩，植树 200 余万株，其中区内修复 523 亩，无主坑口修复 632 亩，区外补偿 20452 亩，区内和无主坑口修复率 85.2%。宝丰县坚持把绿色发展理念融入绿色矿山建设工作中，按照"谁开采、谁保护""边开采、边治理"原则，督促企业结合环境影响评价报告、地质保护与土地复垦方案、水土保持方案等要求，落实矿山地质环境恢复治理主体责任，对全县 14 座持证矿山进行综合治理，总治理面积 2406 亩，植树 14.86 万株，硬化道路 1020 米，投入资金 4900 万元。通过铁腕治矿、铁腕治污，全县矿区生态环境明显改善。

第五，政策扶持，激发活力。实行资源配置支持政策，符合协议出让的矿业权优先出让给绿色矿山企业。绿色矿山建设用地纳入规划统筹安排，在土地年度计划中优先保障。采矿用地采用协议出让租赁或先租赁后出让的方式供给土地，出让金可在合同中约定分期缴纳。把绿色矿山发展与工矿废弃复垦利用、矿山地质环境恢复治理相结合，增加的耕地指标用于占补平衡的可在全市优先交易。

第六，拓展渠道，争取资金。财政资金在安排地质矿山勘查、矿山环境污染治理等项目时，优先支持绿色矿山企业。行业科研项目和技术经费按规定向绿色矿山建设领域倾斜，为绿色矿山企业培养优秀人才。同时，鼓励社会资本成立各类绿色矿业产业基金，将责任主体灭失的矿山治理与土地复垦、国土绿化、旅游开发、产业发展相结合，按照市场化模式积极引进第三方治理。正面引导，诚信监管。充分发挥新闻媒体和舆论监督作用，组织正面典型宣传，强化反面典型曝光，对在规定时限内、未通过绿色矿山建设验收的矿山，由当地政府组织依法关闭，注销或吊销证照，对既不主动退出，又拒不开展修复治理的矿山企业列入矿业权异常名录，情节严重的列入失信黑名单实施联合惩戒。

平顶山按照"宜耕则耕，宜林则林，宜草则草、宜景则景"的原则，形成了"区内治理、区外补偿"的修复模式。据统计，2016—2019 年，平顶山化解煤炭过剩产能 518 万吨，取缔"地条钢"等违法违规产能 20 万吨，关停落后火电机组 36 万千瓦，整治取缔"小散乱污"企业 9788 家。到 2019 年，已累计生态造林 131 万余亩，森林覆盖率已达 33.2%，城区绿化覆盖率 43.85%，黑色煤城变成"国家森林城市"。

四 小结

在传统发展模式下出现的矿山废弃地，导致了区域环境的污染和景观的破坏，矿山地质灾害和安全隐患，以及矿区地下含水层破坏和土地资源的浪费，甚至是引发其他社会矛盾。近年来，我国矿山生态修复发展迅速，2019 年，自然资源部发布了《关于探索利用市场化方式推进矿山生态修复的意见》，2020 年 6 月出台的《全国重要生态系统保护和修复重大工程总体规划（2021—2035 年）》中，21 处提到"矿山生态修复"。希望在政府主导下，有更多的城市在矿山生态修复中取得更多成功经验，为我国生态环境持续好转作出更多贡献。

第三编

媒体气候传播案例

人民网：传播国家战略，讲好中国故事

中南民族大学文学与新闻传播学院　徐　红　吴植明

人民网（People's Daily Online）创办于1997年1月1日，是世界十大报纸之一，《人民日报》建设的以新闻为主的大型网上信息交互平台，也是国际互联网上最大的综合性网络媒体之一。人民网坚持"权威、实力，源自人民"的理念；以"权威性、大众化、公信力"为宗旨；以"多语种、全媒体、全球化、全覆盖"为目标；以"报道全球、传播中国"为己任。[①]

一　人民网气候变化报道议题

气候变化是全人类面临的严峻挑战，推动经济社会向绿色低碳转型和倡导公众参与低碳行为是我国应对气候变化的必由之路，是推进生态文明建设、经济社会高质量发展和生态环境高水平保护的重要途径。人民网作为我国重点新闻网站的排头兵，对气候变化这一重大时代议题给予了高度重视。

1. 宣传国家应对气候变化的大政方针

中国采取积极的政策来应对气候变化，大力推进生态文明建设，积极贯彻创新、协调、绿色、开放、共享的新发展理念，致力于在推动高质量发展中促进经济社会发展全面绿色转型，生态文明建设与绿色发展理念已经成为中国的国家发展战略和行动指南。人民网作为国家权威官方新闻网站，及时报道并积极宣传党的路线、方针、政策和决议。

（1）2007年十七大以来的中国共产党各次会议中关于生态文明的思想，2015

[①] 百度百科：人民网，https：//baike.baidu.com/item/%E4%BA%BA%E6%B0%91%E7%BD%91。

年中国共产党十八届五中全会第二次全体会议以来的绿色发展的思想；（2）2016年《中华人民共和国国民经济和社会发展第十三个五年规划纲要》、2021年最新的《中华人民共和国国民经济和社会发展第十四个五年（2021—2025年）规划和2035年远景目标纲要》中关于生态文明建设、绿色发展、绿色低碳转型、积极应对气候变化的各项重要指导思想和行动指南；（3）围绕十三五、十四五规划纲要编制的从国家到地方各级政府应对气候变化战略，例如2013年《国家适应气候变化战略》、最近在编撰的《国家适应气候变化战略2035》中关于温室气体排放控制目标、全国碳市场建设、从中央到地方的应对气候变化体制机制完善、参与全球气候治理、持续提升全社会应对气候变化意识等行动战略。（4）2020年9月22日国家主席习近平在第七十五届联合国大会一般性辩论上提出的3060目标，中国将提高国家自主贡献力度，采取更加有力的政策和措施，二氧化碳的碳排放力争于2030年前达到峰值，努力争取到2060年前实现"碳中和"。

2. 报道我国绿色低碳循环发展过程中取得的成就

建立健全绿色低碳循环发展经济体系，促进经济社会发展全面转型，走绿色低碳循环可持续的发展之路，是解决我国资源环境生态问题、应对气候变化的基础之策。人民网一直持续关注、全面报道我国在建立健全绿色低碳循环发展经济体系中取得的各项成就。

（1）健全绿色低碳循环发展的生产体系，包括推进工业绿色升级、加快农业绿色发展、提高服务业绿色发展水平、壮大绿色环保产业、提升产业园区和产业集群循环化水平、构建绿色供应链。（2）健全绿色低碳循环发展的流通体系，包括打造绿色物流，加强再生资源回收利用，建立绿色贸易体系。（3）健全绿色低碳循环发展的消费体系，包括促进绿色产品消费，倡导绿色低碳生活方式。（4）加快基础设施绿色升级，包括推动能源体系绿色低碳转型，推进城镇环境基础设施建设升级，提升交通基础设施绿色发展水平，改善城乡人居环境。（5）构建市场导向的绿色技术创新体系，包括鼓励绿色低碳技术研发，加速科技成果转化。（6）完善法律法规政策体系，包括强化法律法规支撑，健全绿色收费价格机制，加大财税扶持力度，完善绿色标准、绿色认证体系和统计监测制度，大力发展绿色金融，培育绿色交易市场机制。（7）推进碳市场试点及全国统一碳市场建设。碳市场及全国统一碳市场建设，这是我国利用市场机制控制和减少温室气体排放、推进绿色低碳发展的一项重大制度创新，也是推动实现碳达峰目标与碳中和愿景的重要政策工具。中国的碳市场建设为全球碳市场建设，特别是发展中国家碳市场建设提供了中国智慧和中国方案。

3. 报道各地方绿色低碳发展推进状态

国家战略，地方响应。各地方省市县也纷纷行动起来，结合本地资源禀赋优势，探索有特色的绿色低碳发展推进道路。人民网也充分关注到各地方在生态环境保护、污染防治、低碳基础能力建设、产业、能源、交通、建筑等重点领域低碳转型、新的低碳技术与产品的研发、低碳发展体制机制完善、绿色低碳理念倡导等方面的一系列举措，对它们的推进过程予以报道与探讨。

4. 倡导并推进公众参与低碳行动

推动应对气候变化是一项艰苦的公众动员，媒体负有引导的责任。人民网倡导并大力推进公众参与低碳行动，从自己做起，从身边事做起，引导公众在"衣""食""住""行"等日常生活中养成低碳生活习惯，积极践行简约适度、绿色低碳的生活方式。主要包括：（1）垃圾分类减量，通过分类，增加二次回收二次利用；（2）低碳出行，尽量不开私家车，近途走路、骑共享单车，远途搭乘公交、地铁等公共交通工具；（3）网上银行、手机网上充值、网上生活缴费、网络购票、网上预约挂号、网上办理公积金、社保、医保、税务、交管等，充分利用互联网办理个人事务以减少出行；（4）电子发票、无纸化阅读、打印纸双面使用等，减少纸张使用；（5）低碳消费，购买能耗低绿色家电、节水马桶、新能源汽车等，从源头减少能耗；（6）爱用随行杯、光盘行动、有机轻食、自备购物袋、尽量不使用一次性餐具、一次性酒店用品、不买过度包装的产品等，减少浪费。

二 人民网气候变化议题报道策略

人民网以全媒体内容矩阵，多媒体表现形态，多点位双向互动，巩固党媒新闻舆论宣传阵地。在强化新闻内容的同时，加快建设 PC 端、移动端、短视频与微信公众号等多个自媒体平台，增加受众的参与度与好感度。

1. 全媒体内容矩阵

人民网媒体内容主要来源于主站新闻、地方新闻和合作网站。其中，主站新闻来源于人民日报报系和旗下网站，人民日报报系包括《人民日报》《人民日报海外版》《中国汽车报》《中国能源报》《健康时报》《证券时报》《国际金融报》《讽刺与幽默》《中国城市报》《新闻战线》《人民论坛》《环球人物》《中国经济周刊》《民生周刊》《国家人文历史》《人民周刊》，旗下网站包括：国家重点实验室、环球网、海外网和人民图片、人民视觉、人民网研究院、人民慕课；地方新闻来源于全国各个地方省会城市新闻以及雄安新区新闻；合作网站有毛主席纪念堂、周恩来纪念网、邓小平纪念网、工会新闻网、中国侨联、学习强国、中共中央党史和文献研究院、中组部12380举报网、全国哲学社科工作办、旗帜网、国家保密局、科普中国、知识产权。人民日报全媒体内容矩阵汇聚全国各大媒体及各地要闻，内容全面且代表性强，使得新闻来源全面且具有说服力。可以通过网站内关键词检索快速将相关信息检索出来。

2. 多媒体表现形态

人民网多媒体表现形态包括：（1）多语种：主页设置多种语言表现形态，包括英语、韩语、日语等外语以及藏语、蒙古语等中国少数民族语言等多种语言形态，可以最大限度地满足不同地区和国家人民接收新闻信息的需求；（2）多媒体：人民网旗下包括人民网App新闻客户端、强国论坛、网站、报纸等多种媒体形态；（3）多形态：包含新闻、互动、报刊、图片、视频等多种内容形态，精准搜索相关内容，以一流的内容、用户体验为主，做优内容，服务大局，服务民生，贴近群众，第一时间发布相关新闻要点和热点事件，成为新媒体平台舆论的引导者。

3. 多点位双向互动

人民网注重吸收民间智慧，倾听民间声音，解决人民问题。在互动栏开设有领导留言板、强国论坛和维权三个板块，可以在关键词下面检索与"气候变化"相关的互动内容。用户有跟气候变化相关的好的议题与观点可以投稿，强国论坛会将好的议题与观点择优发布（见图1）。有跟气候变化有关的问题可以通过领导留言板和维权反映，人民网在收到信息时会及时处理相关问题并及时将结果反馈给用户，从而实现与用户的双向互动（见图2）。此外，与用户的互动并不仅仅限于互动栏留言板可以反映问题，还可以通过短视频渠道、微博、微信公众号等渠道反映相关问题，实现与用户的多点位互动。

4. 国际国内双视角

人民网立足中国，面向世界。一方面，面向国内积极宣传和报道在生态文明建设和绿色发展中的中国应对气候变化政策、绿色低碳发展成就和对公众的低碳倡导，展示中国作为负责任的发展中大国的形象。据2021年9月6日检索，对中国碳市场的报道有1314314篇，对新能源汽车的报道有1099376篇。另一方面，面向世界积极宣传和报道在全球气候治理中的中国态度、中国主张中国行动和中国担当，推广人类命运共同体这一全球价值观。据2021年9月6日检索，报道中国与联合国环境规划署共同发起成立"一带一路"绿色发展国际联盟，帮助沿线国

图 1　人民网强国论坛投稿（2021/09/06）

图 2　人民网领导留言板互动（2021/09/06）

家建设水电、风能、光伏等可再生能源项目，推动各国共同实现绿色发展的内容就有 1485346 篇。

5. 贴近公众动员公众

人民网在进行气候变化报道时，选择了大量与公众生活密切相关的话题和普通人视角进行报道，将贴近公众生活的内容作为信息生产的重点，报道素材与信息内容尽可能本地化，同时将内容生产搭建于本地生活服务之上，寻找本土化生活搭载内容的落脚点，引起用户的情感共鸣，潜移默化地影响公众形成低碳的生活方式，促进低碳社会的建立。据 2021 年 9 月 6 日检索，关于"低碳生活"的内容 682803 篇，关于"低碳消费"的内容 237313 篇，关于"低碳出行"的内容 950 篇，关于"共享单车"的内容 8428 篇，关于"光盘行动"的内容 5938 篇，关于"垃圾分类"的内容 164379 篇，关于"白色污染"的内容 1087 篇，关于"禁塑"的内容 897 篇。生态环境部宣传教育中心主任贾峰是低碳骑行的倡导人，人民网上就有 4 篇与他倡导低碳骑行有关的内容。网红大 V"冰川哥"关注冰川消融的气候危机事件，人民网上就有 4 篇与他有关的内容。

三 人民网气候变化议题报道效果

人民网的气候变化议题报道对内增进了公众态度与行为，对外提升了国家形象。

1. 增进了公众对国家应对气候变化战略的了解

据 2021 年 9 月 6 日检索，人民网关于"生态文明"的内容 458592 篇，关于"绿色发展"的内容 1404910 篇，关于"双碳目标"的内容 436121 篇，关于"低碳发展"的内容 1365403 篇，关于"低碳生产"的内容 475983 篇，关于"低碳转型"的内容 203836 篇，关于"碳市场"的内容 542846 篇，关于"绿色金融"的内容 360744 篇，这些报道增进了公众对国家应对气候变化的大政方针与行动纲领的了解，生态文明建设、绿色低碳发展理念已成为社会共识。"绿水青山就是金山银山""美丽中国""山水林田湖草是生命共同体""绿色生产""绿色消费""低碳出行""光盘行动"等概念深入人心。

2. 提高了公众应对气候变化的意识与能力

人民网配合国家生态文明建设和绿色发展战略，采取积极态度报道气候变化议题，能够培养社会公众应对气候变化的整体意识，把气候变化的事实、原因和影响、适应和减缓的科学措施传递给受众，提升公众应对气候变化的意识和能力，建立起"应对气候变化"与"低碳生活""绿色消费""循环利用"之间的联系，让公众了解自己可以通过哪些方式和途径节能减排，以进一步落实到行动中。在了解和认同的基础上，公众对人民网气候变化相关的信息报道进行评论、转发，从而形成有效的二次传播。

3. 塑造了中国应对气候变化正面国家形象

人民网贯彻习近平"讲好中国故事，传播好中国声音，展示真实、立体、全面的中国"以及"构建中国话语和中国叙事体系,用中国理论阐释中国实践,用中国实践升华中国理论,更加充分、更加鲜明地展现中国故事及其背后的思想力量和精神力量"等重要指示,多语言对外报道我国有关气候变化的国家战略、绿色低碳发展成就和公众行动,体现了中国在气候变化国际治理体系中重视人类命运共同体这一全球价值观,将中国准确定位为"发展中大国"的国家话语,"发展"强调我国作为发展中国家,有权利在贸易、碳减排等领域享受发展中国家的待遇,"大国"强调中国在应对气候变化中的责任担当。

四 人民网气候变化议题报道特色

人民网作为我国重点新闻网站的排头兵,它在气候变化议题报道上的特色对同类媒体具有推广借鉴价值。

1. 发挥权威媒体优势与融媒体功能

人民网充分发挥了"权威性、大众化、公信力"的媒体优势和全媒体内容矩阵、多媒体表现形态的作用,通过全媒体内容矩阵提供反映气候变化的媒体内容,全方位、多视点地宣传与报道中国应对气候变化的大政方针、中国企业及地方绿色低碳发展成就和公众参与低碳行动,通过关键词搜索快速选取用户感兴趣的内容,通过新闻、互动、报刊、图片、视频等多媒体表现形态来呈现气候变化内容,既发挥了主流媒体的权威性、大众化与公信力,又体现了网络媒体的时效性、多样性与全球性。

2. 体现双向互动沟通特色

充分体现人民网多点位双向互动的特色,征集民间投稿与建言、解决用户反映的现实中存在的问题、与用户进行情感交流。首先是议题与观点互动,通过稿件征集,发现民间人士对应对气候变化议题的建言献策,发现好的议题与观点,人民网在进行审核后择优发布;其次是问题互动,用户可以通过领导留言板、短视频渠道、微博、微信公众号多渠道反映问题,人民网会根据用户反映的相关问题逐条核实并采取相应的解决措施给予回应,促使问题的解决;最后是情感互动,人民网通过直播和短视频的方式与用户进行感情交流,通过弹幕评论近距离与用户沟通,倾听用户心声。

中新社气候大会报道:"跳出气候看气候"

中国新闻社 李晓喻

中国新闻社,简称"中新社",是中国以对外报道为主要新闻业务的国家通讯社,是以海外华侨华人、港澳同胞、台湾同胞和与中国有关系的外国人为主要服务对象的国际通讯社。中新社建有多渠道、多层次、多功能的新闻信息发布体系,每天24小时不间断向世界各地播发文字、图片、视频、版面、图表、网络、新媒体等各类新闻信息产品,用户遍及五大洲一百多个国家和地区,形成了涵盖海外主要华文媒体的全媒体客户网络。

中新社是亚洲上网最早的中文媒体之一。1995年,中新社在香港分社上网,中新社的稿件从此进入国际互联网。1999年1月1日,中新社总社在北京开办中国新闻网,简称"中新网",是中央重点新闻网站。

近年来,中新社已成为中国气候传播的一支重要力量。

一 中新社气候大会报道的主题

近年来,气候变化所带来的危害已经严重威胁人类生存。作为负责任的大国,中国始终高度重视气候变化问题,积极参与气候变化国际谈判,并且作出了重要贡献。随着中国持续加强生态环境保护和节能减排,中国在应对气候变化方面的领导力和影响力也日益提升,受到国际社会高度关注。

自2009年到2019年,中新社对联合国气候大会(以下简称"气候大会")的报道共186篇,结合报道内容,报道主题主要分为以下几类:气候大会进程动态;中方参会立场及行动;中国推动国内节能减排的措施及成效。

其中,气候大会进程动态的报道居多,共108篇;中方参会立场及行动相关的报道次之，共55篇；中国推动国内节能减排的措施及成效的报道23篇。

具体说，对气候大会进程动态的报道数量历年起伏较大，这与某届气候大会本身的重要性有关，有里程碑性质的成果需要达成、气候谈判面临关键节点的"大年"发稿数量往往较多。如2012年多哈气候大会是《京都议定书》第一承诺期结束、讨论2020年后应对气候变化措施的"德班平台"开启的关键节点，外界关注度高，中新社发稿密度也随之加大，接连发出《综述：发达国家"一退再退"多哈谈判艰难启程》《专家展望多哈气候大会：三项议程期待突破》《〈京都议定书〉新承诺期谈判几无进展》《综述：气候谈判遇"三重大山"多哈期待部长"破局"》《多哈花絮：主席笑点"鸳鸯谱"美国邀功"泄天机"》《多哈大会：发达国家不愿出钱　南南合作展开"气候自救"》《多哈谈判冲刺　基础四国亮出三大底牌》《关键议题僵局未解　气候谈判或再入"加时"》《2分钟突破2周障碍　多哈气候大会"戏剧"落幕》等19篇消息、综述稿件，完整呈现了多哈气候大会从开始到谈判陷入僵局再到漫长延期后艰难落幕的全程。

再如，2015年巴黎气候大会需要达成新的协议，敲定2020年后应对气候变化的国际机制，是人类应对气候变化合作进程中的关键节点，全球高度关注。中新社从大会开幕前就发出《巴黎气候谈判大幕将启　147位元首助力气变"新秩序"》前瞻稿，大会开幕后又接连发出《巴黎气候大餐"备料"完毕　等待"烹调"》《巴黎谈判首周盘点：进度顺利进展不足》《气候谈判通宵鏖战　巴黎"力拼"准时闭幕》《巴黎气候大会最后阶段：欧美联手推出"雄心联盟"》《巴黎协议尘埃落定　人类应对气候变化迈出"历史性一步"》等解读分析稿。

对中方参会立场及行动的报道，初期主要集中在"焦点人物"、时任中国代表团团长、中国气候变化事务特别代表解振华身上，以解振华之口传递中方立场和态度。如《巴黎气候大会受阻四大分歧　解振华给出中国方案》《解振华：中国不和"穷哥们"争钱　南南合作资金明年翻番》《澳大利亚要中国"做得更多"　解振华：他们该做好自己的事》《解振华：气候谈判不追求"零和"》《专访解振华：中国将如何改善全球气候治理"大气候"？》等。这些稿件均着眼于展现中国推进全球气候治理的坚定立场和贡献。从2016年起，开始关注中国代表团"群像"，发出了《在史上最长气候大会为中国谈判的年轻"老兵"们》等稿。

相比之下，中国推动国内节能减排的措施和成效是中新社在气候大会期间报道总体最少的。2016年起，随着中国加大节能减排力度，这类报道开始逐渐增加，如《马拉喀什浮现中国应对气候变化"全景图"》《中国减排成效在联合国气候大会获多方点赞》等。

二 中新社气候大会报道的策略

中国新闻社作为中国两大国家级通讯社之一，近年来主动适应时代发展趋势，不断调整报道策略，逐渐形成了全方位、立体化、国际化的报道格局，在构建国际话语体系方面发挥了至关重要的作用。特别是2009年联合国哥本哈根气候大会后，中新社在气候变化报道上开始密集发力，持续深度参与气候大会报道并取得良好传播效果，获得中国政府气候谈判代表团和业内的肯定。

从多年实践来看，中新社气候变化报道的策略体现在以下几个方面：

1. 视野国际化

气候变化从来就不是简单的环保议题。在世界身处百年未有之大变局之际，应对气候变化已越来越多地被涂染上了政治色彩，成为大国博弈的又一焦点。

当前，外媒有关气候变化的报道往往试图放大社会各界在气候变化问题上的争议，把科学议题政治化。因过于强调一方论调而挞伐另一方观点的现象，必然会加重气候变化报道的两极化。

但气候变化又绝非小事。气温升高将导致地球南北两极冰川融化，全球海平面上升，一些沿海国家和地区将有被海水淹没的危险，还将导致部分生物数量减少甚至濒临灭绝，使生物链遭到破坏，给整个地球的生态环境乃至人类的生存与发展带来巨大冲击。

在此情况下，做好气候变化报道尤其要注意视野的把握。既要守土有责、及时发声，详细介绍中国的立场和行动，澄清外界对中国有意无意的误解甚至曲解，又要认识到在有关气候变化错综复杂的国际谈判和国家间的利益博弈之中，各国有不同的政治关切和基本立场是正常的，不能片面关注"唇枪舌剑"，过度放大争议性话题，背离了促使各方团结合作，共同应对气候变化的宗旨。只有尺度得当，分寸适宜，才能收到良好传播效果。

中新社在报道气候大会时一直注重从全球气候治理的角度出发进行报道，注意反映不同国家的观点和关切。例如，2014年利马气候变化大会按议程进入"最后一天"时，中新社没有按照以往多数中国媒体的做法，单从中国视角观察，而是戴上"广角镜"，立足全球视野，发出《利马气候大会料再延期 "气候外交"升温》一稿，从各国密集开展"气候外交"角度切入，对中国、美国、澳大利亚等此次气候大会上备受关注的国家做了重点报道，将气候大会已取得的进展、各方主要分歧、与会者为解决分歧所作出的努力清晰展现给受众，收到良好传播效果。

再如，2015年《巴黎协定》达成后，中新社除及时发出动态消息《巴黎协议尘埃落定　人类应对气候变化历史性一步》外，还配发了解读《巴黎完成低碳使命　全球气候治理迎"新起点"》，回顾了此次气候大会谈判进程和《巴黎协定》达成的过程，以及该协定达成对全球共同应对气候变化的意义，指出通过结束一系列艰难谈判而形成的《巴黎协定》为全球应对气候变化树立了一座里程碑，迈出了人类应对气候变化新进程的第一步。

2016年，对气候变化持反对立场的特朗普当选美国总统后，马拉喀什气候变化大会一开幕就人心惶惶。中新社第一时间采访到中国国家应对气候变化战略研究和国际合作中心副主任邹骥、德国波茨坦气候影响研究所创始人兼所长舍尔恩胡伯、联合国环境规划署观察员等中外专家以及多国代表团成员，发出《特朗普接棒美国总统"搅动"马拉喀什气候大会》《中外气候专家：特朗普当选美总统无碍全球气候治理"大气候"》两稿，从不同角度表现了特朗普当选给全球应对气候变化进程可能带来的影响。

2. 文风轻松化

轻松的文风能够唤起人们对气候变化议题的关注和兴趣，并加深对该问题的理解。经过几十年发展，中新社已形成以"长话短说、官话民说"为特色的"中新风格"，在气候变化报道中体现得尤其明显。

对气候变化带来的影响，如果只聚焦中长期社会经济可能发生的变化，可能会让人有"隔靴搔痒"之感，认为气候变化的后果离自己还很遥远。记者应善于将气候变化与日常生活紧密联系起来，让受众有更直观的感受。

如针对极端天气频发，中新社没有仅报道现象本身，而是转换视角，发出《气候变化让人"无处可逃"　专家热议如何自救》一稿，从受众关心的角度，报道极端天气产生的原因和机理，对生产生活可能造成的影响，如何防范。该稿发出后获国内近百家网站转载，取得了良好的传播效果。

再如2012年多哈气候变化大会上，中新社采写的《多哈气候"混战"，"基础四国"抱团》《多哈谈判冲刺　基础四国亮出三大底牌》等系列稿件，没有引用太多文件和官方表述，而是用简洁明了的语言和大量直接引语，将基础四国与欧美等发达经济体之间在资金、德班工作平台计划、《京都议定书》第二承诺期的法律效力等问题上的分歧解释得清楚明白。

2013年华沙气候大会上，围绕发展中国家与发达国家南北两大"阵营"在资金问题等方面激烈的分歧，中新社巧选角度，以欧盟女谈判代表康妮·赫泽高和委内瑞拉美女谈判代表克劳迪娅·萨勒诺二人在大会上的激辩切入，发出《气候谈判延期闭幕 南北阵营"双姝对决"》一稿。这篇通讯用近乎口语的风趣语言，以白描的手法展现了两位身处不同阵营的女谈判代表多个回合唇枪舌剑的交锋，并以此折射出两大阵营针对资金、技术转让等核心议题的角力和博弈，可读性强。

3. 善用新媒体

在传统媒体和新媒体加速融合已成大势所趋之际，进行气候变化报道时也应善于利用"他山之石"，创新报道形式，给报道"加点料"，增强可读性，使之不致单调乏味。例如，运用音频、视频等多种报道形式，可使气候变化报道更加立体；使用微博、微信等新媒体手段，可使报道更适合互联网时代的需要，起到更好的传播效果。

中新社在报道联合国气候大会时就采取了这一策略，充分利用微博、微信、抖音、快手等多种传播手段协同发力，实现传播效果最大化。

马拉喀什气候大会上，针对中国代表团团长解振华马拉喀什首次发声、大会闭幕等备受关注的热点，中新社第一时间发出网稿，借助中新网的传播力，成为国内报道最快的媒体。

中国政府气候谈判代表团是气候大会上最受关注的一群人。对此，中新社提前策划了"揭秘中国气候谈判代表"一稿，全程跟踪了中国代表团团长解振华在气候大会上的普通一天，并深入采访了多位代表团成员，写出《厉害了！记者亲历，揭秘中国政府气候谈判代表团》微信稿，细致展现代表团成员在气候谈判中生动鲜活的经历，在中国各大央媒中系独家报道。

再如，在2019年马德里气候大会上，中新社综合运用Vlog等新报道手段，发出《揭秘：谁在为中国谈判?》微信稿，采访了中国代表团多位成员，详细报道了气候大会中国代表团人员基本情况、代表们夜以继日、真实感人的谈判经历。该稿不仅在"国是直通车"微信平台上取得了不错的阅读量，也获得了中国代表团的认可。

三 中新社气候大会报道的效果

中新社通过多种传播方式，向海内外介绍中国在应对气候变化领域付出的努力和取得的成就，唤起公众对气候变化问题的关注，收到良好的传播效果。

多年来，中新社针对联合国气候大会的报道不仅获得国家发改委和前任中国政府气候谈判代表团团长、中国气候变化事务特使解振华本人的认可和肯定,还在香港《明报》、巴西《南美侨报》、菲律宾《世界日报》、美国《侨报》《欧洲时报》等海内外多家中文报纸落地。

由于切中海内外关切,自 2009 年至今中新社对气候大会报道的外报采用率都在 70% 以上。2015 年为 72%,2016 年达到 83%,2018 年进一步升高到 88%,绝大多数都有落地。这一采用率在中新社整体报道中属于较高水平。

出于对中新社气候大会报道的认可,国家发改委连续多年与中新社合作,在气候大会期间中国角举办边会,这在中国媒体中只此一家。

四 中新社气候大会报道的特色

综合分析中新社对气候大会的报道发现,特色主要有以下几个。

其一,报道体裁丰富。既有"短平快"的消息,也有篇幅相对较长的通讯、综述、评论。其中分析解读类稿件占主要地位,能够加深受众对气候大会的了解。

其二,擅长"翻译",视角和文风贴近受众。气候变化报道归根结底要实现两个目的,一是要提高认知度,增进公众对气候变化问题的了解;二是要唤起紧迫感,促使全社会共同采取行动应对气候变化。但气候变化问题专业性、科学性强,要达到上述两个目的需要一定的报道策略。中新社在气候大会报道中擅长"翻译",一方面用关联的眼光和发散的思维,把看似偶然的气候变化现象"翻译"成与公众切身利益息息相关的问题;另一方面把晦涩难懂的专业话语"翻译"成通俗易懂、轻松活泼的语言,让公众愿意看、能看懂。

其三,报道对象丰富多元,视野开阔。作为外宣媒体,中新社在气候大会报道中视野开阔,不仅报道政府代表团,也报道企业、公众、NGO 等其他与应对气候变化关联的主体;不仅报道中国,也关注其他发展中国家的诉求;不仅聚焦气候大会达成的共识、取得的成果,也客观呈现各方的矛盾分歧。

其四,善于议程设置。做好气候变化的国际传播,不仅要从科学、政治和国际治理三个维度来充分认识这个问题,也要考虑由于世界各国在气候变化中受到影响的不同、在治理体系中诉求的不同、应对方式的不同等因素,报道面临较为复杂的局面。中新社在气候大会报道中着力加强议程设置,提前做好报道策划,尤其是注意结合中国重大战略做好气候议题的设置工作,加强对有中国特色的概念、理论和创新实践的解读、阐释,为发展中国家发声。

中国天气网：气象数据可视化传播

中国传媒大学人文学院、中国气象局中国天气·二十四节气研究院　张永宁

中国天气网（www.weather.com.cn）是由中国国家气象局倡议成立，面向社会和公众、以公益性为基础的气象服务门户网站，网站以传播气象信息、服务防灾减灾为核心职责，集成中国气象局下属各业务部门的最新业务服务产品和资讯，目的是为公众提供专业、权威的核心门户气象信息服务和相关信息。可以说，基于防灾减灾，提升公众的生活质量为目的科普传播是中国天气网资讯的重要发展方向，其中，气候资讯和服务传播都离不开围绕数据的挖掘和分析。

一　中国天气网数据内容丰富

气象行业每天都在产生大量而丰富的数据。中国气象局的气候数据时间跨度在 70 年左右，已经保存的数据量在 4—5PB，每年大概增加数百 TB。气象数据的要素也非常多样，既包括平均气温、最高气温、最低气温、降水量、风速、地表温度、日照时数等气象要素，还包含特殊天气统计数据集和极端气候历史数据。

这些经长期累积的气象数据逐渐显露出传播价值。气象数据相对全面、真实、客观、准确，可信度和使用价值很高。在大数据时代，如果深入挖掘数据，将对气候传播大有裨益。同时，气候行业报道面临公众认知门槛高，科普难度大的问题，迫切需要加强数据挖掘和可视化技术在气候科普上的应用，从而提高传播的效度。

气象行业一直生产气候科学可视化产品，例如天气预报图、天气实况图等，但这些图形更偏重对科学数据的处理，图形语言是中性的，只是客观地描述气象预报或实况。而社会公众更倾向于通过数据可视化快速高效获取有价值的气象专

业信息，了解来龙去脉、原因或未来发展趋势。

因此，从海量的气象数据中挖掘、分析提取相关信息，运用可视化的方式表达信息，制作出有深度、有价值又低门槛的气象数据可视化作品是满足公众对气象专业信息的需求，提升气候科普水平的必由之路和有效手段之一。

二 中国天气网气象数据可视化传播策略

在大数据行业日益发展的形势下，2016年3月，中国天气网成立了国内首个气象数据新闻栏目《数据会说话》，并成立了首个气象数据可视化工作室。该栏目致力于分析气象大数据背后的事实，寻找社会热点新闻背后的天气真相，积极创作与民生日常生活紧密联系的新闻作品，科普气象冷知识，将枯燥的数据变成形象可读的新闻，以生动形象的展示方式分析冷门晦涩的气候传播相关现象与知识，有效提高气候科普传播的水平。截至2021年8月，该栏目已经出版气候传播作品150多期，在业界和社会形成了良好的品牌影响。

概括起来，中国天气网的气象数据可视化传播有如下三个特点：

1. 以话题为驱动挖掘气象数据

气象数据是自然运行产生的，并不是人类行为的数据，因此，它不自带社会话题，简单的晴雨气温预报早已无法满足公众的需要。这就需要数据的挖掘应以话题为出发点，将视角延伸至社会生活的方方面面，缩小天气与公众的距离，在大众化中保持专业性，通过专业性让大众化传播更有力度。中国天气网《数据会说话》栏目在选题策划时都会遵循"一冷一热"原则，即通过气象数据的深入分析挖掘出不为人所广泛知晓或出乎意料的独家而有趣的"冷知识"，让公众对气候传播产生更多的兴趣，同时让信息传播增量；同时，还紧跟社会热点，社会事件、节日、节气、生活等都会积极关注。截至目前，栏目的选题很多都"跳出"了气象圈，内容包罗万象，例如《气候会影响奥运金牌分布吗？》《暴雨和高温是怎么影响我们的菜篮子的？》《气候变化你喝的葡萄酒味道变化了吗？》《大数据教你应对高考"意外"天气》《数据揭秘：气温降1℃关跑步什么事儿？》《2018武汉樱花花期预报出炉 3月中旬可赏樱》《全国蒸桑拿地图出炉 大江南北谁是焖蒸第一》《五一热门旅游城市晴雨表出炉》等。通过挖掘恰当的信息切入点，让信息本身更有新意，打破了公众对气象感知刻板、陌生的印象，让数据更接近地气。

例如，中国哪里产的葡萄酒的品质和口味最好呢？这是人们酒桌上热议的一个话题。酿制葡萄酒的葡萄深受气候条件影响，只有当气温、光照、降水等天气条件都恰到好处时,才能收获优质的原料。随着气候不断变化,我国葡萄酒生产区域和口感正在悄然发生变动。《气候变化 你喝的葡萄酒味道变化了吗?》告诉我们:近一百年来,中国年平均气温约上升 0.5℃—0.8℃,酿酒葡萄的适宜种植区将向北推进 100 千米—160 千米。50 多年来,适宜酿酒的葡萄生长的区域,正继续向更北的东北、西北推进,新疆北部、黑龙江、吉林、内蒙古等地成为葡萄酒新产地。这个选题有话题性,非常有趣,又与气候变化信息科普点密切相关。①

2 "气象+"数据融合,开拓行业气候传播新视角

气象与人的日常生活紧密相关,吃穿住用行都受到天气影响。在世界各国的经济生活中有不少行业,与天气的变化息息相关,如农业、交通业、建筑业、旅游业、销售业、保险业等。如果主动打破"数据壁垒",将气象大数据和行业数据进行融合分析将会产生更大的价值和意义。中国天气网《数据会说话》栏目在设立之初就树立大气象的思维,开创国内气象跨行业数据新闻的先河。栏目从气象高敏感度的交通、电力、航空、餐饮等多个行业入手,精心制作气象与行业数据融合深度分析的数据新闻。

例如,2017 年中国天气网与飞常准合作,通过气象与机场航班数据的交叉关联分析,发现最易受到恶劣天气影响的机场、不同机场受恶劣天气影响的类型及时间等,同时还预测了 2017 年夏季全国机场可能遭遇的恶劣天气等。② 这样的数据新闻不仅为公众提供服务,也为分众行业发展提供了有独特价值的信息,对公众和行业都有极高的指导意义,推出后在行

图 1 《中国旱涝五百年》H5

---

① 中国天气网:《气候变化 你喝的葡萄酒味道变化了吗?》,https://m.weather.com.cn/mtqzt/3015643.shtml。
② 中国天气网、飞常准:《强降雨对机场航班影响分析报告——以 6.22 北京暴雨下首都机场运行情况为例》,https://www.weather.com.cn/zt/tqzt/2731032.shtml?1499818440350#p=1。

业内和受众中引起了强烈反响。

3. 挖掘古气候数据研发《中国旱涝五百年》交互产品

中国天气网与国家气候中心合作，开拓古气候可视化科普产品研发，将气象科研成果科普化，制作全国首个古气候数据可视化科普作品《中国旱涝五百年》H5[①]，该作品包括电脑端和移动端两个版本，首次通过交互可视化的形式深度挖掘和分析从明朝至今（1470—2018年）各省份的旱涝气候变化，展示549年来我国经历的旱涝气候变化规律，挖掘那些重大旱涝灾害事件及其社会历史影响，为当代社会应对旱涝灾害提供借鉴。作品运用融媒体手段糅合可个性化体验的互动地图、交互可视化图表、gif动图、老照片、图片和文字等视觉元素，可支持查看任意一年旱涝状况，80余个重点城市五百多年间的旱涝气候变化及重大历史事件。以新颖的形式向公众科普549年间全国旱涝时空规律和分布格局，解释我国自古以来旱涝频发的原因，阐释旱涝灾害对社会生活、历史变迁以及经济发展的影响。该作品是国内首个古气候交互可视化科普作品，将气候变化研究"翻译"为新媒体传播的网络科普作品。它以"气象+"科普理念，融合历史、气象、大数据、水利、地理、可视化、防灾减灾等多领域知识，在解读旱涝气候变化中融入社会生活新视角。

4. 用形式多样的可视化表达跨越传播障碍

可视化是数据新闻中一个非常重要的组成部分。人眼处理图形的速度是文字速度的100倍，可视化的好处是非常直观，克服了语言和文字的障碍，便于受众理解、记忆，这对于有认知门槛的气象等行业数据来说尤其重要。中国天气网数据可视化栏目突破传统平面数据罗列的资讯模式，每一期都将气象大数据进行可视化创作，而且形式不断创新，建立了可看、可听、可互动的气象数据可视化传播模式，目前已经尝试的形式有信息图、H5、视频、动态图表、交互网页、音乐、动画等，形式多样。

例如，针对中国气候是否正在变化的话题，中国天气网可视化栏目制作了一期《中国66年气温变化历程》[②]的大数据新闻，产品以气象大数据为基础，数据量上万条，将全国各地1951—2016年的气温变化以视频动画、音乐、交互H5等多形式展示出来。近40秒的地图视频里，完整展现了66年来每年全国气温变化

[①] 中国天气网、国家气候中心：《中国旱涝五百年》H5，http://tq121.weather.com.cn/sciname/modules/datanew/pc/index.html。

[②] 中国天气网：《中国66年气温变化历程》，http://news.weather.com.cn/2017/11/2793913.shtml。

的情况，一反数字的枯燥，形象震撼。该产品还首次尝试将气温的变化以音乐形式展现，将31个省会级城市气温变化数据进行音乐转化。此外，每个网友还可以查询全国各地级市的气温变化情况。通过这种可以听觉、视觉、触觉结合的数据新闻，讲透了中国气温变化的故事，起到了很好的科普作用。

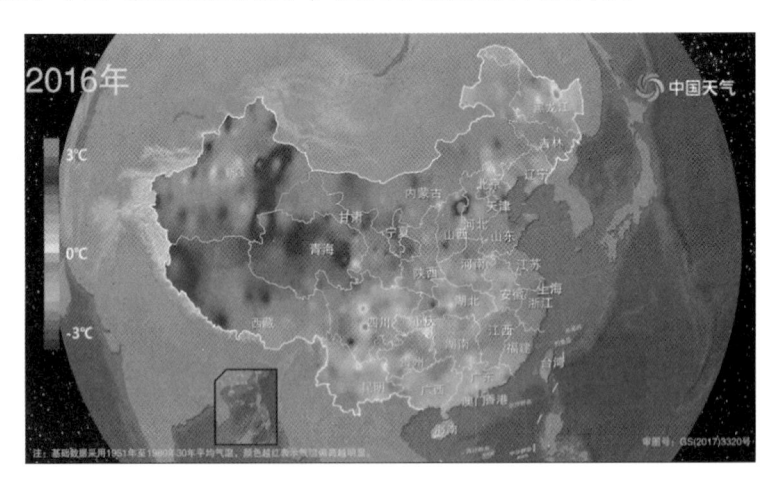

图 2 《中国 66 年气温变化历程》截图

三 中国天气网气象数据可视化传播效果

《数据会说话》栏目创建五年以来，充分发挥了气象数据在防灾减灾、气候传播、生活服务、行业服务等方面的作用，取得了良好的社会效益和经济效益。

1. 社会效益

（1）传播影响广泛：多期作品成为社会热议的"现象级"产品，单期作品阅读量超过300万。产品被中央电视台、《人民日报》全媒体平台、新华社等重量级平台重点密集推荐外，几乎覆盖了门户网站，产品收录进"百度百科"词条，切实提升了公众气候变化意识，是中国气候传播的一个重要平台和生产机构。

（2）获得权威认可：栏目的气候传播产品获得中国科协、中国气象局中国科技新闻协会等机构认可，获得"十大网络科普作品"和"十大气象科普作品"两个省部级奖励，还获得20余个厅局级科技奖项。

（3）登上国际平台传播中国气候传播声音：中国天气网的气候传播产品两度登上联合国气候大会，还进入东盟博览会国际大展，用扎实的数据和通俗易懂的可视化产品向世界传递中国的气候变化声音，提升中国气象科普的影响力和权威性。

2. 经济效益

2018年起，作品实现版权付费定制，经济价值开始显现。中国天气网与气候变化 NGO、航空集团等相关机构开展战略合作，引入更多资源支持栏目产品定制和推广，推动更多的行业关注中国气候变化传播。

四　中国天气网气象数据可视化传播特色

中国天气网在业界有良好的权威的品牌形象，作为综合性门户网站有着多矩阵传播格局，在气象服务、气候传播方面的预警预测、民生服务、气象科普等领域发挥了良好的示范作用。《数据会说话》科普专栏的气象数据可视化传播实践，对其他媒体气候传播有可供借鉴的推广价值。

1. 数据可视化让气候传播深度化

当前，海量的大数据容易造成有用信息被淹没，用户阅读习惯碎片化。在气候传播中，连篇累牍的数字可能导致信息理解难度大，主体信息不突出，而简明清晰的数据图表或动画视频更能吸引受众注意力。同时，通过气象数据的深入分析，可以挖掘出不为人所广泛知晓或出乎意料的气候变化"冷知识"，增强气候传播的深度，从小角度中瞥见气候变化的大主题，视角新颖。

2. 数据可视化让气候传播通俗化

随着互联网的快速发展，气候传播的视觉传播时代已经到来，图形、表格、地图、漫画动画以及视频等各种可视化形式可以提高气候信息传播的效率，能够化繁为简，增加信息可读性和趣味性。同时，气候数据可视化可以跳出"气象"，关注气候变化相关的各个领域，通过"气候+"大数据融合分析，公众可以真切感知气候变化对自身生活、健康等各方面的影响。例如，中国天气网针对气候变化对葡萄酒的影响，制作了《气候变化你喝的葡萄酒味道变化了吗？》数据可视化图表，作品将气候数据和葡萄酒生产相关数据融合分析，直观告诉公众我国葡萄酒生产区域和口感正在悄然发生变动，在葡萄酒行业和公众中引起强烈反响。

3. 数据可视化让气候传播互动化

数据可视化可以增加公众在气候传播中的互动性和参与性，可以打通公众气候变化认知的"最后一公里"，从而让气候变化课题变得不再遥远和晦涩，而是具体可感。例如，中国天气网制作了《你家四季变长还是短了？》交互数据可视化，网友可以直观看到全国春夏秋冬四季长度的变化，还可以查询自己所在地区的每个季节的长短变化，气候变化的问题转化为可以感知可量化可看得见的，网友对于气候变暖的事实认知更加深刻。

《中国环境报》：专业化视角报道气候变化

中国环境报社　张春燕　张　倩　杜宣逸

《中国环境报》是由国家生态环境部主管，中国环境报社主办，是全球唯一一张国家级的环境保护报纸，为国家环境保护部直属的新闻机构。创刊30多年来，始终坚持以"防治污染，改善生态，促进发展，造福人民"为宗旨。《中国环境报》立足环境保护，面向环保战线广大职工、社会各阶层读者，宣传我国环境保护基本国策，促进环境与经济协调发展；加强环境教育，不断提高全民族的环境意识；宣传环境法规，加强环境管理意识；宣传先进的环保科技成果，推进环保产业的积极发展；展示环保先进行为的单位、企业、个人，推广先进性和示范性的团体及个体。《中国环境报》权威发布党和国家有关环境保护的方针、政策、法律、法规，监督环境违法行为，报道防治环境污染和保护生态的动态和经验，传播国内外环境保护相关知识、技术，反映公众的意见和要求，聚焦环境热点、焦点问题。

为表彰《中国环境报》在促进中国环境保护事业发展中所作出的卓越贡献，联合国环境规划署在1985年"世界环境日"之际，授予《中国环境报》银质奖牌；1987年又授予《中国环境报》"环境保护全球500佳"称号。2018年03月，《中国环境报》获得第三届全国"百强报纸"。2019年12月7日，入选中国产经媒体"微信原创传播力指数"TOP10。

自2018年应对气候变化职能转入生态环境部后，作为生态环境部主管的国家级报纸，中国环境报社将应对气候变化作为宣传报道的主要内容之一，通过《中国环境报》媒体矩阵下属报纸、网站、官方微信公众号、官方微博号、应用程序（App）、学习强国·强国号、今日头条·头条号、知乎、抖音等多平台，就不同类型、不同领域的气候变化新闻产品进行传播,形成了具有连贯性和系统性的宣传阵势,内容涵盖了应对气候变化的政策宣传、文件解读、专家访谈、科普介绍等。

一 《中国环境报》气候变化报道主题

为了更好地说明《中国环境报》在气候传播上的特点,本文选择了2021年中国环境客户端发布的报道为研究样本。其数据来源于中国环境报社融媒体中心统计数据库,检索标题关键词为"气候变化",符合该关键词的报道总数为285篇,其中《中国环境报》原创文章108篇,中国环境客户端转载、编发的相关部委和全国主流媒体对气候变化的报道177篇。

在议题分布方面,依次为科学知识普及与专家观点、气候变化会议与论坛、中方立场观点和行动、气候变化调查与报告、气候变化现象影响与应对、气候变化国际合作与声明、地方行动和企业做法、他国立场和应对措施、其他共9个类别。

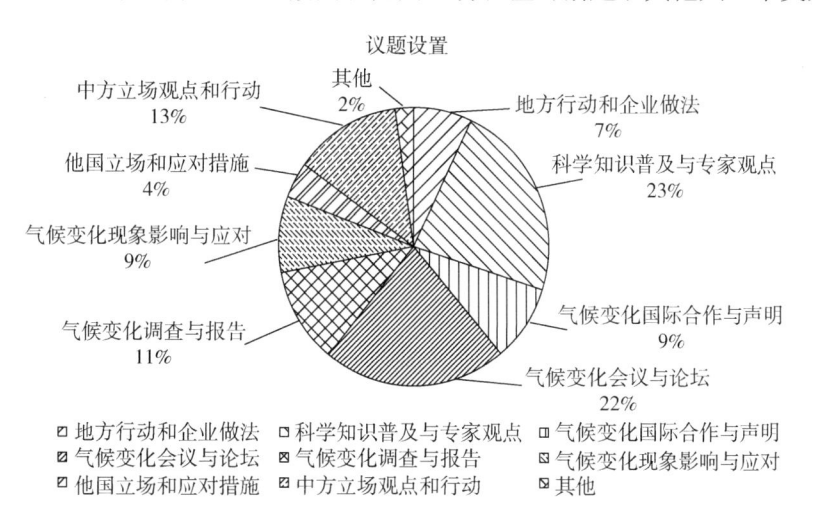

图1 《中国环境报》气候变化报道主题

从议题设置可以看出,报道内容"热度"最高的议题是科学知识普及与专家观点(23%),其次是气候变化会议与论坛(22%)、中国立场观点和行动(13%)等,这与2021年的新闻热点事件较为匹配。

为了让公众在气候科学信息方面有更多清晰认知,媒体需要帮助公众理性认识气候变化风险,理解中国政府为应对气候变化作出的努力以及"双碳目标"及其行动。正因如此,《中国环境报》用大量报道进行科学常识普及,采访各行各业专家,从社会的方方面面对气候变化进行立体而全方位的解读。

从内容分析来看，2021 年议题较为集中的报道与当年的热点事件发生时间高度匹配。2021 年 3 月正值全国两会期间，《中国环境报》客户端刊发了多篇代表委员有关气候变化的提案建议。如原创报道《两会看产业｜全国政协委员李永林：推进完善碳交易市场　加快气候变化顶层立法》《两会看产业｜全国政协委员达建文：积极应对气候变化　做好碳达峰、碳中和》《连线全国人大代表胡季强：推进氢能源产业发展　积极应对气候变化》，以及编发报道《两委员联名提案呼吁：提升青藏高原气候变化适应能力刻不容缓》等。

第 26 届联合国气候变化大会于 2021 年 11 月 1—12 日在英国格拉斯哥召开。为做好气候大会谈判，中国政府进行了详尽准备。对媒体而言，贯穿全年的一项重要议题是及时传达与气候变化相关的资讯，包括会议、会见以及国内外披露的报告以及专家声音。

围绕格拉斯哥气候变化大会，中国环境报进行了全面报道。如提前进行预热报道《联合国气候变化大会今天开幕，你需要提前知道这些事》《cop26 气候大会对全球到底有多重要》《cop26 前瞻：在"凛冬"将至的欧洲展望全球能源转型》。在会议开始后，中国环境报社因派出记者前往格拉斯哥，从前方发回来客观中立的报道，清晰明确地表达了中方谈判立场，如《"应对气候变化，所有国家都要同舟共济"——中国气候变化事务特使解振华回应 COP26 热点问题》《格拉斯哥的"重要一步"》。同时，中国环境报社后方编辑部门主动策划、采写、编发了《本报独家专访环科院碳中和研究中心首席专家阳平坚：切实落实承诺，坚持各尽所能，更好应对气候变化》《中国应对气候变化"不够有雄心"？汪文斌举数据回应》等多篇报道，为应对复杂国际形势，有理有据发出中国声音，并对西方发达国家不实言论和观点进行了有力驳斥。

2021 年，我国共发生 42 次强降雨过程。其中，7 月 17—23 日，河南省遭遇历史罕见特大暴雨。7 月中下旬至 8 月，山西晋城、湖北随县、陕西蓝田等地出现极端强降雨。《中国环境报》客户端及时对极端天气进行关注，报道了《山西强暴雨追踪：专家表示极端天气未来将趋于常态化》，警醒人们气候变化就在身边，并转载编发了《专家认为德国洪灾或与气候变化有关》《欧洲多地遭遇极端天气　专家呼吁积极应对气候变化》《世界气象组织：气候变化导致极端天气增多，早期预警挽救生命》等多篇报道。

二　《中国环境报》气候变化报道策略

气候变化问题是当下十分重要的热点话题，它涉及科学、政治、经济、社会、外交等多个方面。对新闻媒体来说，报道好气候变化问题需要处理好几层关系。一是在国家利益和社会经济可持续发展方面，要把握好宣传尺度；二是准确及时报道国际国内应对气候变化的举措、声音，讲好中国故事，引导舆论氛围，塑造我国负责任有担当的大国形象；三是准确传递科学知识，纠正错误观点，在全社会形成合力，让公众了解气候变化影响与己相关，人人都要承担起应对气候变化的责任；四是及时传播"双碳"背景下，地方和企业减排典型等。这些都对媒体的气候报道提出挑战。

对《中国环境报》原创的一系列报道进行分析，不难看出，在应对气候变化报道上，报社有以下传播策略。

1. 科普气候科学知识，倡导公众行动

应对气候变化需要全社会共同参与。客观而言，公众对气候变化的科学认知有待进一步加深，对气候变化影响的范围、程度了解需要进一步深入。为了更好地科普相关知识，让公众关注气候变化，进而参与其中，《中国环境报》从三个方面予以重点报道。首先是加强报道气候变化将带来哪些影响、引发哪些危害，引发公众把气候变化和切身利益联系在一起，唤醒公众的危机感。2021年《中国环境报》客户端关于气候传播的内容9%均集中在气候变化给生产生活带来的影响，就是基于以上考虑。其次是加强数字新闻标题，侧重通过数字做解读，如《北京122天"超长汛期"下雨79场 气候变化将有哪些影响？》《世界气象组织：温室气体排放增加引起的气候变化，使热浪发生可能性"至少增加了150倍"》。数字新闻标题往往在使用中需要特殊事件作为自己的传播语境。数字表现能突出影响、强调紧迫性，能突出动态表达，让受众一眼抓住重点。最后是强调气候传播的科学性、权威性、专业性。气候领域不断有新政策和法规出台，相关领域的专家对此有厚重积累。《中国环境报》组织记者对此做了大量专访、约稿。媒体的作用就是提供"平台"，当好"翻译"，做好"桥梁"，引导舆论，在关键节点及时发出主流媒体的正确声音。

2. 统筹国际国内两个舆论场，发挥主流媒体应有的中国声音

对国内传播而言，做了大量应对气候变化国际动态报道。从统计数据可看出，气候变化会议与论坛、气候变化国际合作与声明约据报道总量的31%。这些报道向国内公众传递了国际上应对气候变化的积极行动，让国内公众感受到来自国际社会的行动决心，从而支持中国政府积极参与气候变化，承担更多气候领导力。

对国际传播而言，重视抓住重要气候传播事件进行报道。以联合国气候变化

大会的报道为例。从 2016 年开始,《中国环境报》连续 5 年对联合国气候变化大会进行追踪报道,特别是 2018 年、2019 年、2021 年均派出记者亲赴会场进行多视角的综合报道。

2018 年联合国气候变化卡托维兹大会（COP24）期间,报社既有《全面开启巴黎协定实施新征程》《积极推动多边进程　期待各国共同行动》《加强青年合作　开展气候行动》等及时的通讯报道,让国内第一时间掌握会议的进展,同时也推出了《在国际舞台上展示活力、自信和从容》《他们的自信缘于磨砺和付出》等展现中国代表团风貌的人物特写稿件,生动还原现场,可读性较强。此外,在大会期间配发了相关大会会场内外的短视频作品,并在会议结束第一时间推出了大会侧记《严冬里迎来曙光》,以场面记录者的身份让读者走近半个多月的大会议程和成果,获得多方好评和权威平台转发。

2019 年,不仅是在会议期间,在 COP25 召开之前,纸媒和网端还为大会预热造势,刊发了《中国对 COP25 有哪些期待?》《基础四国再发声明为气候大会预热》等报道作品,为会议召开后的报道效果营造良好的传播氛围。如 2021 年第 26 届联合国气候变化大会,报社进行周密策划,用大量报道如《看,应对气候变化国际合作中的中国身影》《美国版"村村通"法案通过　欢迎来中国取经!》,积极传递中国在气候变化中对全球的贡献、取得的阶段性成效、克服的困难以及坚定的决心,让国际社会看到中国的努力。同时,针对西方国家不实言论及无端指责,报社主动出击,刊发了如《中国气候变化事务特使:质疑中国全球气候治理诚意是无稽之谈》《欠下的"气候债"何时能还上? 发展中国家奉劝部分发达国家勿当老赖!》《资金短缺已成为 COP26 谈判的痛点! 联合国适应差距报告披露:资金、行动仍然滞后》等多篇报道,指出西方国家减排不力、资金落实不到位等客观现实,发出我国专业媒体的权威声音,以实现助推我国气候变化谈判的目的。

3. 向移动端进军,开启"小微屏"传播

当前,关于环境领域的传播平台多聚焦于文字报道,关于环境治理,特别是应对气候变化的视频相对匮乏。随着移动互联网的发展,传统的"大屏"已逐渐被"小屏"超越,公众大量涌入"小屏"。为此,《中国环境报》相应的宣传也遵从融媒体优先选择,除文字以外,策划了专家视频访谈、小视频、Vlog 等多个融媒体产品,让气候变化看得见、更直观。

以 2021 年两会为例,受疫情影响记者无法前往现场采访。但报社突破了地理和空间的限制,以视频连线的方式,为读者讲述了代表委员的提案议案及观点建议，推出了《推进氢能源产业发展 积极应对气候变化》《实现碳达峰碳中和需要加强基层能力建设》等视频报道，抽丝剥茧地将知识传播给读者。

在"双碳"背景下，为落实碳达峰目标和碳中和愿景，按照生态环境部安排，中国环境监测总站于今年2月成立了碳监测工作组，在全国牵头率先开展系统的碳监测调研、方案设计和试点工作。为此，《中国环境报》派出多人视频小组，与中国环境监测总站合作，通过实地拍摄和视频资料等，制作出一批完成度较高的视频产品。

以碳监测为视角，视频报道对如何开展碳监测、监测难度以及如何进行生态系统碳汇监测等多维度，推出科普视频产品如《环境浓度监测如何开展？》《又是点源又是逸散，还要测流量……碳排放源监测有多难？》《生态系统碳汇监测怎么做？土地利用变化对碳有啥影响？》《碳监测的技术原理有哪些？如何保证监测数据准确度？》等。这些时长5分钟左右的视频，给读者提供了环境知识课堂的新视角。

三 《中国环境报》气候变化报道效果

中国环境报社目前已初步形成"报、网、端、微"及视频多媒体平台，并已入驻学习强国、澎湃、抖音、今日头条等多个平台。在气候变化传播上形成报道合力：报纸尽量刊发深度报道，网络和新媒体抓住第一落点，及时发布动态新闻，真正做到"报、网、端、微"互相补充和联动，从而使新闻信息资源配置达到最优化，在传播上收到较好效果。

从报道影响看，《中国环境报》从报道的权威性、多元角度、体量和社会影响上，已经成为近几年来，关注气候变化议题读者的重要精神食粮的仓储之一。

从报道数量看，不论是在文字作品还是视频宣传，都有可观的传播、转发基数，在不同的国内省市中较好地进行了相关作品的宣传。同时《CHINA DAILY》《今日中国》等英语、法语报纸报刊也对相关内容进行了二次传播和发酵，在国际社会进一步扩大了我国在环境领域的声音，形成了较好的"长尾效应"。

从情感色彩看，在气候变化政策解读及各类舆论斗争中，《中国环境报》第一时间输出理性积极的观点，及时引领了舆论导向，进一步增强了社会对应对气候变化的决心和信心，对实现"3060"的共同期许和全民行动。

从受众反馈来看，《中国环境报》气候变化系列报道互动性强，平均每篇报道在新媒体平台可达到千余的阅读量。尤其是在第二十六届联合国气候大会（COP26）期间，环境报社记者赴英国参加大会，发布的相关报道，尤其是视频内容，获得广泛点赞和评论，受众反响强烈。

从传播渠道来看，《中国环境报》做到洞察受众心理，熟练应用传播技巧，在重要的节点进行系统性的报道。充分利用微博、抖音等平台特性，发布了大量抓人眼球且具现场感的短视频。而在微信和知乎等侧重知识类平台，发布诸多科普、专业且权威的新闻产品，在 App 形成不同体裁作品汇集成的统一专题，都对传播应对气候变化的不同受众有着较好的传播效果。

四 《中国环境报》气候变化报道特色

经过多年实践，《中国环境报》立足生态文明建设和绿色发展这一宏大背景进行气候变化的内容传播，力图以专业化的视角报道与气候变化有关的环境议题，展现以下报道特色：

1. 善于将专家观点化繁为简

《中国环境报》有大量专家专访报道，专家们讲述的应对气候变化的观点是专业性的，但报社在新闻产品制作时尽可能兼顾专业性与通俗化的平衡，体现科普的特色，用受众能够理解的语言进行解读。毕竟应对气候变化是一门科学，太过专业会对公众理解造成知识壁垒。

2. 创新内容和形式，力争"有用"+"有趣"

社会逐步进入"微时代"，人们更青睐用碎片化时间浏览社会信息，并且更偏向于可以不经思考的直观图像画面。基于此，报社努力借助插画、数图结合、直播或者小视频的方式，让传播生动形象、一目了然，并保证不同年龄层的受众可以通过自身喜闻乐见的方式获取信息。

3. 培养专家型记者

尽管中国在国际气候治理体系中的地位不断提升，但我国仍是一个发展中大国，在气候治理和谈判中仍属于发展中国家阵营。鉴于此，我国国际传播必须坚持为发展中国家发声的立场，努力提高发展中国家的话语权。因此，记者不仅要熟知气候变化背后的科学知识，提升与专家对话的能力，还要掌握国际政治背景以及各国在气候谈判中的博弈点。为此要从机制体制上进行梳理，如《中国环境报》有专门记者持续跟踪气候变化议题，有专门采编部门对接生态环境部应对气候变化司，建立了气候领域的专家数据库，可以在第一时间联系专家采访。

《今日中国》：中国绿色可持续发展的国际化叙事与表达

今日中国杂志社　周　琳

《今日中国》（原名《中国建设》）创刊于1952年1月，是一本向世界介绍新中国建设成就的英文刊物，1990年更名为《今日中国》。2021年10月，中国外文局西欧与非洲传播中心（今日中国杂志社）正式成立，目前拥有英语、法语、阿拉伯语、土耳其语、德语和中文多语种印刷版和网络版，并在海外开通了脸书、推特等进行微传播。创刊70年来，《今日中国》秉承"用事实说话，讲述真实的中国"的使命，不忘初心，赓续前行，向世界讲述精彩的中国故事，传播真实的中国声音，成为沟通中外的重要桥梁。

绿色可持续发展一直以来受到国际社会的密切关注，并体现在联合国确定的17项可持续发展目标中。中国政府和人民对此给予高度重视，并将其融入中国的生态文明建设，坚持"绿水青山就是金山银山"的理念。2020年9月22日，中国国家主席习近平在第75届联合国大会上宣布，中国二氧化碳排放力争于2030年前达到峰值，努力争取2060年前实现碳中和。将"碳达峰、碳中和"纳入生态文明建设整体布局，全面推行绿色低碳循环经济发展，这是关系中华民族和世界人民永续发展的根本大计，彰显了我国积极履行国际承诺、落实双碳目标的坚定决心。

关注生态文明建设理念与经验的国际传播，推动生态文明的国际交流合作，讲述好中国生态文明的故事，是《今日中国》在新时代讲述真实、立体、全面的中国故事、做好国际传播的题中之义，必将为构建绿色、可持续的人类命运共同体打造鲜活的实践范例。

一 《今日中国》绿色低碳发展对外报道议题

系统梳理《今日中国》近些年来有关生态文明建设和绿色可持续发展的对外报道主题,主要从以下五个方面进行了有益的尝试。

1. 具有国际借鉴意义的中国案例

中国地大物博,是世界上沙漠面积首屈一指的国家。如何让沙漠变绿洲?不仅是中国人民面临的发展问题,也是一个世界性难题,中国的经验做法具有非常好的国际借鉴意义。记者来到宁夏回族自治区的腾格里沙漠和内蒙古自治区的库布齐沙漠,撰写了《宁夏的经济转型与可持续发展》[1] 和 Elion's Green Economy Mode Has Global Value[2] 两篇报道。

在腾格里沙漠,一块块一平方米的"麦草方格"和成片的太阳能光伏板,布阵联营地阻止了桀骜不驯的腾格里沙漠的入侵。"麦草方格"是中国科学院沙坡头沙漠研究试验站开创的中国式治沙法,通过巧妙利用小麦收割后的麦秸秆扎起方格屏障,再栽种耐旱的沙生植物,达到固沙治沙效果,实现生态逆转。在这片土地上,不仅种植了 2008 年北京奥运会特供的硒砂瓜,还建成了酿酒葡萄庄园、日光温室大棚、经果林木、有机牛奶生产基地,建构了沙漠循环经济链。

图1 《今日中国》报道 Elion's Green Economy Mode Has Global Value

---

[1] 周琳:《宁夏的经济转型与可持续发展》,《今日中国》2014 年第 63 卷第 12 期。
[2] ZHOU LIN, Elion's Green Economy Mode Has Global Value, China Today, 2015, 64 (9): 45 – 46.

在库布齐沙漠，亿利资源集团用 30 多年的沙漠修复和沙产业的实践证明，沙漠是可以治理的，且沙漠的光热等自然禀赋可以利用，被称为"库布其模式"。

2. 绿色"一带一路"的创新合作

随着中国"一带一路"倡议的持续推进，如何构建绿色丝绸之路成为国际舆论关注的热点。在 2019 年第二届国际合作高峰论坛前夕，记者撰写了 The Green Silk Road[①]，报道中国电建老挝南欧江水电站"一库七级"绿色建设理念和建设案例，在妥善处理当地经济发展和生态环境保护，解决原住民易地搬迁和移民生活重建后，该项目实现了对当地生态的最大保护和民生改善，最终赢得国际环保机构的认可。记者还报道了《打造可持续的绿色命运共同体》[②]，介绍了中国—东盟国家环保合作、中国—埃塞俄比亚皮革工业联合实验室、中白俄巨石工业园的绿色生态环保理念，在高峰论坛期间积极回应了国际舆论关切。

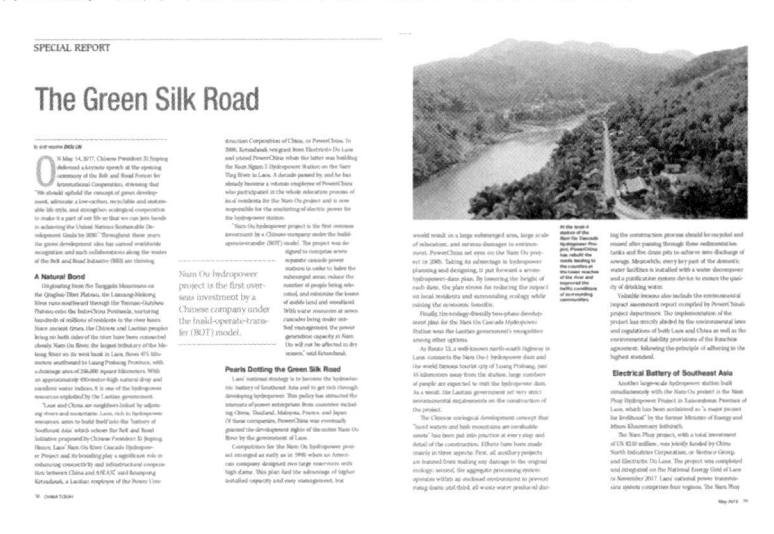

图 2　《今日中国》报道 The Green Silk Road

2020 年 11 月，恰逢深圳特区成立四十周年之际，英国驻华大使吴若兰来到深圳莲花山总站，参观全球首家、规模最大的纯电动公交运营企业——深圳巴士集团，出席"奔向零碳——绿色出行合作仪式"，表达了对中英两国政府、企业和研究机构持续分享低碳技术和经验的期待。记者撰写了《中英致力于低碳经济广泛合作》，介绍了中英两国新能源汽车领域携手致力实现净零排放目标。

---

① ZHOU LIN, The Green Silk Road, *China Today*, 2019, 68（5）: 38 - 41.
② 周琳、张熙：《打造可持续的绿色"命运共同体"》，《今日中国》2019 年第 68 卷第 5 期。

2016年9月,中国首条氢能源城市公交车示范线路,由中国和加拿大合作的12台氢能源公交车,在广东省佛山市正式投入服务。同年12月,加拿大环境与气候变化部长凯瑟琳·麦肯纳(Catherine McKenna)接受记者采访,表达了推动中加合作开发清洁技术从而减缓气候变化和其他环境挑战的期待。记者撰写了 China and Canada Join Hands to Promote Clean Energy[①],介绍了中加两国为促进绿色增长和应对气候变化,不断挖掘清洁技术合作的巨大潜力,共建绿色可持续发展的未来。

3. 专访国际组织和外方驻华人士

在2015年举办的第五届库布其国际沙漠论坛上,记者专访联合国防治荒漠化公约秘书处执行秘书莫妮卡·巴布,撰写了《亿利模式兼具生态、经济两个价值》。文中,巴布女士分享了联合国防治荒漠化公约组织(UNCCD)与中国亿利公益基金会发起的"绿色丝绸之路伙伴计划",计划用10年时间沿丝绸之路种植13亿棵树,改善生态环境,修复退化土地,提升应对气候变化的能力,增强地区经济和社会发展水平,用事实和数据向国际读者阐释中国主张、中国贡献。

2019年3月,在中国—东盟生态环保合作周,记者采访了来自缅甸交通运输部的钦温妙。她表示,缅甸正在开展应对环境变化策略和行动方案,并将积极参与中国生态环境部发起的"绿色丝路使者计划",分享中国社会与经济发展成果,推动区域生态环境环保合作,促进区域可持续绿色发展。

4. 借中国主场外交阐释绿色发展主张

2019年举办的中国北京世界园艺博览会期间,该刊英文版策划了封面报道《花开中国 香飘世界》,从世园会各场馆的绿色设计理念、中外园林艺术的交流互鉴、中外园艺产业的合作模式与发展潜力、低碳环保的绿色生活方式等方面,阐释中国的生态文明观,以及中国愿同世界各国共同建设美丽地球家园的愿景。

开篇《共赴一场植物的盛宴》向世界阐释了中国生态文明建设的发展历程,展示"人与自然和谐共生"的理念。该组报道邀请了来自美国和德国的记者撰写《"绿色大使"共建美丽家园》和《可持续性带来的商机》,介绍世园会国际展馆设计理念,以及如何让社会经济发展与绿色发展相协调,通过政策创造商机,为经济发展提供持续动力;中方记者采写的《园艺产业花落谁家》讲述了近些年中国园艺产业的蓬勃发展,《让"绿色"成为生活时尚》则从年轻人的视角,讲述

---

① ZHOU LIN, China and Canada Join Hands to Promote Clean Energy, *China Today*, 2017, 66(3): 54-56.

了北京"珍爱时刻植物园餐厅",深圳"植意间"绿色民宿,北京 33 家"园艺驿站"的故事,充分展现了绿色发展对普通民众生活的深远影响。

2021 年 10 月在中国云南省昆明市举办的联合国《生物多样性公约》缔约方大会第十五次会议(COP15)全球瞩目,记者现场采访了出席本届会议的外方嘉宾,通过多元化的视角介绍中国在生物多样性保护领域取得的成绩、作出的贡献,中国与国际社会开展的双多边合作,以及对本次大会成果的阐释与解读。

为了体现"中国故事、国际表达",增强国际传播的信度,将采访对象的范围覆盖到欧洲、非洲、美洲、亚洲的不同国家,包括英国、荷兰、西班牙、纳米比亚、乌拉圭、孟加拉、泰国、马来西亚和柬埔寨;从职业背景上,包括政府机构和国际组织的官员、驻华使领馆外交官、NGO 组织项目负责人、研究机构的专家学者、利益相关方的企业、云南本地居民、青年代表和环保达人;此外,还兼顾了受访对象的年龄、性别和肤色,比如英国气候与自然资源顾问文艾黎就是特意选取的一名女性嘉宾,纳米比亚的驻华大使则是黑人的面孔,欧洲环保协会中国首席代表龙迪是旅居中国多年的荷兰人。这些受访对象的观点表达,有助于发挥外籍人士和高层次专家作用,有效宣介中国主张、中国智慧、中国方案。

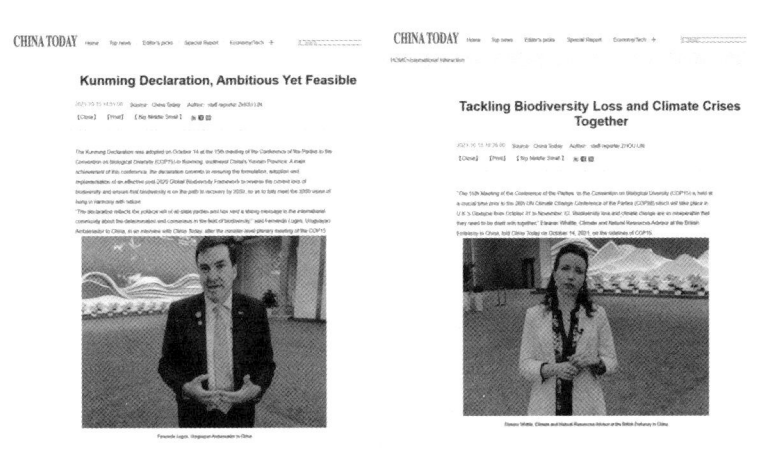

图 3 《今日中国》在联合国《生物多样性公约》缔约方大会
第十五次会议期间的人物专访

5. 参加国际青年对话提升影响力

国际会议论坛、外国主流媒体等渠道都是扩大我国国际传播效果的有利平台。2021 年,由联合国开发计划署举办的"亚太青年气候行动峰会"开展了"气候行动亚太青年对话"专场活动,邀请近 200 名亚太青年变革者和行业影响者分享自己的故事、学习气候行动的知识框架、参与亚太各国政府代表的讨论。此次对话旨在赋能青年参与气候行动，加强青年领导人与相关机构如政府、社会、私营部门等之间的合作。记者作为媒体代表参会，分享了中国媒体在全球气候变化背景下有关绿色发展的报道案例，主动宣介我国为实现"碳达峰、碳中和"目标的努力，增强国际传播的亲和力和实效性，也提升了我刊的国际传播力和影响力。

二 《今日中国》绿色低碳发展的对外报道策略

"讲好中国故事，传播好中国声音"是新时代赋予外宣媒体的历史使命和任务。作为一本几乎与共和国同龄的外宣刊物，《今日中国》在深度报道方面积累了一定的报道策略。

1. 开辟绿色专栏，小切口展现中国成就

2022年，《今日中国》英文版开辟了"绿色发展，中国在行动"专栏（Going Green），持续关注中国在低碳环保、气候变化、生物多样性保护和可持续发展方面的人物和故事。报道政府环保部门官员、国际组织项目负责人、企业家、高校和专家学者，普通市民和志愿者群体的代表性人物故事，以小切口展现中国绿色发展的成果和大众参与的行动力，积极回应国际舆论关切。

第一期报道关注"气候变化"，发表人物报道 *A Young Chinese Explorer's Ambition and Action*[①]。记者采访了中国青年探险家、冰川科考研究员温旭，他对地球三极（南极、北极、珠峰）进行科学探险，发起冰川保护行动，并启动"公民科学计划"，旨在唤醒公众环保意识，呼吁大家积极开展气候行动，充分彰显了中国青年在应对气候变化等全球性议题上的责任与担当。

2. 关注国际舆论关切，借机主动设置议题

"一带一路"国际合作高峰论坛是中国政府主办的高规格论坛活动，在论坛举办期间，刊发与丝路沿线国际密切相关的绿色发展案例故事，必然会收到较高的关注度，达到较好的传播效果。在第二届"一带一路"国际合作高峰论坛期间，记者报道的《打造可持续的绿色命运共同体》[②]与《绿色丝绸之路》在欧洲和东南亚国家收到较好的传播效果。

3. 深入基层，挖掘中国生动案例

2021年两会期间，该刊策划了封面组稿《乡村振兴：为了更美好的生活》。

[①] ZHOU LIN, A Young Chinese Explorer's Ambition and Action, *China Today*, 2022, 71 (1): 64–67.
[②] 周琳、张熙：《打造可持续的绿色"命运共同体"》，《今日中国》2019年第68卷第5期。

图 4 《今日中国》报道 *A Young Chinese Explorer's Ambition and Action*

记者专访了全国人大代表、永联村党委书记吴惠芳，撰写报道 *Big Changes in a Small Village*[①]，报道江苏省张家港南丰镇永联村通过产业融合、共建共享、民主自治，建设起小镇水乡、绿色工厂、现代农庄，成为乡村振兴发展的典范。文章生动鲜活地报道了中国苏南小村在乡村振兴过程中的绿色可持续发展之路。

2021 年 9 月在京举办的国际服务贸易交易会是一次国际高度关注的盛会，记者采访报道了《绿色发展的创新解决方案》，从"低碳绿色"的展厅布置、守护

---

① ZHOU LIN, Big Changes in a Small Village, *China Today*, 2021, 70 (4): 22-25.

地球的绿色科技,到可回收利用的首钢花园展区,以及专家们现场探讨"双碳"的可行路径,全面介绍了本届服贸会为赋能低碳发展提出的创新解决方案。

4. 形式多样,展示真实、立体、全面的中国

2019 年中国北京世界园艺博览会期间,我刊策划的《花开中国 香飘世界》封面报道,由五篇故事性的报道,两篇中外专家评论,还有一组图片故事和图表,以及系列短视频报道组成,系统阐释了中国的绿色发展理念和中国的生态文明观对全球可持续发展的意义和价值。充分体现了媒体融合时代国际传播的新尝试,既展现了直观形象、加深了感性认识,又揭示了故事背后的价值理念,向世界展现绿色文明进步的中国,推动国际受众对新时代的中国形象形成从感知到认知、从认知到认同的理性认识。

5. 借嘴说话,充分发挥高层次专家作用

我刊高端访谈栏目,专访国际组织、政府机构、权威智库的高端人士和驻华使领馆的外交官,以及来华参加各种活动交流的外国官员,请他们结合具体案例,对中国的发展实践进行点评,这其中既有生动鲜活的案例故事,又有专业权威的观点支撑,增加了对外传播的信度和效度。比如记者专访的联合国防治荒漠化公约秘书处执行秘书长巴布女士、缅甸交通运输部的官员钦温妙、加拿大环境与气候变化部长凯瑟琳·麦肯纳、欧洲环保协会中国办公室首席代表龙迪等。

与此同时,我刊还策划了"老潘看中国"专栏,邀请厦门大学管理学院教授潘维廉讲述中国发展变迁的故事。他曾协助中国厦门、泉州等 11 座城市参评国际花园城市和全球宜居城市大奖。在 12 期的专栏文章中,潘教授先后介绍了厦门、泉州、上海松江、朱家角、深圳、西安、桂林、海南、成都和北京等城市,从当地的绿色发展、民风民俗、历史人文和传统手工艺等多方面,全面展示中国发展变化的历程,特别是在绿色可持续发展上取得的进展。

三 《今日中国》绿色低碳发展的对外报道效果

绿色低碳可持续发展是与世界人民命运休戚与共的全球性议题,自然会受到国际社会的高度关注和密集报道,《今日中国》的系列报道同样收到了非常好的国际传播效果。

1. 受到国际组织官员和专家的高度认可

有关绿色低碳可持续发展的系列报道受到国际组织官员和驻华使节的充分肯定和积极反馈。联合国防治荒漠化公约秘书处执行秘书莫妮卡·巴布表示,中国

在有效应对气候变化、减少碳排放量方面都作出积极贡献,中国亿利资源集团创新开拓的生态环保与经济效益共赢的可持续发展之路,对于世界贫困国家都具有借鉴意义,我刊的报道用事实和数据向国际读者阐明了中国主张、中国贡献。

纳米比亚驻华大使凯亚莫和乌拉圭驻华大使费尔南·多卢格里斯表示,我刊在 COP15 大会期间的报道内容及时而丰富,有效地表达了国际社会对中国在生物多样性保护方面取得成绩的积极认可,以及对未来双多边合作的期待。马来西亚驻昆明总领事馆的总领事法依萨、柬埔寨驻昆明总领事馆总领事叶伟罗、泰国驻昆明总领事馆领事游华鹏表示,中国一直以来秉持人与自然和谐共生理念,坚持保护优先、绿色发展,希望向中国学习,同时开展密切合作,分享技术和资源,互相派遣人员学习,共担人类社会永续发展的重任。

英国气候与自然资源顾问文艾黎认为生物多样性保护与气候变化的密切关系,我刊的报道涵盖中英两国在联合国生物多样性大会(COP15)和第 26 届联合国气候变化大会(COP26)上的积极行动,有效阐释了两国为应对挑战开展的诸多合作,有助于国际社会形成合力寻找应对气候变化等全球性议题的解决之道。欧洲环保协会中国首席代表龙迪指出,中国在全球环境治理领域也发挥着不可替代的作用,在中欧双方的共同努力下,开展了中欧环境政策对话,两国环境法官和检察官的能力建设,以及中国海外投资的绿色转型等活动都取得了积极效果。

2. 在海内外全媒体平台受到广泛关注

作为一家拥有多语种期刊的中国出版机构,中国外文局西欧与非洲传播中心(今日中国杂志社)目前拥有英语、法语、阿拉伯语、土耳其语、德语和中文的多语种印刷版和网络版,并在海外开通了脸书、推特等进行微传播。

有关绿色可持续发展议题的系列报道具有全球关注度,报道内容一般都是在我刊多语种的各个印刷版和网络版同步刊发,并通过海内外社交媒体平台,如脸书、推特、微博、微信等进行碎片化和可视化微传播,形成了多平台、立体化、融合传播的国际效果。

杂志纸质版的深度报道,往往提前策划形成封面报道系列,在中国各大主场外交活动现场进行展示,可以触及海外高端读者群体,深入浅出介绍中国绿色发展取得的成就;海外社交媒体平台的融媒体产品,则可以触及海外的普通民众,并通过多语化传播,达到最为广泛的传播效果。

具体来说,在国际性会议的现场报道,可以充分体现时效性,往往也在短时期内收获高点击量,比如 COP15 期间的植物多样性组图在一天时间内就收获了一万点击量。对外报道往往以人物故事性的报道见长，记者在粤港澳大湾区采访撰写的《香港青年：我们在湾区种蔬菜》在两微一端（PC端、强国号App、Facebook）的点击量约为12万次，报道还被中国网、中国日报网、中新社、环球网、光明网、中国经济网、中国侨网、中国台湾网等媒体同步转发，并被《香港商报》《香港大公报》等港澳媒体转载，取得了非常好的传播效果。

3. 促进更加深度的人文合作交流

绿色清洁能源的开发和利用，事关未来人类的永续发展，也是双多边关系中经常被谈及的话题，在对中英清洁能源合作，以及中加氢能源合作等领域进行报道后，记者也会持续收到报道对象国驻华使领馆有关绿色可持续发展议题的活动邀请。绿色"一带一路"是沿线国家官员和民众普遍关心的议题，在第二届"一带一路"国际合作高峰论坛期间，记者报道的《构建绿色"命运共同体"》与《绿色丝绸之路》在欧洲和东南亚国家收到较好的传播效果，记者收到比利时驻华使馆的邀请，参加其水利部在京举办的绿色水电开发研讨活动。由此可见，国际社会不仅密切关注全球性议题的中国方案、中国表达、中国智慧，也在积极寻求和分享中国在绿色可持续发展过程中取得的成功经验，并通过政府、社会、国际组织、媒体、民间机构和个人等多渠道促进广泛合作。

四 《今日中国》绿色低碳发展的对外报道特色

在国际传播过程中，要真实、立体、全面地展示中国绿色低碳发展的实践，需要从多个方面创新表达方式、转换表达思路、加强叙事能力建设，并时刻注重把握好基调，既开放自信，又谦逊谦和，努力塑造可信、可爱、可敬的中国形象。

1. 借力主场外交，广泛宣介中国理念

在国际传播中要依托我国发展的生动实践，全面阐述我国的发展观、文明观、生态观和全球治理观。借助中国主场外交活动和国际大型会议、交流活动，诸如"亚洲文明论坛""一带一路国际高峰论坛""世界园艺博览会""国际服务贸易交易会""中国国际进口博览会""《生物多样性公约》第十五次缔约方大会"等，打造融通中外的新概念、新表述，更加充分、鲜明地展现中国故事及其背后的思想和精神力量，从生态文明视角进行深入研究，向世界阐释推介更多具有中国特色、体现中国精神、蕴藏中国智慧的生态文明理念。

2. 运用生动故事，深入阐释中国方案

关于生态文明建设，中国政府有着丰富和广泛的实践案例，这些发展实践不仅符合中国的客观实际，也具有普遍的国际借鉴意义，并且这些案例故事都与中国全方位的发展建设深度融合在一起，比如中国的脱贫攻坚中的易地扶贫搬迁、生态补偿脱贫，乡村振兴过程中的生态绿色发展，西部地区的沙漠化防治与沙产业经济创新发展，清洁能源技术开放与应用，生物多样性保护等各个领域的发展都彰显了中国的生态文明理念和绿色发展实践。

3. 通过精准传播，扩大国际朋友圈

国际专家学者、高端智库人士和生态环保领域的践行者在国际会议、论坛和交流活动中，对中国绿色可持续发展实践的积极评价都有助于国际受众更好地理解中国的发展实际，展示丰富多彩、生动立体的中国形象。为此，要通过多种途径推动我国同各国的人文交流和民心相通，在报道过程中，不断扩大知华友华的国际舆论朋友圈，争取更多的国际理解，不断提升重大问题对外发声能力和国际传播的艺术。

《人民画报》：气候变化报道新"图"境

人民画报社　高雪华

由毛泽东主席亲笔题写刊名的《人民画报》，是新中国出版的第一本面向世界的优秀画报。70多年来，人民画报社坚持正确的办刊方向，遵循对外传播规律，用精美图片和20多种文字，向国内外读者展现真实、立体、全面的中国，成为世界了解中国的重要窗口，为中国对外传播事业和对外文化交流作出了重要贡献。进入新时代，人民画报社以提高针对性和实效性为重点，突出区隔优势和品牌特色，更好地发挥影像的对外传播作用，不断完善业务布局，已由最初单一的纸质期刊发展到期刊、网络、图片库和社交媒体等覆盖多种平台的媒体，同时在俄罗斯莫斯科等地设立前方机构，更有针对性地开展对外传播。

自20世纪80年代起，地球生态文明建设开始受到越来越多的国家政府、NGO、媒体以及广大公众的关注。以气候变化为议题的国际性会议频密召开，更加说明气候变化问题已超出了环境范畴，成为涉及各国切身利益与发展的政治话题。世界各国也陷入由此带来的错综复杂的利益博弈和国际舆论斗争中。在严峻的国际舆论阵地上更好地传播中国声音、塑造国家形象、维护国家利益，亟须加强我国关于生态文明建议方面的对外传播话语体系建设。为此，《人民画报》持续发力，充分发挥多语种与图片优势，以全媒体产品形态、多平台内容发布、国际主流媒体合作传播等方式，突出中外特色，在世界生态文明建设舞台上展示中国作为，塑造绿色、低碳、环保的中国形象，提升中国在生态文明建设领域的国际话语权以及信息传播力和舆论影响力。

一　《人民画报》气候变化报道主题

作为发展中国家，中国曾在处理发展与生态保护关系领域走过弯路。改革开放初期，中国经济快速增长，同时也付出了巨大的资源环境代价。党的十八大以来，以习近平同志为核心的党中央提出要"抓好决胜全面建成小康社会三大攻坚战"，把生态文明建设摆在治国理政的突出位置，引领生态环境保护取得历史性成就。

近年来，《人民画报》始终关注国家重大选题与国际热点话题，向世界全面解析中国十八大以来重要改革之一"生态文明建设"议题，并聚焦多个紧跟时代发展的主题：党的领导与环境保护成就及变革、推进绿色发展的时代背景、自人民需要而来的国家顶层设计理念、推动生态文明事业与实践的生动案例、破解环境与发展难题的中国方案、建设美丽中国与维护全球生态安全的世界意义等。同时，深入阐释新时代生态文明建设的伟大实践，全面呈现人与自然和谐相处的中国发展新格局，与国际社会分享生态保护与可持续发展的中国经验。

为更好地向对象国受众介绍中国为实现碳达峰、碳中和目标所做的努力以及取得的成就，俄文《中国》策划推出封面文章《迈向绿色"30""60"》，聚焦"双碳"顶层设计、碳交易市场机制建设、绿色金融发展、生态系统碳汇能力提升、企业节能减排管理、建筑领域节能减碳以及新能源汽车行业发展等多个不同领域。相关稿件包括《迈向绿色"30""60"》《减排利器》《绿色金融正当其时》《25年增加60亿立方米》《新能源 新图景》《让建筑变"绿"》《从"减碳"到"零碳"》。其中，《绿色金融正当其时》特约中国生态环境部环境规划院研究员董战峰撰文，详细介绍了中国绿色金融行业的发展现状及前景。韩文《中国》策划推出封面文章《迈向绿色"30""60"》，从节能减排、能源清洁低碳安全高效利用、绿色金融、碳交易市场、环境监测、新能源汽车、森林覆盖率、节能建筑等方面，通过案例分析、专家观点、人物专访等，全方位、多视角解读中国面临的困难、采取的措施、目前的进展等。

二 《人民画报》气候变化报道策略

《人民画报》通过点对点回应国际关切与热点话题、深度报道中外生态文明建设合作成果、多语种阐释以及全媒体可视化展示等方式，引导全球读者正确理解中国的生态文明建设观。

1. 针对性回应国际关切与热点话题

《人民画报》在前期调研基础上，动态跟踪涉华国际热点问题，并结合案例实践精准策划专题报道进行准确、清晰的回应，旨在推动全球受众真实全面了解真相，塑造中国良好国际形象。邀请复旦大学环境经济研究中心副主任李志青撰写高质量稿件《化解祁连山生态危机》，揭示特定发展阶段下"市场失灵"与"政府失灵"双重叠加导致祁连山生态环境问题，提出解决该问题的新思路：加强对生产消费等市场行为的环境监管、杜绝政府层面的"监管失灵"、将经济发展的需要与环境保护的需要融合等。

中国国家宏观经济研究院能源研究所可再生能源发展中心副主任陶冶撰文《中国新能源：助力全球能源转型》，提出新能源是先进装备制造业的重要领域，是推进经济发展的重要引擎，是经济转型的重要抓手，是能有效衔接中国发展新理念和新实体经济的高效产业载体。自然之友零废弃联盟政策部主任谢新源在《任重而道远的"限塑令"》一文呼吁政府亟须出台新"限塑令"。中国金融学会绿色金融专业委员会副秘书长、中央财经大学绿色金融国际研究院院长王遥与中央财经大学绿色金融国际研究院国际合作部负责人 Mathias Lund Larsen 联合撰文《绿色金融：中国经验与全球影响》指出，绿色金融在中国的发展是成功的，相关政策制度不断完善，市场规模日益增长，绿色金融工具趋于成熟，投资者对绿色金融原则和实践的认识逐渐加深。中国也与联合国等国际组织以及诸多国家积极开展合作。但在全球层面扩大绿色金融规模、协调绿色金融标准，中国仍然面临重重挑战。《人民画报》采访了中国公众环境研究中心主任马军，讲述其成立公众环境研究中心、推进细颗粒物 PM2.5 纳入监测与发布范围、开发环境信息监测发布 App 等助力改进中国大气污染治理的许多案例，反映出中国改革开放，特别是近五年来在大气污染治理方面取得的成就，展现中国践行绿色发展理念、推进可持续发展的担当与作为。

2. 深度报道中外生态文明建设合作成果

《人民画报》记录中外环保、合作改善生态环境故事，并邀请中外专家学者撰文阐述中外环保合作共赢的必要性及价值意义。以《中印大河治理之路》为例，邀请中印两国学者，分别对长江生态战略与恒河环境治理进行深入解析对比，从两国大河文化、环境问题根源、综合解决路径以及生态文明思想中蕴含的文明智慧等多层面呈现两国生态治理历史性变革。《中韩环境合作中心正式启动 中韩环境合作进一步深化》一文，则是描述近年来中韩两国政府、企业、科研机构等各层面在环保领域的交流合作愈发密切，特别是中韩两国都深受大气污染困扰，提出打好污染防治攻坚战为中韩双方进一步深化环境合作提供了重要机遇。文章以日前成立的中韩环境合作中心为切入点，梳理了自中韩建交以来，两国在环保领域的合作与交流。中国河海大学博士黄雅屏在其《"一带一路"：共建水资源合作走廊》中提出生态共建是"一带一路"倡议下中国与沿线国家开展多领域互利合作的重要领域。文章从水资源顶层设计层面、水资源整体规划、水资源系统利用与实施三个维度进行分析论述，系统阐述了"一带一路"框架下中国在保护和利用水资源方面取得成果以及积累的宝贵经验。视频《高恩带你看中国——中韩环保合作 共享共赢共发展》则以人民画报社韩国雇员朴高恩出境采访的形式，对第十六届中国国际环保展览会进行了实地走访，并采访了相关展商，展示了韩企对中国环保市场的期待的同时，对中韩环保机制进行的探讨。

3. 多语种阐释中国生态文明建设思想

《人民画报》凭借全媒体、多语种国际传播平台向世界说明中国特色生态文明建设之道与治理之路，邀请了中国权威专家学者结合中国生态文明建设，全面解读中国绿色发展观。中国全国人大环境与资源保护委员会法案室主任翟勇撰文《绿色发展：中国特色生态治理之路》，提出稳定、安全的生态系统是一个国家存在和发展最基本的前提。习近平主席倡导的生态文明建设，是对人类社会关于环境保护理念的理性升华，是基于哲学理性对人与自然关系的深刻思考。教授级高级工程师、水利类专业认证秘书处副秘书长李贵宝、中国水利水电科学研究院教授级高级工程师张伟兵联合撰文《河长制：治水持久战》一文认为，河长制是解决复杂水问题的有效举措。全面推行河长制以来，中国形成了"水陆共治，部门联治，全民群治"的氛围，各地形成了"政府主导，属地负责，行业监管，专业管护，社会共治"的格局。未来，中国还需调动全社会的力量解决治水的所有问题。国务院发展研究中心资源与环境政策研究所副所长常纪文在《开启生态环境保护新阶段》中提出新阶段必须解决的几个大问题需引起重视，即如何把握好节奏，统筹好发展和环境保护，统筹好发展和执法、统筹好环境保护目标设定和提质增效进程，实现共同提升。此外，以2018年6月7日举行的2018环保产业创新发展大会与会专家与企业代表的采访为基础，撰写报道《以创新驱动环保产业发展》。该文对中国环保行业的创新情况与不足进行了介绍，突出中国环保产业技术创新能力已经进入国际第一方阵，已进入以自主创新和集成创新为主的新阶段。同时，中国环保产业依然缺乏核心技术与创新能力，需向高质量发展转型。

4. 全媒体可视化展示中国环境治理经验

本书通过人民画报社全媒体可视化国际传播途径，包括网站、微博、微信VK、Twitter及相关国外传媒合作伙伴以文字、图片、图表、漫画、动画视频等表现形式，向世界全景展示中国生态文明建设经验。例如，创意图表、动画视频

《40个数字看中国生态改善》，依据2017年《中国生态环境状况公报》，在大气、淡水、海洋、土地、自然生态、辐射等多方面选择具有代表性的40个数据，呈现十八大以来中国生态环境质量改善成果。此外，同类型的《40年，10个生态修复项目》，则在改革开放40年的时间跨度上，梳理分析推动中国生态环境保护进展的标志性生态修复项目，包括"蓝色海湾""生态岛礁""农村人居治理"等，呈现中国规模化生态保护规划与进展。

三 《人民画报》气候变化报道效果

全球气候变化给人类生存和发展带来的挑战不断加大，绿色发展已成为世界各国共同关心的主题。《人民画报》适时推出的多语种、多样态、多形式、成系列的特色报道吸引了海内外广大读者的广泛关注与好评。

1. 发挥多语种优势传播中国生态治理经验

针对中国生态环境保护方面的质疑、误解与偏见，人民画报社充分发挥中、英、俄、韩、哈萨克、印地文等多语种传播优势，在多语种杂志和网站及境内外社交媒体账号广泛深入报道中国生态文明建设和生态环境保护的思想理念、成就经验，回应海外质疑，增强中国在全球环境治理中的话语权和主导权，推动塑造中国作为全球生态文明建设"重要参与者、引领者、贡献者"的国际角色。

2. 借助全媒体多形态内容深化外宣效果

人民画报社致力于打造面向周边国家的全媒体对外传播集群产品，依托国际化内容制作推广团队，通过中、英、俄、韩、哈萨克、印地语等多语种杂志、网站和境内外社交账号（脸书、推特、VK、Kakaotalk、Naver Blog、微博、微信、今日头条）等多平台进行发布推广，以全媒体传播方式深化主题外宣效果。为此，获得整组专题传播良好效果，各平台总阅读量217.52万次。其中，英文内容总阅读量达188.4万次，《塑料垃圾：逾越高山》一文的阅读量达123.4万次，互动量达18.23万次；俄文《中国》VK平台共推送相关消息11条，阅读量为5.6万人次，覆盖人数26万人，互动量达到400余次；韩文《中国》网站共发布了7篇文章，韩文《中国》脸书、推特、Kakaotalk社交媒体共推送相关消息12条，阅读量为3.12万人次，互动量达到158余次。网友Vishal Dhimaan表示："中国国土辽阔，物种多样性丰富，国宝熊猫令人印象深刻，中国的生态保护与修复工作取得了显著成绩，令人欣喜，这也是在保护全人类的财富。"网友Imran Khan认为："中国在环境保护方面为其他发展中国家做出了表率，相信经济发展和生态保护不会成为一道单选题而是多选题。"

3. 强化国际比较与借鉴

人民画报社强调打造周边外宣集群产品，尤其以俄罗斯和中亚地区、韩国和东北亚地区以及印度和南亚地区为重点传播区域。在上述对象国地区积累深厚的专家与顾问资源。在制作"生态文明建设"外宣专题中充分发挥该优势，通过设置多个国际案例比较、国际合作和经验借鉴的议题，邀请中国、哈萨克斯坦、韩国、印度等多国权威学者共同分析研讨。"生态文明建设"外宣专题中的印度作者高度认同这组专题的必要性与权威性，认为"中印两国迫切需要扩大和深化大规模的环保合作，但相互认知非常匮乏，这样一组深入、全面的专题报道无疑会为这种合作增添动力"。韩国学者表示，"一带一路"倡议为中韩环保合作提供了新契机，在"一带一路"背景下，中韩实施环境合作协定与其他贸易、投资等合作协定的一体化，有助于提高环境危机事件的联合应急政策预案以及联合快速反应能力，以此加强中韩生态保护与环境治理合作。哈萨克斯坦学者称，中国与中亚地区毗邻，中国成功的治沙经验值得中亚各国借鉴，从而凸显生态文明建设过程中的中国经验与世界意义。塔吉克斯坦学者认为，塔吉克斯坦是高山之国，地质条件复杂，地震等地质灾害长期困扰塔国。感谢中科院中亚生态与环境中心在杜尚别设立海外分中心并成立中塔地质与环境联合实验室，这为塔国在生态环境保护、资源可持续利用、灾害监测与预警等领域提供了重要的帮助和借鉴。

四 《人民画报》气候变化报道特色

近年来，《人民画报》结合自身优势，不断创新传播方式，通过策划能力与资源整合"双轮驱动"，依托平台引领正确舆论"风向标"，突出项目合作做实走深等方面丰富气候变化主题的国际传播形式，向世界讲好中国生态文明建设故事。

1. 策划能力与资源整合"双轮驱动"

《人民画报》集结中、英、俄、韩四大文版编辑部的策划能力，并与当代中国与世界研究院联合成立国家外文局"一带一路"国际传播研究院，积极调动各方资源，凸显传播效能，挖掘自身潜力，塑造覆盖范围广、持续时间久、渗透力强的品牌效应。

2. 依托平台引领正确舆论"风向标"

近年来，《人民画报》还依托平台优势，搞研究、出成果、办活动，为国家生态文明建设纵深推进营造正面、持久的舆论氛围，向世界展示全球生态文明建设的中国方案。比如，与国家发改委城市中心围绕产业转型（高新技术，低碳产业，绿色金融等）、能源转型（能源生产转型为更多的清洁能源）、能源消费（通过都市圈、城市群、低碳新城等城市空间形态，提高城市能源使用效率）等议题开展联合调研，为地方城市制定"双碳"指标城市规划，参与历届中欧绿色智慧城市峰会系列活动，以及中欧绿色智慧城市优秀案例征集的筹备工作和研究工作。

3. 突出项目合作做实走深

未来，《人民画报》还将进一步深度推进各类合作项目，积极开展与国家发改委城市中心重点课题"'双碳'目标下我国城镇化发展路径的对策建议"的相关事宜，并在全国开展调研、设计等工作，助力地方城市在"双碳"指标任务的规划和制定上取得更大进展。

《气候大会之旅：源起》：记录并展示中国民间机构气候行动

新乡学院新闻传播学院 苏武江

2019年12月5日，在第25届联合国气候变化大会（COP25）的中国角，中华环保联合会举办了"应对气候变化的传播实践——暨《气候大会之旅》纪录片发布"主题边会，并进行了纪录片的首映，在现场引起了不小的轰动。随后，《气候大会之旅》登陆国内各大视频平台，在不到一个月时间内观看人数达到百万以上，取得了较好的传播效果。本文对该片的内容和叙事策略进行分析，为气候传播纪录片创作和传播提供借鉴启发。

一 《气候大会之旅：源起》的主要内容

《气候大会之旅》由中华环保联合会出品、万科公益基金会和大道应对气候变化促进中心（C Team）联合出品，创作的初衷是向国际社会展示中国民间机构在应对气候变化方面的不懈努力，同时提升国内公众对于气候变化议题以及气候公约的了解和认同。共计划拍摄三集，《源起》为第一集，2019年4月立项，由国内生态环保领域纪录片知名导演龚志华执导，历时8个月完成拍摄。该片项目计划再拍摄两集，分别讨论气候适应和减缓议题，从而系统性讲述气候变化公约进程，全面展示中国的民间气候行动。

从内容看，《源起》在38分钟内讲清了气候事实、谈判进程、中国社会各界和全球合力推动目标达成的行动，既照顾到中国观众的理解程度，又照顾到国际观众的接受度，达到了创作预期目的。从结构上看，《源起》可以分为两大板块。

第一版块是"政府间气候变化专门委员会"（IPCC）的发展进程。IPCC是气候大会的组织者，片子重点介绍了 IPCC 的诞生及作用。推动联合国气候大会召开和 IPCC 诞生的是一份报告《我们共同的未来》，该报告提出了"可持续发展"的理念。IPCC 也就是在该报告发布第二年的 1988 年成立的。IPCC 重点关注四个问题：第一，气候变化是不是科学的事实，是不是正在发生。第二，气候变化以后，对自然生态和人类社会会带来什么样的影响。第三，当前气候变化是什么原因引起的。第四，我们人类社会如何来联合应对气候变化。

第二大版块是"联合国气候大会（COP）"的发展进程。重点介绍了以下几次大会：1992 年巴西里约热内卢的联合国环境与发展大会，这次会议通过了具有里程碑意义的《联合国气候变化框架公约》，正式开启了人类社会合作应对气候变化的进程。1997 年的日本京都气候大会，这次会议签署的《京都议定书》是首个具有量化的温室气体减排目标的议定书。2009 年的丹麦哥本哈根气候大会，这次大会在万众瞩目中没有达成实质性进展。2015 年的巴黎气候大会，达成《巴黎协定》；2017 年的斐济大会（在德国伯恩举行）。2018 年波兰卡托维茨大会，通过了《巴黎协定》的实施细则，标志着人类进入气候变化应对的新阶段。

"当气候变化的威胁变得越来越清晰的时候，走进联合国气候大会就变得这么自然，因为它是人类仅有的一个合作应对气候变化的进程。"片子一开始就将联合国气候大会应对气候变化的使命展示出来，拉近了联合国与每一个普通观众的距离，很容易引起观众的兴趣。片头之后，重点讲述了以上两个版块的内容，契合了《气候大会之旅：起源》的片名。

二 《气候大会之旅：源起》的叙事策略

《气候大会之旅：源起》内容充实，信息量很大，长达 38 分钟的视频却能吸引观众从头至尾专注观看，这与其恰当的叙事方式是分不开的。

1. 以人物故事推进剧情

联合国气候大会到 2019 年已经是第 25 年，气候大会的源起和发展更是横亘百年，如何在短短的不到 40 分钟时间里讲清楚并能引起观众的观看兴趣，叙事方式很关键。该片选取了长期参与应对气候变化工作的各界领袖，包括企业家王石、中国极地探险的青年领袖温旭、本土 NGO 组织的青年领袖郑晓雯、中国优秀的气候变化传播与治理研究者王彬彬等，以气候大会为背景串联他们所开展的气候行动，通过他们的讲述和个人故事，让观众重温他们的心路历程，感知气候变化的科学知识和人类应该如何应对。

青年气候变化行动网络（CYCAN）成立于2007年，是中国第一个关注青年应对气候变化的非营利性组织，从2009年开始就参与气候谈判大会。郑晓雯是CYCAN现任执行总监，片子主要讲述她带团队参加气候大会的故事。王石虽然是一个企业家，但对于自然探险的热爱闻名遐迩，片子以采访形式让他讲述了攀登东非乞力马扎罗山的故事、参加气候大会的经历。温旭作为中国极地探险的青年领袖，片子讲述了他的南极科考探险"<2℃计划"。王彬彬作为中国优秀的气候变化传播与治理研究者，在2018年年底入选"家园归航"计划，与全球90名女科学家一道去南极考察气候变化的影响。在片子中，她讲述自己坐在那里听到看到冰川崩塌的景象，她说这就是地球母亲用她的一种方式让我们感知到她的痛苦。这些人物故事在片子中表现出来的积极向上和坚持不懈的精神能够给观众留下深刻的印象。这样的故事化叙事安排，抓住了近50年来人类社会应对气候变化的主要进程，既有曲折又有成就，线索非常清晰，能引发观众的思考。

除了用上述几位关键人物的故事推进剧情，该片还大量引用和采访了一些权威专家，如国家应对气候变化战略研究和国际合作中心副研究员柴麒敏、中国著名环境外交家夏堃堡、国家气候变化专家委员会副主任何建坤、生态环境部应对气候变化司司长李高、中国气候变化事务特别代表解振华等，大大提高了纪录片的权威性，也使得片子具有了极高的史料价值。

2. 理性展示和感性表达

气候变化是一个科学事实，要想把这么一个严肃的科学问题讲清楚，首先需要理性的讲述方式，因此，片中融入了权威专家对气候变化关键议题的采访分析，如夏堃堡关于《我们共同的未来》的报告、何建坤关于IPCC的5次评估报告、关于2℃的控制目标、解振华关于中国减排目标的解释、中国50年来的气温变化模型等都表现出清晰的逻辑，充满理性。如果一个普通观众对气候变化了解不多的话，这个片子完全可以成为一个启蒙教材。

当然如果一个纪录片自始至终都是理性讲述，也很难让观众接受。因此，该片还采用了很多感性的表达，如王石关于第一次参加气候大会的回忆，讲到自己当时找不到位置，"就像刘姥姥进了大观园"。再如，关于王彬彬的采访，从王彬彬的表情中观众可以真实感受到南极冰川融化所带来的震撼。还有2017年的伯恩气候大会上的斐济男孩的演讲等，都能带给观众强烈的情感共鸣。

理性和感性并行互补是纪录片的常用手法，《气候大会之旅：源起》用一个个的人物故事和采访，比较容易地拉近了高高在上的气候变化与普通人的距离，不经意间启发观众去思考一个问题：人类想要一个怎样的未来？

3. 展示了中国贡献

这部纪录片的独特之处，还在于它不仅讲清楚了气候变化这么大的议题的来龙去脉，而且很好地挖掘出了中国参与者的精彩故事。在展示人类社会应对气候变化进程的同时，也向世界积极展示了中国为延缓气候变化所做的贡献。从郑晓雯的角度，观众可以看到越来越多的中国青年和创绿、自然之友、山水自然保护中心、北京地球村环境教育中心等越来越多的中国民间机构正在积极参与到国际国内应对气候变化的行动中来。从王石的角度，可以看到参与应对气候变化的中国企业十年间从100家发展到了100万家，绿色、低碳、循环正成为中国企业的主流发展观。片中还特别是讲述了中国的减排贡献，提前实现单位GDP二氧化碳排放比2005年下降40%—45%的控制目标，为国际社会做出了榜样。

三　《气候大会之旅：源起》传播效果

在COP25发布会后，借着联合国气候变化大会的热度，主办方通过举办线下观影会、登陆各大视频平台等方式进行传播，进一步扩大了《气候大会之旅：源起》的受众覆盖面，收到了良好的效果。

1. 观影会互动踊跃

2020年1月10日，《气候大会之旅：源起》在哥大全球中心（北京）举行观影会。在观影现场，主办方还现场连线了片中的主线人物之一温旭，他当时正在南极。"大家好，我是温旭，是一名探险者，也是一名科研工作者，我在18个小时前刚刚抵达南极点，现在在南极点跟大家联系。"温旭在电话连线中说这次的探险非常具有挑战性，对于数次登顶珠峰的温旭来说，独步南极"是我有生以来面对的最大的挑战"。温旭也是全球第一次单人无助力无补给抵达南极，创造了一项世界纪录。"我先忍受着零下35℃的低温，冰面摔倒，推着重量180吨的雪橇，南极的雪地里寸步难行，现在在南极点有点恍如隔世的感觉，有很多的困难，但是也让我收获了很多。"出现在观影现场的还有该片导演龚志华，"整个片子，我自己给它定位，叫心灵涤荡之旅"。"气候变化虽然我一直有接触，但是没有真正的接触到里面的做事的人，之前没有这么深的感触。所以这真是一场涤荡，一场激励之旅。"这样的观影活动，再次让观众近距离感受到了气候变化的影响。

2. 视频平台热度高企

在举办观影会同时，主办方将《气候大会之旅：源起》上线爱奇艺、北京电视台等视频平台,从爱奇艺的统计来看,《气候大会之旅:源起》上线之后热度迅速上升,一度接近300,观看人数已超过百万。业内人士这样评价:"这是一部呈现中国集体努力的好片子,在30分钟内讲清了气候事实、谈判进程、中国社会各界和全球合力推动目标达成的行动。而且既照顾到中国观众的理解程度,又照顾到国际观众的接受度,真不容易!"许多网友在观看过程中发弹幕或者留言好评以示赞赏。从网友的反馈来看,该片能够启发公众正视气候变化问题的紧迫性,主动参与到应对气候变化的行动中来,如绿色出行、低碳行为等,展示人类社会携手应对气候变化的信心和决心。

四 《气候大会之旅:源起》传播特色

《气候大会之旅:源起》以通俗易懂的方式阐释了应对气候变化的重要意义以及气候公约的构建历程,是第一部关注联合国气候大会进程的纪录片,不论从创作立意、叙事特点、细节捕捉还是从传播的效果来看,都是近年来普及气候变化知识的一部优秀纪录片,堪为记录人类应对气候变化进程的开山之作。

《低碳军运》小程序：打造首个碳中和大型国际体育赛事

湖北碳排放权交易中心　刘　树　蔡紫佩
中南民族大学文学与新闻传播学院　徐　红

全球气候变暖日益引起社会广泛关注，国家出台了一系列政策，旨在充分调动社会公众参与节能减排的积极性、主动性与创造性，让公众成为节能减排的重要力量，让生态环保成为全社会的自觉行动，进而全面推动形成绿色生产方式和绿色生活方式。

2014年，国家发展和改革委员会颁布了《国家应对气候变化规划（2014—2020年）》（下文简称"规划2014—2020"），将倡导低碳生活（包括鼓励低碳消费、开展低碳生活专项行动、倡导低碳出行）作为控制温室气体排放的措施提出。此外，"规划2014—2020"也提出"建立鼓励公众参与应对气候变化的激励机制，拓展公众参与渠道，创新参与形式"的要求。

2016年，国务院印发了《"十三五"节能减排综合工作方案》，方案中要求："发展节能减排公益事业，鼓励公众参与节能减排公益活动。"

2017年，在中共中央政治局第四十一次集体学习会上，习近平总书记提出："倡导推广绿色消费，推动形成节约适度、绿色低碳、文明健康的生活方式和消费模式，形成全社会共同参与的良好风尚。"

2019年，为了推动践行低碳理念，规范大型活动碳中和实施，生态环境部发布了《大型活动碳中和实施指南（试行）》，并指出：做出碳中和承诺或宣传的大型活动，其组织者应结合大型活动的实际情况，优先实施控制温室气体排放行动，再通过碳抵消等手段中和大型活动实际产生的温室气体排放量，实现碳中和。

武汉市自2012年被纳入全国低碳城市试点之后，出台了一系列社会发展规划，比如《国民经济和社会发展十二五规划纲要》《国民经济和社会发展十三五规划纲要》《武汉市低碳发展十三五规划》《武汉市碳排放达峰行动计划（2017—2022年）》，在自愿减排领域进行了一系列的实践创新。为在社会公众中大力传播低碳理念、倡导低碳行为，武汉市积极探索"碳币体系"和"碳币兑换机制"的创新应用，由武汉市发改委和碳宝包团队策划、开发和运营的微信公众号"碳宝包"于2016年节能宣传周期间正式上线。碳宝包通过对市民的"低碳行为奖励积分+消费兑现"的方式，将市民衣、食、住、行低碳生活方式与电子商务平台对接，激励市民与商家践行低碳生活，推动低碳消费。经过几年的努力，碳宝包在进行社会动员方面，积累了一定的经验。

一 《低碳军运》小程序问世机缘

2019年10月18日至27日举办的武汉2019中国·武汉第七届世界军人运动会，是中国首次承办国际最高级别的综合性军事体育赛事，是中国向世界传递中国文化、讲好中国故事的重要机遇。为深入贯彻落实大赛"绿色、共享、开放、廉洁"的办赛方针，同时发挥武汉低碳城市试点和湖北碳市场试点的区位优势，武汉市政府参事齐绍洲提出了把2019年在武汉举办的第七届世界军人运动会打造成"碳中和"军运会的参事建言，被武汉市政府和世界军人运动会筹委会采纳，湖北省生态环境厅、武汉市发展和改革委员会、第七届世界军人运动会执行委员会及湖北碳排放权交易中心联合成立了武汉军运会碳中和行动工作小组，具体落实打造第一个"碳中和"世界军人运动会的实施方式。

二 《低碳军运》小程序传播形态

武汉军运会碳中和行动工作小组在遵循碳减排国际惯例的前提下，首创"个人减排赛事中和"的大型赛事减排模式，在微信公众号"碳宝包"的社会动员实践基础上，开发出一款"低碳军运"的微信小程序，以武汉市居民为参与主体，以"减排数据化、数据货币化、货币娱乐化、场景游戏化、社交趣味化"为小程序设计理念，以碳积分为实现手段，借助科学的碳积分计算方法，将市民个人绿色低碳行为的减排贡献进行量化，引导公众积极践行低碳生活方式获得积分，将收集汇总的减排量尽数捐赠给军运会执委会，以抵消军运会办赛过程中产生的二氧化碳排放，进而实现第七届世界军人运动会"碳中和"目标。

1. 碳中和与碳积分

碳中和，是以相应的碳减排措施来抵消某项活动产生的碳排放的一种环保行为。它通过专门机构计算出生产、工作、生活或某项活动产生的碳排放量，以植树、购买森林碳汇或绿色低碳项目产生的核证减排量等形式抵消，从而实现自身碳排放量为零。

"低碳军运"小程序的核心概念"碳积分"，是指市民在出行、就餐、居住和购物的消费过程中，因有意识降低碳排放所获得的碳减排量（单位：gCO_2）。以碳积分为媒介，整合游戏、折扣、特权活动等多种消纳渠道，借助完整的碳积分获取、流转及消纳闭环，能有效建立起政府、企业、个人三方参与、共享共赢的动态长效机制。

2. 应用场景

为提升市民参与碳中和行动的参与度，项目广泛覆盖了绿色低碳的生活场景，市民在践行指定生活场景内的15项低碳日常行为后，即可获得碳积分奖励。具体如下：

绿色出行类：步行、地铁出行、公交出行、骑行等。

绿色消费类：绿色银行、光盘行动、有机轻食、爱用随行杯、自备购物袋、购买绿色家电等。

绿色回收类：垃圾分类回收、低碳住店等。

绿色宣传类：分享活动、绿色宣言、主题知识问答等。

"低碳军运"小程序基于武汉地区的实际排放情况，同时参考国际先进温室气体排放计量方法，打造了武汉排放因子数据库，开发了一套适用于武汉地区的低碳行为碳减排核算和监测方法，成为项目运行的智力支撑。

3. 商业合作

在项目运营过程中，工作小组启动了"武汉军运会碳中和行动伙伴计划"，尽可能多的吸纳有志于参与培育绿色消费市场的企业入驻平台，初步构建起绿色商业联盟雏形。"低碳军运"小程序的商业合作对象包括低碳数据平台和特惠服务商家两类。

（1）低碳数据平台。"低碳军运"小程序通过与武汉城市一卡通有限公司（公交地铁出行服务）、哈啰出行（共享单车服务）、交通银行（绿色金融）等低碳数据平台对接，采取点对点传输、共识机制、智能合约、加密算法等数字化技术手段，自动为用户获取低碳数据、计算减排量、发放碳积分，在此基础上构建起用户减排大数据。

（2）特惠服务商家。"低碳军运"小程序通过与哈啰出行（提供共享单车骑行优惠券）、交通银行（提供话费券等礼品）、周黑鸭（提供优惠券）、良品铺子（提供优惠券）、仟吉（提供优惠券）及武汉市内众多连锁餐饮门店等绿色品牌商家对接，拓宽碳积分消纳渠道，丰富碳积分奖励机制，在帮助企业树立良好的品牌形象和社会声誉的同时，建立绿色商业链。

4. 宣传推广

"低碳军运"小程序于2019年6月18日正式上线。通过构建起线上线下整合营销的立体化宣传推广网络体系，小程序在社会范围内引起强烈反响，营造出"人人助力低碳军运"的良好社会氛围。

（1）新媒体宣传。与合作平台及企业开展联合推广；打造包括微信、微博、网媒、社群类App在内的媒体矩阵，综合运用图片、文字、视频多种形式，增加运营内容的趣味性，以更直观、更便捷的传播手段提高军运会的曝光率和知名度，扩大项目受众面和影响力。

（2）联名活动。联合知名机构，举办多元的主题线下活动：如"低碳军运落地武汉东湖绿道"线下活动，与世界自然基金会（WWF）在徐东地铁站和取水楼地铁站联合举办"低碳军运地铁盒子"活动，将低碳日常行为与低碳出行场景有机结合，能有效吸引潜在用户；与世界自然基金会（WWF）、一个地球自然基金会（OPF）联合举办的"探访解放公园神奇湿地"等系列活动，则具有公众低碳启蒙意义。

（3）店面活动。联合180家门店（包括中百超市、中百仓储、武商量贩等商超门店及部分四五星级酒店），结合消费场景针对性地宣传自备购物袋和低碳住店活动，号召全社会节约资源。

（4）社区活动。在武汉市百步亭小区、南湖邻里文化广场举办社区活动，开设跳蚤市场，鼓励资源循环利用；联合武汉市城市管理执法委员会，在武汉市内700余个社区张贴垃圾分类主题海报，普及低碳知识。

（5）校园活动。联合华中师范大学、湖北大学、湖北经济学院、湖北经济学院法商学院、武汉华夏理工学院、武汉晴川学院等武汉十多所高校，在开学季举办"开学第一步，低碳新一步"的活动，为未来社会中坚力量注入低碳能量。

三 《低碳军运》小程序传播效果

"低碳军运"小程序借助"互联网+低碳"的运营思路，将绿色的生活消费方式、科学的方法学算法及趣味化的社交体验有机融合,将"口号"式的低碳宣传落实到了公众的低碳行为培育上。小程序在上线后经过四个月的运营,取得良好的社会效益和减排效益。基于后台数据分析和用户回访,建立起的"低碳军运"大数据,为后续进一步推广"个人减排赛事中和"模式提供了更清晰的宣传思路。

1. 减排效果

截至 2019 年 10 月 31 日,"低碳军运"小程序上线共 136 天,总访问量达 1935923 次,授权用户达 76545 人,累计产生二氧化碳减排量达 108.04 吨。其中,绿色消费类低碳行为(绿色银行、光盘行动、有机轻食、爱用随行杯、自备购物袋、购买绿色家电等)完成次数达 133614 次,共产生二氧化碳减排量 28.5 吨。据第三方核查机构测算,军运会开、闭幕式及参会运动员赛事期间因市内交通共产生二氧化碳排放 100.23 吨,截至 2019 年 10 月 27 日军运会闭幕式当天,"低碳军运"小程序成功完成助力军运会达成碳中和目标。

2. 传播效果

"低碳军运"小程序借助数字化的技术手段,记录下用户的低碳行为轨迹[①]。

(1)用户画像

小程序用户中,年龄为 18—29 岁的用户占比为 39%,为第一大用户群,年龄为 30—39 岁的用户占比为 35%,年龄为 40—49 岁和年龄为 50 岁以上的用户各占比 13%;男性用户占比约 40%,女性用户占比约 60%。

以上数据表明,青年人正日益成为践行绿色生活方式的主力军,女性对于环保问题的重视度略高于男性。

(2)减排场景及行为表现

在绿色出行、绿色消费、绿色回收、绿色宣传四大减排场景中,绿色出行类低碳行为产生的减排贡献最大,占比 60%,绿色消费占比 25.7%,绿色宣传占比 13.3%,绿色回收占比 1%,累计产生二氧化碳减排量 60.08 吨,吸引的参与人次最多达 324086 人次。在 15 项低碳日常行为中,地铁出行产生的减排贡献最大,累计产生二氧化碳减排量 28.25 吨,步行吸引的参与人次最多,达 173815 人次;天气因素(晴雨天气)对于市民出行方式的影响最为显著,雨天地铁出行人数相较于晴天增加 12%,公交出行和步行人数分别减少 17% 和 22%;对于其他生活场景,天气因素的影响力较弱。

---

① 以下数据更新截至 2019 年 10 月 31 日 24 时。

最受用户欢迎的奖品为话费券和哈啰单车骑行优惠券。在工作日，用户使用小程序的高峰时段为18时至20时，周末延后至21时至22时。

以上数据表明，绿色出行因其实现方式（步行、地铁出行、公交出行、骑行等）多样，是推动形成绿色生活方式的有利突破口；对于已经养成绿色出行习惯的市民而言，即使出现外部因素干扰（例如天气变化），其绿色出行习惯也不会轻易发生改变。用户在养成了低碳生活习惯之后，将会持续践行并不断强化。例如，相当数量的用户已经进入"骑行—产生减排量—获得碳积分—兑换哈啰单车骑行优惠券—骑行"的良性循环；又例如，即使用户在周末生活作息稍作调整，也不会放弃践行低碳生活方式，只是出现延迟。

（3）公众低碳教育

在小程序的所有一二级页面中，用户在"答题赢积分"页面停留的时间最长；用户总共发布了28862条绿色宣言，号召社会各界助力低碳军运；共有44050人次参与答题赢积分活动，累计答对132152道军运会及低碳主题知识题。

以上数据表明，公众对于低碳环保领域的关注度正不断上升，低碳责任感日益增强，社会舆论对于推动形成绿色发展方式和生活方式具有积极导向作用。

3. 社会效果

"低碳军运"小程序依托低碳生活引导机制，树立绿色消费意识，开展公众低碳教育。向每位参与了武汉军运会碳中和行动的用户颁发了电子版《军运会碳中和荣誉证书》，以表彰市民的减排贡献，激发了市民的"低碳荣誉感"；将碳积分作为可消费的资源，用于在小程序的积分商城中兑换军运会周边礼品、话费券、餐饮折扣券等奖品，提升了市民的"低碳积极性"；通过开展"低碳军运海报设计大赛"等趣味活动，发挥了武汉市的教育资源优势，将年轻人培育为绿色消费的种子用户。基于这一系列奖励手段建立起的"实惠""普惠"且具有广泛影响力的低碳生活引导机制，实现了开展公众低碳教育的职能。

此外，在宣传推广"低碳军运"小程序的过程中，借助绿色营销手段，打造"低碳流量池"，建立绿色商业链。以构建"低碳流量池"为核心实现企业间的互相引流，以绿色营销手段为支撑强化企业应对气候变化的社会责任感，为绿色消费市场注入了新的活力。

四 《低碳军运》小程序推广价值

2019 中国·武汉第七届世界军人运动会的实践证明，"个人减排赛事中和"

的大型赛事减排模式切实可行、行之有效。因该模式中的核心概念"碳积分"天然具有易于传播的特征，因此该模式具有极强的可复制性和可推广性。

　　为在全社会范围内开展碳中和，借助于"低碳军运"小程序的运营经验，可以进一步推广"低碳办赛"模式，加大力度研究与宣传碳普惠制度并进行更多的创新性应用。例如：（1）将"低碳军运"的模式运用到更多的国际体育赛事等大型活动中，为全球应对气候变化贡献"中国方案"。目前已经与北京2022年冬奥会和冬残奥会组织委员会合作，于2020年7月2日上线了"低碳冬奥"的微信小程序，旨在通过碳普惠方式，吸引社会公众积极参与低碳行动，为低碳冬奥贡献自己的力量。（2）实现碳积分体系与武汉信用分体系的对接，进一步创新碳中和发展模式，打造"低碳汉马""低碳武网"等武汉本土系列低碳体育赛事品牌，提升武汉的国际美誉度和城市影响力。（3）为单位碳排放表现优于行业基准值的产品进行"低碳产品标识"认证，建立绿色消费生态体系，弘扬以低碳为荣的社会新风尚。（4）将个人减排贡献开发成自愿减排交易产品，并与碳排放权交易市场进行衔接，促进全民参与国家节能减排工作。

《碳碳岛》公益小游戏：一个小岛模拟实操碳中和实现路径

腾讯互娱社会价值探索中心

"碳中和"目标的实现过程是我国能源革命逐步迈向深入的过程，这一目标的实践不仅是解决我国能源安全和生态环保问题的重要举措，更是展现我国对全球生态环境及人类社会可持续发展的责任与担当。在此背景下，腾讯围绕"碳中和"的社会使命展开了一系列探索。早在2021年4月，腾讯就提出"可持续社会价值创新"战略，先后投入1000亿设立"可持续社会价值事业部"推动战略落地，其中针对碳中和方向专门设立碳中和实验室，期望通过科技创新、产品创新和模式创新，探索高质量、可持续的实现路径，共享社会价值，增进社会福利。2022年2月24日，腾讯正式发布《腾讯碳中和目标及行动路线报告》，立足自身排放特点和数字化技术优势，提出碳中和目标：不晚于2030年，实现自身运营及供应链的全面碳中和；同时，不晚于2030年，实现100%绿色电力。

与腾讯碳中和目标相呼应，腾讯互娱社会价值探索中心与腾讯碳中和实验室联合推出首款面向大众普及"碳中和"概念的环保经营类科普小游戏《碳碳岛》，它用放置经营类玩法，让玩家通过自己亲自建设一座小岛，引导公众在模拟经营中学习碳中和的概念，了解"碳中和"的重要性，体验碳中和实现路径，让"碳中和"这个严肃枯燥的环保话题，在游戏中变得生动有趣。

一 浓缩的小岛风云

《碳碳岛》由腾讯互娱社会价值探索中心与腾讯碳中和实验室联合出品，中环联合认证中心、湖北碳排放权交易中心为指导单位，以放置经营玩法引导玩家了解"碳减排—碳吸收"等"碳中和"实践路径，旨在科普减排概念、低碳理念、固碳主要手段等知识，以游戏的数字力量连接更多大众普及"碳中和"概念。

图 1 《碳碳岛》公益小游戏上线海报

2022 年 1 月 17 日，《碳碳岛》上线，在微信或手机 QQ 里搜索"碳碳岛"，即可体验这款小游戏。作为一款轻量级的小游戏，目标是向大众科普碳中和的知识理念。因此，体量轻、易理解、易传播是游戏立项初期的定位。项目组对碳中和宏大议题进行甄选，在小巧的游戏体量内设置了三条线索：

1. 宏观视角：地区经济发展与低碳发展的矛盾

在《碳碳岛》中，玩家扮演的是一位归乡的志愿者，需要帮助发展落后的"碳碳岛"进行重建和转型。在重建与转型的过程中，游戏以"剧情+任务+海岛评级"的形式，模拟了一个独立区域在现实中真实的"碳达峰"和"碳中和"过程。

在玩法设计上，《碳碳岛》将玩家的游戏体验历程分为"发展、减排、中和"三个阶段。

游戏前期，玩家面对的是一座亟须发展经济的荒凉小岛，需要跟随指引在代表碳排放的"城镇经营"进行小岛重建，扩建建筑，吸引人口流入，积累发展资金。如升级码头提升码头泊位增加志愿者人数，建设公交站增加公交站班次提高人员运转效率，经营美食街、居民楼等建筑提高收入等。然而随着建筑扩建、人口扩张，碳排放值的暗线也会浮出水面。起初这个值完全不影响经济发展，但是越到后面影响就越大。

游戏中期，当小岛碳排积累到一定值，环境危机开始触发，暴雨台风等极端天气又会反过来影响到工业生产和经济发展，致使小岛经济出现隐形天花板，甚至出现经济增长速率下降的现象。唯有采取经济投入与行动降低排放量，达到"碳达峰"目标，小岛才能迎来真正的"风和日丽"与"蒸蒸日上"——经济发展与低碳发展恰似天平的两侧，若不能平衡，便只会前功尽弃。在这一过程中，玩家不仅可以了解到碳排放较高的代表性产业以及与生活息息相关碳排放场景，也将在游戏中了解"科研减排"和"行动减排"的具体方式，获得各类场景的减排科普知识。科研减排方面，玩家可以通过游戏内建立的科学研究所，了解不同行业领域科研升级方式，如升级农业模式，实现养殖智能化，学习无害化垃圾处理方式等；还可以通过经营区不同建筑的逐层升级，更轻松生动地了解不同产业科技升级逻辑及其不同升级所带来的减排效果；而在行动减排方面，玩家可以通过伴随小岛发展逐层递升的碳积分派遣任务了解减排手段，如通过升级发电站、铺设光伏板、使用环保材料重新装修建筑等减少碳排放。

游戏后期，玩家可以开设代表碳吸收的"装扮区"（生态景观区），在继续减排的同时，通过不同品种的绿植栽种与培育升级，提升碳吸收的能力，改良生态环境，实现了低碳发展的模式，最终达到"碳中和"目标。在完成"碳中和"目标之后，这个时候，小岛的经济数据会再次突飞猛进，发展增速将达到更高的水平。

在地图设计上，《碳碳岛》共有"城镇经营"和"生态景观"两类地块，城镇经营区代表"碳排放"，生态景观区代表"碳吸收"。玩家在城镇经营区发展排放较高的代表性产业，比如发电、炼钢、畜牧等，并遇到与生活息息相关碳排放场景，比如火力发电、肉制品消费、公交出行、垃圾回收等，在发展转型的过程中，获得各类场景的减排科普知识。生态景观区内提供了丰富的景观物件，玩家在游戏的历程中，有机会获得更精致、碳吸收能力更强的高级景观，在一定的自由度中，打造属于自己的美丽小岛。不仅如此，游戏内还设计了丰富的科普小互动，如与减排息息相关的每日任务、随机事件、答题互动、成就图鉴等，将低碳行为渗透到《碳碳岛》游戏历程中的方方面面。

2. 宏观视角：提升因碳排放所带来的气候影响警惕性

游戏内独创地设计了"当碳排放超过既定数值，将在30秒~1分钟内引发极端天气，影响经济发展"的负面限制，将超高碳排放导致以十年、百年为反馈的结果，浓缩到游戏中，通过夸张手段的即时反馈，强化玩家对恶劣气候的负面影响认知，提升低碳减排警惕性。

3. 微观视角：个体低碳行为带来的良好结果

游戏将低碳减排行为科普渗透到了游戏历程中的方方面面，在内设的随机事件、科普答题等科普互动中,玩家还能学习到如"垃圾分类、绿色出行、节约用电"等与个人生活息息相关减排小窍门,在不断的细节积累中,让大众的碳中和知识及意识随之"进阶"。

除了在宏观层面模拟了小岛的发展,游戏中还将碳中和糅入故事中,在微观层面植入"人与人之间因低碳而产生美好连接"的小岛故事,通过给用户讲故事传递一些情感表达,从而使碳中和的专业知识传递过程更有温度。

二 《碳碳岛》公益小程序宣传推广策略

《碳碳岛》小游戏于2022年1月17日正式上线,随即展开了以"零碳行动遇见2060"为主题、以线上为核心渠道、视频为主要形态的整合式营销。面对当前大众对"碳中和"议题"重要、严肃且难懂、遥远"的认知现状,打造了一系列趣味化、简单化、生活化的内容与合作,让大众重新认识和关注"碳中和",进而关注和体验游戏。

1. 《碳碳岛》游戏宣传片,用意向述说生活中的碳排放

《碳碳岛》游戏宣传片一反直白叙事,没有用游戏说游戏,而是采用意向化的创意表达,通过生活中的具体场景打造一个看得见的碳排放世界,将二氧化碳可视化为一个个灰色球球,它们会出现在哪里?又将如何消失?并通过女主视角的碳减排行为回答怎么去实现碳中和。让观众了解到生活中有哪些碳排放,意识到"实现碳中和人人有责",并通过每一个切实的碳减排行为为碳中和作出自己的贡献。

图2 《碳碳岛》游戏宣传片

资料来源:https://haokan.baidu.com/v?pd=wisenatural&vid=4731059021965871351。

宣传片上线后引发破圈效应，在游戏、公益、营销、互联网等多领域引起关注及好评，视频播放量超过 2200 万。

2. 打造一系列"零碳"主题精品内容

（1）与知名学者联合推出《零碳课堂》和《零碳播客》

高校学生作为年轻群体代表，是未来社会各行各业发展的中坚力量，也是我国实现碳中和目标的主力军。我们以"零碳行动"为主题与全国 26 所高校师生联动。其中重点与武汉高校合作，推出《零碳课堂》和《零碳播客》。

图 3　《零碳课堂》和《零碳播客》

资料来源：零碳课堂，https://haokan.baidu.com/v?pd=wisenatural&vid=12182185425186499027。

与武汉大学气候变化与能源经济研究中心齐绍洲教授合作的"零碳课堂"，不仅以专业的"碳中和"及能源转型等相关知识进行科普，还号召每个人从自己的衣食住行中行动起来，为碳中和与人类的永续发展作出自己的贡献，最伟大的力量存在于民众之中。专业的内容、兼具权威与亲和的教授形象获得了公众强烈反响，在武汉大学视频号、官方微博、抖音账号上发布以后，获得超过上百万次播放，6000+收藏转评赞。被湖北省人民政府新闻办公室、共青团湖北省委、湖北省生态环境厅、武汉市生态环境局、中共襄阳市委宣传部、宿迁市生态环境局等政府机构官方微博转发。

武汉理工大学资源与环境工程学院杨红刚教授则尝试了播客这种新兴的形式，与人气播客"凑近点看"合作，推出了一期零碳主题播客节目，用年轻人喜欢的方式聊了聊碳中和，涵盖历史、环境、科技等多领域的知识和小故事，风趣幽默的风格收获了播客听众的喜爱。

(2) 再利用垃圾材料设计碳碳岛微缩景观

湖北美术学院工业设计学院学生集体创作的碳碳岛微缩景观，对碳碳岛游戏进行了实物场景模型设计制作，用生活中随处可见的生活垃圾，通过分类、组合、进行艺术再创作，呈现游戏中工厂、小卖部、居民楼、发电厂等建筑的微缩场景。通过合理设计使其物尽其用，变废为宝，充分体现低碳环保的核心价值。

图4　湖北美术学院工业设计学院杨艺老师指导学生创作团队制作现场

资料来源：https://baijiahao.baidu.com/s？id=1723258845012440399&wfr=spider&for=pc。

(3) 与KOL合作产出大众化视频内容

与知名科普博主"所长林超"及脱口秀名人张踩铃合作，推出碳中和主题科普视频内容《碳中和被玩明白了》和低碳生活行为动员内容《零碳春节脱口秀》。

"所长林超"以《碳中和被"玩"明白了》为主题，以游戏画面内容为载体，从专业化视角向大众讲述中国投资绿色经济落实碳中和的必要性与紧迫性，让大家从全局的宏观角度，更进一步理解中国碳中和的实施全貌；并引经据典地通过

《碳碳岛》公益小游戏：一个小岛模拟实操碳中和实现路径　199

"学习金字塔"讲解如何用游戏化方式将抽象复杂的概念与知识，变得易理解且记忆深刻。

图5　"所长林超"微博视频《碳中和被玩明白了》

资料来源：https：//weibo.com/u/6364943754？tabtype=newVideo&layerid=4727412384335216。

脱口秀名人张踩铃的《零碳春节脱口秀》则以趣味化的方式结合家乡东北日常生活习惯和春节习俗讲述个人生活中的碳排放和低碳行为，提倡大家过一个零碳春节并在春节期间登录碳碳岛小游戏学习碳中和知识。

图6　张踩铃《零碳春节》脱口秀

资料来源：https：//haokan.baidu.com/v？pd=wisenatural&vid=4048343570434988862。

2022年春节期间，碳碳岛与深圳公交合作，以"零碳春节脱口秀"视频为主要内容投放，覆盖全市255条公交路线，深圳市共有1900万人次接收到"零碳春节 环保过年"的行动提倡。

3. 品牌联动发起"零碳行动"

主要与京东物流合作，产品内推出京东物流新能源车及相关环保知识，游戏用户可参与互动领取物流优惠券；线下则通过强大的京东物流网络和渠道向大众用户宣传《碳碳岛》及"零碳行动"；同时，线上联动与30家品牌机构官方微博，发起"零碳行动"话题互动，持续拉动产品及碳中和话题热度。

4. 助力"一棵树守护生态文明"公益项目

在游戏内引入"公益广告"，用户通过看广告积分，游戏则为用户向中华环境保护基金会进行捐赠，用于支持"一棵树守护生态文明"公益项目，助力碳中和。

三 首阶段整体宣传推广效果

首阶段整体宣传推广总曝光达到13亿次，在新浪微博以#零碳行动 遇见2060#、#人人都是碳中和主角#两大话题总阅读量超过1.13亿次，讨论量7万次，原创作者1400人，成为微博碳中和相关话题排名的前三。

包括《人民日报》《光明日报》《中国日报》和人民网、环球网、中国青年网等共计超过70家媒体机构对《碳碳岛》及"零碳行动"主题内容进行了正向报道，肯定产品立意及社会价值，定性《碳碳岛》是大众"双碳"科普的可鉴案例，大众参与"双碳"的有力推手，认可《碳碳岛》是游戏行业发挥数字化技术力量，不断承担社会责任、践行社会正向价值的缩影。

四 经验总结

"碳中和"目标的实现过程是我国能源革命逐步迈向深入的过程，这一目标的实践不仅是解决我国能源安全和生态环保问题的重要举措，更是展现我国对全球生态环境及人类社会可持续发展的责任与担当。在全球气候变化形势日益严峻的情况下，要实现"碳中和"目标，需要做好"碳中和"概念的科普宣传，在全社会形成绿色低碳的生活风尚，因此，提升居民节能减排意识尤为重要。

科技向善，腾讯游戏一直以社会价值为核心，不断拓展游戏边界，推动游戏承载更多跨领域应用价值。《碳碳岛》的推出，是腾讯游戏在"可持续社会价值创新"的战略指导下，释放游戏多场景应用价值的又一次探索尝试。

1. 寓教于乐，以数字力量科普碳中和

相较于公益宣讲和科普说教的方式，《碳碳岛》打造的沉浸式经营玩法，不仅模拟了"双碳"的实施原因与实现路径，普及了碳中和概念，更进一步让公众能够具象地感知碳排的危害。以更高效、更容易被公众接受的形式传递出"碳中和"的重要性。同时该游戏还邀约碳排放领域权威专家和专业机构，深度参与游戏内碳中和知识设定、指导与内容审核，保障游戏内碳中和知识的科学严谨性、全面性及通识普及效能性。

《碳碳岛》通过一个独立区域完整碳中和的故事，通过设置偏线性的发展路径让大家从宏观角度看全局的方式，在充满互动性的经营决策过程中了解实施碳中和的各种纠结与取舍；并在原来开放式的模拟经营基础上给玩家设定碳中和目标，引导用户在发展路径中充分考虑低碳发展，搭配选择减排路径，实现减排目标，从而让经济更加良性发展；在此基础上还充分对应现实生活的技术革新实现碳减排的过程，将产业科技升级方式指标巧妙地融入游戏里，潜移默化地灌输硬核的碳中和知识；同时还将政策导向信息纳入游戏设计，如对用户的海岛进行综合评级，通过评级指标引导用户追求碳中和目标，进一步增强与现实映射的感知和呼应。

这些元素的加入不仅对传统模拟经营玩法进行优化创新，带来更高的趣味性，还能让玩家在游戏实操体验中，了解到经济发展、碳排放、科技减排、行为减排等相互之间的复杂关系与知识，当意识和知识到位，相信生活方式的转变便是自然而然。没有强行灌输说教，《碳碳岛》通过数字化方式在受众的主动参与和寓教于乐中，潜移默化地提升公众的低碳意识，助推公众碳中和参与积极性。

2. 以游戏力量去牵引现实低碳

《碳碳岛》以数字力量助推"碳中和"概念普及，提升公众节能减排意识，以游戏力量倡导公众低碳生活方式。游戏相较于现实，优势在于可以去模拟和抽象现实场景。例如，虽然现实中碳普惠场景有限，但游戏内可以做覆盖生活方方面面的碳普惠场景，让玩家感受到生活中无处不在的低碳节能生活方式。未来，游戏平台甚至可以与现实碳普惠平台打通，以游戏力量去牵引现实低碳，实现个人减排行为量化，这是《碳碳岛》更是腾讯互娱社会价值探索中心下一步努力的方向。

借用《南方人物周刊》采访产品主创团队后对《碳碳岛》的评价，"是游戏，也是科普，是深入浅出地传播一种理念。从一个虚拟小岛，可以了解碳中和知识，感受它的历程，看懂一个普通人在此中扮演的角色和能做的贡献。虚拟源于现实，反过来又照进现实，甚至尝试让现实变得更好，游戏是这样一种浪漫的载体，也带着主创人员或多或少的理想主义"。

第四编

企业气候传播案例

湖北碳市场：低碳传播为试点建设赋能

湖北碳排放权交易中心　杨光星　陈　远

中南民族大学文学与新闻传播学院　徐　红

2009年12月7日哥本哈根联合国气候大会召开，192个国家派代表参加，确定《京都议定书》一期承诺到期后，全球第二承诺期（2012年到2020年）应对气候变化的安排。这次会议召开前夕，中国政府提出，到2020年单位国内生产总值二氧化碳排放比2005年下降40%—45%。2011年11月，国家发改委印发了《关于开展碳排放权交易试点工作的通知》，启动碳交易试点工作，湖北省成为被纳入国家7个碳排放权交易试点之一。

一　湖北碳排放权交易中心和湖北碳市场简介

湖北碳排放权交易中心和湖北碳市场的诞生离不开湖北省委、省政府领导的高度重视和大力支持。2010年1月，湖北省委党校常务副校长马哲军和副校长陶良虎提交了《关于"设立武汉碳交易所、打造全国碳交易金融中心"的战略构想与政策建议》的研究报告，获得李鸿忠等省领导的批示。2011年8月，湖北省应对气候变化工作领导小组会议提出"探索碳交易模式"和"抓紧组建碳排放权交易所"的要求。2012年9月，湖北碳排放权交易中心在湖北省工商行政管理局登记成立，目前由湖北省联合交易集团、联交所江城公司、中国水利电力、国电长源、中国建材、武钢、大冶有色、湖北宏泰、湖北农资9家单位共同出资，注册资本金3.3亿元。2013年2月，湖北省人民政府办公厅印发《湖北省碳排放权交易试点工作实施方案》，明确提出"组建湖北碳排放权交易中心，为全省碳排放权交易提供交易场所"。2014年1月湖北省第十二届人大第二次会议，省政府工作报告提出"建立湖北碳交易所,为打造全国碳金融市场创造条件"。2013年4月,湖北省政府下发了《关于组建湖北碳排放权交易中心的批复》,同意由武汉光谷产权联合交易所作为发起单位出资设立湖北碳排放权交易中心。2014年4月,湖北省碳交易正式开市。

湖北碳排放权交易中心成立以来,始终坚持以"绿色金融服务中心"和"低碳经济发展平台"作为功能定位,立足湖北面向全国探索生态文明体制机制创新,促进产业结构升级,带动和发展绿色新兴产业,打造新的绿色经济增长极。目前,湖北碳市场交易规模、连续性、引进社会资金量、纳入企业参与度等指标居全国首位。2014年4月成立至今,湖北配额现货和现货远期累计交易总量为35560.69万吨,交易总额为83.45亿元。市场有效交易日占比100%,企业交易率100%,市场价格相对稳定,基本在15元至35元运行,市场零中断、零投诉,市场化减排激励机制基本形成。

二 湖北碳排放权交易中心开展的低碳传播工作

作为国家设立的七个碳排放权交易试点之一,湖北碳市场的成功离不开湖北碳排放权交易中心在体制机制创新、服务客户等方面的努力,也得益于湖北碳排放权交易中心长期以来对低碳传播工作的重视,通过对内、对外传播的双向发力调动全社会践行绿色低碳行为的积极性。从近年的实践来看,湖北碳排放权交易中心在传播工作方面的做法主要体现在以下方面:

1. 加强内部传播,建构企业文化

内部传播既是企业文化构建的重要途径,也是企业内容、形象传播的根据地和大本营,良好的企业内部传播有利于员工统一思想、同步信息、构建企业内部凝聚力。近年来,湖北碳排放权交易中心在通过中心企业管理制度传播、员工岗位培训等传统方式开展内部传播的同时,因势而谋、应势而动、顺势而为,积极推进传播形态创新,积极探索多媒体、全媒体传播,做好传播手段建设和创新,通过个性化制作、可视化呈现、互动化传播,不断稳固中心企业形象传播、企业文化构建的基本盘。

2. 发力对外传播,辐射影响力

湖北碳排放权交易中心对外传播特点主要体现在:

一是积极推广碳市场制度传播,扩大政策影响力。湖北碳排放权交易中心立足湖北碳市场,在参与湖北碳市场建设的过程中产出了大量制度成果,积累了丰富的制度研究经验，如配合主管部门制定了《湖北省碳排放权交易试点实施方案》《湖北省碳排放权交易与管理暂行办法》《湖北省××年碳排放权交易配额分配方案》《湖北省碳排放权交易检测、报告和核查规则》和《湖北省碳排放权交易检测、量化和报告指南》等一系列重大政策制度。凭借着碳交易丰富的实践经验和对碳交易制度的深刻理解，湖北碳排放权交易中心抓住国内外碳市场蓬勃发展的机遇，将湖北碳排放权交易的制度经验和成果积极进行对外传播，一方面通过高质量完成一系列全国碳市场的制度研究课题为国家碳市场主管部门提供制度咨询建议，为全国碳市场的加快建成提供了坚强有力的支撑，另一方面也积极帮扶有意开展碳交易试点的兄弟省份提供制度建设经验，提供碳市场建设方案咨询，扩大湖北碳市场在全国其他省份的影响力。

二是通过培训、会议论坛等方式推广湖北碳市场机制及经验，扩大行业影响力。培训学习方面，中心联合行业协会、环保组织、高校智库等机构积极参与全国碳市场能力建设培训准备工作，在提升了市场各类主体参与能力和管理水平的同时，也积极扩大了自身影响力和业内品牌知名度；会议论坛组织方面，中心通过定期举办研讨会和主办绿色低碳主题论坛、碳市场参与主体评优会等形式，积极推动低碳发展理念和企业品牌在政府官员、专家学者、重点排放企业中的传播。例如，中心与东盟中心开展合作，2016年和2017年均承担了"东盟应对气候变化能力建设培训"，2017年承担了"一带一路适应气候变化国际培训"。中心2019年承担了生态环境部气候司"南南合作温室气体减排和能源转型培训班"，有50多个国家的130余位政府代表来汉学习考察；与东盟中心深入开展合作，合力建设"一带一路"绿色大数据平台，并承担其中"低碳大数据"的相关工作。另外，碳交中心每年都受邀参加国际气候大会，并在会上发言交流，传播湖北碳市场建设经验和成效。

三是推广绿色低碳生活方式和消费模式，扩大公众影响力。中心开展"低碳军运""低碳冬奥"等大型赛事碳中和活动，借助体育赛事等重大活动推动自愿碳减排模式的传播工作，向社会公众普及低碳知识，倡导低碳生活方式和消费模式，使低碳理念内化为人民群众的思想观念和价值体系，形成公众影响力。以"低碳军运"项目为例，该项目以城市居民为参与主体、以"低碳军运"小程序为实现手段、以碳积分为核心概念，借助科学的碳积分方法学算法，遵循减排数据化、数据货币化、货币娱乐化、场景游戏化、社交趣味化等原则，将市民个人绿色低碳行为的减排贡献进行量化，将收集汇总的减排量尽数捐赠给军运会执委会,以抵消军运会办赛过程中产生的二氧化碳排放,进而实现"打造碳中和军运会"的目标。2019年"军运会"赛事期间"低碳军运"总访问量达167.5万人次,参与人数75367人,实现碳减排量87吨。目前碳交中心正在开发完善"低碳冬奥"小程序服务北京冬奥会,自2020年7月2日运行至今,在激励商品尚未开放的情况下目前总用户量82000人,日均用户活跃人数200—500人。

四是在全国率先开展碳汇+精准扶贫,扩大社会影响力。2018年9月,中心以湖北省恩施州来凤县大坝村为试点村启动了全国首个生态保护精准扶贫试点项目。试点村工作小组由省政府扶贫办牵头,湖北碳排放权交易中心配合,组织进行了生态保护精准扶贫能力建设工作、收集建档立卡贫困户信息工作、林业资源筛选工作等。在试点村项目一年有效期内,参与项目的贫困户为53户,总亩数为277.3亩,项目开发的扶贫碳汇可产生减排量183吨,为试点村贫困户带来183018元总收益。

3. 实践经验与研究成果并重,提高传播的深度和广度

一方面,湖北碳排放权交易中心通过与高校学者、研究智库、环保组织建立良好的沟通渠道和合作关系,将在湖北碳市场实践的成功经验和有益做法转化为学术论文、研究报告、内参等形式进行传播,通过第三方的研究更好地实现传播层次的加深和传播范围的扩大。另一方面,湖北碳排放权交易中心没有停留在为传播而传播的阶段,而是高度重视传播内容的思想性和深度,积极开展在碳交易试点实践和参与全国碳市场建设方面的经验总结,将其上升为理论研究,将有关研究成果发表在报纸、期刊等载体上,增强了湖北碳市场在理论界和新闻界的传播影响力。

三 传播效果

湖北碳排放权交易中心通过内部和外部传播双力驱动的方式让控排企业、政府部门、金融投资机构、高校学者和公众参与到碳市场建设和应对气候变化事业中来,取得了良好效果。

1. 多元立体的传播平台和完整的传播链条初步形成

近年来,湖北碳排放权交易中心以全国碳市场建设与湖北碳市场建设为两条传播主线,积极开拓传播渠道、丰富传播手段,全面推进传播形态创新。官方网站"湖北碳排放权交易中心"(http://www.hbets.cn/)针对碳市场主体,围绕碳市场政策、碳市场规则、碳市场产品、碳市场信息披露、碳市场数据和碳市场

服务进行及时、准确、透明的信息传播。创办行业性杂志《湖北碳市场动态》，并针对特定活动制定宣传册、对重大事项编制专报。在此基础上，积极探索新媒体传播，开设"湖北碳排放权交易中心"微信公众号，开发"碳宝包"微信小程序等，使传播速度更迅速，载体容量更充裕，呈现形式更丰富，互动方式更灵活。建立了传统媒体到新媒体的完整传播链条，多元立体的对内对外传播平台初步形成，有力推动了湖北及全国碳市场的建设。

2. 碳交易理论研究成绩显著，行业影响力不断扩大

中心围绕强制碳市场、自愿碳市场等方面开展理论研究，目前已在《光明日报》理论版上发表《全国碳市场建设要充分发挥市场机制作用》《碳交易市场如何从试点走向全国》《碳排放权交易试点面临的问题与对策》《妥善处理碳市场建设中的"五个不"》《碳市场在生态文明建设中的重要作用》等理论研究成果，通过社会舆论力量的撬动，引起决策者关注，从而进入政策议程。湖北的相关高校、智库等研究机构也围绕湖北碳市场形成了一批研究成果，如《发展碳市场促进节能减排》《碳交易初始配额分配：模式与方法的比较分析》《中国碳交易试点配额分配的机制特征、设计问题与改进对策》《建设碳交易市场的金融创新探析》等，发表在《中国社会科学报》《武汉大学学报哲学社会科学版》等权威学术期刊上，扩大了湖北碳市场研究在学术理论界的传播和影响力。另外在国际传播方面，2020年受疫情影响国际会议和论坛普遍停办，湖北碳排放权交易中心在以往中美气候领袖峰会、全球C40峰会、气候大会等国际会议也是常客，在讲好中国和湖北气候故事、传播中国低碳声音方面作出了较大的贡献。

3. 吸引媒体聚焦湖北碳市场，"湖北模式"引发高度关注

经过多年努力，"全球碳市场看中国，中国碳市场看湖北""湖北成则全国成""在湖北建立全国碳交易中心、碳金融中心"已然成为业内共识。"湖北模式"的成功也引发业内和国内外媒体的广泛关注。中央电视台7次对湖北碳市场进行宣传报道。新华社、中国新闻社、路透社和《中国能源报》《中国电力报》《湖北日报》以及湖北卫视等媒体对中心进行宣传报道达80余次，网络媒体转发次数达400余次。各类期刊、杂志发表理论文章30余篇。

2020年9月22日，习近平主席在第七十五届联合国大会一般性辩论上宣布中国"二氧化碳排放力争于2030年前达到峰值，努力争取2060年前实现碳中和"新的国家自主贡献目标之后，碳市场再次成为全社会关注的焦点，10月27日，《光明日报》以《碳经济里有大学问——湖北经济学院探索"碳市场"的运行机

制》为题，重点介绍了湖北碳交易试点工作和中心在绿色低碳发展的积极探索，引起全国关注。

四 推广价值

作为应对气候变化的重要政策工具，碳市场不仅要为重点控排企业等市场主体提供高质量的服务，还要有强大的制度创新能力和传播发声能力。湖北碳市场在低碳传播方面的成功，主要缘于其走出了一条符合自身特色的低碳传播之路，但其成功的背后也有一些共性和值得推广借鉴的经验，那就是以生态文明建设为根本理念遵循，发挥内部和外部传播双力驱动的作用，以搭建多元立体的传播平台为基础，踏实做好碳市场理论和制度研究，善于借助行业协会、高校智库、环保组织等外部力量，统筹协调好内、外部各种要素之间的关系并形成合力，增强前端生产力、后端影响力，促进湖北碳市场在全国乃至国际上实现更大的传播效能。

中国建设银行：绿色金融，破解环保难题

中南民族大学文学与新闻传播学院　徐　红　鲁昶汐

在生态文明与绿色发展大背景下，中国建设银行作为首家担任银行业协会绿色信贷专业委员会主任单位的商业银行，通过金融工具的创新与升级，大力发展绿色金融，推动经济转型绿色发展，助力国家生态文明建设，彰显了国有大行的责任担当。绿色金融通过为环保、节能、清洁能源、绿色交通、绿色建筑等领域的项目提供投融资、风险管理、项目运营等金融服务，引导资源从高污染、高能耗产业流向理念、技术先进的部门，从而促进环境保护及治理。

一　中国建设银行实施绿色金融战略的举措

2015 年，建行成立了由高管层担任主任的绿色信贷委员会，全面推进绿色经营、绿色管理的各项任务，制定《中国建设银行绿色信贷实施方案》。

2016 年起，建设银行在集团范围内推进实施《绿色信贷发展战略》，将绿色信贷写入公司章程，此后逐渐形成了绿色信贷、绿色债券、产业基金、资产证券化、信托、租赁等全方位绿色金融产品和服务体系。

2017 年建行依据《中国建设银行绿色信贷发展战略》制定《关于加强环境和社会风险管理的通知》，明确客户环境和社会风险分类标准，将环境和社会风险管理贯穿信贷全流程；信贷政策中将企业是否遵循环境指标纳入准入标准；建立环保信息查询机制，对无法完成整改的客户坚决清退；建立绿色信贷信息系统，推进绿色信贷评价管理；将绿色信贷纳入KPI考核，并给予经济资本奖励。

2018 年，在环境和社会风险管理信息系统建设方面，建行将客户环境和社会风险分类指标嵌入信贷流程系统，实现风险信息全流程显示。同时，将外部环保

违法违规等风险信息接入内部管理系统,进一步提升风险预警管控能力。

2020年,中国建设银行绿色金融委员会召开会议。计划下一步要将绿色金融的发展目标纳入全行综合经营计划,进一步完善全行绿色金融评价体系,更加突出对绿色金融业务发展贡献、核心优势培育的评价;将绿色信贷纳入贷款的专项配置范围,实施重点政策倾斜,并建立绿色贷款快速审批的通道,提高市场响应的速度。

二 中国建设银行"绿色金融"战略传播实践

伴随着一系列与"绿色金融"项目相关的政策及方案的出台,为保证其落地实施并达到为企业绿色发展项目提供金融支持,帮助企业实现绿色低碳发展转型等目的,中国建设银行采取了一系列相关举措在企业内外部对其"绿色金融"项目进行传播。

1. 内部战略体制建设传播

2016年起,建设银行在集团范围内推进实施《绿色信贷发展战略》,将绿色信贷写入公司章程。总分行建立"自上而下"的绿色金融发展长效机制。实施了包括专门的政策指引、资源配置、考核激励、评价体系、风控流程在内"五个专门"的绿色金融配套政策措施。

针对高耗能、高污染以及产能过剩行业客户,建行在企业内部下发《关于加强高污染、高环境风险企业授信管理的通知》。要求强化贷前调查和环境评估,对列入"双高"产品设备工艺名录、环保部门通报"黑名单"客户等道德违规企业不得审批新增任何形式的授信业务。

2. 开展业务培训,传播低碳理念

为加强绿色信贷业务能力,培育一批高素质的绿色信贷人员队伍,建行在多个部门组织信贷政策培训班、风险管理人员培训班。培训加入了碳金融、新能源等绿色信贷业务课程,从而强化全行环境风险和社会风险的防控意识,不断提高全行人员绿色信贷业务能力,推进企业绿色金融项目走向专业化。具体案例如下:

北京市分行利用建行大学直播等多种培训方式,对各级信贷经营管理人员开展绿色信贷政策宣导和业务培训;中山市分行开展绿色行业授信培训机制,定期对相关人员开展形式多样的培训,提升客户经理对国家政策的了解,提升贷前调查能力;湖州分行以支行、网点为单位,组织员工开展集中学习讨论《湖州分行2018年绿色金融改革创新重点工作清单》以及其他绿色金融相关方面的知识;建行东营分行加大对客户经理绿色信贷知识培训，打出了"大力发展绿色金融、积极支持贷款投向技术升级、低碳、环保领域"的宣传口号。

3. 举办会议座谈，引领行业发展

建行通过开展、参与包括企业内外部（国内不同地区分行之间或与国外企业间）的座谈会、交流会等方式对其绿色金融项目的成就进行总结，并就已有经验进行交流分享。

2019年建行举办了苏州绿色金融座谈会；2020年中国建设银行绿色金融委员会召开的第一次会议回顾总结了上年绿色金融工作推进情况，分析绿色金融工作面临的新形势新任务，进一步提高对绿色金融工作的认识，研究贯彻发展绿色金融的重要措施。会上，部分分行、子公司负责人作了交流发言，审议通过了《加快培育绿色金融新优势实施方案》等议案。

除此之外，建行积极跟踪国际同业在金融促进环境保护方面的领先实践，组建了跨部门的研究工作团队，开展对国际金融行业环境和社会风险的管理标准——"赤道原则"的研究，并与国际金融公司、花旗银行、日本瑞穗实业银行等进行了沟通和讨论，积极开展相关准备工作，加快建设银行信贷政策与国际行业标准接轨。

4. 对外宣传，多媒介整合传播

建行全国不同地区的分行将"绿色金融"项目与当地实际情况相结合进行对外宣传。其中，网点LED显示屏、海报折页等传统媒介是最常见的宣传媒介，众多分行也采取了线下举办宣讲等方式以达到深入其客户的目的。具体传播案例如下：

中山市分行结合各项绿色金融主题宣传活动，借助绿色信贷海报、宣传折页、网点LED显示屏、报纸杂志、网络等多渠道传播环境保护、绿色消费知识；浙江省分行推进绿色金融宣传活动，通过深入农村、社区等金融服务薄弱领域的方式宣传绿色金融优秀案例、扩大绿色金融普及面，加大龙支付、快贷、ETC等产品宣传；建行景德镇市分行开展"生态赣鄱银保同行"宣传月活动传播绿色金融。在景德镇十七个网点显眼处摆放好了宣传折页和易拉宝，各网点LED显示屏滚动播放"生态赣鄱银保同行"绿色金融字幕；建行湖州分行集合业务拓展活动，将绿色金融的宣传资料发放给广大客户，主动送绿色金融进社区、进机关企事业单位、进校园、进市场、商户和超市等地，并且以宣传季为契机将"寻找绿色支付达人"这项活动进行深化和延伸，鼓励客户更多地使用建行绿色金融产品，进一步引导客户绿色金融消费，推动建行绿色支付方式的使用；上饶市分行在全市中国建设银行各网点播放宣传"绿色信贷"的LED及视频、制发宣传海报、开展公益活动及组织员工进社区等工作。与此同时,绿色金融小组成立活动小分队,深入工业园区宣讲"信贷政策"及产品,为企业提供个性化、专业化的金融服务方案、切实满足其需求;浙江分行推出"绿贝"的绿色评价激励机制,将客户从事绿色产业生产经营、采取绿色生活方式、使用建行绿色金融产品情况按照一定规则转化为"绿贝"积分,不同分值等级的客户可获得不同程度的金融服务优惠条件。

在企业形象宣传片中,建行将"绿色""低碳""环保"等理念置入其中,将绿色金融项目作为其亮点项目之一在短片中进行呈现,号召企业通过绿色信贷等方式进行绿色转型,从而打造建行在公众心中的"绿色"形象。

5. 创新领先,吸引媒体大量报道

除此之外,自2015年至今,多家媒体对中国建设银行"绿色金融"项目进行报道,媒体形式包括报纸(线上、线下)以及数字新闻网站,如《金融时报》的《拓宽路径输血"绿色发展"建行加大政策倾斜力度推进绿色信贷》、《经济日报》的《建行:"四轮驱动"推进绿色金融发展》、《21世纪经济报道》的《谢渡扬:应大力发展绿色金融完善绿色认证配套措施》、《城市金融报》的《建行选择'绿色'顾客开展'绿色'创新》、腾讯网的《建行电子银行让低碳生活随行》等,报道内容涉及范围广泛,包括建行"绿色金融"项目实施背景、目的、具体举措及其已经取得的成效等。

三 中国建设银行"绿色金融"战略传播效果

通过建行内部战略体制建设传播、举办会议座谈以及各分行开展业务培训、对外宣传等手段,中国建设银行凝练"绿色金融理念"并将其内化融入企业文化。自推广实施以来,全行绿色信贷余额增速不断加快,吸引越来越多的企业加入"绿色金融"项目对其企业进行转型升级,建行的社会责任表现也因此逐步提升。2019年,中国建设银行在中国银行业协会组织的绿色信贷自评价和绿色银行评价中位居大行前列。

1. 绿色信贷投放力度明显加大

截至2018年6月末,建行全行绿色贷款余额10308亿元,有力支持工业节能减排、综合环境治理、清洁能源利用等绿色项目,抑制污染性项目开工生产,创造了良好的经济效益和社会效益。

绿色贷款质量保持良好,环境和社会风险管理水平不断提升,环境和社会风险管控有效。2019年，特别是苏州绿色金融工作座谈会以来，建设银行稳健发展绿色金融业务，有效管控环境和社会风险，不断提升自身社会责任表现。截至2019年年末，建设银行绿色贷款余额1.18万亿元，比年初增加了1354.5亿元。全行绿色贷款保持良好质量，不良贷款额和不良率保持较低水平。

截至2020年6月末，建行助力新旧动能转换，绿色信贷较上年末增加1185.04亿元，增速达10.08%。

2. 促进节能减排取得新进展

部分分行结合日常营销活动，通过走村入企进校宣传活动，深入客户群体宣传绿色信贷理念，扩大金融知识普及和绿色金融产品影响力，从而提升客户对"绿色金融"的了解和认知度，由此吸引更多的企业加入绿色金融项目。随后积极与符合节能环保标准的企业合作，切实帮助企业完成节能减排、技术革新、设备更换等目标，由此提升其在企业以及公众心目中的"绿色""责任"形象。

例如，广东分行2018年率先开办碳排放权质押融资，2019年进一步推出绿色e销通、绿色租融保等产品，帮助解决绿色交通出行问题，发放3亿元贷款，用于发电机组实施脱硝工程建设。该项目对珠江三角洲地区大气环境的改善有重要的意义；福建分行为福建省某污水处理龙头企业发行2.97亿元贷款，支持污水处理厂建设。帮助改善福州内河流水系的水质，对保护闽江水域水环境质量、改善居民生活条件和城市生态环境发挥了重要作用；浙江分行发放1.04亿元贷款，支持渔光互补光伏电站项目建设。建成后，与相同发电量的火电相比，每年可节约标准煤，减少排放温室效应性气体二氧化碳、烟尘等的排放；湖北分行作为银团贷款的牵头行，为北湖污水处理厂及其附属工程项目提供13亿元贷款支持。项目建成后，对改善城市水体污染现状、保护长江的水环境质量具有积极作用。

四 推广价值

1. 绿色金融，协助企业国家共同发展

作为国内绿色金融领域发展的先行者，中国建设银行"绿色金融"项目是国内金融企业积极响应生态文明建设与绿色发展的国家战略，勇于承担企业社会责任，协助国家、政府推进绿色低碳发展的成功案例，其绿色金融创新经营理念值得向金融行业其他企业乃至全社会广泛推广。随着国家绿色低碳循环经济发展的政策的落实，大力发展绿色金融，发展绿色信贷和绿色直接融资，金融机构都要在原有的产品基础上不断推陈出新，打造创新性的绿色金融服务产品，建立更加完善的绿色金融服务体系，通过绿色金融推进环境友好型项目的发展，以更主动积极的态度应对气候变化问题。

2. 打造绿色金融创新企业新形象

建行的绿色金融战略既是一种产品创新，也是一种服务推广，还是一种企业形象塑造。建行在运用一系列传播手段对其项目进行推广宣传的同时，也树立了其绿色金融创新的企业新形象，并且将其逐步打造成为一种企业文化，从企业核心价值观、产品理念、服务理念，到企业内部员工工作方式与流程规范、节能减排的办公与生活行为等，都融入了绿色低碳发展理念，在加深社会对企业绿色金融产品认同的同时，也树立起了"绿色"企业形象。对于金融机构来说，"绿色金融"项目是实现金融创新与环境保护两方面的双赢创新举措，也是树立企业积极应对气候变化"绿色形象"的有效途径。

国家电网：优化能源结构推动能源清洁转型

中南民族大学文学与新闻传播学院　徐　红　刘逸灵

经济发展越来越依赖于能源，能源也反过来约束着经济增长，由于我国能源结构长期不平衡，传统发展方式难以与时代接轨，无法满足绿色低碳的要求。国务院明确提出要推动能源体系绿色低碳转型，完善能源总量和强度双控制度，积极倡导企业坚持节能优先，树立资源节约观，加快能源绿色转型。

作为负责任的大型央企，国家电网立足国情，把握自身工作实际，深刻领会到电网功能及其社会属性，坚定不移地发扬绿色低碳责任和意识，制定绿色发展战略，深入思考战略本质，推动实践绩效，努力推进自身、产业和社会的绿色低碳协同发展，全面发挥电网优势，带动企业和社会经济发展方式转变为低碳高效模式，在全社会范围内凝聚绿色低碳共识，集结社会合力为节能减排作贡献，成为企业绿色低碳社会责任传播的先锋力量。

一　国家电网推动能源清洁转型的社会责任担当

着眼于世界能源变革趋势，国家电网积极改变发展观念，加快建设智能电网平台，持续供应更清洁、更安全、更经济的能源，普及电能替代和清洁替代，将绿色低碳理念融入电网运营的各个环节，达到规定的环境标准，妥善适应生态环境条件，应对气候变化挑战。在企业内加强电力需求侧与能效管理，优化能源结构，同时倡导绿色办公和绿色生活，增强员工的绿色低碳意识，多措并举提高资源利用效率，携手建设绿色电网，为企业储备生态文明成果，创造低碳环境。

1. 打造绿色平台

创建绿色能源配置的平台模式，大规模、集约化开采清洁能源，高效清洁利用煤炭资源和电力资源，合理调整能源结构，维护国家能源安全。在能源开发、运输和利用过程中，国家电网全面推行绿色化处理，尽最大能力消纳清洁能源，优化能源区域布局，显著降低单位 GDP 能耗，以最低损失和最小的环境代价满足能源供给需要，综合创造经济、环境双重价值。在大规模发展风电时，加强统一管理，建立标准体系，增强电网的调峰能力，协调风电并网管理的有效机制。建设基地来提高煤炭的资源回采率，推动煤炭就地转化，缓解运输压力，达成远距离输送和跨地区消纳。互动平台的建立使用户参与调节过程，提升电能利用的效果。在保证生态系统不受损的情况下，推动碳排放集中处理，提供更多的电源和输电通道以避让环境敏感目标，保护生物多样性，使土地资源得到集约利用。

2. 实施绿色生产

电网发展需要大量资源支撑，坚持环境友好发展义不容辞，企业供电设备点多面广，必须重视电网建设的不利因素，减少对环境的干扰，做到供电设施与城市人文景观的和谐不冲突。企业实行标准化建设和典型设计，节约输电线路占地资源，推行电力设施景观设计，与周边环境融合，还积极推广环境友好型的新设备、新技术和新工艺，践行绿色施工，减少施工沿途植被砍伐量和土地开挖量，避让自然保护区的核心区域，避开生态脆弱地带，认真完善施工后的植被恢复，保护土壤，以免造成水土流失和地质灾害。为防止动物攀爬和噪声污染，在设备上加装动物防护设施和隔音墙等降噪装置，保护珍稀动物的生命，有效控制运行噪声。企业高度重视水资源保护，配置专业排水系统，实现雨水和生活污水分流，严格遵守环境标准，降低三废排放，改善空气质量。

3. 共建绿色产业

通过协同合作和优势互补，电网联合供应链伙伴，共同推动电力产业的绿色转型，激发产业的绿色低碳潜力。国家电网努力拓展绿色产业链，鼓励风能、太阳能等新能源的使用，提倡电动汽车、智能建筑和智能家电等节能产业的延伸。与合作者共同研发关键设备，加强核心技术创新能力，向社会推广节能产品，推荐绿色采购，优先考虑具有绿色标志的商品，提升供应链的节能环保水平，提倡发电权交易，成立省间现货交易试点，让清洁能源以市场化方式消纳，使电力的市场化改革迈出坚实步伐。

二　国家电网推动能源清洁转型的社会责任传播策略

国家电网以弘扬绿色文明为理念，发挥特色优势，让社会形成强大的协同力量，营造浓厚的绿色文化氛围。企业的供电服务网络遍布各地，高覆盖的辐射区域使其传播范围广泛，电网设法激发全体员工参与绿色低碳行为的积极性和主动性，大力支持社会绿色传播平台建设，会聚多方力量，传播生态文明，为国家生态进步提供稳定的资源和社会保障。在大力开展环保宣传的基础上，电网主动配合各级生态环境主管部门组织主题宣传活动，发放宣传材料，发表宣传文章，发布环保政策与形势任务宣传手册，利用"电网头条""环境保护"等微信公众号和广播、电视、报纸等大众媒体，不断传播电网环保科普知识。

1. 服务环保志愿活动

发动员工参与植树造林、交通引导、垃圾清洁等环保活动，还自然一片舒适干净的环境面貌，通过倡导节能产品使用、发放环保袋和宣传材料、展览环保图片、播放专题宣传片和组织文艺汇演等多样形式，普及环保相关知识，解释节约用电常识，呼吁公众增强科学节约用电意识，严格遵守环保规范，引导其深入了解电力知识和信息，消除认知疑虑和误解，弘扬绿色低碳文明。志愿活动为正面引导国家电网环保行动提供良好的舆论环境，提高群众对电网环保工作的认知率和参与率，扩大活动的社会效应。

2. 配合国家大型赛事

为绿色奥运、绿色世博等大型活动服务，配合政府相关部门，参与奥运空气质量保障方案的编撰，提供电力行业经验。通过与奥运会官方合作，国家电网举行新闻发布会，现场公布助力绿色冬奥的工作情况和进展，高标准落实冬奥配套工程，优先服务冬奥场馆与新能源发电企业合作，推动绿色交易，为其提供最优质的供电保障，助力绿色低碳办会目标的实现。活动结束后，北京2022冬奥会将作为首个全绿电奥运会受到媒体广泛关注和报道，国家电网贯彻绿色办奥理念，服务美丽中国建设的积极举措也得到社会普遍认可。

3. 提供用户咨询互动

联合专业机构的专家，自发组成节能诊断服务团队，为重点客户免费提供上门服务，发现节能问题，指导其进行合理改造，向用户推广高效用电方案，提升能效，节约能源成本。常态化开展"走进国家电网"、社会责任周、社会责任月、公众开放日等社会沟通活动，询问社区、学校等利益相关方需求，为其提供服务，邀请政府、媒体、企业代表等走进国家电网，了解和感受电网，增强用户之间的理解和信任，赢得社会的情感认同和价值认同，以故事传播、行为传播全面提升企业知名度和美誉度，为企业传播活动创造良好的内外部环境。

4. 展示品牌故事

参加企业品牌故事大赛和大型展览,举行新闻发布会,重点围绕电力绿色改革、清洁取暖、新能源消纳、绿色优质服务和珍稀动物保护等主题,向媒体和公众讲述企业坚决贯彻党中央、国务院部署的工作决策和成效。将绿色作为企业标准色,强调整体形象和概念,由各部门分散传播逐渐转变为总部集中策划和分级传播,统一输出绿色价值观,运用故事、照片、歌曲、漫画、动漫、微电影和短视频等多种音像形式,以"国网故事汇"为主题展开传播,塑造传播精品。国家电网还开设微博、微信、抖音和快手账号,并在Facebook、Twitter、Instagram和YouTube四大海外社交媒体同步开设账号,形成官方新媒体传播矩阵,深化企业形象传播。

三 国家电网推动能源清洁转型的社会责任传播效果

长期以来,国家电网都高度重视低碳环保任务,加强智能电网建设,提升低碳传播能力,灵活运用传播手段,整体部署,多层联动,形成人人塑形象的传播局面,高度融合工作绩效与社会责任传播,以载体推动,全员参与,从发电侧、电网侧和用户侧全力推动温室气体减排,减少弃水弃风电量,深度推进电能替代,提高能源消费中的电能占比,促进能源可持续发展,具有显著的节能减排效果。

1. 新能源有效利用

国家电网统筹利用、消纳新能源,合理规划发展规模,截至2020年年底,国家电网经营区清洁能源发电累计装机容量7.4亿千瓦,占全国的75%,占电源总装机容量的比重达到43%。其中,水电、核电、风电、太阳能、生物质发电装机容量分别为2.33、0.30、2.32、2.16、0.23亿千瓦,同比分别增长2%、4%、37%、22%、28%。国家电网是全球接入清洁能源规模最大的电网。仅2020年,清洁能源发电量1.8万亿千瓦时,同比增长9%,占总发电量的31.2%,同比上升3.2个百分点。新能源弃电量178亿千瓦时,新能源利用率97.1%,同比提高0.3个百分点。调峰弃水电量148亿千瓦时,同比下降3%,水电利用率98.2%,同比提高0.1个百分点。在"绿电7日""绿电9日""绿电15日"的基础上,2020年青海实现连续31天全清洁能源供电新实践,并取得圆满成功,为世界提供清洁发展的中国样本。此外,在商业楼和工业园区也实现新能源接入,可在线监测、智能控制接入设备运行状态,与电网、电动汽车等多能互补利用,用电能效提升。

2. 电能深入替代

电能替代领域不断扩大,在大量减少煤、油消费的基础上,推动各行的电气化进程。仅2019年就完成90000多个替代项目，以电代油、以电代煤分别减排二氧化碳6052万吨和1.2亿吨。"煤改电"工程为北方地区完成清洁取暖，降低电采暖成本，使人民群众获得感大大增加，电能替代的绿色效应持续释放，在安徽地区，全电制茶逐渐成为时尚，浙江地区的鲁迅故里、舟山普陀等景区率先尝试全电景区，四川的上万家火锅店完成以电代气，各个地区的电气化水平都不断提升，拓展电能替代的深度和广度。

3. 绿色智慧业务迅速扩展

智慧传播不断催生出新模式，新业态逐步涌现，业务机制日益创新，构建出互利共享、跨界融合的能源产业集群，新能源云平台建设带动产业链上下游三千家企业协同发展，建成高速公路快充网络，覆盖一百多个城市，形成大规模和高覆盖的智慧车联网平台，拥有大量客户，为百万汽车提供充电服务。其子公司开发的"智慧绿色酒店"项目，已成功接入近五百家酒店，能向每间客房提供电子碳单，并发布能耗排行榜，以创新形式促进绿色能源的使用，真正做到多方共赢。

四 国家电网赋能美丽中国形象的塑造

肩负绿色发展的任务和要求，国家电网不断提高传播水平，创新绿色传播方式，大力推广可再生能源利用，倡导绿色低碳循环发展，构建低碳能源传播体系，推动能源转型的实现，在服务生态文明建设的过程中促使能源朝着更高质量发展，为美丽中国建设提供坚实后盾。从引导清洁能源并网到全社会用能方式的转变，电网平台作用凸显，争当绿色发展领头羊。

1. 引领绿色央企形象

作为央企代表，国网坚决贯彻国家战略，紧跟美丽中国建设的步伐，依靠平台传播优势，敏锐意识到新时代、新矛盾对电力行业提出的新要求，秉承绿色低碳发展精神，统筹推进各级电网传播，以党建思想引导传播，定位于绿色的央企表率，国网的传播重点离不开优质的绿色服务，通过全网统一监测，电网平衡能力持续提升，省间调峰互济能力加强。以市场为基础的交易机制有利于扩大绿色电力供给和消费市场，基于省际现货交易等机制，企业探索出新路径消纳清洁能源，为更大范围内优化能源配置积累宝贵的经验。

2. 突出平台传播优势

企业将大数据、云平台等技术和自身项目深度融合，重点抓住智慧企业传播机遇，形成可复制、易推广的传播路线，对提升企业社会责任传播水平具有借鉴意义。绿色低碳社会责任传播需要借助典型人物和事件来支撑，国网在绿色友好能源互联网的建构上做出诸多努力，例如内部建筑的节能化改造、智能微电网的建立以及跨区域调配物资等，借助高端平台为其传播造势是保持传播力度和广度的必要条件，此外，还要坚持常态化宣传，保证企业的高出镜率，活跃于公众视野中，以爱心志愿活动增加公益感染力，激发官媒对企业和活动的主动宣传和倡导，运用新媒体平台，融合多种传播渠道，以剧情化手段将绿色低碳社会责任融入其中，为传播活动积累丰富素材，形成持之以恒的高密度传播态势。

3. 找准绿色传播定位

媒体传播存在一定的价值取向，在对外沟通中要畅通媒体信息网络，扩大传播渠道，全面深入了解主流媒体的传播重点，抓住绿色低碳社会责任的切入点，准确定位，提升传播的吸引力。在全球能源消费持续增长、化石能源过度利用的情况下，电网立足大局，致力于以清洁方式满足全球电力需求，大幅降低温室气体排放，有力推动能源变革，使人类共享生态文明成果。结合工作价值输出和媒介议程，与公众切身利益相关的选题更能受到关注。

宝钢集团：高能耗企业低碳转型为"城市钢厂"

中南民族大学文学与新闻传播学院　徐　红　刘逸灵

钢铁行业是我国碳排放控制的重点行业之一，高消耗决定着企业的高成本，在"一带一路"背景下，钢铁业的低碳转型意义重大，在绿色发展备受重视的情况下，绿色低碳成为钢铁企业在全球竞争中取得话语权的关键，钢铁企业只有加快绿色转型，提升产品绿色度，才有能力将绿色钢铁推向世界。

宝钢集团得益于改革开放，建厂以来始终引领着钢铁行业向绿色低碳发展，改变了钢铁业高耗能、高污染的生产格局，一直以来关注绿色，重视高效利用资源，逐步成为国内钢铁企业节能减排的头部力量，作为唯一企业代表，宝钢取得的中华环境奖是国内环保领域最高社会性奖项。宝钢集团正在持续推进绿色制造，建设生态和谐的"城市钢厂"，创建环境经营新体制，引领绿色制造与传播。

一　宝钢低碳转型的社会责任担当

从源头预防、中端管控到终端处理，宝钢集团全面采取前沿的工艺技术与污染防治措施，推进管理、技术与工艺的同步节能，以最少消耗和最低成本完成最大产出，并且积极开发环境友好产品，减少材料使用量，延长使用寿命。通过制定一系列采购政策，坚持产品全生命周期的价值最大化，向供应链上下游企业宣传绿色经营理念，引导供应商健康生产，共同打造充满阳光、共担责任的绿色产业链。

1. 提高环保设施与环境风险管理

宝钢不断优化制造流程，采用高效的污染防治措施，持续提升环保设施运维水平，制定完善的环保管理办法，并严格落实，根据特性和重要程度，加强管控关键性的环保设施，全面支持企业碳总量减排。1998年，宝钢成为国内钢铁业首家通过ISO14001环境体系认证的企业，2018年，修订完善《环境因素识别控制程序》，面对日益严峻的环保形势压力，宝钢紧扣环保第一要求，与各下属单位签订责任书，形成网格化管理，具备系统化的自我计划、诊断及整改能力，确保环保系统健康运转。

2. 推进工业固废与副产资源零废弃

近年来，宝钢整体固废利用率稳定在99%以上，返回生产利用率高于四分之一，其中所有高炉水渣获得综合利用，并且大部分得到深度利用。从钢渣中提取的金属返回生产利用，其他的，如粉煤灰、石膏等全部进入建材行业再利用。宝山基地的深加工中心能对废弃物进行深度分选和加工，实现金属的全部提取，二次加工原料全部回收利用。

3. 提升污染源监测与区域生态环境监测水平

在污染物排放过程中，宝钢严格监测废水、废气、噪声以及周围环境质量，所有影响因子均达到国家规定。同时，大力建设污染源在线监测系统，升级监控技术，推进规范化监测，按时记录排污信息，准确核算排污总量并及时上报。除此以外，还稳步推进环保在线平台建设，建立能源、环保一体化的集中控制中心，实现环境监测系统之间的互联互通，由环境末端在线监测转变为过程监控。

4. 探索产品与客户服务创新

宝钢的八大主要产品均获得Intertek绿叶标签认证，宝钢持续研究钢铁产品全生命周期评估技术，建立可视化的呈现平台，能够展示各个时期的产品环境绩效，分析环境绩效存在差异的原因，以及定期推送环境绩效变动状况，为不同基地制定环境改善方案提供科学支撑，为绿色设计提供简单操作的平台，为绿色采购、制造和用钢提供数据与案例分析结果。为了更快满足客户需求，宝钢推进产销研一体化平台建设，重点解决需要跨部门解决的难题，快速解决用户的紧急问题，提高用户满意度。

5. 引导绿色采购与合作共赢

宝钢优先选择同环境业绩良好的供应商和分包方合作，提升合作者的绿色低碳意识，鼓励合作伙伴在节能减排方面力争上游。通过制定绿色审核标准，关注其绿色供应等内容，提升审核质量和范围，降低采购成本与风险。宝钢致力于成为环保助推者与实践者，与供应商进行环境数据研究，逐步建立环境绩效数据库，以此作为产品准入的考察标准，择优选择环境绩效好的产品。这样既为绿色采购提供依据,也为合作企业提供绿色方向,营造出公平、公正、公开的供应链环境。

二 宝钢低碳转型的社会责任传播策略

在积极承担绿色低碳社会责任的基础上,宝钢坚持"创享改变生活"的企业使命,对内进行节能管理技术推广并展开经验交流,利用主题宣教活动提升环保人员能力建设,组织系列群众性活动增强职工的环境忧患意识;对外更加关注气候变化,参加政府、企业和国际间的环保合作,推广其研究成果,让各个主体共同进步。

1. 参与行业内学术交流

宝钢股份紧紧结合时代特点和趋势,围绕企业战略目标,积极跟进国际和国内会议的最新动态,交流先进技术经验。运用优秀专家资源和成果,服务其科技进步和人才成长,利用实践分享的平台,呈现中国钢铁形象。2019年期间,宝钢全年派遣18个国际交流团,37人参加国际学术会议,参加国内会议24个。在宝山股份东山基地同韩国现代钢厂的交流活动中,双方对比标准和差距,互相分享各自的节能技术、污染物控制措施、资源利用措施等经验,推动企业间交流趋向深入、注重实际成效。

2. 开放厂区参观

宝钢的不同基地每年都会举办开放日活动,邀请公众进厂参观,与社会各界互动,向公众展示其低碳成果。比如植树节期间,宝山基地的企业活动邀请居民代表,共同参与春日植树。结合世界环境日的主题,还邀请群众代表参加绿色健走活动,出席活动的包括政府机构代表、内部职工及周边社区居民在内的五百余人,目的是让公众切身感受到其环保实践和成果,传达企业回馈自然的决心,沿线中设置的能量补给站和ins框等纷纷变为网红打卡点,为活动增添不少时尚元素和趣味性。同样地,青山基地也多次策划开放日专场活动,包括青年群体、老干群体、留学生群体和媒体人员,活动人数超五百人,对外展现出城市钢厂新形象,还与其他机构合作,开启工业旅游之行,呈现工业与自然的交融之美。东山基地通过组织"市民走进湛江""万人游湛江"等活动,收获许多市民的高度赞赏。梅山基地组织当地学校的师生走进企业档案馆、码头和水厂等地,营造社企共同进步的绿色文化氛围,展示出企业在环保上的努力及由此带来的可喜变化。

3. 组织低碳主题活动

结合全国低碳日与节能宣传周活动主题，宝钢会根据自身实际开展形式多样的系列活动，比如举办案例巡回展，评选优秀节能案例以供学习，举行低碳技术知识讲座，邀请权威专家解读环保法规，开展员工拓展培训和劳动竞赛活动等，号召员工从身边小事出发，养成良好的低碳行为习惯，保证宝钢厂容厂貌的干净整洁。为提高青年的环保意识，还组织员工通过追痕的艺术创意行为赋予旧厂区建筑新样貌，正是这一个个老工业基地见证了宝钢的绿色发展历史。除此之外，还经常组织节能专项检查，参加上海市节能协会组织的节能宣传周知识竞赛活动和上海市碳配额捐赠活动，响应社会各界的低碳倡导。

4. 注重多种媒体宣传

为向公众传递正面的企业形象，宣传环保理念，宝钢在官网发布出企业环保专题形象片。《宝钢日报》上开设关于环境保护、节能减排和绿色低碳的内容专栏，发表相关评论文章。企业微信公众号动态发布有关低碳节能的生活常识与工作技巧。在低碳活动宣传期间，宝钢利用官方微博、微信、自媒体等多种平台展示低碳工作成效，发放张贴宣传海报，并在《宝钢日报》、宝钢新闻 App、"你好宝钢"微信公众号以及宝钢协同平台首页等媒体同步报道企业节能宣传活动动态。考虑到受众的阅读体验，页面设计素材都强调清晰简洁、美观大方，以提升报道的可读性。

三 宝钢低碳转型的社会责任传播效果

宝钢深入领会创新、协调、绿色、开放、共享的理念，努力提高绿色制造水平，积极承担企业绿色低碳社会责任，投身城市绿色产业升级，与城市共享资源和低碳技术，让区域环境质量得到明显转变，获得来自外界的众多认可。

1. 厂区生态环境改善

经过多年的持续发力，宝山基地对原燃料场的封闭改造已经全面完成，节约 40 多万平方米的土地资源，封闭改造之后，区域降尘较之前下降 36.5%，取得良好的环境绩效。2019 年，厂区的生态绿化建设面积和新增绿化面积都得到显著提高，绿化建设有序推进。同年东山基地人均绿地面积超过 400 平方米，通过"环境开放日"等活动，已有超过三万市民和社区代表前来参观交流，并给予其厂容厂貌极高评价。梅山基地完成的清洁改造每年可减少近五百吨无组织扬尘，青山基地侧重于建设核心景观带和绿化隔离带，新增绿地面积 41 万平方米，厂区绿地率达到四分之一，较上年略有提升。

2. 重大奖项成果突出

由于对环境所做的巨大贡献，宝钢于2019年荣获《财经》颁发的可持续发展绿色奖，还获得中国企业ESG"金责奖"，并被评为年度可持续发展优秀企业，成为企业承担绿色低碳社会责任的优秀表率。同年宝钢成功获得社会油漆桶及焚烧危险废物经营许可证，属于国内钢铁业首例，侧面反映宝钢的环保和社会责任工作获得政府的高度肯定。旗下的东山基地也获得"绿牌企业"称号，并在国内钢铁工业清洁生产环境友好企业年度评比中位列第一，同时获得"全国冶金绿化先进单位"称号。每一项沉甸甸的荣誉都彰显着宝钢在环保领域的不懈努力，以及不断推进环保建设的决心。

四 宝钢"城市钢厂"形象的塑造

做低碳转型的传播者，宝钢与城市共生，将自己作为城市形象的名片和有机组成，与城市全面连接，发挥其能源高效转化功能，综合处理利用废弃物，从而减轻环境压力。宝钢积极连接当地城市形象，旨在建设都市化钢厂，最大限度地绿化环境，打造观念先进、技术领先和环境优美的现代花园工厂。通过树立和城市发展定位相一致的企业价值观，宝钢发挥自身优势，已经成为城市系统中不可缺少的一部分。

1. 构筑共享价值主张

宝钢竭力构筑各个主体间的共享价值，并以此持续提高形象价值。在长期发展中，宝钢意识到绿色转型是传统价值链的颠覆性革命，并不能依靠企业独立完成，需要产业链上下游的全力合作，构筑开放共享的生态圈。员工是企业的重要资本，在企业对内传播绿色责任的过程中，既会帮助员工转变观念，也与员工共同创造绿色价值，共同分享企业低碳成果，使员工成为社会责任传播的主要推手。对外宝钢也不断探索社企共建新模式，关注社会需求，用实际行动完善社区的环境公共设施，投身低碳公益活动，回馈社会。

2. 融合城市形象特征

宝钢积极探索与城市的和谐共生之道，其打造的都市型钢厂与城市完美融合，为城市贡献绿色低碳力量。宝钢不仅运用技术创新提高废物利用效率，达到不污染城市的目标，还努力协助城市处理固体废物，与市区分享水资源，利用钢厂余热供水供能，服务城市生态文明建设，与城市共同解决资源分配难题，营造好的绿色传播环境，在此过程中发现新的传播机会和宣传推荐点，助力城市更多企业完成低碳转化，形成示范效应。宝钢用城市低碳建设促进企业低碳传播，在响应城市生态规划和发展战略的同时，提升自身生态面貌，传递绿色低碳文明成果。

3. 保障绿色低碳传播体系

宝钢的绿色低碳内涵丰富，具有完善的绿色低碳传播组织，包括战略层、经营层与执行层，其中战略层负责统筹规划企业的绿色低碳传播，就关键点以及未来可能的传播方案进行决策，审核绿色低碳传播战略及阶段性战略的落实情况，经营层则牵头设计绿色低碳的传播举措和行动方案，执行层主要参与具体的传播工作。积极响应时代潮流，充分利用大众媒体平台，以和谐的整体行为和形象面对公众，传播绿色钢铁品牌形象，建立广泛的公众基础，为长期稳定的形象塑造取得信任和关注。

广汽丰田：打造绿色产品全生命全周期绿色链条

中南民族大学文学与新闻传播学院　徐　红　雷　笑

传统的汽车产业依靠石油为动力，通过化石燃料的燃烧，排出大量二氧化碳等有毒气体，对气候变化产生了不利影响。在国家大力扶持新能源汽车产业发展的背景下，积极向绿色低碳转变是汽车行业满足时代发展的需要。广汽丰田自成立以来，一直致力于打造中国第一汽车制造商，制定企业可持续发展的战略，重视建设可持续发展的企业环境，培育绿色环保的核心理念，在研发、生产、销售、售后服务等多个环节中实现绿色低碳产品、绿色低碳工厂、绿色低碳营销渠道"三位一体"的发展模式，并在此基础上形成广汽丰田绿色环保的企业绿色文化氛围。

一　广汽丰田打造绿色产品生命全周期的举措

广汽丰田从创立开始就以"构建中国NO.1环境企业"为目标，致力于打造可持续发展的绿色工厂，推动全产业链绿色生产，力争做节能环保先锋，成为低碳经济的引领者。

1. 研发新能源汽车，引领产品绿色低碳化

伴随着经济的迅速发展，公众对汽车产品的消费需求日益提高，而汽车尾气造成二氧化碳排放量增加带来的生态环境问题日益凸显。全世界大部分国家对车辆节能降耗明确提出了更高的标准，希望逐步推进汽车工业向低碳化和生态化转型发展。为实现绿色环保节约型社会目标，广汽丰田积极布局新能源产品，例如混合动力汽车凯美瑞双擎、雷凌双擎，新能源的雷凌双擎 E+、广汽丰田 iAS 等，在发动机更新换代、新动力源开放等领域不断突破创新，生产出具有高动力、低油耗、低排放、低噪音等优势的双擎绿色产品。

其中，广汽丰田混动"双剑客"凯美瑞双擎与雷凌双擎，2018年累计销量67340台，占广汽丰田总体销量比例的12%，其中，凯美瑞双擎荣获2018年C-ECAP最高荣誉白金奖。

2. 打造绿色工厂，推动全产业链绿色生产

广汽丰田推动绿色全产业链生产，主要从能源及碳排放管理、大气污染物管理、水资源管理和废弃物管理这四个方面入手，在汽车生产过程中的每一环节践行绿色环保，打造环境友好型的"绿色工厂"。

在能源及碳排放管理方面，广汽丰田发展的太阳能发电系统，是国内首个导入大规模太阳能发电系统的汽车企业，规模达12000平方米，年发电量1020万度，相当于10200户家庭一年的用电量。在大气污染物管理方面，广汽丰田对挥发性有机物实施全过程控制管理，2019年的挥发性有机物排放强度为6.61克/平方米，远低于国家清洁生产的排放要求40克/平方米[1]。在水资源管理方面，广汽丰田除了坚持开展常态化的节水活动，还实现废水100%回收再利用，广汽丰田是同行企业中首个采用"浓缩液回收"工艺的企业，每年节约用水100万吨，相当于4200多户家庭一年的用水量。在废弃物管理方面，广汽丰田积极响应垃圾分类政策，结合《广州市居民家庭生活垃圾分类投放指南》，修订了《广汽丰田生活垃圾分类标准》，有效提高了生活垃圾的利用率和处理水平。在危险废弃物管理方面，广汽丰田严格把控危险废弃物的处置方式及最终去向，确保未经过处理的危险废弃物不得流向外面，对生态环境造成破坏。例如实施VOC全过程控制管理，采用水性涂料，导入清漆浓缩RTO焚烧装置，有效降低危险废弃物的排放浓度，危险废弃物排放浓度为673克/平方米，这一指标处于世界领先水平。

3. 制订绿色采购指南，降低成本与碳排放量

在绿色采购方面，广汽丰田制定了《绿色采购指南》，建立绿色采购系统。为了大幅削减碳排放量，广汽丰田在其整个供应环节上努力实现降低成本和实施碳减排措施。广汽丰田注重与供应商开展沟通和合作，公司依照"就近原则购置""健全周边配套设施"的战略方针，要求生产制造、商品流通各阶段的经销商执行《中国绿色采购指南》，不断推动经销商贯彻绿色制造和绿色经济举措。在选择供应商时，广汽丰田制定严格的绿色采购要求和关键绩效指标，搭建产品周期的绿

---

[1] 广汽丰田汽车有限公司：《2019年企业社会责任报告》，http://about.gac-toyota.com.cn/visit/NEWCSR/index.html。

色产业链条，在生产环节减少不必要的成本支出。

4. 绿色生产与运输，实现节能减排

绿色生产的核心是要在生产过程中实现清洁生产，在制造的过程中能够将原材料最大化利用，同时实现对废弃物的无害化处理，确保对环境的污染能够降到最低。在原材料的选择上，要使用无毒、无害的原材料。在产品生产方面，不断引入新技术，实现产品的技术创新，研发新能源发动机，生产具备高驱动力、油耗低、低排出、低噪声等优点的油电混合和纯电环保产品。在物流发展层面，广汽丰田推行"低碳货运物流"对策，搭建起一体化物流配送中心，不断优化铁路、公路、水路齐全的交通运输布局，减少运输过程中的资源消耗与气体排放。综上所述，广汽丰田以实际行动在企业生产与运输过程中实现资源节能，气体减排的目标。

二 广汽丰田绿色产品生命全周期的传播策略

广汽丰田在打造绿色产品的同时，注重向社会倡导绿色低碳的生活方式，通过传播将绿色环保理念传递给每一位公众。因此，广汽丰田开展了一系列的传播活动，在企业内部动员员工参与活动，践行企业绿色低碳文化；在企业外部组织公益活动吸引广大公众参与；并通过企业宣传平台，传播绿色低碳文化。

1. 动员全体员工，共建企业绿色低碳文化

广汽丰田一直是企业绿色低碳文化的实践者，面对员工开展了多种多样的环保实践活动，使绿色低碳理念融入员工的工作和生活之中。例如，为了普及垃圾循环回收再利用的知识，增强员工垃圾分类的意识，广汽丰田在企业内部开展了"环保于心，环保于行"的环保主题活动，共吸引了四万余名员工参与，有效地促进了员工垃圾分类的行为。广汽丰田通过在员工中开展全面系统的低碳理念宣传活动和实践活动，使得绿色低碳环保理念深深扎根于每一位员工的心中，然后在全体员工的影响下，将绿色低碳的理念传递到公众心中，让公众能够深刻体会到公司的绿色低碳文化从而购买绿色产品。

2. 号召各界参与，共创绿色低碳活动

广汽丰田集团作为行业的佼佼者，不仅关注企业自身的发展，而且密切关注生态环境的可持续发展，在社会积极开展公益活动，汇聚公众的"绿色能量"，形成全社会绿色低碳环保风尚。在云南云龙天池国家级自然保护区，广汽丰田开展"自然观察节"活动，号召车主、经销商、志愿者代表参与进来，让他们对自然和保护环境有了进一步的了解，通过不断扩大参与活动内容形式，使绿色低碳环保

理念的传播取得更好的效果。同时，广汽丰田也致力于公益活动的宣传，带来了良好的生态、经济和社会效益。公益传播活动带来的社会效益不仅仅体现在号召公众参与进来，更体现在对公众意识潜移默化的影响上。通过一系列宣传活动传播绿色低碳理念，号召更多的公众参与，增强了公众环保意识，大大强化了社会环保力量，同时也提升了企业的号召力和客户的黏度，进一步加强了公众对企业和产品的信任和认同感。

3. 搭建企业宣传平台，共享绿色低碳理念

广汽丰田通过绿色采购、绿色生产、绿色物流、绿色文化等渠道，积极宣传绿色低碳文化，实现了企业绿色低碳的品牌化效应。为了能够与外界进行即时沟通，广汽丰田组建了宣传团队，创立企业宣传平台，围绕企业发展战略、企业治理、绿色产品、公益活动等积极对外宣传，增进公众对企业文化的了解，传播绿色低碳品牌信息，展示绿色低碳企业形象。另外，广汽丰田坚持公布年度企业责任报告，向公众宣传企业的绿色经营理念、绿色产品、绿色低碳文化等，制定了"做环保节能先锋"的企业发展方针，争做环保节能理念的传播先锋，进一步树立企业的绿色低碳形象，形成绿色品牌。广汽丰田通过在生产和营销活动中凸显绿色环保的核心概念，将绿色低碳的理念进一步向公众的生活蔓延，提升了公众对绿色低碳文化、绿色低碳产品的认识。

三 广汽丰田绿色产品生命全周期的传播效果

广汽丰田通过一系列的传播实践活动，在积极履行企业社会责任的同时，传播了绿色低碳文化，进一步增强了企业绿色低碳文化意识，通过绿色低碳营销传播取得了良好的业绩和市场口碑，同时企业绿色环保的效应得到了提升。

1. 实现企业内部绿色低碳文化普及

广汽丰田积极向绿色低碳生产转型，生产绿色产品，与全体员工一道打造企业绿色低碳文化。在企业内部通过多种宣传活动，使绿色低碳文化进一步在员工中普及。通过制度化的管理体系，保证绿色低碳文化在岗位上得到有效贯彻落实。同时，通过绿色低碳文化教育，使员工的环保行为日常化、习惯化，在意识层面的改造进一步内化了企业绿色低碳文化。另外，员工对绿色低碳文化的实践推动企业绿色低碳文化的发展，有助于企业进行绿色低碳管理。

2. 实现经济效应与社会效应的双赢

广汽丰田积极开展公益环保活动，在"环保于心，绿色于行"的环境理念指

导下，生产新能源绿色汽车产品。2019年新能源汽车销量达到74267台，产能运用率达到130%以上，实现了资源的高效利用，工业总产值达到865亿元，同比增长19%，获得广州市工业和信息化局"绿色工厂"认证。通过在汽车制造的每一个环节践行绿色低碳环保理念，打造"绿色工厂"，实现减少二氧化碳排放30吨，节约工业用水100万吨[①]。以上数据表明，广汽丰田的绿色生产真正做到了绿色低碳，实现了对环境的保护，也是企业向绿色低碳生产转型的成果。

3. 巩固绿色产品口碑与企业形象

广汽丰田通过搭建企业宣传平台，让公众了解到企业形象和绿色低碳产品，通过为公众提供高质量的新能源汽车产品，以及开展满意的售后服务，获得了消费者的认同。2019年中国汽车用户满意度指数测评中，广汽丰田销售服务及售后服务排名合资品牌第一名，获得了良好的市场口碑。截至2019年，广汽丰田在公益领域投入资金累计超过1.53亿元，在环保领域累计投入达9.9亿元。通过对公益活动、环保活动的资金投入，广汽丰田积极履行了企业社会责任，树立了负责任的企业形象，也拓宽了公众的参与渠道，使得绿色低碳文化得到进一步传播。

四　对公众低碳消费生活模式培育的价值

广汽丰田集团确立绿色低碳可持续发展理念，在打造绿色产品、绿色工厂、绿色产业链的同时，注重建设企业绿色低碳文化，在这个过程中使绿色产品生产与企业绿色低碳文化高度融合，丰富了企业绿色低碳文化的内涵，通过营销传播、社会责任承担、公益活动组织等形式，实现了将绿色低碳意识的传播由企业内部扩散到社会之中的目的。

1. 研发更好的绿色汽车，助力低碳出行

企业用产品说话，获得消费者认同的最关键要素是产品。广汽丰田通过技术创新不断研发新产品，为消费者低碳出行提供一款款更好的绿色低碳汽车产品，不断地解决消费过程中存在的产品问题，提升消费者产品满意度，降低消费者产品使用成本，在实现全社会绿色低碳发展的同时，实现企业自身的利润和价值。能够在消费者购买产品的过程中被消费者优选，实现消费者品牌偏爱和消费者价值认同，在消费者心中树立起绿色低碳品牌形象，这是广汽丰田实现绿色低碳可持续发展最重要、最关键的要素。

---

① 广汽丰田汽车有限公司：《广汽丰田2019年企业社会责任报告》，http://about.gac-toyota.com.cn/visit/NEWC-SR/index.html。

2. 传播绿色文化，促进员工及公众低碳行为

广汽丰田通过"绿色产品—绿色生产—绿色产业链—绿色文化"这一渠道来塑造绿色企业公民形象，提高公众对企业绿色文化和绿色产品的认同。首先广汽丰田在企业内部大力弘扬并传播绿色企业文化，制定各种各样的企业制度与规范积极践行绿色低碳环保理念。面向员工开展了多种多样的企业文化活动，通过环保培训及公益活动，引导员工树立绿色低碳的意识与行为规范，使员工能够真正将绿色低碳的理念融入自己的工作和生活中。广汽丰田不仅自身积极践行绿色环保，更希望绿色环保的文化影响更多的公众，为此，广汽丰田开展了多样化的绿色环保文化交流推广活动，邀请更多人加入到绿色环保的行列中。通过营销传播和公益活动，广汽丰田将绿色企业文化向社会更大范围推广，确保企业价值观能被全社会共享，影响更广泛的公众加入环保的行列。

比亚迪：推广新能源汽车引领绿色出行

中南民族大学文学与新闻传播学院　徐　红　刘逸灵

汽车尾气是碳排放的主要来源，传统汽车以石油为燃料，面临严重的能源消耗和环境污染问题，短期来看，汽车高能耗、高污染的现状无法立即改变，只有走低碳道路，才能在低碳浪潮中维持自身地位，为顺应低碳趋势，汽车产业朝着低碳方向转变刻不容缓，新能源汽车是未来汽车的发展方向，也是解决能源短缺和全球变暖问题的必然选择。

比亚迪始终坚持绿色梦想，用科技满足人们对绿色生活的期待，致力于为社会提供更节能环保的汽车体验，正推动绿色汽车的飞跃发展，是绿色出行方式的引导者和践行者，出于高度的社会责任感和历史使命感，比亚迪用强有力的市场布局，实现汽车、轨道交通、新能源和电子四大产业的齐头并进，用电动车治理空气污染，用云轨、云巴解决拥堵问题，打造绿色大交通体系，让绿色方案惠及各个城市，解决石油危机等问题，坚定推动可持续发展战略，赢得"联合国特别能源奖"等系列赞誉，以最强的产品矩阵引领绿色低碳出行。

一　比亚迪推广新能源汽车的社会责任担当

比亚迪一直响应低碳环保的号召，不仅提供绿色产品减少社会能耗，也注意降低基本活动对环境的直接伤害，引入能源管理体系，研发绿色技术，运用新能源代替传统能源，通过多种途径持续减少企业能源浪费和温室气体排放。在绿色制造领域，不断提高能效，降低生产过程的能源损耗和碳排放，利用本身的行业优势，将电动车、太阳能电站等绿色产品应用到企业日常。为节约用电，比亚迪在房顶铺设太阳能板，使用节能路灯，有效节约能源。

1. 推动绿色技术创新

技术是比亚迪开疆辟域的武器，强大的研发能力是企业快速发展的根本，比亚迪坚信技术的改变力量，目前成立了八大研究院并配备两万多名高精尖技术人才，在新材料、新能源、轨道交通等诸多领域进行研发创新，其首创的"542"科技重新定义汽车标准，在性能、安全和油耗方面都有显著提升，在最低能耗的前提下，用户能感受到更好的驾驶体验，具有环保、安全和节约的明显优势。还有双向逆变充放电技术，将电动车转换为移动智能电站，轻松实现充放电功能，调节用电压力。

2. 打造绿色交通产品

为客户提供绿色节能的解决方案，是比亚迪一直努力的方向，比亚迪希望借助绿色产品改变传统能耗模式，从治污再到治堵，为低碳城市带来更多活力和可能。新能源汽车是比亚迪为社会提供的治污方案，云轨和云巴则是治堵方案，云轨为电力驱动，在运行过程中没有尾气排放，具有能源回馈再生制动系统，对环境不造成污染，云巴属于现代有轨电车，可作为大型城市交通支线、中小城市骨干线以及旅游景区观光线等，适用性很强，三者的结合将城市地下、地面和空中全部利用起来，形成城市立体交通网，助力城市交通新升级。

3. 构建绿色管理体系

比亚迪致力于节能降耗，通过能源审查、节能改造等方法，不断提升能源管理体系的效率，确保能源目标的实现，从总部到每一个业务部，都有专门管理能耗的部门，并配备专业团队。在温室气体管理上，定期评审温室气体目标完成情况，聘请第三方机构进行碳排放核查，不断监测、改进管理绩效。比亚迪高度重视水资源保护工作，遵循节水原则，制定节水规划，加强节水管理，根据实际用水量确定用水定额，避免浪费现象。包装材料优先考虑可回收或可循环利用的材料，在保证质量的前提下，减少材料的总使用量。针对"三废"管理，比亚迪倡导对固体废物进行分类处理，注重水污染和废气的防治，实行雨污分流，按标准排放，定期在官网公布环境信息，接受社会监督。

二 比亚迪推广新能源汽车的社会责任传播策略

比亚迪所倡导的新能源道路面向绿色健康的未来生活，作为有绿色低碳社会责任和担当的企业，比亚迪不忘初衷，不仅将绿色理念表现在其产品上，更希望将环保梦想传递给每个人，形成低排放、高环保的社会氛围，创建人、车和环保的绿色生态。比亚迪亦注重增强职员的环保意识，通过日常培训、会议、宣传墙和活动竞赛等方式，向其传递环保知识，践行绿色办公理念。在与各个利益主体沟通合作的过程中，倾听不同的需求，维护合理的权益，对内及时共享绿色低碳社会责任相关信息，加强信息互通，对外拓宽宣传渠道，积极参加行业低碳活动，吸引更多的同行者加入环保队伍。

1. 沉浸式营销活动

比亚迪会在线下不定期举办车展和新品发布会，邀请用户亲身体验试驾，并发放用户满意度调查问卷，模拟真实生活情境，以沉浸式交互感受彰显汽车的低碳品质，持续延伸宣传半径。此外，更积极对接新能源汽车拉力锦标赛，为用户搭建汽车赛事平台，让用户在零距离接触体育赛事中了解新能源的特点，深刻体会中国车强大的绿色魅力，与赛事活动共同促进新能源汽车的发展，这些活动不仅是单纯的汽车竞技，更是普通消费者和企业之间的沟通桥梁，是企业向公众展现电动车低碳节能特性的窗口，完美体现企业点亮绿色城市的社会责任感。

2. 公益性环保宣传

活跃在城市一线，经常能看见比亚迪志愿者疏导城市交通、清扫城市垃圾的忙碌身影，2019年是"衣旧情深"旧衣物循环利用环保公益行连续开展的第五年，此次活动在深圳、长沙、西安、北京等工业园和生活区设立超过14个回收点，逾150个志愿者加入，展开旧衣回收环保知识宣传活动，累积回收旧衣物超六吨，经过专业的消毒和分拣，最终都将送至贫困地区。在企业环保公益理念的熏陶下，比亚迪员工都积极关注交通、卫生等难题，身体力行倡导低碳理念，参与关爱社区、环卫慰问等环保公益活动，让绿色低碳文化深入人心。

3. 社会化媒体互动

依托社会化媒体，比亚迪充分结合线上线下资源，打通线下活动和社交平台的关联，快速提升企业关注度和行业影响力，实现和用户的有效互动，带来微信关注和粉丝活跃度的大幅提升。当汽车新品上市时，先制造低碳环保话题引发社会讨论，形成社交圈的传播，再借助微信游戏 H5 保持用户参与的热情，发展为扩散式传播，最后线下进行双屏互动游戏，引爆车展现场，多形式的互动迎合用户有趣、好玩的心理，增强用户低碳行为的参与感和社会认同感，通过反复体验，用户之间形成口碑的良性循环，让低碳传播效果发挥到极致。

三 比亚迪推广新能源汽车的社会责任传播效果

比亚迪率先发现新能源的潜在市场,并持续播种和深耕新能源,不仅影响到行业的绿色风向,更为每位车主留下深刻的环保印象,坚持环保战略的比亚迪,已形成新能源汽车范围内的巨大影响力,其元、唐等主力产品长期拥有较好业绩,口碑良好,是其环保实力的缩影。连续六年持续领先的销量使其业务市场渗透到世界各地,赢得全世界的关注和认可,带着比亚迪的标志,新能源汽车在世界各国留下绿色低碳出行和保护环境的足迹,埋下绿色的种子,随着时间推移,终会结出希望的绿色果实。

1. 绿色出行的全球化

身为新能源汽车引领者,比亚迪多年以来倾心打造绿色低碳出行方案,十几年的时间里,其新能源足迹已经覆盖六大洲、六十多个国家和三百多个城市,为超过七十万用户带来绿色智慧出行体验。2019年10月,智利首条纯电动公交专线开通,拉开气候大会的序幕,此次投放的电动汽车均源于比亚迪,意味着智利成为拉美电动车的先行示范区,走在绿色低碳出行的最前沿,离全球实现"零排放"的目标更进一步,伴随着"一带一路"浪潮,巴西、秘鲁等多个拉美国家纷纷受到鼓舞,采取有关行动,使用和推广电动汽车,加速低碳全球化的进程。

2. 城市的全面电动化

公交是城市文明展示的窗口,自公交电动化上升成为国家战略,抓住大运会的时机,比亚迪在深圳投放首批大规模的商用电动客车,助力深圳成为全球首个专营公交全面电动化的城市,同时越来越多的城市也开始选择比亚迪的电动产品,肯定并信赖其绿色品质,赞许其绿色低碳的社会责任形象。在国家的号召下,比亚迪将以全新的面貌和积极向上的决心继续坚持绿色梦想,用领先的绿色科技照亮更多的绿色城市,宣扬生态文明,创造充满人文气息和城市特征的绿色产品,为公众营造低碳环保的出行环境,树立绿色品质标杆,引领城市绿色公交新风象。

3. 交通格局的立体化

城市因交通而兴,因交通而荣,公交承载着城市文化和精神,比亚迪创新的立体化交通系统是解决各个城市拥堵问题的利器,为缓解地面交通压力而研发的云轨,凭借周期短、造价低、噪音低和能耗低等优势,被众多城市采用,拓展了城市生活空间,从"车轮上的城市"转变为"轨道上的城市",化解钢筋水泥等过剩产能,带动电池、系统集成等相关产业延伸,有效连接交通网络,满足多种线路的运输需求。在现有交通分布中，云轨和其他公共交通相得益彰、互相补充，成为优化交通布局必不可少的一部分，帮助城市完成科技化和现代化的交通解决方案，让居民出行更便捷高效。

四　比亚迪新能源汽车引领者形象的塑造

作为新能源汽车的引领者，比亚迪改变传统能耗方式，实现生态环境改善，是新时期绿色交通的标杆。凭借对价值链的掌控和创造性的跨界布局，比亚迪成功将绿色低碳技术进行跨行业复制和延伸，使更多产品具有绿色低碳特性，将绿色低碳社会责任传播与产业拓展完美结合，各个子产业的共赢更是形成了庞大的受众基础，使竞争者难以望其项背，新能源的战略结构让其传播完成跨越性进展。

1. "向新而行"的品牌理念

比亚迪始终秉持"技术创新"的价值观，打造影响全世界的新能源汽车品牌，坚持绿色低碳理念，开发新能源绿色产品矩阵，推动绿色出行方式的最大化普及，掌握三电核心技术的新科技，为更多用户服务，采用Dragon Face新设计理念，传承东方美学，拥有严格把控的新品质，独创四位一体的新安全理念，坚守"精于勤，诚于心"的新服务理念，使品牌价值最大化。建设全擎全动力的新平台，发布王朝系列新产品，享受绿色美好新生活，比亚迪用汽车连接人、社会和世界，成为绿色出行的引领者。

2. 响应政策的行为号召

从电池生产商到进军新能源汽车领域，比亚迪的每一步成功都离不开其敏锐的洞察力和前瞻的绿色战略眼光，为推动新能源汽车的发展，国家从2015年开始补贴企业生产制造商，鼓励创新行为，同时地方政府也出台相应的免税购车和汽车下乡政策，为消费者提供补贴。而在此之前，比亚迪已经扎根于新能源多年，在技术和市场上均占优势，得益于政策红利也理所当然，当国家开始重视轨道交通的国际竞争力时，比亚迪推出云轨、云巴项目，高度契合新兴战略要求，符合未来发展趋势，与政府政策同频共振。

3. 多元整合的形象展示

从产业链源头开始相关拓展，到构筑多元化的绿色交通体系，覆盖多个公共交通领域，比亚迪由产业上游向下游逐步发力，持续扩大业务范围，通过推广电动汽车，降低电池成本，进而充分辐射到其他产业，达成多元化的形象塑造目标，为绿色交通业探索出创新扩散的路径。在不同细分领域的涉足，比亚迪能够整合产品和形象系统，向综合服务商的形象转型，甚至从事居民住宅以及更大规模的社区开发，开辟新的市场版图，在深圳已经存在类似的"未来村"，村内全部使用绿色低碳能源，其中的电能装置和建筑物等均为比亚迪制造。

万科：打造绿色地产提升绿色住宅附加值

中南民族大学文学与新闻传播学院　徐　红　刘逸灵

在低碳成为潮流的时代，绿色住宅是房地产行业的大势所趋，城市化提高居民对生活环境的要求，人们热衷于追求高品质生活，而绿色住宅就是其中的代表之一，创造自然与人文相融合的城市住宅是践行绿水青山理念的必然要求，国家将房地产业作为重要的经济增长点，众多的开发商都意识到绿色建筑市场的巨大潜力，只有不断推陈出新，才能满足消费者日益提高的品质需求。建设绿色住宅是塑造绿色形象、抢占市场先机的关键举措，不仅能赢得消费者青睐，也能受到政府的支持，许多房地产商都逐步做出积极尝试。

万科是最早提倡绿色建筑的企业之一，其绿色战略不仅是企业绿色低碳社会责任的承担，更是企业的差异化所在，三十多年的漫长道路，是万科探寻绿色人居的理想之路，在此期间，万科的城市版图不断扩张，始终未变的是对建筑与自然共生的竭力探索，绿色既是万科的本色，也是传播之路的底色。成为卓越的绿色企业是其美好向往，从住宅领域的规划、设计和建造，一直延伸到城市的各个角落，万科持续塑造绿色建筑新形象，制定绿色标准，参与节能建筑的研发和推广，追求绿色低碳的脚步从未停止。

一　万科打造绿色地产的社会责任担当

基于节约资源和保护环境的国策，万科从多方面积极践行环保，围绕绿色工业化体系、环境治理和生物保护发力，向公众发出共筑绿色家园的呼声。在十分重视绿色低碳技术创新的基础上，持续培养人才，依托平台基础，深入开展绿色建筑、生态环境、可再生能源等相关研究，以创新理念和成果促进人居、环境和企业的可持续发展。

1. 推进绿色建造

万科将环境保护的理念和责任贯穿材料采购、设计和施工的全过程，节约投入成本，减少对环境的影响，用绿色人居引领绿色生活。在其施工过程中，会综合考虑环境影响和周边社区需求，结合原料、土地和水等多种资源利用和保护，做到企业的节材、节水、节能和节地，贯彻绿色施工理念，降低施工给水、空气和土地带来的负面影响，营造干净整洁的施工环境。在绿色采购中坚持公平公开，把环保原则纳入供应商管理机制，携手多方共同推广绿色供应链，升级绿色低碳产业，为终端消费者提供环保产品。

2. 参与环境治理

除了在日常运营中加强环保管理，还积极拓展环境治理业务，帮助客户降低经营活动对环境的负面影响，助力打赢污染防治攻坚战。针对土壤、地下水环境质量问题的废旧工业场地，结合区域规划和建设需求，开展污染场地风险评估、修复等活动，以技术资源整合为优势，提供臭气综合治理业务咨询，指导城乡环境应急服务，落实环境提升工作，建设和维护景观水体，对湖库和黑臭水体进行环境风险控制与生态治理，提升水生态自我修复和净化能力，促进农村生活污水和养殖废水达标排放，采用污水一体化处理设备，助力绿色乡村发展。

3. 保护生物多样性

生物多样性丧失是全球面临的共同挑战，万科联合政府部门、专业机构等多方力量，落地生物多样性保护实践，用心守护生态系统的平衡。多年来进行植被多样性保育研究，积累植被保护、恢复和培育等关键园艺经验，推进乡土植物、珍稀植物和新优品种的园林应用研究。设立专项行动来保护雪豹、江豚等濒危动物，发起"雪豹保护计划"，围绕科学研究、人才培养、社区和谐和公众宣教贡献一己之力，支持长江江豚保护基地的运营，协助渔民转产，降低过度捕捞的潜在威胁，也让更多社会资源支持和参与江豚科普生态圈建设，促进全长江流域的江豚保护。在湿地保护方面，开展自然教育公益项目，推动沿海湿地宣教工作的专业化提升，为有效保护湿地奠定社会化参与的良好基础。

二 万科打造绿色地产的社会责任传播策略

在万科的绿色低碳实践中，通过各种手段和方法与外界广泛沟通，充分调动消费者和合作者的能动性，让更多社会主体形成绿色低碳意识，消费绿色建筑产品，参与绿色建筑事业，共同推进绿色建筑的普及。除了在媒体和论坛上宣传与推广绿色理念，也会参与世界性的博览会和公益活动，积极践行和传播绿色低碳社会责任，将道德伦理置于商业利益之上，以社会责任作为行动准则，搭建绿色沟通和传播的桥梁，推动绿色低碳理念在社会的深层次传播。

1. 倡导"零废弃"理念

万科专注于探索"零废弃"的管理之路，依托万科基金会专业化的管理经验和公益资源，联同政府、公益组织等多方传播主体，不断推广城乡社区生活废弃物管理的新技术和新方法，旨在使"零废弃"成为现实。通过加强公众教育、开展社区传播、鼓励志愿服务和线上宣传等形式，提高公众垃圾分类意识，调动公众参与的积极性。在社区、学校和商场等人流量密集的场所组织活动，普及分类回收的理念，举办社区废弃物管理论坛，与公众分享国内外成功案例，学习绿色经验。有针对地对社区居民进行宣传和培训，倡导低碳生活模式，与居民共同建立自我监督机制，使其养成长期生活习惯。培育低碳先锋，用榜样力量吸引更多公众参与环保活动，建成长期稳定的志愿平台，强化志愿者的归属感。在线上培养固定受众群，围绕环保话题与其互动，提升话题热度，获取社会关注。

2. 支持气候变化大会

密切关注气候变化和绿色发展议题，万科深刻明白气候变化对企业的挑战和机遇，从2013年起，万科持续赞助气候大会中国角企业日边会，在大会上传播中国绿色低碳故事，聚集中国民间智慧，共同发声，让世界正视企业的积极形象。同时发挥自身与合作伙伴的能力，将应对气候变化措施融入产品设计、采购、项目建设与运营的全生命周期中，并积极分享典型经验，号召社会各界共同加入气候行动。其联合出品的《气候变化大会之旅》，用纪录片的视角，有效整合大量素材并对外展示中国气候行动，经由央视、人民网、中国环境报、爱奇艺、快手直播等多媒体渠道的复合传播，影响八千万人次，有力提升公众对环境议题的认知水平。

3. 自发"零公里行动"

"城市的命运取决于零公里处你的手"[①]，王石这样阐述"零公里行动"的主题，此次活动由万科发起，是国内民间组织的首次大规模、高海拔清扫行动，在珠穆朗玛峰的极高海拔地区，由专业登山者进行垃圾清理，超过两百个废弃氧气

---

① 吾勉之编著：《万科的低碳道路》，浙江大学出版社2012年版。

瓶和两吨垃圾被处理，是万科在全国推广垃圾分类的序曲，先由队员清扫，再到社区垃圾分类，最后以此为话题，进行线上的内容互动。活动首先集中在上海、北京等大城市的小区，三年之内覆盖到全国的各个小区，还显著激发国际攀登队伍的清扫意识，是珠峰攀登的新开始。

4. 亮相世博万科馆

上海世博会上，万科是国内房地产界唯一的参展商，以麦秸板作为天然原料，按照麦垛的造型，建成七座低碳建筑，诠释出"尊重的可能"，集中展现万科对绿色人居的专注，传达对自然的敬畏，受到广泛赞誉。米兰世博会上，万科也是首个在国外独立建馆的企业，采用领先环保型建筑材料，以"食物构建社区"为主题，透过传统向世界传递中国低碳文化，获得"2015 米兰世博会可持续性大奖"。一个个极具设计感的场馆，都承载万科的绿色低碳精神和理念，是企业绿色低碳社会责任的卓越体现。

三　万科打造绿色地产的社会责任传播效果

绿色建筑的实践为万科带来丰厚的回报和竞争优势，在其带领之下，越来越多的房地产企业转向开发绿色建筑，诸如保利、招商、万通等企业纷纷宣布投入绿色地产的发展。万科的绿色建筑面积也逐年增加，截至 2019 年年底，其满足绿色建筑标准的面积累积已达 1.93 亿平方米，经过环保领域的不懈努力，万科获得"最佳社会责任年度企业""中国最佳低碳企业""十大绿色公司"等多项荣誉，极大提高企业绿色低碳形象。

1. 节能减排全面升级

位于深圳万科城四期，一栋微缩版的零碳建筑已经建成，基于华南地区潮湿温热的气候环境下，节能环保的零碳排放智能化住宅既不耗电，也不用城市供水，其产生的垃圾大部分会分类后回收，不能回收的部分则可用于发电，成功实现建筑主体节能 60%，大大高于现行国家标准，每年万科都有若干项目获得建筑业的国内外大奖，全国所有其新开工建筑的节能率都达到或超过 50%。在探索低碳社区上，万科将厨余垃圾变废为宝，转为天然有机肥料，改进绿化浇灌方式和生活用水供给方式，改造节能电源，提升节能水平和效果。

2. 低碳形象深入人心

从最先开始的零碳实验楼，到零碳基地，再到万科中心，万科打造出数量庞大的"会呼吸的房子"，并获得权威认证。聚焦绿色生态与科技智能，着力打造生态商圈，其七宝万科广场获得LEED CS金级认证，为购物广场类建筑树起环保典范，相比普通建筑，该项目用水量降低11%，温室气体排放减少34%，能耗节约25%，实现商业与自然的平衡。在万纬厦门冷链物流园实践中，因其良好的可持续发展措施，2019年实现园区用电节约30万度，荣获绿色建筑LEED最高级别铂金奖。万科将社会责任系统地融入其绿色传播战略，一方面规避风险，另一方面巧妙借助绿色、生态等时尚理念，有效提升企业声誉，塑造低碳建筑新形象。

3. 城市文脉低碳再生

在房地产开发中不可避免地会遇到一些人文工业遗迹，甚至是古树，蕴含着历史的积淀和城市的传统文化与记忆，如果单纯地毁灭掉这些古迹，不仅产生大量的建筑垃圾，耗费工时，更不符合绿色低碳的发展原则，因此万科采用旧房改造的形式，让城市在保留中创新，保持原有的建筑痕迹，增加新时代元素，让旧建筑重新焕发新生。例如武汉的润园，万科根据建筑的原有肌理，以树木分布密度决定区域建筑的覆盖率和高度，实现在大树和爬山虎之间"种房子"的空间效果，还有南京红郡，在布局中完整保留原生的梧桐和香樟，达到良好的绿化效果。

四 万科绿色住宅形象的塑造

肩负绿色低碳社会责任，万科一直走在绿色建筑行业前列，制定绿色战略规划，既为社会贡献绿色成就，也与行业共享技术成果，构建产业化、集群化建筑，传播生态环保价值，宣传生态技术，打造开放式的传播平台。万科立志满足人民美好的生活需要，将绿色概念转变为客户语言以提高大众的接受度，推广、实践生态节能和人文关怀于一体的低碳建筑，寻求生态、经济和社会之间的平衡点，构建大众心中的理想城市，做低碳时代的绿色企业，实现社会价值的自我升华。

1. 深化绿色住宅形象内涵

万科的生态策略包括三个方向，依次是产品活动、内部改进和外部合作，短期内坚持节能和节水底线，长期则通过环保技术提供消费者满意的产品，建立细分标准，坚持建造绿色住宅，实现可持续发展。将自身定位于绿色住宅标准的制定和推广者，万科的战略规划分为三个阶段，首先是精装修，其次是住宅产业化，最后是绿色建筑，以工业化的手段、产业化的平台实现其低碳目标，形成规模效应，快速批量建好房，节约施工时间，降低成本和施工能耗、物耗，以和谐、自然和生态标准提升住宅品质与生产效率。

2. 多方主体合作传播

企业绿色低碳形象的塑造不能自说自话，仅靠企业的个体力量远远不够，需要通力合作，万科与众多知名企业、学校和研究机构达成一致，投入大量资金共同探究住宅产业化技术，展示万科在工业住宅领域的绿色进程和生态形象，介绍产品的生态品质。利用集体智慧和联合优势，万科持续探寻建筑行业应对气候变化的策略，共同推动建筑业向绿色低碳转型。住房和城乡建设部与其形成长期的合作关系，齐心开发适用不同气候地区的建筑体系，并推广应用其研究成果，推动节能、低碳、绿色住宅的整体进步。

3. 意识导向以人为本

住宅是面向大众的，传播的主要对象也是大众，因此对人的关注、对绿色的追索始终是万科社会责任传播的中心，万科对人的尊重在其建筑技术上展现得淋漓尽致，在绿色人居体系上，万科一直在强调人性化，其工业化、低碳建筑和垃圾分类都是为了满足住宅的生态性、舒适性和节能性，符合人的客观价值存在，让城市回归以人为本。在传播活动中，万科呼吁关心自然和生态，落脚于负责任的企业形象，使公众认知到万科的住宅富有人文关怀并与众不同，根植健康环保的人居体验，弘扬人文精神，珍视自然的馈赠，传播独特的生态责任观。

华侨城：打造绿色地产，建设低碳家园

中南民族大学文学与新闻传播学院　徐　红　雷　笑

城市对气候变化的影响最为显著，作为人类活动的主要生活生产空间，所产生的温室气体排放主要来自现代城市的两大基本功能：居民生活、企业生产。因此，房地产企业通过打造绿色建筑可以有效降低碳排放量。从减缓气候变化的角度，绿色低碳城市理念包括倡导低碳生活、开展低碳建设两个核心要素。而华侨城集团的绿色低碳营销就是以打造绿色低碳建筑和倡导低碳生活展开，以此来实现减少碳排放的目标。

一　华侨城打造绿色地产的举措

习近平总书记曾在2018年全国生态环境保护大会中强调"生态文明建设是关乎中华民族永续发展的根本大计"，在经济社会的发展过程中，城市不仅是区域形象的传播介质，同时也是绿色空间的"再生产者"，将绿色低碳的理念植入城市规划，实现空间建设与环境治理的共建机制，对于实现绿色低碳发展至关重要。作为国务院国资委直接管理的华侨城集团在坚持"绿水青山就是金山银山"的理念上通过倡导并践行绿色开发、绿色管理、绿色文化、绿色技术，打造绿色地产的新图景。

1. "绿色开发"构建绿水青山的生态图景

在华侨城的绿色实践中，集团以自然生态景区作为绿色开发的实验点，坚持"传统文化+旅游+生态"的保护模式，依托生态环境进行友好式开发，积极践行人与自然和谐相处的理念。以深圳甘坑客家小镇为例，该项目以"可持续发展的土地伦理观"为原则开发小凉帽农场，该农场前身是占地两万多亩的垃圾集散地，华侨城集团坚持因地制宜、绿色可持续发展,对臭气熏天、人烟罕至的垃圾废墟进行改造,共种植近700万元的苗木,以改善生态环境。同时,还进行了复绿地块、垃圾处理、土壤改良及修建人工湖等项目,通过"变废为宝"的方式,搭建绿色生态农场,既提升了效益,又贯彻了绿色环保理念。华侨城的上述实践立足于自然、着眼于生态,通过绿色开发打造人与自然和谐共栖的生态化社会,构建了"绿水青山"的生态图景。

2. "绿色管理"打造节能环保新空间

绿色管理指在实践过程中,企业为适应经济社会的可持续发展,将节约资源、保护和改善生态环境等绿色低碳理念融入生产的各个环节。华侨城集团的绿色管理理念主要体现在绿色施工、绿色建筑及绿色物业三部分。其中,绿色施工强调在建筑施工过程中的扬尘治理工作,强化落实噪音防治并降低施工能耗;绿色建筑指在建设中将绿色环保落到实处,例如,华侨城采用节地、节能、节水、节材及环保的绿色建筑材料、技术和设备,极大程度上改善了建筑施工过程中的资源浪费问题;此外,华侨城还将绿色物业理念融入运营实践中,研究先进的管理模式,加大节能耗资的管控,推动绿色物业。通过绿色管理,华侨城不仅提升了企业在环境治理、绿色低碳传播中的责任意识,更为公众打造了节能环保的新家园,守卫了企业建设中的生态文明理念。

3. "绿色文化"纵深拓展企业新品牌

企业对于绿色低碳理念的认同,可以通过形成企业独特的"绿色低碳文化"来进一步引导员工对于绿色理念的践行,从而形成"全员环保"的传播效益的最优化。因此,在企业的绿色传播实践中,实现绿色低碳理念传播,营造企业乃至社会绿色文化至关重要。华侨城集团把环保理念融入城市发展,融入城市生活,如旗下的郑州华侨城开展"守护地球"计划、垃圾分类街头快闪等环保活动,传递环保理念;深圳华侨城欢乐海岸开展"失衡——生态·艺术·环境"环保艺术展,呼吁社会公众关注生态状况和生存环境。通过上述活动,华侨城传播了绿色发展的生态理念,并形成了企业的绿色低碳文化生态。这种文化生态与社会倡导的主流价值不谋而合,并迎合了新时代消费者对于环保、健康及生态的期许,推动了企业绿色品牌建设与传播。

4. "绿色技术"推动科学节能降耗

被誉为中国最豪华的酒店"中国—华侨城前海JW万豪酒店",在设计和建造之初,就在项目选址、能源与环境、室内空气品质、设计创意、节水等方面全面贯彻低碳、绿色、生态的理念，最大化实现节约能源，体现环保，为用户提供优质、低维护、健康舒适的居住环境和有效利用空间的目标，从而获得最大的经济、社会和环境效益。除建设"绿色酒店"集团外，华侨城各属下公司也积极主动引入和选用新技术、新材料、新机器设备，提高能源利用效率，减少碳排放。例如，在深圳欢乐海岸、华侨城湿地公园教育生态基地、宁波华侨城欢乐海岸等项目中应用推广了空调冷凝热回收、空气源热泵、地源热泵、光伏发电等节能技术，积极探索各方面节能降耗的有效措施，进一步落实科学节能降耗。

二 华侨城绿色地产的传播策略

在华侨城的传播策略中注重运用多种传播方式使绿色低碳理念纵深向公众的生活传播。通过生活化的场景传播，持续化的教育传播，社会化的公益传播进一步改变了公众的意识，使绿色低碳文化对公众生活产生广泛而深刻的影响。

1. 场景传播传递绿色低碳文化理念

华侨城贯彻绿色发展理念，推进资源节约和循环利用，采取节能降耗措施，加大节能减排投入，成为生态环保文明的倡导者和实践者，认真履行其对节能减排的承诺。例如，华侨城地区通过绿色低碳建筑和自然生态小区环境向业主传递了企业绿色低碳文化。再例如，集团旗下各酒店开展绿色低碳骑车活动、深海环保活动、环境保护回收等活动，打造出绿色酒店客房，绿色餐饮，提倡亲近自然、节省有度的身心健康生活方式。华侨城通过营造绿色低碳的场景，让消费者在入住的过程中践行绿色低碳的生活模式，以场景传播的方式传播绿色低碳文化。

2. 教育传播助力生态文明发展

华侨城集团依托湿地丰富的自然资源，积极组织公共生态环境教育活动，共同建设生态文明。华侨城开设湿地自然学校，积极发挥自然教育功能，让更多的人通过自然学校重返自然、了解自然、保护自然。华侨城从以下几个方面传播生态环保知识：一是编写自然学校课程教材；二是招募环保志愿教师；三是建立志愿者之家，提供讨论、沟通交流的服务平台，定期组织研讨会、沙龙活动、课程内容研发讨论等主题活动；四是加强与环保机构合作，例如，与湿地国际建立合作关系，在全国范围内通过"加强中国湿地学校网络发展项目"推动中小学自然教育公益活动。华侨城集团通过多种教育传播的形式，向公众普及绿色生态知识。

3. 公益传播培育公众绿色低碳文化意识

华侨城集团着力自身产业迅速发展的同时，充分利用已有资源和优势，通过举行公益活动，积极主动承担企业社会责任，形成遍布全国的公益传播引流矩阵。在科学管理湿地、践行绿色发展、普及自然教育的具体实践中担当作为，走出了一条人与自然、人与城市、城市与自然和谐共生的可持续发展道路。华侨城打造的公益活动以开朗新奇、线上与线下结合的新方式，推动了公益新气象，给予公众直抵人心的力量。

三 华侨城绿色地产的传播效果

华侨城打造绿色地产的传播实践为其带来了经营回报，在收获经济效应的同时，也积极履行了社会责任。通过一系列的传播实践活动，宣传了共建绿色环保家园的理念，帮助公众树立了绿色低碳的生活意识，推动了绿色低碳生活的发展。在此过程中也塑造了负责任的企业形象，获得公众和市场的认可。

1. 培育共建绿色低碳家园的意识

绿色低碳家园是通过打造出以人与大自然和谐共处的住房，根据绿色技术、绿色产品、绿色建筑和绿色生活的需要，将身心健康、环保节能、环境保护、可持续发展观等理念贯穿房地产业研发全过程，并反映在营销推广全过程之中。通过一系列的传播活动来增强公众对绿色低碳理念的认识，培育公众低碳文化，宣传了共建绿色环保家园的意识。华侨城通过打造绿色地产，推行绿色低碳营销传播，使企业获得了良好的经济效应。2019年华侨城集团实现营业收入1310亿元，同比增长18.7%，实现利润总额239亿元，同比增长18.2%，这些数据表明华侨城打造的绿色低碳地产适应了市场需求，实现了营业增长，获得了公众的认可。

2. 普及绿色低碳生活的理念

华侨城通过多种绿色低碳营销传播途径来增加公众对绿色低碳的认识，进一步刺激公众对绿色住房的需求，最后完成经济发展效益、社会发展效益、自然环境效益和公众利益的统一。华侨城集团积极发挥文旅央企主体作用，通过传播活动大力推动公民道德特别是生态道德实践养成，引领新时代文明新风尚。面向广大景区和酒店游客、社区居民普及绿色低碳生活的核心理念，提高全员节约意识、垃圾分类回收观念和环境保护观念。通过持续的公益活动，激发起公众对人、物、自然三者关系的深入思考，呼吁公众关注生态状况和生存环境，共创美好家园。

3. 塑造负责的企业品牌形象

华侨城在公司经营的过程中始终坚持"绿水青山就是金山银山"的发展理念，在开发和建造的过程中注重生态环境保护，积极履行企业社会责任。通过绿色开发、绿色管理、绿色文化、绿色技术,将绿色低碳的环保理念融入企业生产经营各个环节,担负起保护生态环境的企业责任。通过开展公益活动,积极回馈社会,履行企业责任。同时,企业不断拓宽多元化的沟通渠道,开设企业责任专栏,与新闻媒体展开合作,定期宣传企业的履责情况。积极参加各种论坛、会议和公益活动,与专家和意见领袖展开合作,开展多种交流形式,充分向社会展示了华侨城负责的央企形象,搭建与社会各界沟通的纽带和桥梁。

四 对公众低碳消费生活模式培育的价值

华侨城作为中央企业,始终将社会责任摆在企业发展中的突出位置,在追求经济利益的同时,进一步明确央企的社会责任意识,为生态文明建设和公众低碳生活模式培育贡献出央企独一无二的坚实力量,为建设绿色低碳的美丽中国添砖加瓦。

1. 推动公众生活与自然保护和谐发展

在尊重自然和保护自然的基础上构建绿色低碳自然环境是华侨城生态文明建设的关键方法。华侨城坚持绿色开发、推行绿色管理、打造绿色建筑,使用绿色技术,将绿色房地产商品推向市场。通过绿色产品、绿色消费等方式培育公众低碳消费生活模式,推动人与自然、社会经济发展与生态环境保护和谐共生。华侨城集团在追求经济利益的同时,也积极担负起环境保护的社会责任,向公众宣传绿色低碳的生活方式,培养公众绿色低碳的生活意识和习惯,努力实现企业、公众、自然三者的和谐相处。

2. 公益传播增强公众生态文明意识

华侨城集团坚持绿色发展理念,完善环境管理,采用新技术、新材料,在推进资源循环利用方面取得了长足进步,倡导绿色低碳健康生活方式。开展自然教育活动,编撰生态保护相关的教材,以教育的方式传播生态文明知识。积极举办环保公益活动,号召公众亲身参与,进一步加强社会对生态保护的意识,在消费的过程中向公众传播绿色低碳的新思想,推动中国生态文明建设。

生态文明建设绝不是一朝一夕之事,要通过多种形式的传播活动将生态保护的理念和绿色低碳文化深入每一位公众的心中。华侨城集团以推动生态文明建设的战略定力,以身体力行的持续传播活动将生态文明建设向公众生活领域深度发展,为建设新时代社会主义美丽中国贡献了丰富的华侨城力量。

格力：低碳到零碳　智造绿家电

中南民族大学文学与新闻传播学院　徐　红　马金明

格力电器作为民族品牌的代表，一直积极响应国家低碳发展的战略规划，在节能减排上不断推陈出新，通过技术创新引领绿色家用电器研发和生产，努力降低产品能耗，提高产品能效比。低能耗、高能效一直是格力电器的研发重点和产品卖点，多年的经营，得到了行业主管部门和消费者广泛的认可，但是格力并不想止步于此。随着能源技术的进步，格力从中看到了从低碳产品到零碳家居发展的可能，希望通过技术创新、产品创新实现"零碳健康家"的目标。

一　格力"从低碳到零碳"的战略举措

格力的绿色低碳发展之路所追求的不仅仅是低碳，更是通过技术的创新向"零碳"的方向纵深发展。制定"零碳健康家"的战略让以"绿色才是真科技"为发展理念的格力电器在低碳创新的路上披荆斩棘，大胆创新，从而使人们的生活更加美好，让环境更加低碳。

1. 格力的低碳电器之路

珠海格力电器股份有限公司成立于1991年，从品牌1.0版"制冷强大"——"格力电器，创造良机"、品牌2.0版"质量为王"——"好空调，格力造"、品牌3.0版"科技领先"——"格力，掌握核心科技"，到品牌4.0版"责任担当"——"格力让天空更蓝大地更绿"、品牌5.0版"服务世界"——"让世界爱上中国造"，格力一直致力于通过科技进步打造更好的家电产品。但在这个过程中，消费者省电的市场需求与国家节能减排的发展战略，使格力认识到好的家电产品也一定也是节能的产品。格力通过核心技术研发，产品创新设计，为市场提供了一系列优质节能的好产品。从"低频运行才是关键"——运行频率仅为6赫兹的"月亮女神"变频卧室空调，到刷新变频空调产品性能纪录的"1赫兹变频空调"，格力电器一步步的创新与突破，为其赢得了市场的肯定，从而一步步成为中国家电行业的龙头老大。

2. 格力的"零碳健康家"战略

2013年，格力全球首创不用电费的光伏空调，并相继研发光伏离心机及光伏多联机，开创中央空调的全新时代。2018年，格力首次推出了"零碳健康家系统方案"，将家庭光伏发电储电变电、光伏家用电器与公共电网连接成一个生态电力系统，从而实现零碳健康家的目标。

"零碳健康家系统方案"以光伏进行驱动，为消费者提供包括能源管理、空气管理、健康管理、安防管理、光照管理在内的五大系统，"零碳健康家"不仅可以满足消费者的个性化健康生活，还可以优化资源配置，从而达到低碳、省电的目的。"零碳健康家"的顶部设有光伏板，在阳光充足的情况下，铺设在屋顶的光伏板所发600V直流电可直接驱动室内空调及其他直流家电的运行。若光源充足，过剩的电能会直接存储在储电柜中以作备用，储电柜充满电之后，该系统还能将多余的电量"反哺"电网，实现从"耗电""省电"到"零电""反哺电网"的跨越式低碳发展模式。

二 格力"从低碳到零碳"战略的传播策略

在国家绿色发展战略转型的大背景下，作为行业领军企业，格力承担起相应的社会责任，将节能环保和绿色低碳落到实处，从"低碳发展"到"零碳生活"，不断致力于打造"绿色电器"的格力利用自身影响力，积极广泛传播绿色健康观念，从而形成"企业—行业—社会—国家"的逐级推广路线，最终极大提高企业及行业的道德意识与发展意识，引起巨大反响。

1. 打造超级IP，提高传播辨识度

作为格力电器的董事长兼总裁和法定代表人的董明珠已经成功将自己打造成了一个超级IP。在"2011仁商·低碳榜"高峰对话论坛上，格力电器总裁董明珠力推绿色战略，获评"最佳低碳商业领袖"称号。董明珠表示："一个企业的社会责任，不仅要创造利润，为参与国际竞争提供好的产品，更要为全球低碳经济发展贡献自己的力量。"格力领导人董明珠作为流量网红，传递的不仅是商品本身，更有自身的价值观和企业本身的经营理念。身为超级IP的董明珠在流量的风头上凭借其超强的号召力和传播力擎住了自主创新、低碳发展的大旗，并将它指向了正确的方向，以"绿色才是真科技"的观念引领行业的发展——技术升级创新既要满足消费者的需求，又要秉持"绿色制造"理念来保护环境。而以"绿色""低碳"为关键词的董明珠，不仅将企业做大做强，更是将低碳环保的价值观广泛传播，引起人们关注，最终为人们创造美好生活。

图 1　格力零碳智慧家广告

此外，作为格力新的特色 IP——"零碳健康家"在智博会上格外"吸睛"，作为格力家电从"低碳"迈向"零碳"的重要标志，这一新的特色 IP 不仅为行业接下来的发展指明了从"绿色智能家电"到"零碳生态家电圈"的发展道路，更是为人们设想了一个美好的未来——零碳生活，不再是遥不可及的梦。

2. 参与低碳论坛，引领行业潮流

格力集团先后参加 2009 家电创新高峰论坛（2009）、核心科技与国家产业形象——首届中国创造院士论坛（2011）、2018 中国节能与低碳发展论坛（2018）、2019 中国节能与低碳发展论坛暨 2019 中国节能协会年会（2019）、第 83 届国际电工委员会（IEC）大会（2019）、首届中国金融经济论坛（2019 年）等论坛。除了本身专注于"绿色家电"的研发，长期以来，格力都以节能核心科技践行"绿水青山就是金山银山"的节能号召，积极主办、参与各类论坛会议，分享企业在节能减排方面的先进经验，从而为践行低碳生活发声、传播绿色发展观念，为大众健康建言献策。格力电器作为典范，引领中国低碳环保事业的可持续发展。

2019 年 8 月，格力"零碳健康家"智慧家居系统升级亮相智博会。在此次世博会上，格力电器从门厅、客厅、卧室等生活场景全方位展示智能家居交互式场景应用。本次亮相印证了格力电器从"低碳发展"到"零碳生活"的发展战略，为行业的未来发展点起了一盏亮灯，也为早日实现低碳生活增添格力的贡献。

3. 持续赛事冠名，支持低碳生活

格力电器通过多次举办、冠名或参与低碳赛事，不断倡导人们进行低碳生活。始终秉承健康环保理念的格力早在 2016 年便已与"环广西公路自行车世界巡回赛"进行签约，从而成为"环广西公路自行车世界巡回赛"的冠名赞助商，格力表示将持续冠名世界顶级赛事，不断利用企业、赛事等各方影响力表达对健康低碳生活理念的支持。除此之外，格力连续多年冠名赞助了"中国杯"国际足球锦标赛、"幼超杯"足球嘉年华等体育赛事活动，鼓励更多人参与到体育活动，助力"健康中国"建设，同时也积极传播低碳、健康生活的发展理念。

三 格力 "从低碳到零碳" 战略的传播效果

格力利用多种营销方式与传播渠道，以超级人物 IP、公关事件营销、赛事传播以及各类线上传播为主要形式致力于打造全方位、深层次、高精度的整合营销传播模式，将企业的"绿色"文化深入人心，并在这个过程中通过引领行业潮流、制定行业标准、主办行业会议等方式，将"绿色才是真科技"的企业观念逐步推广至行业，并深刻影响家电行业的未来，从而打造看得见的美好生活。

1. 绿色产品消费成为社会新风尚

2019 年 1 月，珠海格力电器股份有限公司在由能源基金会发起、能效经济委员会·中国实施的"气候领袖企业"项目上荣获"气候领袖企业"。2020 年 12 月，格力电器成功入选由工信部对外公布的工业产品绿色设计释放企业名单（第二批），而在近三年里，格力电器的空调、洗衣机等多类产品累计 60 多个型号入选国家工信部发布的绿色设计产品清单，这表明格力企业在绿色发展方面得到了国家的认可，这一方面是对整个行业提出了更高要求，另一方面也是让绿色发展成为家电行业甚至这个社会发展的新风尚。

2. 绿色产品获得消费者广泛认可

在 2021 年 1 月，格力空调获颁"采购人最喜爱的品牌奖"。该奖项根据 2020 年中央国家机关批量集中采购情况而评，而格力在家用空调领域不断研发节能减排技术、积极打造新型低耗能产品线，因此受到政府的青睐。此次获奖的格力电器以节能技术和优质产品为抓手，也将为家电行业的绿色节能发展作出表率，为"美丽中国"建设再添企业力量。

其次，2021年3月，中国标准化研究院顾客满意度测评中心发布了2020年度空调行业顾客满意度调查结果。调查显示，格力位居空调行业顾客满意度及各项指标行业第一，顾客满意度已连续10年位居榜首。

随着人们的健康意识不断提高、国家对绿色发展的要求越发明确，身为空调行业"低碳先锋"的格力也不断受到国家的认可、行业的支持以及消费者的好评。

企业本身做到绿色发展已是难能可贵，而格力不仅做到了企业内部上下同行的低碳理念，更是不断向整个行业、整个社会、整个国家乃至整个世界都在传播"低碳发展、零碳生活"的号召，这也是格力企业能够获得众多消费者青睐的原因之一。

3. 绿色品牌形象不断提升

从1997年的"好空调，格力造"到2010年的"格力，掌握核心科技"，到后来2013年的"格力让天空更蓝大地更绿"，最后到2015年"让世界爱上中国造"，格力企业以科技创新之路深耕绿色产品。随着最初"质量为王"到现在"低碳为王"的转变，格力通过不断的技术创新，不仅满足了消费者升级的消费需求，更满足了人们对未来美好生活的需要与想象，也塑造了格力绿色低碳的品牌形象。格力通过多种营销方式与传播渠道，使绿色家电品牌形象在公众的心中的得到不断提升和加强，也为自己的产品贴上了鲜明的绿色标签。

四 对公众低碳消费生活模式培育的价值

格力空调一步一步创新，努力实现"不用电费的空调"这样的颠覆性制冷新技术，深刻体现绿色格力的自主创新的担当和实力。从而化解传统空调高耗电带来的诸多问题，冲在攻坚"碳达峰"和"碳中和"道路的最前沿，努力实现在2030年前"碳达峰"和2060年前"碳中和"的愿景。格力不断助力绿色生态经济的升维，在高品质生活与环境保护、资源合理利用之间达成最好的平衡。

1. 绿色家电产品满足公众个性化需求

让消费者青睐格力的不仅仅是因为格力在绿色低碳发展上的责任与担当获得了消费者高度价值认同，更是因为格力生产的绿色家电产品节能省电健康舒适。所以，在绿色低碳循环经济发展大背景下，格力不仅满足节能环保的社会需要，更兼顾到消费者对产品舒适健康的个性化需求，实现节能环保与舒适性的双赢。格力通过技术创新研发低碳产品，满足公众的需求和保护公众的利益，甚至实现家庭"零碳"愿景，得到了公众与市场认可，其生产的绿色产品将逐步占有更多的市场份额。

2. 传递环保观念，动员公众参与绿色低碳发展

格力在追求经济效益的同时也主动承担社会责任，已经成为家电行业绿色低碳发展主要的担责者和履行者。格力以"绿色低碳+"的理念建构企业价值观，不断拓展绿色低碳发展道路，引领企业绿色发展；同时不断创新推出绿色低碳产品，引领行业发展趋势；格力不断倡导、动员公众一道践行绿色低碳发展的社会价值观念与环保意识，有助于构建企业绿色低碳形象和培育公众低碳消费生活模式。通过创新绿色产品、传递环保理念、动员公众共同参与，这样使企业更具有生命力，生产的绿色低碳产品被公众优先选择和认可。

蒙牛集团：绿色生态牧场新布局

中南民族大学文学与新闻传播学院　徐　红　雷　笑

绿色生态牧场是指影响牧场的自然要素，诸如当地的空气、水、土壤、生物多样性和植物多样性等。良好的生态环境是一个企业的发展基础，不仅可以增强企业的核心竞争力，也可以提高产品的附加值。因此要注重对牧场生态环境的保护，遵循人与自然和谐相处的原则，通过科学规划、合理开发、良善利用和积极宣传环保等方式，实现生态效益和经济效益相协调。作为乳品企业，蒙牛始终遵循"守护更可持续的地球"原则，坚持"绿色设计、绿色产品、绿色生产、绿色自然恢复"的方法，在注重保护的前提下对牧场进行合理的开发利用，不仅可以保护当地的生态环境，带动经济的发展，也可以积极应对气候变化，节约资源。将绿色环保理念融入企业生产经营管理，通过绿色生态牧场的建设，创造一个可持续的"绿色乳业"一直是蒙牛发展的重要目标。

一　蒙牛打造绿色生态牧场的举措

蒙牛着眼于建设绿色生态牧场，在企业的经营中从细从严对自然牧场进行管理，在产品的运输过程中注重降低资源消耗，减少碳排放。在发展过程中，始终坚持将绿色低碳发展理念与各方共享，共同创造绿色自然的生态牧场。

1. 从"投入"到"投资"的绿色管理转变

蒙牛对牧场资源与能源消耗进行精细化的管理，提高资源利用率，降低生产运营对环境所造成的影响。蒙牛打造的绿色牧场环境管理体系包括分类回收、循环再生、保护自然、和谐发展、重复使用、多次利用、节约资源、减少污染、绿色采购、环保排放。蒙牛投入大量扶持资金，用于推动牧场改善环保设施，实现绿色低碳养殖理念的植入。公司注重通过视频宣传方式，对合作的牧场进行了大规模的培训，包括学习法律法规、粪肥处理工艺、水回收利用、环保设施投入产出等方面，引导牧场提高环保意识，重视环境保护，让牧场环保管理理念从"投入"转变为"投资"。

2. 生产方式优化与绿色低碳行动协同开展

全球气候变化对草原牧场的影响也极为严重，作为一家依赖草原牧场生存与发展的企业，加入到低碳减排的队伍中，不仅对环境产生积极影响，同时也能够满足自身发展的需求。蒙牛积极开展低碳行动，创立中国乳业首个碳排放测量工具；积极开展碳清查，核算生产过程中的温室气体排放，寻找减少碳排放的机会；合理布局行业，实施"产地销售"战略，科学规划企业的仓储布局，减少物流中的运输里程，从而减少碳排放；倡导多种形式的环保运输方式，积极开发铁路、陆路和海上运输资源，减少物流里程和碳排放。

在构建可持续发展的产业链上，蒙牛与包装、仓储、运输等合作伙伴实现从工厂到超市的"绿色链条"。多年来，蒙牛坚持并扩大了绿色包装材料的使用范围，在社会开展了各种类型的包装减量化和材料优化探索宣传活动，进一步影响和改变公众的购买选择。通过创建绿色物流和"绿色链条"，对减少企业生产活动中的碳排放和保护生态环境产生了积极影响，开辟了乳品物流的绿色发展新模式。

3. 责任理念传递与运营水平同步提升

作为中国乳业的领先品牌，蒙牛在打造绿色生态牧场的同时，致力于打造责任生产链，促进行业的共同发展，通过推动牧场的管理与技术创新，实现企业、环境、合作伙伴的多方共赢。在安全层面，对供应商实行严格管理和评估制度，将不诚信、对环境有害的供应商纳入黑名单；将国际先进水平的食品质量安全认证体系，覆盖到乳品行业的全产业链。在绿色低碳层面，蒙牛对供应商也提出了高要求，充分考虑供应商在节能环保和降污减排等方面的行为。

同时蒙牛依靠自己先进的绿色低碳管理理念帮助供应商加强牧场管理，打造环境友好型的绿色生态牧场。蒙牛还依托于产业链的合作伙伴和行业专家，打造"牧场主大学"，通过系统的专业知识讲解、技术帮扶、资金帮扶等形式，帮助牧场主提升科学养牛水平、主体责任意识和精细化管理能力，推动技术成果在牧场落地，从而实现牧场整体运营水平的提升，携手产业链伙伴、牧场主建立可持续的生态圈。

二 蒙牛绿色生态牧场的传播策略

蒙牛在建设绿色生态牧场的过程中，形成了独特的企业经营管理理念。蒙牛作为乳品行业的领军人物，注重分享经验，通过多渠道的信息沟通与传递方式，探索新的宣传与沟通模式，开展绿色环保活动壮大环保力量，吸纳社会各界的力量，共同建设可持续发展的绿色牧场。

1. 多渠道的信息平台传递环保理念

为了宣传蒙牛打造绿色生态牧场的环保理念，使企业能够更健康可持续地发展，吸引更多的投资，蒙牛每年坚持发布企业年报和公告，运营官方网站，将企业的绿色文化和价值观向公众展示。通过政府环境信息沟通平台、企业微博、微信账号等新媒体平台向外界传达有效利用资源实现节能减排，成为保护环境的"绿色使者"。通过多种共同渠道和宣传方式，蒙牛希望将绿色生态的环保理念传递到全社会，带给每一位消费者。

2. 搭建新型宣传方式畅通沟通渠道

面对消费者，蒙牛积极采取公开企业年报和公告、运营企业微博微信账号、开展互动活动、参观透明工厂等沟通与回应渠道，向公众宣传绿色生态牧场建设、生态可持续发展规划，节约资源生态环境保护等可持续发展理念。蒙牛还细化相关指标，完善支撑保障，提供畅通的沟通渠道，落实企业打造绿色生态牧场的目标，实现企业和环境的可持续发展。此外，蒙牛重视对员工持续性发展理念的教育和培训工作，探索新的宣传模式，比如通过设立环保节能简刊、开展职工代表大会等宣传与沟通渠道，辐射企业内部的所有员工，对全体员工进行节能环保知识教育。

3. 绿色环保活动促进公众理念改变

2019年，蒙牛成立了"GOAL"行动小组，即绿色运营与生活（Green Operation And Life），希望通过企业传播绿色理念去促进人们自身观念的改变，成为365天、24小时的绿色公民和环保使者去影响更多的人。蒙牛主动制定"打造出可持续性的地球"这一发展战略，策划系列绿色可持续性主题活动，例如，参与钉钉打卡云植树活动，植绿护绿的主题活动不但增强了公众绿色低碳观念，强化了低碳环境保护生活习惯，同时也提高了蒙牛绿色、公益品牌形象，凸显了蒙牛社会责任担当；通过节能降耗讲堂活动向职工普及可持续发展观中节能降耗的有关专业知识，增强全体人员绿色环保观念，普及生态文明建设与绿色发展战略。举办地球熄灯一小时等活动，将员工和公众的环保节能观念转换为行动，将行动培育成习惯。蒙牛通过一系列的绿色环保公益活动增强公众绿色低碳观念，塑造蒙牛乳业承担责任的企业形象，促进利益相关方执行企业社会责任，助推社会的绿色可持续发展。

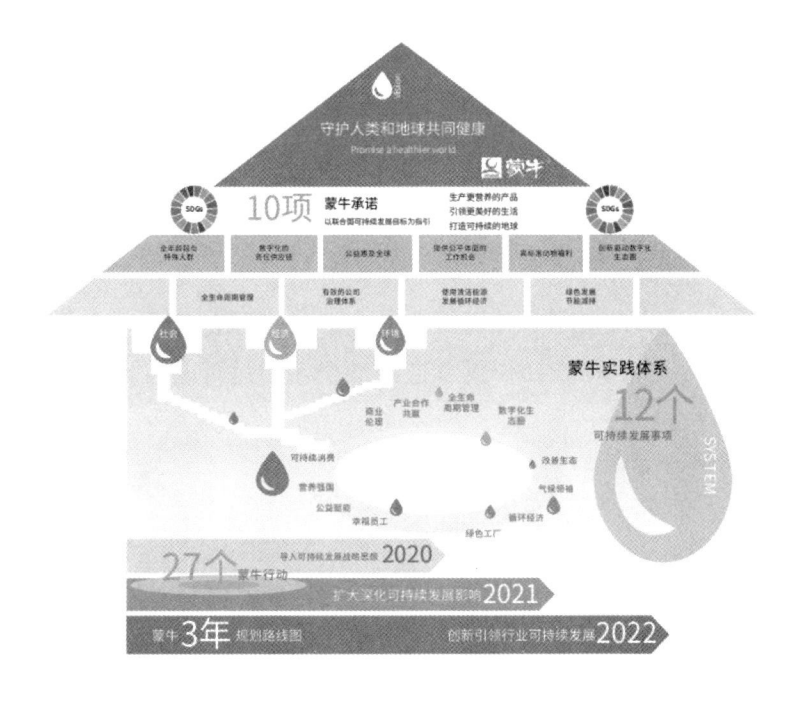

图1　蒙牛可持续发展规划线路图[①]

三　蒙牛绿色生态牧场的传播效果

长期以来，蒙牛以打造绿色生态牧场为目标，以绿色低碳发展理念为指导，通过绿色生态牧场的建设，带动乳业行业转变发展理念，获得了良好的生态环境效应。同时以绿色低碳营销传播的方式洞察消费者需求，提升了市场份额，实现更具竞争力的发展。

1. 绿色发展理念促进生态牧场建设

蒙牛以可持续发展战略为指导，坚持建设绿色生态牧场，坚持可持续绿色发展理念，在绿色理念指导下积极推广绿色乳品，并且积极主动打造从农场、工厂

---

①　蒙牛集团：《2019中国蒙牛乳业有限公司可持续发展报告》，https：//www.mengniu.com.cn/about/jtjs.html。

到物流仓储的绿色运营模式，持续提升资源的利用率，促进节能减排和环保技术投入，实现了绿色生态牧场的建设。通过对牧场的精细化管理，截至2019年，蒙牛节约了7169.83吨标准煤和137.4吨水资源，太阳能发电量达到483万度、生物质能产气量32万吨，绿色低碳能源在能源使用中占比达到8.72%。以上数据可以看出在绿色低碳发展理念指导下，蒙牛打造绿色牧场的环境效益十分突出。

2. 带动乳制品行业转变发展理念

蒙牛通过公益活动为建设更具持续性的地球作出贡献，通过实际行动证明了绿色工程在企业可持续发展中的重要作用。蒙牛乳业在循环经济系统开展了很多尝试，高度重视绿色生态环境保护，将自然环境和社会发展的双向义务融进绿色低碳管理的实践中。蒙牛乳业的绿色发展战略和低碳环保主题活动，不仅推动企业自身的发展获得成功，还注重向同行业的企业进行绿色低碳观念的扩散，促进中国乳业绿色发展理念的树立和传播，带动整个奶制品行业实现绿色低碳可持续发展。

3. 精准品牌宣传提高市场份额

蒙牛集团进一步贴近消费者的购买需求、购买场景、购买行为，借助大数据体系建立起符合消费者需求的市场投放行为，积极探索消费者喜爱的购买场景。通过数字化技术的运用，推动了蒙牛在业务模式、生产研发、生态环保理念等方面进行不断的创新，形成了良好的消费系统。同时蒙牛依靠多渠道的宣传平台，开展精准的绿色生态牧场品牌宣传，不断提升产品和服务质量、市场份额、品牌美誉度和消费者口碑。截至2019年年底，蒙牛营业收入达790亿元，同比增长14.6%，利润达41亿元，鲜奶业务异军突起，市场份额翻番，成为国内高端鲜奶第一品牌，电商销售份额明显扩大，从24.6%增长到26.7%，雄冠中国乳业。

四 对公众低碳消费生活模式培育的价值

蒙牛绿色生态牧场的创新之处在于在建设绿色生态牧场的同时，注重总结绿色低碳发展的经验，探索企业与生态保护平衡发展的新模式。还通过开展多种绿色低碳文化传播的公益活动，吸引广大公众参与到环境保护的事业之中。

1. 增强公众对生态保护的重视度

蒙牛建立了"绿色牧场"的新模式，通过全方位的环保活动，提升了公众的绿色低碳生活理念，号召公众积极参与公益环保活动，从牧场到车间再到餐桌，实现了绿色农业的蓬勃发展。在自然环境领域，蒙牛持续增加对绿色能源运用的资金投入，根据产品研发和技术性改造降低资源消耗。对于气候变化问题蒙牛采用更为积极主动的宣传活动倡导和传播绿色低碳理念，努力探索低碳经济转型之路，提升全产业链碳管理水平，进一步宣传碳管理。此外，蒙牛还积极履行企业社会责任，向公众传播绿色低碳文化，进一步引起公众对生态系统、生物多样性保护的重视并减少牧场对环境的影响，探索公众低碳消费与生态平衡发展的新模式。

2. 多方合作共同促进环境保护

在生活领域，通过一系列绿色宣传活动，培养公众节能减排的生活习惯，使绿色低碳环保观念深入人心，深远影响公众日常生活。在从容应对气候问题中充分发挥了独特的作用，也改变了公众的消费方式。作为中国乳业的龙头企业，蒙牛正与同行、合作伙伴、公众一道积极探索乳业可持续发展的新技术、新方法、新模式。蒙牛通过实际行动证明了绿色低碳发展对公司的重要价值，成为中国乳业绿色发展理念的楷模。

叫板比萨：一个 B 型企业的垃圾减量故事

新乡学院新闻传播学院　苏武江

当以盈利最大化为目的的企业越来越成为社会问题的推手之时，一些企业家开始反省，并试图用商业力量向善而行。B 型企业认证体系（B Corp Certification）便是近年来商业向善（Business as a force for good）的一种尝试。B 型企业认证的颁发机构是一家英国的 NGO 组织——B Lab，旨为那些除了追求经济利益、注重社会效益和环境效益的企业提供第三方证明，目的在于不仅要让企业成为"世界上最好的企业"，更要成为"为了更好的世界而存在的企业"。这类企业不以盈利最大化为目的，尽管从事公益事业，但不依靠捐赠而以商业模式的运作实现自给自足。盈余部分除满足日常运作开支之外，需将部分收入再度投入公益事业当中。2016 年，北京的一家比萨店——叫板比萨成为中国餐饮界首家获得 B 型企业认证的品牌。本文所要记述的便是这家比萨店低碳发展的故事。

一　企业概况

2010 年，Jade 和 John，两个立志于用商业推动公益的新西兰青年，想在北京开一个与众不同的比萨公司，在用食物给顾客带去治愈的同时，同时找到对环境造成最小破坏的解决方案。经过考察，他们注册成立了一家连锁餐饮店——叫板比萨，并决定将其打造成一个特别有益于健康，同时传达环保理念的比萨品牌。健康的全麦面粉，正宗的薄饼饼底，新鲜美味的顶料，艺术性的设计所形成特有的比萨组合，以及绿色低碳发展理念的加持，让叫板比萨在 10 年间发展成为北京地区排名前列的比萨品牌。

叫板比萨的业务以比萨堂食和外卖为主，目前（2020 年）在北京有三家直营店（三里屯、望京、双井）。由于规模不算很大，所以并没有被列入北京市的餐厨垃圾回收系统，政府层面对他们也从未有过垃圾减量、垃圾分类的要求。叫板比萨正是在没有"外部压力"的情况下，出于自身对环保的热忱、对垃圾问题的关注，开始了由自己做起的垃圾减量行动。

从2012年开始，他们将垃圾减量作为最重要的行动目标，通过内部管理、制度设计、全员推动，逐步实现全方位的垃圾减量，并影响更多利益相关者。尤其在源头减量、餐厨垃圾再利用方面，做出很多有效的尝试，并在2013年达到42.6%的分类减排目标。

二 项目特色

作为餐饮行业，为了减少本企业对环境的影响，叫板比萨首先于2012年招聘了一个可持续发展咨询公司绿色冲击帮助其策划可持续发展项目。之后，叫板比萨创建了自己的"环保部"，招聘了专职环保经理Laura，并从公司内部招募志愿者，组成9人的绿色团队，开始了针对自身的环保规划。经过与绿色冲击团队的多轮讨论，绿色团队确定了"环保部"的远景、使命和目标，并开始付诸实施。

1. 制定规划目标

在"环保部"的规划中，叫板比萨为"绿色事业"拨出的预算是其营业收入的百分之一。其"绿色事业"包括垃圾、包装、能源、碳排放、绿色建材等多个方面，其中垃圾减量首当其冲。经过调研与规划，"环保部"确定了"垃圾分类准确率95%以上、垃圾减量率45%"的环保审计目标。2013年，按照规划的垃圾减量和垃圾分类细则，开始实施。

2. 环保培训

叫板比萨认为：如果员工不能理解环保的重要性，就很难在日常工作中支持公司的环保行动。所以，公司首先对中层管理者开展了环保培训，邀请了环保组织"自然大学"的垃圾问题专家进行讲座；进而，公司要求所有员工都必须参加入职环保培训和季度环保培训，并组织各种环保活动吸引员工参与，增强其对环保理念的认同。

即使在工作日，公司也会定期安排一部分班次的员工参与社会公益活动；同时鼓励员工在业余时间自愿参加环保公益类活动，并将其算作工时，允许倒休；员工若环保相关工作完成出色，得到的也是环保类奖励，比如去森林公园参加一次自然体验课的机会。

"人"是公司的主体,员工对公司的认同感是公司前进的基础。这样的公司文化,不仅使得一系列的环保制度得以顺利施行,更有助于提升企业凝聚力——叫板比萨的员工流动率在同行业内都是比较低的。

3. 垃圾分类管理

叫板比萨将垃圾分为五大类,并分别处理,见下表。

表1　　　　　　　　　　　叫板比萨的垃圾分类处理

垃圾类别	处理方式
餐厨垃圾	1. 对于餐厨垃圾,与京郊有机农场合作,每周定时将生厨余拉走作为养殖饲料;2. 对于废弃油,交由有资质的餐厨垃圾专业回收公司,再造成柴油,确保不会变成"地沟油"
可回收垃圾（纸类）	收集后卖给或送给社区周边的废品回收站
可回收垃圾（塑料、金属、玻璃）	收集后卖给或送给社区周边的废品回收站
有毒有害垃圾（电池）	收集到一定数量后,交给专门做回收的环保机构
不可回收垃圾	交由市政环卫部门处理

不仅要做分类,而且必须有记录——叫板比萨的每家店内,都有一本"环保审计"表格,员工需用电子秤称量每天产生的各类垃圾的重量,连同每周运往农场的餐厨垃圾重量、卖废品的收入,都一一记录在案。每周五的员工大会都会公布前一周的垃圾减量和分类准确率数据。"环保部"每周还会抽检两三次,以保证达到"垃圾分类准确率95%以上"的环保审计目标。

正因为建立了这样的分类、称量、记录、监督制度,垃圾分类已成为叫板比萨每位员工一项必需的日常工作,不会流于形式。

4. 垃圾减量行动

先从员工开始实施垃圾减量。起初,员工餐在外订购,使用的是一次性餐盒和一次性筷子。2013年,叫板比萨要求提供员工餐的供货商更换送货方式,改用大铁盒装菜,并用可重复使用的餐具代替了一次性餐具,办公室也用玻璃杯代替了纸杯。这样,仅餐具方面,每年就减少2吨垃圾。

再从客户开始实施垃圾减量。由于叫板比萨外卖量较大,食品包装物是最大的也是最难避免的垃圾产生源。叫板比萨在这方面也做了诸多努力。首先,是对包装物材质的改进:2013年,叫板比萨开始采用再生纸制作比萨盒、纸质包装袋和派发菜单;2014年,店内的塑料包装和塑料餐具改用可降解材料——虽然成本和原来相比有所上升,但却降低了对环境的影响。

再生纸比萨盒也经过了科学的设计:盒子纸板分为三层,波浪式非实心构造,既增强保温性能，又节约了材料。在外观上，叫板比萨还邀请多位艺术家，为其设计了多款非常有艺术气息的比萨盒，并在比萨盒上宣传环保理念。在公司内部，还举办了比萨盒创意改造活动，盒子回收再创作也成为有趣的实践。

从更深层次，叫板比萨也在思考，如何在外卖中减少一次性包装物和一次性餐具的浪费，并开始探索能否采用可重复使用的比萨盒。2013年6月，叫板比萨举办了"可重复使用比萨盒设计大赛"，许多有创意的作品涌现出来，材料包括竹子、铝、聚丙烯等；最后，一位大学生拔得头筹。不过由于其模具费用较高，也没能找到合适的材质，所以目前尚未付诸实施，还需要进一步调研设计。如果该方案得以实施，未来顾客在预定外卖比萨时，就可以选择不要一次性纸盒和餐具，而是使用自己家的餐具，从而大量减少垃圾产生量，从根本上做到源头减量。

三 小结

低碳乃至零碳的目的是减缓气候变化，是通过计算温室气体（主要是二氧化碳）排放，设计方案抵减"碳足迹"，达到零碳，即碳的零排放。低碳生活，是人们在社会生活各个方面尽可能节能减排并且将碳排放量降至最低，直至为零的境界，它是人们为了达到《巴黎协议》中升温不超过1.5℃的温室气体减排目标，实现自然、健康、和谐理念，追求"可持续性发展"的必由之路。叫板比萨不仅向我们诠释了促进垃圾减量、转向低碳生活的方式，也为企业的绿色、低碳、循环发展提供了可资借鉴的示范样本。

蚂蚁森林：公众减排积分联动企业，让绿色覆盖沙漠

中南民族大学文学与新闻传播学院　徐　红　刘逸灵

蚂蚁森林是支付宝客户端为首期"碳账户"设计的一款公益行动，于2016年8月正式推出，因其应对气候变化的创新路径和积极示范，蚂蚁森林获得2019年"地球卫士奖"的"激励和行动"奖。蚂蚁森林将用户的步行、地铁出行、在线缴纳水电煤气费等减排行为加以记录，通过计算转化为虚拟的绿色能量球，累积到规定数量就可以在支付宝里养一棵虚拟的树，公益组织、环保企业等蚂蚁生态合作者，会"买走"用户的"树"，在现实某个荒漠种下一棵实体的树。作为一个践行低碳行为的互联网绿色公益项目，通过网络成功将企业公益与广大消费者减排行为关联起来，从企业主动承担绿色低碳责任至倡导公众自发承担低碳减排责任，联合全社会共同为节能环保、防治荒漠化贡献力量。该活动唤醒数亿人的环保意识，用实际行动应对气候变化挑战，让每个个体都加入保护地球的行动中。

一　蚂蚁森林创新低碳行为社会动员方式

数字技术的发展为普通人多样化参与公益提供可能，更以新技术、新连接、新场景和新模式构建了新生态，对低碳公益行动产生巨大的助推力，从全球领域来看，我国的互联网低碳公益活动，不论从数量、影响力，还是从创新性、便捷性和跨界深度，都用中国特色影响着全球。通过蚂蚁森林，一点一滴的改变正在蔓延，人人随时随地都能参与到低碳行动中，共同守护地球的环境清洁，改善赖以生存的美好家园。

1. 虚拟种树带动绿色生活

蚂蚁森林以线上虚拟形式进行植树，用户需要用步行、公共交通出行和网络购票等低碳行为获取能量，无形之中将消费场景融入低碳行为，把低碳理念落实到日常生活细节，带动用户低碳生活行为习惯的养成和绿色生活方式的转变，身体力行保护绿色生存家园。种树只是公益的第一步，基于网络平台，蚂蚁森林还会开发更多种类的生态保护模式，比如增加湿地保护等，让人与环境相连，运用科技力量解决低碳难题，重新设计人与环境的相处之道，使个人碳减排从想法落实到行动，从需求侧推动供给侧，实现良性循环，将个体的微薄之力凝聚成巨大合力，改善地球面貌。

2. 多方互联转化低碳成果

蚂蚁森林将企业行为、公众行为以及公益机构行为有效联结，实现良性循环。前端与企业合作创造绿色低碳场景，中端用网络自身的技术服务把公众吸引进来，后端将专业机构和组织、地方政府和相关部门以及当地的农牧民拉进来，发挥各方优势形成合力，共同完成低碳行为。利用专业组织的知识和技术经验，建立多方合作的基础，保证持续性的公益项目成果输出，使得公益环保深入公众生活，引发对企业绿色低碳形象的联想。结合钉钉、闲鱼等平台，蚂蚁森林不断拓宽绿色办公、旧物回收等线上低碳渠道和场景，平台运营的技术化和协作化极大减少传统宣传和筹备的物质投入，促进效率化的低碳行为产出。

3. 衍生产品连接生态脱贫

依托蚂蚁森林平台，在生物多样性丰富的贫困地区建立不同的公益保护地，并在支付宝上线，公众除了能认领保护地，支持巡护等环保行为，还可以在线购买本地农产品，为农民增加收入。在中西部地区，蚂蚁森林还开发具有双重效益的经济林树种，在保护环境的同时推动经济发展。阿里生态体系内的电商、新零售等资源都将大力配合生态脱贫，期望探索出易复制、易推广的生态模式。2019年，首款依靠树种开发的衍生产品"Ma 沙棘"饮料正式在线上出售，仅在 100 分钟内销量就达到十万件，这一瓶小小的果汁将数以亿计的用户与脱贫攻坚连接起来，帮助原产地群众生态创收。

二 蚂蚁森林激励用户减排行为的传播策略

网络情境下，用户对信息的控制增强，不再是完全被动的受传者，整个传播结构发生质的改变，传播者和受传者的身份界限消失，传播的时空界限被突破，大众传播模式上升到多层次交互式传播，用户也掌握传播的话语权，将企业绿色低碳社会责任传播从虚拟联结到现实，颠覆了传统的传播模式，摆脱了以往惯用的理念灌输和口号渲染，充分发挥出各行为主体的传播价值。

1. 多主体共建传播网

蚂蚁森林的低碳实践是多方共同传播的结果，基于企业本身，其官方微博和自媒体公众号"蚂蚁金服""阿里巴巴公益"和"支付宝"等都是发声的平台，公众通过评论和互动实现更多传播节点的连接，建成意见自由流通的生态系统，企业官方发言人对绿色低碳社会责任的传播也有重要作用，例如马云在网络传播与社会责任论坛上强调拒绝精神"排泄物"，为社会责任传播树立正面积极的企业家形象。基于外部合作伙伴，中国绿化基金会和全国绿化委员会办公室都为其传播贡献出应有之力。基于用户，蚂蚁森林提供便捷的分享渠道，比如首页分享按钮可直接将界面或截图分享至微信、QQ和微博动态，平台内部也有好友添加、动态展示和留言沟通功能，协同用户参与，促进用户之间的人际传播与社交圈的二次传播，增强传播兴趣，扩大传播范围。

2. 移动化场景平台

互联网企业善于在自由平台进行媒介布局，运用块链技术将多个应用平台数据整合，使绿色低碳传播在用户的生活场景中无处不在，蚂蚁森林紧紧围绕用户的线上支付和生活中的绿色行为制定相关规则，设置出多样化的低碳场景，提供多种参与渠道，让公众从衣食住行处处体现环保态度，一方面鼓励用户养成长期低碳的生活习惯，另一方面将用户消费的私人情境与低碳环保的公共情境融为一体，让用户随时随地能够加入到低碳活动中，发挥更大传播作用。

3. 借助意见领袖

意见领袖具有强大号召力，通常意见领袖由社会上的公众人物来扮演，但在蚂蚁森林中并不仅限于此，企业、学校、公益组织、粉丝后援会等都可以充当意见领袖，由于明星、学校等代表本身就有较好的媒介形象，因此他们倡议的低碳公益活动能迅速引发社会反响，带动热点话题和讨论，刺激粉丝的群体模仿，潜移默化地塑造粉丝对绿色低碳社会责任的态度、认知和行为，粉丝的社群行为又会吸引大众的广泛参与，最大范围发挥公益林的示范影响，为绿色低碳社会责任传播积攒正能量。

4. 跨文化传播

为推动全球化的低碳行为，蚂蚁森林在跨文化传播上做出许多努力，在国际性节日热点中，尤其是世界环境日，经常运用借势传播与联合国环境规划署共同发声，以海报或者文章的形式号召公众守护地球、创造价值。国际会议的舞台上时常出现蚂蚁森林的宣讲，向各国企业介绍项目成果，号召以数字金融实现变革，将蚂蚁森林作为绿色低碳社会责任传播的创新尝试对世界进行推介，此外，还与联合国环境署签订战略协议，邀请其工作人员一同体验线上种树，开启个人碳账户，收集绿色能量，颁发植树证书，将蚂蚁森林推向国际。

三 蚂蚁森林激励用户减排行为的传播效果

基于一个用户，当满足其使用体验后，该用户就会分享给另一个用户，两个用户再裂变为四个，层层递进，传播速度逐渐增加，最终迅速扩大传播范围，蚂蚁森林就是如此实现社交范围的扩大和种树行为的扩散。用户为获取更多的绿色能量，往往会主动添加好友，好友越多，可偷的能量就越多，无形之中鼓励用户扩展朋友圈，也意味着绿色低碳行为的传播范围随之扩大，当其真实种下的树木受到媒体报道，又会进一步引发群体效应，推动多次转发和分享，再次扩大传播效果，达到虚拟种树行为的裂变式传播。

1. 绿植覆盖真实扩大

在网络上种成的树苗最后都会被公益机构认领，真实地种植在荒漠化地区，蚂蚁森林以实景图、虚拟动画和数据等形式使其可视化呈现，用户能在手机端实时查看卫星定位图，直观感受到自身行为给地球带来的变化，在种树排行榜、爱心榜和捐步榜中还能看到他人数据，对比式、可见性的传播策略加强用户和平台的沟通，数字化的叙事将低碳公益指标和效果量化，切实改善生态环境，向用户渗透了绿色低碳责任理念，激发其环保意愿，引起深层情感共鸣，截至2020年5月，蚂蚁森林的用户达到五亿多人，种下真树两亿多棵，累计碳减排1200余吨，种植面积超过274万亩。

2. 降低门槛全民低碳

传统的低碳行为有时需要很强的专业性，并且耗费大量时间、精力和物力，对普通人来说难以实现，而蚂蚁森林是处于互联网平台的低碳项目，网络的易接触性和便捷性极大降低参与难度，整个产品的核心使用路径很短，只需要打开支付宝，收集自己和好友的能量球，就可以实现种树，快速抵达核心功能，实现闭环，操作简单易懂，使人人参与低碳成为可能，用户每天都可实现绿色低碳目标，利用碎片化的时间参与到低碳行动中，形成社会范围内的广泛动员，激发全民低碳的内在活力,推动低碳行为的爆发式增长。

3. 用户黏性增强

低碳行为转变为能量球需要一定时间,而能量球产生后又必须在规定时间内手动收取,否则就会被好友偷走或者消失,这种设计使用户形成定时登录的习惯。能量球的出现为用户埋下锚点,有效占据其心理空间,使其时刻保持牵挂,能量的产生和收取时间则创造出具体的记忆点,让用户在特定的时间被唤醒。在种树过程中,当用户意识到好友太少导致收集的能量也少时,就会主动添加更多好友,以极低的获客成本就可达到病毒式传播的效果。为获取能量,用户会倾向选择支付宝作为付款方式,培养其绿色消费理念,增强用户对产品的依赖。

4. 身份认同与品牌资产提升

互联网企业的社会责任传播形式更丰富,易于分享,调动公众的行动力,实现作为个体无法独自完成的社会贡献,用户感知到自身价值的实现,由此获得成就感和自我认同感,达到个体价值的升华,当用户在好友排行榜上位于较高名次或者获取的荣誉勋章多于他人时,会产生一定优越感,满足自我实现的需要。如果用户对碳账户的认识足够明确,充分理解其社会意义,就会在原有基模的影响下进行同化和改造,发展出对社会责任贡献者的认同,从而更积极地投入低碳活动,用户被置于绿色低碳社会责任传播的中心,会强化原有观念,忽略对企业宣传的反感,形成对品牌的忠诚,提升形象资产。

四 蚂蚁森林绿色低碳公益形象的塑造

蚂蚁森林创造性地运用社交媒体技术主动吸引公众,使其共同参与到绿色低碳社会责任传播活动中,具有良好的社会反应。娱乐化的环境使用户参与企业社会责任的积极性大大提高,有效吸引了大众眼球,在种树的过程中,其获得心理和信息满足的欲望被调动起来,但更受关注的是其背后蕴含的公益价值和自我价值的实现,认同建立在社会互动的基础上,当用户跳出虚拟的社交平台,号召现实生活中的人共同参与低碳价值创造时,就获得社交圈的身份认同。

1. 游戏模式结合环保宣传

通过大众传播媒介或者广告的形式,以往的传播活动通常是单向性地向受众灌输绿色低碳理念和环保行为,难以调动其兴趣,但蚂蚁森林采取游戏化的形式,迎合人的娱乐心理,让用户切身参与到轻松简单的游戏当中,从游戏里获取精神愉悦,使低碳环保不只是简单的口号,而是潜移默化的行为习惯。用户由被动地接收信息转变为主动地参与传播和反馈,在游戏里深刻体会到个人行为与低碳减排的关系,在奖励机制的刺激下,公众产生胜利的兴奋感,低碳宣传成为唤醒环境意识的催化剂,激发公众坚持低碳的内在动力。

2. 社交文化属性释放

利用互动化的交流方式,用户之间迅速凝结成高黏度、多层次的行动倡导团体,成为不可小觑的社会群体队伍,创造出丰富的产品体验和情感交流需求。在朋友圈的连接下,好友之间互相浇水、留言和偷能量,制造出大量互动,提供社交分享和展示的契机,催生社交文化,持续保持用户的活跃状态,使低碳环保成为公众关注的话题。低碳参与者不再是孤立的个体,用户之间的连接会组成新的社交网络,促进更大规模的分享。

3. 虚实结合的社会责任价值共创

网络情境下,虚拟和现实的界限被模糊,绿色低碳的现实行为被转移到虚拟的游戏世界中,但并未停留于虚拟的低碳倡导,其虚拟行为获得真实生活体验的价值共创,用户亲眼看见低碳公益改变环境,正确的价值导向激起用户的正向反馈,持续参与的动力源泉被激发。蚂蚁森林把植树活动放到线上进行,延展公众参与环保项目的时间和空间,使低碳形式更为灵活多变,通过互联网,最初耗时费力的植树活动变得毫不费劲,做到从虚拟出发,进而改变真实的世界。

绿色工厂：践行绿色低碳发展的企业责任

新乡学院新闻传播学院　苏武江

绿色工厂是绿色制造的实施主体，属于绿色制造体系的核心支撑单元，侧重于生产过程的绿色化，其基本要求是"厂房集约化、原料无害化、生产洁净化、废物资源化、能源低碳化"。创建绿色工厂，是落实绿色低碳发展战略的重要内容，也是我国实现制造业转型升级的重要手段。《中国制造2025》将建设绿色工厂列为重点工作，提出了"2020年建成千家绿色示范工厂"的目标。为加快推动绿色工厂建设，宣传推广绿色工厂的优秀实践，我们梳理了不同行业、不同地区的绿色工厂典型案例，供相关生产企业学习借鉴，不断提升绿色工厂创建水平。

一　祁连山水泥有限公司的绿色发展经验

1. 公司概况

祁连山水泥有限公司位于甘肃省成县抛沙镇陇南西成经济开发区，属中国建材集团旗下全资子公司，是陇东南地区最大的水泥生产单体企业。公司现有3000t/d和4500t/d两条新型干法水泥生产线，于2014年5月18日建成投产，并创造了甘肃水泥行业新建生产线当月达产达标的最快纪录。两条生产线配套建设（6+7.5MW）纯低温余热发电项目于2015年4月开工建设，2016年6月底并网发电。生产线采用目前国内最先进的工艺技术和节能环保设备。

2. 主要经验

一是强化节能减排。自建厂以来，祁连山水泥有限公司就确立了"创绿色工厂，走低碳道路。建美丽企业，促和谐发展"的发展理念。公司2016年投运两台纯低温余热发电机组，年发电能力为 8789×10^4 千瓦时，能够解决熟料生产系统 45% 的用电量，年节约标准煤 27949 吨，减少二氧化碳排放量 58631 吨；利用 1# 生产线与 2# 生产线水泥磨研磨工序电耗差，新建皮带转运廊工程，年度降低电力消耗 400×10^4 千瓦时，节约标准煤 492 吨（等价值），减少二氧化碳排放量 2645 吨。2017 年，公司通过工信部节能司组织的"院士行·甘肃天水站"活动，积极进行永磁电机在公司的应用，先后在水泥磨和生料磨的技改中实施并取得成功，节电效果明显。采用中子活化技术提高生料出磨合格率，从而稳定了水泥窑煅烧，为降低熟料单位用煤量打下了坚实的基础。全公司拆除原取暖用煤锅炉，采用电力驱动的空气动力能，使原本只能供暖的设备有了供冷的功能，此举大大提高了职工的生活质量，也降低了能源消耗。

二是探索循环发展。公司地处甘肃省陇南市，区域内多矿，其中尾矿治理是地方政府及冶炼企业长期的环保隐患，公司积极利用水泥制造业处理固体废弃物的有利条件，探索出铅锌尾矿粉在生料制备过程中替代部分铁质校正原材料、脱硫石膏、磷石膏在水泥缓凝中代替部分天然石膏等固废处理方案，2018 年利用冶炼渣、尾矿、工业废渣等共计 115000 吨，为公司创造了效益，也为当地环保做出了贡献，使企业盈利与固体废物处理实现了双赢。

三是建立绿色管理体系。公司实行扁平化管理，建立了质量、环境、能源、职业健康安全管理体系的"四标一体"综合管理体系。公司从员工入岗教育到日常生产操作均把安全、环保摆在首位，大到技术改革、小到修旧利废，均以节能降耗，循环利用，绿色低碳，安全环保为前提进行。公司利用绩效分配机制鼓励全体员工，节水节电降低能耗，加强日常设备巡检杜绝跑冒滴漏。加强调度管理，理顺物料进厂堆放，公司所有成品、半成品及原燃材料采取入库封闭管理。对于余热电站排放的循环水采取引水上山作为矿山降尘用水，一举两得变废为宝。通过能管系统杜绝因协调不畅，设备开空车的现象，从而避免电力浪费。大力推进厂区园林化建设，由绿色工厂向园林化工厂升级，并对矿山开采后的台面进行覆土绿化，全面营建绿色矿山。以小带大全面进行绿色低碳生产，从绿色低碳要我做，到我要做绿色低碳的重大转折。并因此先后荣获国家工信部"绿色工厂"称号、国家应急管理部"2018 年第一批安全生产守信联合激励红名单"企业、中国建材集团"六星企业"、陇南市工业"先进企业"、中国建筑材料联合会"百家节能减排示范企业"。

二 恒星科技股份有限公司的绿色发展经验

1. 公司概况

河南恒星科技股份有限公司创建于1995年，国家火炬计划重点高新技术企业，是国内金属制品行业细分龙头企业，河南省首家中小企业板块上市的民营企业，先后获得"河南省民营企业（制造业）双100强""制造业单项冠军示范企业"，其"恒星"牌系列产品先后获得"中国驰名商标""国家免检产品""河南省名牌产品"等荣誉称号。公司下辖8个全资子公司和2个孙公司，现有职工3600余人。公司主要生产钢帘线、钢绞线、胶管钢丝、金刚线、多晶硅片等，广泛应用于汽车轮胎、橡胶软管、电力电缆、架空电力线、高速铁路、港口、光伏太阳能用硅晶片切割，属于七大战略性新型产业中新材料、新能源领域。公司目前拥有3个实体制造基地，有11条工艺先进的钢帘线生产线、20条镀锌钢丝、钢绞线生产线及7条PC钢绞线生产线，可生产6大类40多个规格品种的产品，年产特种钢丝制品45万吨。

2. 主要经验

2017年1月，公司联合郑州大学、中钢集团郑州金属制品研究院有限公司、江苏金泰隆机电设备制造厂、兴源轮胎集团有限公司组建联合体，投资超1.7亿元，共同建设钢帘线、超精细钢丝产品、绿色关键工艺创新和系统集成项目，极大地促进了企业绿色发展。

一是引进绿色设备。通过引进直驱式拉丝生产线、高效节能电镀黄铜作业线等节能设备进行节能改造，电量消耗较改造前平均可节约20%以上，达到了节能降耗的目的。

二是强化绿色设计。公司鼓励设计开发绿色关键生产工艺，研制新型环保工艺生产线，开发无酸洗拉拔工艺代替原先钢帘线预处理生产中的酸洗工艺、研制无硼砂皂粉工艺、研发"三段式"磷酸清洗工艺技术，从源头上减少钢帘线生产制造中的污染物排放。

三是注重循环利用。公司实施资源回收及循环合理利用，设计天然气循环系统、冷却水回收系统、水箱润滑剂回收循环系统、盐酸和磷酸回收工艺，实现能源消耗的有效降低。同时加大环保处理措施，改善作业环境，综合环境治理。增加废盐酸回收再利用装置，建设污水综合处理站，实施锅炉的煤改气改造，购置15蒸吨燃气锅炉、采用超低氮燃烧机技术，使废水、废气高标准达标排放，同时实现在线监控。

经过27个月的建设实施，制造技术绿色化率完成率101.18%、制造过程绿色化率完成率134.00%、绿色制造资源环境影响度完成率150.19%。平均生产每吨钢帘线天然气消耗量下降5%；用电量下降9%；废水排放量减少36000吨，基本实现零排放，同时实现COD排放量从8.36降低到6.02t/a；钢帘线年产能提升1.88万吨，同时吨制造成本降低2%。

项目实施期间，公司积极开展科研攻关，获得国家实用新型专利17项，申请发明专利2项，在《金属制品杂志》上发表论文5篇，在新型高效绿色化制造技术和辅助材料关键技术打破了专利壁垒，产品实现了自主知识产权，进一步提升了国际竞争力。2018年8月通过了轻工业环境保护研究所组织的"绿色工厂"第三方评价，并于2018年10月获得国家级"绿色工厂"称号。

三 好想你健康食品股份有限公司的绿色发展经验

1. 公司概况

好想你健康食品股份有限公司创立于1992年，是国内红枣行业唯一一家上市公司。公司自创立以来，一直将"让懂健康、要健康的人吃上健康红枣"作为企业使命，公司占地816亩，主要生产枣博士、好想你等系列精品红枣、去核枣、枣夹核桃、枣片、蜜饯以及冻干类健康食品。自品牌创立以来，"好想你"持续走"绿色发展""环境友好型"企业建设之路，持续加大节能环保资金投入，不断引进先进设备、提升生产工艺，在产品设计、生产过程、环保排放、回收利用等多个层面开展绿色化改造，谋求绿色发展。2018年，荣获国家级"绿色工厂"称号。

2. 主要经验

好想你健康食品股份有限公司主要采取以下措施推进绿色发展：

一是注重绿色设计。公司基于产品全生命周期理念，构建红枣深加工健康食品绿色设计平台，实现红枣深加工行业绿色化设计水平及绿色化生产水平的一体化提升，从全生命周期角度不断提高产品质量，降低环境风险，提高能源资源利用效率，提升绿色供应链管理水平。

二是注重节能减排。公司建设投产了10条全自动智能冻干生产线，实现单位产品能耗下降12%；推广采用可再生、可降解的绿色环保类包装，绿色包装占比由20.85%上升至44.08%；开展周转箱回收利用，利用率大于30%，环保效益显著，为食品行业绿色发展起到了积极推动作用。

三是注重排放治理。公司先期投入39多万元引进了两台10蒸吨的燃气锅炉,为实现超低排放,2019年,公司将燃气锅炉改建为低氮燃烧器的燃气锅炉。据测算,改建后颗粒物、二氧化硫和氮氧化物的排放浓度明显降低,满足在基准氧含量3.5%的条件下,颗粒物、二氧化硫、氮氧化物排放浓度分别不高于5、10、30毫克/立方米的要求,且未检出二氧化硫,有效减少了污染物的排放。

四是注重资源能源回收利用。公司总计投入820万元进行厂内废水处理,提高污水处理能力,处理标准达到了城市污水排放标准。投入80万元建设中水回用系统,将污水站处理后符合灌溉标准的中水用于厂区绿化灌溉,废水利用率达80%,满足了公司的灌溉需求,有效提高了废水循环利用率,减少了水资源消耗量,缓解了厂区生产及生活用水压力;同时,公司的厂房和办公建筑采用了大量的节水器具,如在洗手池项目投入使用配备感应式水龙头,室外绿地采用节水型浇灌器具。在生产车间员工消毒间安装感应水龙头86个,与传统水龙头相比,在员工消毒环节,年用水量从2958吨下降至2189吨,节水率达到26%,展现了好想你"花园工厂"的美好形象。

五是注重固体废弃物处理。公司与其他企业合作,将食品加工中产生的枣核、产品边角料等进行回收,打碎混合后用作饲料添加成分,红枣和枣核具有极高的营养价值,能够提高饲料的吸收率和转化率,改善畜禽胃肠环境,促进畜禽生长,增强畜禽免疫力和抗病力,最终做到了原材料100%利用率,实现废弃物零排放。

四 新疆大全新能源股份有限公司的绿色发展经验

1. 公司概况

新疆大全新能源股份有限公司,由大全新能源公司于2011年2月22日投资建设,属中外合资企业,注册资本16.25亿元,致力于在世界范围内为用户提供垂直一体化光伏解决方案。公司位于新疆石河子经济开发区化工新材料产业园,建有光伏硅材料基地、多晶硅生产基地等,拥有多晶硅、硅片、太阳能电池、组件、上网接入系统和光伏电站建设等在内的完整产业链,主要业务包括多晶硅、硅片、光伏电池、光伏组件和光伏发电系统产品的生产、加工和销售等。作为国内多晶硅生产领域的绿色制造企业,新疆大全一方面优化研发路径,从工艺设计上增加项目研发过程中物料的循环使用率;另一方面,研发并转化发明专利"基于改良西门子法的多晶硅生产方法及多晶硅生产设备",解决二氯二氢硅储运难题。

2. 主要经验

新疆大全在供应商管理、能源管理、专利研发等方面的发展经验可为传统多晶硅生产企业绿色发展提供借鉴。

一是贯彻多晶硅生产全生命周期的理念，最大限度降低资源消耗。新疆大全在绿色研发方面一直不断探索，倡导绿色研发，贯彻多晶硅生产全生命周期的理念，在产品设计开发阶段系统考虑原材料获取、生产制造、包装运输、使用维护和回收处理等各个环节对资源环境造成的影响，力求产品在全生命周期中最大限度降低资源消耗、尽可能少用或不用含有有害物质的原材料，减少污染物产生和排放。公司还努力降低研发过程中产生的各种废弃污染物，从原料来源到研发整个过程中，每个环节都需要做到减碳、减排。一方面，公司不断开展技术创新，优化研发路径，从工艺设计上增加项目研发过程中物料的循环使用率，另一方面公司不断开展管理创新，优化研发管理制度，对绿色制度因素进行新的组合和配置，遵循生态原理和生态经济规律，节约资源和能源，避免、消除或减轻生态环境污染和破坏。

二是对供应商产品进行有害物质符合性抽检。出于对环境保护的强烈责任意识，新疆大全公司在采购环节中对供应商提出了较为严格的环境要求，并积极开展供应商培训，促进供应商的绿色运营。新疆大全参与制定了 2018—050-T/CNIA《绿色设计产品评价技术规范——多晶硅》，要求供应商获取环境管理体系方面的认可，如通过 ISO14001.EMS 环境管理体系认证等，暂未获得环境体系方面认可的，应制订相应认证计划，并至少建立有害物质和材料标识管控体系。供应商体系建设至少要包括：原辅料生产阶段、入库检查、生产一致性控制、产品确认检验、标识和追溯性、包装、储存、搬运以及设计变更等方面。新疆大全定期或不定期对供应商产品进行有害物质符合性抽检，并与供应商提交数据进行核对，建立健全供应商考核制度。

三是建立能源管理中心，实时监测用能数据。自建厂以来，新疆大全就采用外购电力、蒸汽和工业用水来满足生产，大大降低了对空气的污染（对比自建火电厂）。2014 年 12 月，公司进行"多晶硅产业冷氢化技术应用示范"项目改造，项目实施后年节电 4.2 亿度，年减少废气排放量：二氧化碳，35.89 万吨；二氧化硫，10800 吨；氮氧化物，5400 吨；降低氮氧化物的排放，改善了周边地区的生态环境；2016 年 9 月，建立能源管理中心，实时监测用能数据；2016 年 6 月，对扩建和二期 A 阶段项目车间实施了循环经济改造，每年可节约 1.4 万吨物料和 100

万吨工业用水；2017 年 12 月，新疆大全实施了"多晶硅还原炉高频加热电源系统及自动测控系统研发"技术升级改造，每年可节约 6072.63 吨标煤，减少 16153.21 吨二氧化碳排放。

四是研发并转化发明专利"基于改良西门子法的多晶硅生产方法及多晶硅生产设备"，解决二氯二氢硅储运难题。新疆大全为提高产品质量，降低产品能耗，贯彻绿色产业链的观念，公司不断开展技术创新，在保证产品质量的前提下，进行产品改良。公司重点产品单晶硅备料，原工艺中需要三氯氢硅作为原料，因三氯氢硅制备时，副反应将产生二氯二氢硅，二氯二氢硅属于易燃易爆品，在运输安全方面，及生产车间的防爆等方面有较高要求，增加了运输成本及环境风险，并且增加车间的建设成本及能耗，公司大力研发并成功转化发明专利"基于改良西门子法的多晶硅生产方法及多晶硅生产设备"，成功解决每年 2 万吨二氯二氢硅储运难题。

五是积极打造"花园式工厂"。新疆大全建厂初期，投入巨额资金进行工厂绿化，石河子经济技术开发区项目建设均严格按照国家建设规划许可审批指标要求进行厂房、绿化用地、透水地面等建设。其中，绿化面积占总占地面积的 13.8%。同时，新疆大全建立污水处理设施进行生产用水回收利用，将处理达标的废水用于绿化用地植被及树木的浇灌，为员工提供舒适的绿色工作环境，力争打造"花园式工厂"。

五 郑州宇通客车股份有限公司的绿色发展经验

1. 公司概况

郑州宇通客车股份有限公司（简称"宇通客车"）是一家集客车产品研发、制造与销售于一体的大型现代化制造企业。厂区位于河南省郑州市宇通工业园，占地面积 1700 亩，日产整车达 325 台以上。拥有底盘车架电泳、车身电泳、机器人喷涂等国际先进的客车电泳涂装生产线，是目前世界单厂规模最大、工艺技术条件最先进的大中型客车生产基地。位于郑州东区国际物流园区的宇通客车新能源厂区占地 2000 余亩，建筑面积达 60 万平方米，将具备年产 30000 台的生产能力，为中国客车行业最为先进、世界规模最大的新能源客车基地。宇通客车于 1997 年在上海证券交易所上市，是国内客车行业第一家上市公司。

2. 发展经验

作为中国客车第一品牌，宇通客车始终坚定不移地贯彻国家可持续发展战略，将节能减排融入公司的经营中,积极创建资源节约型和环境友好型企业,坚持走"生产过程低污染低能耗、产品服务节能环保"的可持续发展道路,秉承"节能、低碳、绿色发展和经营并重"的理念,坚持源头减排、过程控制和末端综合治理,打造绿色、低碳、安全、可靠产品,助推环境质量改善,建设绿色工厂,积极践行企业主体责任,履行社会化责任。特别是公司针对汽车制造过程中产生的挥发性有机气体(VOCs),采取多种措施实现减排,选用绿色环保原材料,采用清洁生产工艺,推广先进制造装备和治理技术等,值得同行借鉴:

一是源头控制。在原材料采购中采取低 VOCs 含量环保型材料。电泳漆采用水性漆,VOCs 含量低于 10%,较传统底漆减少排放 85% 以上;中涂、面漆和清漆采用高固分涂料,VOCs 含量低于 40%。建设集中供漆系统,喷涂时精确控制油漆用量,减少喷漆换色,单车油漆用量减少 10% 以上。

二是过程控制。过程提升上漆率,减少单车 VOCs 排放量。底涂采用电泳浸涂方式,中涂、面漆和清漆采用静电喷涂,整个工序以先进的机器人喷涂为主,人工喷涂为辅,较行业人工喷涂上漆率由 30% 提升至 60%,喷涂效率在国内整个客车行业处于最高水平,单位产品 VOCs 排放量降低 45%。2017—2019 年公司累计投资 2.52 亿元,用于公司涂装线喷漆、烘干等挥发性有机物(VOCs)的提标治理、公用配套天然气锅炉的低氮燃烧改造,以及在线监控设备的安装。

三是末端治理。末端进行提标改造,开展深度治理。主动对标国内外先进地区和行业,率先在客车行业及省内引入喷漆废气深度治理技术。电泳烘干过程产生的 VOCs 采用 TAR(直燃式热力焚烧炉)处理净化,喷漆烘干废气采用 RTO(蓄热式热力焚烧炉)处理净化,以天然气作燃料,净化效率大于 98%。投资 1.78 亿,引入并推广最先进的"浓缩转轮+RTO"处理系统,喷漆废气经过多级过滤漆雾后进入沸石浓缩转轮,利用沸石的强大吸附性能,在低温区吸附大风量低浓度废气中的 VOCS,在高温区脱附为小风量高浓度废气,然后进入 RTO 在高温条件转化为 CO_2 和水,废气排放浓度 <25mg/m^3,年度减少 VOCs 排放量 1022 吨。

四是实施循环风改造。公司在客车行业最先实施循环风改造,投资 3500 万元,对 10 个机器人室体和 8 个人工室体改造,将人工室体的排风经过循环风空调调温调湿后送入机器人室体循环使用,最后通过机器人室体排入末端废气处理系统。循环风改造后:①喷漆室工艺参数提升,温湿度控制更精确、产品质量提升;②减少废气排放量降低 60%,减少 108 万 m^3/h,减少末端废气治理投资 1600 万,减少配套运行费用减少 417 万元/年,同时节约设备占地面积约 1200m^2。

六 郑州瑞泰耐火科技有限公司的绿色发展经验

1. 公司概况

郑州瑞泰耐火科技有限公司位于新密市，主要生产有色、水泥两行业工业窑炉用的耐火材料，公司占地面积260亩，年生产能力15万吨。近年来，公司致力于打造无粉尘、无油污、无毒害、无污染、无噪音的绿色企业，以实现高水平绿色发展。2017年8月，荣获工信部第一批国家级绿色工厂示范单位，是全国耐火材料行业首家绿色工厂，河南省绿色引领企业。

2. 发展经验

瑞泰公司把绿色发展融入公司生产的全过程，从体系构建、产品研发、工厂改造等方面践行绿色制造，力求实现生态系统和经济系统良性循环，实现经济效益、生态效益、社会效益有机统一。

一是研发绿色产品。经过多年努力，公司获得了两项重大发明成果：一是水泥窑用环境友好碱性耐火材料——"镁铁铝（无铬）尖晶石砖"，取代了传统的镁铬砖，彻底解决了六价铬离子对环境及人体的危害，获得国家发明专利4项，为河南省名牌产品。二是自主研发的低导热多层复合莫来石砖，是环境友好"节能产品"。该产品在大型水泥回转窑使用，窑体温度可降低100℃。每生产一吨水泥熟料可降低标煤用量1.5kg。以日产5000吨水泥回转窑为例，使用该产品后，每天可节约标煤7吨，一条水泥窑一年可节约标煤约2300吨；减少二氧化碳排放5880吨、减少二氧化硫排放184吨、减少氮氧化物排放253吨及其他粉尘及有害气体460吨。低导热复合砖不仅为水泥企业降低了生产成本，更为大气污染治理作出了贡献。两项发明产品已成为中国建材行业两个"二代"（第二代新型水泥技术创新研发）优秀成果，在行业内得到广泛应用。

二是实施绿色化改造。公司通过安装除尘设备，解决无组织排放。为了进一步减少无组织排放，企业先后投入2300万元，建成6000多平方密闭式原料库，所有原料入库保存。配套安装了69台脉冲滤筒除尘器，5台车载移动式除尘器，1套高压喷雾设备，2台移动高压降尘雾炮机。不仅解决了粉尘的污染问题，同时收集的粉尘重回生产线再利用，做到了既不污染环境，又节约了能源，降低了成本。同时，通过种植花草树木，美化生态环境。"能绿化决不硬化"，先后投资350万元种植香樟、桂花、银杏等20多个品种乔木树，各类灌木、草坪，做到了三季有花，四季常绿，绿化率达30%。

三是深度治理，超低排放。2018年，为深入贯彻落实国家环保治理要求，积极应对严峻的大气污染防治形势，投资650万元对隧道窑尾气进行深度治理，针对隧道窑燃烧工艺特性，最终确定"干法脱硫、袋式除尘、SCR脱硝"的烟气治理工艺。脱硫脱硝除尘设备设计为10万风量，满足公司四条隧道窑治理需求，烟气汇集通过设备进行集中处理，进入脱硫塔，与塔内喷出的小苏打反应，从而消除烟气中二氧化硫。随后烟气再进入除尘设备，经过袋式除尘后的烟气进入脱硝塔，经脱硝塔内催化剂催化，达到脱硝目的，治理工艺没有新的危废产生，不会有二次污染；烟囱不会产生白羽现象，最终实现烟气超低排放标准：氮氧化物≤50mg/m³，二氧化硫≤35mg/m³，颗粒物≤10mg/m³。设备全部实施自动化控制，随时根据烟气含量情况，自动调节喷入物料量，节省人工成本，保证了超低稳定排放。同时，投资60多万元购买进口超低排放监测设备，实时监控，确保数据稳定达标。

七 蒙牛乳业（焦作）有限公司的绿色发展经验

1. 公司概况

蒙牛乳业（焦作）有限公司（以下简称"蒙牛焦作"）是内蒙古蒙牛乳业（集团）有限公司的全资子公司，注册资本2.5亿。蒙牛焦作工厂位于河南省焦作新区，于2003年11月开工建设，厂区占地面积约为21.85万平方米，建筑面积17.05万平方米。在10多年的发展过程中，蒙牛焦作坚持可持续发展理念，以稳健的经营、雄厚的实力、成熟的产品以及星级的服务赢取了多项殊荣及证书：包括"河南省农业产业化重点龙头企业""河南省2014年年度百强工业企业""河南省行业十强""食品工业30强企业""省级卫生先进单位""纳税先进单位""人才工作先进单位""综合治理先进单位""国家AAA级旅游景区"等荣誉称号。

2. 发展经验

蒙牛焦作携手牧场主、供应商、经销商等合作伙伴，共建可持续发展生态圈，促进产业融合发展，将绿色理念融入生产经营的每一个环节，打造牧场、工厂、储运等全流程的绿色产业模式。在绿色工厂建设方面开展了一系列工作，包括以下几方面：

一是设备自动化水平高。蒙牛焦作采用先进的智能化和自动化生产线，使用的乳制品加工专用设备均可达到国内先进水平，可降低能源与资源消耗，减少污染物的排放。常温奶车间和冰激凌车间主要工艺设备均引进国际先进专用设备，常温奶车间采用全球先进的利乐生产线。

二是先进污水处理厂设备。为达到污染物的超低排放，蒙牛焦作选用先进的工艺和设备，并配备了相应的污染物处理设备。厂内配套建有9000吨/日的污水处理厂，污水处理工艺采用先进的"调节酸化+UASB（厌氧处理）+A/O（好氧处理）+过滤"法；污水厂安装了环境自动监控数据采集仪，实时监控的污水排放数据也在蒙牛集团官方网站公开。

三是沼气发电项目。蒙牛焦作投资194.8万元，按照"节能、减排、可持续化发展"的企业发展宗旨，将生产过程中产生的高浓度有机废水进行回收，利用厌氧发酵原理，对高浓度有机废水进行有效处理，确保达标排放。同时将高浓度有机废水厌氧发酵过程中所产生的沼气用来发电，以实现最大节能和能源利用效益。

四是水回用项目。蒙牛焦作在生产过程中重视节约用水，实现了大量的水回收项目，蒙牛焦作废水回用率可达到9.62%。第一种方式是污水处理厂中水回收项目，即通过水泵将事业部内污水处理厂处理后的中水提升至多介质水过滤装置处理，使水质负荷制冷冷却水使用标准进入消防池，再经增压泵提升至制冷冷凝器使用。第二种方式是纯净水机组浓水回收项目，即在纯净水机的二级浓水排地管的止回阀后增加一趟DN38的管道并安装阀门，利用压差对纯水机的二级浓水进行回收，提高水的利用率，可减少自来水用量20吨/小时，一天可节约240吨。第三种方式是反渗透浓水回用项目：将废弃的浓水回收到冷却水箱进行使用，年节约水10.95万吨。

五是光伏电站项目。蒙牛焦作与河南祥瑞百年太阳能科技有限公司签订协议，在厂区屋顶及厂区地面进行光伏电站的建设，目前已完成总容量5MWp的建设，年均发电量为500万度。2018年9月开始发电，截至2018年年底累计发电量为556739度，极大地提升了可再生能源的使用比例。

六是导入生态设计理念。蒙牛焦作在产品设计中引入生态设计的理念，包括绿色原料选取、先进的生产工艺的应用、绿色包装及绿色运输等方面。在绿色原料方面，优先考虑本地优质牧场，减少运输环节的能源消耗和污染物排放。在先进工艺方面，采用全自动机器人挤奶机，"转盘式"挤奶，全程无菌操作。挤奶结束2小时内，通过冷排系统制冷至4℃以下，保障新鲜品质。原奶通过封闭管道直接进入奶罐贮存，确保原奶新鲜。提高原奶检测标准，采用SAP系统，LIMS（实验室信息管理系统）严格把控，通过检测的原奶才能顺利入厂。生产过程采用瑞典利乐液态奶生产设备及无菌灌装技术，按照国际GMP和HACCP的标准进行设计和安装；通过过滤、分离，除去原奶杂质，提升纯度；采用国际先进的 UHT 杀菌、137℃高温杀菌和先进的脱气工艺，除去原奶异味，防止氧化。在绿色包装方面，遵循可再生、减量化、可循环的原则，完善包装管理制度，优先选用环保节能的包装材料利乐和纷美包装，降低包装材料消耗。在绿色运输方面，对仓库进行立体化和智能化改造，科学规划布局，提高了仓储能力和运行效率。

八 邯郸钢铁的绿色发展经验

1. 公司概况

邯郸钢铁公司于1958年建厂，2019年总资产1028亿元，职工2.3万人，优质钢产能为1200万吨，是国家重要的精品板材和优特钢生产基地。近年来，邯郸钢铁贯彻落实新发展理念，站在打造世界最清洁工厂高度，以建设内陆型绿色典范钢铁企业为目标，通过不间断技术改造，整体装备达到"国内领先、国际一流"水平，跨入了国内钢铁行业第一梯队，先后荣获绿色工厂、绿色发展标杆企业、清洁生产环境友好企业等称号。

2. 发展经验

邯郸钢铁坚持以"四见、四无、四不"（四见：区域见湿、路面见黑、裸土见绿、设备见本色；四无：厂区环境无烟、无味、无尘、无声；四不：生产过程不产尘、厂房封闭不溢尘、物流运输不带尘、仓储棚化不扬尘）为目标，精准施策，精细管理，采用国际上最先进技术进行环保节能提升改造，各项污染物排放达到国际领先水平，是全工序全流程超低排放的花园式绿色工厂。

一是焦化工序实现超低排放。在焦化工序中全部实现干熄焦，全部完成烟气脱硫脱硝及超低排放改造，率先实现超低排放。采用压力平衡系统，实施 VOCs 深度治理，对化产工序各放散口排气进行收集，经酸洗＋碱洗＋油洗处理后，送至焦炉进行燃烧，转化为 CO_2 和 H_2O，实现 VOCs 物质零排放。对焦化酚氰废水、废液废渣收集、贮存等设施配套建设密闭和 VOCs 收集处理装置。

二是烧结工序实现超低排放。烧结工序污染物排放量占到全工序排放量的70%以上。邯郸钢铁作为国内首家引进应用并消化吸收国际领先的逆流法活性炭脱硫脱硝脱二噁英（CSCR）专利工艺技术的企业，率先完成烧结机烟气超低排放治理，做到行业引领。该工艺国产化后，第一套工程化应用于邯钢新435平方米烧结机，于2017年3月19日投运。在运行过程中对发现的问题不断进行优化改造，一方面通过新建解析塔，提高活性炭解析量，保证了活性炭处理能力；另一方面通过分析喷氨量与氨逃逸之间的关系，摸索出 NOx 排放浓度 30mg/m³ 以上时，能够有效避免氨逃逸，既保证 NOx 达到超低排放又避免了氨逃逸对环境的危害。经过两年来对工艺技术的不断优化调整，目前系统工况稳定效果良好，颗粒物长期稳定实现超低排放，SO_2 排放浓度长期处于 10mg/m³ 以下的排放水平，NOx 排放浓度在 30mg/m³，各项排放指标做到行业领先。该技术由于其突出的行业示范效应，2018 年 3 月 23 日被中国金属协会专家委员会鉴定为"该成果整体上达到国际领先水平"，并建议在行业内大力推广。目前该技术已在首钢迁钢、山东金能、莱钢等单位应用，为我国烟气治理技术的发展与进步进行有益探索与实践，推动烧结烟气净化技术的升级，为京津冀地区乃至全国大气治理工作起到良好引领与示范作用。

三是高炉和转炉超低排放。高炉实施均压放散煤气回收及修复风放散回收，增加煤气回收 10000m³/h，减少 CO 排放 2500m³/h；转炉煤气回收以"最大热量回收"为原则，最大限度回收转炉煤气；充分利用厂内 8 个约 120 万 m³ 煤气柜进行缓冲，富裕煤气全部存储合理利用，年放散率仅为 2.3‰（韩国浦项煤气放散率为 3‰），实现煤气近"零"放散。炼钢三次除尘采用独创的"双风机＋烟雾报警"工艺，保证了除尘效果。

四是实施"全封闭"仓储棚化。原料场完成高标准全封闭，单座全封闭机械化原料场面积近 14 万平方米。炼焦用煤采用 48 座万吨储煤罐，从火车进厂、储煤、配煤到用煤实现全封闭流程，杜绝了无序排放。建成总长度达 20 千米的管带机输送系统和全封闭倾翻式环保型汽车受卸系统，所有皮带通廊、运料转运站、厂房等全封闭、无泄漏，做到了"用煤不见煤、用矿不见矿、运料不见料"，实现厂区原料储存、运输全封闭、无污染。

五是建立"全覆盖"监控体系。自主研发建设无组织排放管、控、治一体化系统，该系统包括大气环境质量监测、环保视频与环保设施、分表计电、有组织排放在线监测与数据传输、铁路运输管控、能源介质管控六大板块。29 个六因子微型站和 60 余个颗粒物微型站实现网格化管理；高空全景摄像头、鹰眼监控设备 60 余套，对厂区内主要生产环节进行监控，实现产污设施与治污设施联动；150 余套环保设施分表计电模块确保各生产环节生产设施与环保设施同步运行；78 套废气在线监测、5 套废水在线监测实现对污染物超低排放的监控和预警；铁路运输管控模块实现对运行车辆进行监控和调度，确保各条运输线路通畅；能源介质管控模块确保能源介质网络的总体平衡，保证能源合理配置。通过无组织管、控、治一体化系统，实现对公司各主要易污染工序及环保设施（炼铁、烧结、炼钢、焦化、道路扬尘）实时监控和职能管控。

六是构建全方位绿色屏障。建成总面积约1060亩，南北跨度2.3千米、东西跨度1.5千米的"钢铁印记"主题花园，形成了钢厂与城市和谐共融的"绿色屏障"和"天然氧吧"。实施风景林带、生态停车场建设，完善绿化功能体系，全力打造"钢城+绿网""生态+园林"的局域生态景观。加快推进厂区及周边立体式绿化美化，对厂区所有裸露地块进行绿化硬化，建成了"绿树成荫、花草遍布、处处有景"的花园式工厂，厂区绿化覆盖率达到60%。

七是打造"全流程"绿色物流。公司拥有三个工厂连接站和铁路专用线138条，厂内拥有2个全封闭大型原料场和48个筒仓用于存储物料，建有6台翻车机和8台螺旋卸煤机，具备日卸1300车、日装300车的能力。公司充分发挥现有铁路基础设施、接卸能力优势，积极推进汽运改铁运。目前进口矿铁运比例100%，产品外发铁运同比增幅83%，大宗物料和产品进出厂铁运比例达到80%以上，清洁运输水平居行业前列。同时，公司加快推进车辆升级改造。淘汰老旧柴油车辆，购置数百辆燃气车辆；与中石油共同建立油品实验室，加速油品升级改造，运行车辆全部使用国六柴油，有效降低尾气中碳烟颗粒和硫化物。利用社会资源，合作引进近百辆新能源电动车。实施净煤气制备天然气联产氢气项目，建设加氢站，配套购进氢燃料电池重卡，实现清洁运输。

企业是碳排放的主要贡献者。中国的绿色工厂、生态园区建设等绿色发展举措是中国落实自主减排承诺的具体体现，本文采撷了不同行业的八个案例，希望为更多的企业实现绿色低碳发展提供启发借鉴。

苏州工业园区：绿色低碳发展园区的先行者

新乡学院新闻传播学院　苏武江

　　绿色产业园区，是指企业绿色制造、园区智慧管理、环境宜业宜居的产业集聚区，综合反映能效提升、污染减排、循环利用、产业链耦合等绿色管理要求，是绿色发展理念在产业领域的直接展现。随着生产活动不断向工业园区聚集，以国家级经济技术开发区为代表的工业园区在推动我国工业的绿色转型方面，发挥着十分关键的杠杆作用。2015年5月，国务院《中国制造2025》首次提出绿色制造体系，强调"发展绿色园区，推进工业园区产业耦合，实现近零排放"。到2020年，建成百家绿色示范园区。2016年7月，工信部《工业绿色发展规划（2016—2020年）》提出以企业集聚化发展、产业生态链接、服务平台建设为重点，推进绿色工业园区建设。2016年9月，工信部、发改委、科技部、财政部联合发布《绿色制造工程实施指南（2016—2020年）》提出选择一批基础条件好、代表性强的工业园区，推进绿色工业园区创建示范。2016年9月，工信部办公厅《关于开展绿色制造体系建设的通知》发布绿色园区评价要求。2016年9月，工信部、国家标准委联合印发《绿色制造标准体系建设指南》指出加快绿色园区等重点领域标准制修订，促进园区转型升级。到2020年9月，全国共有5批园区200余个工业园区入选国家绿色工业园区。苏州工业园区就是其中的佼佼者，本文通过考察，对该园区的绿色发展经验进行总结分析。

一　园区概况

　　江苏苏州工业园区位于历史名城苏州古城区的东面，地处中国沿海经济开放区与长江三角洲经济发展带的交汇处,是中国和新加坡两国政府间的重要合作项目。苏州工业园区于1994年2月经国务院批准设立,行政区划面积278平方公里,常住人口约80.78万人。目前园区基本形成以电子信息和装备制造业为主导产业,以生物医药、纳米技术和云计算为战略性新兴产业的"2+3"产业发展格局,且呈现主导产业高新化、服务产业现代化和战略性新兴产业规模化的良好发展态势。高新技术产业与战略性新兴产业的加速发展,促进了低碳经济与新兴产业的融合发展。

苏州工业园区参与绿色园区创建试点以来,经济发展保持了较高的增速。2012—2016年,园区生产总值年均增长率为7%,对苏州市GDP的年均贡献率一直保持在10%以上。园区能源消耗总量虽然呈逐年增长的趋势,但碳排放总量的增长率却逐年下降。

二 园区低碳发展的战略与举措

苏州工业园区在低碳试点创建过程中,在产业低碳化、能源管理低碳化等方面取得了显著成效。

1. 以产业低碳化为主要抓手

园区以产业低碳化作为低碳建设的重点,通过不断提升转型升级的力度,加快工业企业低碳转型。试点以来,累计关停41家不符合产业规划及高能耗的项目,为园区腾出用能空间,促进经济结构的调整转型。持续推动商贸、服贸、旅游和文化等现代服务业的发展,深入实施生物医药、纳米技术应用和云计算等新兴产业发展计划,2016年共实现新兴产业产值2380亿元,占规模以上工业总产值的60.2%。加快高端制造业发展的步伐。近年来,园区大力推动传统产业的改造升级,推动制造业的高端发展。推动企业向国际同行业标杆看齐,实施低碳技术改造,全面提高产品技术、工艺装备、能效和环保的水平。实施工业减碳降耗行动,2016年,完成了园区制造业企业能效水平评估工作,包括对企业、行业和园区三个层面能效水平的综合性评估分析报告;新推动8家、累计推动124家重点用能企业开展清洁生产审核;完成19家"万家企业"的能源管理体系建设;新增2家重点用能单位能源审计及35家企业节能低碳化改造项目申报;首次推行温室气体排放报告制度,完成首批12家企业培训及报告填报;开展重点用能单位节能低碳考核工作,制定相应的考核管理办法和相应的评分标准并完成全部重点用能企业的考核。此外,两年累计新增200家企业接入能源需求侧管理平台,电力需求侧管理推进取得明显成效。

苏州独墅湖创新区月亮湾集中供热供冷中心项目定位绿色二星建筑，因地制宜融合围护结构保温隔热体系、雨水利用、分布式热电冷联供、室内二氧化碳监测系统等绿色生态技术为一体。

2. 以能源管理低碳化为重要着力点

园区确定了53家重点单位为温室气体排放报告工作对象和主体，并组织对来自玻璃、电力、化工、陶瓷、镁冶炼、钢铁六个行业的12家重点单位进行温室气体排放报告工作培训。截至2016年，园区已有215家电力用户将其能源在线监测数据接入电力需求侧管理平台。目前，园区已建设完成低碳能源公共服务平台一期建设工程，实现了除热力数据外所有源厂数据的对接。同时，园区内企业逐步建立起了碳排放信息公开制度，将碳排放信息公开纳入年度环境信息公开报告，并依托园区环境保护网对企业碳排放信息进行统一发布。

五年来，苏州工业园区污泥干化处置项目一期工程累计为园区处置近50万吨污泥（污水处理完产生的湿污泥），去年投运的二期工程处置量约4万吨。按年处理约10.8万吨湿污泥计算，每年可减少二氧化碳排放3.1万吨；蒸汽冷凝水回送至热电厂重新利用，每年可节约脱盐水7.6万吨；干污泥作为燃料，每年可节约煤炭1.7万吨；最终的灰渣作为建筑辅材，每年还可减少固体垃圾1万吨。

3. 大力推动低碳技术研发和创新

园区组织汇编先进适用节能与低碳技术，帮助园区企事业单位更便捷实际地找到新的节能降耗和低碳发展空间。积极推进半导体产业发展。以电子信息与装备制造两大主导产业的优势积极推进半导体产业发展，推动公共场所、工业项目、公共建筑等节能降耗。建设协鑫能源中心"六位一体"微能源网项目，推动多能协同、新能源微电网示范项目等。

4. 重视服务和监督政策措施的保障作用

首先，园区制定了《苏州工业园区节能降耗、低碳发展行动计划》，将各项节能低碳管理的具体工作分解落实到各责任单位。实施问责和表彰奖励制度，对在节能目标责任考核中等次为"完成"或"超额完成"的单位给予通报表扬，在年度单位和个人评先中优先考虑。其次，园区制定发布了《苏州工业园区"低碳节能服务贷"风险补偿资金管理办法》，在江苏省范围内首创了总额为一千万元的"低碳节能贷"风险补偿资金池，通过银行信贷资金放大，可为园区低碳节能服务单位提供最大一个亿的银行信贷支持，解决了一直困扰低碳节能服务企业发展

"融资难"的问题。

三 小结

绿色工业园区模式着力于绿色创新,既注重资源节约,又注重环境保护,因而是产业集群园区绿色创新的典型和模板。绿色发展强调通过改善能源结构、提高能源效率、优化产业结构和推动技术进步来实现,绿色发展通过绿色分配,形成良好的生态意识并构建绿色生活方式。对园区中的企业来说,绿色发展在带来巨大的经济效益的同时,也带来了巨大的环境效益。苏州工业园区的成功经验,为其他地区工业园区的绿色低碳发展提供了重要参考。

北京经济技术开发区：国家生态工业示范园区

新乡学院新闻传播学院　苏武江

北京经济技术开发区从建设那天，就将绿色发展确定为发展战略，致力于建设宜业宜居绿色新城市。迄今为止，开发区已先后获得国家生态工业示范园区、国家循环化改造示范园区和国家级绿色园区等建设支持。2020年，园区对未来生态建设进行了新的部署，启动"无废城市"建设，为打造世界一流的产业新城吹响了新的号角。

一　园区概况

北京经济技术开发区地处北京东部亦庄地区，1992年开始建设。1994年8月25日经国务院批准为国家级开发区，是北京市唯一的国家级经济技术开发区，同时是北京市唯一同时享受国家级经济技术开发区和中关村国家自主创新示范区双重政策的开发区。园区按照面向国际市场的高端产业园区的目标，坚持产业集群化、资源集约化、环境和谐化、服务专业化、管理法治化的发展思路，以吸引重大项目、龙头企业为重点，着力引进高端、高附加值、高辐射能力，低能耗、低污染的高新技术产业，电子信息、生物医药、高端汽车和新能源汽车、高端装备、互联网、新能源和节能环保六大产业发展迅速。园区由科学规划的产业区、高配置的商务区及高品质的生活区构成，是北京重点发展的三个新城之一，定位为京津城际发展走廊上的高新技术产业和先进制造业基地，并承担"疏解中心城人口的功能、聚集新的产业、带动区域发展"的重任。建区以来，先后建成"ISO14000国家示范区""国家国有土地资本运营试点区""国家工业节水示范园区""国家级循环化改造试点示范园区""国家生态工业示范园区""国家知识产权示范园区"。

二 绿色发展战略举措

园区始终坚持绿色低碳循环发展理念，早在 2011 年就被批准为国家生态工业示范园区，2018 年又成为北京唯一的国家级绿色园区。园区科学制订绿色低碳循环发展行动计划，力争实现开发区经济发展质量和效益、资源投入产出、生态环境等主要指标达到国际同类园区先进水平。探索形成一套可复制、可推广的园区绿色低碳循环发展模式，成为北京市绿色发展和对外交流的重要窗口。

一是推进产业结构升级，加快"中国制造 2025 示范区"和"科技与文化融合发展示范区"建设。加快退出没有比较优势的一般制造业和亏损企业，支持企业应用绿色、智能技术，提升绿色生产和盈利能力。发挥龙头企业引领作用，支持区内企业加强合作，带动产业链上下游企业集群式发展。

二是坚持推动企业产品升级。支持企业采用新技术、推出新产品，不断丰富产品结构，满足多元化市场需求；支持跨国公司和集团性企业优先将高技术、高附加值产品布局在开发区；支持企业通过应用绿色、智能技术，降低能耗、降低排放、降低成本，提升企业绿色生产能力；支持"互联网＋生活服务"等新业态、新商业模式，加快市场扩张。

三是鼓励采用绿色制造先进技术。以开发绿色产品、建设绿色工厂、发展绿色园区为抓手，加快传统产业转型升级。积极培育新产业新业态，打造新的经济增长点、增长极和增长带，建设全国领先、特色鲜明、结构优化的新兴产业集群，加快绿色制造先进适用生产技术的推广应用，推进传统产业高新化发展，集中培育高新技术产业、战略性新兴产业。

四是深化生态文明建设。完善园区生态工业链网，构建工业共生网络，促进区域产业生态化。加强水环境治理，落实河长制，促进海绵城市建设。建设智能电网示范园区，建设能源管控信息平台，促进绿色低碳发展。园区各项生态指标连年向好，生态化建设指标人均工业增加值、单位工业增加值综合能耗、单位工业增加值废水排放量、单位工业增加值二氧化碳排放量、工业固体废物综合利用率等均显著提升，污染物排放强度持续下降，环境质量改善明显。

三 小结

只有把绿色作为底色，发展才会有亮色。"无废城市"的建设不仅将让我们的生活环境更加宜居，背后还蕴藏着巨大的经济效益，据估计，到 2030 年我国固废分类资源化利用的产值规模将可达到 7 万亿—8 万亿元，有望成为一个重要的产业门类。北京经济技术开发区坚持绿色低碳发展，从产业约束到清洁能源节约利用，再到加强大气污染治理和污水处理、落实清洁空气行动计划，再到"无废城市"建设，一步一步践行着新发展理念，同时也获得了巨大的经济效益。他们的发展之路，给国内的其他园区提供了一个样板。

第五编

社会公益组织气候传播案例

中国民促会：面向未来的气候变化教育

中国国际民间组织合作促进会　王香奕

中国国际民间组织合作促进会（以下简称中国民促会）是一个全国性、非营利性、联合性、自愿结成的独立社团法人。1992年经原外经贸部（现商务部）批准成立，1994年在民政部登记注册。自成立以来，积极参与国际和国内民间组织合作事务，并始终与国际上从事发展和合作的民间组织和多双边机构保持着良好的合作关系。中国民促会2007年获得联合国经社理事会非政府组织特别咨商地位；2011年获得联合国可持续发展大会（WSSD）咨商地位和联合国气候变化大会观察员资格；2010年被民政部评选为全国先进社会组织；2016年获得民政部中国社会组织评估全国性公益社团4A等级；具有非营利组织免税资格。截至2021年年底，中国民促会共有国内会员125家，已与198个国外民间组织和国际多双边机构建立合作关系，其中已有23个国家和地区的109个国外民间组织和国际多双边机构提供资金开展公益慈善项目合作，项目遍及全国31个省市、自治区，覆盖乡村与社区发展、性别平等、气候变化与环境保护、社会组织发展与支持、公益研究与倡导等领域，受益人数达766万。

一　中国气候变化教育项目的由来

青少年是应对气候变化的生力军，也是需要承担更多气候变化不良影响的一代人。加强对青少年的气候变化教育，使得他们关注并参与应对气候变化已成为联合国及各国政府的一项重要工作。气候变化教育在中国还是处于边缘化的话题，尚未被教育部纳入正式教学体系，目前也没有一个全面的气候变化教育政策和战略。学校开展的气候变化教育缺乏全面性和创造性的适合中国国情的教材；教师在气候变化知识和教材上的欠缺，使之无法有效地开展气候变化教学；在学校间开展气候变化互动和合作的机会有限。基于以上背景，中国民促会启动了中国气候变化教育项目，旨在通过使用创新性的教材和教师培训等活动，推动气候变化教育纳入国民教育体系。

中国气候变化教育项目于2012年启动，3年为一个周期，截至2021年12月，已经开展三期，在过去9年时间里，该项目通过教材开发、教师培训、气候变化教育沙龙、气候变化教育竞赛、国际交流等活动来推动气候变化教育进课堂。项目旨在通过推动中小学课程纳入气候变化内容，提高教师和学生对气候变化问题的认识，进而推动教师和学生日常行为的改变，并带动家庭和社区共同参与应对气候变化。

中国民促会作为项目执行机构负责项目设计和总体协调，地方社会组织合作伙伴通过公开招募的方式进行选择，筛选标准主要考虑以下方面：地区平衡、项目管理和财务管理能力、政府关系、组织协调能力、学校资源等。地方合作伙伴负责联系试点学校、教师培训等项目活动在本地区的开展和项目后续的跟进，并能够积极参与项目的后续推广活动。碳阻迹（北京）有限公司为项目网站、微信公众号和绿色会议平台的开发提供技术支持，北京阳光能环教育科技有限公司为项目电子视频课件制作提供技术服务。此外，项目下还有一个顾问委员会，由政府部门、研究机构、国际组织、社会组织、企业和媒体代表组成，为项目实施提供咨询意见。

二　中国气候变化教育项目推进策略

项目活动包括教材开发、教师培训及后续小额资助、气候变化创意竞赛、线上线下交流平台、国际经验交流等。

1. 教材开发

项目下开发了一套气候变化教育教材，包括教师读本和学生读本。教师读本的内容不仅有气候变化专业知识，还有案例以及教学素材和教学方法。学生读本的内容根据发现问题、分析问题、寻求方法、采取行动的逻辑来进行编写。教材致力于通过参与式、体验式教育的创新教育模式，将抽象的气候变化知识通过灵活性、丰富性的情景模拟、环保小游戏的方法调动学习者的能动性和行动力，希望达到"关注、知识、态度、技能、评价能力、积极参与"的循环运用，真正促进改善公众的生活方式并培养其自觉行动的能力。2020年，项目下将教师读本和学生读本整合为一本《气候变化教育读本》，由中国商务出版社正式出版。

2021 年，项目下还编写了《青少年应对气候变化实践手册》，以春夏秋冬四季变化和二十四节气为背景，以衣食住行为载体，通过观察和动手做实验的方式来打开用中国智慧应对气候变化的大门。这本手册里的小实验非常适合家长带着孩子或者老师带着学生一起做，通俗易懂，寓教于乐。

2. 教师培训及后续小额资助

九年来，项目下共举办了 28 期教师培训活动，根据教师参与项目培训的情况，项目设计了三类培训活动，针对第一次参与培训的教师开展初级班培训，主要讲解气候变化的科普知识和参与式的教学方法；针对第二次参与培训的教师开展高级班培训，培训的内容会更加深入；针对第三次参加培训的教师开展的是专业指导工作坊，由教师分享开展气候变化教育的实践经验和遇到的问题，由专家提供具体指导，提出改进建议。作为教师培训的后续活动，项目下还支持教师和地方社会组织开展小额资助活动，以便将培训中学到的知识和经验落实到教学和工作实践中。

黑龙江八五三农场清河中学的一位老师因为参加了项目下组织的教师培训，得到了校长和教育局领导的积极支持。2015 年秋季开学起，清河中学在初一年级开设气候变化教育课程，将项目下开发的教材作为校本课程，授课教师为参加培训的孙清漪为代表的团队。气候变化教育课程每周一节课，以参与式教学结合环境小项目调研的方式进行授课，期末以手抄报、征文、社会调查等形式对学生学习情况进行评估，截至 2021 年年底，累计受益学生达到 1200 人。

西安合作伙伴西安未央区环保志愿者协会通过在校园开展学生环保知识交流分享和评选校园减碳之星等系列环保活动，以家校联动创建绿色家园社区环保活动，将废物利用、垃圾分类、校园环保手抄报大赛和校园环保绘画比赛等参与式、体验式活动与学习生活相结合，使学生们在游戏中感受到保护环境和气候变化的重要性和紧迫性，把"要他环保"转化为"我要环保"，不断提升学生的环保意识和能力，积极参与到保护环境的实践中。

3. 气候变化创意竞赛

项目第一期设计了全国气候变化创意竞赛，围绕气候变化主题下的低碳、环保、节能、生物多样性等角度，或者是气候变化对人类的生产、生活带来的影响以及如何提升人们保护地球的意识等层面进行切入，设计和提交创意新颖、立意深刻、形象生动、具有表现力和感染力的艺术作品。希望通过将培训和创意实践相结合的方式达到认知到行动层面的转变。竞赛共收到来自全国 32 所试点学校的

100份申请方案，55个参赛作品，类型涉及与气候变化主题相关的海报设计、图像拍摄、微电影和剧目编排，其中不乏形象、讽刺、创新、警醒及表达希冀的各类作品，传达着作者通过不同角度对气候变化问题的思索和愿望。通过外部专家组评审，评出了特等奖和一、二、三等奖，4个单项奖包括创意无限奖，教育影响奖，文采飞扬奖和互动推广奖，以及最具贡献奖和优秀组织奖。

项目第二期设计举办了两场全国气候变化教育竞赛，其中一场在9座试点城市之间展开，主要针对试点地区民间组织合作伙伴，而另一场在试点学校之间进行，竞赛类型包括海报设计、微电影、废旧物品手工制作，项目总结会上为竞赛获奖者进行了颁奖。西安信德中学高一年级学生万勇是总结会最小的参会代表，这位16岁的男孩在总结会上向广大中学生们倡导积极行动，用良知和行动关注生存环境，从身边小事做起，节约用水节约用电，坚决反对和抵制各种破坏环境的行为。他设计的海报作品《刻度警报》获得特等奖。海报用气温升高不同幅度的危害来反映当前气候变化，对企鹅和濒危物种、鸟类和人类可能带来的灾难性影响进行警示，整幅画面下方的主题是"下一个大概就是我们人类自己"。

4. 线上线下交流平台

项目为试点学校之间开展气候变化教育经验交流提供了在线互动平台，建立了"中国气候变化教育"网站。网站分为四个功能模块：在线教育、碳计算器、项目活动和新闻。通过在线互动平台希望将项目试点地区间的活动、讯息进行联结，构成一个较大的互动网络平台，为更多的学校老师和学生提供气候变化活动素材。同时，项目还开发了微信公众号和绿色会议功能，在整个项目实施期间运用微信平台来分享气候变化知识和项目成果。

线下交流方面，项目举办了气候变化教育沙龙活动，邀请政府官员、研究专家、学校教师、社会组织和媒体代表共同分享气候变化教育的活动经验，探讨气候变化教育的未来趋势。

5. 国际经验交流

2018年5月，中国民促会项目团队与项目地方合作伙伴及试点学校教师代表共7人赴韩国参加气候变化教育国际交流活动，在首尔拜访了成大谷村和韩国环境教育中心，在光州，参观了光州国际气候与环境中心低碳馆，还参加了由光州国际气候与环境中心组织的气候变化教育展览和工作坊，项目专家李力老师还为光州的东新中学上了一堂生动的气候变化教育课。

2020年7月，中国民促会举办了"社会组织学习国际经验开展气候变化教育经验分享线上交流会",来自中国、日本、韩国和新加坡的代表分享了各自在气候变化教育方面的经验。日本的学生环保生活挑战、韩国的气候变化教育课堂、新加坡的全民水教育、中国广州中学的活动式气候变化教育,内容非常丰富。

2021年,项目下引进了韩国气候变化游戏太阳城,这个游戏中的太阳城是指韩国光州,中国的对标城市选择了杭州作为游戏对象,游戏中提供了杭州市的几个科普场馆,比如低碳科技馆,学生在玩游戏的过程中可以了解这些场馆的情况和气候变化相关知识。

6. 视频课程开发

除了线下的教师培训活动,北京阳光能环教育科技有限公司以项目下开发的气候变化教育教材为基础,为该项目设计制作视频电子课件,每个课件时长3—5分钟,利用培训课程、项目网站及公众号等渠道进行传播。目前,已经制作完成的视频课件包括救救北极熊、食物里程、四时不正等。

三 中国气候变化教育项目推进效果

中国气候变化教育上述项目自开展以来,扎扎实实地做起,逐步推进,取得了良好进展和国内国际社会认同。

1. 编写的教材和举办的培训取得良好进展

项目下编写的《气候变化教育读本》共印刷2000册,《青少年应对气候变化实践手册》共印刷8000册,免费提供给参与该项目的地方合作伙伴和参加培训的老师及学生。自项目实施以来,共开展了27期教师培训,2期气候变化教育沙龙,1期跨地区气候变化教育经验交流工作坊。通过项目实施,来自21个城市的中小学校超过1200名教师和100000名学生以及20多家地方民间组织直接或间接地从该项目中受益。项目还支持教师和地方社会组织开展24个后续小额资助项目,资助的活动包括垃圾分类、食育项目、校园环保社团建设、气候教育知识库建设、STEM教育、生物多样性观测等,参与主体不仅限于教师和学生,更将家长、社区、社会组织纳入其中。培训后,许多教师自发地对学生以参与式、互动式的教学理念,开展各种低碳和气候变化教育的活动,也涌现出一批致力于推广低碳和气候变化理念的教师。

2. 项目得到了国内媒体和社会广泛关注

一期项目《中国日报》《北京周报》和中国网等媒体进行了报道,二期项目总结会有18家媒体进行报道,包括新浪、百度、今日头条、一点资讯、搜狐、豆瓣等。《环境教育》和《世界环境》杂志也对该项目进行了深度报道。

该项目案例被国际公益学院编写的《以退为进——中国基金会在儿童教育领域的探索与实践》报告和中国民促会编写的《中国民间气候变化故事》所收录。

2021年，中国民促会代表参加万科基金会组织的"碳中和"12小时连播活动，秘书长王香奕分享了《气候变化教育读本》和《青少年应对气候变化实践手册》，直播过程中就有观众提出想要这两本书。

3. 项目获选在联合国气候大会上分享与交流

中国民促会代表在2017—2019年连续三年在联合国气候变化大会边会和新闻发布会上做气候变化教育经验分享，得到国际社会的广泛关注。项目下还将学生参与气候变化创意竞赛的获奖海报作品制作成明信片带到联合国气候大会做展示，受到了各国参会代表的欢迎。

四 经验总结

在试点学校针对青少年开展的气候变化教育活动是一颗颗种子，这些种子可以生根发芽，以星星之火的力量推动气候变化教育形成燎原之势，最终达到气候变化教育纳入国民教育体系的目标。

1. 项目活动设计自成体系

中国气候变化教育项目汇聚了培训、小额资助、作品竞赛、跨区域及国际交流、教材开发等多项活动内容，通过自下而上的方式，用项目下开发的教材为一线教师提供培训，并通过小额资助活动使教师和学生将理论付诸实践；通过气候变化创意竞赛激发学生对气候变化问题的认识和思考；线上线下交流平台为试点学校教师、学生、地方合作伙伴等相互学习、交流经验提供技术支持；国际经验交流活动为该项目的地方合作伙伴和试点学校教师在国际社会分享自身经验，同时向其他国家学习提供了机会，以不断创新气候变化教育的内容和方式。

2. 携手多方共同参与

中国气候变化教育项目携同政府官员、社会组织代表、专家、媒体记者、教师和学生共同参与应对气候变化行动，共同分享气候变化教育的活动经验，探讨气候变化教育的未来趋势，在全国范围起到了典型示范项目的作用。

3. 借助科技手段

碳阻迹（北京）科技有限公司为该项目开发了绿色会议平台，项目启动会、总结会等大型活动采用绿色会议的方式，通过对参会者的交通、住宿、用餐以及会场用电情况进行统计，核算出整个会议的碳排放，并在碳中和方面提出行动建议。

中国绿发会：从分散到聚合，多维度应对气候变化

中国生物多样性保护与绿色发展基金会　王　静

2009年，中国生物多样性保护与绿色发展基金会（简称中国绿发会）完成第二次更名，将"绿色发展"写入基金会名称，时任理事长胡德平同志意识到我国改革开放以来，在经济获得了几何倍数增长的同时，严重的环境生态问题日益频发，"高投入、高能耗、高污染、低效率"的发展模式已不可持续，依托"绿色火车头"发展理论，倡导可持续发展模式，并重点推进低碳发展项目，关注气候变化议题。随着2012年党的十八大报告中将生态文明纳入中国特色社会主义事业"五位一体"总体布局中，2018年生态文明写入宪法，2020年我国进一步提出碳达峰、碳中和目标，并为双碳目标的实现制定了时间表、路线图与施工图。基于这一新的时代背景，减碳和应对气候变化也成为基金会的一项核心工作内容。

一　中国绿发会气候行动简介

中国绿发会应对气候变化工作主要从减塑捡塑、碳污共减、环境公益诉讼三方面来进行开展。其推进维度分为三个层面，分别是理论研究与构建，组建二级机构及专项工作组，联动政府与民众共同参与。

1. 减塑捡塑，推动源头减量及末端治理

以减少塑料垃圾和塑料污染为着力点，通过关注塑料、快消类产品如一次性餐具等在生产、运输、消费、丢弃处理等环节的碳排放情况，将关注点着重定位于源头减量环节，并成立减塑工作组，专项推进此项工作，先后发起停止校园塑料书皮、不主动提供一次性餐具行动，并于其他机构联合开展青藏高原塑料垃圾捡拾、减塑主题作品征集、"一日无塑"挑战等系列活动，从与公众密切相关且切

实可参与的角度出发,来推动塑料制品减量。

（1）倡导不包塑料书皮。面向志愿者、家长、学校、文体售卖点、超市等展开问卷调查与调研,从家长普遍关心的塑料书皮危害身体健康的问题切入,通过调研数据和质检报告,明确当前塑料书皮行业不仅存在质量安全隐患,还会带来持久的塑料污染并对儿童环保观念培养的不利影响。基于此,绿会减塑工作组提出"不包塑料书皮"倡议,并将其列入校园科普宣教的一项重要内容。2019 年,绿会减塑工作组进一步将调研情况向教育部致函,明确建议中小学生停止使用塑料书皮。

（2）提议外卖平台不主动提供一次性餐具。外卖市场所产生的大量一次性餐具,是塑料垃圾、环境污染和生态破坏的重要组成部分。从市场角度来讲,这属于自由消费行为,但从生态环境角度来讲,能在这种行为中尽量减少一次性垃圾的产生,意义重大。对此中国绿发会提出尊重"绿色消费权"建议,要求各外卖平台尊重公众绿色消费权,在外卖平台设置"不要一次性餐具"选项,同时发出"筷走筷走"倡议并就此发起保护森林的公益项目,提倡消费者自备可循环使用的餐具,减少一次性筷子使用,从而减少森林砍伐,进而保护生物多样性、应对气候变化。

（3）联合发起西藏塑料垃圾循环回收行动。西藏是旅游胜地,在旅游开发的快速发展以后,西藏备受旅游垃圾困扰。而西藏是受气候变化影响最为敏感的地区,本活动聚焦西藏垃圾污染问题,联合美丽公约项目组,发起"擦亮天路,守护地球第三极"活动,召集业内领袖、企业代表等共同前往西藏开展垃圾捡拾徒步活动,通过直观的、实际的参与,切实了解塑料垃圾问题给西藏环境带来的危害与不良影响,并对这些垃圾进行分类整理、回收。

（4）开展减塑主题摄影作品征集。2018 年,由中国绿发会主办,并与 2018 环青海湖（国际）电动汽车挑战赛组委会、世界自然保护联盟中国代表处、全国大学生环保文化节组委会共同发起 2018"E 领新时代—减塑捡塑"环境公益摄影作品征集活动,并积极呼应联合国环境署"塑战速决"口号,通过召集社会公众用影像的形式记录身边生态、环保细节,透过艺术的力量,让社会公众了解自然与我们目前所处的环境状态与现实情况,引发更多关注与思考,引领更多的人充分参与生态环境保护。

（5）联合发起"一日无塑"挑战。选择 2021 年 5 月 20 日这一具有表白性质的时间节点,绿会宣传部联合小黄狗环保科技共同发起"一日无塑挑战",以微博为主要活动平台,设置#一日无塑挑战#话题,通过为期一个月的活动,邀请明星、企业、公益组织、公众在活动期间选择一天挑战不使用一次性塑料制品及含有一次性塑料制品的物品(防疫物品除外),并在微博上分享挑战结果及经验,参与话题讨论,通过这种挑战体验和分享带动公众体验无塑生活的方式,向地球告白。

2. 推进碳污共减,聚焦3060目标

(1) 加强标准制定与修订。发挥中国绿发会所具有的团体标准发布资格,将减少塑料制品、减少垃圾污染等相关内容纳入标准体系,先后制定并发布《绿色会议指数》《绿色校园标准》《良食准则》《生态文明与健康乡镇建设标准》和《生态文明与健康乡镇评价标准》等一系列团体标准,将绿色低碳办会、减少食物浪费、提倡可持续和植物领先的饮食原则、乡镇垃圾处理等问题。除团体标准外,中国绿发会还开展了9项国家职业标准修订工作,将产品全生命周期管理、避免过度包装等内容融入标准修订中。

(2) 司法建言参与环境治理。就有关部门《固体废物污染环境防治法》《碳排放权交易管理暂行条例》的意见征集组织召开专家研讨会,邀请法律专家、环保专家、NGO代表、企业代表等各利益相关方共同参与,并结合与会嘉宾发言汇总形成综合建议稿,提交至意见征集部门。

(3) 结合时事热点,提出保障"冬奥蓝"建议。对2020年秋冬季及2021年春季的大气环境质量进行汇集整理,结合当前我国大气治理方面存在的问题,对2022年冬奥会期间可能发生的雾霾情况做出预警,将备受社会各界瞩目的冬奥会筹备工作与大气污染治理和低碳发展有效衔接。提出保障"冬奥蓝"的口号与建议,先后组织五次线上+线下相结合的专家讨论会,明确"主要大气污染物与二氧化碳同根同源,在治理大气污染的同时,如果能实现碳污共治,减碳降污,将极大地推动碳中和的实现"。并结合国家双碳目标,最终形成面向冬奥组委、北京市政府、张家口市政府,生态环境厅等不同职能部门的建议函,明确提出多项关键问题和解决建议。

3. 发起并支持环境公益诉讼

月饼包装由纸、塑料,甚至是金属构成,从原材料生产,到成品的运输,不仅造成了巨大的环境污染和资源浪费,其产生的碳排放也不可小觑,与我国碳减排目标背道而驰。2020年下半年,中国绿发会经过调研发现,上海杏花楼食品有限公司生产的某款月饼包装层数过多,违反国家强制性规定,破坏生态环境。2020年9月中秋节之前,中国绿发会向上海市第三中级人民法院递交材料,对上海杏花楼食品有限公司和上海杏花楼食品营销有限公司提起环境民事公益诉讼，借助法治的力量，推动社会各界关注过度包装所产生的碳排放和环境污染问题。此外，中国绿发会还通过环境公益诉讼支持基金，对其他环保组织提起的外卖垃圾污染类环境公益诉讼提供法律支持，如重庆绿联会起诉三大外卖平台、麦当劳外卖未设置不需要一次性餐具选项等诉讼案件。

二 中国绿发会气候行动传播策略

为推进减塑捡塑、碳污共减、环境公益诉讼三方面的工作，中国绿发会依托自媒体和大众媒体，通过名人效应和案例分析广泛传播。

1. 依托绿会融媒，发起公共议题讨论

凡是召开的专家研讨会、司法建言讨论会，不仅邀请业内重要专家参会，还全部采取会议开放报名、会议过程视频直播+图文直播、参会嘉宾意见整理发布、提交有关部委的汇总建议内容全公开、公众意见反馈在线互动、调研数据资料系统发布等方式，全面公开透明进行传播，不断丰富所聚焦话题的参与人员、传播内容，形成持续的、碎片化、多角度传播，增强传播影响力。如先后五次的大气污染精准治理专家研讨会，邀请中国绿发会国际环境专项基金首席专家何平、中科院大气物理研究所研究员王跃思、中国气象科学研究院研究员牛涛，以及来自全国各地高校、科研单位、企业技术代表等共同参会，现场讨论大气污染治理、碳污共减，会后联系与会专家约稿发稿，共同参与宣传。

2. 发挥名人效应，带动示范传播

在西藏捡拾塑料垃圾和"一日无塑挑战"活动中，充分发挥地域传播优势和平台传播特点，广泛邀请业内知名专家和明星代表共同参与。如在2020年西藏"捡塑"活动中，通过绿会融媒进行活动现场直播、视频采访央视著名主持人纳森并配合图文宣传报道等，提升活动知名度与影响力。在2021年活动中，继续邀请中国首位靠双义肢登顶珠峰的夏伯渝、环球探险家《侣行》夫妇、周晋峰、阚丽君等公益掌门人、文化名人参与活动并传播。"一日无塑挑战"则联合中国独立摇滚、英式摇滚的领军代表乐队果味VC乐队，著名环球旅行探险家、纪录片导演谷岳等共同在微博平台联动，提升话题影响力，推动传播。

3. 寻找典型案例，引发主流媒体兴趣

针对减塑工作开展的内容，重点对存在强制要求包塑料书皮的学校、国内外重要会议等，进行典型分析、联合媒体共同调研等，推动塑料书皮问题解决和

《绿色校园标准》《绿色会议指数》的影响力；结合环境公益诉讼案件，邀请媒体和专家共同研讨，及时回应社会关切，丰富传播内容。如中国绿发会针对国内外的举办和筹备情况进行了一系列的专项分析和打分；将《绿色会议指数》标准与"光瓶行动"有效结合，在2021年的"世界水日"期间，中国绿发会减塑捡塑工作组联合新华社调查记者，对北京、天津等地会议默认发放一次性瓶装水带来的大量水资源浪费的"半瓶水"现象进行了揭露；与生态环境报道领域的主流媒体记者保持良好互动，组建"绿媒"群，积极分享中国绿发会环境公益诉讼案件进展，邀请媒体充分参与到会议及活动中来。

三 中国绿发会气候行动传播效果

绿发会推动的减塑捡塑、碳污共减、环境公益诉讼三方面的工作，得到了政府相关职能部门、社会公众和大众媒体的积极回应。

1. 推动相关职能部门制定减塑政策

面向教育体系推动的"向塑料书皮说不"行动，成功推动教育部、中国科协、市场监管总局、生态环境部四部委办公厅于2019年10月印发《关于在中小学落实习近平生态文明思想、增强生态环境意识的通知》，明确提出塑料书皮的问题，获社会各界官方关注与传播，对推动教育系统认识到塑料书皮的危害产生了重要作用。

通过不懈呼吁电商赋予消费者"绿色消费权"，成功地推动了美团等外卖平台于2017年8月底在APP上增加了消费者可以自主选择"不要一次性餐具"的选项。这些前期的工作基础及宣传倡导，也对上海、北京等地区在垃圾分类管理法律法规中明确要求餐饮服务平台不得主动提供一次性餐具，起到了重要推动作用。

2. 获得社会公众广泛参与

通过举办丰富且主题鲜明的现场活动和在线参与活动，收获了包括央视主持人、成功登顶珠峰的夏伯渝等知名人士的持续参与；通过减塑主题的公益摄影作品征集活动收到来自全国各地作者的作品2700余幅优秀作品，从塑料环境污染、美丽中国、节能减排、新能源、野生动植物、创作绘画等多个层面与角度反映活动主题；与垃圾回收类企业共同发起的在线参与"一日无塑挑战"活动，在一个月左右的时间里，微博话题#一日无塑挑战#受到了近70万网友的关注和参与分享。

3. 引发媒体关注与报道

中国绿发会发起和支持的公益诉讼案件获得新华网、央广网、中国网等国家主流媒体报道及各大媒体的广泛转发关注。

与新华社协作开展的光瓶行动调查，获大量媒体报道关注，与之相关的《绿色会议指数》标准也获得了大众标准化杂志、中国标准化、浙江省标准化协会、上海市会展行业协会、中经网会展等平台的纷纷报道与转发推广。

先后五次召开的大气污染精准治理专家研讨会的会议和建议也引发媒体关注，获得《中国建材报》《光明日报》《中国经济时报》和北极星环保网等报道与转发。

4. 推动组织间合作

绿会标准工作组与HUI国际会议中心品牌签订战略合作协议，将在旗下HUI国际会议中心空间推广实行《绿色会议指数》。

四 推广价值

通过绿发会在推进减塑捡塑、碳污共减、环境公益诉讼三方面的传播实践，总结出以下可供推广借鉴的传播经验。

1. 以小见大

通过具体的、大众方便参与的落点，将气候变化问题、碳中和问题具象化，并通过这些小的切入点，比如绿瓶行动、塑料书皮话题、保障冬奥蓝、一日无塑挑战等，将保护理念与科普知识相结合，让保障消费者绿色消费权、基于人本的解决方案、生物多样性的固碳意义等理念深入人心，达到"理论与实际"相结合的宣传内容构架，从而让大的话题落到日常的生活和行动中，增强了民众的参与意识和认同感。

2. 持续跟进

气候变化和碳中和议题都是一个长期的过程，这就要求气候传播活动也要具有长期性和持续性。成立相应工作组和二级机构的方式，可以有效确保关注领域的持续性，进而也使得相应的宣传可以成系列、系统化。此外，对于长期性话题的推进，往往需要更好的耐心，不能追求一蹴而就，中国绿发会多项宣传成果的产生，大多都是在经历了三四年的持续推动方才取得的，甚至在碳污共减促进雾霾治理方面的建议谏言仍在艰苦推动。因此，不论是对这一领域的不间断关注与调研，还是宣传推动的坚持不懈，都是取得宣传成果所要付出的努力。

3. 联动传播

为了保障传播效果最大化，中国绿发会成立了以绿会融媒为代表的宣传品牌，除了两官一微，还开通了今日头条、人民号、百家号、澎湃问政号以及ins、linkin

等国内、国际重点社交平台账号 50 多个，根据各平台特点和受众，灵活调整传播方式，视频与图文相呼应，形成多角度、多平台、碎片化传播，保持话题热度和吸引度，通过不同平台构成宣传矩阵，扩大了传播效果，这使得中国绿发会不仅在中国科协的 200 多家学会中宣传影响力和宣传力度方面名列前茅，在做到面向群众科普的同时，也有效促进了项目成果的取得。

中国（深圳）国际气候影视大会：以影视力量传播气候故事

深圳市航都文化产业投资有限公司、深圳市标新科普研究院　刘晓婷

深圳市航都文化产业投资有限公司（简称"航都"）创办于2010年。2011—2013年，航都主要在电影、电视剧、动画片、音乐会等领域进行投资，其中多部电视剧作品在央视实现播出，电影作品在院线放映，积累了丰富的版权运营经验。自2013年起，聚焦于科技影视领域，致力于科普文化产业的内容运营和平台搭建，于2014年承办了由中国科协创办的第八届中国国际科教影视制作人年会（CICSEP），将被誉为科教影视作品"奥斯卡"奖的"中国龙"奖引入深圳。

考虑到CICSEP是两年举行一届，航都开始思考如何持续开发科教影视的相关主题。经反复思索，航都创始人团队从CICSEP的获奖影片《气候变化与粮食安全》获得启发，于2015年策划并创办了第一届中国（深圳）国际气候影视大会（中文简称"气候影视大会，英文简称HCCFF"）。同年，航都出品了反映深圳绿色低碳发展的纪录片《绿·道》。基于2015年进行了气候+影视的跨界创举，公司创始人团队有幸受邀前往法国参加联合国气候变化巴黎大会，见证了《巴黎协议》签署这一国际气候治理的里程碑事件，从而坚定了长期致力于气候科普及传播的业务定位及转型。

为更加积极地参与及开展气候传播相关的公益活动，2015年末，航都创始人团队申请在民政系统注册，成立了非营利机构——深圳市标新科普研究院（简称"标新"）。具体业务范围包括承接政府规划研究和咨询课题、开发并组织科普培训课程、策划并执行科普传播活动、拍摄科普影视作品、搭建科普交流平台。基于多年气候影视大会运营的经验，标新已积累国内外气候变化领域顶尖的专家资

源。作为社会主义先行示范区的领先智库，标新已与国家部委、权威科研院所、一流大学和机构达成战略合作和技术联盟，为推动美丽中国建设和实现双碳目标提供全面智库支持。

一 气候影视大会项目简介

气候影视大会是中国首个以"应对气候变化"为主题的绿色公益传播活动。大会是在生态环境部应对气候变化司和中国气象局科技与气候变化司的业务指导下，在中国科普研究所、中国科教影视协会、中国电视艺术家协会电视纪录片学术委员会和中国广播电视协会纪录片工作委员会的学术支持下，在国家气候战略中心和生态环境部宣教中心的技术支持下，于2015年由民间机构航都文化和标新科普研究院参与发起并具体组织承办。大会贯彻生态文明思想，推动绿色发展的传播工作，通过影视作品征集评优、专业论坛、公众展映、公益讲座、能力工作坊等方式向专业观众及普通市民，尤其是青少年群体传递生态环境的知识，并引领各种环保行动。大会每年邀请政府主管部门、科研院所、企业、NGO和影视媒体等机构中有影响的人士与会。七年来，在活动举办地深圳，先后得到了市人大常委会、市委宣传部、市委组织部、市科协、市教育局、市文体旅游局、市气象局、市发改委、市生态环境局、市金融局、市工信局、市商务局等部门的业务支持，已成功举办六届。

从早期民间自发投入创办到后期政府基金补贴支持，历经7年，气候影视大会的活动时长、活动主题以及活动形式，在不断的调整中进行优化。气候影视大会现有的活动内容包括以下几个板块：

1. 新闻发布会

从大会创办伊始，项目核心定位就是气候变化领域的电影节活动，每年的信息发布都是必不可少的环节。为了体现活动的国际性，自2016年起，大会组委会分别在摩洛哥马拉喀什、德国波恩、波兰卡托维茨、西班牙马德里举行的联合国气候变化大会（COP）期间，在COP新闻发布厅举行气候影视大会的新闻发布会，一方面启动下一届HCCFF的征片，另一方面，也通过与中国政府代表团相关机构，主要是气候影视大会的相关业务支持单位代表进行现场互动，体现整个大会的专业性和多元参与，至今已有生态环境部应对气候变化司、中国气象局科技与气候变化司、国家气候战略中心、生态环境部宣教中心等代表出席新闻发布会。2021年基于疫情限制，第六届大会新闻发布会在深圳举办，得到了龙岗区政府的大力支持。

2. 专业论坛

论坛的设立是与影视作品评优平行的重要环节。每年都会在专业论坛上举行简洁的气候影视大会开幕环节，并设置一天的论坛活动，每一届都会设立不同的主题和探讨的子议题。为应对气候变化的理论研究、知识普及提供了交流的平台。几年来，国家和深圳有关部门的管理者、相关研究机构和高校学者以及国外专家195人，以权威的信息，多年的研究成果，创新的理念进行了充分的交流与研讨。基于气候变化领域的科学门槛较高，涉及议题过于广泛，论坛的主题也从气候+影视传播的交叉学科，慢慢回归到气候领域的专业主题。气候影视大会历届主题安排如下：

2015年：如何用绿色影视提升公众的环保意识

2017年：绿色发展与气候传播

2018年：气候传播与公众参与

2019年：可持续发展目标下的绿色传播

2020年：气候变化与绿色复苏

2021年："脱碳"变革开启绿色未来

至今，大会已组织举办了20场主题论坛，比如"无废城市""大众传播与公众参与""气候变化的风险与治理""打造碳普惠平台，倡导全民低碳行动"和"双碳背景下如何发挥碳市场和碳金融的作用"等，都得到了专业观众的高度评价和认可。

3. 海内外影视作品征集及评优晚会

作为核心板块，每年大会都面向全球征集反映气候变化、生物多样性、生态环境保护等相关方面的科教、纪录影视片，累计六届征片达到8859部，参与国家和地区达到130个，六届共入围影片193部。每年设置初评和终评环节，终评由影视、科教、生态环境等领域的7名国内外专家组成的国际评委团评出。六届共评出了中国的《绿色长城》、中国的《气候变化与粮食安全》、美国的《污染改变了一切》、韩国的《森林盲人》、中国的《深圳自然笔记Ⅱ》等70部国内外优秀影片。大会征集和评优这类影片，主要是面向公众，已在学校、部队、电影、社区文化场馆等场所，向公众免费放映近百场生态文明、绿色发展主题影片，产生了较好的社会反响。

评优晚会，每年保证高规格嘉宾的积极参与，邀请到来自政府、行业领袖、媒体在内的与会专家向获奖作品创作者颁发荣誉予以鼓励,由于疫情原因不能到场的国外作品创作者也同步发来视频感言。晚会同期会在电视台黄金时段播出,通过媒体的引导和传播将优秀作品传递给公众。

4. 公众展映及科学传播专家讲座

大会惠民的公共福利主要体现在每年举办的公众展映及科普讲座,公益放映"绿色发展""低碳环保""应对气候变化"主题的有感染力的优秀影视作品,邀请科学传播专家、影视制作人,开展碳达峰和碳中和等主题科普讲座。利用观影＋听讲座叠加的传播形式,普及、解读并传播习总书记生态文明有关思想,提升市民的环境科学素养,积极践行绿色低碳的生活方式。

活动时长从第一届的三天增至后面的一周,现在已经转为大会举办当周为主＋全年不定期为辅的活动时长。主要开展的场所安排在学校、社区及企业。迄今为止,六届已向公众提供展映影片66部影片,组委会参与承办共计61场(不含学校等第三方自行播放的场次)。

5. "青锋少年"环保题材作品比赛

大会关注青少年群体的环保观念及气候行动,2017年特别创办了鼓励青少年环保能力提升的"青锋少年"项目。2017—2020年的几届项目集中在提升学生的环保题材影视作品创作,第六届大会举办了面向更大范围的青少年环保摄影大赛。大会运用各种传播平台,开展学生作品的展示和交流,一方面,增加了青少年的影视文化体验,另一方面,也提高了学生群体的环保意识,让他们从小建立绿色环保从我做起的文明观念。在深圳市委宣传部、深圳市科协以及深圳市教育局的支持下,"青锋少年"作为气候影视大会针对青少年环境教育开展的一项子活动已经形成了一定的区域品牌效应。

6. 绿色低碳生活展

"绿色低碳生活展"是第六届新增版块,旨在通过丰富多元的展示内容,引导更多的公众认识个体低碳行为与实现碳中和目标之间的密切关系,倡导绿色消费,引领绿色低碳生活新时尚。通过面向社会的大量前期征集工作,大会遴选了50家符合条件的绿色产品。大会开幕当天,在活动现场以展架展览与实物体验相结合的方式,向与会嘉宾及观众展示了我们日常生活场景里的衣、食、住、行、用等各种产品,包括有形实物,服务行为,还有针对具体产品、服务或项目的完整概念,以及公众倡导活动等。部分产品已经有了碳足迹标签或碳排放数据说明,都分别从研发设计、原材料使用、生产工艺、销售包装、使用及废弃处置等环节的全生命周期体现着绿色低碳和可持续的特点，带领观众去体验绿色低碳的生活方式。除会期内展览外，还增设了其他场地的线下展和电子刊物的云展览，方便绿色低碳生活理念的传播。

二 气候影视大会传播策略

从 2015 年首届大会成功举办，创始团队从联合国气候变化巴黎大会归来，确定未来可以将大会作为一个品牌活动来运营，就确定了遵循中国气候传播项目中心主任、时任人民大学新闻学教授郑保卫提出的"五位一体"气候传播行动框架，充分发挥政府、媒体、社会组织、企业和公众的作用。在践行的过程中，创始团队针对这五类人群的参与，采取"循序渐进，逐个击破"的核心传播策略。

1. 政府背书

考虑到气候变化治理问题本质是发展的问题，涉及国民经济生活的方方面面，并非一个普通民营机构可以轻松驾驭的，因此获取政府对项目的认可以及后续的支持，是大会创办至今一直秉承的第一要务。从首届联合深圳市科学技术协会和深圳市气象局参与作为主办单位，到第六届组织架构为中国科学技术协会、深圳市人民政府主办，中共深圳市委宣传部、深圳市科学技术协会、深圳市文化广电旅游体育局、深圳市教育局、深圳市生态环境局、深圳市龙岗区人民政府、标新科普研究院（航都文化公司）承办。一路走来，每年组委会都会就大会筹备方案向深圳市以及国家相关政府部门进行汇报，通过政府部门的有效反馈来保证大会的方向性和安全性，同时基于业务板块的性质争取每年与更多的政府部门产生合作。另外，大会近几届分别获得深圳市文化事业基金以及福田区、龙岗区的文化产业基金的资金支持。

2. 媒体加持

除政府部门之外，组委会也非常重视与媒体的交流与合作，为了在行业发声，更重要的是善用媒体的力量，来开展不同层面的科普和传播工作。举办新闻发布会、召开气候影视大会以及参加联合国气候变化大会是项目每年的三个重要宣传节点。多年来，组委会与各大媒体机构，尤其是中央媒体保持良好的互动往来。央视综合频道、人民网、新华网和《人民日报》《光明日报》等机构每年都会组织记者来通过图片文字、短视频、音频等各种媒体形式进行大会的全方位报道。自第五届开始，大会开始与权威门户网站网易、凤凰网等进行战略合作，对专业论坛进行全程直播，实现线上传播最大化引流。另外，大会连续两年在国际在线推出气候影视大会专题版块，深度提供现场嘉宾的发言内容及重点摘录。六届大会合计全网新闻报道（含转载）达2000篇以上。

3. NGO 助力

了解到民办非政府单位（组织）在国际事务治理领域的重要贡献和作用之后，组委会团队每年都会往返北京深圳，持续的拜访业界有影响力的NGO，并力争每年在论坛环节，在议题设计上，考虑NGO的角色和视角，吸引他们参与承办或协办，或者邀请重量级嘉宾进行发言。第三届大会论坛上，还特别就绿色传播的主题组织了NGO专场，作为"政府在行动"专场的有力补充。近年来，大会吸引了中国国土经济学会、美国环保协会、阿拉善基金会、红树林基金会、中国投资协会能源投资专委会、武汉大学气候能源经济学院等诸多NGO的积极参与。

4. 企业共赢

在全球气候治理领域，提供技术解决方案是核心的要务之一，而企业在其中扮演着主要的推动作用。因此，组委会对企业参与大会一直也高度重视。基于大会早期定位的公益属性，如何平衡公益和商业的性质以及什么样的企业合适来深度参与是曾经困扰过团队的问题，因此团队没有选择直接提供冠名招商等服务的激进策略，而是不断试水，逐步引入。前四届大会面向企业的机会更多是提供一个了解和关注的平台，欢迎企业免费来现场观摩。第五届开始，大会在论坛版块专门设立了一个技术分享环节，集中吸引一些有技术创新的企业来发声。第六届大会，还增设了绿色低碳生活展，也是主要面向企业端参与，通过展览的形式，给提供绿色产品的企业一个展示平台，共同通过绿色消费来倡导低碳生活方式。大会理解企业的诉求，并赋予企业共同发声，共同成长的平台才能达到社会共建，企业共赢的局面。

5. 公众参与

大会作为一个面向多维度人群的科普传播平台，从初期定位的宗旨就确立了要向公众提供有科学性、有可观赏性以及有趣味性的文化福利。具体的惠民福利主要是气候环保佳片展映以及配套的科学传播讲座，后续还提供了面向公众的低碳生活主题的实物+图片展览。

针对公众群体，组委会主要还是基于大会所在城市来进行逐步渗透，初期广撒网，不论是活动场地还是受众都没有限制，公共场所、影院、校园、社区、部队、企业都是我们开展活动的地方；后期则更加聚焦，主要集中在中小学的校园和已建立党群服务中心的社区。在市教育局和市委组织部的支持下，这两类场所的安排和人群的组织相对可控且针对性强，活动也能收到正面积极的反馈，有利于拓宽覆盖面及后续产品的优化。

三 气候影视大会传播效果

自 2015 年创办以来，大会已经成功举办了六届，作为"深圳国际科技影视周"重要组成部分被写入"深圳城市文化菜单"；作为"公众广泛参与应对气候变化案例"，从 2017 年连续四年被收录在由国家发改委和生态环境部发布的《中国应对气候变化政策与行动》白皮书；大会组委会代表自 2015 年连续五年应邀随中国代表团参加联合国气候变化大会。2021 年，气候影视大会成为深圳唯一入选国家生态环境部绿色低碳典型案例。同年，大会经中国邮政批准，由中国邮票印制局印制，出版发行了大会专用个性化邮票。

大会坚持每年高规格高水平的举办，多年来得到了气候变化以及影视传播行业权威人士的一致认可和高度评价，以下摘录选自 2021 年第六届气候影视大会参与嘉宾的评价：

中国气候变化事务特使解振华：气候大会组委会每年携获奖气候影视作品在联合国气候变化大会中国角展播，吸引了众多国家的谈判代表和工作人员驻足观看，令人印象深刻。希望大家百尺竿头，更进一步，锐意进取，勇于创新，不断提高科学性和专业性，在深圳这片改革开放的热土上，共同打造具有全球影响力和领导力的气候变化民间合作交流平台。

联合国副秘书长刘振民：气候影视大会得到了中国科协、深圳市政府和联合国等国际机构在内的大力支持，多年来通过征集全球影视作品宣传推广气候变化知识，积极引导社会各界积极参与低碳行动，取得了良好的效果。

联合国气候变化框架公约组织前执行秘书伊沃·德波尔：气候影视创作者作为信息传播者，在向公众和决策者传递信息中扮演关键角色。

生态环境部应对气候变化司副司长陆新明：中国（深圳）国际气候影视大会已经成功举办了五届，助力我国加强国际传播能力建设、讲好气候变化中国故事、引导形成绿色低碳生活方式、展现真实历程全面突破的要求，很有必要，很有价值，要下大力气做好，并持续地举办下去。希望中国（深圳）国际气候影视大会利用丰富的传播形式，不断提高国际传播能力，结合实际案例，讲好中国故事，全方位向世界展现中国积极应对气候变化主动实现碳达峰、碳中和的丰硕成果。

中国电影基金会理事长、国家新闻出版广电总局原副局长张丕民：大会的组织方利用影视手段宣传展示普及气候变化这样的国际治理议题,开展环保方面的教育,是一个非常有情怀和亲和力的创举。

中国科教影视协会首席专家、原国家广电总局电影局局长刘建中:影视科普难在它本身传递的是知识,是抽象的。我们看到所有电影和电视剧讲人文和生活中的东西,容易体察和把握。但是要专门掌握"双碳"和气候变化的知识则不容易,要形象化和故事化就更难了。气候影视大会这种创新的科普形式非常好。

四 经验总结

中国(深圳)国际气候影视大会自2015年创办以来,围绕应对气候变化和环保议题,充分发挥航都文化公司的文化创意特色以及标新科普研究院的智库资源,在深圳这片改革开放的热土上,坚持世界主题、中国故事、深圳表达,久久为功,持续进步,在中国的气候传播行动中独树一帜。

1. 国际特色,中国视点

中国(深圳)国际气候影视大会作为有国际属性的活动,高度重视国际化。向全球征集反映气候变化的优秀影视作品,鼓励影视制作者通过影视手段传播应对气候变化的主题内容,普及气候变化相关知识,提高公众气候变化意识,助力应对全球气候变化。针对入围影片,邀请创作者提前录制视频,在评优晚会上播放。针对获奖影片,组委会则不分国别,积极在资金上支持影片创作者来现场参会,极大地保证了评优晚会的高品质呈现。在专业论坛领域,大会每年也会邀请国际嘉宾出席。迄今为止,已经有三位联合国副秘书长以及来自UNFCCC、UNEP、WHO、法国大使馆、印尼大使馆等国际机构的重量级嘉宾出席大会,为大会添光增彩。

另外,组委会成员每年积极参加在各大洲轮流举办的联合国气候变化大会,展示每一届大会的活动成果,在中国角提供来自中国的获奖影片展映以及召开下一届大会的新闻发布会则是体现大会与国际接轨,重视国际传播的又一呈现。

2. 善用优势,另辟蹊径

在开展新项目时,理论上每家机构都有相对的优势,或者有行业细分领域的经验,或者在资源渠道方面有特殊性,或者是创始团队对新理念的热爱和坚持。气候影视大会最大的特点就是气候+影视的跨界传播,这是基于航都文化团队早些年在影视行业尤其是科教纪录片领域积累的资源和渠道,因此成为项目启动定位的必由之路。尽管两个领域结合,一定程度上约束了人群的覆盖面,但是定位的独特和稀缺性依然是大会的一个重要标签，帮助项目本身在众多环保活动中突出重围。

在多年办会过程中，大会团队也会向其他知名机构取经、学习。考虑到生搬硬套的复制很容易让行业受众失焦，因此大会在重点新推子项目时，会考虑独特性，比如第六届新增的绿色低碳生活展。了解到行业主推的低碳技术聚焦在 to B 端的使用，大会则另辟蹊径，选择了 to C 端的运用，主推衣食住行用这五类大众熟悉的生活使用场景里的绿色产品和技术来进行展览展示，这样可以区别于其他低碳技术展的特色，对公众更加友好，也更加符合大会做科普传播的定位。

3. 长期坚持，终成品牌

一个项目可以持续性举办，时间可以说明很多问题。大会创办时，没有任何外部资金支持，100% 是航都文化自有资金的投入。第三届之前，来自业界的质疑声还是比较多，许多人都在观望，想了解项目团队的初心和动机。应该说第三届大会是一个分水岭，当大会持续的每年举办，而且有丰富的产出之后，质疑的声音少了，鼓励的声音多了。之后的每一届，主动上门来对接合作的有影响力的人士和机构数量在不断增加，给大会带来了更大的影响力和美誉度。应该说，是大会团队对项目的坚持换来了各个群体对大会的认可。

大道至简，实践出真知。一份热爱和长期的坚持可以让项目越走越远。气候影视大会也会在国家大力推进双碳目标达成的过程中贡献更多的力量。

能源基金会：策略传播项目推进中国可持续能源发展

能源基金会　黄　玮

能源基金会是在美国加利福尼亚州注册的专业性非营利公益慈善组织，于1999年开始在中国开展工作，致力于中国可持续能源发展。基金会在北京依法登记设立代表机构，由北京市公安局颁发登记证书，业务主管单位为国家发展和改革委员会。能源基金会的愿景是通过推进可持续能源促进中国和世界的繁荣发展和气候安全。使命是通过推动能源转型和优化经济结构，促进中国和世界完成气候中和，达到世界领先标准的空气质量，落实人人享有用能权利，实现绿色经济增长。

能源基金会致力于打造一个具有战略眼光的专业基金会，作为再捐资者、协调推进者和战略建议者，高效推进使命的达成。项目资助领域包括电力、工业、交通、城市、环境管理、低碳转型、策略传播七个方面。通过资助中国的相关机构开展政策和标准研究，推动能力建设并促进国际合作，助力中国应对发展、能源、环境与气候变化挑战。除上述七个领域的工作，能源基金会还致力于支持对中国低碳发展有重要影响的综合性议题的研究和实践，并成立了七个综合工作组：中长期低碳发展战略、城镇化、煤炭转型、电气化、空气质量、一带一路、二轨合作。

截至2020年年底，能源基金会在中国资助的项目已达到3113个，赠款金额累计已超过3亿5900万美元。受资助单位累计超过796家，其中包括国内外一流的政策研究机构、高等院校、行业协会、地方节能机构和非政府组织等，例如国务院发展研究中心、国家发改委能源研究所、国家应对气候变化战略研究和国际合作中心、生态环境部环境规划院、中国科学院、中国社会科学院、清华大学、公众环境研究中心、能源与交通创新中心等。

一 能源基金会策略传播项目简介

能源基金会策略传播项目成立于 2015 年，旨在通过促进低碳转型的议题传播，推进利益相关方和社会各界对"双碳目标"、实施路径和协同效应的理解和支持，动员广泛和积极的行动，共建零碳未来。能源基金会策略传播项目支持"以低碳转型促进可持续增长"的议题建设、推动绿色、低碳生活和消费、支持领域的传播能力建设，通过资助、赋能、资源链接等各种支持形式，促进相关机构形成领域合力，共同讲好中国双碳目标、能源转型和路径选择的故事，让更多的人能一起投入到这场重塑中国发展模式的世纪变革中去。"如果说基金会其他项目组是通过支持研究和试点为决策提供参考，我们的工作就是讲好能源转型目标和路径选择的故事，帮助相关方做好知情抉择"能源基金会策略传播项目主任荆卉说。

二 能源基金会策略传播项目推进策略

能源基金会的策略传播工作自 2015 年开展以来，在气候与低碳转型的议题建设、搭建传播平台、提供培训与交流、资助传播项目以及推动公众行为转变等方面进行了一系列努力，并欣喜地看到它们正在生根发芽。

1. 推动柴油车船尾气排放污染治理的议题建设

在 2018 年启动的"打赢蓝天保卫战三年计划"中，柴油货车被列为重要治理领域之一。但在两三年前，虽然已有业内专家意识到仅占机动车保有量 6.4% 的柴油车排放了 63.6% 的氮氧化物和 99% 的颗粒物，然而在圈外，柴油车排放导致的空气污染问题还鲜有人问津。如何让它获得更多关注，提升相关方的优先考虑级别，成为策略传播项目思索的问题。

为了把这个话题带入公众视野，2016 年，能源基金会支持亚洲清洁空气中心在柴油车船污染严重的京津冀等地区开展调研，将缺乏监管、油品质量差、港口柴油污染严重等问题反映在《中国柴油污染相关事实》调查报告中。在随后召开的发布会上，这份调查报告被配以专家解读，让大量与会媒体切身感受到了柴油车船污染的严重性和治理的紧迫性。仅 10 余天内，相关的新闻报道就超过了 200 条，众多读者对柴油车污染表示担心，并期待对其进行治理。这一波传播活动，有效地把柴油污染带入到空气污染治理的大话题之内，加速了各方对于话题的认知。

为促进更大范围的社会关注和讨论，能源基金会支持了"清除黑尾"公众倡导行动，项目伙伴在北京 8 个地铁站投放公益广告，普及柴油车危害的知识，同时提示公众拨打 12369 参与对污染车辆的监督。此外，项目还支持设置#清除黑尾#微博话题讨论，4 个月内，话题阅读量高达 134 万，讨论量超 9 万，柴油机污染短视频微博播放量超 110 万；支持与腾讯联合推出柴油污染图片专题，1 个月内浏览量达到 20 万，收到评论 1000 余条，越来越多的人开始认识到柴油污染的严重和危害。随着公众和媒体对柴油车污染的不断关注，提供污染问题的解决方案成为下一步传播的重点。

从 2017 年 9 月起，能源基金会支持开展中国货运行业调查，梳理柴油车集中的货运行业的痛点，并采访行业专家，收集解决建议。2018 年 3 月，《中国货运行业可持续性调查案例报告》在媒体上推出，从环保、节能、效率、安全与经济五个角度分析了解决路径和方法。这份报告随后被 30 多家媒体引用，微博上#可持续货运#话题阅读量超过 215 万，形成了媒体对如何解决柴油车污染问题的新一波讨论。

2. 搭建传播平台，开发《能源中国》论坛系列活动

过去几年来，全球陆续经历美国退圈气候治理，2020 年的全球疫情冲击，中美两国贸易冲突，以及中国经历的经济增长放缓等各种内外环境、政策变化时，议题建设所扮演的搭建对话、创造共识的角色也就越发重要。

2020 年能源基金会和中国新闻社"国是论坛"共同发起《能源中国》论坛系列活动，聚焦能源低碳转型、经济高质量发展等相关领域，旨在促进经济发展战略和规划、能源发展及气候变化等领域专家学者间高水平、深层次的跨界探讨及交流，并推动形成更广泛的社会共识。

《能源中国》论坛系列活动从第一期开始，就明确了紧贴政策重点，链接顶尖专家，策划高水准的对话和讨论的原则，分别就"疫后高质量增长与低碳能源转型""疫后全球经济与能源大变局""汽车电动化的中长期发展""'十四五'目标与地方行动"以及"双碳目标下的产业转型"等话题，邀请到四十多位院士、专家、政府、企业代表展开高水平、深层次的跨界探讨及交流。

3. 提供培训与交流，帮助领域机构提升传播能力

把传播的最佳实践和有效方法带入领域，帮助相关机构提升自身能力，更好地讲述气候治理和能源转型的故事，是能源基金会策略传播工作努力的另一个方向。

2017 年，策略传播项目组推出了面向领域的气候与能源策略传播能力提升计

划,以工作坊的形式,为领域内相关机构的传播人员提供交流和培训机会。由于各机构的工作目标各异,对传播能力的要求也不尽相同,能源基金会经过三个月详细的调研,开发了首套量身定制的气候能源议题策略传播课程,为参与者提供不同板块的系统性知识和丰富的国内外经验分享。该工作坊已成功举办两期,为近 30 家机构进行了培训。

2020 年,考虑到气候传播议题在省及地方深化的实际需求,为了扩大能力建设项目的受众范围,能源基金会与深圳国际公益学院在既有能力建设计划基础上联合开展"菁英计划"项目,通过培训、研讨和论坛等多重形式的搭配,以及深化地方探讨的思路,相继开展了"策略传播菁英计划"北京训练营、"策略传播菁英计划"深圳研讨会,以及"策略传播菁英计划"论坛等多种活动。

另一方面,能源基金会还围绕"打赢蓝天保卫战",支持生态环境系统的宣教人员系统性地探讨和分享如何更有效地提升公众对于空气污染治理的支持和参与。2 年内,云南、山东、河南、河北等地共计 170 余名生态环境部门宣教人员参加了交流与学习,从中获取新的思路和方法。

4. 资助传播项目,支持领域讲好气候故事

通过培训,不少参与者对于如何做好能源气候传播有了更深入的了解和思考。然而,大多数机构对传播工作的投入较低,很多好的想法难以付诸实践,限制了气候传播的创新。为此,能源基金会于 2019 年 7 月启动了小额资助,与 2020 年与中华环保联合会发起了"益起低碳"小额资助计划,支持更多机构开展"小而美"的能源气候传播活动,提供创新的机会,让气候故事有更丰富的角度。小额资助项目在 2019 年、2020 年两年的周期里,提供了约 200 万人民币的资助,支持了创绿、民促会、汲川与碳阻迹、R 立方、绿普惠、青年应对气候变化行动网络等 9 家机构开展传播工作,其中,支持创绿所开展的"快手冰川哥参加气候大会",支持民促会开展的"中国气候变化故事集"系列及传播,支持汲川与碳阻迹与网易开展的低碳消费漫画与碳计算器,已经成为这些机构的经典传播案例。

5. 促进公众低碳观念养成与行为改变

无论是解决环境问题还是应对气候变化,公众的支持与参与是关键一环。而好的传播,可以极大地增强公众的环保、低碳意识,并促进其行为的转变。这也逐渐成为能源基金会策略传播工作的重点。

为治理民用散煤燃烧污染问题,一系列清洁供暖政策快速出台并进入实施。然而由于对政策不熟悉、生活习惯难以改变、经济、配套等多种原因,不少地方

的清洁供暖工作都遇到村民的不理解和不接受的问题。2017 年，能源基金会支持生态环境部宣传教育中心开展"农村散煤治理传播项目"，强调摸清实际问题、以受众真实认知和需求为基础开展工作。项目产出的《京津冀散煤燃烧治理研究报告》把老百姓对"贵不贵、暖不暖、使用和维护方便不方便"的关切以及清洁供暖过程中出现的政策、体制机制、市场、传播等问题进行了详细梳理，并开发了有针对性的"农村散煤污染治理　传播工具包"，为基层传播工作提供参考。2018 年至 2019 年，能源基金会支持宣教中心在河北农村开展了传播工具包的试点，基于当地受众的接受能力和实际需求，设计了涵盖政策、价格、安全、维修等问题的三句半口诀、标语以及抖音视频等传播产品，增加老百姓对清洁供暖的了解和信心。生态环境部宣传教育中心主任贾峰说："'农村散煤治理传播项目'的开展为大气污染治理政策宣传和公众行为引导提供了一种新的工作方法，只有真正基于受众的生产生活需求和文化传统实际状况开展传播，才能让生态环境传播内容深入人心，进而产生行动的改变，能源基金会带来的国际经验和策略性传播思路为项目的研究与试点提供了重要支持。"

从 2018 年开始，能源基金会开始将目光投向消费领域的低碳化。消费已经连续 5 年成为我国经济增长的第一动力，消费领域对资源能源的需求也持续刚性增长。有研究表明，目前由居民消费引发的温室气体排放占中国温室气体排放的 52%。为了实现中国的碳达峰目标，消费领域的低碳化势在必行。能源基金会开展的"传播干预低碳消费"项目，将和研究机构、企业、社区、媒体等各方伙伴一起，致力于用传播促进中国公众的低碳消费观念养成和行为改变。紧接着的 2019 年，基金会又支持南方周末与益普索开展了《中国家庭低碳生活与低碳消费行为调研》并进行了报告的发布。

三　能源基金会策略传播项目传播效果

能源基金会推进的柴油货车污染治理、《能源中国》论坛系列活动、领域机构传播能力培训及项目资助、公众低碳观念养成与行为改变等策略传播项目，经过逐年努力，取得了一系列成效。

1. 柴油货车污染治理纳入"打赢蓝天保卫战三年计划"

在多方的共同努力下，治理柴油车污染得到了高层的重视，并成为《打赢蓝天保卫战三年行动计划》的重要内容。2018 年，柴油货车污染治理被中央确定为打好污染防治攻坚战的七大标志性战役之一；2019 年 1 月，生态环境部等 11 个部门联合印发了《柴油货车污染治理攻坚战行动计划》，提出到 2020 年要基本消除全国在用柴油车排气管口冒黑烟的现象；2019 年 4 月 1 日，北京市也迅速出台了专门的柴油车治理行动方案，柴油车污染的治理得到了快速地推进。"一项政策的推动，除了依靠研究、试点，也得益于话题在公众和媒体议程中优先度的提升、利益相关方认知与态度的转变"，能源基金会策略传播项目主任荆卉说："有策略的传播让柴油车污染治理这个话题以更有效的方式进入相关方的视野，提升了它的可见度，并且搭建了一个能供各方充分讨论的场域，推动议题在论证中形成共识。"

2. 《能源中国》论坛系列活动推动形成更广泛的社会共识

《能源中国》论坛系列活动不仅在院士、专家、政府、企业代表之间进行了高水平、深层次的跨界探讨及交流，也吸引了媒体广泛的关注，在媒体中聚集了固定朋友圈，每次论坛都有超四十家媒体的参与，共计形成媒体报道三百多次，微博阅读量三千多万，及三百多万的短视频播放流量，经过媒体的传播，成为公共话题与公众关注的焦点，有力地提升了公共领域对政策目标及路径的深入探讨，并推动形成更广泛的社会共识。

3. 赋能领域机构传播能力建设，提升了传播水平

自 2017 年以来，无论是"策略传播能力提升计划""策略传播菁英计划"，还是《益起低碳》小额资助计划，都获得了领域机构学员的欢迎与认可，四年来累积为超过 50 家机构，80 位学员提供定制的传播能力建设课程，为学员们跨界对接包括生态环境部相关部门管理者，中新社、南方周末、财新数据新闻、路透社等专业新闻媒体从业人，来自奥美等市场与公关专家，京东等企业代表，新媒体公众号代表，清华大学、北京大学等新闻传播学术专家等在内的十几位专家、导师资源，促进了学员机构的传播破圈。

4. 促进了企业用户、社区、公众低碳行为联动

基金会在低碳消费和公众参与领域支持产生的各类研究、试点项目，也为近年来资助领域内相关机构开展面向企业用户、社区、公众的议题建设、行为干预等项目提供了宝贵的知识和工具。

中国连锁经营协会在能源基金会支持下，于 2019 年联合商超、连锁企业等会员单位，以号召会员单位自发公示商品碳足迹为始，开发"碳账户"来创建低碳消费场景，提供直接面向消费者的低碳选择引导，并通过高度定制化的碳账户系统，记录客户低碳消费行为，最终实现消费者的碳权益兑换。迄今，连锁经营协会联合合作机构已经就行业碳核查制度建设、向消费者普及产品碳足迹和低碳知

识理念，提高消费者对环境健康、低碳消费行为与个人生活的关联认知等各方面开展了各项工作。

四 推广价值

通过对能源基金会开展的柴油货车污染治理、《能源中国》论坛系列活动、领域机构传播能力培训及项目资助、公众低碳观念养成与行为改变等项目的传播，总结其成功的如下经验。

1. 主动设置议题与议程，逐层链接目标，促进共识，支撑决策

推进柴油货车尾气排放被列为重要治理领域的案例，充分体现了有策略的议题建设可以更好地提供政策决策依据的作用，通过主动设置议题和议程，将柴油货车尾气排放从排污现状→公众监督→专业解决建议→支撑决策→推动治理，层层递进链接目标，促进专家、社会公众、政府达成共识，使治理柴油车污染得到了高层的重视，相关职能部门制定了相关法规，使得柴油车污染的治理得到了快速推进。

2. 紧贴政策重点，链接顶尖专家，策划高水准的对话和讨论

在共同发起《能源中国》论坛系列活动的案例中，论坛所选择的"疫后高质量增长与低碳能源转型""疫后全球经济与能源大变局""汽车电动化的中长期发展""'十四五'目标与地方行动"以及"双碳目标下的产业转型"等热点话题与国家"十四五"发展规划和中国低碳发展战略密切联系，紧贴政策重点，邀请到四十多位院士、专家、政府、企业代表等参加，这样高水准的对话与讨论，吸引了媒体的广泛参与与报道，吸引了公众的注意与思考，使话题能够从精英群体专业意见向普罗大众社会共识扩散。

3. 为领域赋能，在领域播下策略传播的种子

能源基金会策略传播工作一方面把传播的最佳实践和有效方法带入领域，帮助相关机构提升自身传播能力，更好地讲述气候治理和能源转型的故事；另一方面资助领域机构加大对传播工作的资金投入，开展"小而美"的能源气候传播活动，提供创新的机会，让气候故事有更丰富的角度。

乐施会：减缓与适应气候变化下的绿色低碳村庄建设

——以陕西柳沟村项目为例

乐施会 胡 玮

中国是气候变化的脆弱区，也是灾害频发地区。20世纪80年代以来，中国旱涝等重大气候灾害频繁发生，造成的直接经济损失达到每年近2000亿元。未来中国高温、干旱和强降水等极端天气事件和灾害风险将进一步加剧，会使中国农业生产面临更加严峻的挑战，威胁到国家粮食安全和农民的可持续生计。为了推动中国贫困农村在应对气候变化上实现可持续发展，乐施会于1987年开始在中国内地推行农村发展与灾害救援工作，和伙伴一起协助西部贫困且灾害多发地区生计改善及防减灾和应对气候变化能力提升，乐施会在陕西省汉中市南郑县柳沟村从紧急灾害救援到灾后重建的试点项目就是其中一个典型代表。

一 陕西柳沟村项目简介

陕西省汉中市南郑县柳沟村地处陕西南部，最高海拔达1600米，是秦巴山区—南水北调水源保护区上游。全村总面积为14040亩，其中耕地面积3447亩。辖区有6个村民小组320户（1013人），分散在30个山梁沟壑。村子里有千亩茶园，盛产陕南名茶汉中仙毫，是村民最主要生计来源。柳沟村属于中国14个连片特困区中的秦巴山区，该区域气候脆弱性和敏感性较高，气候变化适应能力较弱。在全球气候变暖的背景下，20世纪90年代以来，陕西增温明显，降水量增多，导致气象灾害发生的频率不断增加。

2012年7月上旬，陕西汉中连续降雨，7月9日特大暴雨来袭，两小时降雨量达170毫米，冷水河支、主流均超警戒水位，大股洪水上岸，淹没房屋庄稼，房内淤泥最深处达2.9米,村民损失惨重。其中,南郑县牟家坝镇柳沟村是此次灾害中受灾最为严重的村庄。当时,陕西省妈妈环保志愿者协会常务副会长王明英与乐施会取得联系,联合开展紧急救援,乐施会第一时间为受灾村民提供了大米、食用油、棉被及家庭卫生包等救援物资,帮助受灾村民度过最困难的时光。灾害紧急救援阶段结束后,乐施会继续支持柳沟村的灾后重建工作。在乐施会、南郑县妇联、陕西省妈妈环保志愿者协会和牟家坝镇党委政府的支持下,本着"资源节约循环利用,生态家园综合推进,城乡携手绿色共享,创新合作持续发展"的理念,坚持村民参与的原则,从应对气候变化、可持续发展的视角出发,在柳沟村相继实施灾后产业恢复、防灾减灾的"韧性社区建设"和生态村庄建设为主的"低碳社区建设",开展了集绿色生活、绿色生产于一体,资源循环利用的生态家园创建探索与实践,促进了贫困山区的生计扶贫和防灾减灾、水源保护及生态环境绿色综合发展。

2012年至今,乐施会在陕西柳沟村共开展了4期项目:2012年陕西省汉中市南郑县7.9强暴雨灾害紧急救援项目;陕西省南郑县牟家坝镇柳沟村7.9暴雨灾后重建项目;陕西省南郑县牟家坝镇柳沟村生态村庄发展建设项目一期和二期柳沟村。主要开展的工作有以下三个方面:

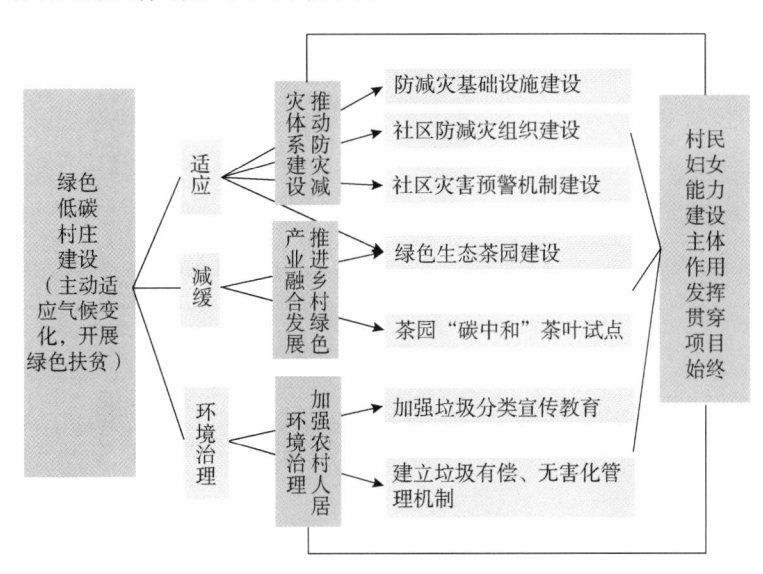

图1 陕西柳沟村项目内容框架图

1. 建立村庄减防灾基础体系,提升防灾减灾能力

乐施会支持合作伙伴从灾害紧急救援介入,动员村民积极生产自救,改善村

民生产和生活条件，提升村民防灾减灾能力，其一，改善交通基础设施，支持柳沟村修建道路排水沟渠7094米、护坎71.4米、涵管56根、水泥平板桥1座，硬化修复水毁道路3800米，方便村民的出行和运输；其二，修建5个蓄水池，铺设管网1.1万米，让128户家庭吃上安全干净的水；其三，按照村民居住以及地理条件，建立了村、组防减灾工作小组，建成910平方米应急避灾活动场所，配备应急救灾设备，建成7000多米排洪沟渠，灾害预警广播系统覆盖全村。

2. 推进乡村绿色产业融合发展，实现乡村振兴

以小型茶旅一体化示范区建设，推进乡村绿色产业融合发展，提升合作社的综合服务能力，促进农户增收，探索乡村一、二、三产业绿色融合发展，推动柳沟村实现乡村振兴。

（1）推动生态茶园建设及绿色产品认证，增加农户收入。乐施会及伙伴积极推动生态茶园建设，发展300亩示范茶园，推动绿色产品认证，注册"娃娃潭"绿色商标。在生态茶园建设过程中，推动农户利用秸秆、人畜粪便、草木灰、厨余垃圾进行有机堆肥，减少和替代化肥。通过生物和物理措施减少农药使用，选取相对集中的5片茶园300多亩，54户参与，建立了高标准的生态示范茶园，安装12套太阳能杀虫灯，悬挂10000多张诱虫板，进行病虫害物理防治，减少和替代化学农药的使用。同时建立完善的绿色技术服务，邀请农技师给村民开展茶叶种植、畜禽养殖等技术培训26场次、1200多人（次）受益，还培养了9位村民技术"土专家"，通过定期组织生产分享活动，共同探索绿色生产经验，促进农户之间的互助互学为村民掌握绿色标准化生产的技术提供支持。

表1　　　　　　　　面临气候灾害影响时的茶叶生产适应与减缓措施

面临气候灾害	影响	适应/减缓措施
高温	◊ 茶芽的生长速度逐渐缓慢，茶多酚含量升高，氨基酸含量降低，茶叶的品质逐渐下降； ◊ 影响农户正常农时	◊ 通过对茶树遮阴，保持茶树水分，降低茶叶冠层温度； ◊ 在茶树上方布置遮阳网，减少茶树暴露度； ◊ 在早晨与傍晚对茶园进行灌溉
低温冷害 （包含冻害、冷害）	◊ 影响春茶叶产量和品质，尤其是经济价值较高的明前茶； ◊ 冻害导致茶叶受损，严重时甚至造成茶树死亡	◊ 选择抗冻茶树品种；种植不同茶树品种保证生物多样性； ◊ 精准施肥，提高茶树抗性； ◊ 及时喷洒药剂辅助茶树除霜；气温回升后及时对受冻茶树进行修剪； ◊ 通过地膜覆盖/遮阳网覆盖等措施抵御霜冻

续表

面临气候灾害	影响	适应/减缓措施
暴雨洪涝	◇ 暴雨会导致茶园土壤侵蚀，肥力降低，影响茶叶生长及品质； ◇ 茶园低洼处暴雨期间积水，会出现湿害，导致茶叶易发生霉病； ◇ 暴雨过后，由于温度、湿度原因，易于导致病虫害高发	◇ 修复水毁茶园道路、沟渠、梯坎、泵站等农业基础设施，疏通沟渠； ◇ 茶园要抓紧抢晴浅耕除草，开沟施肥，施肥后及时覆土； ◇ 加强灾后病虫害防治，布置杀虫灯、性诱剂和色板等绿色防控措施
干旱（春旱）	◇ 茶叶持嫩性差、叶质变硬变脆、鲜叶品质差； ◇ 茶园土壤物理性状变差，影响茶树根系生长发育及根部氨基酸等生化成分合成	◇ 改造并完善茶园农田水利设施与灌溉系统； ◇ 通过耕作措施减轻干旱对茶树幼苗的胁迫； ◇ 喷施叶面肥促进根系生长，增加水分，提高抗旱性

（2）引入茶园"碳中和"茶叶试点理念，开展我国首个以小农户为代表的农村社区"碳中和"试点示范。支持中国农业科学院专家团队对村庄合作社茶园进行全生命周期评估，核算从生产到消费端的全链条温室气体排放总量，然后通过开展适应和减缓措施的协同作用来实现碳中和，以此来推动茶叶碳中和品牌认证，提升茶叶品牌的生态价值转化和实现。实现碳中和茶叶的途径应该包括：气候变化下茶叶生物量生产的有效适应措施；生产低碳茶，减少温室气体排放，增加碳汇；采取措施，在整个茶叶生产价值链中抵消和平衡温室气体排放。

3. 建立村庄垃圾资源有偿无害化处理机制

基于"乡村振兴"战略下农村环境治理，对村庄垃圾资源有偿无害化处理，实现资源"三化"。通过宣传培训，引导全体村民进行垃圾分类，最终妇女们成为积极开展垃圾分类的带头人，项目扶持村庄购买1辆垃圾管理车，建立了"户分类、村收集清运，农户承担车辆运营和人员补贴费用"的有偿垃圾管理机制，并监督执行，以实现垃圾减量化、资源化、无害化。将柳沟村的垃圾分为有毒垃圾、干垃圾和湿垃圾，厨余等湿垃圾用作堆肥，作为茶园绿色肥料。废旧啤酒瓶被一些村民废物利用修建了家庭垃圾分类屋，对家内垃圾进行分类存放。不可回收的干垃圾由乐施会支持的垃圾清运车统一运输到镇垃圾填埋场进行填埋处理。

二　陕西柳沟村绿色低碳村庄建设项目传播策略

项目的推广和顺利实施离不开政策的引导、政府的支持和村民的自觉行动，通过对项目的传播，可以带动村民及更多的社会力量通过不同方式参与到项目的建设中来。

1. 契合政策倡导，配合政府开展项目推介与宣传

陕西柳沟村项目契合"国家乡村振兴战略规划"和"中国美丽乡村"建设目标，在项目启动、中期和结项评估等关键节点邀请农业、防减灾、生态环境保护等地方政府、高校科研院所和发展工作实践者参加项目经验研讨会和成果分享会，倡导不同层面政府部门和发展实践者在制定受气候变化影响脆弱人群的政策和执行发展计划时提供借鉴。项目工作和成效受到当地政府的肯定与推介，并被官方媒体广泛报道，引起社会广泛关注。

2. 加强村民组织化能力培养，充分发挥村民的主体作用

促进村民自己事情自己办，推动村庄持续发展。其一，着力妇女骨干培养，以绿色文化促进绿色发展。柳沟村有妇女420人，占总人口的41.7%，妇女已成为生态村庄发展的主力军。以自然小组为片区组建妇女小组，通过骨干带小组的形式开展垃圾分类、家庭环境卫生评比表彰、环境宣传实践、儿童教育、妇女文艺表演等动员更多的妇女投入生态村庄建设中，发挥妇女的积极作用。其二，建立村民绿色合作组织"神柳种养殖合作社"，倡导互帮互助共同致富。建立村民绿色合作组织，倡导互帮互助共同致富。在项目推动下，在村"三委"的领导基础上，按照农户自愿、缴纳一定股金的原则入社，由社员民主讨论、制定管理制度，选举管理团队，建立自己的绿色合作组织。其三，在防灾减灾的"韧性社区建设"中，组织建立了以村组为单位的防减灾小组，定期开展村户级层面的灾害管理培训和演练；做好全村的灾情预警信息预报工作。

3. 利用影视形式讲好柳沟村村民应对气候变化故事

由独立导演制作气候变化视角的公益纪录短片《气候·家园》，向公众展示气候变化对中国脆弱农村地区的影响，以及柳沟村村民在多方协助下如何积极主动应对气候变化的故事，被选送到2015年联合国巴黎气候大会（COP21）中国角循环播放，向国际社会讲述中国乡村应对气候变化故事。

4. 发动中国青年行动者参与到农村气候变化适应行动中

以沃土行动田野营为起点，由青年导师带领多元学科背景的24名青年学员开启了为期10天的田野调查和农村生活体验，亲自深入中国农村观察和了解气候变化在社区层面上的切实影响，撬动青年人细致深入研究一个社区样本，以社区实践为基础分析和挖掘中国农村气候变化适应的本土实践。项目通过"实践中学习＋新媒体传播"的方式，从自媒体平台微信公众号和社会媒体平台B站的传播营员们

的调研报告和纪录片《青年观察日记——农村气候行动》，扩大青年群体对于气候与社区发展议题的认知，撬动公众对于议题的进一步了解，让青年成为本土行动与公众认知之间的沟通桥梁，提升农村气候行动的公众关注度。

5. 通过城乡互助活动，带动城市居民参与和了解农村绿色发展之路

在寒暑假和特定节日邀请城市居民和学生到柳沟村参加不同形式的体验活动，向公众展示柳沟村的青山绿水和农村绿色发展过程中的一点一滴的改变，以及当地村民的自我成长经历。

三 陕西柳沟村绿色低碳村庄建设项目传播效果

陕西柳沟村绿色低碳村庄建设项目获得了政府、媒体的广泛认可，并代表中国绿色低碳村庄建设经典案例走向联合国气候大会中国角对外展示。

1. 获得政府认可与肯定

乐施会在柳沟村开展的绿色低碳村庄建设项目入选陕西省民政厅"陕西省社会力量参与精准扶贫案例库"；柳沟村荣获陕西省减灾委、陕西省民政厅联合颁布的2017年综合减灾示范社区。

2. 引发媒体关注与报道

2016年9月，《中国周刊》主编杨剑坤、《睿族NEXUS》杂志主编贾静，来柳沟村采访，了解灾后重建和生态家园发展，在《中国周刊》2016年10月总195期中刊登了采访报道《灾后柳沟村的绿色重生》。同时，中国妇女报等各级媒体累计报道柳沟村发展建设情况20余次。在自媒体上的推广，如微信文章《当气候灾害来临时》和《这个被洪水洗劫一空的村庄做了什么，引来了漫天萤火虫》，阅读量超过1000人次。

3. 选送巴黎气候大会（COP21）中国角展示

柳沟村村民齐心协力建设绿色家园的故事被记录到中国首部民间应对气候变化纪录片《气候·家园》，并于2015年11月在联合国巴黎气候大会（COP21）中国角循环播放，向全世界展示中国乡村村民积极主动应对气候变化的故事。

四 推广价值

柳沟村推动绿色低碳村庄建设从农业生产、农村生活和生态环境的三个方面着手，在乡村振兴战略的引导下推进农业生产和农民生活的绿色低碳转型，从而探索出一条中国贫困农村地区将主动适应、减缓气候变化和小农生计相结合的可

持续发展路径。项目主要经验可以概括为以下两方面：

1. 提升妇女村民的环境责任与绿色建设能力

在整个项目规划、设计到实施过程中，乐施会始终坚持以村民为主体，坚持村民事情自己办，尤其是妇女骨干发挥了积极的带头作用。自主集资，积极投工投劳。增加村民对项目成果的拥有感，同时促进村庄凝聚力和自我发展能力提升。

2. 发挥多利益相关方的参与和支持

当地政府、社会组织、国家级和省级的专家学者、城市消费者、城市青年和媒体都不同程度地推动了柳沟村的建设工作，多方参与不仅为村庄增添了新活力，同时也让村民意识到村庄独特的生态和文化价值。

项目实施各方通过多年的实践和探索，也逐渐认识到绿色低碳乡村建设是践行乡村振兴和"金山银山就是绿色青山"理论的良好实践。柳沟村也逐渐成为远近闻名的生态茶园村和积极应对气候变化的示范村。未来的柳沟村，将成为茶园"碳中和"的示范村和明星村。

创绿研究院：探索气候传播新路径

创绿研究院 薛一

创绿研究院（北京绿研公益发展中心）登记注册于北京市民政局，是一家扎根国内、放眼全球的环境智库型社会组织。机构成立于2012年，致力于全球视野下的政策研究与多方对话，聚焦可持续领域的前沿问题与创新解决方案，助力中国高质量地实现"碳中和"目标并推进绿色、开放、共赢的国际合作，共促全球迈向净零排放与自然向好的未来。机构愿景是奔向与自然共生的零碳未来！使命是立论于事实，以研究推动跨界交流，融合社会、企业和政府力量，助力中国与全球绿色与零碳转型。

一 创绿研究院传播项目简介

在互联网技术快速更迭与发展的时代背景下，新闻媒体转战移动端，短视频应用快速发展，改变了传统的信息接收方式，更潜移默化地影响着人们的生活与思维模式。在海量信息时代，无论是适应"浅阅读"习惯的碎片化信息，抑或是内容生产流程简单、制作门槛低的短视频，迅速吸引用户的注意力。用户群体开始以内容为导向形成不同的话题偏好圈层，由此产生的意见领袖具备很强的话题影响力，巨大的舆论场就此产生。传播格局从大众走向分众，这一变革促使创绿研究院的传播者们要开始探索自下而上的传播新路径，让气候变化的故事适应互联网时代的传播生态变革，进一步推动全社会来关注、了解和参与应对气候变化的行动。在创绿研究院开展的众多传播项目中，《中国气候快讯》和《气候行动从记录开始》两个中国气候传播项目尤具特色。

1. 创办《中国气候快讯》电子邮件简报

创绿研究院于2014年正式发布《中国气候快讯》，旨在推动应对气候变化议题进入政治经济社会的主流话语。作为首份由本土环保组织创立的应对气候变化中文资讯产品，《中国气候快讯》主要面向有影响力的意见领袖与行业从业者，包括从事与气候和能源相关工作的政策制定者、NGO、学术界、金融界和企业界人士等利益相关方，聚焦气候科学进展、气候变化引发的极端天气事件、国内外气候政策、行业转型、适应举措以及气候公正等议题，多角度呈现应对气候变化对于全社会实现高质量、具有韧性的、公平的可持续繁荣的重要性与紧迫性，同时也聚焦技术进步与投融资活动的改变，呈现解决方案。此外，《中国气候快讯》基于气候领域的伙伴网络，推广伙伴机构的研究发现与对话交流活动，与其形成协同传播。到2020年12月，气候快讯先后发布283期，形成了来自政策制定者、NGO、学界、金融、企业、青年人及媒体从业者的读者群体与伙伴网络。

2. 联合发起"气候行动从记录开始"项目

2019年是《联合国气候变化框架公约》生效的第二十五年，距离2020年更新国家自主贡献还有一年时间，是各国加强2020年前行动力度、并制定更有雄心的国家自主减排目标的关键一年。创绿研究院与中国最具影响力的短视频平台快手携手探索气候变化知识和行动传播的新路径，联合发起"气候行动从记录开始"项目，以关注科学、政治以及环境的用户为目标受众，拓展气候变化传播的产品新形式和渠道，借势气候变化议题的热点事件马德里气候大会（COP25），主动构建与气候、低碳以及可持续发展相关的积极话语环境。

二 创绿研究院传播项目推进策略

不同年龄、学历以及背景的受众会因共同关注点形成各种互为交集或独立的网络群体。围绕这个共同点所传递的信息，会被整个群体所接受。创绿研究院通过与具备影响力的传播平台合作，实现了锁定目标受众群体中的核心用户，识别目标受众真正关心的话题，在关键的时间和事件节点精准投放"因地制宜"的定制化内容。

1. 打造《气候能源大事件图集特刊》旗舰产品

基于《中国气候快讯》的工作，创绿研究院自2017年开始策划并发布《中国气候快讯》旗舰产品《气候能源大事件图集特刊》，对国内外重大事件进行梳理并策划的创意内容，截至2021年年底共推出七期，范围涵盖极端天气事件、国际气候治理平台、国内外清洁能源转型进程、碳交易市场、大气污染治理进展以及气候减缓与适应等具备时间和话题热度的主题。在形式上，结合新媒体时代用户的阅读习惯，从有冲击力且具有故事性的新闻图片到双语视频，直观地呈现了气候变化正在加剧的严峻事实，提出清洁能源转型是应对气候变化的解决方式，传递各国各界正在积极应对气候变化的信息。创绿研究院通过跨界合作的方式，与有传播影响力的媒体联手将气候变化、能源转型等环境议题融入主流经济话语体系中，让利益相关方以及更广泛的读者了解并参与到议题讨论，推动社会各界形成合力，共同应对气候变化。

2. 与快手网红共赴马德里气候大会

在新媒体时代，国内公知、明星或网红作为其粉丝群体的关注焦点，通过对于气候变化议题真实讲述以及理性分析，可以获得粉丝对于这个议题的深层次集体认同，进而有效提升国内公众对于气候议题的关注度，推动全社会采取应对气候变化的行动。在"气候行动从记录开始"项目中，创绿研究院通过与两位短视频平台快手知名主播"冰川哥"和"陈有病"在议题内容上紧密合作，借势COP25，以从第一视角讲述故事的方式，特别设计并发布了系列传播产品——前期策划气候知识科普的主题演讲和快问快答短视频，COP25 期间全程直播大会实况、出席新闻发布会并发言以及参与主题边会活动，后期延续性产出议题相关短视频，就应对气候变化的重要性与紧迫性、现有气候行动以及气候行动的协同效益进行传播，吸引并促进快手用户对于气候变化议题的关注与讨论，进而推进气候变化议题在公共舆论中的主流化进程，亦为项目双方奠定了长期合作的基础。这是国内气候传播的一次"破圈"行动，将短视频的信息传播优势与气候变化议题相结合，让复杂的气候科学适应"短平快"的内容形式，打破固有的受众圈层，以自下而上的传播思路建立起气候变化影响与公众生活的关联，以主播的第一视角，用简单易懂的方式将气候科普信息及时有效地送达目标受众视野，为公众创造更多了解和参与应对气候变化的空间。

三 创绿研究院传播项目效果

创绿研究院先后与 3 家有影响力的传播平台进行跨界合作，精准触达处于不同市场维度的关注科学、政治、经济以及环境的用户为目标受众，拓展气候变化传播的产品新形式和渠道，结合气候变化传播的关键时间点和事件，形成有故事性和新闻性的话题，借势增强议题的传播效果，主动构建与气候、低碳以及可持续发展相关的积极话语环境。

1. 形成气候变化传播伙伴网络

《中国气候快讯》启动至今，积极贡献了中文公共舆论空间中有关气候变化影响、开展气候行动与能源转型的紧迫性、重要性及公正性的讨论，促进了气候变化相关国际资讯顺利进入中文公共舆论与社交媒体。基于读者调查的反馈，《中国气候快讯》电子邮件简报及专题网页成为订阅用户在工作中查阅相关资料的来源，使利益相关者更有效地开展研究、倡导和传播工作。创绿研究院通过与主流媒体合作，扩大议题传播的受众维度与关注度，联合发布了《气候能源大事件图集特刊》系列文章。比如与财新网联合发布气候能源年度大事件盘点《2017年气候能源圈的10件大事，到底谁是真正灰犀牛？》，取得了不俗的阅读量。再如与澎湃联合发布《我们是这样步入100%可再生能源未来的》，文章经9家媒体平台转载，总阅读量逾2万人次。此系列文章以极具故事性的新闻图片替代冗长的文字解说，既符合目标受众的"浅阅读"习惯，又能够及时有效地传递国内外气候治理政策、经济形势以及技术创新等的重要进展，使得读者可以充分认识到应对气候变化的紧迫性，以及采取应对气候变化行动与能源转型间所产生的正向效益。基于此，创绿研究院建立了以事实为基础原则的传播能力与经验，形成了关注气候行动与能源转型的意见领袖、从业人士与传播人员的伙伴网络。这为创绿研究院进一步开展气候变化战略传播工作奠定了专家与伙伴网络基础。

2. 短视频破圈传播效果显著

在2019年气候大会之行中，快手主播"冰川哥"通过向全球气候专家分享他多年来拍摄记录冰川的影像资料，直观展示了全球变暖对于冰川的影响，新增粉丝7.7万人。在"冰川哥"的直播间里，粉丝的注意力由以往感叹冰川之美，转向了关注气候变化，纷纷表示要身体力行的参与到保护环境的行动当中。"冰川哥"全程记录亲身参与COP25历程以及成长心得，向粉丝介绍大会盛况，在快手端内引发"冰川热潮"。同行快手主播"陈有病"以"新闻播报"形式发布短视频，推动了气候变化议题向更广范围的传播。快手上COP25相关短视频播放量累计超过1000万次。新京报"我们视频"在微博上的"#中国农村小伙联合国演讲#"话题，吸引了环球时报、环球广播在内的多家官媒自主转发，几十家蓝V账号主动转发，微博话题上热门，阅读量破1000万次，同时在微信自媒体上发布了4篇深度稿件，阅读量超过23万次，央级媒体CCTV13《新闻周刊》为"冰川哥"制作专题报道。

3. 入围环保领域优秀气候传播案例

创绿研究院的中国气候传播项目前后入围了中外对话与中国国际民间组织合

作促进会（民促会）2018年和2019年"优秀气候传播案例"。这是目前国内唯一围绕气候变化传播开展的评审和交流活动，获得了气候环境记者与NGO合作伙伴的广泛认可。其中，《气候行动从记录开始》气候传播项目——被评为民间组织气候传播最佳案例。评审委员会点评道："让真实有料的人物带着民间视野去靠近国际会议，用接地气的传播手段把气候话题带出专业圈层，本项目是对社交媒体和短视频时代新型气候传播的有益探索。"

四 推广价值

2020年本应是全球气候治理的关键一年，因新冠疫情的肆虐，所有治理进程都放缓或搁置了，更分散了全社会对气候变化的关注焦点。但是，全球变暖的态势和极端天气事件给全球带来了更加严峻的考验。只有对气候变化的相关事实及其严重后果有基于科学的认知，才有可能调动全社会利益相关方支持进取的气候保护行动。创绿研究院基于过往在气候传播工作的认识与积累总结出以下两点经验：

1. 借势传播声量倍增

讲好故事的前提是时机。传播时机是气候传播新思路的"东风"，结合气候传播的关键时间点和事件，形成有故事性和新闻性的话题，借势增强议题的传播效果。在上述案例中，"灰犀牛"是年度网络热词，"可再生能源"是全球能源转型的核心，"气候大会"是各国不断强化应对气候变化行动力度以及加深政治共识的重要活动，也是全球舆论对气候变化关注和报道的关键时间点，在国内的主流媒体上会及时播报大会进展，能够最大限度地吸引并锁定公众的注意力。

2. 破圈传播精准触达

在探讨气候变化传播破圈的可能性上，既是寻找传播策略的突破口，更是打破固有的受众圈层。另一个"破圈"的关键是要"拉低"气候变化议题，建立气候变化与个人生活之间的关系，消除气候变化议题的距离感。这就需要在气候变化专业领域里面找到一些适合大众传播的话题，与日常的食衣食住行相结合，易于受众理解。创绿研究院通过与有影响力的传播平台进行跨界合作，实践了"自下而上"的气候变化传播策略——根据合作平台受众阅读偏好投放定制化内容，拓展了气候变化传播的产品形式和渠道，创造了气候、低碳和可持续发展相关领域的积极话语环境，增强了全社会对气候变化的认识，推动了利益相关方对于气候议题的关注和讨论。

绿色和平:"气候紧急"状态下中国气候影响故事的构建

——以绿色和平2018年中国西部冰川项目为例

绿色和平组织　王　珏
中南民族大学文学与新闻传播学院　徐　红

冰冻圈是地球表层水以固态形式存在的圈层,包括冰川、冰盖、冻土、积雪、海冰、冰架、河冰和湖冰等,储存着全球77%的淡水资源。[①] 冰冻圈是受全球气候变化影响最直接和最敏感的圈层,随着气候变化的变率加剧,冰冻圈变化的气候效应、环境效应、灾害效应、资源效应和生态效应正日趋显著,其变化将影响亿万依赖冰冻圈生存的人的生计。

"气候紧急"（Climate Emergency）概念是由科学家和行动者于2016年提出,旨在强调气候变化对人类的重大冲击。从受气候变化影响点采集内容做的故事,就是"气候影响故事"（Climate Impact Story）。分享"气候紧急"状态下的故事与经验,可以号召更多的政府部门、科学家、各类社会群体加入"气候紧急"事件应对行动中来。早在2005—2009年,绿色和平组织（以下简称绿色和平）就把冰冻圈和冰川作为"气候紧急"的观测点,四次深入青藏高原地区进行调研,见证气候变化下的冰川消融与冰川灾害,考察冰川变迁对高原居民生活的影响。

（1）2005年黄河源阿尼玛卿山哈龙冰川考察

2005年,绿色和平同中国科学院寒区旱区环境与工程研究所联合考察了黄河源地区,拍摄到了阿尼玛卿山哈龙冰川的现状图片,与1981年德国冰川学家Mat-

---

[①] The European Space AGency, Space and Earth Monitoring-Ice-Overview, ESA, https://www.esa.int/Our_Activities/Observing_the_Earth/Space_for_our_climate/Overview, 2022年6月27日。

thiasKuhle 博士在同一地点拍摄的图片形成强烈对比。通过整理这次考察素材，绿色和平委托中国科学院寒区旱区环境与工程研究所撰写的《黄河源之危》研究报告发布。报告指出，近 50 年来，黄河源区的平均气温上升了 0.88℃，在这种趋势下，仅 30 年间，黄河源区冰川面积就减少了 17%，直接造成水资源损失 23.9 亿立方米。

图 1 黄河源地区阿尼玛卿山哈龙冰川对比照片

上图为德国冰川学家 Professor Dr. Matthias Kuhle. 于 1981 年 6 月拍摄

下图为绿色和平 John Novis 于 2005 年 9 月拍摄

资料来源：https：//media.greenpeace.org/archive/Yellow-River-Documentation-Tour-in-China-27MZIFOJOJO.html。

（2）2006 年、2007 年喜马拉雅珠峰中绒布冰川考察

2006 年，绿色和平第一次来到珠峰，在现场视频记录中科院两位专家的分析，为 2007 年勘路打基础。

2007 年，4 月 20 日，绿色和平喜马拉雅考察队一行五人奔赴喜马拉雅，见证了喜马拉雅的冰川消融。此次拍摄的珠峰中绒布冰川图片，对比 1968 年的照片可

见，冰川最前端退缩二三百米，曾经壮观的冰塔林高度显著下降。

2008年2月24日，绿色和平"喜马拉雅冰川调查行动"获得"中国户外年度金犀牛奖"之"最佳环保精神奖"。此奖项授予在2007年以实际行动捍卫自然权利、唤醒人们环保意识的环保事件。通过这样的活动，气候变化话题得以在户外圈发酵，宣传气候紧急、气候行动的使命，传递给登山、户外群体中的积极分子。在前联合国秘书长潘基文办公室，就挂着绿色和平行动者钟峪手持绒布冰川历史图片与现场比对的照片。

图2 钟峪，时任绿色和平行动团队成员，喜马拉雅考察队领队，在绒布冰川，手持1968年的绒布冰川照片与实地见证的情况做对比

资料来源：https://media.greenpeace.org/archive/Greenpeace-at-Mount-Everest-27MZIFLLNZAL.html。

(3) 2009年"亚洲水塔"考察

2009年7月，绿色和平考察队继2005年黄河源考察、2006年及2007年珠峰冰川消融考察之后，第四次踏上了被称作"亚洲水塔"的喜马拉雅—青藏高原地区进行调研。这一次的考察行经长江北源楚玛尔河，沱沱河、各拉丹冬、岗加曲巴冰川、可可西里、黄河源扎陵湖、鄂陵湖、阿尼玛卿山等地，行程3000多千米，针对气候变化导致的冰川消融、冰湖溃决、高原居民的民生问题，以及对主要河流的影响等方面做进一步了解。制作气候难民图片故事专题，纪录片等产出。2009年8月28日，使用取自长江、黄河和恒河三条大江源头的冰川融水在北京制作而成冰雕孩子，与印度新德里的冰雕同时展示。冰小孩的在北京和印度新德里的迅速"消失"，警示人们喜马拉雅—青藏高原地区冰川的加速消融，影响最大的当然是亚洲国家人民的生活。

这一系列的考察，除了现场收集气候变化正在发生的实证，还通过影像记录、故事采写和研究报告，把气候变化影响具体化、具象化、清晰化地传播出来，获得了大量的中外媒体报道、专题内容衍生、政策制定者关注。

一 绿色和平 2018 年中国西部冰川项目简介

2015 年巴黎气候大会召开，气候变化成为热门议题，但 2017 年美国声称要退出《巴黎协定》的声音，气候变化怀疑论再次抬头。气候变化真的是伪命题吗？这促使绿色和平回头关注自己曾经开展过的冰冻圈考察与研究项目，冰川现在怎么样了？冰冻圈挑战更恶化了么？

项目负责人雷宇霆的笔记中回忆："2017 年 7 月有一个新闻，是关于南极拉森 C 冰架塌陷的，但 2016 年时，NASA 工作人员在飞机上还拍摄到拉森 C 冰架裂隙。一个研究团队持续监测了数年的拉森 C 冰架裂隙终于塌陷，这个塌陷是否与气候变化有关？是否会引起海平面上升？这些在科学界尚有争论，有待后续研究来定论，但无疑那是一个令人难忘的事件。团队又搜索到另一个更早前的新闻，2016 年 7 月，西藏阿里地区东汝乡发生一次罕见冰崩，同年 9 月，附近的冰川又有一次罕见的大范围崩塌。尽管科学界对于阿里冰崩的解读也不一致，但都承认，非常稳定的极大陆型冰川发生冰崩，已然彻底颠覆了以前的认识，且气候变化极有可能是阿里这两次冰崩的'真凶'。无论新闻旧闻，这两个事件成为冰川项目想法的触发点，也就是，在气候变化影响下，中国还有那么多冰川情况怎样，冰川的变化会对下游带来什么影响。"

在这个大背景下，2017 年夏天绿色和平决定重启中国西部冰川考察项目，通过冰川这个气候变化观察视点，考察冰川变化与对气候变化的响应、冰川灾害（包括冰崩、冰湖溃决、冰川跃动及冰川洪水）、冰川变化对下游生态环境影响，目的是：（1）提供有中国视角的，关于气候变化紧迫性的新故事和强有力证据；（2）通过研究数据和多样化的视觉产品，呈现和展示中国西部的几个点位的冰川的退化及对下游河流、经济民生以及生态的影响；（3）把气候变化影响和应对提升到更高的公众议程中，起到公众倡导公众教育的作用；（4）使绿色和平在气候变化话题上，继续承担关注与评论的角色。

二 绿色和平 2018 年中国西部冰川项目传播策略

2018 年夏季，绿色和平与甘肃省科学院地质自然灾害防治研究所以及中国科学院西北生态环境资源研究院沈永平研究员等科学家合作，前往中国西部的冰川进行实地调研，见证并记录气候变化下的冰川消融与冰川灾害，考察冰川变化和冰川灾害对下游流域的影响。在实地考察的过程中制作"气候影响故事"，生成多形态内容产品进行发布。

在传播策略上，会延续绿色和平十年前的一些主要工作方式，以科学研究和科学假设出发，注重现场的证据与体验（也就是见证），寻找气候影响导致的风险甚至危机的新证据，与专家合作撰写中国冰川与气候变化影响科研报告，结合多样化的产品形式及技术手段，通过国内外媒体及新媒体渠道对科研报告及视觉影像产品进行宣传报道。

1. 多形态的内容产品的叙事线索

一个是见证线：将所考察的几个冰川点位的新近影像与历史影像做对比辅以周边居民提供的气候变化影响证据、证词、故事。

一个是研究线：邀请中国的冰冻圈研究专家加入考察团队，进行实地考察并与各个考察点的研究者收集的信息汇总，综合形成中国西部冰川在气候变化影响下的最新发现。

一个是视觉设计：邀请资深设计团队为整个项目设计了统一的平面视角解决方案；并在冰川的现场见证了纪录环节，与国内优秀摄影团队合作拍摄照片与视频；将研究报告的数据可视化，达到让数据说话的效果。

一个是人群、社群线：形成公众与冰冻圈研究者、活跃在冰冻圈的户外人士和纪录工作者的互动，在互动中扩展传播话题。

一个是突发性极端天气事件线：在一些和冰川、气候变化关联的极端天气事件出现时，项目团队会快速跟进，推出相关媒体内容。

2. 研究机构和科学家参与，增加了叙事的权威性

参与绿色和平 2018 年中国西部冰川项目的研究机构是甘肃省科学院地质自然灾害防治研究所及中国科学院西北生态环境资源研究院，参与的科学家有沈永平研究员、王国亚、刘君言、李朝等，他们都是专业领域中的实力学者。在实地考察和数据研究分析的基础上，他们于 2018 年底发布了科研报告《冰冻圈告急——气候变化影响下的中国冰川研究》，举办了多场专题线下活动，包括科学报告、发

布会、座谈会等。研究机构及科学家的参与，为旨在强调紧急性、提升气候行动的优先级、呼吁更有效的气候变化行动政策的气候变化风险传播增加了科学性与权威性。

3. 借势热点，渐热升温，逐步推进

2018年5月1日，项目的临时活动许可生效，回顾绿色和平的冰冻圈研究项目历史，发布项目启动文"消逝的冰冻圈｜绿色和平中国冰川与气候变化影响项目启动！"以及项目历史回顾视频。

6—9月，开始实地调研，进行内容产品生产与桌面调研，收集数据，提升议题曝光度，争取"关键评论者"位置。绿色和平完成了对天山1号冰川、祁连山老虎沟12号冰川、阿尼玛卿雪山哈龙冰川、贡嘎山海螺沟冰川和玉龙雪山白水河1号冰川的考察、拍摄、采访和内容制作。发布"佳片推荐｜不油腻中年大叔的《逐冰之旅》"，讲述一位年轻父亲掉进冰湖险些丢命，却更加坚定穿越南极北极和珠峰的故事。

10月8日，借势《IPCC全球升温1.5℃特别报告》发布，填补中国视角，植入冰川的角度，反应气候变化影响。与《南方周末》《财新》《中国经济导报》等媒体合作，发布《冰冻圈信息图：全球升温马上要超过1.5度了，人类的固体水库正在加速融化》。

11月16—17日冰冻圈科学学会年会，沈永平专家作《气候变化下中国冰川面临失稳危险导致冰川灾害风险增加》科学报告。

2018年11月20—22日，项目正式发布。20日发布《冰冻圈告急：2018气候变化影响下的中国冰川研究》报告，21日中国社科院城环所召开《气候变化风险下的"黑天鹅"与"灰犀牛"——中国西部冰川地区的风险与应对策略》座谈会，三天中陆续推出三篇冰川考察记录：《2018中国冰川考察记录：如果冰川消失了》《2018中国冰川考察记录：冰川守护者》《2018中国冰川考察记录：两只握在一起的"手"永远分开了》。

2018年12月，联合国气候大会COP24召开，继续推出内容，发布《证据显示，我们的行动远没有追上全球升温的速度》，以保持议题热度。

4. 响应突发灾害事件，抓住关键时刻传播气候风险

与冰川相关的突发灾害事件，是传播气候风险的关键时刻，具有外部事件的重要性。但反应时间上的紧迫性对传播具有很大的挑战性，需要抓住气候风险的特征把影响展示出来并建立与气候变化的关联。在2018年，发生了两次与冰川相

关的突发灾害，由于绿色和平提前介入，做了相关知识的储备与相关材料的准备，所以传播响应快速、准确、专业。

8月初项目组通过卫星遥感影像发现了叶尔羌河上游克亚吉尔冰川堰塞湖情况，通过沈永平老师向当地水文站反馈监测数据，并开始持续关注，8月10日冰湖溃决，发布微信文章《三个西湖的水"从天而降"到新疆，原来是冰湖溃决》《在席卷全球的热浪中，最先"倒下"的其实是冰川》，引发了《财新》的报道《南疆持续高温 昆仑山冰湖溃决下泄》。

10月17日雅鲁藏布江发生泥石流灾害，形成大坝阻断雅鲁藏布江，并形成库容量达6亿立方米的堰塞湖。项目组与沈永平老师合作对该起灾害进行分析，通过卫星影像判断为冰川泥石流，且与气候变化密切相关。发布微信文章《泥石流截断雅鲁藏布江，冰川灾害不容忽视！》，最早提出灾害发生为冰川泥石流引发。

三 绿色和平2018年中国西部冰川项目传播效果

1. 与多家媒体的合作报道引发了社会的广泛关注

2018年中国西部冰川项目与《财新周刊》《南方周末》《新京报》《中国气象报》《中国科学报》《中国经济导报》和新华网、澎湃新闻、大公网、梨视频、腾讯新闻等多家媒体合作报道，引发了社会的广泛关注。新闻及转载（含微信公号转载）数量为530+篇；视频浏览量共计230万次，其中，《新京报》196万次，澎湃新闻28万次，梨视频2200次点赞，腾讯视频2.7万次；微博转发数6363，评论数4167，点赞数11849；微信有35+气象类公众号进行了内容发布，浏览量达到159778次。

2. 媒体内容形态呈现丰富多样，整合传播力强

与这些媒体的合作在内容形态也是多样化的，覆盖受众广泛，各有特色，整合传播力强。例如与澎湃新闻的合作有"纪录湃"（视频栏目）、直播、Sixth Tone、微博、Facebook、微信；与《新京报》的合作有"我们"（视频栏目）、微信公众号、新闻App、新京报微博；与《财新周刊》的合作有网站、数字说、财新网微博、英文网网站等。

3. 微博话题成热搜，与其他媒体或机构互动良好

在微博上，设置#中国冰川82.2%正退缩#、#中国冰川退缩#两个话题，引发网友大力关注，形成微博热搜，分别引发810.3万人阅读、4781个讨论和398.8万人阅读和4167个讨论。也引发了其他媒体或机构微博官方账号关注，绿色和平

梳理出首发、转发话题内容的媒体或机构微博官方账号，与它们在话题下进行有效互动。

图 3　与新浪微博首发、转发内容的媒体或官方半官方机构账号互动

4. 科学性+见证性+公共性叙事特色获得公众认可

2018年中国西部冰川项目是绿色和平与科学家、研究机构合作进行的，在考察研究的过程中，绿色和平充分尊重科学家的专业性，因此，基于实地考察和数据研究分析，发布的科学研究报告《冰冻圈告急——气候变化影响下的中国冰川研究》获得了气候领域工作的专家、机构的高度认可。同时，考察者真正走到冰川或发生环境灾害的现场，作为人类的证人，现场见证冰川消融和冰川灾害事件的发生，使用对比照片、影响证据、证人、证词、故事等，让公众非常直观地感受到了震撼与遗憾。第三，把气候变化、气候灾害和冰川在气候影响下的问题，放入了公共议程之中，让考察队员在公共话语平台上，分享"气候紧急"状态下的故事与经验，呼吁大家加入到"气候紧急"事件应对行动中来。

四　推广价值

1. 聚焦冰川讲述中国的"气候影响故事"

自2005年以来，绿色和平开展的冰冻圈研究，持续多年聚焦冰川消融与冰川灾难这一"气候紧急"事件，讲述中国的"气候影响故事"，已经在气候变化圈和媒体界产生了广泛的影响和深刻的印象，形成了绿色和平独特的叙事视角。前联合国秘书长潘基文办公室挂着绿色和平行动者手持绒布冰川历史图片与现场比对的照片，说明冰川除了在科学的话语中作为气候变化的"指示计"的存在，也已经成为人类的社会经济话语中，象征气候变化的一个有效文化符号。绿色和平聚焦冰川，讲述中国的"气候影响故事"，就是抓住了能够最直观反映气候变化及其对人类社会经济活动影响的一个自然的、文化的符号。

绿色和平在聚焦冰川讲述中国的"气候影响故事"时，将科学研究报告与多形态内容产品通过文字、图片、视频、话题等形式呈现，将气候变化话题从科学研究，推送到公众视野当中，引发了公众对于气候变化影响与冰川消融、河流枯竭、冰湖溃决这样的气候灾害事件以及气候难民等社会话题的关注。绿色和平不回避问题，积极寻找解决方案的态度，获得了跨越议题圈、拓展共识群体的效果。

2. 通过见证的力量发布"气候紧急"警报

见证（Bear Witness），是绿色和平的经典工作手法：也就是去到正在发生环境灾害的现场，作为人类的证人，现场见证这一事件的发生。以科学研究和科学假设出发，注重现场的证据与体验（也就是见证），寻找气候影响导致的风险甚至危机的新证据。例如，在去祁连山的路上，考察队遇上了气候灾害，道路由于降雨季提前而被冲毁，考察队的车只能在河床里爬行，最后队员不得不把所有装备背上，冒着小雨，在河床里徒步数公里，走去海拔4300米的祁连山冰川站。考察队员在天山一号冰川，看到一块写着2014的石头——那是当年来考察的团队标记的冰川末端位置，而2018年站在石头前，冰川已经又退走了50米。对考察队每一个队员来说，见证冰川的退缩，都是一种震撼和遗憾，也很快转为队员们工作的动力，督促队员们把自己的感受传播出去。

世界大学气候变化联盟：团结六大洲一流高校携手助力全球气候治理

清华大学　张佳萱
广西财经学院新闻与文化传播学院　覃　哲
广西大学新闻与传播学院　郑　权

世界大学气候变化联盟（Global Alliance of Universities on Climate，简称为GAUC）由清华大学在2019年1月达沃斯世界经济论坛牵头发起，并于2019年5月正式成立，联盟成员遍布六大洲，目前由来自中国、美国、法国、英国、南非、印度、巴西、日本、澳大利亚九个国家的15所世界一流大学组成。这是由中国大学倡议并推动世界大学合作建设全球生态文明、构建人类命运共同体、引领全球应对气候变化合作行动的创新举措，得到各联盟成员大学校长、教授和学生层面的全方位响应，并在世界范围内得到广泛关注和赞赏。

一　世界大学气候变化联盟传播内容

在工作内容层面，联盟围绕联合研究、学生活动、人才培养、绿色校园、公众参与等开展工作，具体包括在气候相关技术、经济、政策等方面开展双边和多边联合研究，推动技术和政策解决方案的创新与实施，开展联合教育项目和气候相关课程系统建设，促进全球青年学生的交流与合作，通过与多元利益相关方合作提升公众意识、动员更多气候行动等。

1. 广泛联动世界高校开展研究生论坛

2019年11月，首届世界大学气候变化联盟研究生论坛在清华大学举办，共有来自6个大洲、9个国家、55所国内外高校的150余名师生参加，其影响力远超越联盟本身成员校的范围,初步显示出联盟广泛的影响力和号召力。中国气候变化事务特别代表、清华大学气候变化研究院院长解振华和联合国秘书长气候行动特使迈克尔·布隆伯格担任此次论坛的名誉主席。中国气候变化事务特别代表解振华和被誉为"气候经济学之父"的尼古拉斯·斯特恩勋爵与会发表主旨演讲,斯特恩勋爵评价:"联盟组织的学生活动让我看到了气候事业的未来!"

论坛期间,世界青年们组织了由100余名青年学子参加的"气候变化与明日地球"的圆桌会议,共同交流并形成了《气候变化青年宣言》,呼吁青年学生和学者在解决气候变化问题的进程中团结各方、贡献力量。该宣言日前已由联合国马德里气候大会中国政府代表团团长赵英民转交联合国秘书长古特雷斯、联合国气候变化框架公约秘书长埃斯皮诺萨的联合国马德里气候大会主席班德,并得到高度肯定。

2. 开展校园环保文化周主题活动与环保活动

2019年11月,清华大学研究生会在校园里开展环保文化周主题活动。清华同学自主开发低碳积分小程序,通过低碳积分的活动形式,倡导光盘行动、绿色出行、二手交易等绿色低碳的生活方式;同学们自发收集塑料瓶、饭盒、包装等废弃物,制作成装置艺术品,拍摄环保主题摄影作品,绘制环保主题艺术画作,在清华大学主楼、天大广场举办"艺术与环保的相遇"主题展览。

清华大学学生绿色协会等学生社团在论坛期间开展垃圾分类知识竞猜、再生纸制作、慢滤池体验等活动,发起"无塑咖啡快闪",引领校园环保新风尚。此外,清华同学还精心排演 When you Believe 阿卡贝拉合唱,向参会代表和广大青年表达实现绿色未来的信念和憧憬。

2020年11月14—16日,清华大学研究生会发起"应对气候变化"青年行动团,联合6大洲13个国家的30余所国际一流高校与60余所国内高校开展"向上马拉松"校园环保接力活动。活动期间微博相关话题阅读量超过245万次,共计节碳超过366吨,相当于种植了730余亩人工林。同时,开展"光盘打卡"、绿色实践、垃圾分类等系列青年行动,传播绿色复苏新理念,倡导低碳生活新风尚,充分展现了青年学子的责任担当。11月16日,"基于自然的解决方案"TED青年专场在清华大学蒙民伟楼举行,聚焦国际前沿热点议题基于自然的解决方案(NbS),携手清华气候院主持的"应对气候变化的基于自然解决方案 C + NbS 合作平台",共同组织 TED 青年专场活动,邀请各界嘉宾围绕前沿议题进行分享,加深青年学生对 NbS 的理解,为青年参与国际议题拓展打开新窗口。

3. 参与气候大会传达中国学子声音

世界大学气候变化联盟秘书处在联合国气候变化框架公约秘书处、青年应对气候变化网络等国内外伙伴的支持下，组建了首届联盟青年团（以下简称"青年团"）于 2019 年 12 月 7 日抵达马德里参加本次联合国气候大会，开启为期一周的行程。

12 月 8 日，世界大学气候变化联盟在联合国马德里气候大会期间邀请 12 校学术副校长及教授共同举行学术研讨会，围绕氢能、碳捕捉、储能技术、地球工程等问题交流了各自研究优势，明确了下一步合作研究方向和工作计划。清华大学气候变化与可持续发展研究院学术委员会主任何建坤教授在致辞中强调："气候挑战日趋严峻，今天会议的主要议题是讨论实现碳中和的关键技术，为推进碳中和提供科学和政策的解决方案参考，形成未来合作和交流的项目。在大学联盟框架下，为全球实现碳中和目标贡献力量。"

12 月 9 日上午，世界大学气候变化联盟秘书处与清华大学气候变化与可持续发展研究院在马德里 COP25 中国角举办"应对气候变化的大学使命与行动——世界大学气候变化联盟"主题边会。在大会现场，团员不仅作为观察员参与官方边会和新闻发布会，还作为发言人、分享者讲述青年故事、宣读青年宣言，代表 GAUC 成员学校乃至更多学生共同发声。他们通过与在场的政府代表团、国际组织、跨国公司、本土机构和优秀企业家代表交流了解多元气候合作进程，并通过边会、研讨会、代际对话等丰富多样的活动获取气候治理的最新知识。

4. 紧跟国家战略召开碳中和学术会议与学术讲座

在第七十五届联合国大会一般性辩论上，习近平主席郑重提出中国 2030 年前碳达峰目标和 2060 年前碳中和愿景，并在纪念《巴黎协定》达成五周年气候雄心峰会上，进一步宣布我国 2030 年提高力度的国家自主贡献目标及举措。2020 年 9 月 16—17 日，世界大学气候变化联盟（GAUC）举行公开活动和碳中和学术会议。英国商业能源和工业战略大臣、2021 年联合国气候变化框架公约（COP26）第 26 届缔约方会议主席阿洛克·夏尔马，清华大学气候变化与可持续发展研究院院长、中国气候变化事务特别顾问解振华为本次会议致辞，伦敦政治经济学院教授、"第 26 次缔约方会议之友"斯特恩勋爵主持活动，联盟 9 所成员学校的十几位专家学者在本次会议上发言。活动最后，联盟发布了题为"零排放的途径"的重要声明，呼吁各国加快行动，将全球每年的温室气体排放量减少至零。

2020 年 10 月 27 日晚，由清华气候院联合世界大学气候变化联盟共同举办的世界大学气候变化联盟"碳中和之路"（Pathway to Net-Zero）系列讲座首讲，暨第16期气候变化大讲堂面向全球同步直播。本次讲座由国家气候变化与专家委员会副主任、清华大学气候变化与可持续发展研究院学术委员会主任何建坤教授主讲。清华气候院常务副院长、世界大学气候变化联盟秘书长李政教授担任主持。截至28日，本期的全球点击量超过12万人次。大讲堂举办期间，来自哈佛大学、帝国理工大学、多伦多大学、杜伦大学等海内外高校，世界能源署、大自然保护协会、世界自然基金会、国家气象局、国家能源集团、国家电投集团、中科院等全球在线观众通过留言表达了对中国长期低碳发展战略与转型路径的共同关注。

二 传播效果

在落实《巴黎协定》的关键时刻，清华大学倡议并推动成立世界大学气候变化联盟，其意义就是要集合世界一流大学的优质资源，在推动科技创新和政策建议、培养为地球生态安全负责并具有全球视野的下一代人才、传承先进文化理念、推动社会各界开展行动等方面提出创新解决方案。

经过圆桌会议的交流讨论，首届世界大学气候变化联盟研究生论坛参会代表共同形成了《气候变化青年宣言》。宣言表达了世界青年对气候变化问题的共同关注，呼吁青年学生和学者在解决气候变化问题的进程中团结各方、贡献力量。会后，论坛学生代表向习近平主席致信，汇报参加联盟活动的学习和实践收获，以及在应对气候变化、推动生态文明建设方面自觉肩负起时代责任的思考。

2020年1月6日，习近平主席给世界大学气候变化联盟的学生代表回信，对大家就关乎人类未来的问题给予的共同关切表示欣赏，期待同学们为呵护好全人类共同的地球家园积极作为。回信全文如下：

世界大学气候变化联盟的学生代表们：

很高兴收到来信。同学们来自不同国家，对气候变化这个关乎人类未来的问题有着共同关切，我对此很欣赏。

40多年前，我在中国西部黄土高原上的一个小村庄劳动生活多年，当时那个地区的生态环境曾因过度开发而受到严重破坏，老百姓生活也陷于贫困。我从那时起就认识到，人与自然是生命共同体，对自然的伤害最终会伤及人类自己。我提出绿水青山就是金山银山，就是希望中国既加强自身生态文明建设，主动承担应对气候变化的国际责任，又同世界各国一道，努力呵护好全人类共同的地球家园。

  同学们都是世界知名高校的博士生，期待你们在这方面积极作为，也欢迎你们继续关注中国发展，给我们多提一些好的建议。

中华人民共和国主席　习近平
2020 年 1 月 6 日

  收到贺信后，学校于 6 日第一时间将习近平主席的回信通过邮件发给了所有参与写信的同学，并通过气候变化联盟的微博、Facebook、Twitter 等平台进行宣传。世界各国参会青年学生反响热烈，纷纷表示要以习近平主席的回信为鼓励，以更大的热情投入到全球气候变化事业中去，勇担青年责任。

  在联合国气候大会（cop25）期间，青年团与来自中国、韩国、意大利、瑞士的政府代表，世界银行等国际组织专家、企业代表等展开对话，共同探讨青年气候行动的发力点及有效途径。青年团成员接受了来自中国、德国、法国、西班牙等多国媒体的采访，5 天 15 场活动得到广泛报道。COP25 中国政府代表团团长、国家生态环境部副部长赵英民亲手将青年团在大会现场宣读的青年宣言递交给了联合国秘书长古特雷斯，并得到充分肯定。

三　经验总结

  不同年龄、不同专业的青年人在气候治理中可以发挥不同的角色。面对共同挑战，大学有共同的责任与担当，要充分发挥引领作用。世界大学气候变化联盟的成员有着共同的激情与梦想，凭借与气候相关的不同学科优势，与大学、科研机构、政府、国际组织、私营部门等开展广泛合作，共同应对全球气候变化。他们是青年人，也是气候传播者、行动者和青年学者。大学联盟的青年学生正凭借自己坚实的学术背景和应对气候变化的必胜决心，在各自的大学及联盟的平台上发挥着重要的作用。

青年应对气候变化行动网络：绿色先锋青年训练营

中南民族大学文学与新闻传播学院　徐　红　彭新彦

"青年应对气候变化行动网络"（China Youth Climate Action Network，简称 CYCAN），是中国第一个专注于推动青年应对气候变化的非营利性环保组织，由一群心系气候变化及能源转型的中国青年人于 2007 年 8 月发起创立。致力于培养一批卓越的青年行动者，推动青年及公众为应对气候变化做出立即的行动和卓有成效的改变。CYCAN 主要通过青年网络搭建、气候倡导、本土实践和国际交流四个方面有力地推动青年了解并积极参与应对气候变化的进程，为有志青年提供引领绿色变革的平台。机构将从理念倡导、青年赋能、影响与改变三个层面展开，理念倡导聚焦让上百万人了解并加入应对气候变化行动，青年赋能致力于通过实践型项目赋能有志青年，影响与改变则聚焦个人与行业推动变革发生。

一　"青年应对气候变化行动网络" 气候行动核心项目简介

在过去十三年，CYCAN 稳步发展，逐步开发了一系列气候行动项目，通过这些项目，让更多中国青年，尤其是高校大学生了解到气候变化问题并用实际行动参与进来。

1. 高校节能项目

高校节能项目经历高校能耗调研、绿色校园、高校节能、2030 零碳校园几个阶段，以校园作为先锋试点社区，推动高校低碳转型。项目通过建立学校、企业、NGO 参与和青年支持的多方协作机制共同致力于区域环境的改善，实现以校园转型为起点，推动社区及城市的低碳转型。

2. 国际青年能源与气候变化峰会

国际青年能源与气候变化峰会（International Youth Summit on Energy and Climate Change，简称 IYSECC）是中国能源与气候变化领域首创性的国际青年会议，2009 年创办，旨在鼓励青年在面对全球性的环境问题时有所作为，为青年在绿色变革中取得的成果提供展示和交流的平台，以促进国际、国内青年的对话与合作。

3. CYCAN-COP 中国青年代表团

CYCAN-COP 中国青年代表团是 2009 年为响应哥本哈根气候变化大会的号召而设立的，让中国青年第一次以团队的形式站在国际气候谈判的舞台上，发出中国声音。青年代表团将参与和跟踪国际气候谈判的进程，为青年在绿色变革中取得的成果提供展示和交流的平台，以促进国际、国内青年的对话，并通过与多元利益相关方合作动员更多气候行动。

4. 中西部气候适应青年干预项目

中西部气候适应青年干预项目（Youth-CAIP）致力于培养青年对于中西部气候适应议题的关注度、问题分析能力和干预能力。项目通过搭建西部气候致贫议题相关的资源库和田野实践式的参与平台，鼓励通过社会创新的方式推动生态脆弱的贫困地区里人民的生活质量、提高他们的风险应对能力。

5. 国际青年交流计划

国际青年交流计划致力于打造一个国际青年交流、学习和互动的平台。项目通过聚集中外关注气候环境的优秀青年，通过中外伙伴机制，将兴趣与背景相似的青年进行对接，进而通过培训资料共享、线上论坛、伙伴交流等方式促进中外青年的共同成长，以培养青年气候领导者。

6. 青年气候对话

青年气候对话（Youth Climate Dialogue，简称 YCD）是由联合国训练研究所（United Nations Institute for Training and Research，简称 UNITAR）发起的青年交流活动，该活动旨在增强全球青年对于气候变化的认识。YCD 在中国由 UNCC: Learn 项目组联合 CYCAN 共同推动，使得中国青年和世界各地的同学能够以视频会议的形式展开对气候变化相关议题的线上研讨。该活动倡导中国青年作为世界青年的一分子，应该具有全球视野和强大的责任心去推动气候问题的解决。

7. "2030 气候 +"

"2030 气候 +"于 2018—2019 年启动，聚焦气候变化与能源、基础设施、公平正义、生物多样性、海洋等议题的交叉领域，期待通过引领青年开展远程研究或实地调查,推动政府、企业、智库、民众等多元主体共同增强气候雄心、落实气候承诺。2030 气候+项目包含以下两种参与方式:"气候领袖"共学小组;"气候观察者"专题调研。

8. 未来城市设计竞赛

未来城市设计竞赛旨在鼓励青年设计人才关注城市发展面临的问题,以多元的视角、独特的观点、创新的设计,畅想未来城市发展的各种可能性。为激发青年设计人才在理论思想和设计实践两个方面的创新,竞赛分为"未来城市论文(国际)竞赛"和"未来城市国际创新设计竞赛"两部分,于 2018 年和 2019 年分别推出。

9. 绿领梦工厂

在联合国环境规划署、国际劳工组织的共同推动下,绿领梦工厂由 CYCAN 联合气候变化、新能源领域的非营利性机构及企业联合发起。项目致力于搭建服务于低碳行业的绿色人才集散地,为国内外中国大学生提供能力建设、绿色实习、就业资讯、绿领人才分享交流平台,帮助大学生及用人单位对接绿色实习、就业岗位,以提升中国大学生的绿色就业能力,推动国内绿色就业形势。项目于 2014 年 12 月 21 日正式启动,已与十家国际国内知名 NGO、绿色企业建立合作关系,并成功输送两名优秀大学生分别到国内名企、国际 NGO 实习。

二 "青年应对气候变化行动网络" 气候传播策略

"青年应对气候变化行动网络"的气候传播策略充满着中国青年特色,立足大学校园,立足青年群体,立足于本土实践,注重行动参与,乐于国际交流,放眼未来。用行动把握着青年环保话语权,用成果吸引着一代又一代有志青年。

1. 设立"高校节能"实践项目,提升大学生科学应对气候变化能力

从 2007 年以来,CYCAN 围绕"高校节能"设立实践项目,广泛吸引环境工程、社会管理等专业的大学生参与,帮助他们在实践项目中培养和提升科学应对气候变化的能力。项目共分为四期:初生·高校能耗调研、蜕变·绿色校园、成长·高校节能、突破·2030 零碳校园,从高校能耗现状调研→绿色校园建设→高校节能行动→2030 零碳校园推动,逐层推进(见表 1)。这一系列"高校节能"项目的设立,前后共计有 127 所高校参与,最后完成了 96 份有效能耗调研报告。[①] 通过对高校的能耗情况进行调查,利用调研数据计算得出校园温室气体排放情况,分

---

① 数据来自对"青年应对气候变化行动网络"成员姚晓韵的访谈。

析出能耗优化的方向，结合高校管理层的政策制定，为高校节能行动做决策参考。

表1　　　　　　　　　CYCAN围绕"高校节能"设立的实践项目

年份	项目名称	项目执行情况
2007	初生·高校能耗调研	覆盖全国21个地区23所高校作为试点高校，产出13份《校园节能分析报告》
2008	初生·高校能耗调研	在北京、成都、南京、西安、广州开展，共覆盖25所高校，产出15份《高校能耗报告》，调研项目获得"第三届SEE·TNC生态奖"优秀奖
2009	蜕变·绿色校园	重点选取5所高校，在武汉大学、中国人民大学、华南理工大学、南京邮电大学、华中科技大学开展项目，产出3份节能管理案例报告，获得"第一届联想公益创业大赛"全国十强
2012	成长·高校节能	正式发布中国第一本针对高校低碳节能建设的指导材料《校园碳核算攻略》，在北京林业大学建立试点，形成试点案例报告，发布《C+碳核算指南（以北京林业大学试点为例）》项目指导手册
2014	成长·高校节能	覆盖16个省市，36所高校，覆盖学生近两万人；形成30份校园温室气体排放清单、14份有效节能减排方案、22份校园宣传方案，共计节约58万多度的节电量，减少360多吨二氧化碳排放
2015	成长·高校节能	在深圳、南京、广州、北京四地开展5场线下培训及沙龙，举办11场线上/下团队交流会，为参与成员答疑解惑，举办4场外部分享活动，传递高校节能的低碳成果和理念，举办23场线下活动，以"climate strike"为主题多元的形式全国联动，开发完成《高校能耗调研手册1.0》
2017	成长·高校节能	32支团队，举办8场线上/下交流会，产出18份校园宣传方案、19份节能减排行动方案、14份《节能减排行动总结报告》
2019	突破·2030零碳校园	在过往项目基础上转型，以校园作为先锋试点社区，推动高校低碳转型。项目通过建立学校、企业、NGO参与和青年支持的多方协作机制共同致力于区域环境的改善，实现以校园转型为起点，带动社区及城市的低碳转型

资料来源：由作者根据CYCAN网站信息整理。

2. 创建青年绿色成果展示与交流平台，展现青年行动和青年力量

从2009年开始，CYCAN举办"国际青年能源与气候变化峰会"，每年7月举行，一年一度。会议聚焦低碳生活、绿色发展、绿色能源、绿色技术、绿色城市、绿色领袖等话题（见表2），对话未来，展现在面对全球性环境问题时的青年理想、青年行动、青年力量，为青年在绿色变革中取得的成果提供展示和交流的平台，以促进国际、国内青年的对话与合作。此外，峰会作为青年与政府官员、专家学者、绿色企业、环保NGO、新闻媒体的对话平台，向青年提供了拓宽绿色领域视野，锻炼绿色就业能力的机会，也为各领域高层人士接触到新生代的"绿领人才"提供了渠道。

国际青年能源与气候变化峰会已经在北京、上海、深圳、天津等地成功举办

了十二届峰会，与会代表覆盖全国，成为关注可持续发展的青年群体一年一度的绿色盛宴。仅2020年第十二届国际青年能源与气候变化峰会超过1500人报名，平均每场在线观看人数超过2000人，累计10万人次，相关话题阅读量突破300万。[①] IYSECC10.0秘书长王宇佳说："IYSECC一路十年，影响了太多关注能源、气候变化及环保领域相关议题的青年朋友，相识峰会之后有人选择从事环保相关行业实现自身价值与追求；有人用实际行动推动相关问题解决，践行信仰的力量；有人持续关注某议题并进行深入研究；有人日常点滴生活留心低碳减排，可持续发展理念春风化雨，润物无声……如今IYSECCer聚似一团火，散作满天星，这是峰会独特的意义与价值。"[②]

表2　　　　　　　　　　历届国际青年能源与气候变化峰会

年份	会议届次	会议主题
2009	第一届国际青年能源与气候变化峰会	聚焦中国，对话未来，低碳未来，青年机遇（北京·清华大学）
2010	第二届国际青年能源与气候变化峰会	低碳理想·青年起航（上海·世博园 & 同济大学）
2011	第三届国际青年能源与气候变化峰会	绿色发展·青年行动（北京·北京大学）
2012	第四届国际青年能源与气候变化峰会	低碳生活，青年力量（北京·北京大学）
2013	第五届国际青年能源与气候变化峰会	绿"领"未来（北京·清华大学）
2014	第六届国际青年能源与气候变化峰会	智能时代·创绿未来（北京·清华大学）
2015	第七届国际青年能源与气候变化峰会	新·能源一代（深圳·科兴科学园国际会议中心）
2016	第八届国际青年能源与气候变化峰会	零碳·绿领·新城（北京·北京大学中关新园）
2017	第九届国际青年能源与气候变化峰会	青创未来——简衣·优食·绿居·智行（天津·天津大学）
2018	第十届国际青年能源与气候变化峰会	新城·新活·新领袖（深圳·南方科技大学）
2019	第十一届国际青年能源与气候变化峰会	气候变化正向助力（深圳·青少年活动中心）
2020	第十二届国际青年能源与气候变化峰会	承青年之志，度生命之衡（线上）

资料来源：由作者根据CYCAN网站信息整理。

3. 参加气候变化大会，发出中国青年声音，展示中国青年行动

CYCAN自2007年成立之初便开始派人参与联合国气候变化大会，并于2009年发起"COP中国青年代表团"项目，让中国青年第一次以团队的形式站在国际气候谈判的舞台上，发出中国声音，自此之后，CYCAN-COP中国青年代表团未曾

---

① 青年应对气候变化行动网络：《CYCAN 2020年工作报告》，http://www.cycan.org/about/6。
② 青年应对气候变化行动网络：《气候行动-网络国际青年能源与气候变化峰会》，http://www.cycan.org/a2。

缺席过任何一届气候大会。青年团参与和跟踪国际气候谈判的进程，为青年在绿色变革中取得的成果提供展示和交流的平台，以促进国际、国内青年的对话，并通过与多元利益相关方合作动员更多气候行动（见表3）。

表3　　　　　　　　　CYCAN-COP 中国青年代表团参会情况

年份	联合国气候大会届次	参会
2009	哥本哈根 COP15	38名青年参加，举办10+余场活动，200+次媒体报道
2010	墨西哥坎昆 COP16	28名青年参加，举办10+场活动，40+次媒体报道
2011	南非德班 COP17	49名青年参加，举办10+场活动
2012	卡塔尔多哈 COP18	10名青年参加，举办10+场活动，400+次媒体报道
2013	波兰华沙 COP19	2名青年参加，举办10+场活动，400+次媒体报道
2014	秘鲁利马 COP20	9名青年参加，举办20+场活动，400+次媒体报道，发布《中美青年气候变化联合声明》
2015	法国巴黎 COP21	10名青年参加，举办10+场活动，10+次媒体报道，发布《通往可持续未来中美青年应对气候变化联合声明》
2016	摩洛哥马拉喀什 COP22	8名青年参加，举办10+场活动
2017	德国波恩 COP23	15名青年参加，举办10+场活动，10+次媒体报道
2018	波兰卡托维兹 COP24	14名青年参加，举办50+场活动，100+次媒体报道
2019	西班牙马德里 COP25	8名青年参加，举办10+场活动，10+次媒体报道

从2010年德班气候变化大会开始，每年联合国气候变化大会期间，CYCAN都会与国家环保部宣教中心联合举办"中国角"青年边会，发出中国青年的声音，表达中国青年的态度，展示中国青年应对气候变化的行为。

4. 开拓全球视野，促进中外青年对话与合作

在"青年气候对话"气候行动中，CYCAN采取线上交流跨越地域隔阂，实行中外对话开拓全球视野，促进青年互动推动气候传播。2018年浙江大学成功举办了中国首次的YCD，2019年西南政法大学以及中国海洋大学也先后参与到了这个国际性的项目中，和全球青年共同探讨气候变化，互相交流想法，推动各自知识与视野的提高。

在"国际青年交流计划"气候行动中，CYCAN采取每月定期举行的方式，吸引了数十个国家的青年参与进来，分享自己关注的气候变化议题下面的发现与观点。例如2018年，1月10日，来自智利的参与者Alvaro分析了"智利的气候变化政策"。1月20日，来自摩洛哥的Younes分享了"自来水VS瓶装水：摩洛哥水质分析"。他比较了11种饮用水，检测了pH、电导率、大肠杆菌等指标，并

用具体数据传递出饮用水安全的重要性。1月30日,来自加州大学伯克利分校的Amanda为OYE成员们分享了"Salton Sea:被遗忘的水源危机"的故事,让大家了解到1950年曾经是美国的旅游胜地的Salton Sea,由于近年来受到严重的水体污染,给当地旅游行业带来了极大影响。

在联合国气候大会上,CYCAN-COP中国青年代表团也关注其他国家青年对于气候变化的看法和行动,做到互相交流互相了解,也将中国青年看气候问题的视野扩大到世界范围。在2019年的马德里气候变化大会上,CYCAN围绕"气候变化是一场骗局吗?""你在你们国家采取了怎样的气候行动?"等公众关注度较高的问题,采访到30+个国家的青年,整合各国青年精彩而多元的回答通过自媒体进行二次传播。[1]

三 "青年应对气候变化行动网络"传播效果

十三年以来,从第一位中国青年踏足南极,到陆续发起高校节能、IYSECC、COP中国青年代表团等优秀项目,CYCAN已经成为中国青年气候行动者的大本营,成千上万的青年从这里成长出发,为致力于实现中国的绿色变革而努力。

1. 培养一批绿色先锋青年人才

迄今为止,发起项目总数40+,合作企业150+,合作高校社团500+,直接参与人数50000+,仅2018—2019年两年覆盖人数已超过107万人次。[2] 通过这些项目传播,树立了青年应对气候变化的意识,开阔了青年应对气候变化的视野,提高了青年科学应对气候变化的能力,推动了青年应对气候变化的积极行动。其中,"高校节能"项目共开展七期,共有127所高校参与项目,实际完成96份有效能耗调研报告;开展了几十次的线上/线下培训,直接参与项目的成员达1500人次,而间接参与项目调研和行动的青年不少于20万人。[3] 2014年启动的"绿领计划",千名青年成为气候绿色领袖,已推动绿色实习、就业岗位数十个。2018—2019年启动的"2030气候+"项目共有超过70位成员顺利完成项目并被授予"气候观察者"称号,以及30位全程参与线上共学的气候领袖。

2. 获得更多国际组织认同

2015年11月CYCAN完成《通往可持续未来21+中国青年行动方案》手册。

---

[1] 数据来自对"青年应对气候变化行动网络"成员姚晓韵的访谈。
[2] 青年应对气候变化行动网络:《CYCAN 2018—2019影响力报告》,http://www.CYCAN.org/about/6。
[3] 青年应对气候变化行动网络:《CYCAN 2007—2017十周年发展报告》,http://www.CYCAN.org/about/6。

该手册将作为中国青年多年来推动全球可持续发展行动经验的总结，在巴黎气候变化大会期间送给与会的政府官员、联合国官员、媒体记者、国际环保机构负责人和国际青年群体，并通过边会活动介绍行动案例及其成果。项目团队代表受邀出席第八届国际青年能源与气候变化COP22联合国气候变化大会。2019年11月，CYCAN正式获得联合国气候变化框架公约（UNFCCC）观察员机构资格。2020年11月，CYCAN应法国驻成都总领事馆邀请，在《中法生物多样性保护和气候变化北京协议》一周年之际，发表《中法生物多样性保护与气候变化青年宣言》。

3. 产出多份气候调研报告与气候行动指南工具包

在"高校节能"项目中，除完成的96份校园能耗调研报告外，CYCAN还编写出《国内外高校节能减排项目经典案例简编》《校园碳核算攻略》《C+碳核算指南（以北京林业大学试点为例）》。2016年，绿"hua"者项目开启气候与艺术的结合，编撰了《绿"HUA"者儿童调研报告》和《大自然+》儿童自然教育教材，以亲子创意自然教育体验为主开展系列线下体验课程。2020年编撰《公众气候教育工具指南》，用于宣传和指导青年进行低碳行动。2020年发布《中国青年气候意识与行为调研报告2020》，研究并呈现了我国18—24岁的青年学生群体在与气候相关的意识、行动、消费、教育和传播等方面的现状。

四 推广价值

"青年应对气候变化行动网络"作为中国本土NGO，代表的是来自民间的中国青年立场，通过系列气候行动项目的设立与传播，动员青年参与到气候变化行动之中。

1. 聚焦青年，放眼未来

CYCAN将"青年助力零碳未来"为自己的使命，通过改变青年对气候变化的态度，引导青年力量应对气候变化、能源转型带来的挑战，用青年力量共同打造低碳可持续发展的未来。组织愿景是"零碳未来"，面对中国"2030行动目标"，致力于2030年之前推动青年及公众为应对气候变化做出立即的行动和卓有成效的改变。

2. 立足中国，放眼世界

气候变化是一个全球性的议题，CYCAN始终认为，中国青年作为世界青年的一分子，应该具有全球视野和强大的责任心去推动气候问题的解决。在实现促使青年人参与应对气候变化的目标过程中，CYCAN一方面搭建中国青年气候行动网络，立足本土实践，例如高校节能项目、中西部气候适应青年干预项目、绿领梦工厂等，培养中国气候绿领，贡献青年力量于中国应对气候变化、构建低碳可持续发展社会的事业中；另一方面，加强国际交流，例如 CYCAN-COP 中国青年代表团、国际青年能源与气候变化峰会、国际青年交流计划、青年气候对话等，持续推动国内外的青年采取共同行动，承担青年作为世界公民的责任，使中国青年成为实现全球可持续发展的生力军。

绿色光年：低碳社区创建中的参与式体验式科普教育

绿色光年　倪　欢　谢楠楠

绿色光年全称上海闵行区江川绿色光年环保服务中心，是2016年3月在上海闵行区民政局正式注册成立的民办非企业公益组织，创始人倪欢。2018年1月绿色光年的品牌输出到苏州，落地了苏州工业园区绿色光年科普服务中心，主管部门是苏州工业园区科技和信息化局。机构的使命是让公众快乐地践行可持续发展理念，愿景是成为中国领先的可持续发展教育机构。机构的价值观是创新进取、勇于承担、团结协作、诚信务实。

经过五年来的运营，绿色光年正转型成为中国专业的可持续发展教育机构（Education for Sustainable Development-ESD），通过"认知、社会情感和行为改变"这三个层次，引导中国青少年了解联合国可持续发展目标（Sustainable Development Goals）并围绕这17个目标，重点培养青少年迎接21世纪挑战的8个核心素养：系统思维素养、预性素养、规范素养、战略素养、协作素养、批判思维素养、自我意识素养、解决问题素养。

一　低碳社区创建中的参与式体验式科普教育孕育绿色光年

1. 环保达人倪欢家的生态小院

倪欢曾经在联合国开发计划署、联合国环境署、世界银行集团国际金融公司和世界自然基金会从事低碳政策和绿色金融类的研究和实践工作。她注意到，有大量的媒体报道聚焦于中国在工商业领域的节能减排成就，案例丰富，数据翔实。但是，有着14亿人口的城乡居民的社区里，如何推进气候变化政策在基层的落地，这些新政策落地在基层社区是否友好，政策传导从中央到地方的效率究竟如何，还没有多少记录者、体验者和传播者。倪欢在思考怎样通过自己的体验行动，让更多社区居民了解分布式太阳能电站和新能源汽车的补贴政策，也让政策制定者和国家电网等政策利益相关方知晓用户的感受。

(1) 建成中国大陆第一座铜铟镓硒（CIGS）薄膜材料民用分布式电站

2014年7月，倪欢女士她在家中院子里建设落成了中国大陆第一座铜铟镓硒（CIGS）薄膜材料民用分布式电站，这个院子位于上海交通大学闵行校区对面小区内。这座电站是一个遮阳棚的设计，既可以遮阳，又能弱光发电，可抗十级台风、八级地震，装机容量2400瓦。在8月3日正式并网发电后的第二个月，就顺利拿到了中央财政和上海市财政发放的该年第三季度的分布式光伏发电补贴，同时还"自发自用、余电上网"实现了向国家电网上海电力的售电收入。

虽然电站的建设工期只有两周，该电站在小区内的申请、公示，到投产运营，却经历了三个月曲折的历程。

首先，在申请和备案过程中，她在业委会、居委会和物业公司的建议下，与多户相邻的邻居第一次相识并密切沟通方案，着重讲解"为什么安装电站"及"好处有哪些"。经过两次社区内的听证会，她的方案被批准，也获得了邻居们签字认可。

其次，正如她在申请过程中承诺的，陆续邀请了社区小朋友来家里参观、为他们科普太阳能电站发电原理，气候变化的危害，为孩子家长提供国家气候政策和技术流程方面的讲解。

最后，会聚了一批热心低碳科普教育传播的志愿者。这些最早一批居民受众，形成了绿色光年成立前的第一批低碳参观活动的粉丝。他们积极在社交媒体的传播行为，把绿色光年的低碳科普活动推荐给自己孩子的学校，从而让绿色光年有了进入多所学校开展气候变化科普宣讲的机会。

(2) 推动落地上海市第一座社区级别的充电桩停车场

与此同时，倪欢也在同步落实自家新能源汽车的充电桩，计划成为上海市第一年推进落地新能源汽车补贴政策的车主。2016年4月，在绿色光年团队参与和推动下，在倪欢所居住的社区内，由居委会、业委会和物业公司三方联动，共同落地了上海市第一座社区级别的充电桩停车场，一片建筑垃圾堆场变身成的16个充电桩车位，解决了小区第一批新能源车主"最后一公里"的停车难和充电难的问题，吸引了很多市区居委会组团参观学习。

2. 生态小院参与式体验式科普教育催生绿色光年的创办

2014年夏天倪欢家庭电站落成后，这个看起来有点酷炫的装置一传十、十传百地传开了：邻居好友带着小孩、小孩带着同学、同学带着自己的邻居一波波地来参观。倪欢发现原来在社区和普通居民地生活层面并没有这样的低碳环保设施提供给人来体验和认识。这个偶然的发现，第一次让倪欢有了创办"绿色光年"的想法。随着参观的人越来越多，当时还有其他本职工作的倪欢女士已无法应对越来越大的参观需求。

2015年春，在当地居委会书记周志桦的鼓励和支持下，倪欢召集到居民代表中积极参与小朋友科普教育活动组织的年轻妈妈和热心人士，组建了理事会，并于同年12月正式在闵行区民政局完成注册流程。2016年3月底，上海闵行区江川绿色光年环保服务中心正式获批成立。

此时，倪欢家的生态小院已拥有：

- 中国第一座民用的铜铟镓硒薄膜的分布式光伏电站，总造价31000元，转换率16%；
- 落成了上海市第一批新能源汽车车主的交流电充电桩；
- 建成运营着上海市第一座自主设计的节水达95%的户用室外鱼菜共生系统；
- 七个可消化自家湿垃圾的厌氧堆肥桶，基本实现家庭厨余垃圾零排放；
- 建成一个垂直小农场，使用堆肥来种植有机蔬菜，并使用太阳能灭虫灯和环保酵素溶液驱虫。

图1 倪欢家的生态小院全景

图 2　倪欢家的鱼菜共生系统

绿色光年成立的初衷就是满足社区层面的家庭、孩子，以及学校老师对低碳环保设施和绿色生活方式的好奇心和求知欲。在这个过程中，绿色光年又接触到了更多的利益相关方，发现了更多样化的需求，因此绿色光年开发的项目类型也越来越丰富，直到形成今天这样的业务结构。

表 1　　　　　　　　绿色光年开发的社会教育项目及业务结构

业务实施场景	项目类型	面向人群	项目简介	代表案例
社区	科普工作坊	6—80岁	27个方便在居民小区、学校、企业等广泛意义上的社区开展的趣味科普工作坊，大部分工作坊由知识讲解与趣味互动构成，可用于向公众倡导可持续生活方式	—
	低碳科普参观	10—70岁	分上海和苏州两条路线	
	社区探索	中小学生	逛菜场：用5—6天时间，每天2小时，带小朋友去菜市场里比菜价、做访谈、测水质、看垃圾分类，玩着就把经济学、环境科学、社会学的好多知识都掌握了！	—
			观鸟：用3—9个月时间，每周末抽一天早上的1个多小时，带小朋友早起去社区里观察各种鸟类，观鸟过程中既能科普生物多样性的知识，培养小朋友对生态环境的喜爱与亲近之情；也能带领大家一起捡垃圾，直观感受人类生活对环境的影响。还有可能产出一篇科研报告，培养小小科学家，顺便比赛拿个奖~	—
	可持续社区建设	基层政府	针对性提出生态社区发展的步骤和方法	东营市生态社区建设指南

续表

业务实施场景	项目类型	面向人群	项目简介	代表案例
学校	工作坊	中小学生	倡导可持续生活方式，同社区工作坊	
	低碳校园改造	中小学生	在安装分布式光伏电站、室内空气质量实时监测仪、室内空气净化器、鱼菜共生系统等硬件改造的过程中，带中小学生做PBL项目，兼顾软硬件建设	上海市新港中学
	绿光研究社	中小学生	招募对现实世界有好奇心、对知识有求知欲的学生做跟真实社会问题挂钩的科研课题，培养科研兴趣与精神，产出多为科研报告或公众倡议	上海市蓬莱路第二小学、苏州工业园区翰林小学
	可持续发展系列课程	中小学生	涵盖水、空气、能源、食物、交通、废弃物、公共空间七大主题的系统性课程，旨在从入门知识、课堂活动、行动计划三大方面提升学生的可持续发展意识，促进行为改变	待落地
	国际组织人才培养计划	大学生	面向有意进入国际组织工作的大学生，对标国际组织人才选拔标准，通过学期授课与寒暑期实践全方位培养学生的综合能力	待落地
企业	工作坊	企业员工	类型1：倡导可持续生活方式，同社区工作坊	
		企业员工	类型2：协助企业在内部进行员工动员，推动可持续发展理念在企业文化中的落地	东曜药业
		公众	类型3：与企业CSR部门或品牌部门联合策划，协助企业在外部进行公众动员，倡导可持续发展理念	京东物流
	科普课程设计	公众	本项目旨在利用企业专业优势与志愿者资源，开发各种由公益组织和企业员工共同参与、深入社区和学校进行授课的趣味科普课程，深化企业与员工、企业与社区的联系，帮企业落地对社区的责任。	塞拉尼斯化学与环保课程开发
研学	探索式（绿光少年）	中小学生	以体验式和探究式活动、入门性知识为主，让学生切实感受联合国可持续发展目标与普通人的关系，激发他们对现实世界的好奇与关注	"重走学森路"西北环保科技夏令营
	研究式（绿光青年）	大学生	以调研报告、咨询报告、论文等具体产出为导向，锻炼学生解决真实问题的能力	中国生态实践项目

二 绿色光年的参与式体验式低碳科普教育传播策略

作为从家庭生态小院的参观科普基础上孵化出的本土环保教育类NGO，绿色光年的气候传播策略聚焦于低碳社区创建，采用的是参与式、体验式的高频社区低碳科普教育活动，充分发动社区居民，通过"小手牵大手"等接地气的多种形式进行低碳科普教育传播，激发孩子们对低碳生活方式的兴趣，再吸引到家庭主要成员的长期关注，在长效开展科普活动的过程中，形成以结果（行为改变）为导向的传播动能。随着一系列低碳科普教育项目的设立与开展,绿色光年逐渐成长为专业的环保类可持续发展教育机构。

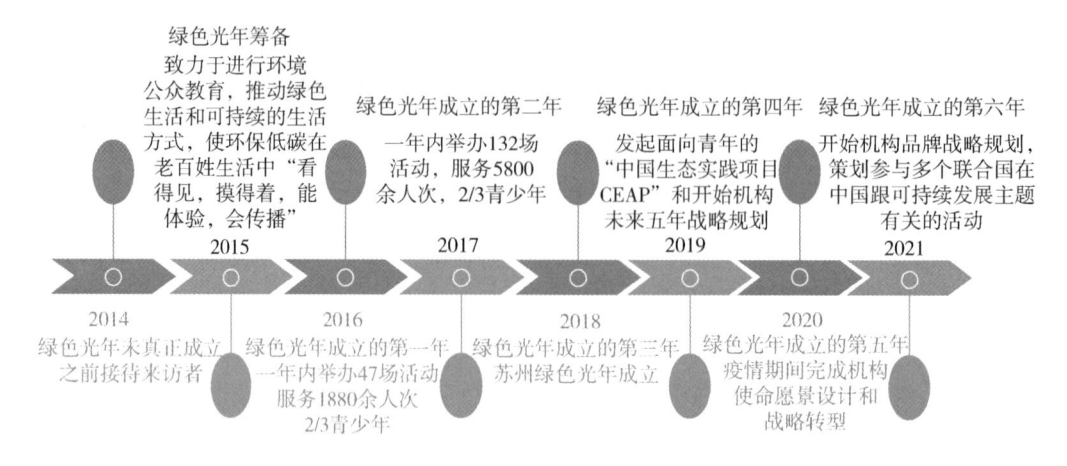

图 3 绿色光年发展历程

2014 绿色光年未真正成立之前接待来访者

绿色光年筹备 致力于进行环境公众教育,推动绿色生活和可持续的生活方式,使环保低碳在老百姓生活中"看得见,摸得着,能体验,会传播"

2015

2016 绿色光年成立的第一年 一年内举办47场活动 服务1880余人次 2/3青少年

2017 绿色光年成立的第二年 一年内举办132场活动,服务5800余人次,2/3青少年

2018 绿色光年成立的第三年 苏州绿色光年成立

2019 绿色光年成立的第四年 发起面向青年的"中国生态实践项目CEAP"和开始机构未来五年战略规划

2020 绿色光年成立的第五年 疫情期间完成机构使命愿景设计和战略转型

2021 绿色光年成立的第六年 开始机构品牌战略规划,策划参与多个联合国在中国跟可持续发展主题有关的活动

1. 运营了多个跟低碳社区创建有关的参与式体验式科普教育活动

倪欢的生态小院在 2014 年 8 月到某 NGO 正式成立之间,已经吸引多家中外媒体报道和 1000 多名访客的参观。在小院里诞生的绿色光年,除了接待慕名前来参观的公众,还把公众引向周边高校校园和高新区内不为人熟知的低碳设施进行体验和学习,还同时运营了多个跟气候变化相关的低碳科普活动,包括:

(1) 中国第一条"社区+校园"的低碳科普参观经典路线。把社区里的生态小院、充电桩停车场和上海交通大学闵行校区内的绿色能源楼体验屋顶光伏发电和太阳能烧烤机、有能源管理系统的能源独立生态房"日上江村"、分时租赁的新能源汽车管理平台和低碳电动方程式赛车的研发赛队全部链接起来,组成了有科技含量,同时又接地气的体验式、互动式的趣味低碳科普产品。截止到疫情暴发之前,该路线累计接待 13539 人。第一年就为机构贡献了 21% 的收入。在 2017—2018 年,共接待来自中国浦东干部学院厅局级领导干部的体验参观近 110 名,其中 48 名来自发改委系统。此后,绿色光年还在上海开发了一条由世博远大馆、国家电网静安变电站、鱼菜共生农场、元庐生态园林、天合光伏 BIPV 研发大楼、英特尔亚洲研发中心光伏+节水科技的屋顶菜园等"景点"的新低碳参观路线,吸引了来自上海市发改委系统、美国长岛大学、汇丰中国员工的参观。

(2) 2018 年,苏州绿色光年正式注册后,紧接着运营开发了苏州本地的低碳科普参观路线。把协鑫未来能源馆、上海交通大学苏州人工智能研究院、中国科

学院苏州纳米技术与纳米仿生研究所环保科技材料展厅、欧莱雅苏州零排放工厂等资源链接起来，吸引了来自20余所高校累计近80名大学生、社区居民和中小学生近200人的参观。

（3）2017年，绿色光年与浙江省湖州市安吉县两个乡镇共同开发了乡村版的低碳生态体验参观路线。参观地点包括英国零碳建筑大师BillDunster设计的负碳排放旅游集散中心、农家乐垃圾回收及烟气净化设施、鄣吴镇集中处理厨余垃圾的设施、渔光互补分布式太阳能发电站、村委会办公楼和村民集中使用光伏发电和光热集热器样板村、用夯土材料建造的超低能耗的被动式房屋。该路线成为绿色光年2017年和2019年世界自然保护联盟自然学院、汇丰"未来之星"大学生可持续发展主题夏令营、美国长岛大学留学生访问体验项目、真爱梦想公益基金会国际理解夏令营的研学路线的营地，接待人数近130人。

（4）围绕"Refuse、Reduce、Reuse、Recycle、Repair、Rot"这6R原则，绿色光年还面向社区居民和有活动经费的居委会、中小学校科技节或环保日活动，设计了27项动手做的环保体验课程。在这些课程中，贯穿了气候变化、减少食物浪费、减少不必要的消费等知识背景和具体的应对技能，教会社区居民和中小学生不仅了解基本知识，提升意识，还从社会情感上对大家应对气候变化产生认同，并把学会的小技能应用到日常生活中，从而催生他们的行为改变。

对一个基于社区、无法从政府获得长期拨款支持的环保NGO组织，从成立到新冠疫情暴发之前，凭借科普服务的不断更新迭代，吸引了一大批愿意付费的C端人群和B端客户，这些宣传气候变化和在社区如何应对的体验活动本身，就具有传播效应，同时，还为社会组织解决了机构缺乏运营经费的难题。

2. 开发出低碳科普教育与传播的三层次模型

绿色光年在这个过程中，首先面向社区居民，从"认知、社会情感和行为改变"三个层面，以一年内120余场进社区、进校园的活动频率向公众进行低碳生活方式的知识传播、社会情感认同感的传播和行为传播。

由于应用了联合国教科文组织（UNESCO）全球公民教育和可持续发展教育的方法，绿色光年在引导公众对低碳生活方式的认知、认同和行为改变方面，有一个三层次模型作为在低碳社区传播气候变化知识和引导公众认识政府相关政策的传播策略：

在每一个层次，都通过相对应的形式开展活动，努力让每一个参与者变成传播者。在机构成立的头三年里，绿色光年只有两名全职员工的情况下，靠每次活

行为传播：我们要践行低碳生活方式，我来设计低碳家园，我来当讲解员，我来参与一项研究

形式：成果导向——带领社区小朋友直接参与活动和作出改变，并赋予其主人翁精神（ownership）

认同感传播：低碳生活方式不难！很有趣！很潮！

形式：兴趣培养——培训社区小朋友当小小讲解员，大学生当导师和志愿者，让他们持续有兴趣学习相关知识

基础知识传播：什么是低碳生活方式？

形式：知识灌输+互动体验——低碳科普参观活动和动手做讲座

行为改变
社会情感共情
认知水平

应用联合国教科文组织"全球公民教育"和可持续发展教育的三层次模型到绿色光年低碳社区教育和传播项目中

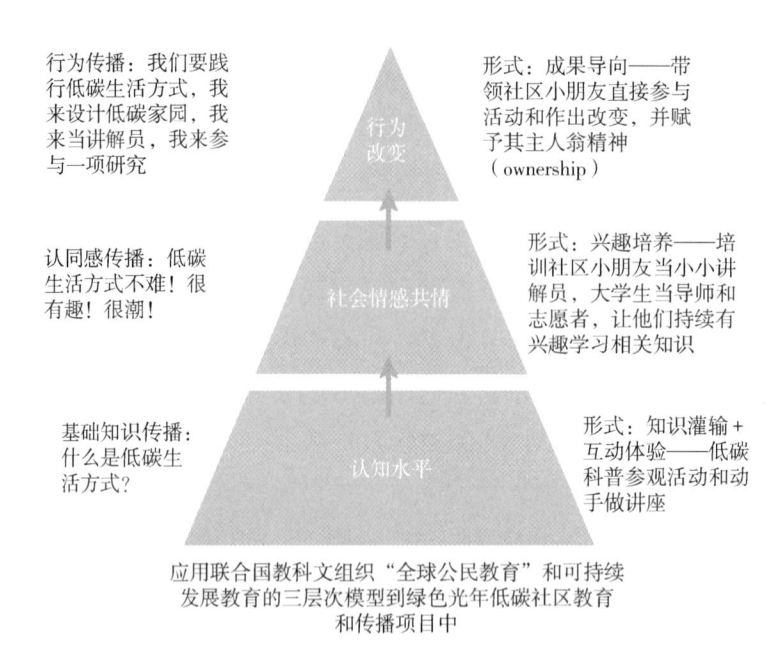

图 4　绿色光年低碳科普教育与传播三层次模型

动积攒的参与者的口碑营销和社交媒体的传播，赢得了更多的活动订单和更多的支持者加入壮大志愿者团队。

以上海市低碳日活动为例，绿色光年在低碳科普教育活动的传播方式是：

（1）在"认知水平"，绿色光年与上海市发改委和上海市节能减排中心在2016—2017年，直接参与承办了上海市低碳日社区体验活动，作为市级活动的分会场，绿色光年动员到近十家新能源汽车品牌商参与试驾活动和新能源汽车的知识讲座，开办线上答疑和购车咨询，配合低碳科普参观路线的预订抢票活动，扩大了机构影响力。在这样的活动中，同步推出免费或半收费的低碳DIY工作坊，让更多参与者认识到中国的分布式光伏电站鼓励政策和新能源汽车购买的优惠政策。

（2）在"社会情感"认同感的层次，绿色光年在活动准备和活动开展过程中开放志愿者申请通道，随时招募社区居民和大学生加入志愿者团队，提供一些奖励措施和嘉奖方法，比如社区居民志愿者的孩子将免费获得班级小队活动参观倪老师生态小院的名额，优先入选绿光研究社担任小研究员，大学生志愿者将获得社会实践证书，等等。过节假日，这些志愿者还将获得绿色光年的小卡片。

（3）在"行为改变"的层次，绿色光年在粉丝群和志愿者团队群里，着重面

向那些认同感特别强的成员,给他们一些直接参与活动策划和落地的项目机会,他们自主产生的成果本身就是最好的传播载体。比如,绿色光年在社区内邀请了四户"铁粉"参与了北京自然之友低碳家庭改造项目,获得了最多达到一万元的改造资金,并在长达近半年的时间内,组织了20户上海低碳改造家庭的线下交流活动,其中本社区的一户家庭的改造项目由倪老师亲自辅导小朋友,把改造家庭的成果做成科技模型参加了上海市"明日之星"青少年科技创新大赛,一举获得一等奖。这样的案例由学校和家委会传播出去,吸引了更多家庭和学生参加绿色光年的科研活动。

三 绿色光年的参与式体验式低碳科普教育传播成果

1. 动员会集起三大低碳传播志愿者力量

(1)吸引到附近高校学生环保类社团青年群体,志愿参与到气候传播和低碳科普公益活动中来,并逐渐扩大到长三角和世界其他地区。截至2021年7月,绿色光年已经有来自全世界近90所高校的大学生志愿者近300名登记在册,其中在绿光青研社和中国生态实践项目中直接参与的大学生活跃志愿者达到160多名。

(2)在社区中发掘、培养有兴趣和有能力的小小志愿者群体。在面向这些社区小朋友的科研课题为主的绿光研究社项目,已经落地在沪苏6所中小学校和社区探究性课题和社区活动的小小志愿者们超过200名。他们通过参与和发表环保和低碳主题的科研报告、观鸟活动等活动,在社区和学校成为环保和低碳的传播者和行动者。

(3)在社区、学校和企业中储备了一些有低碳专业技能或社区活动组织能力的成人社区志愿者群体。

2. 低碳科普教育促成受众多种响应行为

面向受众中的行为改变是绿色光年最为关注的可持续发展教育的成果,活动设计和执行都以结果为导向,这也是气候变化的知识传播能带来的正向影响。

据统计,参与低碳科普参观路线体验活动的受众中,有至少20户家庭立刻回家申请安装了太阳能屋顶电站,通过社交媒体了解并付诸光伏改装行动的家庭最远的在美国波士顿。参与低碳体验活动后,作出新能源汽车购买决定的车主大多集中在老闵行区域,以上海交通大学和华东师范大学教师为主,超过了100名(如组建车友群)。作出厨余垃圾堆肥桶购买决策的家庭也是在低碳参观和DIY工作坊或在学校的环保科普讲座之后，超过 100 户家庭陆续开始堆肥或自制环保酵素进行阳台种植。

绿光研究社在《中华环境》杂志上发表参与环保活动体会文章的小朋友更是超过 30 余篇，参与全国和上海市青少年科创比赛的奖项超过 30 余项。

大学生志愿者在绿色光年的社会实践也推动了一些学生在职业选择上的深刻改变。比如，上海交通大学机械与动力工程学院的赵家鑫同学在大二时作为首批志愿者加入绿色光年担任低碳参观路线的导览员，陆续服务了两年后，绿色光年邀请他代表机构参加 2018 年 9 月在悉尼的由联合国教科文组织和联合国大学联合举办的可持续发展教育区域中心专家网络亚太年会并发言。同年年底，他获得了有"全球本科生诺贝尔奖"之称的罗德奖学金，次年赴牛津大学深造气候变化与能源管理硕士学位。

3. 项目获得了中国政府和国际组织的认可

2015—2017 年，绿色光年创始人倪欢作为上海市唯一一家本土环保 NGO 组织代表，被上海市发改委邀请进入市低碳社区创建专家组，面向报名的全市 33 个创建低碳社区的居委会和街道办事处开展科普宣讲和社区评测。

2017 年，联合国环境署与山东省东营市生态城市创建项目中，绿色光年被邀请作为该项目下东营市生态社区创建指南的编写单位之一，与中国科学院和环保部环境与经济政策研究中心的专家一起编写了该市第一本生态低碳社区指南。

2016—2018 年和 2017—2019 年连续三年的暑假，绿色光年分别被联合国环境署和上海交通大学钱学森图书馆邀请成为西北环保两个旗舰夏令营的策划和执行单位，总共带领近 300 名来自全国的优秀大学生志愿者和中小学生营员参观访问位于敦煌的亚洲最大塔式熔岩光热发电项目、位于恩格贝和库布其的沙漠光伏电站和沙漠节水科技。

2017 年，绿色光年还作为承办方之一，操办了由联合国环境署、联合国粮农组织、瑞典环科院和中华环保联合会联合主办的"减少食物浪费"创意赛和挑战赛上海赛区的赛事，此后接到多家跨国企业邀请绿色光年到企业"家庭日"举办减少食物浪费的活动和知识讲座。

4. 吸引中外媒体对绿色光年的广泛报道

国外媒体与机构对绿色光年和倪欢家生态小院案例的报道，重点主要是关注中国气候变化政策落地的效率和效果，如多长时间安装到位，申请时间多长，补贴到账需要多长时间，有多少人效仿，国家电网的回访服务体验如何等。

表 2 国外媒体与机构对绿色光年和倪欢家生态小院案例的报道

媒体名称	报道形式	报道时间	播出和刊登载体	内容和特点分析
法国第四频道 Chanel 4	新闻视频	2015 年 12 月	在巴黎气候大会期间播出	1. 对倪欢家光伏电站并网发电和落地和生活方式进行介绍 2. 关注何时拿到光伏补贴 3. 关注安装光伏电站和充电桩安装的成本
法国国家电台	新闻音频	2015 年 12 月		以上三点之外，还特别采访了社区里的小小志愿者团队成员，了解社区参与力量是如何组织的，激励学生参与这些活动的动力是什么
WWF 地球一小时	视频	2015 年	地球一小时活动所有宣传中	1. 重点突出在家庭如何身体力行地做到低碳生活 2. 个人低碳行为倡导
中外对话英国伦敦总部	评论文章	2015 年	在中外对话网站刊登	关注中国新能源汽车普及的优惠政策和其中的障碍（如充电桩有限，最后一公里的问题）
西班牙自媒体	系列纪录片	2016 年	在 YouTube 和网站	西班牙的自媒体专门采访在全世界各城市里的低碳故事和社区领袖，注重了解参与式社区自治在全世界不同文化下的表现形式，这些社区活动和社区领袖如何贡献于应对气候变化的挑战
日本 NHK 电视台国际频道	纪录片	2016 年	NHK 国际频道	1. 导演在开机录制之前采访了一整个下午，详细了解太阳能电站、充电桩的安装过程、社区如何参与、社区小朋友志愿者如何招募 2. 了解中国青年在低碳领域参与活动的动机，采访低碳科普参观活动中的社区家长的感想 3. 了解中国低碳相关政策
绿色和平荷兰总部月刊 GPM	刊物	2017	在荷兰向所有会员寄送并在全世界线上传播	1. 封面人物采访文章。通过线上访谈和线下活动组织的图片新闻采访结合 2. 对中国低碳政策（光伏电站和新能源汽车）如何落地社区、基层社区如何支持这些活动特别感兴趣 3. 对家长和学生参与活动后的回应和反馈很有兴趣，现场采访了参与志愿者小讲解员培训现场中的小朋友
绿色和平中国	纪录片	2017	各线上主要视频网站，双语播出	1.《点亮你的屋顶》是绿色和平制作的三集中英文双语纪录片，是全球第一部反映能源转型的大型纪录片，倪欢及其影响的粉丝家庭在第三集中 2. 纪录片反映了中国低碳政策影响下的能源转型从生产到消费侧的影响力和社区层面中的行动者

续表

媒体名称	报道形式	报道时间	播出和刊登载体	内容和特点分析
绿色和平亚太博客	博客文章	2017年三八节	博客	关注女性在气候变化行动中的领导力
美国电台 American Radio	线上音频	2018	线上音频	关注中国体制下如何把气候变化相关的政策从中央落地到基层，详细了解如何备案登记太阳能光伏电站和充电桩的申请，是否遇到了障碍，拿到补贴的时间和金额。但在节目中并没如实反映采访内容，只是有选择地提到中国中产阶级消耗能源太大
台湾自媒体	新闻评论	2018	评论文章	关注大陆的社区自治下低碳环保活动是如何开展的，社区营造是否借这些活动得到改进
挪威自媒体	研究评论	2018	摘引到博士论文中	某关注中国低碳发展的挪威博士生，把倪欢生态阳台作为案例研究素材放到其博士研究课题
澳大利亚国立大学	研究评论	2020	研究文章（本项目已经跟上海市有关部门报备）	以倪欢家的新能源汽车落地为案例之一，邀请绿色光年作为其研究上海市新能源汽车普及的政策支持的社会影响的课题研究支持单位。绿色光年作为其问卷在上海的发放和收集单位参与了该课题研究

国内主流媒体对绿色光年和倪欢家生态小院案例的报道，重点主要是关注"海归造了生态家园"本身，或"上海女子200元造空气净化器"，以猎奇的视角报道一件新鲜事物，非常少有国内媒体关注我国气候变化政策的优惠措施和落地效率，只有2018年 *Womenof China*，2020年 *China Daily* 这样以外宣为主的英文刊物，在关注中国气候变化政策的效果和效率，以及中国女性在气候行动中的领导力。

四 推广价值

绿色光年认为，不停留于口号、注重扎实产出和参与人的行为改变的传播，才是真正有效的传播。绿色光年从可持续发展教育的角度总结了以下经验：

1. 坚持科学的方法学，进行"科学地传播"

绿色光年从成立起，就以结果为导向，遵从联合国教科文组织世界公民教育和可持续发展教育的方法学，从"提升认知—社会情感认同—行为改变"三层次来传播气候变化知识，不仅深度影响社区居民和青少年对气候变化的看法，而且指导了具体的行动改变。每一个参与者的成长印记，从意识提升到行为改变，力争做到有迹可循，有故事可讲，积累了很多有具体成果产出的真人真事。

2. 突出"参与者主体"的教育理念，设计低碳科普教育项目

绿色光年设计的低碳科普教育项目将参与者放在教育的主体位置，通过参与与体验经过组织、设计的"活动"，调动参与者的主人翁热情和行动决心，让他们在项目活动中产生认同，努力让每一个参与者自愿地变成传播者与行动者，在参与传播与付诸行动中全面实现项目价值。

3. 总结可复制推广的与低碳社区创建有关的知识产品工具包

作为一家专业的可持续发展教育机构，在这些项目的开展和传播之后，及时复盘和总结活动，注重知识产品的沉淀，产出了多份低碳社区有关的知识产品，将每一个项目产出的经验和教训纳入下一期项目准备的工具包，分享给更多的机构和新加入的志愿者，可复制推广。比如：（1）社区低碳参观体验路线组织者工具包；（2）落地多个低碳主题项目式学习（PBL）的组织者工具包和模板文件包；（3）注重于减少食物浪费的剩食派对 checklist；（4）大型活动碳减排（碳中和）测算工具包；（5）绿光研究社志愿者导师培训工具包；（6）绿光系列"6R"互动式体验式社区工作坊的系列工具包和课程包；（7）大学生志愿者采访专家和社区居民行为、语言礼仪工具包和流程表。

自然之友：让低碳理念走进千家万户

新乡学院新闻传播学院　苏武江
中南民族大学文学与新闻传播学院　李兴齐

　　自然之友是中国第一家完全民办环境保护组织，由我国著名历史学家梁从诫在1993年创建。一直以来，自然之友通过环境教育、生态社区、公众参与、法律行动以及政策倡导等方式，运用一系列创新工作手法和动员方法，重建人与自然的连接，守护珍贵的生态环境，推动越来越多绿色公民的出现与成长。面对全球暖化的沉重课题，自然之友基于多年来的大气环境、垃圾减量、低碳家庭实验室等活动项目，整合成立了全新的"公众行动中心"，以推动公众参与环保行动。在2010年坎昆气候大会期间，自然之友发起"零碳行动，始于坎昆"的倡议，呼吁参与气候谈判的各国代表采取实际行动减少碳排放。为了全面了解自然之友的低碳传播经验，本文从环保宣传、低碳活动、基地建设三个方面对自然之友"公众行动中心"的低碳行动进行总结分析，为民间环保机构传播低碳理念提供借鉴。

一　环保宣传

　　自成立之初，自然之友即开始推进环保宣传。早期以流动教学为主要形式，重点普及环保知识。近几年以编撰出版物为主要形式，进行环保理念和低碳行动传播。

　　1. 流动教学普及环保知识

　　自然之友是我国环保领域流动教学的开拓者。2000年，他们从德国引进了流动环境教学模式，结合中国实际情况，重点推进两大项目：一是环境教育教学车项目，他们引进运行了中国第一辆环境教育教学车——"羚羊车"，羚羊车驶向城市与农村，每一辆车都是一间绿色的流动教室。多年来，"羚羊车"累计访问全国各地400多所小学，约50000多名师生受益，在各地中小学播下了环保教育希望的种子。二是"绿色希望行动"，该项目和中国青少年发展基金会合作，负责派遣志愿者赴各地希望小学开展环境教育。据不完全统计，超过200个小组1000余名志愿者给26个省市400余所乡村小学带去了环境教育活动。一些有影响力的行动项目包括：湖北省京山县三阳小学的特色环保教育项目、内蒙古"草原生态游牧与文化展"、北京"循环巨龙"废品回收公益活动、北京"骑行北京"绿色出行项目等。两大项目运行多年，在协调区域间环保教育水平方面取得显著成效，促进了偏远地区人们环保意识的加强。

2. 环保著作加大宣传力度

近年来，为了加大宣传力度，自然之友编撰出版了一系列环保著作。其中，最有影响力的是自2006年开始的每年一版的中国环境绿皮书《中国环境发展报告》。该书主要由环保专家、律师、记者撰稿，从环保一线视角观察中国环保现状，向社会提供了一种有别于政府立场或学院派定位的绿色观察，为中国走向可持续发展的历史性转型留下真实写照和民间记录，在业界享有很高的参考价值。"自然之友书系"是自然之友的环保教育类图书项目，已经出版的著作包括《为无告的大自然》《长江魂：一个探险家的长江源头日记》《教你认识北京的植物》《户外环境教育》《自然北京无痕游》等，这些图书以青少年为阅读对象，在内容上运用插画、写实照、风景照等照片以图说书，通俗易懂，易于培养青少年环保思想。此外，自然之友还定期发布各种研究报告，把各种生态环境问题公之于众。比如《231座生活垃圾焚烧厂信息公开与污染物排放报告》《"PM2.5与出行方式选择"测试活动与成果报告》《2015年"自然之友"低碳家庭节能改造报告》《大气污染物治理困境报告》《中国江河的"最后"报告》等，这些报告反映了我国生态环境的现状，也是环保教育宣传的重要参考资料。

二 低碳活动

注重公众参与，让参与者在行动中接受低碳理念、感受低碳生活进而养成低碳生活方式是低碳活动的出发点。自然之友的低碳活动可分为节能减排倡导活动、城市垃圾减量活动和低碳家庭实验室活动三大类。

1. 节能减排倡导活动

自然之友持续推动绿色公民行动与社群发展，支持各地、各领域行动者和社群开展与实际环境问题相关的行动,为不同需求的人群提供参与和组织活动的平台,为不同类型的社区居民提供绿色生活方案。希望通过场景和主题的有机融合,配合讲师领队人才体系的培养,增强社群行动的多样性,协助绿色公民的行动更主流、更长久。自2004年起,自然之友每年夏季在全国各地开展环保公益活动"26度空调节能行动",这项活动的参与者由自然之友从全国各地招募的志愿者组成。志愿者根据当地的实际情况进行公共场所的温度测量,并统一收集测量数据而后对空调温度达标情况进行评定。这项活动既提高了公众的节能减排意识,同时对公民养成节能生活习惯也有一定的促进作用。

图1 "26度空调节能行动"活动海报

2. 城市垃圾减量活动

面向学校、社区、企业、社会公众,开展垃圾减量主题教育和实践行动,推动更多人关注垃圾问题,践行零废弃生活。零废弃不是不产生任何废弃物,而是以减少垃圾产生的理念去优化活动的各个环节,寻找替代方案。2011年,自然之友发起成立零废弃联盟,开启城市垃圾减量挑战活动,以挑战赛的形式倡导从自身开始实践垃圾减量。"零废弃"主要包括零废弃赛事、零废弃办公等方面的内容。零废弃赛事致力于推动参赛选手、主办方及行业组织多方合作,在活动赛事的各环节推行零废弃理念,如自然之友与日本非营利性组织i Pledge共同打造的零废弃音乐赛事,是国内首次引入零废弃理念与方案的大型音乐节。零废弃办公涵盖从建筑材料、办公室设计、办公采购的节能与生态友好,到办公人员日常行为方式的"绿色选择"。它主张从身边的小事做起,珍惜每一度电、每一滴水、每一件办公用品。虽是小事,由此带来的资源节约和减排效果却非常可观。2014 年,以零废弃校园的名义,呼吁取消包书皮活动。随着零废弃赛事的公益方案不断改良优化,自然之友在 2018 年 11 月为之赋予了独立品牌——Novaloop,以期通过开创性的方法和视野,更大限度地实现资源的循环。

3. 低碳家庭实验室活动

自然之友低碳议题致力于传播低碳理念,并通过家庭、社区层面的节能减排实践,总结出可推广的"低碳家庭"样本,形成"低碳家庭"的能效标准,探索通往低碳宜居城市的路径和公民应对气候变化的方案。为积极的环保行动社群和潜在的行动者提供行动方案参考,陪伴和支持"绿色社群"成长。自然之友开展的低碳循环公益项目"低碳家庭实验室",通过在家庭、社区层面进行节能减排的尝试与实践,以总结可推广的"低碳家庭"样本,寻找"低碳家庭"的能效标准以及通往低碳宜居城市的路径和公民应对气候变化的方案。项目以家庭为单位,以"宜居要好房,好房要节能"的低碳诉求对家庭住户进行节能改造设计,从而将低碳生活方式带入实验家庭。在 2011—2016 年,自然之友进行了三期的低碳家庭节能改造试验,累计 60 多户家庭参与了节能改造活动。此后,进行低碳家庭的展览,讲解低碳家庭的改造技术和优秀改造案例,以将低碳改造项目带进更多的家庭。另外,自然之友还发起"厨余垃圾堆肥"活动,开展相关的讲座,策划组织相关的活动,鼓励申请参与的家庭把他们的成果都晒在自然之友的网站上,让更多人看到,养成低碳节能的生活方式。

三 基地建设

自然之友极为看重公众参与,为了更系统、更专业地开展公益活动,让更多的人接收环保教育,自然之友建立了两个低碳环保教育基地。

1. 盖娅自然学校

2014 年初,借鉴"社会企业"构架、"不以营利为目的"的"自然之友·盖娅自然学校"就此诞生,并成为日本 JICA 与"中日公益伙伴"推动的"中国自然学校网络"中第一批自然学校。学校承续民间环保组织"自然之友"的血脉,希望通过"体验式的环境教育"活动,帮助大家了解我们赖以生存的大自然家园,重新认识属于自然的我们自己,进而成长为一位位友善地球的"绿色公民"。学校自建成以来，一直致力于以体验式环境教育和亲子环境教育，拓展自然之友在环境教育领域的专业性、引领性与影响力，培育更多未来的绿色公民。学校通过体验式环境教育过程，一方面传播低碳环保知识，带动更多的人参与环保，另一方面以教学之实培养环保志士，为环境保护的实际工作贡献环保专业人才。此外，学校还进行对外交流。参加"中国自然教育大会第六届全国自然教育论坛"，参与了"如何做好自然教育课程设计分论坛"及"青年 XIN 声"环节；参加了东北自然教育论坛并作分享。同时邀请了日本栗驹高原自然学校校长塚原俊也、ELFIN 体验共育俱乐部创建人北泽伸之、中日公益伙伴秘书长朱惠雯共同开展了为期3天的"营地引导员研修工作坊"。据统计，仅 2019 年，盖娅自然学校开展各项环境教育课程/活动共计 288 场次，年活动天数达 401 天，各项课程/活动参与人数超过 11181 人。特别是以家庭为单位的亲子体验项目，受到很多家庭的欢迎。

2. 低碳展馆

于 2018 年 7 月 28 日正式开馆。低碳展馆是低碳家庭实验室活动的延续。为更好地将低碳家庭实验室的经验对公众进行传播，2017 年，自然之友低碳展馆启动建造，并通过参与式营造等创新手法，研发完整有趣的公众参与系列环保活动，引导更多普通公众关注低碳议题。因此，低碳展馆融合了低碳家庭三期成果、垃圾回收系统、空气净化实验等诸多自然之友的实践经验。2018 年 8 月 22 日，自然之友·低碳展馆亮相北京卫视新闻频道，北京卫视新闻频道在低碳展馆开幕会中对低碳展馆志愿者进行采访并报道，向更多公众传播低碳生活理念。低碳展馆开幕当天，由大家亲手制作的零废弃乐器的演奏将在场所有人带进环保绿色的气氛中。一段短暂的开场介绍后，银幕上播放了低碳展馆营造全过程的纪录短片，参与式设计、痛快拆拆拆、大家贴贴贴、一起刷刷刷、认真抹泥墙、细心装窗户、画交互系统、改造小花园等一幕幕温馨的合作画面浮现在眼前，低碳展馆的改造旅程不仅是一个激发大家的想象力与动手能力的过程，也为更多人开启了充满欢乐的绿色生活之旅。这所家庭式低碳科技馆，将常年为公众免费开放，成为环保志愿者交流绿色设计思想的场所，它通过在社区层面进行节能减排的尝试与实践，从而总结可推广的低碳家庭样本，寻找低碳家庭的能效标准，以及通往低碳宜居城市的路径和公民应对气候变化的方案，尽可能地减少能源消耗和温室气体排放，实现社会发展与生态环保的双赢。

四 经验总结

目前，自然之友发动的全国志愿者数量累计超过 30000 人，月度捐赠人超过

图 2　低碳展馆开幕会现场报道

4000人。一直以来，自然之友通过环境教育、生态社区、公众参与、法律行动以及政策倡导等方式，运用一系列创新工作手法和动员方法，重建人与自然的连接，守护珍贵的生态环境，推动越来越多绿色公民的出现与成长。这些活动都充分展现了自然之友作为民间环保组织的积极作用，展现了它在推进低碳行动事业当中的巨大潜力。

1. 体验式环境教育助力绿色宣传

盖娅自然学校作为自然之友教育传播的主力，通过体验式环境教育过程，重建人与自然的深层联结，促进保护环境的自觉行动，培育绿色公民的社会氛围。以环境教育相关课程和活动为载体，"真心实意，身体力行"为探索既推动社会环境教育行业的形成和发展贡献绵薄之力。在疫情的反复下，学校尝试线上开课，以"线上传授辅导＋线下体验"的方式保证参与者的"真实体验"，借由互联网打破地域限制，让更多伙伴能够参与其中，获得身心的成长。"体验式的环境教育"，更能够帮助公众了解我们赖以生存的大自然家园，重新认识属于自然的我们自己，进而成长为一位位友善对待地球的"绿色公民"。

2. 社群传播提高绿色公民影响力

持续推动绿色公民社群发展，支持各地社群开展与当地实际环境问题相关的行动，为不同需求的人提供参与和组织活动的平台，为不同类型的社区居民提供低碳生活方案。通过场景和主题的有机融合，配合讲师领队人才的体系培养，增强社群行动的多样性，协助绿色公民的行动更主流、更长久。例如在青年行动中，依托大学生社群"青荧行动"来开展高校业务。此外，对于各地的志愿者社群，自然之友支持现有各地社群的可持续发展和自主行动,开放参与机构各种主题培训,满足志愿者自我提升需求,以及在地活动品质。通过社群传播,开展节能减排倡导活动、城市垃圾减量活动、低碳家庭实验室活动,有效地向公众倡导低碳生活方式。

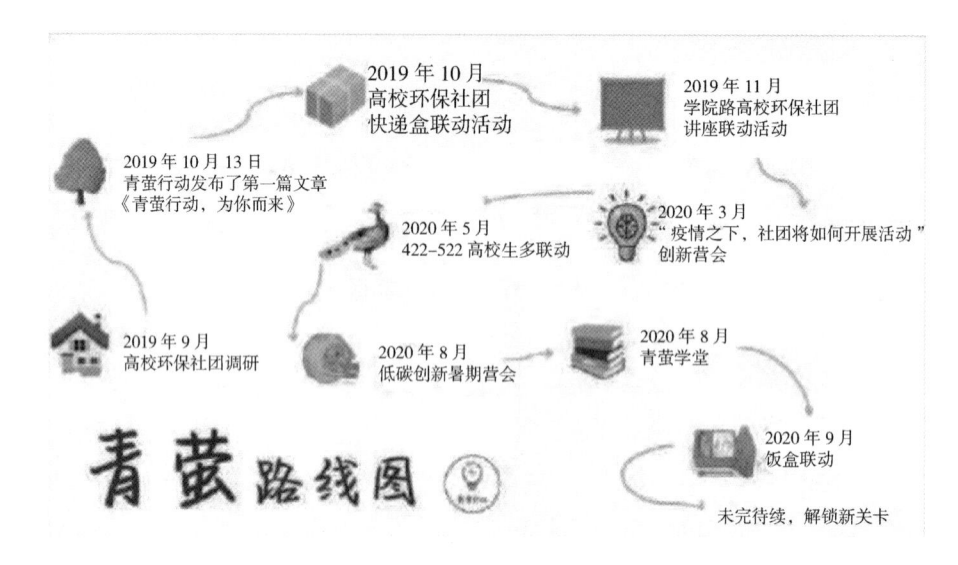

图3 大学生社群"青荧行动"路线图

3. 多平台联动推动重大环境议题

在与多媒体平台的合作传播中,自然之友推动多个重大环境议题通过《人民日报》、《中国环境报》、《法制日报》、《中国青年报》、《三联生活周刊》、《中国新闻周刊》、《南方周末》、财新网、财经网、腾讯新闻、澎湃新闻、界面新闻和新华社、央视、央广等优质主流媒体传播,引发社会公众关注与热议。在淘宝直播、抖音直播、腾讯直播等新媒体传播平台中,积极普及环保知识和低碳理念,例如,2020年5月在首都精神文明建设委员会办公室、北京城市管理委员会主办的"垃圾分类要有范儿"活动中,自然之友参与了抖音直播,分享话题"除了分类,我们还能对垃圾做些什么?"自然之友携手目标与价值观一致、品牌调性各有所长的优质合作伙伴,推动环境保护议题破圈,融入公众生活,运用综合的传播手段,让机构持续深耕的业务、项目、活动成为一个个好故事,达成更高行业影响力与跨界影响力,取得显著筹资成效。以上传播经验都充分展现了自然之友作为民间环保组织的积极作用,展现了它在推进低碳行动事业当中的巨大潜力。

根与芽：让厨余堆肥技术落地开花

生态环境部宣传教育中心　栾彩霞

1991年，珍·古道尔和一群想要给社区带来改变的坦桑尼亚学生建立了第一个根与芽小组，旨在为这个世界培养富有同情心的青年领袖。现在有超过130个国家和地区已有近16000个根与芽小组活跃在世界各地的学校、社区和企业中。1994年，中国的第一个根与芽小组在北京成立，教育青少年理解人与自然的关系，鼓励他们为环境、动物和社区行动起来。成都根与芽环境文化交流中心成立于2008年，致力于生活垃圾的可持续管理，通过社区行动和公众教育，推动相关环境政策的完善与执行，为生态文明建设作出积极贡献。自2011年起，成都根与芽先后在成都市区23个社区内开展生态社区建设行动。从2018年开始，分别在成都市郫都区的8个社区和1个乡村开展生活垃圾可持续管理项目，并在四川省绵竹市遵道镇开启零废弃小镇建设计划。2019年，成都根与芽在成都市春熙街道总府路社区开展垃圾分类试点项目，并同时开启高山垃圾可持续管理项目。多年来，成都根与芽不仅获得了社区居民的一致好评，也受到了社会各界的关注，获得了成都市及全国的各类奖项。并且与政府部门、企业、学校及个人等社会各界创立了包含"生态社区建设""社区环保课堂""零废弃校园建设""循乐童年环保剧""环保公益讲座"以及"生活垃圾科普及旧物改造展"等项目，这不仅培养了青少年及公众对环境的热爱，提高了居民环保意识和社区参与度，同时得到了社会各界的广泛关注与好评，影响了数十万人积极参与到改善环境的行动中。

一　考察学习厨余垃圾堆肥国际经验

成都根与芽环境文化交流中心致力于生活垃圾的可持续管理，通过社区行动和公众教育，推动垃圾分类处理。如何更科学地进行生活垃圾的可持续管理呢？2016年以来，在民促会支持下，根与芽开展了一系列国际经验的考察。第一个考察项目是选派根与芽管理骨干作为中欧民间组织互换项目气候变化与低碳领域的成员，到享有森林城市美誉的拉脱维亚首都里加进行了为期1个月的工作交流；第二个考察项目是根与芽理事长受邀去印度班加罗尔考察学习，了解印度班加罗尔市的厨余堆肥情况。通过出国学习交流，根与芽带回了"分散收集、集中处理"的厨余垃圾就地堆肥处理模式的国际先进经验。

在拉脱维亚首都里加，根与芽的考察人员发现，市区公园里有一座巨大绿色落叶堆肥"山"，约10米高，4—5米宽。枯树层由黄到黑，棕黑的堆肥废液沁润着周围土壤，散发着微微发酵的酸腐味，而堆肥山旁人们在愉快地交谈，嬉戏玩耍，丝毫没有回避的意思，居民已经习惯了这种散发着自然气息的气味。

与欧洲通过自上而下的方式推动餐厨好氧堆肥不同的是，在印度的班加罗尔市，居民通过自发方式在社区和家庭采用堆肥方法来处理垃圾，并在高密度社区成功推广厨余不出小区的堆肥模式，大部分小区采用的厨余垃圾处理方法都是集中就地堆肥模式，通过添加干树叶、椰渣等作为堆肥干物质，辅以生物菌种，让厨余垃圾得到充分降解，充分降解后的厨余垃圾转化为天然有机肥料，也解决了垃圾堆肥的味道问题。从源头进行有机废弃物管理，在社区内部实现废弃物减量和资源化再利用。在印度的班加罗尔市，根与芽的考察人员发现，居民大大小小的工具和设备很多，专业性强。印度民间组织倡导了很多年，政府才出台了一个政策，用强制分类的手段确保"厨余垃圾不出小区"。2008年以来，班加罗尔已有近1000个社区建立了厨余堆肥体系，居民自发通过家庭和社区堆肥方法来处理厨余，已在高密度社区成功推广厨余不出小区堆肥模式。班加罗尔越来越多的居民在自己社区内实践堆肥，社会对堆肥的接受度很高，已建立"堆肥体系设计—堆肥设施生产—堆肥日常管理—成熟肥销售"的产业链。

二 厨余垃圾就地堆肥社区试点项目

中国城市居民产生的生活垃圾中，厨余垃圾重量体积占50%左右，生物有机质垃圾占比最高，主要以居民饮食产生的餐厨垃圾为主。但随着生活垃圾量的不断增加，焚烧和填埋的末端处理压力也一直在增大。从源头开始垃圾的减量、分类的工作就显得日益重要和紧迫。

每家每户都是生活垃圾的源头，垃圾也是碳排放的一个源头，源头减量、就地处理就是在减少碳排。通过厨余垃圾分散式堆肥处理,可以极大减少生活垃圾填埋或焚烧量,堆肥获得的肥料主要是回馈到小区的绿化地带,一举多得。相对于其他的垃圾处理方式,在城市社区中"分散收集、集中处理"的厨余垃圾就地堆肥处理模式成本低、方法易掌握,且对城市气候变化减缓有积极的效果。

根与芽想把厨余垃圾堆肥处理模式引进中国,却不是一帆风顺的事情。由于担心社区堆肥会发臭、有蚊虫,起初没有小区愿意在自己的公共区域开展混合厨余堆肥的尝试。

2017年6月,发改委、住建部发布《垃圾强制分类制度方案(征求意见稿)》,将在中国46个城市强制实施垃圾分类,成都也在强制分类城市名单中。借此东风,根与芽选择成都八宝街社区王家塘街12号院为试点,开始开展堆肥技术的推广活动。但要让居民接受厨余垃圾就地堆肥试点工作,也还需要与社区居民进行深度的沟通交流。于是,根与芽就发挥自己本土组织的优势,经常组织社区活动,通过讲座、体验的方式让更多的人了解垃圾分类,实践堆肥。这些活动得到了居民、公众的积极回应,拉近了大家与生态环保之间的距离。原四川大学张雪华教授,曾在印度班加罗尔作为项目顾问参与过堆肥的项目,和成都根与芽成员一起与社区居民沟通,现身说法,让社区居民了解印度厨余垃圾堆肥分散处理的成功的案例,经过三个月之久的推广活动,最后居民们终于答应在小区公共区域尝试。

万事开头难,在居民小区学会厨余垃圾的堆肥处理也需要有一个过程,成都根与芽的项目团队成员在张雪华教授指导下,经过半年多的尝试,经历了选错容器导致厌氧产生恶臭和蚊虫的失败,也经历了每天工作12个小时、节假日无休的辛劳,以及手脚全被蚊虫叮咬、浑身酸臭的而遭到别人异样眼神的尴尬,终于利用好氧技术将小区的餐厨和绿化垃圾全部就地处理,并且摸索出一套适用于城市社区进行餐厨就地处理的方法与模式。同时,根与芽也号召和培养了一批关心社区环境保护、热心垃圾分类减量工作的居民,成为社区环保志愿者。小区物业工作人员赵丛清说:"一开始都是他们做,前面几个月都厌氧了,味道特别大,盖子都盖不住。后面找到了合适的方式,温度上去了,有时能到70多度,味道都在大家可接受的范围,现在大家都很配合和欢迎,因为对大家、对环境都有好处。"现在他非常熟练地掌握了堆肥技术,成为社区堆肥、就地减量的一把好手。

成都根与芽环境文化交流中心项目总监魏蔚对于餐厨垃圾堆肥有着深刻的认识:"垃圾应该分为可回收物、餐厨、有害、其他垃圾四种,国家重视环保,宣传不少,大家都知晓,加上根与芽的推动,他们更认同了,不需要去盯着教育。我们垃圾分类,让厨余垃圾变成肥料,小区的花草有了肥料,还会减少将餐厨送往填埋场、焚烧厂的处理量。一举多得!"现在,成都八宝街社区王家塘小区已经形成了一套垃圾可持续管理系统,75%以上的居民已经形成分类习惯,小区餐厨垃圾收集桶每日都可以收集30千克餐厨垃圾,每月处理约0.8吨的餐厨垃圾,作为全国首个在城市社区实现餐厨垃圾就地堆肥的经典案例,成为成都市生活垃圾分类示范小区。

三 社区厨余垃圾堆肥经验的成功推广

现在,随着国家对垃圾分类工作的重视与铺开,全社会对垃圾分类工作的空前关注,"强制分类"逐渐形成社会共识。垃圾分类首先需要将可回收物、厨余垃圾、其他垃圾及有害垃圾逐步分离开,但垃圾的可持续管理重点还在于源头减量,将厨余垃圾和绿化垃圾进行堆肥变身为改善公共绿地土质的好东西。

成都八宝街社区王家塘街12号院的成功经验带动了社区内4个小区自主开展垃圾减量分类工作,在社区垃圾减量和环境保护中起到了积极的带头作用。除王家塘小区之外,已有越来越多的社区咨询公共空间餐厨垃圾堆肥的事情,希望能参与其中。

2018年,成都根与芽在万科公益基金会支持下,与绵竹市九龙镇(原遵道镇)政府达成合作,推进建立城镇的垃圾可持续管理系统。项目初期以学校为切入点,进行环境教育和零废弃校园建设,并通过学校与社区产生互动,学校带动社区,学生、儿童影响家庭,形成广泛的社会影响,使减量、分类成为遵道居民的共识,并在初期阶段发展持续的在地力量,撬动居民参与。2019年,在绵竹市九龙镇遵文社区开展餐厨垃圾及绿化定时定点收运和居民生活垃圾分类投放的工作,将居民餐厨垃圾进行就地堆肥处理并用于绿化。2020年,九龙镇的厨余垃圾分类及就地处理系统已经完善,目前80%以上的居民每天参与到社区的厨余垃圾分类以及定时定点的除袋投放清运工作中,并积极投放可回收物及有害垃圾到专门的投放桶内。2020年,九龙镇平均每月进行厨余垃圾堆肥约3吨,一年减少了约36吨厨余垃圾的填埋。

2020年,根与芽在郫都区郫筒街道5个试点社区以及玉林街道、火车南站街道、红牌楼街道、浆洗街道4个街道的5个试点小区,开展垃圾分类工作和厨余垃圾就地堆肥指导,通过在小区培育家庭堆肥成员,建立小区的小型厨余垃圾就地处理循环方式，实现厨余垃圾就地化减量以及循环再利用。

四 小试点、大意义

随着"推进生产和生活系统循环链接，加快废弃物资源化利用"被写入中国"十三五"规划，中国的生活垃圾分类已成为国家战略。2019年2月，住建部要求所有地级及以上城市要全面启动生活垃圾分类工作。2019年7月1日，《上海市生活垃圾管理条例》正式实施；2019年11月27日，北京市人大常委会通过修订《北京市生活垃圾管理条例》，对生活垃圾分类提出更高要求，并从2020年5月1日开始，新版《北京市生活垃圾管理条例》正式实施。

各级政府出台的垃圾处理相关政策和举措，让垃圾分类和垃圾循环利用的理念获得普及和推广，也让成都根与芽这种植根于社区垃圾分类及推广机构，获得助力。对垃圾进行可持续管理是中国绿色低碳发展中的一个与全民生活息息相关的重要议题，也是一个环境保护的发展性问题。如果说政策和政府的有关举措是自上而下的号召，那么根与芽对垃圾堆肥的社区推广则是自下而上身体力行。根与芽通过在社区推广垃圾堆肥处理模式，具有城市生活垃圾减量、减碳减排、动员社区居民参与到应对气候变化中来的强烈现实意义。

蓝丝带：民间力量的专业化海洋保护行动

中国传媒大学绿色低碳发展与品牌传播研究中心　鞠立新
蓝丝带海洋保护协会　袁　嫄

蓝丝带海洋保护协会创立于2007年，是一家以"保护海洋生态，人海和谐共生"为使命、以"保护海洋就是保护我们自己"为价值观、以"团结一切力量，保护美丽海洋"为行动纲领的中国民间公益社会团体，致力于构建全球化、开放性海洋保护公益生态平台。

自成立以来，持续在全国各地开展海洋生态资源保护、海洋污染监测与治理、海洋科学教育、海洋保护平台建设等海洋保护工作；逐步树立起海岸线监督治理品牌、海洋卫士品牌、红树林宣传保护品牌、社区精准环保品牌、渔业社区环境改善等多个品牌项目。同时，更积极助力海南生态自贸港建设，全力推进"山水林田湖生命共同体"生态文明建设，持续践行"绿水青山就是金山银山"的新时代生态文明价值理念。

一　蓝丝带行动

多年来，蓝丝带海洋保护协会在海洋生态资源保护、海洋污染监测与治理、海洋科学教育、海洋保护平台建设等领域持续深耕，而这四大领域也成为现阶段蓝丝带海洋保护协会的主要业务板块。

1. 海洋生态资源保护

自成立之初，蓝丝带海洋保护协会就格外关注海洋生物多样性保护，先后对红树林、珊瑚礁、东亚海江豚等生态资源展开现状调查，并针对性地实施一系列保护、修复工作，也为常见的水生野生动物提供救助支持。同时，持续推动渔业社区保护地建设,协助渔村积极创建渔村社区共管机制,推进保护地陆源污染防治、近海生境修复,以及生态养殖技术、生态民宿等可持续发展渔业社区转型,最终建立起包含生态系统服务、生物多样性保护、渔业社区保护地文化、可持续渔业转型等在内的渔业社区生态系统。

2. 海洋污染监测与治理

为缓解、监测海洋生态污染问题,蓝丝带海洋保护协会长期开展海洋垃圾清洁公益活动、近海及海岸线环保监测活动等,组织大学生与社会志愿者对海洋环境进行保护与修复。每年,蓝丝带海洋保护协会都会组织上万人次志愿者,开展公益净滩活动、海洋垃圾监测活动、渔业社区环境与生计调查,并积极推动"净塑城市"落地试点,协助编制"无废会议+无废赛事"指导手册,促进环境治理技术的推广。

3. 海洋科学教育

不仅如此,蓝丝带海洋保护协会还长期通过不同渠道,采取不同方式,对不同的社会公众,进行有针对性的海洋科普及保护意识教育,共同守护蔚蓝海洋。成立之初,发起海洋生态保护"六进"项目,并组建海洋保护志愿者、开展海洋环保竞赛、组织海洋环保实践等内容丰富、形式多样的海洋保护活动,号召公众、政府、企业和媒体等社会各界共同保护海洋。2017年,还发起"未蓝计划"并推向全国,面向少年儿童进行海洋知识普及、海洋文化传播,增强少年儿童的海洋保护意识。截至目前,"未蓝计划"已推广至青岛、烟台、威海、三亚、海口、南京、天津、大连、西宁等十多个城市。2020年,发起"海洋卫士学校"公益项目,让海洋科普走进校园,培养孩子们成为"爱海、护海、建设海洋"的"海洋卫士"。

4. 海洋保护平台建设

同时,蓝丝带海洋保护协会非常注重将社会各界生态环保力量,共同汇聚到保护全球海洋生态的公益行动中,多年来与各地高校、企业、机关及志愿者共同建立起一个覆盖全国的海洋保护平台,涉及七十多支蓝丝带志愿者团队。还与其他关注海洋的机构、平台联手,积极共建中国海洋保护平台。先后加入中国国际民间组织合作促进会、全国水生野生动物保护分会、青年应对气候变化行动网络,并参与成立"中国净塑行动网络"等。

二 蓝丝带传播路径

在开展各项海洋保护工作的同时,蓝丝带海洋保护协会还特别重视海洋保护传播，不局限于传统传播渠道、传播方式、传播内容等，融项目活动传播、媒体传播为一体，逐渐探索出一条民间公益力量传播海洋保护的"蓝丝带路径"。具体体现在以下三个方面：

1. 重视项目自身传播属性，以项目平台搭建传播平台

考虑到每年参与海洋保护公益项目、公益活动的人数众多，蓝丝带海洋保护协会充分认识到每一次活动、每一次项目本身，就是极佳的传播载体，可以最直接地面向社会公众，通过现场科普、现场参与、现场感受等，更加真实客观地帮助社会公众了解海洋保护的重要性、认识海洋保护和日常生活的关联性，进而促使社会公众从小事做起，从身边做起，更好地将意识、理念转化为海洋保护的实际行动。也因此，蓝丝带海洋保护协会特别重视项目、活动的执行现场转播，以及由此延展开来的媒体渠道传播、自媒体渠道传播等，并着力于以项目平台搭建传播平台，推动环境利益体共同参与改善海洋环境与人居环境。

2010年6月8日，由原国家海洋局指导，三亚市人民政府、长江商学院校友总会、旅游卫视主办，蓝丝带海洋保护协会、长江商学院校友会各沿海分会承办的大型公益活动"2010长江校友·蓝丝带海洋环保中国行"正式启动。活动沿中国海岸线由南至北而上，途经14个沿海城市，最终到达首都北京，行程1.8万千米，历时28天，在每个活动城市开展公益宣传、卫士招募、问卷调查、海岸调查、海水取样等特色活动，吸引媒体、企业、志愿者、演艺界人士和社会公众广泛参与。活动共向民众发放蓝色丝带、蓝色腕带、海洋环保宣传册、海洋环保歌曲光盘等海洋环保宣传资料共计63736份，通过现场招募和网络报名方式共招募到海洋卫士共计2112人。同时，全国共有45家媒体对本次活动进行了关注，发布新闻报道106篇/次，在社会各界以及新闻媒体引起了强烈反响和广泛关注。

不仅如此，以举办频次相对较高的公益净滩活动为例，蓝丝带海洋保护协会也从如何让公众更乐意参与、参与后更乐意践行等角度出发，创新演化出了一系列"寓教于乐"的新形式。比如，协会在日常净滩活动基础上，创新性地推出"Ocean Watcher蓝色跑"，将比赛、游戏与公益相结合，通过慢跑、捡拾垃圾、朋友圈打卡等形式，增添净滩活动的趣味性，让志愿者体验净滩活动的非凡乐趣与挑战，吸引了更多社会组织、团体以及个人关注海洋垃圾，加入到海洋保护的活动中来。

每年世界环境日、世界海洋日、世界清洁地球日等，蓝丝带海洋保护协会更是联动各方，开展、传播丰富多彩的海洋保护活动，以期广泛影响、带动社会公

众关注参与海洋保护。2020年世界海洋日暨全国海洋宣传日前后，蓝丝带海洋保护协会在各级政府主管部门、伙伴机构、热心企业的支持帮助下，紧密围绕"保护红树林，保护海洋生态"主题，邀请社会各界、公益传播大使发起"WE蓝海岸"公益随手拍，邀请海洋领域专家发起60min海洋知识微博问答，并举办了共建海上森林、清理海洋垃圾、增殖放流、海洋知识展等一系列线上线下宣传、践行海洋保护的活动。

社会公众是海洋保护的决定性力量，社会公众具有真正改变海洋现状的能力。蓝丝带海洋保护协会正是通过项目、活动传播，团结和组织民间公众的积极参与，唤起社会公众的社会责任感和使命感，一起推进生态环境的保护。

2. 重视海洋保护行动平台，有针对性地开展海洋保护传播

蓝丝带海洋保护协会还非常重视以高等院校大学生为主体、覆盖青少年及社会公众的海洋保护行动平台，并围绕不同群体有针对性地开展海洋保护传播，展现普通大众参与生态与环境保护的行动和力量。

基于海洋保护的使命与责任，蓝丝带海洋保护协会广泛联合各地高校、中小学、企业及志愿者等社会各界爱海力量，积极搭建覆盖全国的海洋保护行动平台，不仅每年都会组织数万人次志愿者开展沙滩清理、环境宣传教育等海洋保护活动，还会针对社会各类人群设计不同的海洋保护传播方案，提供给受众最需要的内容。

比如，面对青少年，蓝丝带海洋保护协会着力推进"未蓝计划"，以海洋知识科普、体验为主，组织专家与志愿者编制教材，联动全国各地高校大学生志愿者走进中小学或在大学校园，开展各类丰富多彩的海洋保护认知与实践活动。像蓝丝带海洋保护三亚学院志愿者服务社，从2010年开始，几乎每周都会安排志愿者前往三亚市第一幼儿园、三亚市第九小学等学校，以科普课堂、涂色画画、手语舞、互动游戏等多种形式，开展海洋环境、海洋生物保护等方面的教育科普活动，从少年儿童抓起，普及海洋知识。11年播种，跨越9个年级，4000多名不同年龄的孩子从中受益。

2020年，蓝丝带海洋保护协会发起"Hi博士自然教育实验室——海洋卫士学校"项目。该项目以"提高中国少年儿童自然科学素养，共建地球可持续发展"为目标，以"兴趣培养、意识培养、行为培养"为方法，以"易学易懂、有识有践、学可致用"为准则，从沿海城市出发，将"积极落实加强海洋教育"这一目标逐步拓展到内陆校园，帮助更多的孩子了解自然、爱上自然、保护自然。2021年随着课程内容的正式出炉，海洋卫士学校相继落地成都、三亚、深圳等地。

而面对渔村渔民，蓝丝带海洋保护协会则会以解决渔民在海洋知识、海洋法规上的疑惑为主，促进传统渔村向生态渔村转型；面对涉海企业，以企业在工作中遇到的海洋问题为主，促使企业更好地保护海洋环境和为社会公众服务；面对社会公众、普通志愿者，则以传统项目和事件活动为主，透过每年的海洋日及净滩日，在全国范围内开展大规模、多样化的海洋保护宣传活动，并曾组织途经中国所有沿海省份的"蓝丝带中国行"大型海洋保护宣传活动。

3. 重视国际交流，积极传递中国NGO环境保护声音

蓝丝带自2007年成立之初便开始派人参与国际交流，让中国NGO在国际上发出中国声音。

2008—2010年开展中意环保组织"可持续发展远程培训"项目，来自政府、企业的工作人员及志愿者等139名学员参加了环保远程培训学习，并有10名人员赴意大利学习考察。蓝丝带不仅派出工作人员，更是培养大学生志愿者代表中国青年参加国际交流，发出中国青年的环境保护声音。

此外，还参加"中国青年丰田环境保护资助行动"，赴日考察学习日本先进的环保理念和经验；蓝丝带大学生志愿者代表受PEMSEA和国家海洋局资助参加东亚海大会青年论坛，并同与会学生分享蓝丝带海洋保护工作经验；参加由CESIE与CANGO组织、欧盟委员会资助的欧洲志愿服务——国际"城市农耕"项目；2016年6月6日，应国家海洋局国际合作司邀请，协会作为中方民间组织代表参加第八轮中美战略与经济对话"蓝色海洋"宣传活动；参加"中欧民间组织互换项目"，赴斯洛文尼亚学习、交流海洋环保理念和经验；2017年7月，赴韩国首尔参加联合国开发计划署黄海大海洋生态系项目会议；等等。

2020年10月15日，在"第八届东亚气候论坛"上，蓝丝带海洋保护协会常务副会长刘江燕作为中方海洋专题的代表之一，还就"中国NGO组织保护美丽海洋在行动"进行了主旨分享。其间，重点介绍了蓝丝带海洋保护协会在建立"海有渔生渔业社区保护地"方面的行动举措。

三 传播效果

多年以来，从一个地区性海洋保护民间组织，到业务区域覆盖主要沿海城市、拥有10多万名大学生志愿者、多次荣获国家各级优秀项目的海洋生态及环境保护中国本土NGO，既离不开蓝丝带海洋保护协会始终如一的"保护海洋生态，人海和谐共生"初心，更是基于协会长期传播海洋保护的社会效益叠加。成千上万的

社会公众从这里体会到自然资源与环境保护的重要性,为致力于人与海洋和谐共生而努力。

1. 带动公众、政府、企业和媒体等社会各界共同保护海洋

作为公众广泛认可的 NGO 品牌,蓝丝带海洋保护协会以卓越的倡导力,成功主办或承办了各种面向社会各界的海洋保护活动。例如,每年"6月8日"世界海洋日暨全国海洋保护宣传日,协会都会组织开展各种形式的海洋保护主题活动,2019年在三亚市自然资源和规划局支持指导下,策划举办"万人净滩"公益活动,在自然资源部宣传教育中心发布的《关于2019年"海洋日""土地日""测绘法宣传日暨国家版图意识宣传周"主题宣传活动优秀组织单位和优秀宣传项目的通报》中获评"优秀宣传项目",还被环境保护杂志社评选为"2019环境保护宣传教育品质之星";2020年开展了包括共建海上森林、红树导赏、公益随手拍、海洋知识问答等线上线下联动的公益活动,在自然资源部宣传教育中心发布的《关于2020年自然资源主题日宣传活动优秀组织单位和优秀宣传项目的通报》中获评"优秀宣传项目";2021年又策划了蓝色正能量图片展、海洋探索、海上巡逻、废遗所思、海洋异形瓶等个性化活动,不仅吸引了诸多社会公众积极参与,也在网络上营造出良好的海洋保护氛围。

同时,蓝丝带海洋保护协会创始会长孙冬、现任会长郑文春,还作为政协委员陆续向政府提交有关海洋保护的提案,得到相关部门的支持与反馈。并长期以进校园、进机关、进景区、进军营、进企业、进社区为载体,通过举办海洋知识讲座、观看海洋影片、发放宣传资料、制作宣传展板、组建海洋保护志愿者、开展海洋环保竞赛、组织海洋环保实践等内容丰富、形式多样的海洋保护活动,号召公众、政府、企业和媒体等社会各界共同保护海洋。

2. 推动海洋保护领域 NGO 建立协作关系

蓝丝带海洋保护协会优秀的活动策划能力、组织能力和高效的执行力吸引了其他 NGO 组织,并由此发起或参与海洋保护社会公益平台建立,旨在为减少污染以及污染的排放、海洋环保与科普教育、生物多样性等作出努力。

比如,与中金鹰和平发展基金会联合成立"蓝丝带海洋与生态保护"专项基金,成为"净塑自然"中国净塑行动网络联合发起单位、中国珊瑚保护联盟会员发起单位,并参与组织中国珊瑚保护联盟成立大会等。

3. 打造"公益+企业社会责任"合作模式

蓝丝带海洋保护协会出色的社会和公众影响力也同样获得了更多的"公益+

企业社会责任"合作模式的机会。如与碧欧泉联合一个地球自然基金会共同资助海南省塑料垃圾捡拾及社区扶持项目；与精灵文化传播有限公司推出联名布书 *My First Book-Underwater*；将三亚"天涯一卷书"海洋主题书店打造为科普教育基地等等。

与此同时，蓝丝带海洋保护协会也吸引了其他相关企业愿意付出更多的社会责任，希望把企业社会责任的影响力进一步提升。每年，都会有来自各个领域的企业、品牌，或与蓝丝带海洋保护协会共同开展倡导保护海洋，或支持蓝丝带海洋保护协会开展海洋保护公益项目。

4. 在国际化交流与合作中不断探索、进步

原国家海洋局国际合作司李景光司长、蓝丝带海洋保护协会创始会长孙冬、现任会长郑文春都非常重视国际化。NGO 组织只有走上国际化道路才能进一步打开视野，更专业化。在国际化交流与合作中，蓝丝带海洋保护协会不断探索、进步。2019 年世界自然基金会顾问 Lorelou、粤港澳大湾区项目经理赖妙妙访问蓝丝带；与韩中经济文化交流中心在韩国仁川威海馆举行了友好合作签约仪式；承办世界顶尖科学家三亚论坛暨三亚市院士联合会成立大会；承办的中国民间社会性别网络（二期）项目策划与管理暨出国交流经验分享会等标志性活动都取得了令人瞩目的成绩。2019 年，在自然资源部宣传教育中心等单位与部门共同主编、发布的首本《中国海洋文化蓝皮书》中，蓝丝带海洋保护协会更作为唯一 NGO 案例被写入。

四 推广经验

借助全方位、多样化、立体化的传播形式，蓝丝带海洋保护协会不仅收获了良好的海洋保护、协会品牌、公益生态传播效果，也在海洋保护传播领域总结形成了几点可供参考的传播经验。

1. 改变传统传播方式，变"我说"为"我们说"

提到传播，往往会觉得是传播主体透过媒体渠道宣讲，但在眼下人人都是自媒体的时代，传播早已被放大，任何一个参与者、见证者、围观者等，都有可能成为一个传播者，并形成一个相对完整的传播链。为此，蓝丝带海洋保护协会在做好日常传播发声、自有传播渠道运营的同时，更注重"我们说"的传播效应。

这里的我们，可以是政府部门、可以是行业专家、可以是各类媒体，更可以是伙伴机构、伙伴企业、志愿者、社会公众等。蓝丝带海洋保护协会因为重视每

一类传播主体，也因此会更加重视每一个项目、每一次活动的执行，更会主动邀请社会各界参与到蓝丝带的海洋保护行动中，以期能让"我们"都来一起传播海洋保护，达到更广泛的社会化传播。

2020年"蔚蓝海岸"公益随手拍，蓝丝带海洋保护协会就邀请到中国女子帆船环球第一人宋坤、中国女子冲浪第一人刘丹、克利伯环球帆船赛三亚号大使船员金梦妮、山东环境保护基金会副秘书长王必斗、中国潜水CHINADIVE首席摄影师王筱月、国际摄影家联盟会员赵宽、中国高空摄影第一人王正坤等担任"公益随手拍"活动大使，以蓝丝带海洋协会官方微信、官方微博为发布主体，联动多家媒体、公益机构、爱心企业，形成能量庞大的传播矩阵，共同引导公众将视野投向蓝色海洋，呼吁大家珍惜海洋资源、关注海洋保护。

2. 挖掘公益内涵价值，以公益事件吸引传播关注

蓝丝带海洋保护协会执行的公益项目周期，大多在一年及以上；而从项目内容来看，更多的是需要反复、认真地持续深耕。有鉴于此，如何从常年执行的项目中挖掘传播亮点，进而带动社会大众对相关项目、对海洋保护的关注，就成为蓝丝带海洋保护协会思考尝试的重点。

就像梅联社区，是蓝丝带海洋保护协会最早开展"海有渔生"渔业社区保护的项目地。从2013年至今，在GEF/SGP联合国全球环境基金小额赠款项目、中华环境保护基金会、世界自然基金会（WWF）、一个地球自然基金会等的陆续支持下，蓝丝带海洋保护协会积极推动梅联社区生态文明建设，从沿海区域生态环境修复、生计转型试验，到渔业生产源/旅游产业源的固体废物减量、无废民宿试点等。

而在2020年12月，蓝丝带海洋保护协会策划了一场"海洋文化+"主题活动，邀请航拍大咖、文创专家等参与其中，不仅为梅联社区留下一张张美丽珍贵的"梅联影像"，设计规划《航拍梅联村》画册；策划了以幸福微笑的梅联居民为原型，创意设计《梅联村的笑脸》图册；更参与央视《蓝海中国》专题拍摄，在世界自然基金会（WWF）"世界·海洋生活与生计展"以动人的影像作品展出。

3. 讲好蓝色正能量，描绘志愿者群像影响更多人

海洋生态保护既是国家大政方针的重中之重，也是全球相关领域专家持续研究讨论的焦点。但与此同时，在国内各个领域还活跃着许许多多保护海洋的"蓝色正能量"。他们中，有的不依靠海洋谋生，却把所有空余时间都奉献给海洋；有的心系海洋保护，成为国内海洋保护公益领域的先行者；有的是普普通通的渔民，

却因为以海为家更懂得保护海洋……但就是这些普通人，却坚持用自己点点滴滴的努力，持续践行着保护海洋的初心，守护着我们的蓝色家园。

为此，蓝丝带海洋保护协会专门开设"蓝色正能量"传播专题，以展示小人物的大能量为主导，持续宣传报道这些活跃在海洋保护一线的普通人。不仅如此，还将这些保护海洋的普通人推荐给媒体，《人民日报海外版》和中央电视台、中国青年网等都对这些正能量典型进行过报道。

蓝丝带海洋保护协会希望能让这些保护海洋的"蓝色正能量"能有机会走到前台，在告诉更多的社会公众"保护海洋是一件每个人都能力所能及的小事"同时，也希望以此带动更多的人共同参与海洋生态保护，为保护好海洋积极发声、实践。

蓝丝带海洋保护协会始终相信，公众是改变环境的决定性力量，保护海洋生态需要每个人的参与，共同努力实现人海和谐共生的美好愿望。蓝丝带海洋保护协会希望能够继续发挥桥梁、纽带作用，最终构建一个全球化、开放性海洋保护公益生态平台。

新世纪限塑同盟：坐而论道更要起而行之

江苏师范大学传媒与影视学院 贾广惠

新世纪限塑同盟是隶属于江苏师范大学、以限塑为特色的高校环保社团，成立于2009年，由江苏师范大学传媒与影视学院贾广惠博士发起成立并担任指导教师，社团成员主体为该校学生。社团学生开展了限塑减塑、垃圾分类与回收、植树造林、绿色消费等多项公益活动，为推进气候传播，落实低碳环保作出了一定的贡献，是国内为数不多的特色环保组织。

关注气候变化并且开展具体的行动，这是十多年来社团师生主动担当的一项社会责任。随着我国经济发展进程加快，虽然工业化与城市化一路凯歌，但是工业污染导致河流变质毒化，空气质量变差；人们在生产生活中制造了过量垃圾随意废弃而带来污染毒害；同时，气候越来越不正常。受到环境问题的刺激，不断加深着他们对生态环境劣化的忧虑。这也促成了民间环保组织需要主动承担的一个责任，落实于行动。

社团经过观察调研认识到：实施气候改变行动应该从身边开始。越来越多的一次性消费制造的废弃物被焚烧，从使用到废弃以及焚化之后的一系列行为，都产生了对气候不利的影响，而源头在于不良消费。基于此，社团在一届届同学中推动气候问题的解决，吸引优秀学生加入，并进行了长达13年的高校环保组织主动介入气候传播、影响校园与社会的公益行动之旅。

一 新世纪限塑同盟的气候行动

梳理社团成立以来开展的一系列气候行动，主要包括限塑减塑，治理"白色污染"；推行垃圾分类和废旧物品回收；植树造林，增加碳汇储备；开展环境污染调研、环保教育等。

表1　　　　　　　新世纪限塑同盟开展的环保活动（2010—2021年）

年份	活动名称	活动内容
2010	集体植树活动	2010年3月成员在四地集体植树
2010	干旱募捐	2010年3月，发起以"干旱离我们并不遥远"为主题的募捐活动
2011	甘肃民勤沙漠植树	贾老师三次带队成员奔赴4000里外的甘肃民勤，与当地环保组织一起植树防沙和调研，三次累计捐款1800元
2012	徐州茅村植树	3月成员赴茅村镇山区植树造林，参加了故黄河畔的团市委组织的青年志愿者植树，两次植树80多棵
2012	大运河水质调查	7月贾老师带队赴邳州进行京杭大运河苏北段、南京长江段考察，以及徐州不牢河、奎河调查
2014	秸秆焚烧调查	社团成员在贾老师带领下，奔赴河南永城与安徽萧县，以及徐州铜山区的马兰，调查秸秆焚烧问题
2014	工业污染调查	社团成员奔赴沛县龙固工业园区调查工业污染，了解到众多化工园区的排放污水和有害烟尘问题
2015	雾霾构成因素调查	3月与4月贾广惠老师带领社团成员走访了徐州市环保局环境监测站和徐州市气象局、环保局尾气检测中心
2016	小学环保互动课程	3月23日，成员由贾博士带队，联合中国矿业大学世环前往徐州玉潭小学开展环保教育，给该校200余名小学生上了一堂环保互动课
2016	甘肃民勤植树	3月31日至4月3日，社团5位成员在贾博士带领下，到民勤义务植树，并且捐款2000元
2016	内蒙古建立植树基地	7月23—27日，社团一行八人，在指导老师贾广惠带领下，到内蒙古河套磴口县开展三下乡社会实践，考察了乌兰布和沙漠，建立了植树基地；进行多方调研
2016	绿色物流活动	11月，社团启动"校园绿色物流"行动。 12月，社团主持召开驻徐高校"绿色物流"项目启动仪式，形成了驻徐高校联合开展"绿色物流"的决议案
2017	内蒙古、宁夏植树	社团一行在贾广惠教授带领下，奔赴3000多里外的内蒙古磴口与宁夏银川开展义务植树，栽种了172棵白杨树，并现场捐款
2018	甘肃民勤考察植树	7月中旬社团成员在贾广惠教授带领下，奔赴甘肃民勤，考察马俊河开展的沙产业。冒着40摄氏度高温，大家在沙漠中开展了多方调研
2019	徐州植树	3月社团成员在贾老师带领下，开展四地5场植树造林达262棵
2019	垃圾分类报告会	社团11月8日举办了垃圾分类报告会，邀请到南京邮电大学晏凤鸣教授和南京白蝶缘生态中心李婉雪、徐州凯易公司经理邓广凯、驻徐5所高校200余人参加会议。会议决定启动使用小程序开展宿舍垃圾分类

续表

年份	活动名称	活动内容
2019	环保知识宣讲	12月8日，社团成员与铜山区城管局合作，全天在三地开展垃圾分类宣传指导，实施环保知识宣讲
2021	多地植树	3月，贾广惠教授带队前往潘塘镇、云龙山、潘安湖校区50多棵
2021	甘肃民勤第九次治沙植树	5月2日至4日，贾广惠教授带领6人团队前往甘肃民勤进行第九次植树治沙行动。徐州汉风号、新华日报交汇点、现代快报、新华网分别作了报道
2021	大运河暑期水质调研	暑假期间，贾广惠教授带队社团成员前往大运河沿岸水质检测站进行考察，入选江苏省月度环保优秀案例

1. 限塑减塑，治理"白色污染"

新世纪限塑同盟开展的气候变化干预行动先从校内开始。江苏师范大学有三个校区3万多名学生，该社团所在的是云龙校区。校区有两个学院、1200多名学生、一个食堂。学生多在食堂就餐，但是从2000年以来塑料滥用问题极为突出，白色污染泛滥却一直无人过问，垃圾制造数量逐步增长。社团进行多种形式的引导。一是安排社团成员在食堂值班，劝阻控制塑料使用；二是对食堂开展沟通协调，实施了"周一无塑料袋日"创意，不在就餐窗口提供塑料袋；三是由指导教师自费为食堂购入饭碗、筐子、纸袋等；四是为学生和教师发放饭盒，广泛宣传塑料就餐的不良后果；五是在本校其他校区复制推广"校园限塑"、控制塑料滥用活动（其中2021年在科文学院发放了400多个饭盒），将这一类控制白色污染的影响扩大到本校3万多名学生中。

2. 垃圾分类和废旧物品回收

为了开展垃圾分类，社团与本校团委、后勤、保卫、社联等沟通，借助于环保公司合作支持，设立了自助式回收箱体，实施小程序扫码加入、预约下单、成员上门回收、称重积分回馈生活用品的方式，建立了面向学生宿舍的干垃圾有效回收体系。2017年以来在泉山校区有30多栋楼、8400多名学生扫码加了小程序，用干垃圾换取生活用品；虽受到疫情干扰，仍然坚持回收。

社团还将垃圾分类与废旧物回收拓展到驻徐高校。社团由指导教师出面联合中国矿业大学、徐州工程学院、江苏建筑职业学院、徐州医科大学等6所高校，先行推进建立干垃圾回收点，收集定期返还给快递公司重复使用，旧衣物捐赠给本地的加工企业，用于加工其他物品。2012年该社团带动3所高校先后与徐州天使爱心基金会、徐州市旧衣物回收基金会、徐州市环保集团公司合作，将校内回收的旧衣物和废旧电子产品交由对方处理再利用。

3. 植树造林，增加碳汇储备

社团在全国9省区开展了义务植树，包括在宝岛台湾、西北沙漠都有分布。其中社团先后8次组织团队到甘肃民勤植树治沙，种植梭梭树1万余棵，成长良好；在徐州本地和其他省份如岳飞、戚继光的故里种植"纪念树"、促动家长为孩子栽种"陪读树"数千棵。

4. 开展环境污染调查，研究与传播并重

在社团指导老师贾广惠的指导下，学生们利用寒假、暑期深入苏豫皖的一些乡镇、工业园区、农田、焚烧厂开展环境污染调查，包括大运河水质调查、秸秆焚烧调查、工业污染调查、雾霾构成因素调查、垃圾分类与垃圾减量等多项工业和生活污染物排放调查。同时还有针对性地开展了关于全球变暖议题、节能减排，以及网购外卖过度包装导致塑料泛滥等环境污染问题的学术研究，并开设小学环保互动课程、校园垃圾分类报告会和社区环保知识宣讲，动员更多人参与到环境保护行动中来。

二 新世纪限塑同盟的气候行动传播策略

新世纪限塑同盟围绕社团所进行的气候行动开展气候传播，引导绿色消费、限塑减塑，普及垃圾分类与回收，植树造林，增加碳汇。

一是在校内利用社团招新，吸引新生力量。利用课堂、活动实施绿色消费理念推广，开展摊点介绍、进学院进班级宣讲。通过发放饭盒、无纺布袋、赠送水果、综测加分等方式，吸引新生加入社团行动。通过"表白墙"、微信公众号推送、环保节日、"漂流瓶"活动等宣传，普及了气候知识，扩大了环保理念影响。

二是开展校际的活动联谊推广气候理念。每年社团都与中国矿业大学、徐州工程学院、江苏建筑职业技术学院、徐州医科大学等高校环保社团开展多项共同活动如讲座、经验分享、植树、护绿等，不断地普及气候变化知识。

三是积极参与各类项目课题的实践，依托项目课题进行气候传播。为此社团与指导教师努力争取到中华环保基金会、中华环保联合会、爱德基金会等组织的支持，开展各类气候传播，具体包括绿色出行宣传和调研、大运河、奎河宣传调研、秸秆焚烧调查、污染企业调查、垃圾废弃调查、发放环保袋等。

四是借助开展生态文明教育传播气候知识与节能减排。社团到徐州市区的玉渊潭小学、鼓楼生态园小学、徐州市第三中学等开展垃圾减量、垃圾分类利用、控制塑料等方面的宣传，对中小学生直接教育引导低碳，提供了有效的气候知识。

为了加强气候传播的力度，社团也积极参与了指导教师的一些社科项目。这些项目包括：2010年度国家社科基金青年项目"中国环境保护传播研究"（系国内第一个环境保护传播的国家社科基金项目）、2020年度江苏省教育厅重大项目"习近平生态文明思想传播研究"。在课程方面，指导教师与社团一起申请了校级的生态文明教育课程，作为全校的公共课，已经建立了网上课程，实施了线下授课，推广了低碳理念。

三 新世纪限塑同盟的气候行动传播效果

通过十多年的限塑减塑，治理白色污染、垃圾分类和废旧物品回收、植树造林，增加碳汇储备等多方面努力，新世纪限塑同盟的气候行动传播取得了一定的效果，对大学生和市民以及社会群众产生了积极的影响，达到了一定的减碳目标。

1. 对大学生起到了引导教育作用

将气候变化问题带给他们引起关注和行为改变，突出表现在促使他们减少垃圾制造数量。社团通过课堂推行垃圾减量、绿色出行、控制浪费、减少污染等理念，使得学生在知识学习中接受了气候变化的问题警示，主动关注气候议题，从自身加以改变，最重要的改变就是从饮食就餐方面减少塑料消耗，再从购物环节做到节约塑料，控制了滥用行为。社团由指导教师出资为学生发放了饭盒（800多个）、纸袋（3000多个），在一定程度上控制了塑料滥用，培育了绿色消费习惯。

2. 社团十多年来培育了一批批环保志愿者

从建立社团开始，社团就注意对成员的教育，促使他们自身带好头，减少浪费控制污染。很多社团成员毕业工作之后，自觉形成了良好的绿色消费习惯，也对他人产生了积极影响。加入新世纪限塑同盟社团的成员前后有2300多人，社团进行气候传播低碳宣传直接和间接影响的学生超过5万人。经过引导，学生在就餐方面有所改变，朝着绿色消费方向发展，还在出行、劳动、活动自觉性方面有了可喜的变化。

3. 通过学生扩散对其师生、亲友、熟人产生积极影响

社团多年来的节能减排行动产生了良好的效果，改变了一些教师过度消耗塑料、过度网购的习惯，本校至少有二十多位老师就餐自备饭盒、筷子勺子，更多教师严格控制一次性塑料，还教育学生做出改变；社团成员的教育对于亲友熟人也产生了积极的示范作用，让他们出门自备塑料袋无纺布袋，在实体店购物减少塑料袋和不接受过度包装。

4. 对社会产生了引领作用

这突出反映在使用塑料就餐得到了遏制。社团成员通过十多年的宣传，劝说一些市民放弃塑料袋装热汤的习惯，改为使用自备餐具买早餐，也让一些店铺改变了使用塑料袋套餐具的过度浪费行为；此外，社团坚持气候传播也影响到一些成人的出行习惯，做到了绿色出行。

5. 获得媒体报道及多项荣誉

指导教师贾广惠坚持二十多年的环保行动传播，自费十多万元，被媒体广泛关注。《光明日报》《中国环境报》《新华日报》和人民网、新华网以及宝岛台湾的《联合报》《苹果日报》等媒体多次报道，"学习强国"也刊发了他的事迹，阅读量超过15万次。

表2 新世纪限塑同盟所获荣誉

年份	奖项
2010	社团创意获中国环境报社主办的"小洋人杯全国青少年节能减排金点子大赛"一等奖和优秀奖
2011	调查项目《农村白色污染治理调查报告》在校挑战杯大赛获一等奖
2011	社会调查在第十二届"挑战杯"全国大学生课外学术科技作品竞赛中荣获三等奖
2012	社团获香港环境保护协会"水果贺卡2011"活动"优秀社团奖"、"全国优秀社团负责人管理成就奖"
2012	贾广惠博士获得了"华东地区优秀环卫志愿者"荣誉
2012	社团申报的《江苏大城市交通拥堵与绿色出行》获得中华环保基金会立项
2012	社团申报的《江苏城市交通拥堵与"绿色出行"的调查研究》获得国家级大学生创新训练计划项目立项
2013	新世纪限塑同盟获得了江苏省"十佳社团"称号
2013	社团申报全国第六届"母亲河奖"，获得入围
2013	贾广惠博士被评为团省委2013年暑期社会实践先进工作者
2014	社团申报的《雾霾频袭与消费因素调查》获得江苏省大学生科研实践训练立项和国家级大学生科研实践训练项目
2014	社团申报的《城市污水处理与河流净化调查——基于淮河支流的研究》获得中华环保基金会立项
2014	社团获江苏省青年志愿者协会颁发的"优秀社团"称号
2015	社团申报的社会调查在江苏省挑战杯科技大赛中获得省级一等奖
2015	社团调查获第十四届"挑战杯"中航工业全国大学生课外学术科技作品竞赛二等奖
2016	社团暑期社会实践获团中央授予的2016年全国大中专学生志愿者暑期三下乡优秀团队称号
2017	社团调查在第十五届"挑战杯"省赛中获得二等奖
2018	贾广惠博士被评为第十届江苏省母亲河奖之生态卫士
2019	社团申报的项目获得学校校级"挑战杯"三等奖
2019	社团获得徐州市"十佳社团"称号

四 推广价值

开展气候传播应该有多种方式，最重要的是社团与指导教师自觉自愿坚持不懈，带头作出示范。这主要通过课堂教学渗透、现场宣传、著书立说、学术活动、直接行动等形式，引导人们尽量做到垃圾减量、减少浪费污染，绿色消费绿色出行，培育生态文明素养，塑造优秀公民；同时也在营造一种生态文化价值。

首先，执着于气候传播议题，做好示范。在气候变化亟待公众参与情况下，社团需要主动担责，坚守信念。担责的动力依靠负责的态度，对自己更是对社会国家负责，需要自己借助于气候议题，开展行动，要通过活动培育出对于事业的忠诚态度，创造出服务社会、创造美好的独特价值。

其次，气候传播除了宣传，更为重要的是行动示范。行胜于言，这是因为付出行动比空头言说更加困难，需要具体去实施。要想有效影响改变别人，就需要积极主动地作出表率。因此传播者就要踏踏实实地去做，长期做下去。行动传播有力量有实效就在于是真心实意的示范引领，对他人产生积极影响。

再次，气候传播主要针对的是提升人的生态文明素养问题。全球变暖、气候紊乱表现在天上，根子却是在人身上，所以重点是针对人作出教育改变。这里应该将气候传播分解为几个内容：一是绿色消费，二是节约低碳，三是保护自然（资源）。绿色消费又包括减少垃圾生产、绿色出行、绿色消费等，核心是减少垃圾（控制网购与外卖数量）生产；节约低碳，主要是控制浪费，少用一次性物品如塑料袋、塑料盒、包装袋、方便筷以及宾馆"五小"等，不过度装修和任意消耗物品，积极实施变废为宝，循环利用等，还有节水节电、减少过度的衣物鞋帽饰品电子产品消耗等；自觉实施义务植树，增加碳汇也很重要。保护自然则是不过度索取占用自然，控制过度开发如修路盖楼建厂、过度施工等政绩工程，恢复湿地、河流、树林等自然景观，减少对自然的过度改造如对河流反复施工主观美化硬化亮化问题。这主要是针对公共权力的工程决策者，应该由社团的传播直接间接地施加影响，触及行政决策，也是对自然的保护尽职尽责。

最后，生态文化价值的塑造。通过语言和行动教育，培育美好人性，追求天人合一，控制不良消费与生产，促进气候改善，促进人与自然和谐发展。

第六编

社会公众气候传播案例

黄浩明：中国民间组织气候传播的领军者

深圳国际公益学院公益传播中心　王　阳

图1　项目中心顾问黄浩明教授在2018年气候与健康传播研讨会上发言

改革开放40余年，中国取得了卓越的经济发展成就，同时也面临着巨大的环境污染压力、能源安全挑战和气候威胁。近年来，中国积极参与全球应对气候变化的行动，逐渐实现战略转身，其中，民间力量尤其令人瞩目。据民政部统计数据表明，中国生态环境类组织近7000多家，加上草根环保组织、尚未登记的环保组织及碳汇、可再生能源、空气质量等新兴组织，专家估算，截至2021年10月30日，中国大生态环境类组织有10000家左右，就业人数按民政部平均每机构12人从业测算，现阶段民间组织有12万人专职从事气候变化相关领域工作。

2018 年在美国加州旧金山举行的全球气候行动峰会"中国角"上，中国气候变化事务特别代表、全球气候行动峰会联合主席解振华称，应对气候变化、实现可持续发展需要包括各国中央政府、地方政府、企业界、民间组织在内的各方共同努力。作为重要的社会动员力量，环保民间组织通过参加国际会议、组织环保公益活动、出版书籍、发放宣传品、加强媒体报道等方式进行气候变化环保宣传教育，对提高公众意识产生了积极的影响，并在一定程度上指导着公众的行为。

一 缘起珠峰，多维度发力

早在 1995 年，"自然之友"发起的保护滇金丝猴和藏羚羊行动，被视为中国环保民间组织发展的第一次高潮；1999 年，"北京地球村"与北京市政府合作，成功进行了以垃圾分类为重点的绿色社区试点工作，中国环保民间组织开始走进社区；进入新世纪，民间环保行动从单一运作型逐步转向联合行动型。由中国国际民间组织合作促进会（简称中国民促会）倡议发起的"26 度空调"行动，与多家环保民间组织联合，为实现环境与经济发展目标一致而行动。

但是，民间组织在将环保话题带入公众视野，并推动公众行为转变、推动政策变革、实现对企业有效监督的能力上发挥独特价值的同时，自身能力建设和国际交流方面一直面临着挑战。

1997 年，时任外经贸部中国国际经济技术交流中心联合国专家项目负责人的黄浩明教授随中国科学院地理所来到青海西宁，参加青藏高原迁移国际研讨会。从西宁到拉萨，在 7 天时间，2000 公里的科学考察行程中，5 辆随行车，因气候变化瘫痪 3 辆，黄浩明目睹了青藏高原冰川融化带来的负面影响，对大自然的敬畏深深触达他的内心。

不仅如此，这里生产条件异常艰苦，自然灾害频发，农业和畜牧业经常受到自然灾害的威胁，同时，贫困导致当地农民对有限资源进行破坏性开发。仰望地球第一峰，藏族人民心中的"女神"，黄浩明彻底被震撼了：这是一场人与气候的长期博弈，民间组织在气候变化这一全球议题中如何发挥力量？发挥哪些力量？盘亘在黄浩明头脑中的问题，与他的行动相伴 20 余年。从外经贸部中国国际经济技术交流中心人才交流处（简称人才交流处）处长到中国国际民间组织合作促进会秘书长、理事长再到深圳国际公益学院（简称公益学院）副院长，从乌发满头到华发丛生，黄浩明教授在气候变化传播上的投入始终如一。

经过多年的努力，黄浩明教授及其所带领的团队不断推动气候变化教育、调研，以及气候变化适应的实践，拓展社会动员的形式，扩大环境宣教的成果。特别是通过研究巴黎协定的特点，总结出民间组织参与全球气候治理的一些规律性成果，使得中国民间组织的气候传播力量赢得了国内学界及相关部门的关注和认可，吸引了大量媒体的报道，产生了广泛的社会影响力。为表彰黄浩明教授在气候传播领域的付出和贡献，2020年中国气候传播项目中心向黄浩明教授颁发"中国气候传播研究十年重大贡献奖"。

二 内外兼修，构建系统工程

随着世界一体化进程日益加速，如何实现经济增长方式转型，建立可持续发展模式，真正与自然和谐共处，是人类文明面临的一大挑战。由于人口、经济体量、碳排放和能源消耗的总量巨大，中国在全球气候治理中有着举足轻重的战略影响。为此，黄浩明教授认识到，需要推动中国环保民间组织走出国门，开展气候治理国际合作，在国际舞台讲好中国气候故事；推动中国民间组织走入社区，提高日常养成，培养未来新人，以"内外兼修"的组合拳助力气候变化环保宣教工作。

1. 调整中国民促会宗旨，应对气候变化由孤立项目转为系统工程

2000年4月23日第30个世界地球日到来前夕，被誉为地球日之父的丹尼斯·海斯来京参加2000年地球日·中国行动启动仪式。海斯先生没想到，当时的启动仪式如此壮观，参与活动的人如此激动。中国行动从6家民间组织发起，得到全国百家民间组织响应，这对黄浩明教授来讲也是很大的触动。时任中国民促会秘书长的黄浩明教授为此专门撰写了题为"呼唤公众参与环保行动——2000年地球日·中国行动寄语"的文章，阐述自己的思想和主张。他认为，就2000年4月23日世界地球日的中国行动而言，其主要目标是呼吁公众参与环保行动，倡导可持续消费，选择绿色可持续消费，选择绿色生活，营造一个美好的家园留给子孙后代。中国行动坚定了他将"环境保护"写入机构宗旨的想法。

此前中国民促会主要聚焦于贫困问题，然而在不断调研和实践的过程中，黄浩明教授发现，贫困是一个综合问题，无论是生产资料还是生产关系，都与气候变化有莫大关系。2000年地球日作为一个重要契机，直接推动"环境保护"成为民促会的重点工作，并于2000年召开的中国民促会全国会员代表大会上讨论通过把机构宗旨中加入"环境保护"，并作为机构的重点工作推进。"实践证明，应对气候变化不是一个孤立的议题，只要社会共同努力，谁说你我不能拯救地球？"黄

浩明教授认为，气候变化与贫困、残障、困境儿童等问题之间是相互影响的，中国民促会要更好地履行宗旨，需将这些问题共同构成一个系统工程。

2. 参加联合国气候大会，发挥民间组织桥梁作用

《巴黎协定》是人类应对气候变化史和全球治理史上的重要里程碑，2015年12月13日，巴黎气候大会正式闭幕。中国至少有50家民间组织参加了此次大会，见证了《巴黎协议》通过的历史时刻。黄浩明教授和他所带领的中国民促会成为中国民间组织站在联合国气候大会上的重要推手和见证人。在大会现场，黄浩明教授发布了中国民间组织致巴黎气候大会立场书，并递交至联合国气候变化框架公约秘书处，传递了中国民间组织的声音，助力国家总体气候外交工作。

黄浩明教授回顾道，当时不同国家在气候变化问题上的意见是不同的，在这一历史时刻，中国的民间组织在各利益相关方中充当了有效的润滑剂；另外，中国民间组织向中国政府提出建议，说服政府改变传统的经济发展模式，推动由经济价值导向转为社会价值导向。

在促成《巴黎协定》签订的过程中，中国民间组织与国际上其他民间组织共同发挥了不可或缺的关键的建设性作用，主要体现在：第一，《巴黎协定》是一座桥梁，连接着发达国家与发展中国家，连接着旧的气候秩序与新的气候秩序。第二，《巴黎协定》是全体缔约国通过的具有法律约束力的国际协议，并将气候公正、人类权益、妇女权利、减贫灭贫、食物安全、代际公平等议题纳入其中，考虑到了最脆弱的地区。第三，《巴黎协定》明确提出将升温控制在远低于2℃的范围内，并向1.5℃努力，同时要求全球温室气体排放尽快达到峰值，并在21世纪下半叶达到温室气体净零排放的目标，这意味着人类最早将在21世纪中结束对化石能源的依赖。

3. 组织边会，打开国际间相互了解的窗口

"巴黎协定"的影响，积极推动了中国民间组织参与全球气候治理的进程。特别是在联合国气候变化大会期间，举办边会和组织中欧、中非等双边交流，成为将中国环保民间组织应对气候变化的经验传播到国际社会的重要渠道。

如何组织一场有效的边会，在短短两三个小时里讲好中国故事，对组织边会的中国民促会是个莫大的考验。长期以来，以西方主流媒体为代表的舆论载体，对中国的宣传是带有选择性偏见的。在联合国气候变化大会的大环境下，边会成为连接不同国家各利益相关者如学者、记者、科学家的桥梁，是集中呈现中国民众和中国民间组织如何推动气候变化的政策改变，消除他们对中国的一些误解的

有效路径。黄浩明教授希望自己主办的边会，能够成为让外国人了解中国，让中国人了解世界的窗口，其舆论影响力能够呈现数量级增加的趋势，为此，他付出了不少努力，也取得了满意的效果。

4. 发起中国气候变化教育项目，实现"蒲公英效应"

作为先行者，2012 年由中国民促会牵头发起的中国气候变化教育项目，旨在加强中学教师和学生在气候变化方面的意识提升和能力建设。"气候教育是一个长期的任务，当时发起这个项目时，第一个目标是要让气候教育纳入到国民教育当中。"黄浩明教授说。自 2015 上学期起，由黄浩明教授团队指导的黑龙江红兴隆农场清河中学在初中一年级开设气候变化教育课程，并配合教材内容开展了相关活动，后来还起草了气候变化教育政策建议。

2017 年 3 月 9 日，中国环境保护部部长陈吉宁在全国"两会"答记者问时提道："教育是一个养成的过程，是一个长期的过程，不是今天上一课，明天就能解决的问题，需要我们持之以恒，特别要从儿童抓起，从孩子做起。不仅要让他们知道环保的重要性，而且要教会他们，什么叫绿色，什么叫环保。"

中国气候变化教育项目每期三年。2019 年 3 月，第三期正式启动。经过前期项目实施，通过教材开发、教师培训、气候变化教育沙龙、气候变化教育竞赛、国际交流等，有力地推动了气候变化教育进课堂，这些年总共有 5000 名学生从该项目中受益。

作为该项目的发起者和组织者，黄浩明教授与德国、美国、英国、法国等国家相关领域专家反复探讨，"这个项目是在培养未来人。项目的每个受益者，开始是应对气候变化的受教育者，然后变成宣讲气候变化的传播者，他们像蒲公英散播到各个地方，再长出新的生命"。

三 台阶式布局，聚合民间组织力量

推动气候变化教育和环保宣教工作需要社会各界为之贡献力量。如何让分散的努力更有力量？20 余年来，黄浩明教授带领不同团队聚焦气候变化领域，将零散的民间组织聚合成网络化组织，深入社区做示范案例，培养符合媒体生态的专业传播者，推动民间组织在国际上更有话语权，逐渐形成推动气候变化传播的台阶式布局。

1. 中国民间气候变化行动网络，聚零为整产生合力

提高中国环保民间组织协同合作的能力，需要促进和推动不同层次水平上的信

息共享和联合行动。2007年中国民促会发起中国民间气候变化行动网络，在能力建设、政策研究、国际交流和联合行动方面开展了一系列活动。从2007年巴厘岛谈判开始，到2015年的巴黎大会，再到2016年的马拉喀什联合国气候大会……截至2019年，中国民间气候变化网络组织了22家民间组织的104人次参加联合国气候大会，举办了8次边会和1场新闻发布会，5场双边（中日，中非，中欧）和三边（中非欧，中欧南美）NGO交流会，共同见证了气候变化谈判的起伏跌宕。网络组成员青年应对气候变化行动网络、自然之友、全球环境研究所、创绿中心都成功举办了边会和非正式交流活动。

中国民间气候变化行动网络研究小组编写的《气候变化领域NGO的工作策略研究》，获得来自中国社科院、国家应对气候变化战略研究和国际合作中心以及首都师范大学专家的肯定，认为其研究报告思路清晰、案例生动、实用性强。

2. 中国农村气候变化适应项目，为社区综合发展提供思路

讲好中国应对气候变化的故事，开展以增收和生态环境保护为目的的气候变化适应试点，为当地社区的综合发展和气候适应探索提供发展思路。2015年中国民促会得到德国粮惠世界的项目支持，在山东省和内蒙古自治区开展了中国农村气候变化适应项目，通过设施建设、技术培训、意识提升和能力建设，逐级递进地在农牧社区引进气候变化适应方法，帮助农牧民增收创收的同时，在社区层面推广普及气候变化、环境保护、健康卫生、垃圾处理、灾害预防与管理等知识，形成气候适应的基本规律。以较先开展项目的山东试点村为例：得益于项目下建设的灌溉系统，2016年全村的桃树种植并未像相邻村镇一样受到大面积干旱的影响，保证了高产量，一位农户仅卖桃的收入便达到70万元。

3. 策略传播菁英计划，激活民间组织公共叙事能力

伴随着环境、气候与能源议题在公共政策和舆论中所占比重的不断上升，媒体生态剧变、自媒体崛起、传播方式和传播者角色嬗变，给许多公益组织带来传播工作的新挑战。为激活气候与可持续能源的公共叙事，促进机构间合作，时任深圳国际公益学院副院长的黄浩明教授牵头，促成公益学院与美国的能源基金会合作，于2020年开始开展"策略传播菁英计划"。公益学院通过定制北京训练营、深圳研讨会以及北京论坛，提升气候能源领域机构的传播能力。截至2020年6月已有超过40家机构、60位学员从中获益。

在2021年8月北京论坛上，中国生态环境部应对气候变化司司长李高表示，气候传播及提升全社会应对气候变化的低碳发展意识非常重要，是实现碳达峰、

碳中和目标的重要基础性工作。在这个过程中，不仅需要各级政府采取行动，民间组织也有很大的工作空间。

同时作为"策略传播菁英计划"专家委员会成员，黄浩明教授积极为提升领域内机构的传播能力、促进气候环境议题的传播效能贡献智慧和提供专业指导。他提出，要建立应对气候变化的认知工程体系，倡导公众助力碳达峰与碳中和目标的实现，营造"人人有识，人人有责，人人行动"的环境保护文化氛围。

4. 争取咨商地位，提升国际社会话语权

民间组织要推动中国故事走向世界，需扩大国际传播力和影响力，同时要建立具有中国元素的国际环保民间组织，积极参与联合国的相关活动。截至2021年9月，中国（包括港澳台）拥有联合国经济社会理事会咨商地位的组织有80家，较五年前增加近三分之一。但是，美国有1225家，是中国的15倍多，就连印度都达到300家，是中国的3.75倍。

黄浩明教授及其所带领的团队一直呼吁政府鼓励中国民间组织参与联合国活动，争取有更多的民间组织获得参与联合国经济社会理事会的咨商地位。截至2021年10月底，在民政部登记注册的具有中国元素的国际民间组织已经达到39家，这些环保民间组织积极参与全球气候变化治理事务，有效配置民间组织的社会资源，为全球气候治理作出了许多新的贡献。

四 深入浅出，为气候变化传播赋能

在全球气候治理过程中，如何普及气候变化相关知识，鼓励公众积极参与到应对气候变化的行动之中，培养青年人在应对气候变化方面的行动力和领导力，黄浩明教授及其所带领的团队摸索和建立的气候传播的成功实践和方案，有重要的启示和推广价值。

1. 深入基层，提升公众参与意识

公众是气候变化传播中最基本的元素，为深化人们对气候变化的理解，并促使他们积极参与应对气候变化，提升公众参与意识，2012年中国民促会得到英国广播公司媒体行动基金的支持，参与了亚洲7个国家关于中国部分的气候变化调研项目。该项目通过收集分析公众对气候变化的看法，了解社会各阶层不同群体的环保意识和理念。研究发现，亚洲7个国家的样本地区受访对象认为采取行动应对气候变化除了要有政府的支持以外，还有2个主要的推动因素：一是与民间组织的合作；二是能够获取相关信息，特别是新媒体的日渐繁荣，拓宽了受众群体之间交流互动的平台，对人们采取积极行动应对气候变化起到推动作用。

2. 开发气候变化教材，加强气候变化传播能力

民间组织在分析社会问题及寻找解决方案方面具有巨大的潜力，但其在参与倡导社会政策方面尚缺乏必要的能力。2006 年与 2007 年，中国民促会与美国律师协会成功开展了参与式城市治理项目，向中国引介了展望未来论坛和开放空间两种参与式方法。在此背景下，中国民促会编写了适合于中国国情的《民间组织环境健康政策推动指南》，以丰富民间组织对环境健康政策推动的知识和行动能力。同时建立起同行经验交流、彼此学习、资源分享等机制。

气候变化议题具有较高的科学知识门槛，又带有政治、经济、外交、伦理问题的交叉讨论，要在较短时间内把握议题，考验着民间组织和记者的传播技巧。2019 年，中国民促会与"中外对话"（英国注册的境外非政府组织）携手合作，为中国民间组织的气候传播者和年轻的记者们准备了《气候变化传播手册》。该手册汇聚了中国科学院大气物理研究所的李汀、魏科、郑伟鹏，"中外对话"原气候传播策略顾问、参加过多次气候谈判的喻捷，《南华早报》跟踪气候报道多年的原资深记者李婧等研究学者及一线媒体人，从"气候变化相关知识"到民间组织的气候传播策略与案例，再到民间机构拥抱新媒体的各种痛点与机会，破解民间组织"不知从何说"，和新入门的记者"不知如何说"的现实挑战。

总之，黄浩明教授及其所带领的团队从观察到实践再到教育，一路走来，不断地引导公众认识气候变化关乎所生活的社区、家庭、自身，乃至未来，随之而来的是联合民间组织共同推动行动和政策的改变。"拉近公众对气候变化议题认知的距离是气候变化传播的核心。从一个陌生人，变成一个参与者，最后变成一个决策者，这是一个革命性的变化，只有公众觉醒了，气候变化传播才有力量。"黄浩明教授说。

五 展望未来，倡导"五个深入"

从 1997 年到 2021 年的 24 年中，黄浩明教授的职务几经变化，但"引导者"是他永不退休的身份。多年来，黄浩明教授不断走进社区，走到一线，听取公众的呼声，并以科学的方法、科学的精神设计示范案例。他认为气候变化传播的关键在于激发公众由被动行为变成主动行为，从主动思考、主动行动到主动实现个人价值，把社会目标变成个人目标，个人目标转化成组织目标，组织目标再变成社会目标，形成螺旋上升的趋势，推动国家战略的实现。

2021年是"十四五"的开局之年，中央经济工作会议将"做好碳达峰、碳中和工作"作为今年要抓好的重点任务之一。2020年9月，中国宣布将提高国家自主贡献力度，力争2030年前二氧化碳排放达到峰值，努力争取2060年前实现碳中和。这意味着对中国社会经济结构提出新的要求，对社会公众的低碳生活方式转变提出新的需求。

国家对气候变化议题的深度关注，恰恰说明我国生态文明建设已进入提供更多优质生态产品以满足人民日益增长的优美生态环境需要的攻坚期，也到了有条件有能力解决生态环境突出问题的窗口期。为此，黄浩明教授积极倡导民间组织在气候变化传播方面要实现"五个深入"：

第一，深入研究国际形势、国家政策，牢牢掌握中国作为一个大国的担当精神，并组织专家讨论应对气候变化的相关政策，推动相应立法。

第二，深入一线，做好示范，掌握公众对气候变化认知方面的差异性。通过差异性比较和分析，用多种方法对症下药。

第三，深入融合，把国家战略和公众的需求融合起来。只有每一个公众行动起来，国家战略才能实现。

第四，深入运用语言艺术解决交流障碍。要善于用百姓语言来讲国家故事和国际故事，同时也要善于运用国际语言来讲中国故事。

第五，深入运用现代传播技术。比如短视频、抖音、快手等，增加气候变化传播的多元、高效性，提升触达率。

田桂荣：享誉国际的中国民间环保大使

新乡学院新闻传播学院　苏武江

2013年10月，在由中国气候传播项目中心和耶鲁大学气候传播项目中心等单位共同主办的"气候传播国际会议"上，一位穿着朴素，操着河南口音的女士的发言，引发了与会国内外专家学者的热烈掌声，大家为她自愿投身环境保护的事迹所感动。这位女士便是河南省农民环保志愿者田桂荣。

图1　田桂荣在2013年气候传播国际会议现场

田桂荣是河南省新乡市范岭村的一位农民，她本来可以凭借自己的努力和才干发家致富，却在50岁时放弃已经做得很好的生意转而从事环境保护事业，而且坚持十几年初心不改。她因此而先后获得新乡市环保先进个人、新乡市文明市民标兵、河南省三八红旗手、河南省十大新闻人物、全国光彩之星、全国第二届母亲河奖、地球奖、首届中国十大民间环保人物、全国绿色家庭、海内外有影响力的中国妇女时代人物、全国三八红旗手标兵、首届绿色中国年度人物、福特汽车环保奖、美国格雷特曼奖等多项荣誉，引起了国内外的关注。田桂荣用自己的行动走出了一条农民自愿环保之路，成为中国民间的环保先锋。

一 事业有成，转型环保之路

1951 年，田桂荣出生在河南省新乡市的一个普通农村家庭，从小就好强，有主见。改革开放后，她担任村办企业业务员，负责到全国各地要债，这段经历让她既增长了见识，又锻炼了能力。1991 年，40 岁的田桂荣为了更大发展，走出农村开始自主创业——在新乡市这座电池之都从事经销电池的生意。她为人实在，人们信得过她，都愿意来买她的电池。时间不长，田桂荣的生意就红火起来了。仅用五年时间，她就做到了年收入 20 多万元，成为远近闻名的女强人。

1999 年春天田桂荣去北京旅游，在一家饭馆吃饭时看到报纸上一篇题为《电池虽小危害大》的报道。文中讲到一节一号电池烂在地里，能使 1 平方米的土地失去使用价值；一粒纽扣电池，能污染 60 万升水，够一个人用一辈子的。田桂荣惊呆了！因为她是销售电池的，从她手里已经卖出过数不清的电池了，何况还有许许多多、大大小小的商场超市以及像自己一样的个体经营者也在销售电池呢？如果人们在用过电池之后，随意扔进地里、水里，那得造成多大的污染！

田桂荣坐不住了。从这一刻起，她做出了回收废旧电池的决定。从北京回到家后，田桂荣立即找人印了 1 万张宣传单，做了 3000 面环保小旗，大张旗鼓地进行环保宣传。同时制作了 600 多个透明的废旧电池回收箱，号召大家把废旧电池放进回收箱。

然而，让她没有想到的是，三个月过去了，回收箱还是空空的。思来想去，田桂荣便拿出自己的积蓄，以每节废旧电池 2 分钱的方式实行有偿回收。这一招立竿见影，四面八方的旧电池迅速向她这里汇集。随着媒体的报道，田桂荣出名了，废旧电池也越收越多。仅用两年多时间，她回收的废旧电池已达 65 吨，使近 700 万平方米的土地免遭废旧电池污染。2001 年，她因为回收废旧电池的突出业绩而获得了美国福特国际环保奖。2003 年，田桂荣被团中央授予全国鄂尔多斯环保志愿服务与生态建设奖。

二 成立环保组织，开展环保活动

为了吸引和团结更多人关注环境、宣传环保，田桂荣在2001年投入3000元，请人搭建"田桂荣环保网站"，开通环保热线向人们宣传环保知识和绿色理念，并开始学习打字和网站管理。2002年，田桂荣注册成立了"新乡市环境保护志愿者协会"，这不仅是河南省首家民间环保群众团体，同时也是全国首家由农民发起成立的环保组织。此后，她还先后帮助一些学校、公司建立了环保组织，新乡市几乎每个县都成立了环保协会分会。在她的影响和带动下，新乡市处处涌动着环保志愿者队伍，全市掀起了民间环保的高潮。

她还利用节假日到全省各地自费组织大规模的环保宣传活动，仅在郑州、新乡就组织了"绿色申奥万人签名""生命之网爱环保"等大型活动38次，参与人数达26万人。同时，她还义务为大学生讲授环保知识。几年来，田桂荣曾到国内110多所学校为30多万学生宣传环保知识，讲解废旧电池的危害性，直接受众达360多万人。每逢寒暑假，田桂荣都自费组织环保志愿者实地考察。从2003年开始，田桂荣连续三年组织志愿者开展"中原环保绿色行"宣传教育活动，徒步1300千米对河南省海河流域水资源进行了彻底调查。活动开展以来，《人民日报》和中央电视台跟踪报道，在社会引发强烈反响，促使豫北沿黄河、卫河、人民胜利渠、共产主义渠等1000多平方公里的地区治污工作取得了重大突破。在2004年河南省开展的"整治违法排污企业，保障群众健康"环保专项活动中，她带领志愿者配合省、市环保局查处豫北地区各类环境违法案件108件，对海河流域自然生态环境保护起到了积极作用。

在她众多的环保行动中，为改善黄河流域生态环境的环保宣传活动所产生的反响尤其热烈。为激发社会各界"保护母亲河"意识，自2004年起，田桂荣带领环保志愿者以"保护黄河爱心传递"环保宣传教育为主题，连续五年利用暑假组织志愿者对青海、陕西、河南、山东等9个省的1200多千米重点河段进行水样调查，总行程达1.1万千米。沿途提取水样179份，发展环保志愿者4200名，考察排污口367个，考察排污企业193家，捐赠环保书籍1280册，发放宣传资料23万份，拍摄图片930张，撰写环保调查报告13份，并递交当地环保部门和黄河流域水资源保护局，促使环保部门关停企业72家。

活动期间，为了节省开支，志愿者们一天只吃一顿饭，特别是在高原上，许多人因为高原反应晕倒在西行的黄河岸边。田桂荣当时已近60岁，但依然每年坚持带队考察黄河，奔波在第一线，依靠坚强的毅力和强烈的使命感一路坚持，用汗水和泪水在1.1万千米沿途上播下一个个绿色的希望。在4750米的黄河源头牛头碑旁，田桂荣铲起第一锨土，和志愿者们把从太行山带来的重约150千克、刻有"保护黄河爱心传递"的石碑深埋在这里，提醒警示世人保护母亲河。

三　建设环保生态村，发展生态农业

2005年4月，田桂荣听闻家乡范岭村由于周边建设了不少化工厂、镀锌厂而生态环境日益恶化后，在乡亲们的支持下，报名参加了范岭村村委会换届选举，并提出了建设生态农村、让大家喝上干净水、呼吸上新鲜空气的竞选宣言，成为全国第一个以环保宣言获选的村委会主任。上任后，田桂荣带领村民代表到村附近污染企业交涉，深入污染企业宣讲环保知识，告诉每个企业都有义务和责任清洁生产，让他们主动治理污水，整治企业环境。

为了让文明环保生态理念在农村扎根，田桂荣设置了4所农民夜校，聘请环保专家教授向农民讲授生态经济、环保知识等方面的内容。围绕建设绿色家庭的主题，她把全村300多名适龄农村妇女组织起来，开展了文明生活习惯、告别生活陋习等多种培训，大大提高了全村创建绿色家庭热情和文明环保意识。暑假期间，她则带领大学生志愿者到村周围的共产主义渠考察河流污染状况。对主要河段进行水资源和水样本分析，并撰写调查报告，上交环保部门。

围绕建设社会主义新农村的目标，她大胆提出了建设"文明化、法制化、富裕化、生态化、环保化新农村"的设想，全面推进农业和农村经济结构调整，保护生态环境。她发动村民清除垃圾，植树造林2万棵，兴建绿色长廊4公里，同时还自筹资金，修缮范岭村危桥等交通设施，受到了村民高度赞誉。为了提高村民收入，帮助群众科学致富，她利用自己的社交优势，充分挖掘自身潜力，从资金、项目、技术、信息等方面全面帮扶，全村私营企业由2004年的12家增加到2012年的47家，村民家家有项目，人人有活干，人均收入达4100多元，被誉为"豫北环保明珠"。在她担任村主任三年后，范岭村生态环境便得到了彻底改变，林木兴旺，鸟语花香，村民家家户户干干净净，村容村貌连续三年位居全乡第一，先后被评为新乡县环保生态村和新乡市环保生态村、市社会主义新农村建设试点村、河南省生态文明村候选村。而她也在2008年成为北京奥组委确认的全球2.18万名火炬手中唯一的农民环保志愿者代表。

基于多年来对环境问题的执着和对现实社会的关注，田桂荣将公益组织宣传

环境保护与生态农业示范建设相结合，在 2010 年筹资 30 万元办起了田桂荣生态农业示范基地。项目遵循并实践"推广生态农业、保护农业环境、促进城乡互助"理念，生产采用生态农业种养方式，借鉴国内外生态农业、传统农耕经验，推动公众参与生态农业，开展都市农业培训、食品安全与可持续生活宣传、农耕体验与科普教育活动、环保意识教育，致力于实现生产、科研、教育、文化交流等多功能服务为一体的生态农业建设，逐步建成具有吸纳游客能力和地区观光、教育交流的生态农业示范基地。2012 年 5 月，田桂荣生态农业示范基地被当地政府授予"2011 年度发展现代农业工作先进单位"称号。

四　环保先锋，享誉世界

从回收废旧电池开始，田桂荣怀着简单朴素的梦想，十几年如一日地全身心投入民间环保事业，为环保事业作出了突出的贡献。新华社、中央电视台和《人民日报》《中国环境报》等国内外 300 多家新闻媒体对田桂荣热心环保的事迹进行了多次报道，仅中央电视台就有《焦点访谈》《东方时空》《新闻联播》等七个栏目播出了她的事迹。国外的《纽约时报》《洛杉矶时报》也不远万里亲赴中国采访这位充满传奇色彩的中国农村妇女。由于对环保事业的执着追求和突出贡献，田桂荣先后荣获多项荣誉及奖励：2001 年福特国际环保奖和美国格雷特曼奖、2002 年全国第二届"保护母亲河奖"、2003 年"《中国妇女》时代人物奖"、2005 年首届"绿色中国年度人物"、2006 年全国三八红旗手标兵、2006 年度地球奖提名奖、2008 年北京奥运会火炬手，受到了中央政治局委员、全国人大常委会副委员长王兆国、全国人大环境与资源保护委员会主任委员曲格平、国家环保总局局长解振华等党和国家领导人的接见，被联合国环境规划署誉为"中国民间环保大使"。

田桂荣的环保事迹被新闻媒体披露后，在全国掀起了民间环保的热潮，各地环保志愿者竞相学习，并纷纷成立环保组织，开展环保活动，极大地推动了中国民间环保组织的蓬勃发展。在她的身上，人们不仅仅看到了环保英雄的光环，更看到了她为环保所付出的艰辛和血汗。但田桂荣却说自己只是一个普通农村妇女，只是在环保上做了一些小事情。如今，她虽已年届七旬，逐渐退出了"环保圈"，仍然豪情不改，希望自己还能带动更多的乡亲加入到光荣的环保事业中来。

黎子琳：在国际舞台上传播中国环保理念的中国女孩

广西财经学院新闻与文化传播学院　覃　哲
广西大学新闻与传播学院　张虹霞

在每年联合国气候变化大会举办期间，关注世界气候变化的公众代表，都会由世界各地来到会议举办地，通过大会期间的各种论坛和集体活动分享对于气候变化的看法以及践行低碳理念的经验。近年来，在联合国气候大会这个国家舞台上，也出现了越来越多的中国公众代表。黎子琳，就是其中的一位代表。

一　黎子琳的环保传播行为

黎子琳，出生于大熊猫的故乡——四川成都，从小就经常到熊猫基地参观，因此她对熊猫的生存知识了如指掌。在了解大熊猫的过程中，年幼的她逐渐知道气候的变化会威胁着大熊猫的生存。此后，她便用实际的行动保护大熊猫。在家庭，她坚持让父亲骑自行车接送或步行上学，以此减少碳排放量；在学校，她主持了主题为"保护熊猫，一起应对气候变化"的环保签名活动，主要宣传熊猫保护和环境保护的知识。2019年，年仅9岁的她便以中国环境报特约小记者的身份，受邀参加第25届联合国气候变化大会。

1. 传播中国青少年的环保行动

第25届联合国气候变化大会"中国角"边会上，黎子琳用纯英语进行主题为"青年的力量·青年的责任"的演讲。她以保护熊猫为切入点，向在场观众讲述着大熊猫作为"中国国宝"，却因全球气候变暖陷入生存的困境。她说："栖息地破碎化是大熊猫持续面临的生存威胁，大熊猫适应气候变化能力、迁移能力以及自然繁育能力较弱,在气候变化加剧的背景下,更需要加强保护。"大熊猫是珍稀动物,在国内是国宝,在国外也深受各国人民喜爱,保护熊猫实际就是维护地球的生物多样性,让人类的生活和发展更具有可持续性,这是中国人对环保的一种实际行动。

图1　9岁成都女孩黎子琳在马德里联合国气候变化大会发表英文演讲"青年的力量·青年的责任"

在陈述大熊猫面临的困境后,她接着介绍中国青少年在气候变化中所做的努力和贡献。黎子琳谈到,早在1983年,中国政府就已经与世界自然基金合作建成了"中国保护大熊猫研究中心",专门用来保护大熊猫。截至2019年,中国已经建立了33个大熊猫自然保护区,其中27个在四川,5个在陕西,1个在甘肃,这些地方的青少年用自己的实际行动保护大熊猫,比如保护森林和竹林,绘画、撰文宣传保护大熊猫等。

在此之前,中国青少年传播低碳环保理念的实际行动还不怎么为外界所知,通过黎子琳在此次大会的精彩演讲,中国青少年的实际环保行动开启了国际传播之旅。

2. 呼吁社会各界为环保助力

黎子琳一直都倡议,保护环境要从身边做起,节能减排,一起行动起来阻止全球变暖的趋势。在气候大会上,她呼吁中国广大青少年们积极参与,为环境保护行动起来,让世界感受中国少年在环境保护行动中的力量,同时也呼吁全球青少年与熊猫站在一起,践行环保,对抗气候变化。

在气候大会现场,她与小陈鹤途头戴熊猫饰品或者熊猫帽子,拉起横幅,发起了"Stand with Panda, Unite to Combat Climate Change"的环保倡议。他们发送环保明信片,邀请嘉宾在环保条幅上签名,短短 1 个多小时,就获得了现场 100 多位与会代表的支持和响应,还被众多嘉宾邀请合影。在面对采访时,她表示,刚开始会担心没有人响应她的号召,但是随着越来越多的参会代表在她的横幅上签字响应时,她越来越有信心,大家是愿意行动起来保护熊猫、保护大自然的。

同时,他们还积极去其他会场学习,与他国众多代表交流,尽他们所能去倡导熊猫保护,各国代表在与他们交流过程中,刷新了对中国熊猫的认知,并对他们的环保意识大为赞赏。

在联合国的这几天,黎子琳和陈鹤途每天都会乘坐 6 站地铁到会场,坚持绿色出行。在地铁站里面,他们积极与其他环保公益组织互动,号召大家共同抗击气候变暖。黎子琳表示:我们只有一个地球,每个人都有保护它的责任和义务。

3.《中国少年说》上再次为环保发声

在联合国气候变化大会之后,黎子琳参加了《中国少年说》的节目。在节目的演讲中,她讲述了联合国气候大会上的经历,分享了自己对中青年力量在气候行动中发挥作用的理解,倡导青少年的环保理念,并强调了行动的重要性。她表示,保护环境就是保护生态文明,从小事出发进行环保,这是人人都能做到的事情,比如低碳出行、垃圾分类、减少塑料袋和塑料吸管的使用等。从联合国气候变化大会回到成都家中后,她便和父亲一起用纸质书皮包书,不仅好看还能保护环境。黎子琳在《中国少年说》上的一番演讲,获得了现场观众的阵阵喝彩声,更是用行动证明环保是身边的一件小事。

二 黎子琳环保传播行为的特点

1. 基于务实行动的低碳传播

2019 年 12 月 7 日,在西班牙召开的第 25 届联合国气候变化大会上,有两名环保少女露面,一位是瑞典少女格里塔·通贝里,另一位则是中国少女黎子琳。同样是为环保发声,但二者的意见及做法却截然不同。

格里塔·通贝里,被视为"最热学生活动家",更被瑞典国内描绘成"圣人"。在 2018 年,通贝里因气候问题举行罢课抗议,被越来越多人熟知。2019 年,通贝里不仅获得了诺贝尔和平奖的提名,还登上了美国的《时代》周刊。

通贝里为了宣传环保,抵制飞机、火车、汽车等使用燃料的交通工具,只乘坐低碳的船只，这也是她的环保行动。2019年8月，她打出"零碳排"的旗号，经半个月的"环保"航行，最终抵达美国纽约出席联合国气候行动峰会，但是被爆出跟拍团队往返的碳放量高得惊人。此外，由于2019年联合国气候变化大会地点的变更，她不得不从美国乘船到西班牙，然而在里斯本到终点西班牙马德里之间的路程，她却放弃了"低碳出行"方式，选择乘坐欧洲列车中转抵达目的地。通贝里一直打造的都是偏激的"斗士"形象，但她"两面派"的行为与环保本身的含义相差甚远。

通贝里呼吁环保的方式比较激进，通常的做法是指责各国领导人，称他们"用空洞的推辞，偷走了我的童年和梦想"，希望各国领导人在气候问题上有所作为。她的主要行动是呼吁学生每周五都进行罢课，而她自己更是直接辍学，以此来唤起人们的环保行动。在2019年联合国气候变化大会上，通贝里依然怒斥各国领导人，谴责那些忽视科学和在对气候变化的贡献方面行动太慢的人。通贝里一直呼吁各国完全废除化石燃料，期望在未来十年将碳排放减少到接近净零的水平，要做到这个目标，就意味着所有使用化石燃料的机器必须停工，但这在现在的环境下是不可能实现的。

相对于格里塔·通贝里，中国成都"熊猫女孩"黎子琳也作了主题发言，但她不是指责各国领导人，也不是要求各国停止使用化石燃料，而是用中国青少年自身的实际行动来传播环保理念，并提出青少年应当采取什么样的行动才是切实可行的环保。

黎子琳的环保言行主要是介绍中国人如何进行实际环保工作，并通过介绍自身的行动去引发他人思考如何进行环保，建议在生活中设立一些能达到的环保目标。实实在在、脚踏实地地去改变目前的环境，而不是一刀切地建议不用化石燃料。通贝里有关环保的言行中大部分是对他人的指责的，但这些指责可能不会启发他人如何进行具体的环保。相比较之下，黎子琳代表了理智的声音、可预见的目标和脚踏实地的行动，为中国赢得了越来越多的喝彩，同时这种正确、恰当的环保方式更容易被大家记住并继续下去。

2. 个人才华助力低碳理念传播

在气候大会现场，黎子琳的表现和主题立意引发在场代表的阵阵喝彩，其还被新华社、中央电视台、中国环境报等媒体轮流采访。

会议期间，新华社两次对黎子琳进行专访，一次中文专访一次纯英文专访，分别面向国内及全球受众，对其关于"熊猫保护"所做的公开演讲、倡议活动及提出的可实施性行动建议进行深入报道，面对新华社专业、权威的双语采访，黎子琳中英双语回复对答如流，刷屏全网关注度。

国内，中国新闻周刊首先在其新浪微博发布#9 岁中国女孩联合国演讲#的话题，直接将大会现场的轰动重现在国内社交媒体上，仅仅一天的时间，这条新闻阅读量超过 1.6 亿次，视频播放量超过 852 万次。"9 岁成都女孩联合国演讲"这个话题在短时内冲上热搜，共 4752 条评论，不少网友在底下称赞黎子琳表现落落大方、演讲务实、英语发音标准等。

《中国日报》《成都商报》《西安晚报》和梨视频等知名媒体转发，表示支持与鼓励。人民日报官方微博也转发了黎子琳全英文演讲视频，并评论"保护熊猫，就是保护地球"，肯定了黎子琳在大会上的表现及其在熊猫保护上的努力和贡献。截止到 2020 年 12 月 9 日，人民日报这条微博视频播放量突破千万次，并获得了众多网友的评论。

在微博上，除了主流媒体外，不少网友也转发了黎子琳这条演讲的视频，如大 V "@姚嘉儿 V"就进行了转发，并配文道：虽然她年仅 9 岁，但字句铿锵有力，勇于为保护熊猫发声，着眼世界和未来的中国女孩，让现场在各国代表感受到了她的正能量。

直至 2021 年 4 月 11 日，中国新闻周刊"9 岁成都女孩联合国演讲"这条微博获赞 13.3 万次，被转发 8378 次，视频播放量达 1115 万次。这个话题阅读量 2.3 亿次，讨论了 3.4 万次。

三 小结

现在，气候变化已经成为一个全球性问题。从长远上看，解决这个问题需要全球气候治理的各个主体，在共商共建共享的原则上形成合力，深化协调，密切互动，需要各主体的自主贡献和合作推动整体方案的落实。而气候治理的主体非常之多，可以说包括了所有国家、所有领域、所有部门、所有人。黎子琳表现了中国青少年积极向上的正能量和超强的环保实践行力，不仅得到中国众多主流媒体报道和称赞，还登上了微博、今日头条、优酷等各大平台的热搜、头条，获得了广大网友的认可与喜爱，成为中国青少年践行环保理念的代表。

骑行贾峰：新浪微博上的低碳行为传播实验

中南民族大学文学与新闻传播学院　徐　红

减缓气候变暖需要全民行动。为唤起大众低碳行动，在新浪微博上出现了一些气候变化意见领袖，他们根据自己的兴趣、专业选择某一话题，通过微博发声并与粉丝积极互动，影响并推动公众参与某一低碳行为，贾峰就是其中一个代表。他选择骑行作为生活方式绿色化教育实践活动，身体力行，实现一人一年一吨碳的减排目标。由于粉丝数量大，使得话题扩散范围广，传播速度快，互动便捷高效，贾峰的传播行动在应对气候变化公众动员中发挥了极大的作用。

一　贾峰其人

贾峰，现任生态环境部宣传教育中心主任、《世界环境》杂志社社长兼总编辑，研究员，兼任中国生态文明研究与促进会理事、世界自然保护联盟（IUCN）教育委员会委员，担任北京大学、国家行政学院、中国浦东干部学院等高校兼职教授。1994年以来，作为项目主任或国家协调员参与了一系列的国际环境教育合作项目，主要包括：UNDP中国环境意识项目、美孚中国环境教育基金、GLOBE计划、中加气候变化项目、世界银行保护臭氧层影视项目、亚洲开发银行重点环保城市领导培训、中美环境法制培训项目、BELL项目、中英公众参与项目等。从事环保工作33年，多次任世界银行、亚洲开发银行项目专家和亚欧环境技术中心顾问，是环境公共政策制定、公众参与、可持续发展创业、环境技术市场化、信息公开、邻避问题化解等领域的知名专家；策划并导演多部环保电视节目，包括《美国环保之窗》（22集）、《日本环保之窗》（10集）、《欧洲环保之窗》（10集）、

《中国环保之路》（6 集）等，部分作品在中央电视台播出。

二 "贾峰" 新浪微博账号骑行内容运营策略

2011 年 11 月 3 日贾峰注册新浪微博，2012 年 3 月 24 日发布第一条微博，开始作为专注节能减排类话题的微博用户，活跃在新浪微博上，最初的关注点是办公室节能节电以及与自己在环境保护部宣传教育中心工作有关的环境保护、节能减排相关的动态、科普及公众动员活动内容，逐渐积累起了 23 万 + 粉丝，成为近年来，虽然具有官方身份背景但是却是从个人角度发声的气候变化话题意见领袖。

图 1 贾峰新浪微博首页

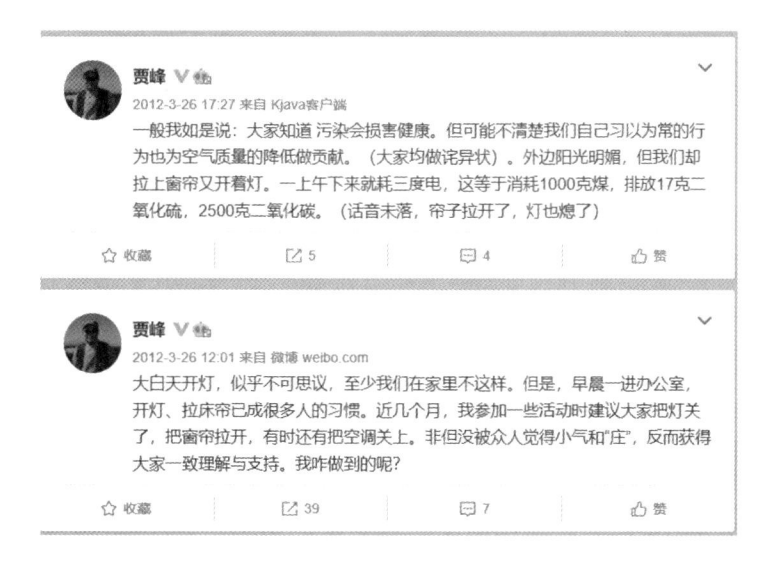

图 2 早期贾峰的微博内容：日常节能行为

从 2017 年以来，贾峰逐渐将骑行作为主要出行方式，并在微博中以"骑行"为主要话题，以日记式记录方式，与粉丝们分享自己在骑行过程中的故事与观点。谈及为什么选择骑行作为自己的主要出行方式并在微博上进行分享，贾峰 2020 年 12 月 29 日的微博中谈道了他的初衷："记载了九个月我绿色骑行的过程，感悟和数据，也获得网友热情的围观，有一半以上的微博阅读量过万。成为本人开展绿色骑行新媒体传播的一次实验。此外，微博也促使我发起'生活方式绿色化'全民行动，计划用五年时间把衣食住行绿色化推广到全国地级以上城市。后者，又成为一个行为实验。"由此可见，贾峰不仅选择骑行作为自己的绿色化生活方式践行活动，也将骑行的微博传播作为他动员公众的行为实验。骑行"贾峰"，逐渐成为他微博中的标志性身份。一些倡导骑行的微博内容，就会@他，例如@公众环境马军、@杨新苗、@何继江能源转型、@邹毅的邹、@巴松狼王、@生态梦人、@蔚蓝地图、@程军 Dominique@西南科大马院实践部、@千名青年环境友好使者等，他们也经常就骑行的话题进行互动，共同推进骑行的公共设施完善与公众参与。

图 3 贾峰的第一条跟骑行有关的微博

在贾峰关于骑行的话题中，主要采用了以下一些内容运营策略：

1. 日记式骑行记录与分享

微博账号"贾峰"会根据他的骑行情况做日记式记录，主要分享他的骑行中的所见所闻，包括骑行路线优选、骑行中看到的美丽的风景、骑行中发现的违章

图 4　贾峰在微博记录与分享的骑行初衷

与指正、骑行中的心情等，没有固定的更新周期，更新频率主要根据当天是否骑行及所发生的事情决定。一般而言一周发布微博数量2—5条，维持着账号日常更新和与粉丝的互动频率。日记式骑行记录与分享内容主要有以下几类：

（1）骑行中的路线优选

每次的骑行路线都有好几种选择，通过一段时间的骑行，何种情况下选择哪一个路线，慢慢都有一个优选计划，而这种优选既可以考虑路途远近，又可以考虑路况，甚至还可以考虑风景、花讯等多种因素。贾峰老师将他们总结出来，以提供给其他骑行者参考。

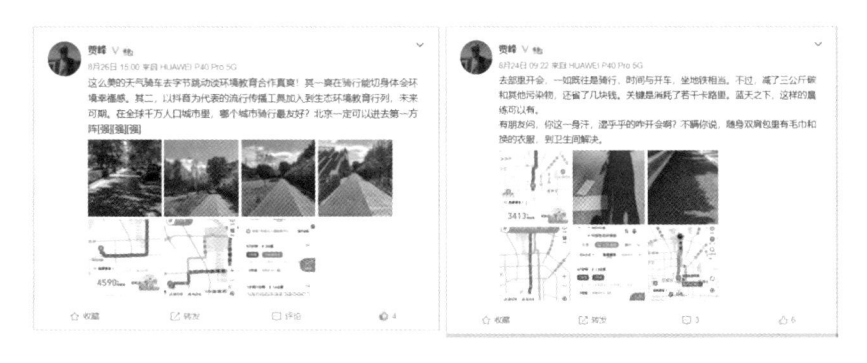

图 5　贾峰骑行中的路线优选

(2) 骑行中遇到的美丽风景

贾峰在微博中总结骑行的一个好处就是"可以解放你的五官，切身体验四季的味道"，见识到更多的风景。所以贾峰微博中也记录四季变换、草长莺飞、日升日落，以及从美丽的风景中所体会到的幸福心情。"每天盼着上班和下班，因为上下班路上的风景。从家到单位，可以组合出二十多种路线，七到十公里不等，也有天气好心情时想撒个欢儿，可能会超过十五公里。路不同，景别也各异，感受亦迥异"，贾峰这样的表述很具有感染性。

图 6　贾峰骑行中遇到的美丽风景

(3) 骑行中发现的违章与纠正

贾峰在骑行路上发现有人违章使用自行车道路以后，一定会上前指正，希望通过指正让违章者越来越少，并且还总结出一套行之有效的指正违章话术。例如2021年4月25日的一则微博中有这样的记录：

"骑车在路上，能见到各种车和各种人。今年以来。随着京B牌照摩托车的增加，给违章使用自行车道路的摩托手做思想工作成了我每日上下班的必选。还好，这些90后识大体顾大局，观察发现违章者越来越少。

通常遇到违章骑手我如此来做：

拍拍车手肩膀或车辆，对方很气愤［调皮］

我马上说：你知道你违章了吗？

对方故作茫然状

而后我说：我把你拍下来了你知道吗？

对方有些紧张？

接着我说：我把照片传给交管局你要收到罚单知道吗？

对方更紧张［呲牙］［呲牙］

而后我说：今天我不会上传（其实多数我没有机会拍照［呲牙］）

对方表情表现出感激状

最后我说：你速度太快，碰到骑车的就是伤亡事故，今后别这样啦。

对方做诚恳接受批评状［微笑］

每天如法炮制，屡试不爽，上下班北苑路摩托手违章大面积减少。"

但也并不是所有人都买账，有时候也充满了挫折感。例如2021年8月19日的一则微博中有这样的记录："今早有种挫折感。遇到了那5%，违章进入自行车道且不听劝阻的京B车手。咱那屡试不爽的三句半说到第二句时，他连说两句：你拍吧，你拍吧！而后，扬长而去……"

图7 贾峰骑行中发现的违章与指正

（4）骑行中的尴尬事、趣事

有时候，骑行中也有尴尬事、趣事，这些事情在贾峰笔下，生动有趣，很接地气，成为他的热门微博。例如五星级酒店没有自行车停车位，2021年7月18日贾峰去开会，"偷偷绕过保安，把车'拴'在凯宾斯基酒店楼前的树上。今天雨水时有时无，最后索性把雨衣脱掉，发现能提速1.5公里。下午会议主题是通过培训气候传播菁英推进3060目标的实现。因为下雨，有些人会晚点儿到。我呢，下雨少了东张西望，比百度地图预估骑行时间还少了30分钟。此外往返减碳7.6

公斤，消耗一千多卡路里，省 80 块打车钱，看来今晚吃涮羊肉就没负担了。如何让大家树立通勤与健身、减碳、省时、省钱、快乐协同的理念，这就是我待会儿和大家分享的内容。要实现碳减排碳中和，消费端减小碳足迹刻不容缓潜力巨大"。

除了酒店，贾峰遇到有的医院对骑行者也不友好。2021 年 8 月 3 日的微博中，"去医院取药，自行车不能进院。跟门卫大叔好说歹说，咱这医院属于公共机构，要遵守《公共机构节能条例》要求的'公共机构应当积极推进公务用车服务社会化，鼓励工作人员利用公共交通工具、非机动交通工具出行'的规定，但是，未遂［呲牙］大叔人很好，说把自行车放门外，我会帮忙看好。若你的自行车进了院，被领导发现，就……［流泪］上有绿色低碳的要求，下面该与时俱进的修改完善不合时宜的规定才好。希望，类似的'歧视'以后越来越少，骑行越来越方便。"

图 8　贾峰骑行中的尴尬事、趣事

2. 对于骑行好处的归纳

这几年的骑行下来，贾峰总结骑行的好处不仅绿色环保、减污降碳，还省时省钱、健身健体、避免堵车、愉悦心情、防控疫情。2020 年 5 月 28 日的微博中，贾峰说："一是节省上下班时间，几乎是开车上下班用时的一半。二是强身健体，明显增强腿部和腰腹肌，替代了游泳。与后者比，每天又能节约一个半小时，还能避免体内湿气过重。三是每周省钱三百多，一年节省一万多。具体包括每周节省油费七八十，停车费三十多块以及替代游泳健身的二百多块钱。四是减少尾气排放，有助蓝天更蓝和减缓气候变化。"

结合工作中开展的公众骑行意愿调查，2020 年 12 月 21 日贾峰的微博说："疫情出现以后，据说可能'环境传人'。这么看，骑车出行又多了个优点。我们正在开展的公众骑行意愿调查，列出来的理由包括：节省时间，锻炼身体，节能减排，舒缓身心，亲近自然，洁身自好（疫情防控），省钱（油费，停车费和健身支出）等。"

图9　贾峰对于骑行好处的归纳

3. 给骑行者的相关骑行建议

（1）给骑行者的安全装备建议

贾峰认为绿色骑行省钱省时又环保，但是还要安全第一！骑行安全难题的解决，除了要加强城市自行车专用道完善和加强监管以外，骑行者提高安全意识也很重要，包括佩戴头盔，安装后视镜和尾灯等。2020年5月28日的微博中，贾峰建议骑行者："为了安全，除了提高骑行水平，还要配置必要安全设备。比如头

图10　贾峰给骑行者的安全装备建议

盔、后视镜和电动尾灯等。图六的头盔已用十多年，后部能闪烁的小红灯与头盔同时购买，以前安在车座下，现在换了个位置。近期准备买个LED能充电的更明亮的尾灯安装在自行车后部。"

（2）给骑行者的服装装备建议

冬天骑行需要防寒挡风的服装，例如专业防寒裤、羽绒服、抓绒衣、棉手套、鞋子等。夏天骑行衣服被汗浸湿需要换装，平时包里要准备毛巾和替换的T恤，贾峰也把自己的经验分享给骑行者："有朋友问，你这一身汗，湿乎乎的咋开会啊？不瞒你说，随身双肩包里有毛巾和换的衣服，到卫生间解决。"

图11 贾峰给骑行者的服装装备及换装建议

4. 与同领域大V及管理者互动探讨骑行管理优化问题

自行车骑行有赖于城市对骑行基础设施的建设与管理水平，贾峰在专业会议中建议要大力打造自行车出行友好环境并将内容发布在微博中，包括利用各种绿色廊道，打造"城市风轮"为代表的自行车路绿色新基建，完善自行车出行配套交通标识，加强管理，保障自行车路权，增加自行车停车设施配套。贾峰与同领域大V及管理者经常互动探讨骑行基础设施的建设与管理优化的问题，包括规划的合理性、设计的科学性、管理的规范性，以保障骑行者的便捷性和安全性。他认为："民调显示，制约骑行的最主要因素一是安全，二是便捷。若全国都能像京城这样，骑行率和骑行人数一定会大幅增长，中国老百姓就能为消费领域绿色低碳转型，早日实现碳中和实实在在做贡献。"

贾峰的微博中也记录了北京市自行车出行管理的进步。2021年4月19日的微博中记录道："连续骑了一年多单车，发现京城的自行车道路'变宽了'。是有关部门根据蔡书记和陈市长要求，还'自行车路给骑行者'以及落实北京新交通标准所致。具体地说，取消自行车道路上的停车位，加大对违章停车者的处罚。"并

@公众环境马军@生态梦人@邹毅的邹，而@邹毅的邹的评论进一步提出了北京的对标城市是伦敦、巴黎和东京。

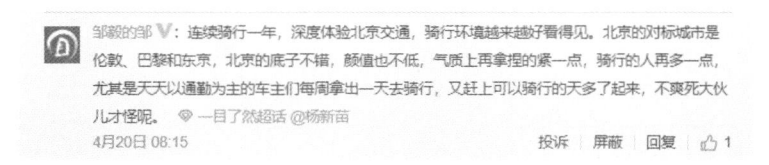

图 12　贾峰就骑行道路设施管理优化问题与其他大 V 之间的互动

图 13　贾峰就骑行道路设置优化问题与其他大 V 之间的互动

三　"贾峰"新浪微博账号骑行内容运营效果

贾峰选择骑行的初心一是作为他本人的绿色化生活方式践行活动，二是将骑行的微博传播作为他动员公众的行为实验，这两方面都取得了很好的行动效果。

1. 传播效果

贾峰微博上发布的关于骑行的内容是关于日常生活中个人视角下的直接感受

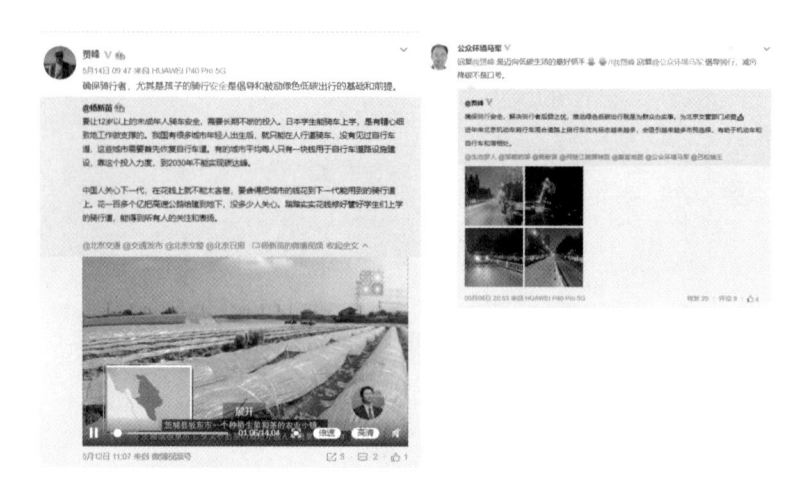

图 14　贾峰就骑行安全管理优化问题与其他大 V 和管理部门之间的互动

和思考，通过生动有趣的日志式表达方式进行传播，很有角色代入感与潜移默化的影响力，取得了很好地传播效果。

截至 2021 年 9 月 13 日，贾峰微博目前的粉丝数量为 23.8 万人，共计发布微博 2555 条，转评赞数量为 3.8 万次，其中累计转发量 21178 次，累计评论数 8758 条，累计获赞 7873 次。2020 年以来累计骑行 352 天，发布大约 142 篇与骑行相关的微博，平均 2.5 天一篇。阅读量基本过 5000 次；其中过万阅读量 45 篇，大多与抄送若干大 V（3—4 位）有关；10W + 有 9 篇；百万 + 有 3 篇，最多阅读量 171 万次。

由于贾峰的微博基本为原创内容，在如今内容为王的信息时代就显得尤为宝贵，凭借此点，贾峰的评论量虽不高，但都是真人真粉，不存在水军或者黑粉等。在其热门微博中，骑行所占比重较大，最热门的一个骑行微博就是关于"偷偷绕过保安，把车'拴'在凯宾斯基酒店楼前的树上"那个有趣的描述，转发量 123 个，评论数 16 个，点赞数 11 个。粉丝@ Angelina－琦说"在微博上，特别喜欢@贾峰老师每天的骑行分享，跟着了解了很多低碳知识、路况信息甚至还有交通法规，期待未来工作了之后我也可以骑车上下班通勤"。

2. 行动效果

作为一种绿色生活实践，在 2020 年，贾峰累计骑行 6000 多公里。2020 年以来截至 2021 年 9 月 13 日，累计骑行天数 352 天，减碳 2.5 吨。贾峰 2021 年 1 月 22 日微博中"过去的一个多月，骑行了 533 公里，减污降碳初见成效，其中大约减碳 142 公斤，照此努力，年减碳一吨目标指日可待。这两天频繁进城开会，深度感受京城自行车道路的现状和改善。部机关大院骑车者多起来了，原来的车棚已装不下。若像欧洲国家，购车有补贴，骑车有补助，那队伍还能壮大（尽管那不是最重要因素［呲牙］）"，2021年5月21日微博中"骑行将近300天啦，不仅自己快乐，还减污降碳，年减碳一吨易如反掌。不仅如此，还带动周边朋友积极加入，最新的骑友的爱车比我的更帅［调皮］"，以及2021年6月27日微博中"回家路上邂逅了一位在部里开同一个会的同事，他骑了辆共享单车。我们聊了有两公里，一同感受骑行的快乐，也一道体验安内大街平安大道至安定门路段自行车道路存在的安全风险"。不仅体现了他本人的减污降碳行动效果，还带动了身边同事、朋友以及粉丝的骑行行动。

四 结语

贾峰将骑行作为自己选择的绿色生活方式的一种重要形态，躬身实践，通过"贾峰"新浪微博账号向公众传播，分享骑行故事与经验，推动完善骑行友好环境。贾峰说："对我来说，生态环保是职业更是使命，但，它的确健康又快乐。"除此之外，他也常常利用生态环境部宣传教育中心主任的身份，在相关主题演讲中分享他的骑行故事。在他看来，碳达峰比常规污染物达峰更加困难复杂，需要全民参与，减少碳足迹。以绿色出行为例，不仅要倡导，还要激励。城市也要建设、完善和管理好自行车道路，提高骑行者的安全感和便利性。这样的实践与传播合一、线上线下协同的骑行示范与倡导整合传播效果更佳。

天师—卡赞：网络社区中的气候科普意见领袖

广西财经学院新闻与文化传播学院　覃　哲
广西大学新闻与传播学院　古悦璇

随着气候传播越来越成为人们的共识，在网络社区中，也开始出现专注气候科普的意见领袖，他们给公众科普气候知识，为公众答疑解惑，回应公众关切。让关注气候变化，保护环境的意识融入公众的日常生活中，促进公众采取应对气候变化的行动。卞赞就是一位活跃在微博、知乎、腾讯视频等新媒体平台上的著名气候科普博主，本文对他通过微博等平台进行网络气候传播的特点进行介绍，为推进新媒体气候传播提供经验借鉴。

一　卞赞的微博气候科普传播

卞赞是中国气象局高级工程师，并且是前中国气象局气候频道"追风小组"的核心成员。从 2010 年开始，卞赞在微博注册"@天师—卡赞"账号，进行气候科普活动。截止到 2021 年 7 月，"@天师—卡赞"已经拥有粉丝 317 万人，成为名副其实的气候科普大 V。其传播活动有如下特点：

1. 更新频繁

卞赞的微博账号"@天师—卡赞"更新频繁，日活跃度高，内容覆盖面广。他每日除了转发分享和气候相关的内容，还会同网友分享自己对生活、汽车、篮球、历史等其他领域事件的感悟，拉近和受众的关系，增强受众的黏性。在编辑气候议题的博文时，广泛地运用微博的多种内置功能增加曝光度，吸引更多的受众，扩大影响力。

2. 创建话题

"@天师—卡赞"在发微博时，会在博文中带上自己创建的话题，如#卞赞·

简单点#或者#天师卡赞#超级话题等来维护与粉丝社群的关系，粉丝在博主创建的话题中和博主互动，增加博主和博主创建的话题的阅读量和曝光度。他常带的话题#卡赞·简单点#的阅读量达到530万次，超级话题#天师卡赞#的阅读量达3933万次，发帖量达1870篇。另外，"@天师—卡赞"用带话题发微博的形式紧跟网络气候热点事件，用话题聚集起对气候事件感兴趣的公众。"如带#黑龙江漠河迎暴雪积雪达220毫米#和#北京沙尘暴#话题发帖"，公众在点击进话题时便能看到他的回应。

3. 专业用户生产内容（PUGC）

"@天师—卡赞"作为气象学硕士、中国气象局高级工程师，是拥有专业背景的网络社区意见领袖。在网络上，他以专业的视角解答公众关于气候的问题，撰写气候科普文章，制作气候科普视频，让公众更加了解气候领域的相关知识。如"@天师—卡赞"录制了《霸王级寒潮到底是怎么回事？》《北京这个春天为何又遇上沙尘暴？》等气候科普视频，用专业的术语讲解气候的知识，提醒公众用更科学的方式应对气候变化。

二 卡赞的多媒体平台气候科普活动

卡赞除了在微博上以"天师—卡赞"为名为公众进行气候科普，他还在多种互联网平台上从事多样化的传播活动，进一步扩大账号在网络社区中的影响力，让越来越多的公众通过多种传播渠道关注到气候领域。

1. 视频以及直播平台

卡赞在视频平台的个人账号上发布气候科普短视频。在腾讯视频平台上，他上传了数十个气候科普视频。如《洪水来临的时候如何自保？》《用动物行为判断气候的变化靠不靠谱等？》等短视频作品。视频短小精悍，内容翔实，易于公众接受。

卡赞参与了多次由平台举办的科普演讲直播活动，发表了气候为主题的演讲。公众可以观看网络直播，获取演讲咨询。如卡赞在今日头条举办的"海绵演讲·科学专场"活动上发表了题为《追风、逐雨、赶沙……逆行，是为了让更多人免受灾害之苦》的演讲。2020年6月13日，他参与了由中国科协科普部主办、果壳承办的"我是科学家"第21期演讲活动，并发表了主题演讲。在互联网技术的加持下，公众均可以在网络直播平台上实时观看演讲视频。

2. 新闻媒体平台

作为中国气象局高级工程师，他也以专家的身份被新闻媒体邀请到问答栏目中回答公众对气候提出的问题。卞赟入驻过澎湃新闻的"问吧"栏目，也被邀请到悟空问答 App 的栏目中回答问题。

卞赟为许多媒体撰写长篇文章，解读气候事件。2019 年 7 月 4 日《光明日报》的光明时评栏目刊登了卞赟的稿件《怎么认识辽宁龙卷风？这篇文章说清楚了》。他撰写的文章也在"知识分子"和"博物杂志"等自媒体账号上发表。

2019 年 8 月 29 日，在封面新闻对气候现象"精灵闪电"的报道中，卞赟以中国气象局气象工程师和知名气候博主的身份回答封面新闻记者对"精灵闪电"现象提出的问题。2020 年 5 月 21 日，北京青年报在采写北京雷雨冰雹和 7 级大风的新闻时，邀请了卞赟为公众答疑。他作为专家也数次接受了生命时报、环球探索（Discovery）、北青报等媒体的采访。此外，卞赟作为气象专家，曾被邀请参加电视节目《天天向上》的录制，向观众讲解雾霾的危害和口罩佩戴的正确方法。公众在观看电视节目后，会对他在网络社区中的形象有更立体的了解，拉近彼此间的距离。

3. 互联网内容平台

卞赟在互联网内容平台上拥有个人账号。在平台上，他会撰写一些科普文章和回答一些气候相关的问题。如在知乎上他回答了"《天气之子》中的热带低压气旋是如何形成的？""北京雾霾会不会引起人才流失？"等问题，用专业的视角解答气候相关的问题，为公众答疑解惑，加深公众对气候问题的了解。除了互联网内容平台知乎外，在新浪网、今日头条等内容平台都有卞赟的账号。

在网络社区中，卞赟时常会与同为科普人的博主互动，让公众接收到来自其他领域的讯息，也将对科学知识感兴趣的网友凝聚到社群当中。如他常常转发评论中国渔业协会原生水生物及水域生态专业委员会主任委员周卓诚，微博名为"@开水族馆的生物男"的微博，让公众了解到更多领域的新鲜事。

4. 科普书籍

卞赟的工作有时会涉及气候科普书籍的出版。他审读过由北京联合出版有限公司出版的科普书籍《手绘云图》。另外，他会在微博上以个人名义为气候科普新书做宣传。如卞赟在微博上以转发抽奖的方式抽取了三名粉丝各赠送了一套由"墨迹天气"首席气象专家庄婧老师和插画家大橘子联合制作的以气象为主题的科普漫画书《这就是天气》，让更多的网友了解到这本气候科普新书。

三 "@天师—卡赟"的气候科普效果

"@天师—卡赟"作为气候垂直领域的网络社区意见领袖，他将气候事件和气候问题以个人化、趣味化的方式向公众传播，取得了良好的传播效果和社会效益。

2021年4月1日，西瓜微数平台对博主数据的分析显示，"@天师—卡赞"的微博粉丝一共有316.57万人。年龄分布为45岁至60岁的用户占比为22.03%，为第一大用户群，年龄小于18岁的用户为17.13%，年龄为18岁至25岁的用户为20.81%，年龄为25岁至35岁的用户为21.06%，年龄为35岁至45岁的用户为18.96%。在"@天师—卡赞"粉丝中，男性用户占比64.79%，女性用户占比35.21%。以上数据表明，45岁以上的中老年人在微博上较为关注气候垂直领域的讯息，男性对于气候问题的重视程度高于女性。用户在关注了气候科普博主"@天师—卡赞"后，会更加了解气候领域的知识。

卞赞作为网络社区气候科普垂直领域的意见领袖，使用了多样化的传播方式和传播渠道对公众进行气候科普，向公众传递气候讯息，用专业的视角解读气候事件、解答公众对气候提出的问题，增强公众关心气候变化的意识，促进公众在日常生活中采取保护环境的行动。他在多种媒体平台上进行多样化的内容生产，将喜欢使用互联网的年轻人培育为关注气候变化的用户。此外，在极端气候事件发生时，"@天师—卡赞"在网络上专业、即时地给予公众应对极端天气的建议，体现了作为网络社区意见领袖的责任担当。

四 总结

气候科普博主"@天师—卡赞"的微博粉丝数还在不断增加，说明在网络社区中，有越来越多的人开始关注气候变化的问题。"@天师—卡赞"用易于公众接受的方式编辑气候科普的讯息，将"高高在上"的气候知识以更亲民的方式向公众传播，拉近与公众间的距离，具有良好的传播效果。他以自身的影响力，呼吁更多的公众加入到关注气候变化的群体之中，体现作为网络社区意见领袖责任感和社会担当。在未来，更多具有气候专业背景的知识分子可以经营个人社交账号，用专业的眼光解读气候问题，培育公众关注气候变化，保护环境的理念。

"冰川哥"王相军：短视频平台上的民间气候传播者

广西财经学院新闻与文化传播学院　覃　哲
广西大学新闻与传播学院　杨　龙

2021年3月17日，西藏嘉黎县警方确认，于2020年12月20日失足依噶冰川瀑布的王相军的遗体疑似寻获。经DNA对比确认，遗体系"冰川哥"王相军。

快手主播"冰川哥"王相军，7年内登上70余座冰川，通过短视频记录冰川融化，在第25节联合国气候变化大会上呼吁人们爱护生态、保护冰川。如今，王相军和他所钟爱的冰川长眠，但我们不会忘记他遭遇狼群、通过薄冰，冲破重重险阻拍摄弥足珍贵的资料，记录即将融化的冰川；更不会忘记他为气候传播所做的贡献。

一　王相军其人

王相军出身四川农村，在山里长大的孩子总对大自然有着深厚的感情。他从小和弟弟上山砍柴，四川邻水冷家村后有一座山，那是王相军过去的天堂，那时的他喜欢徒手攀上山崖迎风呼喊，听回声在山谷中回荡。如果说他的野性与生俱来，那么这段经历或许是他身上十足野性的开端。

王相军从小生活的村庄，距离邻水县城约30公里，那是少年王相军去过最远的地方。"我们那个地方，考不上大学就出去打工挣钱。"王相军2009年高考失利，19岁那年来到广州打工。因为学历不高，初到广州的他只能干体力活，刚开始在富士康专职拖地，一个月工资只有900元。但是这份工作只做了9天就离开了，他觉得在车间拖地太单调，他找不到生活的意义，做什么都不得劲儿。

接着，王相军又相继在桂林、香格里拉找到了工作。又攒钱买了部 1400 元的相机，边工作边旅游，拍下沿途的风景。"想到这些就特别激动，就像发现新大陆一样。"与生俱来的野性让他不甘于停歇，他每到一个地方，不挑工作，只要是包吃包住，赚的钱足够路费就离开。两年间他的相机拍遍了普洱、大理、丽江、腾冲等地的美景，也去过北京、上海、新疆、西藏和海南岛。

二 结缘气候传播

王相军对自然情有独钟，为了守护自己的自由，王相军决定远离家人。他怕家人不接受他的生活方式，担心被困在老家，被日常生活磨平棱角和激情。在这种工作与爬山交替的生活模式中，他和冰川结缘。那时他在丽江打工，偶然间在公交车上见到一则玉龙雪山的广告，从没见过几场雪的王相军，一下子就被吸引住了，立刻踏上了旅程。

缆车门票很贵，王相军硬是徒步 8 小时，爬到了海拔 4500 米的冰川面前。见到冰川的那一刻，他震惊了。那天下着雨，云雾中的山脉如玉带飘拂。他忍不住大喊："太神奇了！"下山时，天已经黑了。初次与冰川结缘，王相军永生难忘。他激动地说："冰川真是伟大的'雕刻师'，在冰舌处，四周的雪峰被水雾缭绕，就像置身于童话世界，自己就是那山里云雾间腾跃飞舞的龙，如梦似幻。"为了把美景留住，王相军自学摄影，并用积蓄买了个卡片机。

2012 年，一个偶然的机会，王相军看到了西藏林芝的风景照。照片上的冰川洁白无瑕、晶莹剔透，完全颠覆了他对西藏的印象。原来西藏不只有海拔高、氧气稀薄等令人生畏的一面，更有美得彻骨的"仙境"。"世间竟然有这样的地方！"他无法抵挡这种魅力，决定奔赴林芝一睹真容，用脚步去丈量这个神奇的地方。他在林芝找到了一份在饭馆的工作，白天爬山，晚上工作，又花费 3000 多元买了长焦相机，正式开启了他的冰川之旅，也开启了他的气候传播之旅。

三 关注冰川，从记录开始

王相军通过快手短视频，让最后的冰川得以呈现在大众眼前。自然资源保护协会杨富强教授甚至认为，居荒野的王相军在快手上拍摄上传的 300 多条视频，每一条都是弥足珍贵的冰川影像资料，而这些都是他的研究团队很难有机会探访到的。可以说，因为王相军这样的人在短视频平台上的记录和传播，一些关乎人类命运的环境命题知识资料不会再止步于此前的固定圈层。

为了拍摄即将消融的冰川，他花了 7 年的时间，徒步 70 多座冰川，被粉丝称为"冰川哥"。他走遍了西藏的每一个城市，闲暇时"疯狂"地研究地图，寻找冰川所在的地方。在地图上看到距离自己所在位置不远的地方有冰川，他的兴趣很快被点燃。

无限风光在险峰，为了拍摄冰川，王相军要穿越原始森林，跋山涉水，有时甚至要经过无人区，来到丛林深处，追寻冰川的踪迹。2017 年，王相军开始将自己珍藏的照片上传到社交平台，后来又学习通过短视频平台现场直播。他的粉丝越来越多。通过他的分享，粉丝看到了万年冰缝、冰洞里的千年钟乳、马卡鲁峰雪山、仙气氤氲的"牛奶河"和冰上蓬勃生长的森林……

他在手机卫星地图应用上寻找青藏高原上的白色区域，那就是冰川的所在。他喜欢选择那些看起来很大片的冰川。但是当他历尽艰辛，踩着结冰的湖面进入冰川主体，爬进冰川洞，来到冰川面前，特别震撼到他的却是那些正在融化的冰川。

有些冰川，王相军已经去过三四次，每一次去的时候他都发现比上一次要更薄更短。冰川有多美，王相军对他们的爱就有多深，而当它们消失时，王相军的失望就有多大。

他曾经在卫星地图上发现了位于念青唐古拉山东部的祥格拉冰川。第一次见到如此巨大的蓝色冰川，他被震撼到了。然而，不久他再次来到这里，却意外发现，冰川上多了一个巨大的冰窟，湍急的水流无情地冲刷着冰川底部，冰川正在消失。这样的经历越来越多：在帕隆藏布江的源头雅隆冰川，12 月份最冷的时候，冰川还在不断融化；在金岭冰川的炯普错，卫星地图上的冰川已经消失，王相军到达时，只看到了一个冰川湖泊，湖面上漂浮着冰块，冰线已经退缩到 4 千米外；在昌都边坝县念青唐古拉山北坡，他用延时摄影记录了这样一段画面，一块目测有百吨重的冰块从远处的冰川脱落下来，顺着冰水一直向外漂，几分钟漂了几十米远……

"不到现场，你就感受不到冰川退化的速度。"王相军说要到下一个冰河世纪，才能形成这样的冰川。

王相军曾经拍摄过冰川连着生长在上面的森林一同垮塌的场景。冰川逐渐消融，山体因此失去支撑，生长在上面的森林连同山体垮塌，带下来的泥土将冰川湖水染成了红色。"全国可能有 10 亿人根本就不相信冰上面会长森林，这样一个奇观如果消失了，就再也没有了。"王相军本能地感到痛惜。

四 用生命记录冰川

刚开始拍摄冰川的几年,王相军都是孤身一人深入密林深山。一个人带着日常用品、帐篷睡袋、相机等徒步探险,最不缺的就是危险。

林珠藏布冰川群的野狼给王相军留下了最深的印象。那是他第一次见到狼,更何况是有着十几只狼的狼群。当时王相军在一间小木屋里,十几只狼围着小木屋转。王相军把门锁死,用东西把门顶住,然后在屋里烧起一堆火。狼群看到火才不敢靠近。那一次,一连四天,王相军独自一人穿行于冰川间,一个人影也没见到,只有路上的狼爪印和狼的粪便,让他毛骨悚然。他边走边喊,给自己壮胆的同时,也是让这些野兽知道有人来了。实际上这些狼群听到人的声音,也会害怕,并尽量避免与人接触。

图1 "冰川哥"王相军带着他的小狗"土豆"在冰川考察

有时，王相军拍摄结束，返程时，原本的冰面已融化到不足来时的一半厚度，甚至能听到冰块融化的声音，眼前的冰山正在塌方。王相军说："我当时既为自己拍到冰川的绝照感到欣慰，也因冰川的迅速消失而痛心。"冰面融化也意味着危机四伏，王相军硬着头皮在冰面上挪动，突然一脚踩空坠入冰湖。他挣扎着爬上冰面，谁知没走几步再度落入湖中。这次他再也不敢站立，而是在匍匐在薄薄的冰面上，缓慢前行。

冒险对于王相军来说不是最关心的命题，他最宝贝的是那些冰川照片和视频。有一次在新疆喀什拍摄冰川消融，为攒路费，就跟着施工队去慕士塔格干了四十多天活。回来后，他发现自己的相机被偷了，在尼泊尔和新疆拍的冰川照片全部丢失。这是他第一次经历资料丢失的痛苦。很多冰川在亿万年间从未被人们看到，只有王相军用镜头记录下它们消融的片段。显而易见，王相军的一次损失，或许是全人类的损失。

2020年12月17日，王相军与同伴从拉萨出发，带着他养的狗"土豆"，探索嘉黎县以嘎冰川瀑布。20日上午，同伴在拍摄王相军的视频时，王相军不慎踩到暗冰，脚下打滑坠入冰川暗河，随即失踪。12月26日，王相军的弟弟用"西藏冒险王"账号在快手上发布了王相军的死讯，同伴也在王相军的抖音上发布了他最后的视频。

五　从屏幕走向联合国

王相军刚开始在快手短视频平台上传的视频，播放量只有几百次。慢慢地，王相军摸索出一些"吸睛"的套路——高清晰度，强娱乐性，更新持续并经常和粉丝互动。有了这些"套路"，王相军在快手的粉丝有159万次，在抖音的粉丝甚至超过了200万。

与王相军失联十年的家人也在短视频平台上看到他。他的父母怎么都想不到，找了这么多年的儿子竟然成了一名网络红人，就连联合国和央视都邀请他。

2018年，王相军的快手账号被评为快手十大科普号之一。2019年年底，王相军接到电话，邀请他代表中国民间环保观察者参加联合国气候大会，分享他的冰川观察。一开始王相军怀疑是骗子，一个浪迹四方的"野人"，怎么可能跟国际组织扯上关系。

但是王相军很快就收到了正式的邀请函。2019年12月6日，在西班牙举行的第25届联合国气候变化大会上，王相军穿着朴素，面孔年轻，在那些身着西装的学者、官员当中，显得格外打眼。

大会上，王相军作为中国民间环保人士代表，把自己多年来拍摄的冰川资料分享给参加会议的气候专家们，同时也表达了对冰川逐渐消融的痛心。"这么多美景正在我们眼前消失。"他在联合国演讲台上，呼吁大家共同关注气候变暖、冰川消融。"很多人不知道什么是冰川，也不知道冰川融化意味着什么？"王相军用他记录下的珍贵资料，让更多的普通人更为直观地感受到冰川消融，了解到气候变化——这样的宏大命题看似远在千里之外，而实际上却与每个人的生活息息相关。

从山间到庙堂，王相军怎么也想不到"野性十足"的自己会接到联合国气候大会的邀请；也正是因为他，气候传播这一宏大命题，也从庙堂之高，走进了更多人的认知，影响了更多人的生活。"冰川哥"的逝去，无疑是全人类的损失。作为民间气候传播者，他一次又一次深入险境，最终与心爱的冰川长眠。但是他却激励着我们，在气候传播的道路上继续走下去。

跨国情侣余元与男友 Joe 的"零浪费"生活

中南民族大学文学与新闻传播学院　李兴齐

随着经济的快速发展，人们对物质的追求欲望越来越强，制造的生活垃圾也越来越多。对常人来说，由简到奢的生活容易，但从奢到俭的生活则非常难。但为了应对垃圾问题，一部分人开始追求"零垃圾"的生活方式。来自法国的 Bea Johnson 一家四口就是其中的知名代表。他们采用"拒绝、减少、再利用、回收、腐烂分解"的 5R 原则，一年的生活垃圾只用一个 500ml 的玻璃罐就能装下。他们的环保故事影响了很多年轻人，来自北京的一对跨国情侣余元和 Joe 就深受影响。27 岁的余元，和英国男友一起居住在北京，余元原本是个疯狂消费者，15 平方米的出租屋内，可以塞上四五百件衣服，连放脚的地方都没有。2017 年，在 Bea Johnson 一家四口的"零浪费"生活影响下，余元果断辞掉外企的高薪工作，决定做个彻底改变，接下"衣钵"，甚至还全职践行起零浪费生活。此后的三年，她没买过一件衣服，没用过一个塑料袋，没买过一瓶矿泉水，更没点过一次外卖。结果在 3 个月的时间里，这对情侣只产生了两小罐垃圾，垃圾罐子里出现了访客票根、饮料瓶盖的塑料薄膜、泡茶的茶包……这些每天随手就扔的垃圾，却被他们有意收集起来，只是因为它们不可降解，污染环境。在这场零浪费的长跑中，他们坚持 5R 原则，并传播给了更多的人。

一　零浪费生活传播行为

外在的清爽换来的是内在的充盈。余元与男友通过"零浪费"生活结缘了许多志同道合的朋友，他们决心将"零垃圾"生活进行到底。因为两人真心信仰这样的生活理念，所以决心将"零垃圾"生活推广到北京乃至全国，为更多人所知。

图 1　余元、男友 Joe 与他们三个月产生的垃圾

害怕不去做就会后悔，他们甚至还宣言，不惜花完自己所有的积蓄，也要将零垃圾生活坚持到底。

1. 以身作则传达零浪费生活观念

当心内的购买欲减少后，需要的物品也会慢慢变少。事实上，刚开始的时候余元非常不习惯，觉得用不惯二手的东西。慢慢才发现，这只是个很小的心理障碍。"零浪费"，不是指没有任何垃圾的一种生活方式，而是在避免一些不必要垃圾的产生。因此，减少不需要的东西就会将心思转移到现有物品上，重复使用，加倍的爱惜和照顾所持有的物品。余元在报道中表示：衣食住行，都是清理术。不要随意丢弃物品，而是要让物品发挥其最大的价值。引导公众克服心里的障碍，发挥每一件物品最大的价值，是余元和男友一直向大家传播的理念。零浪费的生活，还要回到你真正的需求上去。不反消费，提倡理性消费；不追求 100% 无垃圾，而是避免产生不必要的垃圾。只有了解自己真正需求的人，才能放低攀比心、模仿心，按需索取。余元要传播零垃圾生活的第一步，就是告诉公众什么是零浪费并用自身的行动改变大家的生活观念。

2. 科普 5R 原则，践行零浪费生活

零浪费是一种生活理念，通过重新设计生活，让所有的生活用品都可循环，将浪费最小化。简单地说，就是要坚持"5R 原则"——Reduce：减少需要的物品；Reuse：重复使用现有的物品；Recycle：回收无法使用的物品；Rot：降解不可回收物品。减少需要的物品。余元通过这五个方面的零浪费生活方式，以身示范 5R 原则，通过举办各种演讲、分享会、交流会，传达给公众每一个原则的具体生活方式,达到了广泛科普的目的。例如,出门买菜自备布袋而不是用塑料袋;自制洗洁精;使用长久耐用的玻璃罐储存物品;把食物残渣变成黑金土肥料等。余元也将遵循5R原则的生活方式发布在自己的社交媒体账号上,分享自己的零浪费时刻,这样的观念也慢慢地影响着越来越多的人。

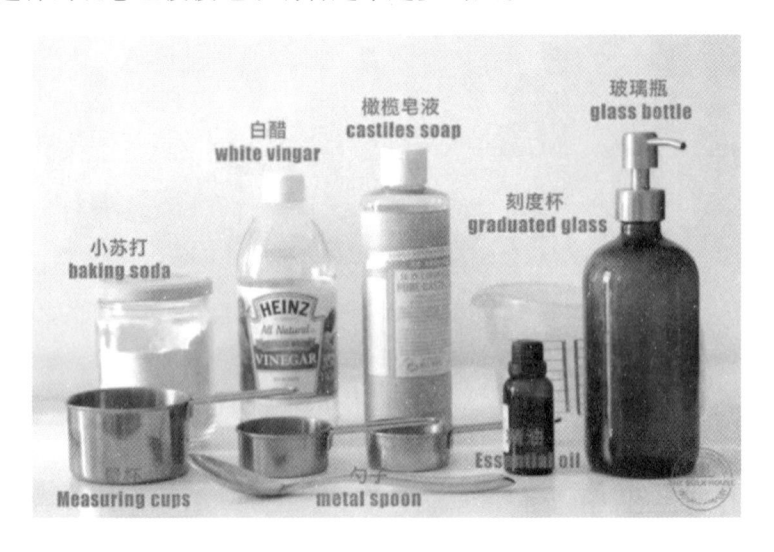

图2 余元自制洗洁精所用工具及材料

3. 零浪费无包装商店实现示范性传播

2018年1月,余元和Joe一起开了一家小店,起名叫:THE BULK HOUSE(零浪费无包装商店)。店里商品有80多种,全是自己制作的生活用品和旧物改造

图3 余元和Joe的零浪费无包装商店

的新品。拒绝果汁店里的塑料吸管就提供不锈钢吸管来代替,环保购物袋、食品罐、清洁皂在小店里都有展示。另外,店里还有可降解回收的胶带,比起透明的塑料胶布,它们会默默消失在每一轮的转化里。可降解的椰树棕榈制作的马桶刷,植物的材料也能尘归尘、土归土。除了自己实践的用品,还有来自朋友分享的DIY好物。但Joe不主张一味地更替,他希望能物尽其用,在门口特意提醒客人:"请只拿走你真正需要的物品。"同时,余元开通的其他售卖渠道:微店、淘宝店和线下代售点。从总结的5R原则,到将经验实物展示的小店,就是这对情侣向全世界表达的心愿。

二 零浪费生活传播策略

有些人可能会觉得这样的生活方式"非主流",但不得不承认的是,将生活化繁为简,并没有想象的难。道路只有一条:那就是去做,以及传播出去影响越来越多的人。

1. 个人自媒体发挥传播主体地位

像余元这样的零浪费生活者,他们不仅致力于自己进行零浪费的生活,而且还开设自己的自媒体账号,通过分享零垃圾经验、上传零垃圾生活指南视频等方式来传播自己的生活态度及理念。现在的自媒体强调垂直,如果深耕某个领域,那么就相当于这个领域的专家、教授,公众也会被自媒体所传播的东西影响。余元和Joe开通了与零浪费无包装商店同名的微信公众号:"THE BULK HOUSE",在微信公众号中强调通过三种方式倡导零浪费生活,分别是内容、活动、零浪费好物。此外,80后的老汤也致力于探索出适合自己的零浪费生活模式,2017—2018年,她在自己的公众号GoZoreWaste上,断续用21篇文章,完成了《21天零垃圾生活养成手册》,这一系列指南将日常生活拆解成21个片段,结合她的亲身体验,给出具体的零垃圾生活操作方法,鼓励更多人接纳这种生活方式。目前,垂直于零浪费自媒体博主越来越多,零浪费的生活方式也在影响着越来越多的人。

2. 媒体报道助力零浪费生活传播

几年来,余元接受过近百次采访,登上过不同的演讲台、分享会。媒体对余元与零浪费生活的机缘、行动与目前的状态进行了详细的报道与传播,她的事迹也影响着越来越多的人,许多人看了相关报道后被她的精神打动,开始了自己的零浪费之旅。其中《北京日报》和《LOHAS乐活》杂志以及演员江一燕均对余元的事迹进行了采访与报道。余元也借助媒体的力量邀请零浪费先驱Bea到中国做分享,通过报道将零浪费的生活理念进一步扩散。媒体的报道极大地拓宽了传播的渠道,全国的公众都能看到三个月只生产两小瓶垃圾的故事,进一步实现了在全国范围内的传播。

图 4　THE BULK HOUSE 微信公众号

图 5　余元邀请零浪费先驱者 Bea 到中国做分享

3. 多样化线下活动创新传播形式

1983 年,哈蒙斯在纽约街头卖雪球,一销而空。这件行为艺术作品,很有些反思消费主义的意味。前阵子北京大雪,余元受艺术家哈蒙斯启发,在街头堆出雪球阵进行售卖。这一举动不禁让消费者们反思,雪球最终都会化成雪水,融化消失,那他们所消费产品真正的价值在哪里。与此同时,丰富多彩的线下活动如火如荼,有纪录片放映、气候论坛、工作坊,也有周六跳蚤集市活动,甚至还有专门举办的"垃圾展"。此外,零浪费支持者还发展了社群,社群不仅按城市划分,有时也聚集高校学生等特定群体。闲置物品交换、手工作坊等几乎成了最常见的周末线下活动。各式各样的线下活动都让公众切实体验到了零浪费的生活,这样真实的体验更容易改变一个人的想法,当好奇变成兴趣,这种零浪费的生活方式将被越来越多的人实践。

图6 "亲爱的垃圾"活动海报

三 零浪费生活传播效果

余元零浪费生活方式的报道引来全网3500万人关注,中国第一个专注零浪费的社会企业THE BULK HOUS也得以创建。THE BULK HOUSE为了提倡环境保护,加入1% For The Planet"1%地球税"的国际环保组织,将产品售出的1%收入捐献给此组织,希望将企业为地球带来的负担降低到最小。随着零浪费生活的传播,越来越多的人从观念及行为上开始改变，这一传播取得了良好的效果。

1. 树立观念：零浪费群体日益壮大

精神上感觉不安全的时候，一部分人会通过囤积来获得对周围世界的掌控感。在余元等人零浪费生活影响下，越来越多的人明白了断舍离的真正意义。扔掉不需要的东西，才能得到重要的东西。目前新浪微博"断舍离"超话共 1.9 万个帖子，1.1 万粉丝，还有网友发起 30 天断舍离挑战等活动，网友纷纷发帖响应。目前，THE BULK HOUSE 微信公众号已发表 370 篇原创内容，每片发文平均浏览量为 1000+，公众号已上线三个社群，分别是：零浪费实践者社区、精简生活闲置物品共享群、堆肥交流社群。在群里，大家讨论零浪费生活小妙招、分享最新活动信息、免费分享闲置物品、交换堆肥心得、提出各种各样的问题并得到真诚而详尽地回答。此外，公众号还设置了零浪费信箱，欢迎全国各地深受零浪费影响的公众分享自己与零浪费的故事，这其中，有两个孩子的妈妈重新找到了家庭的意义，有爱吃肠粉的高三学生自创了打包小技巧，还有毕业季的大学生策划了零浪费的毕业典礼。真实生活在世界各地的故事，往往更能打动人心，零浪费生活无关年龄，无关阶层，并切切实实地打动了许多人的心。

2. 改善行为：避免、循环、改变

做一个有意识的生活者，而不是无意识的消费者，生活自然就简单起来。通过余元及其他零垃圾倡导者的努力，逐渐从三个方面改变着公众的行为：

（1）从源头避免产生垃圾

2021 年元旦起，上海各大商场、超市禁止提供塑料袋。目前，越来越多的商店提供纸质包装袋并强调回收利用；大部分消费者会选择不买有包装的物品，除非包装可以被再次利用；餐馆逐渐取消一次性餐具，倾向于选择可再生或经久耐用的陶瓷、不锈钢等材质的餐具；不可避免就再利用，例如菜厨余，用来堆肥。

（2）生活用品循环利用

越来越多的人出门会自备水杯、便当盒、筷子、手帕、环保袋等。例如余元和 Joe 的零浪费无包装商店将用过的米袋子做成时尚手包、背包，以及用旧布料做的枕头套、衣服，这些旧物改造都非常受欢迎。把旧物改造的时尚，不仅传达了零浪费的概念，也形成了二次传播影响着更多的人。

（3）改变消费选择

零浪费生活不是 100% 不产生垃圾，也不是一味压抑购买欲，更不是要求每个人都以同样的方式过活。通过零浪费生活的传播，越来越多的公众会在做决定前问自己：我真的需要它吗？我是不是已经拥有类似或同样的东西了。逛超市时越来越多的人自备布袋，不买包装食品，甚至不去超市，去传统市场购买，从前冷冷清清的市场又恢复了往日的热闹非凡。更是有许多网友纷纷晒出自己自制洗洁精，小苏打和柠檬汁成了清洁物品的好帮手。越来越多的人认识到东西不一定要买全新的，网上可以买到多种二手物品，咸鱼等二手市场也越来越受到消费者们的欢迎。

图7 零浪费无包装商店的旧物改造柜

图8 网友@夏厨陈二十在绿洲发布的动态

四 零浪费生活传播经验

我们生活在地球上，就像是来这里借住一阵子的朋友，但很显然，我们不是那么守规矩，也不是那么愿意为地球上的生态环境及资源去着想，光是嘴上喊着环保的口号，实际行为却不发生变化。因此，更是要总结零浪费生活的传播经验，以期更有效地将零浪费生活的理念传递下去。

1. 零浪费生活传播需要意见领袖

大众的舞台必然需要一定的高度引领。大众对个人自媒体，特别是意见领袖加注越来越多的情感投射和信任寄托，主动贴近其在方方面面所表达出来的态度。余元等零浪费生活倡导者可以将她们的零浪费生活理念传播给公众，但如果有更专业的意见领袖来倡导，公众会更加信服。让专业的人做专业的事最有价值，应鼓励更多专业人士加入零浪费生活的传播，不仅可以提供更多元的观点和视角提

图 9 自媒体博主的买菜 Look

供新的途径供专业知识输出,还可以借此打造学术性偶像。此外,传播还可以发展其他相关领域的自媒体博主来与衣食住行四个方面的零浪费生活对应,例如发展零浪费穿搭博主,穿搭博主不是一味地购买衣服进行测评,而是发布一些零浪费的穿搭 Look,将零浪费变成时尚,借此呼吁零浪费的生活理念。

2. 零浪费生活传播需要长线投资

"我们不需要小部分做到完美的零浪费,我们需要数百万人减少一点点浪费",这是余元对零浪费生活传播的概括。做到像余元这样的三个月只产生两小罐垃圾的程度对于绝大多数人来是困难的,她更希望的是尽可能多的人认识到零浪费的生活方式,并逐步改变自己的行为。零浪费生活的传播更不是一蹴而就的,反而它的效果是比较慢的,在未来的传播中,余元表示会开更多的零浪费无包装商店,也会探寻更多的零浪费生活方式传播给大家。因此,零浪费生活传播是需要长线投资的。需要积累,然后才能改变、成长。

3. 零浪费生活传播需要更具创意

在零浪费生活的传播中,主要是自媒体分享、媒体报道、开展线下活动进行传播的。将零浪费生活的传播渗透到公众生活方方面面,不为了办活动宣传而办活动,例如推广零浪费过节过年、零浪费婚礼、零浪费寿宴等,这样参加婚礼和寿宴的每一个人都能受到影响。你我都不是 TFBOYS,也不是全民偶像,我们影响不了那么多人,但一定会对身边的人产生影响,你的伴侣会看到你不再乱丢垃圾,你的孩子会在你身上学会节俭和克制的美德,这些习惯一定会以某种涓涓细流的方式存续下去。

IN-33：中国"光盘行动"的发起者

广西财经学院新闻与文化传播学院　覃　哲
广西大学新闻与传播学院　张虹霞

2013年1月3日,"警惕舌尖上的浪费"新闻报道称我国每年在餐桌上浪费的粮食价值高达2000亿元,被倒掉的食物相当于2亿多人一年的口粮。1月14日,《健康时报》刊登了题为《餐桌浪费：暴殄天物知多少》的报道,指出全国每年浪费的食物总量约500亿千克,相当于全国粮食总产量的1/10,全国各类单位的食堂每年浪费的粮食,相当于3000万人一年的粮食,全国的家庭每年可能浪费约110亿斤粮食,相当于1500万人一年的口粮。同年2月,中国烹饪协会发布《"厉行勤俭节约、反对铺张浪费"调查报告》,报告显示餐饮业中浪费现象普遍存在,具体来看约80%的浪费来源于公款消费和商务宴请,约20%的浪费是由于团拜会和婚宴。上述的一组组数字,都在提醒人们,我国每年浪费食物的数量巨大,这种"舌尖上的浪费"不仅存在于餐馆的宴会、酒席,还存在于单位、学校的食堂及家庭的饭桌上。同时,它也在警醒人们,不能任由"舌尖上的浪费"继续发展。

为应对食物浪费的现状,国内的单位和个人纷纷以自己的形式开展了倡导节约粮食、反对浪费的活动,公众团队 IN-33 发起的"光盘行动"就是其中之一。

一　公众团队 IN-33 与的光盘行动缘起

"光盘行动"的发起者不是政府,也不是公益组织,而是20多名热心公众组成的公益团队。他们年龄介乎20—50岁,分别来自山东、浙江、内蒙古等地,从事的行业各不相同,却因一个培训课题相识于北京,并成为同学。IN33 是他们课题的一个代号，团队因此取名 IN-33。

IN-33 团队的成员有一个共同点，就是喜欢公益，经常利用业余时间做义工。正是如此，当三个团队成员提出号召"从我做起，今天不剩饭"，倡导人们珍惜粮食想法时，得到团队大部分人的响应。

2013 年 1 月 10 日，团队成员张页突发奇想，提出"光盘节"的想法。自此，"光盘"二字诞生，行动也取名"光盘行动"。成员夏雪表示，"光盘"就是吃光盘子里的饭，大家记起来也简单。

1 月 14 日，团队召开了会议，主要讨论如何在北京市内开展光盘行动，如何宣传中国光盘节，最终决定采取发布微博、晒光盘的照片、现场派发宣传单页、张贴海报的方式进行宣传，呼吁更多的消费者参与到行动中。当天，倡导"光盘"的微博在团队官微上发布。晚上，团队凑了几千块钱，把光盘行动的宣传单页和海报送到了印刷厂，印刷宣传页 1 万份，海报 5000 张。

图 1 "光盘行动"发起海报

1 月 15 日，团队开始行动。他们把北京分成 12 个区域，2—3 人负责派发一个区域。他们开始走进北京的大小餐馆,将"光盘行动"的宣传单页放到餐馆的收银台处,由服务员传递到消费者手中,海报则张贴在餐馆大厅的玻璃或走廊上。为了配合1月16日"光盘节"的启动仪式,当天下午,团队追加印刷5万份宣传单页,团队中10个成员拿着5万份宣传单在8个不同方位的加油站散发,包括通州、丰台、海淀等,这些宣传单页第二天会跟随加油站的物流车分发到各个小的站点,进一步扩大辐射面。

1月16日,IN-33团队在北京"西贝西北菜"(即西贝莜面村)餐馆召开了"光盘节"的启动仪式,这是一场主题为"从我做起,今天不剩饭"的大型公益活动。他们与就餐的消费者进行沟通与互动,很多中老年人给予了热烈的回应,同时,他们还在路口、街边设置宣传的展板,唤起路人的共鸣。IN-33团队表示,未来他们将会在不同的城市开展光盘节这个公益活动,希望能够引起整个社会对"剩饭"问题的重视,让节约光荣、浪费可耻的思想深入人心。

二 光盘行动的传播特点

1. 微博助推

短短几天,在IN-33团队的带动下,"光盘行动"最终成为一个全国性的行动,这与微博的助力是密不可分的。1月14日,IN-33团队在微博发文,号召节约粮食,随后,新浪微博发起"光盘行动"的微话题:拒绝浪费,从我做起,晒出自己吃光的盘子,一起向浪费说不,争做节约达人,向舌尖上的浪费说不!

从IN-33团队的几条微博开始,以"光盘"为主题的公益活动很快获得广大网友的积极响应,发微博"晒出"自己吃得一干二净的盘子成为一种新风尚。1月22日,人民日报官方微博加入"光盘行动",倡议网友"拒绝浪费,珍惜粮食。今天不剩饭,打包离开,从我做起"。随后,新华网、光明网等主流媒体纷纷关注、转载,这一活动在全国范围内迅速升温。

自2013年1月14日光盘行动发起,到2013年1月25日,短短11天,据《人民日报》统计,微博被转发约5000万次。呼和浩特等其他城市也正在加入光盘行动中。

2. 主流媒体倡导

"光盘行动"从一个区域性的行动席卷全国,除了中央和全民的支持,主流媒体的倡导也起到了重要的推动作用。

新华社的记者长龙是光盘行动的发起人之一,他从活动开始的第一天就跟着团队做实事，并以最快的速度把这些行动报道全国。新华社是第一个对光盘行动进行传播的媒体，其次是《人民日报》和CCTV。

2013年1月22日，《新闻联播》用4分钟的时长，呼吁人们一起加入"光盘行动"，每天晒光盘，我们一起向#舌尖上的浪费#说不。2013年1月22日和23日，人民网连续发表关于"舌尖上的浪费"的系列网评：《遏制"舌尖上的浪费"不能止于道德批评》《关心粮食和蔬菜，接力成为"光盘"一族》，文章指出，如果说"舌尖上的中国"展现的是中华饮食的博大精深，那么，"舌尖上的浪费"呈现的就是丑陋的饮食观，并指出遏制"舌尖上的浪费"，不仅要道德批判，还要用法律、权力处理。中央电视台新闻中心官方微博"@央视新闻"发表微评论，指出勤俭节约才是中华美德，要争做"光盘族"，向"中国式浪费"说不，才能让"舌尖上的中国"滋味更长久。

在"光盘行动"中，媒体始终发挥着正面作用，理性发声倡导节俭，担负起了自身的社会责任。

3. 名人参与

社会名流的传播不可或缺。2013年1月14日，杭州世导集团董事长邱丽霞微博发文支持光盘行动，台湾知名歌手@孟庭苇评论表示支持，这条微博最终被转发248次。

2013年1月16日，国土资源报副社长徐志军@公民徐侠客参与"光盘行动"，在微博上支持中国光盘节并配上光盘的图片，呼吁网友珍惜粮食，拒绝浪费，加入光盘行动。微博发布后，先后得到浙江省委组织部部长@蔡奇、@王郁松等名人的支持。正是这条微博，使得网络开始发力，并迅速占据宣传的主力阵地。

2013年1月25日，为支持"光盘行动"，陈光标带着公司40多名员工到饭店吃剩菜，这件事被报道后，陈光标被推上了舆论的风口浪尖，多数市民对其行为表示赞赏及认同，但是也有市民认为是炒作，但无论如何，陈光标吃剩菜事件进一步传播了"光盘行动"。

除了社会名流外，还有众多微博大V发文支持光盘行动，如@免费午餐等。可以看到的是，由于社会名流和微博大V的加入，使光盘行动从原来的个人行动号召发展到了全社会参与的燎原之势。

三 光盘行动的传播效果

"光盘行动"在全国迅速发酵，不仅得到了大量网友的回应，还得到了政府、餐饮行业、高校的大力支持，出台了一系列的政策、措施等切实助力光盘行动。

（1）政府支持

2013年1月初，"光盘行动"兴起，得到了中央以及各省政府的大力支持。以往政府多数只是在道德层面鼓励人们拒绝浪费，本次"光盘运动"后，中央及各级政府出台了一系列的政策，从制度层面出发限制食物浪费。

2013年1月17日，习近平总书记作出了"严格落实各项节约措施，坚决杜绝公款浪费现象，使厉行节约，反对浪费在全社会蔚然成风"的批示。2013年1月20日，省委办公厅发出通知，要求各地各部门及正在召开的省"两会"迅速进行传达学习和贯彻落实批示。此后，各省各地回应中央的批示，陆陆续续出台一系列的政策措施。

2013年11月18日，中共中央、国务院印发实施《党政机关厉行节约反对浪费条例》，出台了相关的政策及措施整治公款吃喝、违规配车、公款旅游等不良之风。

2014年11月1日，商务部、国家发改委联合发布2014年第4号《餐饮业经营管理办法（试行）》，明文规定了餐饮企业不仅自身要节约资源，还要引导消费者合理消费。

（2）餐饮行业助力

"光盘行动"不仅获得了政府的支持，还获得了各地餐饮行业的助力。

在广州，不少餐馆、酒店为客人提供免费的餐盒，鼓励、劝说客人打包。商务宴也改成了自助餐，部分宴会菜品减少两成。

在北京，三家餐饮协会联合向北京市餐饮行业发出了《厉行节约反对浪费倡议书》，随后10家大型餐饮连锁企业响应。2013年1月24日，这10家企业旗下的759个门店推出了"半份菜""小份菜""热菜拼盘"等服务。此外，推出"半价菜"服务的还有成都、南京、济南等城市的餐馆。

在江苏，江苏省餐饮行业协会召开了临时会议，起草了《江苏餐饮业响应"2013光盘行动"倡议书》，号召广大餐饮企业积极响应"2013光盘计划"，用实际行动加入"厉行节约，反对浪费"的行列中。

（3）高校落实

除了餐馆，学校饭堂也是浪费粮食的重灾区，因此必须把"光盘行动"落实到高校。2013年3月6日，共青团江苏省委向全省128所高校发出"关于开展'光盘行动进校园'活动通知"，号召学生将"勤俭节约，反对浪费"精神作为新青年的新风尚。3月21日，教育部下发《关于勤俭节约办教育建设节约型校园的通知》，要求各地高校推进"光盘行动"，节约粮食。

四 结语

"光盘行动"，最先由 IN-33 团队在微博发起，但前期这个活动并不引人注意。可以说，2013 年 1 月 10—15 日，这 6 天是"光盘行动"的宣传阶段，正式实行是在 2013 年 1 月 16 日。在前期的宣传阶段，微博发挥了很大的助推作用，它使不少名人了解到这个公益活动，因此活动获得了名人的支持。在后期的宣传中，主流媒体发挥了更大的作用，它把这个公益活动推向全国，带动了更多的群众、名人、单位团体等参与其中。最终，是各方的合力才使得这一活动急速升温，从一个北京市内的活动变成了全国性的活动。

"光盘行动"自 2013 年发起后，"舌尖上的浪费"明显减少。虽然在 2014 年至 2016 年，光盘行动没有再次发展为全国性的行动，但是它也没有随时间流逝而消亡。2017 年，各地响应中央号召，掀起了新一轮的"光盘行动"。2020 年，习近平总书记作出批示，应始终保持粮食危机的意识。2021 年 4 月 29 日，全国人大常委会通过《中华人民共和国反食品浪费法》，从此防止食品浪费有法可依，诱导、误导消费者超量点餐最高罚 1 万。由此可见，"光盘行动"不仅是一种公益行为，更是一种节约方式，一种传播行为，一个良好的习惯。

气象山歌　全民欢唱：气候传播与民族文化巧妙融合

广西气象学会　罗桂湘

广西财经学院新闻与文化传播学院　覃　哲

河池市气象局　黄运丰

广西壮族自治区是中国气象灾害最为严重的省区之一，20世纪90年代年均损失超100亿元，灾害还导致了人员伤亡。人员伤亡的原因，除了防灾减灾设施薄弱等原因，人们缺乏防灾避险知识也是重要的因素之一。向公众普及气象科普知识，进一步提高公众气象灾害防范意识和应急避险能力，广西壮族自治区气象局创新气象科普形式，以广西山歌文化和气象科普相结合，以气象山歌普及气象知识，弘扬科学精神，引导公众关心、理解和应用气象，促进全民科学素质提升。

一　广西气象山歌兴起于歌乡河池

广西壮族自治区是中国少数民族人口最多的省区，一共有11个世居少数民族，各族人民均能歌善舞，有着唱山歌的传统，素来享有"歌海"之称。其中尤以壮族人民爱唱山歌最为著名，在河池、百色、南宁等壮族聚居区，古老的歌圩集会一直流传至今。在少数民族聚居的地区，唱山歌是当地民众常见的休闲娱乐和人际沟通方式，几乎人人能歌擅唱，将自己的所见所闻、所情所感随口编成山歌进行表达。在公共广场，常见人们三三两两聚集在一起，依照特定的曲调即兴填词，一唱一和聊天对答，基本上可以做到"以歌代言"，周边群众围观逗乐，颇为有趣。在每年重大民族节日"三月三"期间，广西各地更是举办规模各异的"歌圩"活动，各族群众盛装来到活动现场，观看"歌王"对歌大赛和民俗表演，热闹非凡。依托群众喜闻乐见的山歌形式广泛传播应对气候变化和气象防灾减灾知识，帮助各界人士充分运用气象信息趋利避害、减灾增收，能够起到事半功倍的效果。

广西河池市是"歌仙"刘三姐的故乡，当地民间传唱山歌的氛围颇为浓郁。河池市气象局与河池市气象学会将气象科普知识与民族文化相结合，创造了"气象山歌"科普宣传方式，2007年在河池市举办了第一届气象山歌会。在这场山歌会之前，河池市气象局组织广西民间的"山歌王"进行气象培训，讲解了气象基础知识、应对气候变化和防范气象灾害的措施等内容。经过培训的歌王将专业性很强甚至有些枯燥的气象知识进行山歌创作，形成了浅显易懂的"气象山歌"，在山歌会上演绎出来，很受群众欢迎，第一次气象山歌会得到了较好的社会反响。

二 气象山歌传播策略

发端于广西河池市的气象山歌传唱活动，像星星之火点燃了群众参与气象科普活动的热情，传播模式从气象科技人员面向群众的"一对多"模式，逐渐演变为公众之间相互传播的"多对多"模式。

1. 培训气象山歌传唱种子队伍

气象山歌的发起人——原河池市气象局副局长黄运丰认为，在少数民族地区，山歌可以成为气象科普知识的重要传播载体。2009年，黄运丰主持的项目《气象科普知识山歌系统》立项，该项目培训、组织了20多名气象科技人员成立气象山歌传唱种子队伍，于2010—2011年先后在河池市宜州区、环江县、巴马县、罗城县等地，与乡村村民、城镇居民、机关干部等歌手进行山歌对唱，使用山歌的形式向对唱的歌手、现场的观众开展气象科普宣传。他们就像种子撒进土地，使气象山歌传唱在河池市普及开来。

2. 由原来的政府传播转变成为公众传播

2012—2013年，河池市气象局再接再厉，以气象山歌为载体，开展了气象科普进机关、进社区、进学校、进企业、进农村的"五进"活动，组织了"气象知识进企业山歌比赛""气象知识进校园山歌比赛"等山歌赛，全市的厂矿企业和中小学师生近二十个团队踊跃参加，形成了利用山歌学习气象知识的科普热潮。在他们的带动下，普通公众也以很高的热情投入气象山歌的创作和传唱中去，实现了公众被动接受气象知识向积极参与传播气象知识的转变，传播模式由原来的气象工作者向公众传播的"一对多"模式，转变为普通公众之间相互传播的"多对多"模式,使传唱气象山歌成为真正意义上的"公众传播"。

图1 气象山歌传唱队在河池市环江县街头进行山歌演唱

图2 气象山歌的海报

3. 出版系列丛书,进行二次传播

广西气象部门将在气象山歌活动中的山歌精品进行陆续的收集整理,由气象出版社出版了《气象山歌》丛书,其中山歌科普的内容涉及气候变化、气象防灾、气象百科、政策法规等知识,图文并茂、生动有趣,部分书籍设置了二维码,读者只要扫码就可以看到山歌演唱视频。截至2021年上半年,《气象山歌》丛书共出版了原创气象山歌6500多首(见图3)。

图3 《气象山歌》丛书之一

4. 视音频传播，吻合受众接受习惯

广西部分中老年群众在日常休闲生活中有听山歌音频的习惯，因此，广西在推广气象山歌的过程中，精选录制了山歌现场的视音频资料，包括专门录制了"应对气候变化专辑"，在开展科普工作时发放给群众。截至2020年，共出版山歌光盘5000多张（见图4）。这些光盘相当受公众欢迎，有不少人还把复制的光盘作为礼物赠送给亲友，形成了气象山歌传唱的传播链。

图4 气象山歌光盘

5. 自媒体开启气象山歌传唱新模式

2018年,在"人人都有麦克风"的自媒体时代,让"公众参与科学"是趋势所向。广西气象局在网上发布首届气象山歌征集令,获得了社会的广泛响应,征集到网友投稿1006首,这些作品经过专家评审和公众的微博、微信投票评选,最终评选出了10件优秀作品。2019年,广西气象部门通过互联网组织开展气象科普山歌演唱视频比赛,吸引粉丝114万人;获奖作品在广播电视和气象预警大喇叭轮番热播,观众、听众达730万人。2020年,在新冠疫情影响下,无法组织现场气象山歌会,广西的气象主播们借助新媒体的传播形式,纷纷在抖音、快手等平台开设账号,开启了主播在线带领公众唱山歌的模式,吸引来年仅2岁的小朋友录气象山歌视频。2021年,广西气象局举办气象山歌创作与线上传唱评比活动,线上直播唱山歌时,吸引了4千多人参与,获奖的气象山歌演唱视频在广西气象局官网展播,短短1个月总点击量已超过百万。

图5 气象主播和年仅2岁的小朋友在抖音上唱气象山歌

三 气象山歌传播效果

通过多年的积累,尤其是近几年充分应用新媒体传播,广西形成了"气象山歌 全民欢唱"的良好局面,传唱气象山歌成为气候传播的极佳助力,社会效益显著。

1. 覆盖面极广,参与人数众多

广西气象山歌传唱活动吸引了大量的民众参与其中,创作的山歌来自壮族、苗族、侗族、瑶族、京族、毛南族等多个民族，曲调和内容非常丰富，其中有入选广西非物质文化遗产名录的瑶族溜喉歌、毛南族民歌等曲调，填入气象科普内容，古老的民歌焕发出新辉。过去五年，广西气象山歌覆盖受众超过1500万人次，参加网上唱山歌视频赛的群众，上至六七十岁的老人，下至牙牙学语的小儿，朗朗上口的山歌将应对气候变化和防灾减灾知识传遍千家万户。

2. 成为广西气候传播的一张亮丽名片

2014年，广西气象服务中心、广西气象学会、河池市气象局与企业合作，共同举办"气象科普山歌会"，这场歌会被广西电视台报道。此后，河池市传唱气象山歌的经验很快被推广到广西的多个城市，在百色、防城港等市都举办过气象山歌晚会。广西气象部门每年都要组织3场到5场山歌会，每场观众规模均达到3000人左右。山歌会的主题主要为应对气候变化与气象防灾减灾知识，比如普通公众和企业如何应对气候变化和极端天气的挑战，减少生命和经济损失等。同时，围绕着山歌会展开的各种周边公众活动也开展得如火如荼，譬如成立气象山歌科普志愿服务队；专项扶持民间歌王、艺术院校师生、气象专家等开展气象山歌创作；举办气象山歌编写、唱法与技巧培训班；培养"小小气象山歌手"；创作气象山歌科普影视作品和文创产品等，不断地吸纳广西各地公众成为气象科普的主体。2018年以后，广西气象局发掘各种社交媒体的渠道，例如微博、微信、抖音、快手等平台，方便公众以线上线下多种方式参与气象山歌创作、评选、传唱，使气象山歌的传播形态与时俱进，获得了更快速的推动。目前，气象山歌的经验逐渐推广到广西各地，在国内也产生一定知名度，已经成为广西气候传播的一张亮丽名片，同时，气象山歌传播案例还被选入联合国气候变化大会中国角向世界介绍，也成为中国气候知识传播的亮眼名片。

3. 气象山歌产生的社会效益获得有关部门认可

分布在广西14个地级市的气象山歌科普志愿服务团队，利用业余时间、无偿开展气象山歌创作、传唱和培训工作，组织了不少传播活动，由于社会效益良好，获得了有关部门的认可。《气象山歌　全民欢唱——广西气象科普山歌项目》2020年获得"第五届中国青年志愿服务项目大赛"银奖和广西科协颁发的"八桂科普大行动特色活动"；《山歌唱响高科技，气象科普进万家》项目获得广西全民科学素质创新案例二等奖；科普书籍《中国气象山歌》获得第九届全国优秀气象科普作品图书类二等奖；队员们创作的气象科普山歌动画片《山雨》获得2020年广西气象短视频大赛一等奖。

图6 贺州市气象山歌传唱队培养小小气象山歌手

四 气象山歌的传播经验

通过山歌传唱的形式传播气候变化和其他气象知识，不仅是开展科普传播的一种新方式，同时也是我国优秀民族文化传承的一次新的尝试。

1. 在新媒体时代需要与时俱进开展传播

在新媒体时代，气象山歌传播团队充分利用新媒体的便利传播气象山歌，并加大互联网＋特色宣传作品的创新研发力度，尤其注重将传统文化与时尚元素相结合、将气象现代化科技成果与山歌文化相结合，创新研制大量"新民歌"，以吸引年轻群体的青睐，既传播了相关知识，又实现了文化传承，传播活动影响力大、实用性强、趣味性足，让山歌这种传统文化增添了新内涵，融入了新时代。

2. 气候传播需关注人数众多的农村公众

当前气候传播的传播活动大多将传播对象聚焦于生活在城市、受教育程度较高、年龄较轻的公众；而居住在农村地区、受教育水平较低、年龄较长的公众未得到足够的重视。统计数据表明，农村地区的公众对气候变化的认知度与行动程度均低于城市公众，而需承担的气候变化的不利影响要高于城市公众，因此，提高对农村公众的重视，寻找符合农村公众的传播形式与传播内容需要被重视。

根植于民族文化的山歌，深受城乡人民喜爱。气象山歌在广西农村地区的传播，除了依靠广播、电视、手机等媒介，还在很大程度上依靠气象预警大喇叭。广西拥有12000套气象预警大喇叭，遍布全广西所有的行政村，喇叭数量和在线率一直在全国省级同行中保持领先。农民朋友可以一边干农活一边收听气象山歌，这样的传播方式深受他们喜爱。

3. 积极获取企业赞助，提升企业低碳意识

气象山歌传唱团队在开展气候传播活动的时候，有时会受到活动经费的制约。为了实现较好的传播效果，团队积极争取多方支持，尤其是主动联系关心气候变化的企业进行赞助。目前，河池市有十余家企业给予赞助，开创了企业参与搭台的气候传播新局面。这样既解决了公众传播活动的经费问题，同时也邀请了企业加入了气候传播的队伍，提升了企业的低碳环保意识，为企业树立自身形象、实践社会责任提供了机会。在这种双赢的模式下，实现了气候传播主体规模不断扩大的正向循环。

气候变化教育：张力和罗海燕老师的故事

生态环境部宣传教育中心　栾彩霞

气候变化与我们每个人都息息相关，因此也需要每个人都能参与到气候变化的传播活动中来。学校，无疑是进行气候变化传播活动的重要场所。本文通过介绍西安的张力和广州的罗海燕两位老师的气候变化进课堂活动，为深入推进气候变化教育提供启迪。

一　张力：从"食物里程"开始的减碳活动

对于大多数人，气候变化也许不是一个敏感词汇，但对于与自己如何参与应对气候变化，很多人则一头雾水。西安远东二中的张力老师没有想过自己会与气候变化教育联系在一起，直到参加了2018年7月中国气候变化教育项目的一次教师培训。培训的内容让他对气候变化教育开始产生了兴趣，并决定成为一名气候变化教育者，将气候变化教育带到自己所在的学校。

在这次培训中，张力特别关注到"食物里程"这个概念。"食物里程"指的是食物被消费的地方与食物原产地之间的距离。"食物里程"越高，表示食物的运送过程越长，用于食物包装与保存的材料、交通工具所消耗的汽油和随之而生的废气越高，环境负担也越重，对于气候变化的影响也就越大。

"普通食物名字孕育的陌生的概念会让孩子们产生兴趣"，他决定将这个概念带给他的学生，以培养学生对气候变化的关注。他认为通过传播食物里程这个概念开展气候变化教育，学生会乐于接受。

在张力老师的带领下，学生们开展了"食物里程"实践活动。学生通过游戏学习食物里程相关知识，将气候变化基本知识和食物里程的概念融合到演讲、小组讨论和游戏等教学形式中,让学生在互动学习中了解气候变化知识。

为了让学生们更加直观地感受到食物产地和运输能耗对消费食物中关于碳排放的关键作用,学生们被分成几个小组。每个小组有固定量的、标有碳排放量数值的虚拟货币,用于准备购买一顿"晚餐"的食材。根据"食物里程"概念,购买非当地产的食物,因为其相应的碳排放量大,就需要更多的虚拟货币。最初,学生们虽然清楚气候变化会对人类未来的生活有影响,但对自己能为气候变化所做的贡献却知之甚少。

"原来减碳可以从自己入口的食物开始。我会让我的爸爸妈妈购买当地应季的食物"。之前很少关心食材来自哪里的学生,开始尽量考虑本地化、近距离的食物。活动中,学生填写家庭晚餐调查表和开展农贸市场调研,以了解食物的产地。社会调查过程中,学生们不但需要真正从实用的角度出发去设计问卷,而且也要考虑与不同的对象交流的方式和态度,这在培养环境意识的基础上也锻炼了学生的社会实践能力。在蔬菜粮油市场和超市,学生们分组对常见的食物做了"食物里程"的调研。参加活动的同学分别为家庭做了一顿饭,并计算了那顿饭所消耗的"食物里程",了解到应对气候变化可以从自己做起,从自己的一餐一食开始。

"食物里程"没有标准的计算方式,很难做出准确的计算,张力对于活动的效果还是很满意。活动让孩子和家长接受了"购买本地食材,减少碳排放量"的意识,开始思索自己的日程行为如何参与减缓气候变化的行动中。孩子的动手能力得到锻炼,增进了家庭交流,让家长对于气候变化也有了了解,有了"购买本地食材,减少碳排放量"的意识。

"地上垃圾捡起来、流水龙头关起来;植物动物护起来、少用一双木筷;节约一度电、让大气清新,天空湛蓝起来;绿色出行,绿色生活,让低碳走进你我!"逐渐地,在各种活动中,张力把这些看似简单的倡导教给他的学生。

二 罗海燕: 全方位气候变化教育特色教学

广州中学在 2005 年就被广东省命名为省级绿色学校,在环境教育领域积累了很多经验,各科老师都想方设法在自己教授课程的合适环节嵌入气候变化内容。2012 年,学校初中地理教师罗海燕,被选派参加了中国气候变化教育第一期教师培训后,她对于气候变化教育如何融入学科教学产生了浓厚的兴趣。她思考的方向是:如何以地理、生物、化学、历史等多学科知识为基础,让学生认识气候变化的原因,了解气候变化的影响,积极地采取措施来应对气候变化。经过精心准备，她开始了她气候变化教育的探索，也开启了她的气候变化教育特色教学之路。

地理教材中有很多和气候变化有关的内容，基于这些内容，她设计了一个个生动的课堂活动，例如在课前开展"时事新闻点评"活动，重点关注气候变化新闻，并组织学生点评，让表达对气候变化的认识，全面和科学地认识气候变化。为让学生多获取气候变化相关知识，罗海燕组织学校地理教师给学生开展气候变化相关讲座，聘请研究方向与气候变化有交集的专家来学校做专题讲座：研究蝴蝶四十年的专家告诉学生"气候变化和环境变化使广州十一小学乃至广东的蝴蝶种类发生了变化"；观鸟专职导师以"燕子的烦恼"为主题让学生认识"气候变化与鸟类；植物观测达人则为学生讲授"植物观测与气候变化"；环境教育专家介绍"保护生态环境建设美丽中国"。有趣生动的讲座内容激发了学生们的兴趣，每次讲座的报名人数都超过预期，开展讲座的教室往往人满为患。

考虑到青少年学生喜欢参与、体验和挑战的特点，自2013年开始，罗海燕组织物候观测会，组织学生成立观鸟社。2016年到2019年寒暑假，她都在学校内开设了"自然观测第三学期课程"。2018年，罗海燕还组织"气候变化下的广州花卉物候期观测"专项科技活动，她带领学生在校园及社区周围开展花卉物候期对气候变化响应的观测探究，把赏花与气候变化教育结合，并融合多学科知识（生物、地理、物理、数学、文学、美术等）、寓教于乐，激发学生探究自然科学奥秘的兴趣、学生的社会综合实践能力也得到提高，参与活动的学生超过4000人次。2019年，罗海燕开展"气候变化下的自然观测"活动，学生将两年来的花卉物候观测资料对比，赏识自然的过程中，加深了对环境及气候变化的认识，气候变化教育落到了实处，学生真切感受到"气候在变化"和"气候有怎样的变化？"。

同时，罗海燕把气候变化知识融入科技活动指导中，让学生以气候变化观察和研究结果参与科技活动。初三学生潘子敏的观测小组自2017年10月起参加罗海燕组织的"广州花卉物候期观测活动"。"罗老师让我们定点对木棉花、西野牡丹、樱花、红花羊蹄甲、龙眼等进行了持续数月的物候观测，对植物生长情况，对它们的叶片、花蕾、花、果等和当天相应天气情况，譬如最高/低温、空气质量、风力、空气质量开展记录。我们发现2018年气候与2017年气候有着不同，而且春季降水明显减少，植物盛花期的变长等。"观测活动让学生们学习了物候知识，潘子敏小组制作的物候观察主题环境地图参加了2018年中国环境地图大赛并获奖。"这个活动好玩有趣，大家认识了身边的植物，原来气候真的在变化。"

为了各科课程和气候变化内容结合，罗海燕多次去和学校领导沟通，争取让老师们都尝试将气候变化知识融入各科教学中，不仅在罗海燕的初中地理，而且生物等课堂知识内容都可以很好地整合气候变化内容。比如阅读课让向学生推荐《2050人类大迁徙》《气候文明史》《追踪变化的气候》等气候变化书目；美术课引导学生欣赏和点评环境宣传画，教学生画气候变化宣传海报；音乐课、综合实践课给学生播放与气候变化有关的《后天》《2012》等气候变化相关影视片，学生编写剧本、表演气候变化相关环保剧；还组织气候变化教育相关主题班会。气候变化的教学渗透成为广州中学的教学特色之一。

三　总结

采访中，张力老师这样说："气候变化教育是良心教育，是责任教育，是爱的教育。气候变化教育是素质教育的一部分。"关于"食物里程"的故事也许仅仅是气候变化教育引起张力老师改变的开始，其他的相关的气候变化教育工作对于他而言依旧充满挑战。"气候变化教育拓展了我的教学实践，也开阔了我的视野"，罗海燕老师对于气候变化教育在教学实践中的多方位利用和推广，正是这位初中地理老师在气候变化教育历程中成长的见证，如何让更多的学生、更多的家长自觉地参与到气候变化的应对行动中，则是她如今思考的一个问题。

碳足迹计算器：给每个人的低碳行为记账

中国国际民间组织合作促进会　刘　佳

随着越来越多的公众意识到气候变化不可逆转，民间开始出现通过计算碳足迹的方式来推进低碳生活，"碳足迹""碳账户""碳交易"等新生事物开始进入寻常百姓家。本文通过介绍两个碳足迹计算器项目，以鼓励更多的同类项目能够投入运营，为公众的低碳行为提供科学的指导。

一　李泰然的碳足迹计算器

2014 年，李泰然就读于北京师范大学附属实验中学高三，他长期关注气候变化和低碳生活，并在老师的指导下设计制作了一款中学生碳足迹计算器手机软件，只需要填入从早到晚的衣食住行等行为数据，就能快速计算出自己一天的碳排放量，从而给出减少碳排放的具体建议。计算类别包括含有衣服、交通和日常消费三个方面的个人可控消费，含个人饮食的个人非可控消费以及包含采暖、其他能源消费的家庭人均消费。三大类别消费将分别计算碳排放结果，最终相加成为个人碳排放总数量。

2014—2018 年是有完整气象观测记录以来最暖的五年。2018 年夏天，北极圈个别站点瞬时温度超过 30℃，破纪录的不仅仅是气温，还有北极冰盖融化的速度。2019 年 7 月，国际气象组织援引丹麦气象研究所研究员 Ruth Mottram 的数据："仅 7 月，格陵兰岛有 1600 亿吨冰盖从冰川表面融化，融水体积相当于 6400 万个游泳池。"一张大小北极熊趴在浮冰上的照片在网络上热传。有感于此，李泰然的朋友们也在微信朋友圈转发这些新闻，并附以评论——"北极熊宝宝快要失去家园，我们应该做点什么？"当年对高中里的碳排放计算不感兴趣的同学们，开始纷纷用碳排放计算器尝试找出自己生活对温室气体排放的贡献。他们因此而第一次知道了：同样是吃肉，200g羊肉产生的碳排放最多，高达7.84kg，吃等量的牛肉产生5.4kg，吃鸡肉则最低碳，只需要0.36kg，是羊肉的约二十二分之一。并且，吃本地肉比外地肉产生的碳排放要低，进口肉需要长途运输，带来的碳排放的最高；如果从北京去一次上海，以1200千米的行程计算，乘坐火车所产生的碳排放量是10.32kg，飞机却需要166.8kg，是前者的16倍；"碳足迹"越大，对气候变化的影响越多。而种树则可以通过植物吸收二氧化碳制造氧气的方式进行"碳中和"，一棵树生长40年，平均每年可吸收约480kg二氧化碳。

他的碳排放计算器，通过计算碳足迹，让中学生知道自己日常消费与环境保护有关。虽然还比较简单，但也大大开拓了同学们的视野，而同学们的热情也让他继续开发更好的产品充满信心。

二 晏路辉的"碳阻迹"

许多年轻人通过"蚂蚁森林"而积累"碳账户"，他们或者卖掉一台旧冰箱，或者徒步代替打车，甚至是在线上交一次电费，然后把自己每天完成的一些小事记录在"蚂蚁森林"里，看着自己的"碳账户"逐渐累积起"财富"，然后化作二次元里的小树苗。晏路辉也看到了这个市场机会，他曾在英国从事碳排放方面的环境咨询，回国后，他发现专注阻止碳排放的这类项目在中国较为稀缺，于是开发了专业版的碳足迹计算器，他将他的产品命名为"碳阻迹"。

针对中国的消费市场，晏路辉选择"双11"购物狂欢节作为碳足迹计算的突破口。在能源基金会的支持下，碳阻迹完成了2018"双11"节能家电及碳减排量调查报告。项目比较了不同能耗的节能电器所产生的二氧化碳排放，以及能给消费者节约的电费开销，希望以此打动消费者在买电器这件小事上实现对气候变化的减缓。报告中写道，一台节能空调购买后使用7年相较于非节能空调能够减少约1510千克二氧化碳排放，报告告诉读者，这样做的结果是双赢的，因为它还能帮助消费者节省约1360元的电费。

碳足迹的计算不止于个人账户。随着《巴黎协定》生效，中国着手建立起全国统一的碳排放权交易平台，广州、深圳、北京等地的交易所相继成立。碳排放的计算延伸到马拉松赛事、大型会议中。

2018年，"碳阻迹"承接了杭州马拉松的碳中和项目，他们招募了150名绿色跑者参与碳足迹计算，每人缴纳2000元报名费，可以直接获得马拉松的参赛资格。项目对参赛者的交通、住宿等行为进行计算核算出碳排放量,这和参赛者选择是飞机还是高铁,住宿是五星还是三星酒店都紧密关联。最终计算出的排放总和由中国绿色碳汇基金会购买樟子松,种在河北张家口冬奥碳汇林区域来进行"碳中和"。而购买树种的费用,则全部来自项目的报名费。

近几年,碳阻迹开始协助大型企业和电商巨头推进绿色供应链和绿色消费。2016年,联合国环境署和中国连锁经营协会(CCFA)发起的可持续消费平台项目成立,由碳阻迹承接项目运营,为零售企业的可持续发展策略及管理提供指导和工具,指导零售企业解决在可持续发展和消费方面面临的专业知识、人员和资源等挑战。项目开始运营后,宜家、西贝、超市发、迪卡侬等品牌就主动和碳阻迹开始研发积分系统,在购买本地产品、利用再生原材料制造的服装、鞋类产品时,减排量更高,积分也更多。项目计划了两种可行方案待选,一个是设置单独的碳积分,消费者用积分来兑换优惠券、小礼物等权益,另一个方法是把碳积分和既有的会员积分打通,折算到会员积分后再兑换相关权益。

三 总结

在中国,官方的碳中和试点项目已进行多次,生态环境部《大型活动碳中和实施指南(试行)》也已经发布。2016年,杭州的G20峰会"碳中和"项目实施。当时,中国绿色碳汇基金会测算出,G20杭州峰会期间,交通、餐饮等将排放温室气体6674吨二氧化碳当量,而要中和这些碳排放,需要334亩碳中和林用20年的时间,才能产生6674吨温室气体。因此,项目最终在杭州临安太湖源镇种上了334亩碳汇林,树种包括红豆杉、银杏、浙江楠等。2019年,世界环境日中国主场活动实现了"零碳"办会,相关部门在河北承德围场县的塞罕坝林区购买了约3000吨碳汇。远超过活动共需产生的721吨碳排放。参会的中外代表,都领取到了一颗圆形纪念章和一张"个人碳中和荣誉证书"卡片。

在官方活动的带动下,碳账户在公众的日常生活中也开始悄然流行。当然,由于目前大部分个人"碳账户"平台都是非盈利模式,还需要通过多种渠道筹措资金,用于大数据技术的维护和优化、个人碳交易的宣传与推广、大众碳排放相关信息的获取以及试点项目的实施等,通过这些方式,激励用户改变生活习惯,践行减排行为,逐步引导用户自主进行碳中和。

适应、减缓与发展：云南大理农村的应对气候变化实践

中国国际民间组织合作促进会　王春晖

中国农村是典型的"大国小农"，小农户数量占到农业经营主体98%以上，小农户经营耕地面积占总耕地面积70%，同时区域发展也存在着严重不平衡的现象。这为中国农业与气候变化议题在科学和经济的考量之外添加了"人"和"发展"的因素。将农业纳入应对气候变化的整体战略框架中，调整农业对气候变化的适应性同时，要充分考虑当地居民的生计和生活——这个问题在中国显得格外突出。在云南洱海环境治理中，洱源县的农业转型模式创新、效果显著，在气候应对与农业发展并举方面，具有一定的示范性。

一　背景

洱源县位于大理州最北部洱海的源头位置，依傍着洱海上游最大的淡水湖茈碧湖。澜沧江支流之一弥苴河流经全县，在汇入洱海之前穿过两片湿地（东湖和西湖），最终为洱海提供60%以上的水量。因此，洱海治理，洱源县是重心。

自2015年大理白族自治州洱海流域打响环境综合整治的"攻坚战"以来，由于洱源县特殊的地理位置，其土壤、大气和水都成为重点治理对象。2015年，配合新修订《大理白族自治州洱海保护管理条例》的施行，大理州地方政府以环洱海为重点区域，强化流域截污治污，率先对相关地带的农业、畜牧业、污染排放、农场蓄污等率先加强了管制；两年后，《关于开展洱海流域水生态保护区核心区餐饮客栈服务业专项整治的通告》推出，简称"三号公告"，洱海沿岸核心旅游区开始了大规模整顿；到2018年5月30日，大理市政府公布《大理市洱海生态环

境保护"三线"划定方案》，强调洱海保护治理必须"减排"和"增容"双管齐下——"减排"是指截污治污体系，减少入湖污染负荷，"增容"则是恢复被侵占的湖滨带，建设生态湿地，构建湖泊健康的水生态系统。2018年8月28日，大理州委、州政府响应洱海保护条例和其他相关政策，出台了"三禁四推"政策：即禁止销售使用含氮磷化肥、推行有机肥替代，禁止销售使用高毒高残留农药、推行病虫害绿色防控，禁止种植以大蒜为主的大水大肥农作物，调整产业结构、推行农作物绿色生态种植，推行畜禽标准化及渔业生态健康养殖。

在国家政策的激励下，洱源县完成了水源保护、湿地保护、农田禁烧秸秆、全面取消大蒜种植等一系列规定动作，推翻了村民习以为常但难以为继的粗放型种植、生产方式，实现了环境治理与农业发展的双丰收。

二 实践成效

1. 取消大蒜种植

在过去20年的时间，大蒜是洱源县右所、邓川等4个乡镇最重要的经济作物。由于土壤和水质条件优良，这一带适合生长特级高原红蒜。在过去20年间，依靠这种优质大蒜，从种植到加工和物流，洱源县形成了一条完整产业链，每亩最高产值可达上万元。而在新政之下，大蒜产业成了"三禁四推"、防治农业面源污染的重中之重。原因是传统种植大蒜的方式需要消耗大量的化肥、农药及水，极易使得土壤营养富化，而产生的尾水流入洱海，将进一步加重水中的氮磷负荷。洱源县处于洱海水源上方，污染隐患比别处更高。因此从2018年年底开始，洱源县全面取消大蒜种植，禁种大蒜面积超过10万亩。

尽管大蒜为当地带来了财富，但村民们也充分认识到，传统的种植方式不可持续，不改已经不行了。在好多村民的记忆里，小时候，村里的水渠充沛且清洁，家里做饭都是先把米煮上，火烧着就出去捞鱼，很快捞一条鱼回来做为主菜，做完鱼饭也好了，可是后来慢慢地就看不到这样的场景了。因此，在"像保护眼睛一样保护洱海"与种蒜致富的冲突之间，村民们选择了前者，并决定努力寻找转型的出路，政策几乎没有遇到什么阻力。

从20世纪90年代起慢慢积累的产业瞬间清空，村民的心里一开始不好受。在云南思力生态替代技术发展中心等公益组织的帮助下，村民们通过学习新的种植技术，开始改种蚕豆、中草药、绿色水稻、生态大棚蔬菜等。因此，虽然经历着"转型阵痛期"，但村民们的收入却并未受到太大影响，有些村民甚至挣到了更多的钱，开始翻新自己的院宅。

2. 从焚烧秸秆到手工艺编织

以前，只要一到秋天，洱源县一带最常见的景象，就是村民在田间地头焚烧秸秆，秸秆烧到烟云缭绕，空气熏呛。路边则堆着垃圾和动物粪便，处处滋生蚊虫。近几年，在地方政府的严令禁止之下，洱源县民间焚烧秸秆的现象几乎成为历史一去不返；大量的玉米秸秆一些在当地农业技术人员和 NGO 的帮助下实现还田，曾经的污染源变为培肥地力的增产措施；还有一些找到了其他处理途径，比如发展壮大中的嘉艺手工艺编织专业合作社项目——这几乎可以说是"应时而生"的。

2018 年年初，"洱源嘉艺手工艺编织专业合作社"成立，原本计划只培训 50 个村民，但没想到开课当天就吸引了超过 200 位村民参加，最后主办方不得不把 5 天的培训延长到 2 周。很快，村民们就学会了新本领，尺寸和形状各异的花瓶、沉甸甸的蒲团和坐垫、各色草帽、拖鞋及篮筐、可以挽在臂膀里逛街购物的编织筐等手工艺品细腻精致。

有了新技术，过去用来烧掉的秸秆现在有很多汇集到了合作社，秸秆经由机器收割后，再进行剥皮和晾晒，还可根据色泽的具体要求选择是否进行硫黄熏白。处理好的秸秆和玉米皮先被制作麻花状的结绳，然后再进一步做成各种产品。焚烧秸秆从此绝迹。

三 小结

洱源县村民在努力调整当地产业结构，适应当地环保政策的时候，绝大多数村民都知道这是为了保护洱海，保护当地环境；但很少有人会想到，小小洱源县这些年所发生的变化，其实全方位折射着中国在应对气候变化、履行《联合国气候变化框架公约》及《巴黎协定》相关共识等方面所做出的政治承诺和一系列行动。回溯洱源县的政策时间线，会发现它和国家层面协同治理空气污染和应对气候变化的关键政策是高度同步的。2014—2015 年是"大气污染防治行动计划"（简称"大气十条"）生根落地的关键时期，也是国民经济和社会发展"十三五"规划和"十三五"环保规划酝酿和出台的窗口期。随后的四五年时间里，中国相继出台或修订了一系列旨在实现气候变化适应和减缓、空气质量改善等多重目标的重要法律法规，包括《大气污染防治法》《水污染防治行动计划》（简称"水十条"）、《中华人民共和国土壤污染防治法》等。试图将空气、土壤和河流湖泊，甚至辐射和噪音元素……纳入调整和改善的框架。中国国家层面的这些重要法律法规为中国各地因地制宜出台地方法规提供了政策依据。

从都市到农村，在中国，无数个像洱源县这样的村落，都在国家政策的激励下不约而同地参与到这场应对气候变化的"大合唱"中来。当地政府、NGO等机构，都在试图将农民的生计、农村和农业的发展与产业转型共同纳入气候变化适应与减缓的范围。这也给我们一个启示：既然是人类的行为对地球气候环境造成了难以逆转的升温后果，其解决方案最终要以人为核心，回到人的行为因素和需求中去，在适应中不断改进，发掘新的值得期许的未来。

青海玉树：青藏高原牧民的气候变化适应行动

中国国际民间组织合作促进会　鞠　佳

联合国环境署 2018 年的报告中显示，即使未来 10 年内全球升温幅度可以控制在 2℃ 以内，气候变化对全球动植物物种生存的影响仍是不可避免的，50% 需要栖息于特殊保护区域内的物种将面临局部灭绝的风险。中亚山区的气温正在逐年上升，过去的 60 年里，青海地区的温度平均每 10 年上升 0.53℃，其速率远超中国地表温度变化的平均水平，随之而来的水潜在蒸散的增幅却大于同期降水的增幅。气温和降水等要素的变化最终通过复杂的作用机制反映到植被、生物多样性和生态系统上。本文主要讲述青海玉树地区藏区牧民如何化解与雪豹的冲突以及草场质量变差的问题，以呼吁全社会采取更加积极的气候变化应对行动。

一　气候变化带来的雪豹威胁与化解

1. 雪豹捕食牲畜

在藏区，人们对动物充满善意，这不仅是一种信仰，更是祖辈流传下来的传统。自然条件恶劣的高原生活孕育出了藏区人民对生命和万事万物的感激之情。在全球，有超过 60% 的雪豹在青藏高原，它们生活在人迹罕至的高海拔地区，被视为雪线与林线中间的"雪山幽灵"。藏传佛教认为雪豹是神山的守护神之一，是大自然的监护者。

但雪豹的生活正承受着气候变化的加速影响，冰川融化导致的植被变化直接威胁到超过三分之一的雪豹栖息地。雪豹通常在夜间活动，每 8 到 10 天就需要捕猎一只大型动物来维持生命，捕食对象是同样活动在青藏高原上的山羊、牦牛等有蹄类动物。和雪豹相同的是，这些逐水草而居住的有蹄类动物的数量受气候变化的影响也很大。雪豹野生猎物数量的骤减使得雪豹开始注意到牧民饲养的牲畜。原本，家养牲畜被雪豹捕猎的情况非常罕见，而近年来这个概率大大提升。在被称为"中国雪豹之乡"的玉树州杂多县，甚至出现了雪豹直接进入畜栏咬死多只牲畜的情况。而在野生狩猎困难的冬季，雪豹捕猎家畜的情况显得更加频繁，这些都无疑暗示着在雪豹栖息地的人兽冲突正在不可避免地发生着。

2. 人兽冲突保险

山水自然保护中心（以下简称"山水"）对青海省玉树藏族自治州杂多县的调查表明，2015年，杂多县昂赛乡的每户每年约有4.6头牦牛被野生动物捕食，户均损失超过了5000元。为了将牧民的损失降到最低，2016年国家公园澜沧江源区管委会、杂多县政府和山水合作开展人兽冲突补偿试点行动，建立了"澜沧江源人兽冲突社区补偿基金"。

这种保险赔偿模式不仅仅是政府响应生态文明保护的举措，也是管委会、当地NGO和牧民们反复讨论和因地制宜的新尝试。在设定"澜沧江源人兽冲突社区补偿基金"的具体管理条例时，管委会和山水收集了来自牧民和学界等各方的意见，根据当地的文化传统对保险的规则和流程做出了许多因地制宜的考量。例如，项目很好地利用了藏区的特点，将项目管理与当地的文化传统和信仰相结合，将解决人兽冲突的事实与藏区群众的信仰紧密结合。同时，藏区地理情况非常特殊，由于生态地理环境恶劣，藏区居民一直以来都有结成社区来应对突发情况的习惯，因此，政府做出了一个决定，将监管和操作流程下放给牧民，由牧民直接参与项目管理。这样不仅可以提高牧民参与的积极性，也可以极大降低时间和成本。这个保险制度规定牧民必须要承担好对家畜的管护责任，牧民自我监管的体系在很大程度确保了保险金的准确发放，减少了因管护不到位而产生损失的情况。

为了保证保险金投放的准确性，防止出现牧民将病死或照顾不周死亡的牲畜报成被野生动物攻击而死的情况，山水在资金的支出和监管上做了十分独特的考量。山水的工作人员介绍，在这个项目里，山水请政府、牧民和寺庙各出一部分钱来参与到项目的实施和监管中。例如，牧民需要花3元给每头牦牛投保。其中，寺庙在这个项目中扮演的角色十分微妙，在当地牧民的心中寺庙有着非常权威的地位，当地牧民是不能对僧人撒谎的，因此寺庙的加入无疑让项目可以更加有序地运作起来。同时，项目还成立了牧民审核小组，让同村的牧民直接管理基金的使用和核准。一方面，同村牧民能够最直接地了解到损失的情况并合理发放；另一方面，让牧民们自主管理同村的事务可以提高他们的能动性和同理心。在政府和 NGO 的带领下，牧民们还通过讨论，对理赔规则等一些具体条例做了进一步的改进。在赔偿之外，他们还发明了预防的机制，即如果一户人家整年都将牦牛管理得十分好、没有受损失，项目将奖励这户人家一头牦牛。同时，牧民们还组成了巡护野生动物的队伍，不仅减少了对家畜的袭击情况，也多了许多目击雪豹的机会。近年来，当地政府和山水还常常能收到牧民们发来的目击到野生动物的照片和视频，起到了很好的宣传作用。

在基金建立的最初 2 年，山水就协助处理并补偿了 222 起野生动物的肇事事件。现在，人兽冲突保险补偿的模式正在整个三江源区域内推广着。而如何处理牧民与气候变化的关系，不仅决定了藏区牧民的未来，也决定了藏区野生生物和藏区生态的未来。

二 草原牧民的气候变化应对智慧

同在玉树州的称多县，拥有玉树地区最美的两大草原之一——嘉塘草原。草原上的牧民，除了面临雪豹的威胁，还不得不面对气候变化所带来的草场质量变差的问题。如 2016—2017 年旱情严重，而 2018 年则是暴雨不断，极大威胁着草场质量和牲畜的存活。为此，称多县的牧民们也配合当地政府与 NGO，做出了很多应对的努力与尝试，用自己的智慧去维持着草原的生态稳定。

一是转场。三江源地区的牧民们一直遵循着数千年传承下来的放牧习惯，每年会根据草场生长的季节特点有 2 次换牧场放牧的迁徙活动，又称转场。在每年的 10 月和 5—6 月，牧民们会带上家当、赶着牲畜往返于夏秋草场和冬春草场。这种"逐水草而居"的放牧生活可谓游牧民族对祖先留下来的"可持续发展"方式的传承。转场放牧可以避免因长期使用同一片草场导致其退化而演变出来的迁徙型放牧方式，让草地资源得到最优的利用；又能适应季节性天气变化和躲避自然灾害。为了保护生态，牧民们有时还会延缓牲畜进牧场的时间，因时因地做出调整，保证植被的正常恢复。

二是种草。由于海拔高、干旱少雨、土质疏松，青藏高原上的土地是沙化风险非常高的区域。这不仅让草场失去了原有的生产力，也破坏了生态稳定。水土流失带来的草场退化、土地沙漠化与荒漠化一直是近几年来草场质量变差的最主要原因。为了解决这一问题，牧民们通过人工种草的模式来重新搭建生态环境，补齐地面植被。在和嘉塘草原条件类似的若尔盖草原上，牧民巴让作为领头人，带着当地社区群众一起种草。他们会自发、自费地购买草种，在比较贫瘠的地方进行播种并且专门管理，巴让和当地的社区一起，前前后后一共治理了一万多亩的水土流失区域，为恢复草场的生态活力做出了许多努力。

三是出栏。藏区的牧民还会根据当年的草场生长状况和条件，在秋天时决定是否出栏变现，也就是将家中的牲畜宰杀后卖到市场上。为了保证草场不被过度放牧，在草场状况不是很好的年份，牧民们会更多考虑在秋季将牦牛出栏变现。一方面可以减少草场的负担，使其可持续发展；另一方面，出栏也可以减少冬天由于突发情况而导致牲畜被饿死，为冬天购买饲料积蓄现金。

四是成立合作社。藏区牧民一直以来就有团结起来抵抗恶劣条件的传统。在国家富民政策的背景下，玉树州政府支持了杂多县畜牧业合作社的成立，不仅能帮助牧民提高收入，更为了在一些突发情况和极端天气下凝聚牧民、以集体的身份来抵御难关。在 2019 年年初，嘉塘草原就经历了一场十年一遇的罕见暴雪。饲料和干草是牧民在冬天为牦牛们提供营养，确保它们顺利过冬的必备产物。突如其来的暴雪让牧民们为牦牛过冬准备的饲料险些告急，好在来自政府、企业和当地寺院的救助非常及时。在当地政府的统一指导下，车队与牧民配合打通了通往各受灾乡村的道路，为牧民送去饲草料等救灾用品。如果这场暴雪发生在十年前，不仅是家畜会受影响，人的生命安全也可能受到威胁。

三　结语

一直以来，牧民都以自己的本地智慧应对气候变化带来的影响，在当地政府和 NGO 的积极带领下，大家在气候变化的大环境下有越来越成熟的应对。但随着极端天气气候事件越来越多，牧区传统上对于草地资源分布不均和天气变化多样的应对策略也受到越来越多的冲击，牧民们需要更多外部力量的介入来帮助他们提高适应气候变化的能力。

云南高黎贡山：生态村建设与应对气候变化的双重意义

中国国际民间组织合作促进会 刘 佳

生物多样性保护与减缓气候变化相辅相成。高黎贡山是云南省面积最大的自然保护区，是世界上极其珍贵和极其稀有的生物多样性热点地区，素有"世界物种基因库"之称。这么多年，高黎贡山发生了哪些变化？原住民们如何参与到减缓气候变化的进程中？他们应对气候变化行动会给我们带来哪些启发？本文将对这些问题做出回答。

一 曾遭破坏的自然保护区

高黎贡山是地球上唯一保存有大片由湿润热带森林到温带森林过渡的地区，拥有被植物学界公认为"世界大树杜鹃王"——株龄在600年以上，高28米，基径3.07米，树冠61平方米；这里同时是北回归线以北灵长类动物分布最为丰富的地区，是中国白眉长臂猿之乡，高黎贡山分布的525种鸟类约占中国鸟类总量的1/3；更令人惊叹的是，高黎贡山国家级自然保护区的面积虽然远远小于鼯鼠的起源地——欧洲和北美洲，然而整个欧洲只有1种现生鼯鼠，北美洲也仅有3种，高黎贡山上却居住着大约10种鼯鼠。但是，这个国宝级的自然保护区，也曾面临发展和保护的困境。

靠山吃山，靠水吃水。在云南腾冲，高黎贡山是很多原住民赖以生存的家园，他们祖祖辈辈生活在这里，沿袭着"靠山吃山"的传统，靠上山砍柴、打猎、采食珍贵的山货为生。随着人口地急剧增加，越来越多的人开垦荒地，发展农业种植，对环境的破坏也随之而来。在20世纪80年代至90年代是附近村落上高黎贡山打猎的高峰期,虽然有些村民富裕了,却也直接造成这里森林面积减少,一些物种的栖息地面积减少,生存走廊带断裂等,直接危及了不少物种的生存,例如高黎贡白眉长臂猿种群,还有其他大量珍贵的保护树种。

云南媒体曾报道,高黎贡山一个寨子附近的黄楠园里,60多亩全国少见、极为珍贵的国家二类保护树种滇楠木林遭到了毁灭性的破坏,给国家造成了无法弥补的损失,这个事情曾经引来了中国中纪委、云南省政府的调查组。

党的十八大以来,中央和云南加大了高黎贡山生物多样性保护力度。高黎贡山自然保护区保山管护局将高黎贡山腾冲辖区自然保护区划为130个责任区,设置69条护林员日常巡护线路,总长约500千米,对保护区资源进行全方位、多层次的巡护管理;此外,还建立了自然保护区管护局、林业和草原局、自然资源公安局、边防部队、森林消防部队等多部门武装联合巡护机制,集中打击了一批破坏自然保护区森林生态资源违法犯罪行为。

其中的治理亮点是引入社会力量,建立低碳社区,帮助原住民减少对森林的依存度。

二 建设低碳生态示范村

2018年3月,云南省绿色环境发展基金会、腾冲市林业和草原局、高黎贡山国家级自然保护区腾冲分局、芒棒镇人民政府共同合作,在高黎贡山国家级自然保护区周边的芒棒镇横河、大蒿坪2个自然村实施了为期一年半的"腾冲市芒棒镇低碳生态示范村项目",共涉及3个村民小组114户农户,项目共投入资金323万元。

低碳示范包含节能减排和健康的林下产业、培训等项目。其中,放弃土灶改用节柴灶、增加以电为主的烘干机是项目最重要的环节,用节柴灶以后,烧一锅水只需要1斤柴火就够了,节省了三分之二。村民把收来的核桃、草果集中放在村口的两组烘干机中,烘干机一次能烤4吨核桃,只需要两天时间,就能解决2户人家的烘干需求,村民自家的院子清净了,过上了在三角梅树下喝茶纳凉的日子。

在项目的补贴下,村民们采食山货、打猎少了,开始种重楼、养香猪、养蜜蜂,最多的一户养了30箱蜜蜂,一年收益1.5万元;重楼是享誉海内外的云南白药中最主要的成分之一,具有镇定消炎的作用,种了重楼的村民家里收益几万元到几十万元不等。

调研统计显示,项目让村民逐渐摆脱对森林资源的依赖。项目实施后,82%

的农户表示不会到保护区去采集，96%的农户表示不会到保护区去砍柴，18%的农户还会到保护区去捡菌子，但不会再做其他采集。

三 总结

生态示范村建设项目具有低碳减排和保护生物多样性的双重意义。低碳减排和生物多样性保护是互相促进的，保护良好的生态系统也被认为人类消减气候变化的不利影响、适应气候变化的根本途径之一。而如何让不同民族、不同宗教信仰、不同生活习惯的村民们感知到气候变化的重要性，并且改变长久以来的生产生活习惯，做出对森林资源有益的选择，乃至让个人承担起应对气候变化的责任，还需要做出更多探索。

第七编

智库气候传播案例

国家应对气候变化战略研究和国际合作中心：加强战略研究，扩大国际合作

国家应对气候变化战略研究和国际合作中心　张志强

国家应对气候变化战略研究和国际合作中心（属生态环境部正司级事业单位，以下简称"战略中心"），是我国应对气候变化的国家级战略研究和国际合作机构。战略中心下设七个部门，分别是办公室、战略规划研究部、政策法规研究部、统计核算研究部、市场机制研究部、国际政策研究部和对外合作交流部。

战略中心的职责包括组织开展应对气候变化政策、法规、战略、规划等方面研究；承担国内履约、统计核算与考核、碳排放权交易管理、国际谈判、对外合作与交流等方面的技术支持工作；开展应对气候变化智库对话、宣传、能力建设和咨询服务；承担清洁发展机制项目管理工作；承办生态环境部交办的其他事项。2018年战略中心转隶到生态环境部后，进一步发挥自身在气候变化领域的专业优势，积极推进气候变化与环境污染物协同治理，为推进我国低碳发展积极贡献自己的一分力量。

战略中心是我国气候变化领域的一支重要力量，在我国气候变化战略研究和国际合作方面担负着重要的使命任务，为我国政府气候变化政策的制定与实施，以及碳市场的发展建设发挥重要作用，同时也为做好气候传播，推动社会与公众参与气候变化提供重要支撑。战略中心开展的与应对气候变化相关的社会传播活动主要包括组织全国低碳日、低碳中国行、联合国气候大会中国角、媒体沙龙、吹风会和记者培训等活动。

一　举办"全国低碳日"，提升公众意识

我国政府自2013年开始设立"全国低碳日"，时间为每年全国节能宣传周第

3天。2013年6月17日是第1个全国低碳日，战略中心以全国首个低碳日为契机，通过举办应对气候变化大型展览，全国各省市地方及社会各界广泛开展富有特色的主题宣传活动，普及应对气候变化知识，提高公众应对气候变化和低碳意识，在低碳日掀起节能减碳活动高潮。

自2013年开始，在气候司的指导下，战略中心联合中国导报社、中国新闻社、北京环境交易所、北京师范大学以及北京、天津、江西等多家机构和地方政府共同承办全国低碳日活动。战略中心和中国导报社在首都博物馆、世纪坛等地共同承办全国低碳日应对气候变化主题展览，时任国家发改委主任徐绍史、副主任解振华、张勇等以及北京市政府党组成员相关部门领导出席。

表1　　　　　　　　历年"全国低碳日"开展时间及主题

年份	日期	活动主题
2013	6月17日	美丽中国梦，低碳中国行
2014	6月10日	携手节能低碳，共建碧水蓝天
2015	6月15日	低碳城市，宜居可持续
2016	6月14日	绿色发展，低碳创新
2017	6月13日	工业低碳发展
2018	6月13日	提升气候变化意识，强化低碳行动力度
2019	6月19日	低碳行动，保卫蓝天
2020	7月2日	绿色低碳，全面小康
2021	8月25日	低碳生活，绿建未来

低碳日还得到社会各界的积极支持，如在2016年"全国低碳日"主题口号、招贴画、flash动画和中小学生命题作文等一系列征集活动中，累计收到来自全国各地的口号10000余条，招贴画800余幅，flash作品50余部，命题作文200余篇，评选出的获奖作品均在展览现场展出。为配合展览，低碳生活进社区活动同时启动，北京市民和中小学生参观低碳房车展览、参与低碳环保超市大抢购、绿色出行棋、垃圾分类投篮、现场作画等活动，增强了传播"低碳"生活理念。

在全国低碳日举办期间，一些国家和国际机构的政要也来到展览现场，2014年全国低碳日期间，联合国秘书长潘基文携夫人参观了全国低碳日展览。2016年6月14日，第四届应对气候变化主题展览和"全国低碳日"期间，美国前副总统戈尔到场参观，对展览给予了高度评价。

为了在广大家庭和学校中积极倡导低碳生活方式，营造节能氛围，动员广大少年儿童参与低碳行动，中国下一代教育基金会联合全国妇联儿童部等单位在北

图 1　2016 年美国前副总统戈尔参观全国低碳日展览

京、天津、河北等城市的社区家庭、幼儿园、中小学的少年儿童中试点，以"我的低碳发现，我的低碳途径"为主题开展了主题绘画评选活动。获奖作品及部分优秀作品参加了"全国低碳日——应对气候变化大型主题展览"。

通过多年全国低碳日活动，取得了良好效果。一是动员提升了社会各界对于应对气候变化工作的认识和了解，在全国低碳日期间，通过动员和组织党政军等各个部门、学校，以及向公众开放等多种形式，增强了社会各界对于气候变化工作的国内外形势和政策的理解，特别是对低碳发展的参与程度不断提升，根据中国人民大学气候传播项目中心 2017 年的调查发现，中国公众的气候变化认知度继续保持高水平，高度支持政府颁布的减缓和适应气候变化的相关政策。二是加强了包括儿童和青少年在内的养成教育。在全国低碳日活动中重点加强对青少年和儿童的教育，在历次活动中注重儿童和青少年的参与，通过绘画等多种形式，激发儿童和青少年对于绿色低碳发展的理解力。

二　组织"低碳中国行"活动，推动与地方交流

为了进一步宣传低碳发展理念，提高地方政府、社会公众对低碳发展的认识，推动应对气候变化行动，在气候司的指导下，战略中心与国家信息中心、中国气象局华风集团等多家机构共同发起了"低碳中国行"活动，组织国内院士专家与地方政府共同推进气候变化工作，通过专家问诊等形式，共同推进国内气候变化

工作交流。自 2013 年开始，战略中心联合中国气象局、国家信息中心等单位，先后在天津、河南、湖北、新疆、福建、广东等省开展了低碳中国行活动。

低碳中国行注重选择不同类型的省份开展座谈和调研活动，通过考察地方在加快推进产业结构转型升级中的经验和做法，通过多种方式加强对于地方低碳工作的指导。一是举办论坛，通过邀请主管司局的领导和院士专家与地方政府相关负责同志进行研讨，结合当地的经济社会发展及低碳政策执行的过程中所出现的问题，邀请专家对地方的发展提出政策建议，或者通过讲授当前的政策动向，为地方各级干部进行能力建设培训。二是对地方低碳工作进行宣传和推广，总结各地在农业、工业和服务业领域的产业结构调整、能源结构调整和碳市场建设等领域的成功经验，通过实地考察，以采访报道的方式进行宣传交流推广。

表 2　　　　　　　　　　"低碳中国行"主要活动一览表

年份	地点	主题	活动内容
2014	浙江杭州、宁波、镇江	会诊低碳方略，问计低碳发展	赴杭州、宁波、镇江三地围绕低碳城市试点、低碳经济发展、低碳社会建设等议题与地方政府、知名企业家、社会知名人士等进行高峰对话，就当地低碳发展问题问诊把脉、建言献策
	河北保定		院士专家与保定市相关人员进行座谈，考察英利集团和国电联合动力公司。
2016	新疆吐鲁番、鄯善、克拉玛依	应对气候变化·记录中国——走进新疆	考察气候变化对新疆自然灾害、能源、生态等方面的影响，了解当地气候变化的影响
2017	天津泰达	泰达工业低碳发展	举办论坛，考察天津经济技术开发区
	湖北咸宁	低碳城镇主题活动	专家做产城融合与低碳城市、我国能源转型与绿色低碳发展的报告，参观咸宁市城市规划展览馆、咸宁祥天空气能电力有限公司等低碳示范项目，了解咸宁在低碳技术、低碳交通等领域的行动
	福建平潭、安溪、厦门等	应对气候变化·记录中国暨低碳中国行——走进福建	围绕"蓝色经济与区域低碳发展"的主题进行研讨，实地走访平潭、安溪、厦门等地，了解气候变化对地区经济发展的影响，探讨政府和公众在应对与适应气候变化上的举措
2018	河南省郑州市、济源市	低碳城市	低碳发展专家研讨会和实地考察
2019	重庆酉阳	应对气候变化·记录中国——走进重庆酉阳	举办气候变化论坛，考察青花椒基地和叠层石群，走访花田梯田，了解当地生态农业对气候变化的适应机制，以及脱贫攻坚、乡村振兴绿色发展道路

在工业领域，为调研地方低碳工业园区建设情况，2017 年 6 月，在全国低碳

日期间，原国家发改委气候司与工信部节能和综合利用司等共同在天津泰达工业园举办"泰达工业低碳发展"主题活动，国家和天津市发改委和工信部相关负责同志，天津经济技术开发区等国家低碳工业园区试点单位及140余家企业、社区、学校的代表参加了活动，共同交流工业绿色低碳发展经验，研讨下一步工业绿色发展的新思路和新途径。

在低碳城镇发展领域，为推进中国低碳城镇的发展，探索低碳交通、低碳建筑等工作，2017年9月，战略中心联合国家信息中心、中国民促会绿色出行基金、湖北省发展改革委和咸宁市人民政府共同举办的2017年低碳中国行低碳城镇主题活动，活动由咸宁市副市长吴刚主持，咸宁市政府及相关部门和县市区代表等100余人参加活动。国家发展改革委宏观经济研究院国土开发与地区经济研究所原所长肖金成和国家发展改革委宏观经济研究院能源研究所可持续发展研究中心主任康艳兵分别作了《产城融合与低碳城市》《我国能源转型与绿色低碳发展》的报告。随后专家组参观了咸宁市城市规划展览馆、咸宁祥天空气能电力有限公司、湖北航星光电子集成高新科技园、咸宁市枫丹公交有限公司等低碳示范项目，了解咸宁在低碳技术、低碳交通等领域的行动。

为了解气候变化对于海洋和养殖业的影响，2017年10月，战略中心和国家信息中心、中国气象局等共同承办"应对气候变化·记录中国暨低碳中国行——走进福建"主题活动，宣传低碳发展理念及相关政策，展现低碳发展成果，提升公众低碳发展意识。此次活动既是"应对气候变化·记录中国"和"低碳中国行"系列活动的延续和延伸，又是将世界气象日和全国低碳日所倡导的绿色发展理念推向更持久、更广泛的具体行动。与会专家围绕"蓝色经济与区域低碳发展"的主题进行研讨，并实地走访平潭、安溪、厦门等地，了解气候变化对地区经济发展的影响，探讨政府和公众在应对与适应气候变化上的举措。

为进一步了解低碳试点城市和低碳工业、交通的发展情况，2018年1月，低碳中国行走进河南，通过举办低碳发展政策研讨会、深入城区工厂进行现场考察等方式，了解河南低碳试点的发展状况。在低碳政策研讨会上，与会专家结合国内国际低碳动态，就低碳发展理念、能源低碳发展战略、中国城市适应气候变化的规划与实践、科学认知气候风险、中国经济高质量发展和污染防治等开展研讨。会后，专家组赴国家低碳试点城市济源考察，实地了解电动汽车和公共自行车构成的绿色环保与节能便利并行的低碳交通网络，参观了华能沁北电厂、豫光金铅和天然气拌和站，深入工厂车间，了解低碳发展理念引导下的科技创新和新工业研发。

图2 2018年"低碳中国行"在河南省郑州市、济源市启动

在气候变化科学探索领域，2019年低碳中国行专家组来到重庆酉阳，考察团现场来到青花椒基地，了解石漠化治理现状及青花椒种植如何助力地方经济发展；并通过考察五亿年前形成的叠层石群，观察气候变迁留下的历史证据和形成机理；在花田梯田，了解当地生态农业对气候变化的适应机制，以及脱贫攻坚、乡村振兴绿色发展道路；考察两千年金丝楠木群，了解当地对气候资源的保护等工作。

通过低碳中国行，一是宣传了国内的低碳发展的政策与行动，通过实地调研，增加了对于地方在低碳发展过程中现状和存在问题的了解，特别是在一些具体的问题上，如农牧业和制造业转型、气候变化对于产业的风险和社会公众对于低碳发展认知和态度。二是为地方低碳发展提供决策支持，地方各级政府通过与主管部门和相关领域的专家进行对话沟通，不断强化自身的工作能力，提高了对于低碳发展的认识，并对于未来的政策走向有了明确的认识。

三 主办气候大会中国角，传播中国气候声音

为加强国际社会对于中国应对气候变化工作的了解，展示中国积极应对气候变化的工作措施和成效，自2012年多哈气候大会开始，由战略中心负责在大会会场设立中国代表团专门活动场地——中国角。截至2019年西班牙马德里气候大会为止，中国代表团已经设立了9届中国角（2020年和2021年由于疫情原因联合国气候大会没能举行）。通过9年联合国气候大会中国角活动，向国际社会传递了中国政府在气候变化领域的措施和成效，加强了与国际机构的交流与合作。通过中

国角活动，进一步显示了我国在应对气候变化领域的政策与措施，向国际社会展示了中国在气候变化领域的开放度，赢得了国际社会的广泛赞誉。

表3　　　　　　　　　　　联合国气候大会中国角举办地

名称	年份	地点	名称	年份	地点
COP17	2011	南非德班	COP22	2016	摩洛哥马拉喀什
COP18	2012	卡塔尔多哈	COP23	2017	德国波恩
COP19	2013	波兰华沙	COP24	2018	波兰卡托维兹
COP20	2014	秘鲁利马	COP25	2019	西班牙马德里
COP21	2015	法国巴黎			

为配合中国政府代表团参加联合国气候变化谈判工作，展示中国积极应对气候变化的政策、行动及成效，以及针对减缓和适应气候变化领域所开展的工作，中国代表团每年在联合国气候大会中国角举办多场边会活动，组织邀请有关国际组织和国内政府部门、高校科研机构、企业和媒体代表近千人次参加中国角边会活动。

联合国气候大会中国角紧密结合气候变化工作进展，按照工作领域设计了宏观战略、低碳城镇和园区、能源、碳汇、投融资、碳市场、青少年、气候传播等多个板块，同时每个板块下又分设更为具体的议题。议题的征集通过自下而上和自上而下相结合方式确定。在议题设计过程中，注重国内与国际相结合，要保证每场边会都要有国际机构嘉宾参与，充分展示中国气候变化的国际化水平。各个边会主办机构通过多样化传播手段，提高边会的组织效果。各边会主办单位，精心组织边会材料，制作易拉宝、宣传手册和影视宣传片等资料，全方位介绍各自领域的措施和成就，并且在边会组织过程中，注意加强与听众的互动，尽量使用英文交流，通过这些措施，提高了边会的举办效果。

联合国气候大会中国角除了举办边会，还举办主题展览、影片展映、图书展赠等系列活动，以此来加强与世界各国参会人员的交流和沟通，通过以上这些活动，多方位、多角度展示了中国的生态文明建设、环境保护和气候变化等领域的工作成效。

中国气候传播项目中心自2012年多哈联合国气候大会开始，每年都在中国角或独立，或与战略中心、中新社等机构共同举办气候传播边会，借中国角提供的舞台介绍中国气候变化与气候传播的情况和经验，阐述中国科研机构及专家学者在应对气候变化方面的立场和观点，开展与国际同行的交流和合作，在国际气候

图3 波恩联合国气候大会"中国角"边会现场

变化与气候传播领域产生了积极影响。他们取得的成效与经验，也从一个侧面反映出举办中国角的价值和意义。而战略中心与中国气候传播项目中心的合作，也拓展了自己在社会动员与公众教育方面的活动范围，丰富了活动的内容与方式，提升了自身在气候传播领域的影响力。

四 举办媒体沙龙、吹风会和记者培训，提高气候传播质量与水平

为帮助媒体了解政府气候变化的政策与决策部署，更好地配合政府做好气候变化报道，战略中心每年在全国低碳日和联合国气候大会等时间节点，都会通过举办媒体沙龙、吹风会等多种形式，组织国内媒体开展专题培训，向媒体介绍政府的工作政策与决策部署，并结合媒体关心的问题，邀请相关负责同志作讲解，使媒体能够更好地配合政府做好宣传工作，提高媒体气候传播的质量与水平。

2014年全国低碳日前，战略中心与中国气候传播项目中心邀请国内参与全国低碳日报道的媒体举办媒体吹风会，国家发改委政研室主任文步高、气候司战略处处长田成川等出席，并向媒体介绍了此次活动的主要板块、日程安排以及气候变化的年度工作，并邀请行业内的专家学者就气候变化的相关背景知识和媒体进行了交流。

在每年联合国气候大会前夕，战略中心都会邀请中国代表团团长、国家发展和改革委员会副主任解振华，以及气候司相关负责同志与媒体朋友见面，就媒体关心的国内政策、谈判议题、国际形势等内容进行沟通交流。

通过这些结合媒体报道的培训和吹风活动，不仅提高了媒体对于气候变化工作的认知，了解了当前一段时期内的工作重心和报道要点，同时，也通过交流和对话，特别是对于气候变化的基础知识的讲解，增强了媒体记者的专业素养，通过对于媒体的系列活动，不仅增强与媒体的沟通和交流，而且还培养了一些专家型记者，为其之后的相关报道提供了更多的专业支持。

五 工作取得积极效果，展望未来任重道远

战略中心通过多年的工作，增强了社会公众对于气候变化和低碳发展的认知，提升了媒体的气候变化报道能力，加强了国际社会对于中国低碳政策的理解，可以说取得了积极效果。今后面对我国生态文明建设、绿色低碳发展，特别是要实现"碳达峰碳中和"目标和气候变化全球治理的任务，依然任重道远。

1. 增强了社会公众对于气候变化和低碳发展的认知

通过开展全国低碳日、低碳中国行等系列活动，国内社会各界对于气候变化的了解程度不断深入，社会公众对于气候变化的接受程度不断提升，低碳意识不断增强。在政策层面，随着低碳省市试点、低碳园区等工作的不断深入，低碳发展的工作基础不断牢固，低碳实施的社会氛围不断增强，为后续深化低碳发展各项政策的出台奠定了坚实的社会基础。

2. 提升了媒体的气候变化报道能力

媒体在气候传播过程中起到了重要的信息传播、知识普及和思想引导作用。由于气候变化工作专业性较强，因此对参与气候变化报道记者的专业水准要求较高，特别是在面对国内外种种质疑和责难的时候，需要及时传递政府信息和解决公众的关切点。因此，媒体记者报道的深度决定了社会与公众对于气候变化战略、政策和行动效果的接受程度。战略中心通过举办媒体培训和吹风会等多种形式的活动，提升媒体记者对于当前气候变化形势的把握能力，特别是帮助记者对当前政策的着力点和效果有更加清晰的了解，并通过一些活动，帮助媒体与政策制定者进行面对面交流，进一步提高气候传播的精准度和有效性。

3. 加强了国际社会对于中国低碳政策的理解

我国自2007年开始成为全球最大的碳排放国，并成为国际舆论的焦点，因此，加强与国际社会的合作与沟通，展示中国在气候变化领域的政策与成效，是气候变化国际传播的重点任务之一。自2010年设立中国角以来，通过举办边会和新闻发布会等多种方式，战略中心努力展现中国政府应对气候变化的政策与行动，同时，也邀请发达国家、发展中国家、联合国机构以及一些社会组织的政府官员、专家、学者参加中国举办的相关学术交流，不仅展示了中国在国际舞台上卓有成效的合作，而且也为国际社会更深入地了解中国提供了开放的平台。

通过近十年的不懈努力，国际社会对于中国应对气候变化的成效有了更为理智的认识，气候变化领域的国际合作不断扩大，越来越多的国家和机构通过多种形式与中国开展合作，同时，中国在气候变化双多边领域的合作也为国际社会应对气候变化贡献了中国方案。

生态环境部宣传教育中心：普及环境知识，推进环境教育

中南民族大学文学与新闻传播学院 李兴齐

生态环境部宣传教育中心（原环境保护部宣传教育中心；以下简称"宣教中心"）成立于1996年，是生态环境部直属事业单位，承担生态环境保护宣传教育技术支持工作以及生态环境部党校日常管理及培训工作。宣教中心为公益二类事业单位，内设办公室（《世界环境》杂志编辑部）、社会宣传室（宣传教育基地管理室）、教育室、培训室和新媒体室（生态环境公共关系与战略传播研究所）5个机构。

中心职责包括：承担生态环境部重大环境纪念日和全国性生态环境保护社会宣传活动，以及生态环保设施和生态环境教育基地公众开放工作，策划制作生态环境保护大众宣传品；承担生态环境教育理论研究和内容设计，为有关部委和地方开展"自然学校"创建提供技术支持，创建和推广自然教育，承担线上生态环境学习课程及音像、海报等大众生态环境教育产品策划制作工作；承担生态环境系统干部培训和发展中国家生态环境保护专业人员援外培训，负责部党校日常管理，承办部党校各类培训班；构建包括环保社会组织在内的生态环保公众参与和交流互动平台，开展生态环境公共关系与战略传播研究，承担生态环境社会风险舆情收集、研判、报送和应对技术支持工作以及政务新媒体编辑运行工作；编辑出版《世界环境》杂志。

一 "世界环境日"宣传活动

世界环境日为每年的6月5日，它反映了世界各国人民对环境问题的认识

和态度，表达了人类对美好环境的向往和追求，也是联合国促进全球环境意识、提高对环境问题的注意并采取行动的主要媒介之一。"世界环境日"宣传活动作为全国环境宣教的重点工作，该活动得到了社会各界的广泛关注，根据环境部部署，宣教中心在"6.5"世界环境日期间承办宣传活动，活动开展至今涉及主题多样化，围绕"践行生态文明、建设环境友好型社会"承办的"'十一五'环保成就展"、巾帼环境友好使者启动仪式，与国家大剧院共同承办"世界环境日"主题音乐会、"向污染宣战"展览、公众开放日及"践行绿色生活"绿色健步走活动等。除此之外，每年为环境部设计制作世界环境日中国主题宣传海报及宣传片并在各种媒体平台投放宣传，让环保贴近群众，促进全社会共同参与。

为积极响应"世界环境日"宣传活动的传播，在由生态环境部、中央文明办共同主办的2020年六五环境日国家主场活动中，主题宣传片《"美丽中国，我是行动者"》播出，并于2020年6月5日当天正式面向公众发布。宣传片通过生态环境部微信公众平台、微博、网站等宣传渠道播出并提供下载，供六五环境日期间活动及社会基层开展公众宣传使用。此外，现场展示了"美丽中国，我是行动者"生态环保主题摄影、书法和国画大赛获奖作品，播放了"美丽中国，我是行动者"2020年十佳公众参与优秀案例和百名最美生态环保志愿者宣传片，揭晓了2020年"美丽中国，我是行动者"主题系列活动十佳公众参与案例，百名最美生态环保志愿者，生态环保主题摄影、书法、国画大赛获选名单，并向9名2020年度生态环境特邀观察员颁授聘书。

图1 2020年"美丽中国，我是行动者"主题活动

二 "自然学校"

2014年,生态环境部宣传教育中心(原环境保护部宣传教育中心)在深圳市华基金生态环保基金会支持下,启动了国家自然学校能力建设项目。项目旨在倡导人与自然和谐共生,推动生态文明理念融入学校教育、家庭教育和社会教育,帮助公众建立与自然的连接,进而提高全民的环境意识和素养。项目实施以来,通过关注自然教育人才培养、推动自然学校试点建设、开发自然教育资源、搭建国内外自然教育交流机制与平台等工作,积极探索政府、企业、NGO、媒体、学校、社区协力合作的工作机制,有力推动了国内自然教育事业的发展。

图2 2021年"国家自然学校能力建设项目收官暨第100所自然学校授牌活动"

2017年,全国自然教育论坛筹委会与阿里巴巴公益基金会联合主办的"第四届全国自然教育论坛"在杭州举办。中心副主任闫世东提出自然教育交流应固定化、长期化;自然教育活动开展要专业化、本土化、多元化;并希望在国家法律层面为环境教育提供政策和保障。国内外的自然教育专家、学者及自然教育从业者共700余人参加论坛,与会专家、学者围绕"为了明天的约定"主题,集中探讨了自然教育的活动开展场域、教育模式、课程内容、学术研究、传播推广、人才培养等议题。此外,为促进人与自然和谐发展,中心在深圳市华基金生态环保基金会支持下,启动了自然学校能力建设项目,其中一项工作是在全国范围征集自然学校试点,支持试点开展面向公众的自然及生态文化体验活动。目前,第五批自然学校试点征集活动已截止。经专家评审,选出深圳大棚新区坝光自然学校、福建省绿家园环境友好中心、中国科学院华南植物园、内蒙古自然博物馆、南京喜鹊林新雨自然学校等试点单位22家。

三 环境教育示范基地

国家环境宣传教育示范基地（以下简称宣教基地）位于中日友好环境保护中心院内，总建筑面积约1200平方米，是国家发改委批准建设、生态环境部宣传教育司指导，面向公众开展环境教育的场所。2015年7月10日宣教基地正式对外开放，主要包括环保征程展厅、绿色生活两个区域，其中环保征程展厅分为"文明的反思""只有一个地球"和"习近平生态文明思想"3个展区，绿色生活展区分为水、能源、垃圾、有机农业、核与辐射安全等生态环保科普和互动体验内容。

宣教基地通过展览展示、科普体验、环保培训、生态环境互动教学等多种方式宣传生态环境知识、推广环境理念，是功能完备的公众环境教育场所。自基地成立以来，吸引了各国机构人员、各地基层干部、各大高校学生、各地中小学生参观环境教育示范基地。宣教基地于2016年被原环保部和科技部联合授予"国家环保科普基地"，2018年被教育部命名为"全国中小学研学实践教育基地"称号，逐渐发展成为面向中国公众尤其是青少年开展生态文明教育的学习中心、信息中心、活动中心、培训中心。

图3 内蒙古生态环保小卫士参观国家环境宣传教育示范基地现场

宣教基地积极发挥生态环保宣教工作的拓展和示范作用，力争成为生态环境教育内容及方法创新的引导者，国内环境教育场所资源整合者，并一直着力于构建全国宣教基地的工作网络，传播国家生态环境保护战略及发展思想，为各地生态环境教育基地工作者提供信息和技术支持。

四 世界环境杂志

《世界环境》由中华人民共和国生态环境部和联合国环境规划署于1983年共同创办，现为双月刊，大16开全彩印刷，主办单位为生态环境部宣传教育中心。《世界环境》是一份注重政策导向的学术信息刊物，自创刊以来，始终把握全球环境保护的前沿动态，追踪发展趋势，提供可资借鉴的实例与观点，为中国环境决策提供信息和建言献策，较好地突出了它的唯一性、权威性、导向性、专业性和知识性等特点，长期以来深受综合决策部门、环保系统、大型企业、教学和研究机构、媒体、外国驻华使领馆、国际组织中国办事处、民间环保团体等机构及有关人士的欢迎。

图4 《世界环境》往期杂志

《世界环境》杂志包括卷首语、封面故事、环球扫描、日历、绿色圆桌、速读、镜头、热点关注、绿色科普、他山之石、特别报道、观点、青年论坛、文图故事、人物、NGO之窗、旅游天地、ENN精粹、特别报道、绿色实践、环境教育21个栏目，每期印数10000册，分别传播给全国人大、全国政协、国务院部委及直属机构、中国科学院和社科院有关部门、各民主党派中央委员会的领导，两院院士，县以上地方人民政府领导，国有大型企业、著名科研单位负责人，县级以上环保局长、高等院校和研究机构学者、跨国公司EHS负责人、媒体记者，外国驻华使领馆、国际组织中国办事处、民间环保团体的工作人员，关心环保的人士等，并定期招收赞助及广告以便实现更广范围的传播。未来，在全媒体时代下，《世界环境》杂志将采用更加新颖的媒体传播技术和手段，以多元化的传播理念呈现更丰富的环境与可持续发展报道。

五 传播经验总结

"保护环境,人人有责"生态环境宣传教育中心一直坚守的理念。自1996年成立以来,生态环境宣传教育中心一直响应政策开展形式多样的活动、着重开展宣传"绿色学校"、提供生态环保公众参与和交流互动平台、编辑出版《世界环境》杂志等,这些传播活动均充分展现了生态环境教育中心作为生态环境部直属事业单位的积极作用,展现了它在推进环保知识宣传事业中的巨大潜力,其有效的传播经验也值得我们借鉴。

1. 落实环境教育是宣传环保之本

环境教育需从青少年做起,因此对环境教育的传播显得尤为重要。生态环境宣传教育中心深知环境教育是宣传环保之本,通过各种形式的教育活动与培训来进一步提高青少年节约意识、环保意识、生态意识,为推进生态文明建设、建设美丽中国作出新的贡献。除自然学校外,生态环境宣传教育中心还建设并启动了中小学环境教育社会实践基地与国际生态学校项目。从生态环境宣传教育中心对环境教育的传播经验来看,环境教育以提高青少年环境素养,普及生态文明和可持续发展理念为根本目标,以环境保护为主题内容,面向中小学生开展环境教育体验和实践活动,并在基地建设和教育活动实施过程中提供体现环境友好理念的场所。此外,为进一步扩大传播,鼓励青少年采取积极的行动,把自己的学校建设成为环境友好型校园,还需将我们中国的学校加入国际生态学校网络,与世界各国的生态学校共同分享学校环境和可持续发展教育的经验,并在更广阔的国际舞台上展示学校的教育成果。

在环境教育的传播中,还需设置跨学科、跨校际的环境课程,以此来达到更广范围内的传播。例如,由国家环保总局宣教中心和北京大学环境学院联合推出BELL项目示范课程"环境技术市场化",北京大学、清华大学、中科院、浙江大学等7所高校和研究机构的18个专业近150名热心环境保护事业的师生参加了首次的教学活动。此后,课程于2005年与2008年春季学期再度走进北大,这是国内讲授气候变化最早也是最有影响力的课程,曾获2008年度北京大学教学成果一等奖。课程使具有良好环境意识和知识的青年学生在走向社会并成为未来的领导者时,对环境的关心以及对可持续发展战略的追求将有更高的热情、自觉性。因此,设置跨学科、跨校际的环境课程是一个极具深远意义的传播策略。

2. 主动设置议程推进环境知识普及

应对气候变化需要全社会的积极参与，特别是需要全社会形成绿色低碳的生活方式。做好全国低碳日后续主题宣传活动，提升公众应对气候变化的意识，积极宣传普及相关的气候变化知识，积极倡导绿色低碳的生活方式需要传播主体主动进行议程设置。例如，生态环境部宣传教育中心在官方微博@微言环保发起"绿色制冷，清凉世界"倡议，联合全社会各部门共同发声、同频共振，鼓励公众参与，共同为全球应对气候变化作出贡献。在新浪微博等新媒体平台经过多级传播后，信息传播效果进一步扩大，形成了多个影响力较强的节点相互呼应的传播局面，进一步扩展了信息传播的广度和深度，取得了良好传播效果。此外，官方微博@微言环保还发起了"show出你的笑脸"活动助力COP15，提升公众对生物多样性保护的认知。以上活动均说明，传播主体进行的一系列有创新性的议程设置与丰富多彩的传播活动，将有效地动员公众参与，积极应对气候变化，不断筑牢公众气候意识，采取实际行动减少温室气体排放，携手应对气候变化。

3. 环境新闻宣传到环境新闻传播

环境新闻传播讲究交流与互动。在第一阶段，掌握环境政策、法律、技术、专业知识的传播者通过媒体将信息传向受众，这也是传统的环境新闻宣传；在第二阶段，原本的受众可以将对环境政策、法律、技术、专业知识的掌握情况或对环境事实的新发现通过媒体反馈给原本的传播者，方便其做进一步决策，与此同时，由于原本受众数量众多，在受众之间也会形成环境新闻传播网。因此，环境新闻传播与环境新闻宣传的最大不同之处就在于环境新闻传播摒弃了单一方向的信息传输，构建起了各主体间信息交互的桥梁。例如，《世界环境》杂志作为一份注重政策导向的学术信息刊物，"世界环境"微信公众号自开通以来，坚持以跟踪国内外重大环境热点事件、专家权威解读、国际环保事件解析等内容为主，在热点事件快速反馈、内容统筹、栏目互动、互动传播四方面进行了有益探索，并已经形成"世界环境杂志"新浪微博、今日头条"世界环境"头条号、"世界环境"一点资讯一点号、搜狐公众平台等新媒体矩阵。因此，传播应在公众的互动与反馈中进行，实现从环境新闻宣传向环境新闻传播的过渡。

广西大学气候与健康传播研究中心：
融通气候与健康传播研究

广西财经学院新闻与文化传播学院　覃　哲
广西大学新闻与传播学院　吴海荣

当前，全球变暖导致的极端天气与疾病传播给人类的生存生活和健康福祉带来巨大威胁。在 IPCC 的评估报告及其他科学研究结论中可以看出，气候变化的健康影响主要表现为生命死亡、伤害、传染病、慢性病与营养不良等，且影响日益突出。在我国广大边疆少数民族地区，虽然自然资源与生态环境保存较好，但由于基础设施建设普遍薄弱，群众科学素养相对低下，在应对极端天气和重大疾病时常常面临巨大困难和挑战。

因此，开展气候与健康传播研究，通过实地调研了解我国边疆少数民族地区存在的问题，通过传播手段尽可能预防和减轻气候变化与疾病流行所带来的危害，成为西部高校的重要使命。因此，如何搭建有效的科研服务平台，做好气候与健康传播，助推"美丽中国"与"健康中国"行稳致远，是高校科研机构必须时时思考的问题。

而作为广西高校尤其要坚持结合广西地方特色做好气候与健康传播，维护好"金不换"的广西绿水青山生态环境，服务好少数民族地区群众的身体健康，而这正是广西大学气候与健康传播研究中心这些年来的努力方向和行动特点。

一　整合资源，在交叉研究中寻找新的增长点

广西大学气候与健康传播研究中心的诞生，缘于两位学者的共识：2017 年年底，郑保卫教授受聘广西大学新闻与传播学院院长。郑保卫教授是著名新闻学专

家、我国首位对气候传播开展系统研究的学者。上任伊始，他在进行学院学科布局和科研规划时注意到，目前国内外有关气候变化与疾病健康关系的研究已经开始出现并已取得了一些成果，但是从传播角度探讨气候与健康问题的还鲜有见闻。郑保卫教授发现广西大学新闻与传播学院的吴海荣教授，多年来一直在做健康传播研究，特别在健康科普宣传和传播干预上取得了很多成果，于是他想到可以将吴教授和自己两方面的资源整合在一起，成立一个联合研究机构——气候与健康传播研究中心。这样除了能够推动两人原有的气候传播研究和健康传播研究向纵深拓展，还可以将气候传播与健康传播两个领域之间关系打通，实现气候与健康传播研究的交叉融合，产出新的理论成果。郑保卫教授的想法很快得到了吴海荣教授的回应，两人一拍即合，认为成立研究中心，不仅能够在交叉学科研究中找到新的理论研究增长点，还能够更好地为推动"美丽中国"和"健康中国"建设提供更多的智力支持。

2018年3月，在经过一段时间筹备之后，"广西大学气候与健康传播研究中心"作为学院四个研究中心之一正式挂牌成立，成为我国也是发展中国家第一个将气候传播与健康传播相融通的科研机构。研究中心由吴海荣教授担任主任，郑保卫教授担任名誉主任。

二 主办研讨会构建学术研究和实践推广共同体

气候与健康传播研究，是典型的多学科交叉研究，横跨自然科学与社会科学两个领域的多个学科。如何获得更多研究资源，拓宽研究视野，并且构建一个关注气候与健康传播理论研究和实践推广的共同体，以资相互启发借鉴，打开研究局面，是研究中心成立后需要思考的重要问题。经过商量，中心把主办学术研讨会，提升学界对该领域的关注，相互交流研究成果与经验作为中心工作的突破口。

1. 定期举办"气候与健康传播学术研讨会"

2018年9月中旬，超强台风山竹从广东登陆，波及我国华南和西南多个省区，造成广东、广西、海南等省区近300万人受灾，5人死亡，1人失踪，1200余间房屋倒塌、3000余公顷农作物绝收，直接经济损失52亿元。超强台风的肆虐让各行业人士更加地关注气候变化与人类健康福祉的问题。

2018年10月20—21日，第一届"气候与健康传播学术研讨会"在广西大学召开，这也是国内首个融通气候传播与健康传播的研讨会。会议紧扣建设"美丽中国"和"健康中国"的国家战略，将研讨主题定为"美丽 健康 共建 共享"。该次会议由广西大学气候与健康传播研究中心与中国气候传播项目中心、广西大学新闻传播学院共同主办,中南民族大学文学与新闻传播学院、复旦大学健康传播研究所、中国传媒大学绿色低碳发展与品牌传播研究所、新乡学院中原气候传播研究所和青岛大学新闻与传播学院参与协办。这次会议共有110多人参会,特别值得一提的是参会人员来自多个领域,除了高校和科研院所的学者,还有来自政府部门、民间组织、医疗机构、媒体、智库、企业单位的领导和专家,如中国气象局公共服务中心副主任潘进军、著名天气预报主持人中国气象局首席专家宋英杰、中国国际民间组织合作促进会副理事长兼秘书长赵大兴、深圳国际公益学院副院长黄浩明、《中国中医药报》社长兼总编辑王淑军、《中国日报》中国观察智库执行主任付敬、国家气候战略研究中心综合部副主任张志强、武汉市节能监察中心副主任项定先、深圳市标新科普研究院理事长陈素平等。

另外,研讨会还邀请了联合国政府间气候变化专门委员会(IPCC)前副主席 Jean-Pascal van Ypersele、比利时原环境部部长 Evelyne Huytebroeck、瑞典环保研究机构 RISE 高级顾问 Dennis Pamlin 等国外学者到会并作发言。参会人员涉及的学科包括传播学、气象学、医学、公共卫生学、经济学、国际关系学等。

图1 2018年10月20—21日,第一届"气候与健康传播学术研讨会"在广西大学召开

在为期2天的会议中,专家学者围绕气候与健康传播研究的前沿热点问题展开了广泛交流和深入研讨,同时还交流了气候与健康传播的经验和体会。大家一致认为,当前有必要组建一个全国性的气候与健康传播研究学术交流平台。经过商议，大家一致同意今后"气候与健康传播学术研讨会"每年举行一次，由广西大学气候与健康传播研究中心、中国气候传播项目中心、中南民族大学文学与新闻传播学院、中国传媒大学绿色低碳发展与品牌传播研究所、新乡学院中原气候传播研究所等作为联合主办单位，共同承担举办研讨会和开展实践推广等工作。

这标志着我国气候与健康传播学术共同体的形成，由此也开启了国内该领域学术研讨的先河。此次会议后，"气候与健康传播学术研讨会"成为关注气候变化与人类健康人士探讨理论创新、交流实践经验的平台。每年冬季，研讨会均如期召开，目前已在广西大学、中南民族大学、中国传媒大学、广东外语外贸大学成功举办了4届。经过多年交流和交往，如今这个学术共同体的影响越来越大，越来越多的人开始加入关注并研究气候变化、减排降碳、保护环境、公共卫生、绿色生活和健康生活之间关系的行动之中。

2. 结合学术与社会热点问题组织专题研讨

广西大学气候与健康传播研究中心除了定期主办"气候与健康传播学术研讨会"，还会对一些学术与社会热点问题举行专题学术会议。如2021年11月27日，为了推进"碳达峰碳中和"目标顺利实现，更好地向公众开展"碳达峰碳中和"科普工作，研究中心在线上召开了"碳达峰碳中和科普策略研究智库论坛"，邀请国内能源、气候、生态、社科领域的专家学者，研讨如何加强"碳达峰碳中和"科普能力建设，提升全民低碳环保意识与科学素质，推动经济社会实现全面绿色转型。中国工程院院士、国家气候变化专家委员会顾问杜祥琬，国家发改委能源所原所长周大地，中国社会科学院可持续发展研究中心副主任陈迎，国家生态环境部宣教中心主任贾峰等专家，受邀在会上分享了他们开展的科研成果，并针对"双碳"目标提出了科普传播建议。

3. 参加国际交流，传播中国声音

中心除了每年主办学术会议，还积极参加各种国内外学术交流，共享研究成果，扩大中心知名度和影响力。

中心名誉主任郑保卫教授每年均以观察员身份参加联合国气候大会，2018年和2019年年底，中心主任吴海荣和副主任覃哲分别与郑保卫教授应邀参加了在波兰卡托维茨和西班牙马德里召开的第24届和第25届联合国气候大会，与国际同行交流研究成果。特别是在马德里第25届联合国气候大会上，郑保卫教授在大会新闻发布厅举行了中国气候传播研究十年新闻发布会，向国内外媒体介绍了2010—2019年十年间中国气候传播理论研究与社会推广的情况，引发了国内外媒体关注。

图 2　中心副主任覃哲（左一）出席 2018 年卡托维兹联合国气候大会
左二至左四依次为郑保卫、詹安玲、陈素平

图 3　中心主任吴海荣（左四）出席 2019 年联合国马德里
气候大会并发言

另外，中心还积极参加国内外一些气候与健康传播相关会议，与同行专家交流研究成果，探讨如何通过传播手段应对气候变化引起的健康问题。如研究中心副主任覃哲和陈瑞群研究员于2019年参加了由中山大学公共卫生学院组织的"第三届'一带一路'气候变化与健康应对国际研讨会",并在会上作了如何推进健康传播研究与公共卫生研究结合的论文。

三 聚焦气候与健康传播战略定位与行动策略研究

中心近年来一直围绕"美丽中国"与"健康中国"战略开展学术研究和社会服务工作,尤其注重聚焦气候与健康传播的战略定位与行动策略研究,以及气候与健康传播融通研究、边疆和少数民族地区疾病调研与传播干预研究、民族地区气候与健康素养提升策略研究、广西气候变化公众认知状况调查、中国—东盟气候变化应对合作中的传播策略等研究。其重点主要有以下几个:

1. 我国气候传播战略定位与行动策略研究

2019年,中心名誉主任郑保卫教授获得国家社科基金重点项目"生态文明建设和绿色发展理念背景下我国气候传播的战略定位与行动策略",这是气候传播研究在国家社科基金项目中标的第一个重点项目。中心研究人员从"五位一体"总体布局、"五大"发展理念、"美丽中国"和"人类命运共同体"建设以及"气候变化全球治理"等国家战略的高度,在生态文明建设和绿色发展理念引领下,系统地研究我国气候传播对内对外的总体战略定位,另外,对政府、媒体、NGO、企业、公众和智库等几个重要的气候传播主体进行研究,给出几大传播主体的传播行动策略和话语体系建构策略。

图4 2019年9月28日,国家社科基金重点项目"生态文明建设和绿色发展理念背景下我国气候传播的战略定位与行动策略"开题会

这个课题除了本中心的研究人员,还聚集了来自清华大学、重庆大学、传媒大学、中南民族大学、新乡学院、《中国日报》中国观察智库、人民日报社等单位众多学者参与,目前该研究已经发表学术论文十余篇、出版学术著作《从哥本哈根到马德里:中国气候传播研究十年》,开展全国及南宁公众气候变化认知状况调查等。中心研究人员提交了2份政策建议,还有相关著作即将出版。

2. 气候与健康传播的融通研究

中心在成立之初便致力于融通气候传播与健康传播两方面研究。中心名誉主任郑保卫教授在2018年首届气候与健康传播研讨会开幕式致辞中将"气候与健康传播"定义为:"将气候变化影响人类健康的信息及相关科学知识向社会与公众传播并使其理解和掌握,并通过公众态度和行为的改变,以寻求气候变化问题的解决,维护人类健康福祉的社会传播活动。"这一认识为中心开展研究框定了基本范畴,确定了正确方向。

近年来,中心研究团队聚焦于气候传播与健康传播的交叉领域,从宏观角度梳理国外气候与健康传播研究的学术起源,归纳了国外气候与健康传播研究的范式演变、学术流派和主要领域,提出了"关注气候就是关注健康",以及"气候变化应对即是健康应对"等观点,并开展了我国应对气候变化公众参与的传播干预研究。

3. "碳达峰碳中和"科普传播策略研究

中心主任吴海荣教授2021年获得了一个中国科普研究委托课题《面向公众的"碳达峰碳中和"科普策略研究》,课题组成员针对目前国家提出的"碳达峰碳中和"目标,使用传播学、新闻学、大数据等学科理论及方法,以实现气候治理"全民共商、共建、共享"的战略目标来研究碳达峰、碳中和公众科普策略,结合国家中长期发展战略和新时期科普特点,形成面向公众的科普行动方案。

课题组重点梳理了国外碳达峰碳中和相关理论和策略,总结了国外低碳科普的优秀经验,调研了我国政府、媒体、企业等主体开展碳达峰、碳中和科普工作的现状,围绕政策方针、权责任务、协调机制、制度保障等层面,提出了富有针对性和可操作性的政策建议。课题组向中国科普所提交科研总报告10万字,政策建议若干,为推动我国生态文明建设与绿色发展进程作出了自己的贡献。

4. 边疆少数民族地区群众疾病健康调研与传播干预研究

研究中心近年来还在吴海荣主任带领下,深入到广西、内蒙古、新疆、西藏、青海、甘肃和四川等边疆少数民族地区省区人畜共患病流行州县,大力开展对人兽共患病的风险和健康传播调查研究，围绕边疆少数民族地区农牧民对狂犬病、布病、包虫病、H7N9 等人畜共患病的知信行现状进行评估与影响因素研究，进而开展健康传播干预实验和健康传播效果分析。

中心承担了多个纵向和横向健康传播研究项目，其中包括广西哲学社会科学规划项目 1 项、中国动物卫生与流行病学中心委托项目 1 项、中国动物卫生与流行病学中心和广西壮族自治区动物疫病预防控制中心委托项目各 1 项、中国动物卫生与流行病学中心委托项目 1 项、公益性行业（农业）科研专项经费项目 1 项。大部分研究项目均与中国西部省份的兽医主管部门、疫控机构和有关院所共同实施调查和研究工作。研究人员走入当地农牧户家中开展调查，获得科学的实证数据，在掌握当地传播情况和群众健康素养的基础上，制作传播干预材料探索传播干预路径。在研究基础上，在 SCI/SSCI 期刊发表健康传播干预论文 2 篇，其他论文 20 余篇，农业部兽医局研究报告 5 篇，其中科普作品《格桑花开》宣传片于 2021 年获得"神农中华农业科技奖"科普奖。

图 5　中心主任吴海荣教授带领团队成员在西藏地区调研

综上所述，广西大学气候与健康传播研究中心所开展的研究工作，一方面坚持从生态文明建设和气候变化全球治理的大视野、大格局入手，探讨我国气候与健康传播的战略定位与"双碳"科普的行动策略，推动我国乃至世界生态文明建设和绿色发展进程。另一方面又注意从小处落脚，结合传播工作实际和广西地方特色，利用自己的专业能力维护好"金不换"的广西绿水青山生态环境，服务好少数民族地区广大群众的健康福祉。

四 拓展研究范围，创新实践推广，实现预期传播效果

1. 找准新的学术研究增长点，拓展学术研究范围

当下，公众参与应对气候变化已成为全球关注的热门话题，气候变化很难被公众直接感知，如何将气候变化风险与公众日常生活紧密联系起来？研究中心通过关注气候变化与人类健康的关系，找到了突破点，将气候传播作为健康传播内容进行传播，提出"气候传播就是健康传播"的理念，为国内外气候传播研究和传播活动提供了一条新的视角和思路。

在研究过程中，中心积极参与国内外相关会议，推动更多研究人员关注气候与健康传播问题，在构筑研究共同体的同时，积极利用联合国气候大会等国际平台发声，通过校园低碳宣传等活动使力，不断实现气候传播的"破圈"，让气候传播的新理念为更多公众所了解。

2. 围绕国家战略需要，助推"美丽中国"与"健康中国"建设

研究中心自成立以来一直围绕着国家"美丽中国"和"健康中国"的重大战略，针对现实中气候变化问题与健康问题开展研究，不管是针对"碳中和碳达峰"的科普宣传研究还是少数民族地区的健康传播研究，一方面坚持在深入调查研究基础上为政府提供决策咨询和政策建议，发挥中心的智库功能，另一方面根据研究结果不断创新实践推广，立足于解决现实生活中的问题，体现了科研工作者的家国情怀和以天下为己任的责任担当。

近年来研究中心取得了一些科研进展，收到了较好的实践效果，这与中国气候传播项目中心郑保卫教授及其团队成员的热心指导与帮助，以及新乡学院中原气候研究所、中南民族大学文学与新闻传播学院、中国传媒大学绿色低碳发展与品牌传播研究所、广州外语外贸大学等合作单位的鼎力配合与支持密切相关，同时也离不开各位参与过中心活动，给予过中心指导帮助的所有专家、学者和老师同学！中心全体团队成员感谢你们的厚爱与支持，并愿意继续与你们加强合作，共同为做好气候与健康传播，推动"美丽中国"和"健康中国"建设作出新贡献！

清华大学气候变化与可持续发展研究院：
聚智合作、共创未来

清华大学气候变化与可持续发展研究院　王彬彬　林　鹿

气候变化是一项重大而紧迫的全球性挑战，全球气候变化治理进程仍任重道远。清华大学气候变化与可持续发展研究院（气候变化研究院）应时而生。2017年10月时任中国气候变化事务特别代表解振华将所获"吕志和持续发展奖"奖金全额捐赠给母校清华大学，时任校长邱勇提议成立气候变化与可持续发展研究院，将此笔资金用于为国家应对气候变化提供与可持续发展协同的目标、战略、路径和政策建议的研究支持。解振华任创始院长，邱勇任首任理事长，国家气候变化专家委员会主任、清华大学原常务副校长何建坤任学术委员会主任。

一家新的智库诞生了，气候传播事业也迎来了新的发展机遇。

气候变化研究院愿景是成为开展跨学科战略政策研究、加强国际对话交流和青年人才培养的协同创新平台，成为气候变化与可持续发展领域国际一流高端智库。加强交流与合作，把传播作为治理的重要组成部分，强化传播在各项工作中的战略作用，是气候变化研究院快速发展的重要经验。

自成立以来，气候变化研究院在对话与交流、战略政策研究和青年人才培养三个方向开展工作，过程中均将策略传播视角融入其中，并取得了亮眼的成绩。

一　广泛对话与交流，为民间气候外交探索创新路径

气候变化研究院创建了"巴黎协定之友"高级别对话机制，解振华特使与法国前气候谈判代表、欧洲气候基金首席执行官劳伦斯·图比亚娜担任联合主席，邀请为《巴黎协定》及其实施细则达成作出重要贡献的人员重聚，旨在推动《巴

黎协定》的全面、有效和持续实施，为民间外交探索了创新路径。首届对话于 2019 年在清华大学举行，邀请到来自亚、美、欧、拉美等地区的现任及前任环境部长或谈判代表及 2019 联合国气候行动峰会特使与副特使。生态环境部、外交部、国家发展与改革委员会等部委也派来代表参加本次会议，为 2019 年 9 月联合国气候行动峰会及 2020 年后落实《巴黎协定》提供建议。会议的讨论成果已转交联合国秘书长。2020 年因受疫情影响改为线上举行，11 月 24—25 日，围绕如何在 2020 年后落实《巴黎协定》、如何将气候行动与疫情后绿色复苏相结合、如何使 2021 年举行的联合国气候变化缔约方大会（COP26）取得成功展开讨论，三十余位高级别嘉宾参加对话。

气候变化研究院还创办了"气候变化大讲堂"，邀请包括联合国秘书长安东尼奥·古特雷斯、联合国常务副秘书长阿米娜·穆罕默德、中国气候变化特使解振华、美国前气候变化特使托德·斯特恩、欧盟委员会执行委员蒂默曼斯、澳大利亚第 26 任总理陆克文、加拿大前环境部部长凯瑟琳·麦肯娜等全球气候领袖，英国伦敦政经学院教授尼古拉斯·斯特恩、中国工程院院士杜祥琬、国家气候变化专家委员会主任何建坤、IPCC 报告第一工作组联合主席翟盘茂及多位致力于绿色转型的商界领袖分享他们对于本国及全球应对气候变化问题的认识，交流如何推进全球气候变化治理的实践行动和倡议，讲堂开讲期间进行同步网络直播，单场讲座观看人次达 10 余万，成为气候领域具有世界影响力的对话与交流旗舰平台。2019 年 4 月"气候变化大讲堂"被列为清华大学研究生院和 20 个院系为研究生开设的 11 门"综合讲座与前沿热点"系列课程之一，为培养全球气候治理的未来领军人才作出自己的贡献。

二 开展战略政策研究，贡献创新思想和建议

气候变化研究院针对国家和全球气候变化与可持续发展的重大议题，开展跨学科的前沿性研究，贡献创新的思想和建议。比如通过与国内顶尖同行智库合作，组织开展中国低碳发展转型战略与路径项目研究，为国家低碳转型提供政策建议。在推进研究的同时，气候变化研究院与时俱进积极尝试传播新方法。比如，2021 年，《读懂碳中和》一书由中信出版社正式出版，通过与商业出版社合作、开新书线上交流会、定向推介等形式，《读懂碳中和》成功售出三万本，作为研究院重大战略项目的核心学术产出，为碳中和科普贡献了一分力量。

除了针对重大战略方向开展研究，气候院还在前沿议题上主动探索。2020 年

4月起,研究院搭建"应对气候变化的基于自然的解决方案合作平台(C+NbS)",通过月度工作坊、联合研究、媒体培训等形式与来自政府、研究机构、私营部门、公益组织的伙伴共同探索创新可能。截至2020年12月,工作坊共组织9场全球直播,累计收到400多家机构报名参会,单场在线观众量突破50万人次。过程中形成的政策建议同步提交政府相关部门,为联合国生物多样性大会COP15和气候大会的成功举办建言献策。为了进一步扩大影响,研究院还积极拓展国际伙伴关系,成为"倒计时"全球倡议的中方战略伙伴,与TED品牌合作搭建向世界发声的桥梁。合作平台产出的全球案例研究报告在贵阳生态文明国际论坛正式发布中文版,在联合国生物多样性大会正式发布英文版,产生广泛社会影响。

三 重视青年人才培养,举办全球青年零碳未来峰会

气候变化研究院承接了清华大学倡议发起的世界大学气候变化联盟(以下简称"联盟")的秘书处工作。

2021年是我国"十四五规划"的开局之年。这一年,碳达峰、碳中和的"双碳目标"被写入全国"两会"政府工作报告,奠定了2021年作为我国碳中和元年的历史性意义。此外,考虑到中国将首次以东道国身份承办联合国《生物多样性公约》第15次缔约方大会(CBD COP15)以及青年作为实现零碳未来的中坚力量,秘书处及时把握历史节点,将已成功举办两届的世界大学气候变化联盟研究生论坛升级为全球青年零碳未来峰会(以下简称"峰会")。

峰会以"气候变化协同(Climate X)"为主题,强调应对气候变化与保护生物多样性之间的协同关系,发挥应对气候变化在实现可持续发展目标中的协同潜力,从而启发全球青年破圈思考、跨界创新,同时在议程设置上主动为CBD COP15以及将于同年11月在英国举办的《联合国气候变化框架公约》第26次缔约方大会(COP26)搭桥铺路,紧扣历史进程所需。

战略目标确定后,秘书处经过同盟校成员之间百余次协调会议,动员起盟校成员共同为峰会献计出力,最终确定了以"三大赛道"为核心、"两方协力"为支撑的峰会结构:

作为峰会核心部分,"三大赛道"旨在最大程度调动不同年龄、不同背景青年的气候行动。该赛道包括面向全球研究生征集气候科研成果的"学术赛道"、面向全球16—30岁青年征集短视频的"声音赛道",以及面向盟校学生征集商业解决方案的"行动赛道"。其中,学术赛道由清华大学、哥伦比亚大学、牛津大学、耶

鲁大学四所成员高校联合承办。同时，考虑到英国是COP26东道国，秘书处尤其邀请剑桥大和帝国理工大学分别承办声音赛道和行动赛道，并同COP26英国大学网络形成战略伙伴关系，以进一步提升峰会传播效果。最终，三大赛道共征集了全球350余名青年作品，声音赛道成片"现在行动（ActNow）"短视频于COP26期间在活动现场向各国气候谈判代表展播。

为汇聚最广泛利益相关方的经验和视角，峰会还策划了十余场由盟校成员贡献的"联盟成员高校活动"以及若干场由业界伙伴组织的"联盟伙伴活动"，为峰会提供了"两方协力"的重要支撑，为全球学者和利益相关方搭建了交流共享的平台，为全球气候治理提供了多元研究维度。

在秘书处的充分调动和联盟成员、伙伴的通力支持下，峰会于COP26期间，为全球青年和公众献上了30场活动，全球参与人次达125万人，有力地为推进全球气候治理贡献了高等教育合力，得到包括《联合国气候变化框架公约》秘书处执行秘书帕特里夏·埃斯皮诺萨（Patricia Espinosa）、COP26主席夏尔马（Alok Sharma）、中国驻美国大使秦刚、中国外交部气候变化事务特别代表尼克·布里奇（Nick Bridge）、联合国气候雄心与行动特使、彭博有限合伙企业和彭博慈善基金会创始人迈克尔·布隆伯格（Michael Bloomberg）等各界人士高度评价。

四 经验总结

从2017年清华气候院成立至今，气候院发挥自身优势，以传播作为推动全球气候治理的工具，不断推动气候领域的对话与交流、战略研究和青年培养等方面工作迈上新台阶。面向未来，气候院将在社会各界的关心支持下，继续向着成为气候变化与可持续发展领域国际一流高端智库不断迈进。

武汉大学气候变化与能源经济研究中心：
服务国家战略，助力碳市场建设

中南民族大学文学与新闻传播学院　徐　红
武汉大学气候变化与能源经济研究中心　周自涛

在当今全球应对气候变化的大背景下，世界经济格局、地缘政治格局、能源格局均处于重大变化和调整之中，中国也正面临着前所未有的复杂国际环境和日益严重的气候变化和能源经济问题，各种与气候变化、能源经济相关的新议题层出不穷，成为中国政府、学术界和企业无法回避的新课题。由于气候变化和能源经济问题不仅具有高度的复杂性和紧迫性，更具有战略性，因此，研究解决我国的气候变化和能源经济问题，必须要将视角拓展到世界范围和中国未来发展的更长周期，必须有宏观、综合、整体的透彻思考与研究。

在此背景下，2015年3月"武汉大学气候变化与能源经济研究中心"成立，正是顺应时代的发展和国家的重大需求。中心贯彻学校"顶天立地"的发展战略，以科研项目为纽带、以团队建设和人才培养为基础，瞄准气候变化和能源经济领域的前沿学术问题、国家重大政策问题和全球气候谈判的科学支撑问题，以科学的研究方法和国际化的视野进行深入系统的研究，努力把中心打造成国内高水平的学术研究基地、高级人才培养基地、国家和地方政府以及企业的重要智库。

中心的研究领域主要包括能源经济学、低碳经济理论、气候变化与经济增长、碳排放权交易、气候政策与国际经济、气候领域的国际谈判与合作等。中心设立五个研究室：碳排放权交易研究室、能源经济研究室、绿色金融研究室、气候政策与国际经济研究室、政策预测与模拟分析研究室。

一　中心开展的学术研究工作

中心以服务国家应对气候变化重大战略和地方社会经济绿色低碳发展的项目或课题为抓手展开学术研究，聚焦于能源经济研究、碳市场研究和地方与企业绿色低碳发展研究，出版学术专著、发表学术论文。

1. 从世界经济视角聚焦于能源经济研究

中心依托科技部973科技专项课题"发达国家'碳关税'及其影响和对策研究"、商务部项目"与气候变化相关的贸易措施及其对我国外贸影响"、科技部"十二五"科技支撑计划项目"国际应对气候变化中行业减排城市问题"、欧盟委员会让·莫内讲座教授项目"欧盟经济一体化中的低碳经济及其政策"、英国外交部英—中繁荣战略基金项目"中英低碳政策合作"、国家自然科学基金青年项目"国际贸易对我国碳排放效率的影响及政策研究"、国家自然科学基金青年项目"气候政策、技术升级与国际贸易——基于异质性企业视角"、国家自然科学基金一般项目"FDI的能源强度效应及政策优化研究"、国家自然科学基金应急项目"美国退出'巴黎协议'对世界能源市场、能源结构和技术进步的影响"，出版3本专著《欧盟金融市场一体化及其相关法律的演进》《气候规制与国际贸易：经济、法律、制度视角》《FDI对中国工业能源环境的影响研究》，发表学术论文60多篇。

2. 从制度建设视角聚焦于碳市场研究

中心依托教育部哲学社会科学研究重大课题攻关项目"低碳经济转型下的中国碳排放交易体系研究"、国家社会科学基金重大项目子课题"绿色经济的实现路径之一——中国碳金融交易机制研究"、国家重点研发项目"我国重点行业与地区碳配额分配方法与能力建设比较"、教育部新世纪优秀人才支持计划项目"碳交易初始配额分配制度研究"、国家社会科学基金青年项目"碳市场价格波动、驱动因素及其调控机制研究"、国家自然科学基金青年项目"基于碳价格映射的中国工业能源结构优化研究"、国际合作项目"武汉大学-CCAP碳交易合作研究""澳大利亚—中国碳定价合作研究"、碳排放权交易湖北省协同创新中心项目"碳价格对中国低碳技术进步的影响研究"，对全球主要碳市场制度演变、中国低碳经济转型与碳市场的相互作用机理、中国碳市场政策设计背后的理论原理、重要方法和关键参数、中国特色的二元碳市场结构（试点与全国）及其特点进行了研究。出版3部专著《全球主要碳市场制度研究》《低碳经济转型下的中国碳排放权交易体系》

《中国碳市场发展报告：从试点走向全国》，1部译著《碳市场计量经济学分析——欧盟碳排放权交易体系与清洁发展机制》，发表学术论文90多篇。

3. 从应对气候变化视角聚焦于地方与企业绿色低碳发展研究

中心依托武汉市发改委项目"武汉市低碳发展'十三五'规划""武汉市碳排放峰值预测与减排路径研究"、国家发改委项目"武汉市温室气体排放统计体系构建""武汉市碳排放峰值预测与减排路径研究""武汉市温室气体排放峰值预测及减排路径研究"、英国外交部英—中繁荣战略基金项目"中英应对气候变化风险合作项目"课题三"气候变化间接风险评估与政策应对"、科技部委托课题"化工（具体）行业和建材（具体）行业企业集成解决方案应用示范"、国家能源集团委托课题"应对气候变化背景下全球能源转型研究"、神华集团委托课题"湘鄂赣渝川五省（市）煤炭市场研究"、湖北电力经济研究院委托课题"湖北终端能源消费结构分析及预测技术研究"，对武汉市低碳城市试点建设过程中的低碳发展社会规划、温室气体排放统计方法、碳排放峰值预测与减排路径、气候变化给武汉市带来的高温天气、城市内涝等间接风险及其政策应对，以及节能减排重点企业、重点行业低碳经济转型中的关键问题进行了研究。出版2部专著《碳减排路径与绿色创新激励机制》《偏向型技术进步对中国工业碳强度的影响研究》，发表学术论文近20篇。

二 中心学术研究成果转化工作

学术成果还转化为咨询报告和决策建议报告，为各级政府及其部门、企业提供理论支持。

1. 为国家气候谈判及应对气候变化重大战略制订提供技术支撑

中心为国家参与国际气候谈判提交5份研究咨询报告，被科技部和商务部所采纳。为中国参与国际气候谈判，发出中国声音，提出中国对策和作出中国贡献，推动中国逐步成为全球气候治理和可持续发展的重要参与者、贡献者和引领者，提供了强有力的科技支撑作用。

中心主任齐绍洲被中国政府推荐担任联合国政府间气候变化专门委员会（IPCC）第5次评估报告（AR5）第三工作小组的评审专家，主要负责对全球减缓气候变化的政策、行动、成效、研究方法以及决策者摘要报告的评估结果进行多轮专业评审。既对全球应对气候变化做出了客观公正的科学评估，又维护了中国政府立场和国家利益。IPCC第五次评估报告产生了巨大的国际影响，对2015年全球气候大会达成具有里程碑意义的《巴黎协定》起到了一定的促进作用，中国在其中发挥了建设性推动作用。

中心研究员担任《第四次气候变化国家评估报告》及其《碳市场特别评估报告》首席作者之一，参与评估"十三五"期间中国应对气候变化的政策、行动与成效，对试点碳市场的制度设计、市场交易、减排成效和经济影响进行客观评估，为全国碳市场建设和试点碳市场向全国碳市场顺利过渡提供政策依据。

2. 服务湖北碳市场建设，助力湖北碳市场走向全国

湖北省是全国碳市场的七个试点之一，建设十年来，中心作为湖北省碳排放权交易试点的政策支撑单位，在湖北试点的建设和运行过程中起到了关键性作用。

中心将碳市场理论研究应用于湖北碳市场试点建设，完成国家发改委 2012 年 CDM 赠款项目"湖北省碳排放权交易体系研究"、湖北省发改委项目"湖北省建立碳排放权交易市场体系研究""碳排放配额分配方案制定""湖北省碳排放权交易试点中期评估研究""湖北碳市场与其他试点碳市场的比较项目"、美国环保协会项目"湖北省碳交易试点对全国的借鉴意义"、英国外交部英—中繁荣战略基金项目"广东、湖北碳排放权交易体系连接的可行性研究"，提交 12 份研究咨询报告和决策建议报告，被湖北省政府和湖北省发改委所采纳。对我国，尤其是湖北省碳市场试点，通过碳排放权交易体系这一市场化手段来应对气候变化，实现绿色低碳经济转型和生态文明建设，具有重要的理论指导和政策指导意义。

主持湖北省试点碳市场制度研究与设计，推动湖北碳市场制度不断完善。碳市场是联合国气候大会特别是《巴黎协定》力推的应对气候变化的市场化政策工具，也是一项制度创新和社会实践，需要系统的、复杂的制度设计并在实践中不断发现问题、创新完善。中心主任齐绍洲教授被湖北省发改委聘为湖北省碳市场的首席专家和湖北省碳交易专家委员会主任，主持湖北省碳市场制度研究和政策方案设计。中心研究团队深度参与了湖北试点碳市场的管理办法、覆盖范围、总量设定、配额分配、MRV、抵消机制、价格稳定机制、履约机制、惩罚机制、国际经验比较、试点比较与评估等关键政策要素的研究设计和评估。中心为湖北省政府提交试点碳市场政策方案和咨询报告 12 份，为湖北试点碳市场的建设提供了有力保障和智力支撑。由于湖北省经济发展阶段、产业结构、能源结构和人均碳排放水平在全国具有典型的代表性，美国环保基金会中国中心主任张建宇博士评论说："碳市场建设，湖北成则中国成"。截至 2020 年 8 月 31 日，湖北试点碳市场成交量和成量额分别占全国的 52.65% 和 58.11%，在国家对全国 7 个试点碳市

场进行的综合评估中，湖北试点碳市场排名第一，从而被国家作为全国碳市场的注册登记结算中心来建设，向实现湖北省委、省政府把湖北武汉打造成全国碳市场中心的战略目标迈出了坚实的一步，为湖北省乃至全国充分利用碳市场这一市场化气候政策促进企业绿色低碳转型提供了政策抓手和平台。

培训湖北省各地市政府和企业相关人员，推动湖北碳市场基础能力建设。湖北试点碳市场启动初期，湖北省各地市政府主管部门和纳入碳市场企业的主管人员对碳市场的政策、原理、作用、意义和企业碳资产管理的了解几乎是一张白纸，基础能力建设亟待加强。中心利用与清洁空气政策欧洲研究中心（CCAP）、英国繁荣战略基金、德国欧洲经济研究中心（ZEW）多年积累的开展合作研究和人员交流的资源，邀请欧盟碳市场专家和欧盟企业碳资产管理专家来武汉，为湖北省企业和官员400余人进行碳市场系列扫盲培训，为湖北碳市场顺利启动和成功运行并被国家挑选为全国碳市场进行建设奠定了基础。

3. 服务武汉市低碳城市建设，推动低碳行为的社会动员

为推动武汉城市圈"两型"社会、低碳城市试点、碳排放权交易试点等国家重大改革试验，作为武汉市发改委委托的支撑研究单位，中心直接参与了"武汉市十三五低碳规划"和"武汉市十三五低碳实施方案"的起草与制定，为武汉市绿色低碳发展量身定制政策研究，对武汉市碳达峰提供预测研究数据和政策支撑，起草武汉市碳排放提前"达峰"的行动方案。

中心为武汉市低碳城市试点建设提交决策建议报告3份、参事建言2份，被武汉市政府和武汉市发改委所采纳。这些研究对武汉低碳城市建设和相关企业在应对气候变化过程中采取积极的低碳绿色发展战略与节能减排行为提出了有针对性的切实有效的建议。

中心主任齐绍洲作为武汉市人民政府参事，提交了把2019年在武汉举办的第七届世界军人运动会打造成"碳中和"军运会的参事建言，被武汉市政府和世界军运会筹委会采纳，成功打造第一个"碳中和"世界军人运动会。经中环联合（北京）认证中心有限公司核查，仟亿达集团股份有限公司将种植于湖北省通山县碳汇造林二期项目的9.22万亩新造林所产生的11.3万吨二氧化碳减排量捐赠给第七届世界军人运动会，以抵消军运会因主要活动、场馆运行及相关人员产生的9.38万吨碳排放量，实现了赛事"碳中和"。同时，开发"低碳军运"微信小程序，鼓励社会公众通过践行低碳生活方式获取"碳奖励积分"为军运会"碳中和"贡献一分力量，起到了很好的社会动员效果。该模式被北京冬奥会筹委会借

鉴，打造"碳中和"北京冬奥会。

2021年，全国碳交易注册登记系统（中碳登）在武汉市启动以后，中心主任齐绍洲又提出要像打造光谷一样打造武汉的"绿谷"，把全国碳市场这一"聚绿盆"变成武汉市的"聚宝盆"，吸引全球绿色资金流、技术流、项目流、人才流和信息流汇聚武汉，通过打造国家级"国际绿博会"和绿色化、数字化武汉"绿谷"等，做出城市影响力，提升城市品质。目前，这些建言正在被武汉市政府吸纳与逐步落实。

三　中心学术研究成果及其转化的传播效果

1. 学术成果显著，成为国家、地方政府和企业重要的智囊团队

中心在最近10年中，主持教育部哲学社会科学研究重大攻关项目、国家重点研发计划课题、国家973项目课题、国家科技支撑计划项目课题专题、国家自科基金与社科基金、地方政府与企业以及欧美国际合作项目近40项，在《经济研究》《中国工业经济》、《自然》子刊《自然·气候变化》、*Energy Policy*、*Applied Energy*、*Climate Policy* 等国内外高水平期刊发表学术论文180多篇，出版专著8部，提交政府咨询报告30多篇。

其中，教育部哲学社会科学研究重大攻关项目的研究成果《低碳经济转型下中国碳排放权交易体系》获得2019年第八届高等学校科学研究优秀成果奖（人文社会科学）著作一等奖，并获得2018年国家社科基金中华外译项目资助译为英文向全球推广。调研报告《"十三五"时期碳排放总量控制对湖北经济发展的影响》获得湖北省发改委调研二等奖。

中心已逐步建设成为国内外享有一定声誉的综合性应对气候变化和能源经济的科研机构，在碳市场建设及其政策制定、发达国家碳关税及其影响、量价约束下的能源转型、气候变化间接风险评估及其政策应对等新的学术增长点上，取得了较大的学术话语权和影响力，成为国家、地方政府和企业重要的智囊团队。

2. 扩大海内外学术交流，广泛传播研究成果

中心通过举办会议与参加学术会议、项目或论文合作、人员交流广泛传播研究成果。中心主办了多场国际国内学术会议，例如"应对气候变化背景下的全球能源转型学术研讨会""2019年绿色'一带一路'与能源转型""第二届气候变化经济学学术研讨会""新常态下中国绿色低碳发展的挑战与对策研讨会""第七届中国能源资源开发利用战略学术研讨会暨第四届能源经济与管理学术年会""碳价格

波动、驱动因素及稳定机制研讨会""2017年碳市场学术研讨会——碳市场·城市达峰·技术创新""湖北省碳交易试点对全国借鉴意义研讨会""湖北碳市场建设经验总结研讨会"等。积极参加国际国内重要学术会议并做主旨发言，派出成员到美国劳伦斯伯克利国家实验室、杜克大学、日本名古屋大学、澳大利亚国立大学、澳大利亚新南威尔士大学、新加坡国立大学以及法国、德国、英国等欧洲合作伙伴的大学或研究机构访学或讲学。其中，中心主任齐绍洲2016年、2017年两次受邀前往美国华盛顿特区参加"3+3中美全球气候变化议题对话项目"，2019年受邀参加国务院参事室举办的"10+10"中美应对气候变化智库高层对话，围绕碳排放权交易市场、新能源技术合作和能源金融与美国学界、政界和商界展开对话交流，并到美国国务院与负责中国气候变化与能源环境合作的相关部门和官员进行了面对面的对话交流，促进了中美智库在应对气候变化、绿色低碳经济转型领域的交流与共识。

3. 培养了一批服务于低碳经济与碳市场的专业人才

培养了一批低碳经济与碳市场研究方向的硕博专业人才。中心连续多届硕、博士研究生全程参与碳市场的理论研究和政策实践，有几名毕业生进入湖北省碳排放权交易中心，专业水平获得用人单位高度好评，很快获得单位提拔重用；还有一部分毕业生去了中国社会科学院、复旦大学、武汉大学、华中科技大学、中南财经政法大学等研究机构或高校继续从事科研和教学，可以将该学术研究领域的研究发扬光大，培养更多该领域的专才；还有1人出任中国驻瑞士日内瓦WTO总部代表，1人出任中国驻某国总领事，相信他们在工作岗位上都能够将本专业领域的研究成果加以应用及传播。

为武汉大学硕士研究生开发低碳经济、碳市场方面新课程。在欧盟"让·莫内"项目资助下，先后为全校研究生开发了"欧盟一体化中的气候与能源政策""EU ETS：演变、改革与前景""低碳经济学：欧盟经济一体化的新驱动力"等课程。这些课程的开发和教学，培养了一大批了解欧盟气候与能源政策及其碳市场的跨学科交叉人才，必将有利于中欧绿色低碳经贸与技术合作，助力绿色"一带一路"建设。

4. 配合媒体发声，放大低碳声量

由于在能源经济研究领域突出的学术成果以及在湖北碳交易试点制度设计中的突出特点、鲜明亮点，中心受到国内外媒体、企业、政府部门和业内专家的高度关注和好评，产生了极大的社会影响。新华社、《人民日报》《光明日报》《中国社会科学报》《21世纪经济报》《中国能源报》《中国科学报》《中国财经报》《中国环境报》《湖北日报》《长江日报》和路透社、欧洲碳点新闻、今日俄罗斯等多家媒体就能源经济和湖北碳市场建设多次采访中心研究人员，进行专题报道，中央电视台也派出专班赴湖北进行为期一周的深度采访报道。中心主任齐绍洲教授接受包括俄罗斯卫星通信社等国际媒体专访，进一步扩大了中心的学术影响力，向国际社会发出了强有力的中国声音。

5. 重视公益传播，动员公众低碳生活

除此之外，中心研究人员还利用业余时间面向社会公众进行低碳传播，动员公众践行低碳生活。除了在武汉大学针对大学生开设低碳经济的学术讲座外，中心主任齐绍洲教授2016年与武汉市图书馆《名家论坛》合作讲座"建设低碳绿色家园，从我做起"，面向普通市民传播低碳经济知识；2017年赴日本广岛大学给20多个一带一路沿线东南亚国家应对气候变化相关职能部门官员组成的研究生班开设一学期的"中国碳市场政策与实践"课程，分享中国碳市场建设经验；2021年参与英国驻武汉总领事馆在武汉举办"同住地球 共助地球"环保主题分享会，为家长孩子分享低碳环保理念与行为；2022年1月与腾讯合作制作"零碳课堂"视频，走出书斋向公众科普碳中和相关知识，该视频一个星期微信指数达200多万，齐教授说："看来公众还是很愿意了解碳中和知识的。每个人从自己的衣食住行中行动起来，都可以为碳中和与人类的永续发展做出自己的贡献！最伟大的力量存在于民众之中。"

四 经验总结

全球合作应对气候变化的大势所趋和中国政府生态文明建设和绿色发展的治国理念，给武汉大学气候变化与能源经济研究中心的发展创造了历史机遇。作为社会科学的研究团队，不仅要做好学术研究，还要力争成为国家和地方社会经济发展的重要智库，充分响应和践行习近平主席倡导的"广大科技工作者要把论文写在祖国的大地上，把科技成果应用在实现现代化的伟大事业中"的期许，以服务于国家重大战略和地方社会经济发展为己任，心怀经世济民理想和家国情怀，坚定维护人类命运共同体的价值观念和国家利益。在不断深化理论研究和提高学术贡献的基础上，做好研究成果的社会推广工作，在学术交流、人才培养、政策咨询与决策建言、地方建设和企业服务、社会动员方面发挥更大的传播力，为中国参与全球气候治理与中国的生态文明建设和绿色发展作出更大的贡献。

中国观察智库：搭建媒体平台，汇聚海内外气候声音

中国观察智库 刘 毅 刘 夏

中国观察智库（China watch Institute，下称中观智库）是中国日报社为进一步做好国际传播工作，挖掘报社40年来汇聚的高端人脉资源和传播渠道，于2018年正式启动建立的媒体型智库。中观智库致力于会聚全球中国问题研究的意见领袖、政治人物和商界精英，集纳海内外"最强大脑"的权威观点，建设中国研究全球"朋友圈"，促进交流互鉴，提升研究水平，推动形成新理论、创造新智慧，影响并引领全球中国问题研究方向。

一 "中国观察智库" 气候传播概况

中观智库不是气候类别的专业智库，但始终将气候变化作为工作的一大重点。第一，环境气候关系人类未来和命运福祉，尤其在新冠疫情暴发后，人们逐渐认识到气候、环境等问题不再遥远，已经与社会、经济、民生等问题密不可分。作为媒体型智库，中观智库承担相应的社会责任，呼吁更多人的关注和贡献。第二，中国在环境治理、气候变化等问题上正发挥引领作用。在签署《巴黎协定》以后，中国始终积极行动，尤其是2020年9月习近平总书记在第75届联合国大会上宣布，中国二氧化碳排放力争2030年前达到峰值，努力争取2060年前实现碳中和。12月12日，习近平主席在气候雄心峰会上通过视频发表题为《继往开来，开启全球应对气候变化新征程》的重要讲话，宣布中国更新国家自主贡献等一系列新举措。第三，气候问题已经超越科学本身，成为国际社会博弈角力的主战场。尤其是在特朗普执政的四年中，气候和环境问题被当作政治手段，上升到了意识形

态斗争层面。中国作为负责任的大国，始终坚持可持续发展，帮助其他发展中国家。中观智库长期从事国际传播，面对这样的舆论局面，力争多方位阐明中国立场，积极有效参与国际舆论斗争，努力破除美国和西方舆论干扰。

二 中国观察智库气候传播议题设置

到2021年年底，中观智库共刊发了200余篇气候变化及环保类的中英文文章，话题囊括全球气候治理、生物多样性保护、海洋治理、生态文明、能源转型、绿色城镇化、绿色一带一路、绿色金融等。中观智库依托《中国日报国际版》和中国观察智库网、观中国微信号、观中国推特账号、观中国今日头条号等多个平台传播，更是选择在2018年世界环境日当天，于"观中国"微信平台发出首篇原创文章，开启双语传播之路。

2020年9月习近平总书记在联合国大会上宣布中国力争2030年前"碳达峰"、2060年前实现"碳中和"这一重大目标之后，中观智库在前后数月时间内，围绕绿色复苏和国际合作，邀约中外政要、学者、国际组织成员、科研人员等以言论文章发声，突出强调中国在应对气候变化问题上发挥的引领作用，将中国塑造为"国际公认的全球可持续发展的倡导者"。G20峰会一向是重大国际话题的讨论交锋场所，2018年的阿根廷峰会、2019年的大阪峰会，都处于中美贸易战的胶着阶段，中国在国际上受到单边主义、反全球化等问题的困扰，急需正面话题的引导。中观智库在峰会前出版的政策前瞻报告中，专门设置了气候变化和可持续发展议题，邀请国内外学者、特别是国际权威从各个角度进行探讨。其中包括"气候之父"尼古拉斯·斯特恩撰文评论在民族主义抬头情况下，G20应加强气候国际合作与治理；罗马俱乐部成员、《增长的极限》一书的合作者乔根·兰德斯呼吁人类共同迎接生态挑战；波士顿大学全球发展政策中心主任凯文·加拉格强调中国在气候变化领域的实干与成果；法国前财长埃德蒙·阿勒庞德利关注了碳市场和碳定价问题；英国货币金融官方机构论坛首席经济学家丹娜·基里科帕劳探讨了绿色金融以及中国在其中的关键推动作用，等等。

2020年年初，新冠疫情暴发后，国际社会对共同应对生态环境挑战产生了强烈的共鸣，却也存在针对中国处理方式的质疑声音。中观智库邀约联合国粮农组织驻中国代表马文森（Vincent Martin）撰稿，分析全球化和交通运输系统的快速发展，加速了新冠病毒在全世界的蔓延，情况危急的国家别无选择，只能采取前所未有的大规模人口控制等限制措施；联合国前副秘书长金垣洙（Kim Won-Soo）

呼吁人类反思不可持续的生活生产方式，重新审视人与自然的关系。疫情发展中后期，国家发布了"十四五"规划。中国决策与全球绿色繁荣息息相关，国际社会高度关注中国共产党十九届五中全会和中国"十四五"的经济、社会和生态环境保护战略。智库邀约稿件从能源、建筑、交通、城镇化、自然生态等细分行业领域切入，展示了中国环境改革的魄力和可行性。中国发展战略学研究会副理事长、北京交通大学教授王元丰撰文指出建筑行业实现"碳中和"是可以做到的，但必须在战略规划、政策法规、行业标准等方面付出长期努力；原国务院发展研究中心党组书记陈清泰谈到了新能源车广阔的发展前景。

三 中国观察智库的气候传播特点

中观智库始终坚持对气候变化、环境治理等一系列问题进行报道、研究，并将其与其他话题进行有机结合，保持这一相对"小众"的话题始终处于大众视野当中。在不断实践中，中观智库逐渐在气候环境话题的传播方面形成了鲜明的特色。

1. 国际传播目标明确

中观智库作为由我国唯一的国家级英文日报《中国日报》创立的媒体智库，始终以向国际社会传播我国社会经济发展为使命，以塑造我国负责任大国形象为宗旨，以建立有利于我国的舆论环境为目标。在这一原则的指引下，在气候环境领域，中观智库将重点放在对国家的重大方针政策进行权威阐释，尤其是对习近平生态文明思想的对外传播上。

习近平生态文明思想是习近平新时代中国特色社会主义思想的重要组成部分。生态文明既来自中华历史文明积淀，又体现了当代中国的发展道路和哲学思想，是经过实践检验的真理，也是我国对世界可持续发展的独特贡献。中国正走出一条生态优先、绿色发展之路，习近平生态文明思想对构建新发展格局、推动高质量发展起到重要作用，迈向"碳中和"离不开中国智慧，国外却知之甚少。

多位顶级学者从各自学科背景阐释生态文明思想，打入国际主流话语体系。欧洲气候基金首席执行官、原法国气候大使劳伦斯·图比亚娜（Laurence Tubiana）撰文指出，欧洲的"绿色新政"和中国的"生态文明"，在本质上都是适应各自政治社会环境的可持续发展解决方案，将成为国际体系的一个基石。欧盟委员会顾问杰瑞米·里夫金（Jeremy Rifkin）根据新书《零碳社会：生态文明的崛起和全球绿色新政》独家撰文，呼吁全人类团结写作，为中国的"生态文明"愿景和欧盟的"绿色新政"提供动力，该文被环保部官网全文转载。世界经济论坛据报告撰文指出，疫情警示当前人类与自然的关系已失衡，应把握机会相互合作，中国生态文明建设的目标与此相应。

2. 国际舆论节点精确

中观智库作为一家媒体性智库，对国际舆情非常重视，依托中国日报社本身的舆情收集体系，往往在问题形成热点以前就着手进行反应，取得了较好的效果。

2018年7月，非洲大象的生存问题再度引起国际关注，一些声音将矛头指向中国。此时距离中非合作论坛领导人峰会只有一个月的时间，届时将有几十名非洲国家领导人以及联合国秘书长等国际组织领导人来到北京进行多边外交活动。中观智库迅速邀请驻在肯尼亚的联合国环境署执行主任索尔海姆就非洲象牙问题撰文，并将中国正式出台象牙禁令、公众对象牙问题的认识过程、大象生存环境保护等问题与作者进行了充分的沟通，因此稿件对非洲大象问题的分析非常中立客观，而且重点讨论了中国在环境、气候变化等问题上的积极应对、举措、效果。

3. 平台定位准确

中观智库充分发挥自身的平台特色，为中外意见领袖提供对话平台，为国际热点话题提供交流平台。在重大事件中，平台能够有效汇聚不同声音、不同观点，能够打破传统的研究领域与条块，有效形成合力。

中观智库加大了对绿色经济复苏、经济转型升级、国际绿色合作等议题的设置，将"碳中和"行动目标与外界对"十四五"规划的关注度绑定，从能源、建筑、交通、城镇化、生态多样性等寻找切口。比如，央行货币政策委员会委员马骏撰文探讨深化绿色金融支持；国际金融论坛联席首席经济学家庄巨忠探讨"一带一路"沿线国家加强环保执法，利用市场机制减少碳排放，发展可再生能源、降低碳排放强度等。从科学理论概念到实践案例，深入解读各大细分行业领域实现"碳中和"路线图，展示了中国在脱碳、新能源转型、生态环保等外界核心关注议题上改革的魄力和可行性。

四 经验总结

经过几年的摸索与实践，中观智库在气候变化、环境治理等相关领域的传播工作已经形成一套行之有效的方法。

第一，是与专业机构、政府部门、国际组织的官员、专家、学者建立信任与密切合作。气候变化本身是一个复杂的科学议题，又直接或间接影响政治、经济、地缘、法律、国际治理等众多领域。要做好气候传播，必须同权威机构合作。中观智库的合作机构包括生态环境部、联合国环境署、中国环境与发展国际合作委员会、清华大学气候变化与可持续发展研究院、世界资源研究所、能源基金会、世界经济论坛、亚洲开发银行、保尔森基金会、落基山研究所、美国环保协会、德国能源署等。撰稿人包括时任生环部部长的李干杰、联合国秘书长古特雷斯、中国气候谈判特别代表解振华等决策者和知名人士，这都大大增加了信息和观点的权威性、影响力。

第二，中观智库充分发挥自身在国际传播方面的专业能力。国际传播涉及新闻传播、跨语言文化、国际关系等方面，是一项专业性、敏感性、综合性较强的工作。中观智库长期从事国际传播工作，具有丰富的国际传播经验，不断挖掘科学议题与大众趣味之间的联系，平衡专业报道与普通读者之间的关系。通过讲故事、讲案例，促进小众话题的热点化、科学议题的大众化、专业问题的普适化。同时，中观智库还积极运用多种传播手段，包括报纸、网站、公众号、推特等形成全平台全媒体的循环传播和精准传播。

第三，中观智库充分运用平台的聚合性，将气候变化、环保话题与其他重大话题相结合，依托重大事件、热点事件，增加气候相关话题的关联度与曝光度。在"一带一路"国际合作、区域全面经济伙伴关系协定（RCEP）正式签署、G20峰会、中非合作论坛峰会，以及中美、中欧、中非、东亚等区域性合作等重大话题中，我们都有意识地增加气候问题的议题设置，将其作为国际合作、国际治理的一个重大抓手进行报道、分析、评论，这既宣传了中国可持续发展路径、人类命运共同体的理念，又实现了对气候话题的长效传播。

低碳智库伙伴：用整合传播策略推进低碳发展

绿色创新发展中心　汪燕辉

"绿色低碳发展智库伙伴"（简称低碳智库伙伴）是一个中国绿色低碳领域研究机构和能源、环境、经济领域专家学者交流的平台，由清华大学低碳经济研究院、深圳建筑科学研究院、深圳国际低碳发展研究院、厦门大学中国能源经济研究中心、上海市经济信息中心、中科院广州能源研究所、能源基金会等众多机构在2014年联合发起成立。自成立以来，"低碳智库伙伴"一直致力于为促进中国绿色低碳转型政策的出台、提升相关政策的可实施度提供支持，并着力对国内外听众讲述中国绿色低碳发展故事，进而形成了较为系统的整合传播策略。

一　"低碳智库伙伴"整合传播策略

1. 传播主体

"低碳智库伙伴"建立了两个传播主体，一是机构，即绿色低碳发展领域内的领先研究机构，目前（2020年年底）已拥有48家伙伴机构。二是专家，即加入平台的专家，截至2020年年底，已有80名专家委员。传播活动围绕伙伴机构和专家的研究、活动和观点开展，主要目的是让伙伴机构和专家的声音被政策制定者听到并采纳。而"低碳智库伙伴"的秘书处作为开展传播活动的主要协调机构，负责传播策略的制定和实施。

2. 传播受众

围绕"低碳智库伙伴"开展的传播活动受众可以分为两类：一类是政策制定者，包括中央和地方政策的制定者，具体按政策制定者在某项政策制定过程中发挥的作用可以分为政策的牵头制定部门以及在政策制定过程中有影响的部门；第二类是为上述政策制定者出谋划策的机构或者专家。当然，公众的意见也有可能影响政策的制定和出台，但一般不把公众作为传播活动的主要受众。

3. 核心信息

基于定位，传播活动的核心信息围绕"国内外绿色低碳发展政策和实践"展开。经过多年来持续的实践和细化，确定了围绕绿色低碳发展的重大意义、推动相关政策出台需要解决的问题、提升政策的精细化和可实施度的实践，三个维度进行分解。在上述三个维度中，继续根据具体信息的特点用国际/国内、跨部门/某个行业以及行业/地方等分类进行深度分析解释。"低碳智库伙伴"的核心信息屋示意图如下。

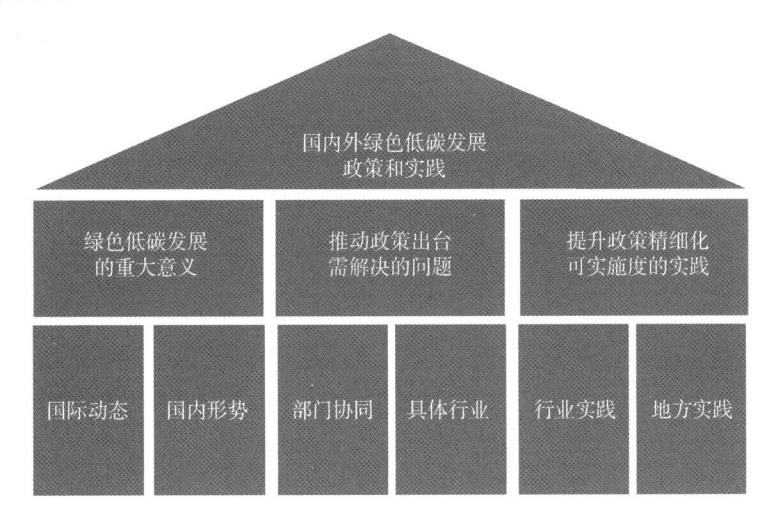

图1 "低碳智库伙伴"的核心信息屋示意图

4. 传播渠道

在传播渠道的建设上，一方面，"低碳智库伙伴"注重与传统媒体建立关系并持续维护，包括中央媒体、行业媒体和市场化媒体。另一方面充分利用新媒体工具，建立专属的网页、微信公众号。两种渠道，两翼齐飞形成了立体、可控的传播渠道。

二 "低碳智库伙伴" 传播活动

"低碳智库伙伴"开展的整合传播活动可以分为四类：年度论坛、专题研讨会、书籍编辑出版、观点文章。

1. 年度论坛

自2014年成立以来，"低碳智库伙伴"每年举办一场年度讨论会，至今已举办六届，成为绿色低碳发展领域备受关注的年度盛会。2015年、2016年的年会均在北京召开，2017年移师深圳，这三次年会均有超过百位嘉宾参会。2018年的年会在"两山论"发源地——浙江省湖州市举办，虽然遭遇百年不遇的暴雪，却依然有80余位嘉宾风雪无阻出席会议。2019年第五次年会回到北京，同期还举办了"首届绿色低碳中国摄影大赛"，生态环境部气候变化司司长李高到场致辞。2020年遭遇疫情冲击，会期三易，最终于2020年10月30日在上海成功举办，同时开通线上直播，有超过万余听众"云"参会。

2. 专题研讨会

在每年成功举办年度研讨会的基础上，伙伴机构和专家普遍反映希望能够回应热点问题，组织召开小范围的专题研讨会，因此从2018年开始"低碳智库伙伴"开始组织专题研讨会。2018年10月15日，在山东举办了泰山科技论坛暨"绿色低碳与新旧动能转换"研讨会，背景是山东成为我国首个"新旧动能转换"试点省；2019年7月25日，在北京举办"落实《巴黎协定》城市中长期深度减排行动研讨会"，背景是联合国气候雄心峰会即将于当年10月在纽约举行；2020年受疫情影响专题研讨会转到线上，7月2日"全国低碳宣传周"期间围绕"低碳宣传周"的主题举办了"绿色低碳全面小康"网络研讨会；夏季中国洪灾频发，因此在8月29日举办了"气候变化影响与提升中国城市韧性"网络研讨会，邀请到国家气象中心的专家和青岛、重庆等"海绵城市"的代表分享科研的前沿知识和实践经验；9月22日习近平主席在联合国大会上作出"中国2030年前碳达峰，2060年前碳中和"的承诺后，迅速组织了"新形势下省市碳达峰和碳中和行动"系列研讨会，例如，10月9日的会议主题是"提升省市碳达峰雄心"，12月21日的会议主题是"十四五规划与碳达峰目标"。

3. 书籍出版

动员伙伴机构和专家协作共同出版专著也是"低碳智库伙伴"重要的传播活动。目前已出版的主要书籍包括：

《中国城市低碳发展规划、峰值和案例研究》，这是"低碳智库伙伴"组织伙伴机构和专家联合编辑出版的第一本专业书籍。该书从创意到出版历时近两年，是六十余位专家共同努力的结晶，该书从规划、学术研究以及实践案例等多角度对城市的低碳转型进行了记录和总结。2016年10月15日该书的出版发布会暨"新常态下的低碳城市发展"主题研讨会在北京举行，有来自业界和媒体代表八十余人参加。

《能源数据》系列图书，这是围绕"低碳智库伙伴"专家委员王庆一先生的研究成果编辑的系列出版物。王庆一先生是国家煤炭研究所的资深研究员，潜心于中国能源统计工作近二十年，每年定期发布能源数据报告。该报告在广泛收集国内外信息的基础上，按照国际通行的能源统计指标体系、定义、方法和规则，对能源数据进行加工整理和综合集成，特别是在一些综合性统计数据和国际比较的数据收集、分析和计算方面进行了大量的工作。在"低碳智库伙伴"秘书处绿色创新发展中心研究人员的协助下，已经出版了《2015能源数据》（中英文版）、《2016能源数据》（中文版）、《2017能源数据》（中文版）、《2018能源数据》（中英文版）、《2019能源数据》（中英文版）。

《低碳智库译丛》，这是由"低碳智库伙伴"高级顾问何建坤教授主持，东北财经大学出版社策划执行出版的系列丛书。译丛集聚了以斯特恩为代表的全球低碳经济研究领域的权威著作，对发达国家的低碳政策、低碳产业和碳市场，有全景式概览，也有专业深度解析，是低碳发展的政策决策者、研究者、实践者的重要参考书，对于推进我国低碳发展具有重要的政策和学术价值。多位"低碳智库伙伴"的专家参与系列丛书的编译出版工作，丛书截至2019年年底已经出版了十七本。

4. 互联网社交平台

传播智库伙伴和专家的观点，为绿色低碳发展政策的出台和落实鼓与呼是"低碳智库伙伴"的重要使命。为此，平台成立之初就开设了"绿色低碳发展智库伙伴"的微信公众号及专门的网页，力求迅速准确地传递"低碳智库伙伴"的工作动态和专家观点。

截至2020年年底，通过"低碳智库伙伴"平台累计发表观点文章130余篇。观点文章主要有两类，一类是结合专家的研究成果或在重要会议上发言撰写的文章，如秘书处对"低碳智库伙伴"组织的会议上专家发言进行编辑整理，这一操作自2017年开始，也算是开了专业会议传播的先河，后来逐渐被领域内广泛学习；另一类是在重大新闻节点，秘书处组织专家对新闻事件发布即时反馈的文章。这些专家来自国际国内、中央地方，代表着能源、环境、经济、金融各个层面的意见，充分体现了"智库声音"的多样性、权威性、及时性，如2016年11月15日美国总统特朗普宣布退出巴黎协定，组织智库十余名专家联合发声：《特朗普阻挡不了应对气候变化的步伐》；2020年9月22日，习主席联大发言发布后24小时内收集13位专家反馈，发表观点文章《付出艰苦卓绝努力实现绿色低碳发展》。第三类是组织专家就某个问题集中发表观点，为媒体输送素材。如在2015年全国

"两会"召开的时候，值此两会代表热议之际，秘书处协助几家核心媒体安排了就"十三五"规划等低碳发展领域的焦点问题对中国工程院杜祥琬院士的专访，后多家媒体发表了类似《杜祥琬院士："新常态是创新发展路径的历史机遇"》的文章。

三 "低碳智库伙伴"传播效果

"低碳智库伙伴"整合传播活动的效果，可以从数量和影响力两方面衡量。

一方面"低碳智库伙伴"组织的会议逐渐形成一定的品牌号召力。年度研讨会作为"低碳智库伙伴"的品牌项目，已经成功举办过六届，每届的参会规模是100—200人。尤其是2020年上海年会，开通两个网络直播平台，同时在线参会人数超过万人。自2019年已经形成了各地伙伴机构竞相承办的态势，在上届年会结束就已经确定下届年会的承办伙伴机构和举办地点。"低碳智库伙伴"主办的十余场线上线下的专题研讨会，参与人数从50人到200人不等。

另一方面，"低碳智库伙伴"不断推陈出新，创新了多样化的合作方式。2017年、2018年先后与《中国人口、资源和环境》杂志联合主办两次年会学术论文征文活动，收到上百份来自全国学术单位研究人员的投稿。2019年与《环境与生活》杂志等机构联合主办了"第一届绿色低碳中国摄影大赛"，收到来自全国的参赛作品上千份。除此之外，"低碳智库伙伴"的影响力得到行业认可，受邀协办过数届"深圳国际低碳城论坛"，并与国内外机构在数次联合国气候大会上举办主题活动。

此外，在观点传播上，立体的传播渠道促进了业界声音的"破圈"。"低碳智库伙伴"的微信公众号关注者人数已经超过4000人，日常还维护着两个超过百人的活跃在线社群。微信公众号累计发表文章200余篇，其中单篇文章最高点击量超过3000次，平均阅读量500次左右。部分专家的观点文章在微信公众号上发表后被《中国日报》《可持续发展经济导刊》《中国环境报》《石油观察》《北极星电力网》等多家传统媒体或新媒体转发。"低碳智库伙伴"的出版物深受好评，尤其是《能源数据》系列出版物，在每年的年会期间发布，已成为业界期待的年度报告。

四 经验总结

"低碳智库伙伴"整合传播有许多成功经验，一是在打造覆盖全国的交流网络上卓有成效。作为一个平台机构，成员既有科研实力和权威性强的中央机构，也有地方核心研究机构和专家，覆盖全国的伙伴机构和专家网络能够保证"低碳智库伙伴"信息来源的多样性，促进中央和地方间的信息交流。二是传统媒体和自媒体并重，构建立体传播渠道。在传播渠道的构建上，充分利用新媒体发展提供的技术工具，持续不断的经营以微信公众号为主的自媒体传播平台。三是会议和观点输出并重，营造对绿色发展议题长期关注的氛围。对会议研讨信息进行深入挖掘，及时全面地整理专家发言，形成系列文章输出，大大促进了相关知识的传播广度和深度，借此营造对绿色低碳发展议题长期关注的氛围。这样的整合传播策略，对于推进我国形成绿色低碳发展模式，无疑作用巨大。

后　　记

本书是广西大学2019年获批的国家社科基金重点项目"生态文明建设和绿色发展理念背景下我国气候传播的战略定位与行动策略（19AXW006）"的研究成果。全书收录了76篇气候传播案例，按照"5+1"气候传播行为主体行动框架，包括综合案例7篇，政府案例11篇，媒体案例9篇，企业案例15篇，公益组织案例14篇，社会公众案例13篇以及智库案例7篇。

通过这些案例，读者可以了解到我国政府、媒体、公益组织、企业、公众、智库等单位和个人应对气候变化的决心与行动、责任与担当，也可以看到我国气候传播如何从无到有、从小到大、从政府单一传播主体发展为多元传播主体的巨大变化。可以说，我国气候传播经过十多年的实践与发展，如今已渐成"气候"，在社会上和公众中形成了积极影响！

近些年来，在生态文明建设背景和绿色发展理念引领下，我国应对气候变化、推动绿色低碳发展的行动在全国范围内深入开展，涌现出的典型人物和典型事例数不胜数。然而由于时间仓促，加之我们能力所限，本书中所收录的案例难免挂一漏万，还请读者批评指正。我们希望本书的出版能起到抛砖引玉的作用，助力我国气候传播在今后实现碳达峰、碳中和目标的历史进程中能够真正形成"大气候"！

本书编委会感谢所有为此书案例选编和写作作出贡献的各位专家学者和老师同学。本书的编辑出版，得到了中国社会科学出版社领导，以及具体承担编辑出版工作的部门领导和同志的大力支持。是他们的精心安排和辛勤劳动才使此书得以顺利出版，在此向他们表示诚挚的谢意！特别要向从立项到编排出版自始至终一直在为此书出版尽心尽力的责任编辑陈肖静女士表达真诚的感谢！

本书编委会

2022年4月22日